IPv6 Fundamentals - A Straightforward Approach to Understanding IPv6

Second Edition

Rick Graziani

Cisco Press

800 East 96th Street

Indianapolis, IN 46240

네트워크 엔지니어를 위한 차세대 인터넷 프로토콜 IPv6 기본 원리 최신판

발행일 2023년 7월 20일

지은이 릭 그라지아니 **옮긴이** 양성호
펴낸이 손형국 **펴낸곳** (주)북랩
편집인 선일영 **편집** 정두철, 윤용민, 배진용, 김다빈, 김부경
디자인 이현수, 김민하, 김영주, 안유경, 한수희 **제작** 박기성, 구성우, 변성주, 배상진
마케팅 김회란, 박진관
출판등록 2004. 12. 1(제2012-000051호)
주소 서울특별시 금천구 가산디지털 1로 168, 우림라이온스밸리 B동 B113~114호, C동 B101호
홈페이지 www.book.co.kr
전화번호 (02)2026-5777 **팩스** (02)3159-9637

ISBN 979-11-6836-946-7 13000

IPv6 Fundamentals - A Straightforward Approach to Understanding IPv6 2nd Edition

Americas Headquarters
Cisco Systems, Inc.
San Jose, CA

Asia Pacific Headquarters
Cisco Systems (USA) Pte. Ltd.
Singapore

Europe Headquarters
Cisco Systems International BV Amsterdam,
The Netherlands

시스코는 전 세계적으로 200곳 이상의 사무실을 가지고 있다. 주소, 전화번호 및 팩스 번호는 시스코 웹사이트인 "**www.cisco.com/go/offices**"에 올려져 있다.

주의사항

이 책은 IPv6(인터넷 프로토콜 verison 6)에 관한 지식을 제공하기 위해 집필되었다. 가능한 한 완전하고 정확하게 기술하기 위해 노력했지만, 무조건적인 보장을 할 수는 없다.

자료는 "있는 그대로" 제공된다. 저자와 Cisco Press 및 Cisco Systems, Inc.는 이 책에 포함된 자료 또는 디스크 혹은 프로그램의 사용으로 인해 발생하는 손실 또는 손해에 대해 어떠한 개인 또는 단체에 대해서 책임지지 않는다. 저자 및 Cisco Press와 Cisco Systems, Inc.는 본 책에 포함된 정보 또는 이와 함께 제공되는 디스크 또는 프로그램의 사용으로 인해 발생하는 손실이나 손해와 관련해서 개인이나 단체에 대해 어떠한 책임도 지지 않는다.

이 책에서 제시된 견해는 저자의 것이며, 시스코 시스템즈의 의견과 반드시 일치하지는 않는다.

피드백 정보

Cisco Press의 목표는 최고의 품질과 가치를 지닌 완성도 높은 기술 서적을 만드는 것이다. 각각의 책은 전문 기술 커뮤니티 회원들의 특별한 전문지식을 포함하여 엄격한 발전을 거쳐 세심하고 정밀하게 만들어진다.

여러분의 피드백은 이 프로세스의 자연스러운 일부이다. 이 책의 질을 향상하거나 여러분의 필요에 맞게 수정할 방법에 관한 의견이 있으면 feedback@ciscopress.com으로 메일을 보내면 된다. 반드시 책의 제목과 ISBN을 포함해서 메일을 보내 주시길 부탁드린다.

우리는 독자들의 도움에 대단히 감사할 것이다.

상표 승인

본 책에 언급된 상표 또는 서비스 마크로 알려진 모든 용어는 대문자로 표기한다. Cisco Press나 Cisco Systems, Inc. 는 이 책의 내용상 정확성을 보증할 수 없다. 본 책에서의 용어 사용이 상표 또는 서비스 마크의 유효성에 영향을 미치는 것으로 판단해서는 안 된다.

Special Sales

For information about buying this title in bulk quantities, or for special sales opportunities (which may include electronic versions; custom cover designs; and content particular to your business, training goals, marketing focus, or branding interests), please contact our corporate sales department at corpsales@pearsoned.com or (800) 382-3419.

For government sales inquiries, please contact governmentsales@pearsoned.com.

For questions about sales outside the U.S., please contact intlcs@pearson.com.

Editor-in-Chief: Mark Taub

Product Line Manager: Brett Bartow

Business Operation Manager, Cisco Press: Ronald Fligge

Executive Editor: Mary Beth Ray

Managing Editor: Sandra Schroeder

Development Editor: Ellie Bru

Project Editor: Mandie Frank

Copy Editor: Kitty Wilson

Technical Editors: Jim Bailey, Tim Martin

Editorial Assistant: Vanessa Evans

Cover Designer: Chuti Prasertsith

Composition: codeMantra

Indexer: Cheryl Lenser

Proofreader: Larry Sulky

역자 서문

이 책은 2017년에 출판된 두 번째 판을 번역한 것입니다. 이 책은 책 제목처럼 IPv6의 기본서라고 할 수 있으며, 인터넷상의 IPv6 네트워크 설명 그림에서도 이 책에서 나온 것을 쉽게 찾을 수 있습니다.

모든 분께 도움이 될 수 있겠지만 특히 네트워크 스위칭을 다루는 분께 IPv6 입문서로 추천합니다.

이 책의 번역은 2017년에 시작되었는데 다른 몇 가지 책과 더불어 그동안 개인적으로만 사용하다가 이제서야 출간을 하게 되었습니다.

시스코의 교재가 네트워크의 이해에 많은 도움이 되고 주류이지만, IPv6 외에도 네트워크 라우팅 전반에 관심이 있으시면 노키아(Alcatel-Lucent)의 NRS나 SRA도 추천합니다.

독자 여러분은 번역상 오류를 발견하면 메일(mike-yang24@naver.com)로 보내주십시오. 정오표를 낼 경우 참고하도록 하겠습니다.

이 책의 출간에 관련된 모든 분께 감사를 드립니다.

2023년 5월

역자 양성호

일러두기

이 책에서 쓰이는 용어는 다음과 같이 사용하였습니다.

1. 많은 용어와 약어들이 등장하기 때문에 원저자는 독자의 내용 이해를 위해 책 전반에 걸쳐 반복적으로 약어와 원문을 병기합니다. 그런 경우는 원저의 내용을 그대로 반영합니다.
2. 우리말과 영어의 두 가지 용어가 다 업계에서 사용되는 경우 되도록 우리말 용어를 사용하였으나 문맥에 따라 혼동이 될 수 있는 경우는 원문도 병기했습니다. 그리고 영어를 그대로 한글로 표기할 때도 마찬가지입니다. 병기된 원문 용어에 익숙해지면 원서를 읽을 때도 도움이 될 것입니다.
3. 통일된 우리말 용어가 없는 경우는 오히려 이해하기 어려울 수 있어 영어를 그대로 사용하였습니다.
4. 제목은 영어원문을 그대로 사용하였습니다.
5. 우리말 용어가 있는데 대비되는 용어는 우리말 용어가 적절한 것이 없고, 같이 사용될 경우 혼동을 우려하여 원문 영어를 그대로 사용하였습니다.

저자에 대하여

릭 그라지아니는 앱토스 소재의 Cabrillo대학에서 컴퓨터 네트워킹과 컴퓨터 사이언스 과정을 가르치고 있다. 릭은 또 산타크루즈의 캘리포니아대학교 컴퓨터 공학부에서 네트워킹 과정을 가르치고 있으며 시스코 네트워킹 아카데미의 커리큘럼 엔지니어링 팀에 소속되어 있다. 이전에 그는 산타크루즈 오퍼레이션, 탠덤 컴퓨터, 록히드 미사일·스페이스의 정보기술 분야에서 일했고 미국 해안경비대에서 5년간 복무했다. 업무 중이 아닐 때 릭은 좋아하는 산타크루즈 서프 브레이크 중의 한 곳에서 서핑하거나 그의 개 루이지와 함께 시간을 보낸다. 여러분은 IPv6, CCNA, CCP 정보를 찾기 위해 릭의 Cabrillo대학 웹사이트인 www.cabrillo.edu/~rgraziani에 방문하여 그의 자료들을 이용할 수 있다. 또 이를 위해 graziani@cabrillo.edu로 메일을 보내 계정과 패스워드를 받을 수도 있다.

Rick and Luigi

기술 검토자에 관해

CCIE No. 5275(Routing & Switching; Service Provider)이자 CCDE No. 20090008인 Jim Bailey는 시스코 시스템즈에서 25년 이상 네트워크 관련 업무에 종사한 솔루션 설계자이다. 그는 Cisco Advanced Services 팀의 일원으로 엔터프라이즈, 서비스 프로바이더 및 정부 고객의 네트워크 아키텍처, 디자인, 구현을 담당한다. 그는 12년 넘게 이러한 네트워크의 IPv6 통합에 집중해왔다. 그는 Cisco Live 콘퍼런스에서 *IPv6 계획, 적용 및 운용에 관한 고려 사항*을 발표했다. 그는 Cisco Press에서 출간하고 게재한 <*the IPv6 for Enterprise Networks*> 및 "*IPv6 Design and Deployment LiveLessons*"의 기술 검토자이다.

CCIE No 2020인 Tim Martin은 활동적인 발표자이자 Cisco Live Distinguished Speaker 명예의 전당 회원이다. Tim은 미국과 유럽에서 개최되는 Cisco Live 이벤트에서 자주 연설한다. Time은 34년 이상 인터넷 산업에 종사했다. Cisco Press는 최근 IPv6 엔터프라이즈 디자인에 대한 지침을 제공하는 6시간 분량의 비디오 시리즈 "*IPv6 Design & Deployment Live Lessons*(ISBN 9780134655512)"을 게재했으며 그의 작품이다. 현재 시스코에서 그는 미국 공공 부문 시장에 집중하는 솔루션 설계자이다. 1996년 6월에 Tim은 CCIE No. 2020의 취득했으며 IPv6 포럼에서 골드 인증 엔지니어 지위도 획득했다. 그는 IPv6와 관련된 많은 산업 행사에 참여했으며 IETF IPv6 소위원회에 기여하고 있다. Tim은 또한 FEDv6TF, NAv6TF, TXv6TF 및 RMv6TF를 포함한 다양한 IPv6 관련 태스크 포스의 구성원이다.

바치며

나의 형제인 프랭크와 마크에게. 당신들은 나의 형제일 뿐 아니라 가장 친한 벗이다. 나는 두 사람 모두 사랑한다. 또한, 나의 현재 및 이전 학생들 모두에게. 내가 그만큼 훌륭한 사람들을 가르칠 수 있는 것에 감사하다. 당신들은 나의 일을 재미있게 만들었으며 내가 매일 일을 즐겁게 할 수 있는 이유이다.

저자 서문

먼저 가족들의 사랑과 지지에 감사드린다. 가족이 최고이다.

도움을 준 모든 친구와 동료들에게 감사를 전하고 싶다. Mark Boolootian, Dave Barnett, 그리고 Jim Warner에게, 수년간 기술에 대해 논하고 질문에 답변해 주어서 감사하다. 우리는 수년에 걸쳐 많은 토폴로지를 냅킨에 그렸다.

이 책의 기술 감수자이며 시스코 시스템즈의 기술 에디터인 Jim Bailey와 Tim Martin에 대해서는 그냥 언급만 하고 넘어갈 수는 없다. 그들은 나를 더 똑똑하게 보이도록 만들어 주었다. 그들은 이 책이 가능한 한 정확하고 최신이 되게 하려고 대단한 일을 했다. 그들의 전문성과 경험은 내가 이 책을 쓰는 데 많은 도움이 되었다. 그 두 사람은 이 프로젝트의 알려지지 않은 영웅들이다. 당신들의 헌신과 참여에 감사드린다.

Cabrillo대학의 Gerlinde Brady, Mike Matera와 Rich Simms의 우정과 지원에 깊은 감사를 드린다. 이 분들은 내가 책을 쓰는 동안 Cabrillo대학의 CS/CIS 학부가 계속 원활하게 운영되도록 했다. CS/CIS 학부에서 여러분들과 다른 모든 친구와 함께 일하게 되어 행운이었다. David Hovey와 Ahmad Allulu의 랩 지원에 대해서도 감사드린다. Brad Smith, Patrick Mantey, J.J, Garcia-Luna Aceves와 Katia Obraczka에게 감사드린다. 덕분에 산타크루즈 캘리포니아대학의 컴퓨터 과학 및 공학과에서 가르치는 특권을 누리고 있다. 이 책을 좀 더 좋은 책으로 만드는 데 UCSC에서 학생들을 가르치고 함께 일한 경험이 도움이 되었다.

이 책을 쓴 것은 Dennis Frezzo, Jeremy Creech, Telethia Willis 그리고 시스코 네트워킹 아카데미에서 일하는 많은 사람과 함께 일했던 영광으로 인해 받은 많은 특권 중의 하나이다. 전 세계 수천 명의 학생의 삶을 변화시킨 프로그램 일부가 될 자랑스러운 기회를 준 모든 사람께 감사드립니다. 여러분들은 동료 이상이며 내가 감사하게 생각하는 친구들이다.

Pat Farley, 서핑 세션에 여전히 참여하게 해 줘서 고마워요. 이제 책이 완성되었으니 내가 서핑하는 걸 좀 더 자주 보게 될 겁니다. Teri Graziani, 내가 이 책을 쓰느라 바쁠 때 대신 일을 처리해 줘서 고마워요.

Cisco Press의 편집장이자 친구인 Mary Beth Ray에게 특별한 감사를 드린다. 이 긴 과정 동안 인내와 이해에 감사한다. 당신은 언제나 침착한 확신과 지도력을 갖추고 있다는 걸 알게 되었다.

Cisco Press의 Ellie Bru께, 매일-평일과 주말-편집, 포매팅 그리고 전체 프로세스를 조정해 주신 데 대해 감사드린다. 즐겁게 함께 일해 주셨고 나는 이 책에 쏟아부은 노고에도 감사드린다. Mandie Frank, Dhayanidhi, Kitty Wilson과 Larry Sulky에게, 저를 실제보다 더 나은 저자로 보이게 해 준 데 대해 감사를 드립니다. 그리고 Cisco Press의 모든 분께, 저는 당신들이 해 준 모든 것들에 대해 대단히 감사를 드립니다. Cisco Press의 기술 서적을 만드는 데 필요한 협조와 팀워크의 수준에 항상 놀랐습니다. 모든 도움에 매우 감사를 드립니다.

마지막으로 이탈리아의 Rome과 Frascati에 계신 모든 나의 친구들에게 감사한다. 이 책을 쓰면서 수개월을 그곳에서 보냈다. Giuseppe Cinque께, 오랜 우정과 이탈리아에서 안식년을 보내며 이 책을 쓰도록 해 준 데 대해 감사를 드린다. Mama와 Papa Cinque께, 나를 Positano 가족의 일원이 되도록 해 준 데 대해 감사드린다. Levi Adam, Fidele Lassandro, Antonio Brancaccia, Daniel과 Andrea 그리고 Tusculum 스포츠 센터의 모든 분께, Fermate N'Attimo, Il Borgo Verde의 모든 이에게, Antico Forno의 Molinari

가족, Etabli의 모든 분께 감사드린다. 로마를 제2의 고향으로 만들어 준 Alice, Mauro, Loredana, Marco와 Timmy Chialastri 에겐 특별한 감사를 드린다. 여러분의 친절로 로마에서 즐겁게 지낼 수 있었습니다. 집과 마음을 내게 열어준 데 대해 감사를 표합니다. 나는 여러분들이 나를 위해 한 모든 것에 대해 영원히 감사할 것입니다.

Contents

이 책에서 사용된 icon

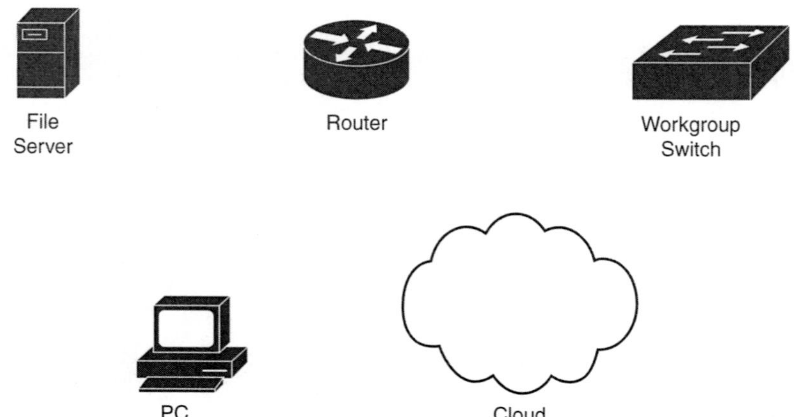

명령문 규칙

이 책에서 명령문을 표시하는 데 사용되는 규칙은 IOS Command Reference에서 사용되는 규칙과 동일하다. Command Reference에서는 이런 규칙을 다음과 같이 설명한다:

- **굵은 글씨체**는 표시된 문자 그대로 입력된 명령과 키워드를 나타낸다. 실제 설정 예제와 출력(일반적인 명령문이 아님)에서 굵은 글씨는 사용자에 수동으로 입력된 명령(예: **show** command처럼)을 나타낸다.
- *이탤릭체*는 실제적인 값을 주어야 하는 명령행 인자를 나타낸다.
- 세로 막대 | 는 서로 배타적인 명령행 인자를 구분한다.
- 대괄호 [ ] 는 선택적인 옵션 인자를 나타낸다.
- 중괄호 { } 는 필수 명령행 인자를 나타낸다.
- 대괄호 내 중괄호 [{ }] 는 선택적 옵션 인자 내 필수 명령행 인자를 나타낸다.

서두

이 책은 IPv6 및 관련된 프로토콜에 관한 깊은 이해를 제공하기 위한 목적으로 쓴 것이다. 이 책은 컴퓨터 네트워킹 분야 학생들 같이 네트워크 분야를 처음 접하는 사람들과 규모가 큰 기업 네트워크를 다년간 관리한 경험이 있는 네트워크 엔지니어를 위한 책이다. IPv4를 포함한 네트워크 프로토콜에 관한 기본적인 지식이 유일한 전제조건이다.

이번 두 번째 판은 첫 번째 판을 완전히 재구성한 것으로 새로이 많은 내용을 포함하여 다시 집필하였다. 나는 20년 넘는 기간 동안 강의를 해 왔는데 이 책을 IPv6를 배우기 위한 자습서로서 IPv6를 배우는 학생들을 위해 집필하였다. 이 책은 강사가 강의실에 있는 것처럼 각 개념을 설명하여 IPv6에 대해 배우는 과정을 안내하도록 구성되었다. 책을 처음부터 끝까지 읽기를 원하는 이들과 특정 정보를 찾아야 하는 경우 모두에 도움이 되도록 내용을 구성하였다.

IPv6에 대해 배워야 할 것은 많으며 단순히 더 긴 주소에 익숙해지는 것이 아니다. 이 책의 내용을 간략히 살펴보면 IPv6를 잘 이해하기 위해 다뤄야 할 것과 필요한 것들을 알 수 있을 것이다.

이 책을 쓰는 데 사용한 나의 접근법은 각 개념을 단순하고 단계적인 접근법으로 설명하고 중요한 세부내용을 포함하는 데 최선을 다하는 것이다. 가능한 많은 내용을 넣으면서도 여러분들이 질리지 않도록 균형 잡는 것은 어려운 일이었다. IPv6를 배우기 어렵지는 않지만, 낯선 여러 프로토콜과 프로세스가 포함되어 있다.

낯선 상세 내용 때문에 힘들어하지 말라. 예를 들어, 나는 책 속에 나오는 프로토콜 내 각 필드에 대해 간략한 설명을 해 놓았지만, 그런 필드의 세부 사항을 이해하는 것이 반드시 필수적인 것은 아니다. 나는 이 책 전반에 걸쳐 그렇게 언급했다. 그렇지만 나는 이런 세부적인 사항을 빼놓거나 감춰놓지 않을 필요가 있다고 생각한다.

책 전반에서 RFC를 인용한다. 두 가지 이유로 이 참조 사항을 포함하는 것이 중요했다. 무엇보다도, 나는 이 책 속에 신뢰할 수 있는 정보의 출처를 제공해서 여러분이 필요한 경우 참고할 수 있도록 하고 싶었다. 둘째로 IPv6는 아직도 상당 기간 변화할 여지가 있다. 수년 동안 그랬었지만, 추가적인 개발과 미세 조정이 여전히 이뤄지고 있다. RFC를 읽어보는 데 익숙하지는 않더라도 미리 걱정할 필요 없다. 대부분 읽기 어렵지 않고, 주제를 명확하게 설명하기 위해 최선을 다한 문서이다.

복습하기 위한 문제는 각 장의 끝부분에 포함되어 있어 여러분이 해당 장에서 언급되었던 몇 가지 기본 개념을 이해할 수 있도록 돕는다. 복습 질문은 이 장에서 논의된 몇 가지 핵심 사항에 관한 고수준의 요약을 제공한다. 해당 문제들이 각 장에서 언급한 모든 내용에 대해 여러분이 이해했는지 확인하는 것은 아니다. Appendix B “IPv6 Command Quick Reference”에 Cisco IOS, Windows, Linux 및 Mac OS X 관련 명령들이 포함되어 있다.

때때로 기술이나 개념을 소개하고 나면 뒷장에서 더 자세히 다룰 것이라고 언급해 놓았다. 세부적인 사항에 방해받지 않고 주제와 관련된 개념을 설명하기 위해 이렇게 했다. 세부적인 내용은 적절한 곳에서 다시 다룬다. 전체 IPv6 주제를 이해한 후에 좀 더 세부적인 내용을 다시 읽어보길 권한다. 가끔 어떤 개념은 이 책의 범위 밖이라고 언급한다. 해당 내용에 대해 더 알고 싶은 독자를 위해서 어디서 참고할 수 있는지 제시해 놓았다.

이 책의 목적은 IPv6에 대해 가능한 한 명확하게 설명하는 것이다. 어떤 내용을 먼저 다룰지 결정하는 것은 마치 고양이를 키우는 것과 같았다. 2장은 주요 주제에 관한 개요를 제공하는 IPv6 입문서이다. 이 개요가 있어서 책의 나머지 부분을 읽는 것이 조금 더 쉬울 것이다.

여러분들은 나의 웹사이트 www.cabrillo.edu/~rgraziani[1]에 있는 문서들을 IPv6, CCNA 또는 CCNP를 공부하는 데 사용할 수 있다. 내 모든 자료에 대한 사용자 계정과 비밀번호를 받으려면 grazani@cabrillo.edu로 메일을 보내면 된다.

목표와 방법

이 책의 가장 중요한 목표는 IPv6에 대한 전체적인 내용을 이해하기 쉽게 소개하는 것이다. 이 책은 컴퓨터 네트워킹 분야 학생과 숙련된 네트워크 엔지니어 모두를 위해 집필되었다. 또, 이 책은 여러분이 IPv6에 관한 기초 지식을 축적할 수 있게 한다. 이해하기 조금 더 어려울 수 있는 주제에 관해서도 설명을 한다.

이 책의 또 다른 목표는 IPv6를 위한 학습자료가 되는 것이다. 이 책은 특정 주제에 관한 정보를 가능한 한 쉽게 찾을 수 있도록 구성되어 있다. 명령문, RFC 및 시스코 백서에 대한 링크를 포함하여 여러분이 많은 주제에 대해 좀 더 잘 이해할 수 있도록 돕는다.

누가 이 책을 읽어야 하는가?

이 책은 네트워크 엔지니어, 네트워크 설계자, 네트워크 기술자, 기술 스태프와 시스코 네트워킹 아카데미의 학생처럼 IPv6의 기초에 관한 확실한 이해가 있어야 하는 모든 사람을 대상으로 한다. 이 책을 읽기 전에 IPv4와 네트워크 프로토콜에 관한 기초 지식을 어느 정도 가지고 있어야 한다.

네트워크에 IPv6를 적용할 계획인 전문가들은 이 책이 유용하다는 것을 알게 될 것이다. 이 책은 시스코 IOS 상에서 IPv6를 설정하기 위한 예제, IOS 명령, 권장 사항을 제공한다. 이 책에서는 시스코 장비가 사용되지만, 시스코 이외의 장비 운용자들에게도 도움이 될 것이다. 대부분 프로토콜과 기술들은 IETF 표준이다. Windows, Linux 및 Mac OS 용 설정 및 확인 명령도 책 전반에 포함해 놓았다.

이 책은 어떻게 구성되었나?

IPv6를 처음 접한다면 이 책을 처음부터 끝까지 읽어봐야 한다. 그러나 IPv6에 대해서 이미 알고 있는 경우, 이 책은 유연하게 구성되어 여러분이 알고자 하는 내용을 위해 각 장 사이를 쉽게 이동할 수 있다. 몇 가지 경우를 제외하고 책 전반에 걸쳐 공통적인 토폴로지를 사용한다.

1장부터 3장까지는 IPv6 소개, IPv6로 전환해야 하는 이유, IPv6 기초, IPv4와 IPv6의 비교에 관한 내용을 담는다. 4장에서 7장까지는 IPv6 주소 표현, Global Unicast 주소, link-local Unicast 주소, IPv6 multicast 주소를 포함하는 다양한 유형의 IPv6 주소에 관해 설명한다. 8장에서 11장까지는 동적 IPv6 주소할당 방법에 관해 설명한다. 동적 주소할당은 IPv6와 IPv4 상에서 상당히 다르다. 이들 장에서는 stateless Address Autoconfiguration(상태 비보존 주소 자동 설정, SLAAC), stateless DHCPv6(상태 비보존

1 지금은 접근이 되지 않는다. 출판 시일이 지나서 원서의 인터넷 링크 상당수가 접속이 안 됨을 양해바란다.-옮긴 이

DHCPv6), stateful DHCPv6(상태 보존 DHCPv6)에 관해 설명한다. SLAAC에 관한 장에서는 permanent(영구) 및 temporary(임시) 주소를 사용하는 이유와 Cisco IOS 및 호스트 운영 체제를 사용하여 주소를 설정하는 방법을 설명한다. 이들 장에는 stateless와 stateful DHCPv6를 위한 Cisco IOS 명령 및 설정 예제가 포함되어 있다. 12장과 13장은 ICMPv6 및 ICMPv6 Neighbor Discovery(이웃 탐색) 프로토콜에 관해 설명한다. 이 프로토콜과 메시지는 이전 장인 2장에서부터 소개된 바 있다. 12장과 13장에서는 ICMPv6 및 ICMPv6 Neighbor Discovery에 대해 자세히 살펴볼 것이다. 14장에서 16장까지는 IPv6 라우팅 테이블을 포함하여 고전적인(classic) IPv6용 EIGRP, EIGRP named mode(명명 모드), 고전적인 OSPFv3 및 address family를 사용한 OSPFv3를 다룰 것이다. 마지막 장인 17장에서는 IPv6 적용 및 IPv4에서 IPv6로의 전환을 설명한다. 모든 장을 읽으려고 한다면 책을 차례대로 읽으면 된다.

다음 목록은 각 장에서 다루는 주제와 책의 구성을 요약한 것이다.

- **Chapter 1, "Introduction to IPv6":** 이 장에서 오늘날 인터넷이 사용자들의 요구사항을 만족시키기 위해 새로운 네트워크 계층 프로토콜인 IPv6에 어떤 것을 요구하는지 설명한다. 또한, IPv4의 한계를 확인하고 IPv6가 이 문제를 해결하는 동시에 추가적인 장점을 어떻게 제공하는지 설명한다. 이 장에서는 IPv6가 필요한 이유와 IPv4 주소 고갈에 대한 우려 사항을 검토한다. IPv4와 IPv6의 간략한 역사도 설명한다. IPv4 전환 기술인 CIDR과 NAT도 설명할 것이다.
- **Chapter 2, "IPv6 Primer":** 이 장에서는 IPv6 주소 유형, 동적 주소할당의 기본, IPv6 주소들을 표현하는 데 사용되는 16진수 숫자 시스템을 포함하여 책의 나머지 부분에서 더 자세히 설명하는 몇 가지 기본 개념과 프로토콜을 소개한다. 이 장에서는 IPv6를 배우는 데 도움이 되는 몇 가지 IPv6 개념에 관해 간단히 설명한다. 이 장에서는 또한, IPv6 상의 많은 차이점에 대해 집중하겠다.
- **Chapter 3, "Comparing IPv4 and IPv6":** 이 장에서는 IPv4와 IPv6 프로토콜을 비교하고 차이점을 보여준다. 또한, 패킷 단편화(fragmentation)가 어떻게 처리되는지 설명한다. IPv6 확장 헤더(extension header)에 관해서도 설명한다.
- **Chapter 4, "IPv6 Address Representation and Address Types":** 이 장에서는 IPv6 주소지정(addressing)과 주소 유형을 소개한다. IPv6 주소를 위한 다양한 형식과 IPv6 표기 압축 규칙으로 IPv6 주소 표현에 관해 설명한다. 이 장에서는 unicast, multicast 및 anycast를 비롯한 다양한 유형의 IPv6 주소를 소개한다. 또한, 프리픽스 길이 표기법(prefix length notation)에 관해서도 설명한다.
- **Chapter 5, "Global Unicast Address":** 이 장에서는 글로벌 유니캐스트(global unicast) 주소에 대해 자세히 설명할 것이다. Cisco IOS 및 호스트 운영 체제상에서 global unicast 주소의 수동 설정과 이 주소의 여러 특성에 관해 설명한다. 이 장에서는 프리픽스 할당과 함께 IPv6 서브넷팅도 다룰 것이다.
- **Chapter 6, "Link-Local Unicast Address":** 이 장에서는 링크-로컬 주소와 정적 및 동적 링크-로컬 주소 설정 예제를 설명한다. IPv6에서의 링크-로컬 주소의 중요성과 함께 EUI-64 프로세스에 관해서 설명한다.
- **Chapter 7, "Multicast Addresses":** 이 장에서는 well-known(알려진)과 solicited-node(요청된 노드) multicast 주소를 설명한다. 브로드캐스트 주소(IPv6에서는 브로드캐스트 주소가 존재하지 않는

다) 대비 multicast 주소의 장점과 IPv6 multicast 주소가 이더넷 MAC 주소에 매핑되는 방법에 관해 설명한다.

- **Chapter 8, "Basics of Dynamic Addressing in IPv6":** 이 장에서는 Stateless Address Autoconfiguration(SLAAC), stateless DHCPv6, stateful DHCPv6의 3가지 동적 주소할당 방법을 소개하고 비교한다. 다음 장에서 이 방법에 대해 더 자세히 설명할 것이다.

- **Chapter 9, "Stateless Address Autoconfiguration (SLAAC)":** 이 장에서는 SLAAC에 대해 자세히 설명한다. 여기에는 SLAAC를 로컬에 광고하는 ICMPv6 Router Advertisement(라우터 광고) 메시지를 Wireshark(와이어샤크)로 확인하는 것도 포함된다. 이 장에서는 다양한 상태(state)와 lifetime을 포함하여 SLAAC로 생성된 privacy 확장과 temporary 주소의 사용에 관해서도 설명한다. 호스트 운영 체제에서 privacy 옵션을 관리하는 방법도 설명한다.

- **Chapter 10, "Stateless DHCPv6":** 이 장에서는 SLAAC 및 기타 Stateless DHCPv6 서비스에 관해 설명한다. 이 장은 클라이언트와 서버 간의 DHCPv6 프로세스와 함께 DHCPv6 용어와 메시지 유형을 다룬다. 이 장에서는 rapid-commit 옵션과 릴레이 에이전트에 관해 설명한다.

- **Chapter 11, "Stateful DHCPv6":** 이 장에서는 기존의 IPv4 DHCP와 유사한 stateful(상태 보존) DHCPv6 서비스에 관해 설명한다. 또한, Prefix Delegation(프리픽스 위임)과 함께 DHCPv6를 사용하여 각 가정에 IPv6 주소 공간을 제공하는 일반적인 방법을 소개한다.

- **Chapter 12, "ICMPv6":** 이 장에서는 ICMPv4보다 훨씬 강력한 프로토콜인 ICMPv6에 관해 설명한다. Destination Unreachable, Packet Too Big, Time Exceed 및 Parameter Problem을 포함하는 "ICMPv6 Error(오류) 메시지"를 다룬다. 또한, Multicast Listener Discovery(multicast 수신자 검색) 메시지와 함께 ICMPv6 Echo Request 및 Echo Reply 같은 "ICMPv6 정보(Information) 메시지"도 다룬다.

- **Chapter 13, "ICMPv6 Neighbor Discovery":** 이 장에서는 Router Solicitation(라우터 요청), Router Advertisement(라우터 광고), Neighbor Solicitation(이웃 요청), Neighbor Advertisement(이웃 광고)와 Redirect(재지향) 메시지를 포함한 ICMPv6 Neighbor Discovery(이웃 탐색)를 설명한다. IPv6는 더 큰 주소 공간을 사용할 수 있게 할 뿐만 아니라 Neighbor Discovery 프로토콜이 포함된 ICMPv6로 링크-계층 주소 확인(IPv4의 ARP에 해당), 주소 충돌 감지(DAD, Duplicate Address Detection), 상태 비보존 주소 자동 설정(SLAAC) 및 Neighbor Unreachability Detection(NUD, 이웃 도달 불가) 같은 네트워크 동작에 큰 역할을 담당한다. 이 장에서는 IPv4 ARP cache와 유사한 IPv6 neighbor cache와 neighbor cache 상태에 관해 설명한다.

- **Chapter 14, "IPv6 Routing Table and Static Routes":** 이 장에서는 IPv6 라우팅 테이블에 관해 설명한다. 또한, IPv4 static(정적) 라우팅과 유사한 IPv6 static 라우팅 설정에 관해서도 설명한다. IPv6 디폴트 라우팅 및 경로 축약과 IPv6용 CEF에 관해서도 설명한다.

- **Chapter 15, "EIGRP for IPv6":** 이 장에서는 IPv6 EIGRP에 관해 설명한다. IPv4 EIGRP와 IPv6 EIGRP를 비교하는 것으로 설명을 시작한다. 고전적인(classic) IPv6 EIGRP 및 EIGRP named mode(명명 모드)의 설정과 확인 방법에 관해 설명한다.[1]

---

1 named mode는 address-family 명령을 사용하여 프로토콜 별로 설정하는 방법을 말한다. IOS 15 이후에 사용 가능하다.-옮긴 이

- **Chapter 16, "OSPFv3":** 이 장에서는 OSPFv3에 관해 설명한다. OSPFv2(IPv4만 사용 가능), 고전적인 OSPFv3(IPv6만 사용 가능) 그리고 address-family로 설정하는 OSPFv3(IPv4 및 IPv6)를 비교하는 것으로 설명을 시작한다. 또한, 고전적인 OSPFv3와 address family를 사용한 OSPFv3의 설정과 확인 방법에 관해서 설명한다.
- **Chapter 17, "Deploying IPv6 in the Network":** 이 장에서는 IPv6를 주소 계획 생성, IPv6 VLAN 설정, ICMPv6 나 FHRP(First-hop redundancy protocol)를 사용하여 first-hop 라우터에서 투명한 장애 복구(failover)를 구현하는 것을 포함하는 IPv6 적용 전략을 다룬다. 이 장에서는 또한, dual stacking, NAT64, 터널링과 같은 IPv4 및 IPv6 통합 및 공존 방법에 관해 설명한다.
- **Appendix A, "Configuring NAT64 and IPv6 Tunnels":** 이 부록에서는 17장에 소개된 NAT64 및 IPv6 터널에 관한 설정 예제와 추가 정보를 제공한다.
- **Appendix B, "IPv6 Commands Quick Reference":** 이 부록에서는 이 책에서 사용된 Cisco IOS, Windows, Linux 및 Mac OS 명령에 관한 요약본을 제공한다.
- **Appendix C, "Answers to Review Questions":** 이 부록은 각 장의 끝에 있는 복습 질문에 대한 답을 제공한다.

Part I

Introduction to IPv6

Chapter 1

Introduction to IPv6

"나는 이 인터넷 실험에 32-bit 면 충분하다고 결정한 사람이었기 때문에 약간 창피스러웠습니다. 내가 할 수 있는 유일한 변명은 그 결정이 1977년에 이루어졌다는 것이고 나는 그것이 실험(experiment)이라고 생각했다는 것입니다. 문제는 그 실험이 끝나지 않았다는 데 있고, 그래서 우리가 여기에 있습니다."

—인터넷 공동 창시자 중 한 명인 Vint Cerf의 2011년 언급[1]

Internet Protocol version 6(IPv6)는 Internet Protocol version 4(IPv4)를 계승하는 프로토콜로 오랜 시간 동안 "사용 예정"이었다. 35년 이상 동안 IPv4는 인터넷 진화의 중요한 부분이 되어왔다. 그러나 IPv4는 World Wide Web, 이메일, video 스트림, 모바일 폰과 같은 셀 수 없을 만큼 많은 혁신이 있기 이전, 인터넷상에 600개보다 적은 호스트가 있을 때 설계된 것이었다. 이 장에서 IPv4의 한계와 얼마나 오랫동안 IPv6의 필요성이 제기되어 왔는지 설명할 것이다.

IPv6 Is Here

IPv4는 최대 42억 9천만 개(4.29 billion)의 32bit 주소를 제공한다. 1980년에 IPv4가 표준이 될 때는 충분하고도 남을 듯이 보였다. 그 당시 세계의 인구는 약 45억이었다. 그래서 지구상의 모든 사람이 하나씩의 IPv4 주소가 필요하다 해도 충분할 듯했다.

몇 가지 이유에서 오늘날 필요한 IP 주소의 숫자는 세계 인구를 한참 초과한다. IPv4 주소는 종종 주소 그룹인 네트워크 주소로 할당된다. 사용자를 위해서 네트워크 주소가 회사, 학교, 가정, 카페, 그리고 공항 등의 장소에 할당된다. 사용자가 집에서 카페로, 또는 학교로 이동할 때, 각각의 네트워크에 접근하기 위해서는 서로 다른 IP를 할당받는다. 그래서 대부분은 가는 곳마다 다른 IPv4 주소가 필요하다.

그러나 우리가 그렇게 많은 IP 주소들을 필요로 하는 더 큰 이유는 개인당 인터넷에 연결되는 디바이스 숫자의 증가이다-그리고 항상 인터넷에 접속되어 있어야 하는 사람들의 숫자도 늘어나고 있다. 컴퓨터, 랩톱, 모바일 폰, 태블릿 등 인터넷 접속이 가능한 많은 수의 디바이스가 있다는 것은 분명하다. 또

1 LCA 2011 의 Keynote 중 언급한 것으로(9분 30초경) 다음의 링크를 참고할 수 있다.-옮긴 이
http://mirror.linux.org.au/pub/linux.conf.au/2011/2011-01-25-Tuesday/F509/Keynote_Vinton_G_Cerf.ogv

한, 사용하려면 IP 주소가 필요하다는 것을 인지하지 못하는 케이블/위성 셋톱과 차량 등의 디바이스도 있다. 2016년 초 Cheton Sharma Consulting[1]의 통계를 보면 과거 모바일 폰이 그랬던 것처럼, 미국의 ISP 들이 자신들의 네트워크에 자동차들을 새로 연결하기 시작했다는 것을 알 수 있다.[2] 우리는 이것을 뒤에서 다시 논의할 것이다.

IPv6는 IPv4보다 많은 주소를 제공한다. 앞에서 언급한 것처럼 IPv4는 32-bit 주소 공간으로 4,294,967,296개 혹은 2^{32}개의 주소를 제공한다. 그에 비해 128-bit IPv6 주소 공간은 340간(undecillion)[3] 개의 주소를 제공한다. 340 간이 얼마나 큰 숫자일까? 숫자로 표기하면 "340,282,366,920,938,463,463,374,607,431,768,211,456" 혹은 "2^{128}"이다. IPv6는 거대한-거의 상상하기 어려운-숫자의 주소 공간을 제공한다.

그러나 IPv6는 단지 많은 주소를 지원하는 것으로 끝나지 않는다. IPv6의 설계자들에겐 IP 및 관련 프로토콜을 개선할 기회가 생긴 것이었다. 이 책을 통해 우리는 여타 프로토콜(예를 들면 ICMPv6)과 동반하는 IPv6 상의 개선사항과 많은 변화를 얘기할 것이다.

그동안 많은 사람이 IPv6의 필요성에 대해 회의적이었다. IPv6의 지지자들은 1990년대 중반부터 IPv6 전환에 대한 필요성을 역설해왔다. 그 이후 아직까지도 많은 사람이 IPv6의 필요성을 깨닫지 못하고 있다.

그러나 수 없는 "IPv4 하늘이 무너진다는 예언(언론 보도, 리서치의 예상 등)" 이후, 마침내 IPv6가 네트워크에 적용되는 속도가 증가일로에 있다. IPv6는 이제 Windows, Mac OS, Linux 등 모든 호스트 OS에 기본적으로 활성화되어 있다. Google 안드로이드, Apple iOS, Windows Mobile 등의 모든 모바일 OS에서도 항상 기본으로 IPv6-enabled 상태이다. 모바일 디바이스의 엄청난 숫자 때문에, 이동통신 사업자들은 IPv6 확대에 앞장서고 있다. 예를 들면, World IPv6 Launch measurerments(www.worldipv6launch.org)는 버라이즌 와이어리스(Verizon Wireless)의 전체 트래픽 중 75% 이상이 IPv6[4]를 사용한 것이라는 것을 보여준다. T-모바일은 아예 IPv6-only 망이다.

이들 ISP에서는 IPv4-only 디바이스와 통신할 때 특별한 변환 기술을 쓴다.[5] Microsoft의 Xbox와 Sony의 PlayStation도 IPv6-enabled 디바이스이다. 이제 IPv6는 현실이 되었다.

Note ISP 들의 정보 및 프레젠테이션 자료를 보려면 NANOG(North American Networks Operators' Group) 회의 프레젠테이션 아카이브인 www.nanog.org/archives/presentations[6]에서 IPv6 항목을 검색해 보라.

세계 최대의 미디어 회사인 컴캐스트는 미국 내 대부분 지역을 서비스하는 자사 네트워크 전체에 IPv6를 활성화하였다. 대부분 컴캐스트 지역 고객은 Google, Facebook, Netflix, LinkedIn, YouTube 및 기타 여러 콘텐츠 제공 업체의 서비스를 이용할 때 IPv6를 사용할 수 있다는 사실을 인식하지 못한다. 이

1 미국 시애틀에 있는 모바일, 미디어 분야 경영 컨설팅 및 전략 자문회사-옮긴 이

2 Chetan Sharma Consulting, US Wireless Market Update Q1 2016, www.chetansharma.com/usmarketupdateq12016.htm.

3 undecillion 은 10^36개-옮긴 이

4 World IPv6 Launch Measurements, www.worldipv6launch.org/measurements/.

5 Case Study: T-Mobile US Goes IPv6-Only Using 464XLAT, www.internetsociety.org/deploy360/resources/case-study-t-mobile-us-goes-ipv6-only-using-464xlat/.

6 시일이 경과되어 연결되지 않는 URL이 있을 수 있다.-옮긴 이

글을 쓰는 시점[1]에 인터넷 웹 콘텐츠의 50% 이상을 IPv6를 통해 사용할 수 있다. Verizon Wireless, T-Mobile USA, Sprint Wireless 및 AT&T Wireless 등 4대 미국 이동통신사는 주요 IPv6 지원 콘텐츠 프로바이더로 가는 트래픽을 IPv6로 처리한다.

IPv6는 이제 현실이며 마침내 확대되고 있다. 수년에 걸쳐 알려진 사실들을 생각할 때 IPv6로의 전환 필요성은 무시되기 쉽다. 1996년부터 우리는 IPv6로의 마이그레이션을 왜 시작해야 하는지에 관한 이야기를 들어왔었지만, IPv4 인터넷은 계속해서 살아남아, 심지어는 더 규모가 커졌다.

지금은 무엇이 변했길래 우리가 IPv6로 전환해야 하겠는가? 간단하다. 이제 IPv4 주소가 부족하다. IP 주소에 대한 요구는 현실이다. 사물인터넷(IoT)으로 2020년까지 약 350억 개의 디바이스가 증가할 것으로 예상한다.[2] Amazon AWS 및 Microsoft Azure와 같은 클라우드 서비스는 이미 IPv6를 지원한다. 세계 인구의 약 절반이, 특히 아프리카와 아시아에서 인터넷에 접속하지 못하고 있다. 이미 전 세계적으로 약 55 억대의 휴대전화가 인터넷 연결을 해야 한다. IPv4로는 42억 9천만 개의 주소만 사용할 수 있다는 것을 상기하라. 우리는 현재의 수요와 -미래의 성장을 수용할 만한 IPv4 주소 공간을 가지고 있지 않다. (이 장의 뒷부분에서 IPv4 주소 공간의 고갈과 더 많은 주소의 필요성에 대해 더 상세히 이야기할 것이다.)

아직 IPv6로의 전환을 시작하지 않는 ISP에게는 지금이 IPv6에 적응을 시작할 적당한 시점이다. 여러분이 네트워크 관리자라면 여러분의 Windows, Mac, Linux, Android 및 iOS 클라이언트는 이미 IPv6를 구동하고 있음을 알고 있을 것이다. 최소한 MITM(Man-in-the-Middle) 및 DoS(서비스 거부 공격)를 방지하려면 IPv6 네트워크를 이해하고 보안 정책을 시작해야 한다.

이후의 장은 다음 내용을 포함하는 이슈 사항을 다룬다:

- 왜 IPv6로 전환해야 하는가?
- IPv4 주소 고갈에 대한 단기 해법: CIDR과 사설 IPv4 주소를 사용하는 NAT
- 왜 IPv5는 없는가?
- IPv6 개발 역사
- IPv6에 관한 몇 가지 잘못된 믿음
- IPv6로의 전환

Why Transition to IPv6?

IPv6를 사용하는 장점이 무엇인가? 정말, 누가 관심을 둘까? 여러분이 네트워크 관리자라면 "할 일은 많고 IPv4 네트워크도 잘 동작한다."고 생각할 수 있다. 그리고 현재로서는 여전히 충분한 IPv4 주소를 사용할 수 있다. 그러나 계속해서 IPv6를 무시하면 여러분의 네트워크는 실제적인 비즈니스상 영향을 받기 시작할 것이다. 최소한 IPv6에 대한 무시는 여러분의 네트워크에 위험요소가 될 것이다.

다음 절에서는 이 IPv6의 장점과 IPv6로의 전환을 시작해야 하는 이유를 설명한다:

---

1 2판의 경우 2017년에 출간되었다.-옮긴 이

2 2022년 5월 기준으로 144억 개가 되었다. 다음 링크를 참고하라. https://iot-analytics.com/number-connected-iot-devices/-옮긴 이

- IPv4 주소 고갈
- IPv6-only 고객에 대한 접근
- 더 나은 성능
- 운용 네트워크 보안

IPv4 Address Depletion

다른 방법이 없다. IPv4 주소 공간이 고갈되고 있다. 조만간 네트워크 사업자는 자신들의 네트워크를 IPv6로 전환해야 할 필요가 생길 것이다. 지금 당장은 IPv6를 네트워크에 적용할 준비가 되지 않았더라도 IPv6를 이해하고 있어야 할 이유는 많다.

앞서 말했듯이 IPv4 고갈이 계속됨에 따라 IPv6를 무시하는 선택을 하면 여러분의 사업과 네트워크가 위험에 처하게 된다. IPv4 주소 고갈은 이 장의 뒷부분에서 좀 더 자세히 설명할 것이다.

Access to IPv6-Only Customers

이미 IPv6만 사용하는 곳이 있다. 오늘날 세계의 일부 지역에서 IPv4 주소를 할당받기는 쉽지 않다. IPv4 주소 공간을 사용하는 것이 힘들어짐에 따라 IPv6만 사용하는 것이 점점 더 일상화될 것이다. 이 사용자들로부터 여러분의 네트워크가 고립될 위험성을 원하지 않는다면 네트워크에 IPv6를 활성화하는 것이 점점 더 중요해질 것이다.

그렇다. IPv4-only 네트워크와 IPv6-only 네트워크가 서로 통신할 수 있도록 하는 변환 기술이 있지만, 그건 항상 신뢰할 수 있는 것은 아니며 종종 성능 저하가 동반된다. 또한, 모든 종류의 변환 메커니즘(translation mechanism)은 사용자 경험 품질을 측정하기 어렵게 만들고 특정한 응용 프로그램은 사용 불가능하게 될 가능성이 있다.

Better Performance

향상된 성능은 IPv6 전환의 또 다른 장점이 될 수 있다. 많은 콘텐츠 프로바이더는 IPv6를 통해 상당한 성능 향상을 경험한다. Facebook은 IPv6를 사용하는 뉴스피드의 성능이 20~40% 향상될 것으로 예측한다. Time Warner Cable의 테스트에 따르면 IPv6로 성능이 약 15% 향상되었다. APNIC(Asia-Pacific Network Information Centre)은 IPv6 트래픽은 향상된 라우팅 축약으로 태평양 횡단 링크 상에서 더 빠르다(APNIC, IPv6 Performance-Revisited,blog.apnic.net/2016/08/22/ipv6-performance-revisited/)고 공개했다.[1]

IPv6가 IPv4보다 빠른 원인에 관한 연구는 아직도 진행 중이다. 그러나 ISOC(Internet Society)는 "IPv6 네트워크상의 사용자가 IPv6를 통해 받는 서비스는 NAT 장비나 ALGS(Application-layer gateways)와 같은 미들박스를 거쳐야 하는 일반적인 IPv4 네트워크에 기반한 서비스보다는 더 빠르다는 것은 사실이다."라고 언급했다.[2]

---

1 APNIC, IPv6 Performance?Revisited, blog.apnic.net/2016/08/22/ipv6-performance-revisited/.

2 Internet Society, Facebook News Feeds Load 20-40% Faster over IPv6, www.internetsociety.org/deploy360/blog/2015/04/facebook-news-feeds-load-20-40-faster-over-ipv6/.

이 장의 뒷부분에서 더 자세히 설명하겠지만, NAT(Network Address Translation)는 IPv4 고갈 문제에 대한 영구적인 해결책이 될 수는 없다. 이것은 일시적인 해결책일 뿐이다. 불행히도 NAT는 많은 응용 프로그램에서 오류를 일으키고 지연이 일어난다.

Securing Your Current Network

앞서 언급했듯이 많은 홈 고객은 IPv6 덕분에 성능상의 이점을 누리고 있다. 이는 컴캐스트와 같은 지역 서비스 프로바이더가 모든 지역 고객에게 IPv6를 활성화했기 때문이다. 고객이 컴퓨터와 모바일 단말에서 IPv6를 활성화하기 위해 무언가 해야 했던가? 아무것도 할 필요가 없었다. 이것은 이미 수년에 걸쳐 Windows, Mac OS, Linux, iOS, and Android 같은 모든 주요 운영 체제에서 IPv6가 활성화되었기 때문이다.

프로바이더가 IPv6를 운영하고 있지 않더라도 호스트 운영 체제에서는 IPv6가 활성화된 상태이다. Example 1-1은 IPv4와 IPv6 모두가 구동된 윈도우 호스트를 보여준다. 우리는 윈도우가 듀얼 스택이라 알고 있고, 이것은 호스트가 IPv4와 IPv6 프로토콜을 동시에 구동함을 의미한다. Example 1-1에서 Windows 호스트는 link-local IPv6 주소를 가지고 있음을 확인할 수 있다. (6장, "Link-Local Unicast Address"에서 Link-local 주소를 설명한다) IPv6 디바이스는 구동 시에 IPv6 link-local 주소를 자동으로 생성한다. 그래서 사용자는 아무것도 할 필요 없이 IPv6가 활성화된 윈도우 디바이스를 사용할 수 있다.

Example 1-1 *Windows Running IPv6 by Default*

```
PC> ipconfig
Windows IP Configuration
Ethernet adapter Local Area Connection:
   Connection-specific DNS Suffix  : localdomain
   Link-local IPv6 Address . . . . : fe80::50a5:8a35:a5bb:66e1%7
   IPv4 Address. . . . . . . . . . : 192.168.1.101
   Subnet Mask  . . . . . . . . . . : 255.255.255.0
   Default Gateway. . . . . . . . . : 192.168.1.1
```

Note **ipconfig** 명령으로 확인했을 때 **link-local** 표시 없이 **IPv6 주소**를 보여준다면 이 주소는 인터넷상으로 라우팅 가능한 IPv6 주소인 *global unicast(글로벌 유니캐스트)* 주소이다. Mac OS 및 Linux 디바이스에서 **ifconfig** 명령은 유사한 결과를 보여준다.

호스트 운영 체제는 기본적으로 IPv6가 활성화되어 있으므로 네트워크 관리자가 IPv6에 친숙해지는 것은 중요한 일이 되었다. 네트워크는 IPv4에 대한 DoS, MITM 등과 같은 공격으로부터 보호되어야 하며, IPv6에 대해서도 같은 보호 조치가 되어야 한다. 여러분들은 아니더라도 호스트 운영 체제는 IPv6를 사용하여 통신할 준비가 이미 되어 있다.

IPv4

IPv6에 대해서 좀 더 자세히 설명하기 전에, IPv4의 역사를 살펴보자. IPv4는 인터넷과 대부분 다른 네트워크에서 사용되는 3계층(Layer 3) 프로토콜이다. IPv4는 지난 35년 동안 인터넷 진화의 필수적인 부분이었다. IPv4는 원래 RFC 760(1980년 1월)에 기술되었고 RFC 791(1981년 9월)로 대체되었다.

초창기의 인터넷이 어떠했는지 그때 당시를 상상할 수 있는가? IPv4는 인터넷에 600개 이하의 호스트가 있을 때 도입되었고, 그래서 42억 9천만 개의 주소 공간은 차고 넘치는 것 같았다. 오늘날에도 동일한 패킷 스위칭 개념이 적용되고 있지만, 분명하게 인터넷 사용자 수와 인터넷 사용 방식은 당시와 크게 다르다. 1990년대 초 World Wide Web의 출현에도 전 세계적으로 인터넷 사용자는 약 1,600만 명에 불과했다. 2016년엔 36억 명 이상의 사용자가 되었다. 그리고 1990년대 초에는 사용자들은 하나의 기기만 사용했다. 오늘날 사용자는 여러 대의 기기를 사용한다. 오늘날 전 세계 인터넷에 연결된 총 단말 수는 150억 개다.

IPv4에서 IPv6로 마이그레이션 하는 이유는 이 장의 뒷부분에서 설명한다. 현재의 인터넷은 30년, 10년 심지어 5년 전과는 정말 판이한 것이라는 것을 이해해야 한다. 오늘날의 인터넷은 단순한 웹페이지, 이메일 및 파일 전송 이상의 것이 되었다. 모바일 디바이스 및 P2P 네트워킹의 폭발적인 성장과 인터넷을 사용할 수 있는 소비재[1]의 영향으로 우리는 단순한 컴퓨터의 인터넷으로부터 *사물인터넷(Internet of Things, IoT)*으로 전환했다. 원래 IoT의 아이디어는 식별 및 목록화 목적으로 RFID(radio-frequency identification) 태그가 있는 각각의 물체에 중점을 둔 것이다. 이후 스마트 그리드, 스마트 커넥티드 시티, 홈 오토메이션, 자동차 컴퓨팅을 포괄하는 훨씬 거대한 네트워크로 진화했다. IoT의 새로운 성장 방향은 웨어러블 디바이스로서 심박 수 측정에서부터 사람의 팔 위에 스마트폰의 화면을 투사하는 것까지의 모든 디바이스를 통칭한다.

IPv4 Address Depletion

> *"IPv4 주소의 고갈은 IPv6 적용 계획을 수립해야 하는 이유이다. IPv6 구현은 줄어드는 IPv4 pool 공간에 대한 유일하고 실행 가능한 해결책이다."*
>
> —American Registry for Internet Numbers (ARIN)

인터넷에 접속하는 인구수는 급격히 증가하고 있다. NAT와 같은 단기 해결책을 사용하고 있지만, 우리가 가용할 수 있는 공인 IPv4 주소는 마지막에 와 있다. Table 1-1은 2016년 6월 30일 현재 IPv4 주소 할당에 관해 흥미 있는 사실을 보여주는 몇 가지 세계 인터넷 사용률 및 인구 통계를 제공한다. 북미의 인터넷 보급률은 약 89%이다. 이것은 북미 인구의 대부분이 인터넷을 사용한다는 것을 의미한다. 반면 아시아의 보급률은 약 46%에 머무른다. 문제는 두 모집단을 비교할 때 명백해진다. 북미의 인구는 약 3억 6천만 명이고, 아시아는 40억 명이다. 아시아, 아프리카 및 기타 지역의 인터넷 연결이 증가하면 NAT를 사용하더라도 IPv4로는 감당할 수 없다.

---

1 냉장고, 에어컨, 로봇청소기 등-옮긴 이

Table 1-1 *World Internet Usage and Population Statistics as of June 30, 2016*

World Region	Population (2016 Est.)	Population % of World	Number of Internet Users	Penetration Rate	Growth 2000-2016
Africa	1,185,529,578	16.2%	340,783,342	28.7%	7,448.8%
Asia	4,052,652,889	55.2%	1,846,212,654	45.6%	1,515.2%
Europe	832,073,224	11.3%	614,979,903	73.9%	485.2%
Latin America/ Caribbean	626,119,788	8.5%	384,751,302	61.5%	2,029.4%
Middle East	246,700,900	3.4%	141,489,765	57.4%	4,207.4%
North America	359,492,293	4.9%	320,067,193	89.0%	196.1%
Oceania/Australia	37,590,820	0.5%	27,540,654	73.3%	261.4%
World total	7,340,159,492	100.0%	3,675,824,813	50.1%	918.3%

Note: The Internet penetration rate is the percentage of the population of a country or region that uses the Internet.

Source: The information in this table was obtained from www.internetworldstats.com,

또 인터넷에 연결된 디바이스의 수가 놀라울 정도로 증가했다. Global WebIndex는 사용자가 1인당 3.64 대의 기기를 소유하고 있으며, 이 숫자는 매년 증가하고 있다고 추정한다.[1] 인터넷 미디어 디바이스, 스마트 TV, 스마트 홈 디바이스, 웨어러블 및 기타 IoT 디바이스를 집계해 보면 놀라운 수의 디바이스가 인터넷 연결이 필요하다는 것을 알 수 있다. 이 숫자는 IPv4가 수용할 수 있는 것보다 훨씬 큰 숫자이다.

IANA(Internet Assigned Numbers Authority)는 IPv4 주소를 /8 주소 블록 단위로 5개의 RIR(Regional Internet Registry)에 할당한다. (IANA는 IPv6 주소 공간을 RIR에 할당하는 역할도 담당한다) 이 주소 공간을 이용하여 RIR은 IPv4 네트워크 주소를 ISP 및 기타 최종 고객에게 재분배한다. 5개의 RIR과 이들이 관리하는 지역은 다음과 같다:

- **African Network Information Centre (AFRINIC):** 아프리카
- **American Registry for Internet Numbers (ARIN):** 미국, 캐나다, 카리브해 지역의 일부분, 남극대륙
- **Asia-Pacific Network Information Centre (APNIC):** 아시아, 오스트레일리아, 뉴질랜드와 이웃한 나라들
- **Latin America and Caribbean Network Information Centre (LACNIC):** 중앙아메리카, 남아메리카, 카리브해 지역의 대부분
- **Réseaux IP Européens (RIPE) Network Coordination Centre:** 유럽, 중동, 중앙아시아

1 GlobalWebIndex, Digital Consumers Own 3.64 Connected Devices, www.globalwebindex.net/blog/digital-consumers-own-3.64-connected-devices.

2011년 1월 31일 IANA는 아시아 태평양 지역의 RIR인 APNIC에 두 블록의 IPv4 주소 공간인 39.0.0.0/8과 106.0.0.0/8을 마지막으로 할당했다. 이 결과로 남아있던 5개의 /8 주소를 5개의 RIR[1]에 균등하게 분배되도록 하는 IANA 정책이 나오게 되었다. 이 시점에서 IANA는 IPv4 주소를 소진하였다.

2015년 9월 24일 북미의 RIR인 ARIN은 공식적으로 IPv4 주소를 소진하였다. 현재 5곳의 RIR 중 4곳에는 더 할당 가능한 IPv4 주소가 없다. AFRINIC은 여전히 충분한 IPv4 주소[2]를 가지고 있지만, 세계의 다른 곳에 뒤처지지 않게 하고자 권역 내 국가에 IPv6 및 IPv4 주소 모두 서비스하도록 강력히 권고하고 있다.[3]

이것이 최종 사용자가 더는 IPv4 주소를 사용할 수 없다는 의미인가? 아니다. 고객은 여전히 대부분 ISP로부터 IPv4 주소를 할당받을 수 있다. 그러나 많은 ISP에서 IPv4는 심각하게 부족한 상태이다. IPv4 주소 고갈 상황에서 IPv4 주소에 대한 "회색시장(gray market)"이 출현했다. 다수 웹사이트가 IPv4 주소 공간을 팔거나 임대하려는 조직을 위한 브로커 역할을 하고 있다. ISOC[4]는 구매자와 판매자가 이런 행위에 대해 네트워크 운영이나 보안이 손상되지 않도록 적절한 RIR 프로세스를 통한 것인지 확인해야 한다고 명시했다.

이 장의 뒷부분에서 우리는 IPv6가 제공하는 몇 가지 장점을 살펴볼 것이다. 그러나 IPv6로 전환해야 하는 가장 강력한 이유는 간단하게 말해 IPv4 주소가 부족하기 때문이다. IPv6의 킬러 애플리케이션은 IPv6-현재의 기술을 보호하고 미래의 성장과 혁신을 가능하게 하는-그 자체이다.

지난 몇십 년 동안의 42억 9천만 개의 IPv4 주소할당에는 약간의 비효율이 있었다. 전체 IPv4 주소 공간을 보다 효율적인 방식으로 재할당할 수 있다고 하더라도 이는 매우 단기적인 해결책이 될 것이다. IPv6를 반대하는 사람들은 IPv6로의 마이그레이션을 준비하지 않고 IPv4를 확장하여 사용하는 방법을 계속해서 찾고 있다. 이것은 *타이태닉호의 갑판 의자를 재배치하는 것*[5]과 같다고 흔히들 얘기한다. 그것은 잠깐 상황을 조금 편안하게 만들 수는 있어도, 얼마 지나지 않아 곤경에 처해 있음을 알게 될 것이다.

Bob Kahn과 Vint Cerf가 IPv4와 32-bit 주소를 포함하는 TCP/IP(Transmission Control Protocol/Internet Protocol) 프로토콜들을 개발했을 때 그들은 오늘날과 같이 될 것이라고 상상하지 못했다. 이제 인터넷은 통신뿐만 아니라 다양한 경제적, 사회적, 정치적, 교육적 이유로 많은 사람이 의존하는 중요한 존재가 되었다.

IPv4 주소의 고갈은 World Wide Web이 출현하기도 전인 1990년대 초에 예측되었다. 그리고 World Wide Web의 출현으로 인터넷 사용 인구의 규모와 다양성이 폭발적으로 증가했다. 인터넷을 사용하는 사람들은 더는 파일 전송 프로토콜(FTP), 뉴스 그룹 및 유닉스와 같은 다소 복잡하고 직관적이지 않은 도구를 사용하고 대중에 알려지지 않은 글로벌 네트워크를 탐색하는, 컴퓨터에 능숙한 일부 작은 사용자 그룹에 국한되지 않는다. Tim Berners-Lee가 제네바에 있는 CERN(유럽 핵 연구 기구)에서 HTTP(Hypertext Transfer Protocol)를 개발하고, Urbana-Champaign에 소재한 일리노이대학교 국립 슈퍼 컴퓨팅 응용 프로그램 센터(National Center for Supercomputing Applications)에서 Marc Andreessen과

---

1 2012년 2월에 /8 길이 102,103,104,179,185 대역을 할당한 것으로 보인다.-옮긴 이

2 IPv4 Address Report, www.potaroo.net/tools/ipv4

3 APRINIC IPv6 Programme, afrinic.net/services/ipv6-programme

4 Internet SOCiety-옮긴 이

5 임박한 재앙 앞에서 헛된 행동을 하는 것을 묘사할 때 주로 사용하는 관용어-옮긴 이

그의 팀이 최초의 웹 브라우저인 Mosaic를 개발하면서 모든 것이 갑자기 변했다. 그 이전엔 개인 컴퓨터를 소유하지 않았던 사람이 이젠 인터넷에 접속하게 되었다. 42억 9천만 개의 주소가 오래가지 못하리라는 것이 분명해지고 있었다.

그래서 1990년대 초, Internet Engineering Task Force (IETF)는 IP Next Generation(차세대 IP)이라고 알려진 IP의 새로운 버전을 개발하기 시작했고 이것이 나중에 IPv6가 되었다. 그러나 IPv6는 장기간에 걸친 해결책이었고, 당장은 단기적인 해결책이 필요했다. 몇 가지 단기 해결책이 시행되었다. 다음 절에서 설명할 가장 중요한 두 가지는 CIDR(Classless Inter-Domain Routing)과 사설 IPv4 주소를 사용하는 NAT이다.

CIDR

초기에 IPv4 네트워크 주소는 다음 3가지 class 중의 하나를 사용하여 할당되었다. Table 1-2는 Class A, Class B 혹은 Class C를 보여주고 있다.

Table 1-2 *Classful Unicast IPv4 Addresses*

Address Class	First Octet Range	Number of Possible Networks	Number of Hosts per Network
Class A	0 to 127	128 (2 are reserved)	16,777,214
Class B	128 to 191	16,384	65,534
Class C	192 to 223	2,097,152	254

전체 5개의 서로 다른 Class가 있다.

- **Class A:** 255.0.0.0 혹은 /8의 서브넷 마스크를 가진다.
- **Class B:** 255.255.0.0 혹은 /16의 서브넷 마스크를 가진다.
- **Class C:** 255.255.255.0 혹은 /24의 서브넷 마스크를 가진다.
- **Class D:** multicast 용도로 사용된다.
- **Class E:** 시험용이다.

/8의 mask를 사용하는 Class A 네트워크는 각각 총 16,777,214(2^{24}) 개의 호스트를 사용할 수 있다. (네트워크 및 브로드캐스트 주소용으로 2개의 주소가 예약되어 있다.) 128(2^7)개의 Class A 네트워크와 네트워크당 엄청난 수의 호스트는 Figure 1-1과 같이 전체 IPv4 주소 공간의 50%를 차지한다.

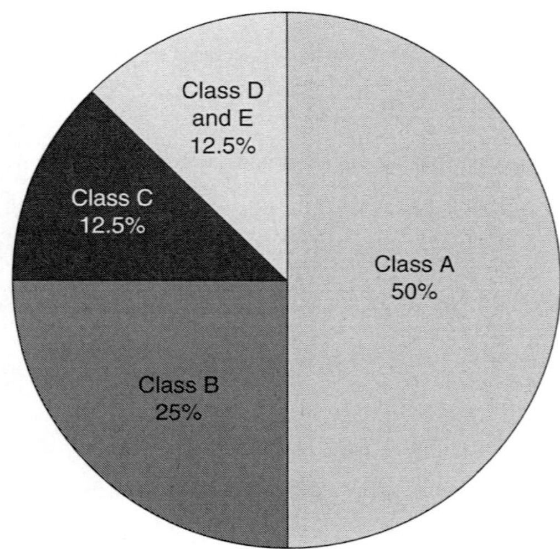

Figure 1-1 *Classful IPv4 Address Allocation*

Class B 네트워크는 /16 mask가 적용되며 네트워크 당 65,534(2^{16}) 개의 호스트를 사용할 수 있다. 16,384(2^{14}) Class B 네트워크는 전체 IPv4 네트워크의 25%에 해당한다.

Class C 네트워크는 /24 mask가 적용되며 각 Class C 네트워크 당 254(2^8) 개의 호스트를 사용할 수 있다. 2,097,152(2^{21}) 개의 Class C 네트워크를 사용할 수 있지만, 이것은 전체 가용한 IPv4 주소 공간의 12.5%만을 차지한다.

네트워크 관리자는 이들 3가지 Class 중 하나에서 네트워크 주소를 부여받을 수 있었기 때문에 매우 비효율적인 방법으로 주소를 할당하게 되었다. 대부분 Class A 및 B 네트워크에는 엄청난 수의 미사용 주소가 있게 되는데, 대부분 Class C 네트워크는 상대적으로 매우 적은 수의 주소를 갖고 있다.

1992년에 IETF는 이 할당 방법을 CIDR(Classless Inter-Domain Routing, *cider*로 발음한다)로 대신했고, 이것은 RFC 1338에 기술된 후 RFC 1519로 대체되었다. 네트워크 주소는 이제 3가지 Class 중의 하나에 기반하여 할당되지 않는다. 주소는 이제 임의 크기의 마스크로 할당될 수 있고 Figure 1-2가 이를 보여 준다. (Figure 1-2는 네트워크 및 브로드캐스트 주소까지 포함하여 가능한 호스트 주소의 총 개수를 표시한다.) 이는 프리픽스 길이를 /8(Class A), /16(Class B), /24(Class C)로 제한하여 할당하는 것과는 확연히 다르다. 추가적인 프리픽스 길이는 RIR과 ISP가 고객에게 주소를 할당하는 데 더 많은 유연성을 주고, 제한된 IPv4 주소 공간의 효율적인 분배를 가능하게 했다.

Class A	**11111111.00000000.00000000.00000000**	**/8 (255.0.0.0)**	**16,777,216 host addresses**
	11111111.10000000.00000000.00000000	/9 (255.128.0.0)	8,388,608 host addresses
	11111111.11000000.00000000.00000000	/10 (255.192.0.0)	4,194,304 host addresses
	11111111.11100000.00000000.00000000	/11 (255.224.0.0)	2,097,152 host addresses
	11111111.11110000.00000000.00000000	/12 (255.240.0.0)	1,048,576 host addresses
	11111111.11111000.00000000.00000000	/13 (255.248.0.0)	524,288 host addresses
	11111111.11111100.00000000.00000000	/14 (255.252.0.0)	264,144 host addresses
	11111111.11111110.00000000.00000000	/15 (255.254.0.0)	131,072 host addresses
Class B	**11111111.11111111.00000000.00000000**	**/16 (255.255.0.0)**	**65,536 host addresses**
	11111111.11111111.10000000.00000000	/17 (255.255.128.0)	32,768 host addresses
	11111111.11111111.11000000.00000000	/18 (255.255.192.0)	16,384 host addresses
	11111111.11111111.11100000.00000000	/19 (255.255.224.0)	8,192 host addresses
	11111111.11111111.11110000.00000000	/20 (255.255.240.0)	4,096 host addresses
	11111111.11111111.11111000.00000000	/21 (255.255.248.0)	2,048 host addresses
	11111111.11111111.11111100.00000000	/22 (255.255.252.0)	1,024 host addresses
	11111111.11111111.11111110.00000000	/23 (255.255.254.0)	512 host addresses
Class C	**11111111.11111111.11111111.00000000**	**/24 (255.255.255.0)**	**256 host addresses**
	11111111.11111111.11111111.10000000	/25 (255.255.255.128)	128 host addresses
	11111111.11111111.11111111.11000000	/26 (255.255.255.192)	64 host addresses
	11111111.11111111.11111111.11100000	/27 (255.255.255.224)	32 host addresses
	11111111.11111111.11111111.11110000	/28 (255.255.255.240)	16 host addresses
	11111111.11111111.11111111.11111000	/29 (255.255.255.248)	8 host addresses
	11111111.11111111.11111111.11111100	/30 (255.255.255.252)	4 host addresses
	11111111.11111111.11111111.11111110	/31 (255.255.255.254)	2 host addresses
	11111111.11111111.11111111.11111111	/32 (255.255.255.255)	"Host Route"

Figure 1-2 *Classless IPv4 Address Allocation*

NAT with Private Addresses

사설 IPv4 주소와 함께 NAT를 사용하는 것은 지난 세월 동안 IPv4가 오랫동안 살아남을 수 있었던 부정할 수 없는 이유이며, 이는 IPv6 전환이 지연된 사유이다. NAT는 IPv4 고갈 문제의 단기적인 해결책이지만, 20년 이상 동안 거의 모든 사용자 네트워크에서 사용되는 중요한 도구였다.

다음의 사설 IPv4 주소는 RFC 1918에 의해 기술되었다:

- 10.0.0.0-10.255.255.255 (10.0.0.0/8)
- 172.16.0.0-172.31.255.255 (172.16.0.0/12)
- 192.168.0.0-192.168.255.255 (192.168.0.0/16)

가정의 많은 라우터[1]에서 NAT를 구동할 때 사용하는 192.168.0.0 또는 10.0.0.0 주소를 많은 사람이 알고 있을 것이다.

사설 IPv4 주소를 사용하는 내부 네트워크의 다수 호스트가 공인 인터넷망에 접근할 때, NAT를 사용해서 하나 이상의 공인 IPv4 주소를 공유할 수 있다. 공인 IPv4 주소는 글로벌 인터넷에서 라우팅 되는 주소이다. 대개 하나 또는 몇 개의 공인 IPv4 주소만으로도 네트워크를 인터넷에 연결하는 것이 가능하다. 네트워크는 사설 IPv4 주소 공간을 사용해서 내부적으로 최대 1,600만 개의 주소를 사용할 수 있

1 일반적으로 공유기를 의미한다.-옮긴 이

다. 일반적으로 하나의 공인 IPv4 주소를 사용하여 수백 또는 수천 개의 내부 사설 IPv4 주소를 변환(translate)할 수 있다. NAT는 RFC 1631 *"The IP Network Address Translator (NAT)"*에 최초 기술되었다.

Note 공인 IPv4 주소는 인터넷 연결을 제공하는 장비[1]에 의해 공인 인터넷으로 라우팅 되는 주소이다.

IANA(Internet Assigned Numbers Authority)는 RFC 1918에 기술된 것과 같이 세 개의 주소 대역을 사설 IPv4 주소로 정의해서 할당했다. 이 사설 네트워크 주소는 사설 네트워크 내 디바이스에 할당될 수 있지만, 공인 네트워크를 통해 라우팅 될 수 없다. 트래픽의 사설 IPv4 주소는 공인 IPv4 주소로 변환되어야 인터넷에 연결된 라우터에 의해 포워딩 될 수 있다.

Note 지금까지 일반적인 용도로 사용하는 경우를 설명했지만, NAT는 사설과 공인 IPv4 주소 사이 변환을 하기 위해서만 사용하는 것이 아니다. 어떠한 주소 쌍[2]간의 주소 변환에도 사용할 수 있다.

Note RFC 6598 *"IANA-Reserved IPv4 Prefix for Shared Address Space"*는 공유(shared) 주소 공간의 또 다른 블록인 100.64.0/10[3]을 할당하였다. 이 공유 주소 공간은 서비스 프로바이더 네트워크에서 사용하기 위한 것으로 RFC 1918의 사설 주소 공간과는 구분된다. 그렇지만 이 블록도 RFC 1918의 사설 주소 공간과 유사한 방식[4]으로 사용될 수 있다.

"Port Address Translation(PAT)"은 서로 다른 TCP/UDP 포트 번호를 사용하여 여러 IPv4 주소를 하나의 IPv4 주소에 매핑하는 동적 NAT의 한 형태이다. PAT는 NAPT(network address port translation), NAT 오버 로딩, 단일 주소(single-address) NAT, 포트-레벨 다중화 NAT라고도 한다. PAT를 사용하여 사설 네트워크의 각 컴퓨터를 하나의 공인 IPv4로 변환할 수 있는데 서로 다른 송신(source) 포트 번호가 할당된다. 이 책에서 NAT이라는 용어가 언급될 때는 PAT도 포함해서 말하는 것이다.

Figure 1-3은 NAT의 예를 보여준다. 이 경우 가정 내 네트워크의 각 디바이스는 RFC 1918 사설 주소인,-예를 들면 192.168.1.0/24 주소-를 할당받는다. 사용자의 공유기는 NAT를 수행하여 모든 패킷의 IP를 하나의 공인 IPv4 주소로 변환한다.

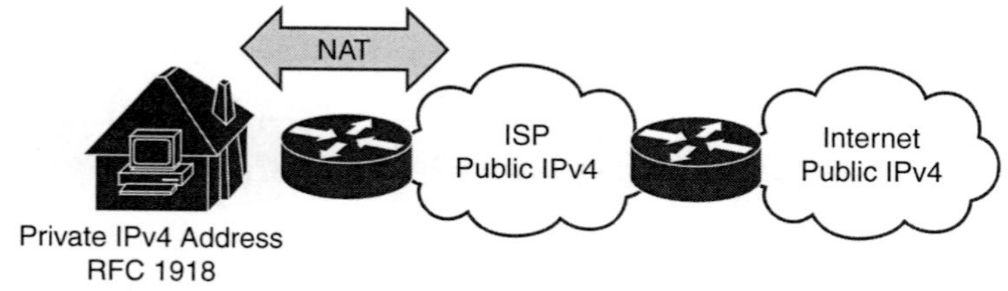

Figure 1-3 *Basic NAT for IPv4*

---

1 대개의 경우 ISP의 가입자 수용 라우터-옮긴 이

2 사설과 사설, 공인과 공인 등-옮긴 이

3 뒤에 언급되지만 이 대역을 CGN(carrier-grade NAT) 혹은 LSN대역이라고 부른다.-옮긴 이

4 이 대역을 가정의 공유기 내부나 기업 내부망 IP로 사용해서는 안 된다. ISP가 이 대역을 자체망 내에서 사용하므로 겹칠 수 있다. 물론 글로벌 인터넷으로 라우팅을 전파하지 않는다. -옮긴 이

많은 경우에 공인 IPv4 주소는 라우터의 인터넷 대향 인터페이스의 IP이다. 가정 내 디바이스는 일반적으로 Facebook 또는 Amazon과 같은 공인 IPv4 주소를 사용하는 인터넷의 서버와 통신을 하는 클라이언트이다. 서버가 클라이언트의 요청에 응답하면 가정 내 공유기는 응답 패킷의 목적지 공인 IPv4 주소를 클라이언트가 사용하는 본래의 IPv4 주소로 변환한다.

Problems with NAT

공인 IPv4 주소 공간을 아껴야 하는 상황 때문에 NAT가 가진 몇 가지 문제를 무시하는 경향이 있다. RFC 1631은 NAT의 부정적인 영향에 대해서 다음과 같이 경고하고 있다. "NAT는 호스트를 식별하지 못하도록 한다." 이것은 privacy의 장점이 있지만, 일반적으로 부정적인 영향을 끼친다. NAT는 단기적인 해결책으로 고안되었지만, 오늘날의 네트워크에서 아주 일상적인 도구가 되었다.

이는 NAT가 제대로 동작하게 하려면 라우터, 애플리케이션 게이트웨이, 기타 디바이스들이 추가적인 처리를 수행해야 한다는 것을 의미하며, 이로 인한 지연도 발생시킨다. 다음은 NAT와 관련한 주요 이슈들이다.

- **Checksum recalculations(체크섬 재계산):** TCP 세그먼트가 전달될 때, IPv4 헤더가 변경되면 IPv4 체크섬이 다시 계산되어야 한다.
- **ICMP manipulation(ICMP 처리):** Destination Unreachable 메시지와 같은 많은 ICMP 메시지는 원래의 IPv4 헤더를 응답 ICMP 메시지 내 페이로드에 포함한다. 원래의 IPv4 주소가 NAT에 의해 변환된 상태이므로 NAT 장비는 페이로드에 포함된 주소도 마찬가지로 변환해야 한다.
- **IPsec issues(IPsec 문제):** NAT는 IPsec(Internet Protocol Security, 인터넷 보안 프로토콜)을 transport(전송) 모드로 사용할 때 복잡한 문제를 유발한다. IPsec AH(Authentication Header, 인증 헤더)를 사용할 경우 패킷이 전달되는 도중에 수정되어야 하므로 NAT 변환은 인증 헤더의 무결성을 깨뜨린다. NAT는 TCP/UDP 체크섬을 수정하므로 반대쪽 종단에서 무결성 검사가 실패한다. 따라서 NAT와 IPsec transport 모드를 같이 사용할 수 없다. 터널 모드에서는 동작할 수 있지만, 이 경우에도 문제는 있을 수 있다.
- **Breaking end-to-end reachability(종단 간 도달성 파괴):** NAT는 인터넷의 핵심 원칙 중 하나인 종단 간 도달성에 문제를 유발한다. 대부분 사용자는 주로 클라이언트/서버 구조로 인터넷을 사용하므로 이것이 문제가 되지 않는다. 일반적으로 인터넷에는 웹페이지, 이메일, 음악과 같은 콘텐츠를 다운로드하려는 사용자들이 대다수이다. 그러나 웹이 스카이프와 같은 화상회의 응용 프로그램 및 가정을 원격으로 관리하는 스마트 홈 IoT 응용 프로그램과 같은 양방향 매체로 지속해서 전환되고 있어 이 상황이 바뀌고 있다. NAT는 사설 IPv4 주소를 가진 디바이스에 접근을 어렵게 만든다. 그러므로 peer-to-peer, IoT 및 기타 많은 유형의 서비스는 중계 디바이스[1]를 필요로 하며, 이는 양쪽 종단 디바이스가 연결될 수 있도록 공인 IPv4 주소를 갖는 일종의 서버가 된다-이는 결국 순수한 종단 간 도달성을 깨뜨린다. 포트 포워딩과 같은 방법으로 사설 IPv4 주소를 가진 디바이스에 직접 접근할 수는 있지만, 또 다른 단계의 복잡성과 잠재적 문제가 추가된다.

---

1 서비스를 매개하는-옮긴 이

- **Performance:** 패킷이 나갔다가 응답 패킷이 돌아오는 과정에 주소를 변환해야 하는 프로세스로 지연을 유발한다. 이는 CGN(carrier-grade NAT)을 사용하는 경우와 같이 NAT를 한 번 이상 수행해야 하는 경우 특히 문제가 된다.

많은 서비스 프로바이더는 IPv4 주소 공간을 아끼기 위해 또 다른 방법으로 LSN(Large-Scale NAT)이라고도 하는 CGN을 사용한다(Figure 1-4를 보라). CGN을 사용하면 사용자 네트워크에 공인 IPv4 주소를 할당하는 대신 NAT를 사용하여 사용자의 사설 IPv4 주소를 또 다른 사설 IPv4 주소[1]로 변환하여 네트워크에 연결한다. ISP는 일반적으로 RFC 6598 주소를 사용한다.

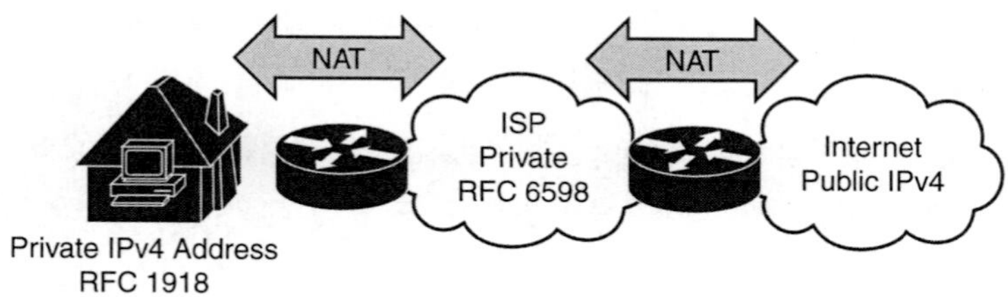

Figure 1-4 *Carrier-Grade NAT*

ISP가 이 패킷을 또 다른 ISP(공인 IPv4 인터넷)로 전달할 때 NAT가 다시 한번 수행되고, 이때에는 RFC 6598 주소를 공인 IPv4 주소로 변환한다. 응답 패킷에 대해 이 프로세스가 역으로 적용된다. 여러분들이 상상할 수 있듯이, 이로 인해 복잡해지고 패킷에 지연이 더해진다. 포트 포워딩에 익숙한 사람들에게도 CGN은 더 어려운 문제가 된다. (포트 포워딩은 데이터 트래픽에 간섭하여 특정 디바이스로 데이터를 재지향(redirection)하기 위해 IP 주소와 TCP/UDP 포트 번호의 조합을 수정하는 프로세스이다.)

NAT is Not Security

많은 이들이 NAT에 보안상 장점이 있다고 주장한다. NAT는 확실히 보안과 유사한 효과를 내지만, NAT 자체가 보안 기능은 아니다. IETF는 결코 보안 기능 때문에 NAT를 사용하도록 한 것이 아니다. 또한, 많은 이들이 NAT가 실제로 네트워크의 보안을 약화하고 자체적으로도 보안 문제를 가지고 있다고 주장하고 이를 입증했다. RFC 1631은 "NAT reduces the number of options for providing security(NAT는 제공할 수 있는 보안 선택지를 줄인다.)" 라고 명시했다. 또 다른 훌륭한 참고 자료는 RFC 2993 "*Architectural Implications of NAT*"이다.

그러나 NAT의 보안상 장점 중 하나인 "외부로부터 내부 사설 IPv4 주소를 숨겨준다"라는 *사실*을 무시할 수는 없다. 이로 인해 공인 인터넷에서 사설 네트워크 주소에 접근하는 것은 매우 어렵다. 이 주제에 대해 너무 깊이 들어가지 않겠지만, 이러한 명백한 보안성을 제공하는 것은 NAT가 아니다. 보안 기능을 제공하는 원인이 되는 사유는 NAT가 "*상태(state)*"를 필요로 하기 때문이다. NAT 디바이스는 어떤 사설 주소와 포트 번호가 어떤 공인 주소 및 포트 번호에 매핑되는지 알고 있어야 한다. 이 상태 유지(statefulness) 기능은 NAT를 구동하는 모든 디바이스가 상태 기반 방화벽(stateful firewall)으로 동작함을 의미한다.

---

1 CGN 주소를 의미한다.-옮긴 이

네트워크에 보안을 제공하는 것은 stateful firewall이나 혹은 다른 유형의 보안 기기라는 데 우리는 모두 동의할 수 있을 것이다. 무엇보다도 NAT가 네트워크에 필요하다고 생각하는 보안을 정말 제공한다면 우리는 바이러스, 멀웨어, 랜섬 또는 우리의 디바이스를 괴롭히는 여타 문제를 겪고 있지 않을 것이다. NAT 뒤에 숨겨진 대부분 디바이스는 악성 이메일 첨부 파일에 감염되고 이로 인해 사용자는 악성 웹사이트에 접근하고 감염된 파일을 다운로드하며 피싱에 속아서 가짜 바이러스 백신 소프트웨어를 사용하게 된다.

NAT의 알려진 보안 특징과 더 자세한 내용은 다음 주제와 아주 재미있는 비디오를 참고하라.

- **"Is NAT a Security Feature?" by Ivan Pepelnjak:** blog.ipspace.net/2011/12/ is-natsecuri-ty-%20feature.html
- **"IPv6 Security Myth #3--No IPv6 NAT Means Less Security" by Chris Grundemann:** www.internetsociety.org/deploy360/blog/2015/01/ipv6-security-myth-3-no-ipv6-nat-means-less-security/
- **"'Fanboy' Series--IPv6 and NATs" by Andrew Yourtchenko:** www.youtube.com/watch?v=v26BAlfWBm8

IPv6를 위한 NAT가 있는가? 있다. 그렇지만, IPv4의 NAT와 같지 않다. IPv6 NAT 버전 대부분은 IPv6와 IPv4 간의 프로토콜 변환과 관련이 있다. NAT66(오래전에 만료된 RFC 초안에서 기술되었다. "tools.ietf.org/html/draft-mrw-behave-nat66-02"를 참고하라)과 NPTv6(RFC 6296에 기술되었다)는 2개의 IPv6 주소 간의 변환에 사용된다. NAT66과 NPTv6는 둘 다 공인 IPv6 주소와 사설 IPv6 주소 간 상태 기반 변환을 목적으로 한 것이 아니며, 주소의 독립성을 지원하도록 고안된 것이다. 다양한 IPv6 NAT 옵션은 17장 "Deploying IPv6 in the Network"에서 자세히 설명한다.

NAT Example

Figure 1-5는 NAT를 사용하는 네트워크 예이다. XYZ 사의 공인 IPv4 주소는 209.165.200.248/29이다. 이 회사는 호스트 주소로 209.165.200.249에서 209.165.200.254까지 6개를 사용할 수 있다. XYZ 사는 수백 대의 호스트가 있으며 모든 호스트는 주어진 시간에 인터넷에 접근할 수 있어야 한다. 이 회사는 공인 IPv4 주소를 6개만 가지고 있으므로 사설 IPv4 주소와 NAT를 사용하여 인터넷 액세스 요구사항에 대응한다.

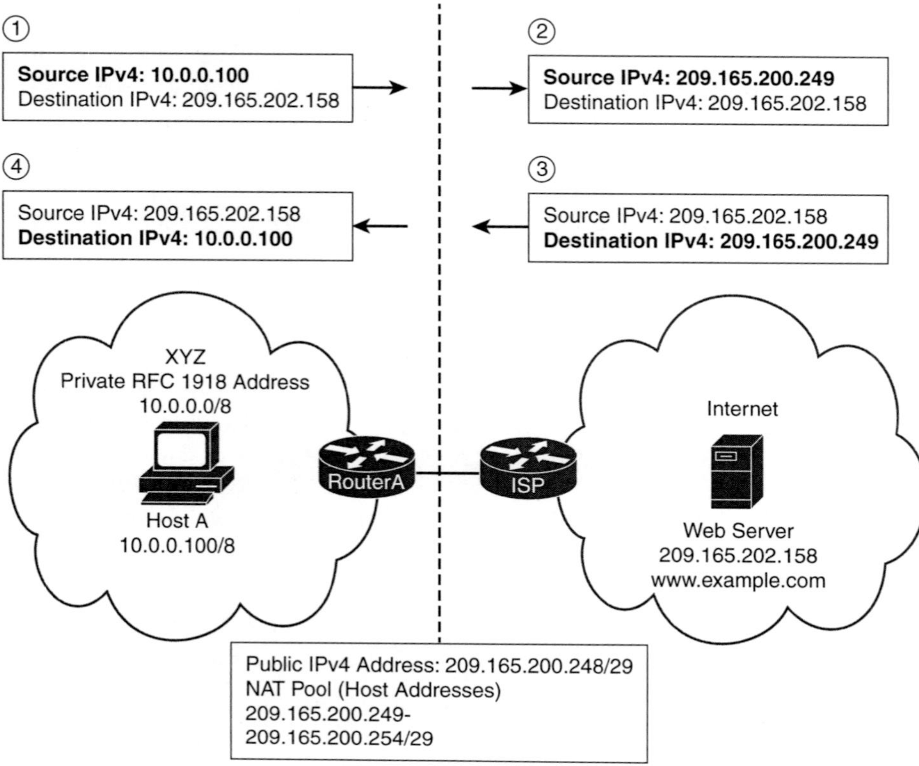

Figure 1-5 *Example of IPv4 NAT*

XYZ 사의 네트워크 관리자는 사설 네트워크 주소 10.0.0.0/8을 사용하여 내부 네트워크를 구성하였다. 이렇게 해서 이 회사에서 필요한 충분한 IPv4 주소 숫자를 제공할 수 있다. 라우터 A는 XYZ 사의 라우터이며 ISP 라우터와 접속하여 내부 사설 네트워크의 패킷을 인터넷으로 포워딩한다. Figure 1-5의 각 단계는 NAT가 사설 IPv4 주소를 공인 IPv4 주소로 변환하는 방법을 보여준다. 쉽게 설명하기 위해 PAT의 일부인 포트 변환은 그리지 않았다.

Step 1. XYZ 사 네트워크의 호스트 A는 송신 IPv4 주소가 10.0.0.100이고 목적지 IPv4 주소가 209.165.202.158인 패킷을 www.example.com인 웹서버로 보낸다.

Step 2. 라우터 A는 패킷을 수신하여 ISP 라우터로 패킷을 포워딩하기 전에 NAT 변환을 수행한다. 라우터 A는 패킷의 사설 송신 IPv4 주소 10.0.0.100을 공인 주소 209.165.200.249로 바꾼다. 라우터는 NAT 프로세스 일부로 패킷의 송신 TCP/UDP 포트 번호를 바꿀 수도 있다. (다시 한번 언급하지만, 간단하게 설명하기 위해 PAT는 생략하겠다) 라우터 A는 모든 주소와 포트 할당을 추적하는 NAT 테이블을 유지하며 이렇게 해서 "Step 4"의 응답 트래픽에 대해 패킷의 목적지 IP와 포트 번호를 본래의 주소와 포트 번호로 돌려놓는데 사용할 수 있다.

Step 3. www.example.com 웹서버는 송신 IPv4 주소가 209.165.202.158이고 목적지 IPv4 주소가 209.165.200.249인 패킷으로 호스트에 응답한다.

Step 4. 라우터 A는 호스트 A로 가야 하는 응답 패킷을 수신한다. 라우터 A는 NAT 테이블에서 목적지 IPv4 주소와 포트를 확인하고 본래의 주소인 10.0.0.100과 포트 번호로 패킷의 수신 정보를 수정하여 포워딩한다.

What About IPv5?

IPv5는 어떻게 된 것인가? 인터넷에는 홀수 혹은 소수 관련해 피해야 될 만한 사항이 없다.[1] 1970년대 후반에 인터넷 스트림 프로토콜(ST, Internet Stream Protocol) 및 이후 ST2로 알려지게 되는 일련의 실험 프로토콜이 연구되고 있었다. 원래는 IEN-119(1979)였고, 나중에 RFC 1190과 RFC 1819에서 ST로 개정되었다.

ST는 비디오 및 음성과 같은 실시간 멀티미디어 애플리케이션에 QoS(Quality of Service, 서비스 품질)를 제공하기 위한 실험적인 자원 예약 프로토콜(resource reservation protocol)이었다. ST는 ST(Internet Stream Protocol)와 SCMP(Stream Control Message Protocol)의 두 가지 프로토콜로 구성되었다. 인터넷 스트림 프로토콜 Version 2(ST-II 혹은 ST2)는 IPv4를 대체하기 위해 고안된 것이 아니다. 개념은 멀티미디어 응용 프로그램들이 패킷 전송을 위해 기존의 IPv4와 실시간 데이터를 전달하는 패킷을 위한 ST2 프로토콜을 모두 사용한다는 것이었다.

IPv5로 인정되지는 않지만, IPv4에 실시간 데이터가 캡슐화(encapsulation)될 때, ST는 IP 프로토콜 번호 5(RFC 1700)를 사용한다. 다시 말해 결국 구현되지는 않았지만, 이미 "IP version 5"라는 명칭은 이미 선점되었다. 오늘날 자원 예약 프로토콜의 표준은 전송계층(transport layer) 프로토콜인 RSVP(Resource Reservation Protocol)로 IPv4 상에서 수신자 시작 셋업(receiver-initiated setup, 수신 측에서 자원 예약을 요청함)을 위해 사용할 수 있다. RSVP는 RFC 2205에 기술되어 있다.

The Fascinating History of IPv6

IPv6가 어떻게 오늘날의 프로토콜이 되었는가에 관한 이야기는 대단히 흥미롭다. 정말로 그랬다. 여러분은 프로토콜이 항상 과학적 방법과 유사한 특별한 논리로 개발되어 결국 유일하고 피할 수 없는 솔루션이 된다고 생각했을 수 있다. 언제나 그렇지는 않고, IPv6도 그렇지 않았다.

IPv6가 어떻게 IPv4를 계승하게 되었나 하는 것은 여러분이 상상하지 못했을 수도 있는 이야기이다. 이것은 프로토콜 개발의 기술적 측면과 인간적인 측면을 모두 보여주는데, 때로는 어떤 기술이나 표준이 최선인지 격렬한 논쟁을 가져오기도 한다. IPv6 뒤에 숨겨진 이야기는 또, 미국 기업, 대학 및 연구기관 소속의 개인들이 주로 통제하던 인터넷 거버넌스를 어떻게 해서 보다 국제적인 협력하에 통제하게 되었는지 보여준다.

Some Background

IPv6 개발에 관한 약간의 배경 지식을 갖기 위해 1990년의 인터넷 세계를 알아볼 필요가 있다.

- 1990년 8월에 첫 번째 웹페이지가 만들어졌다.

---

1 숫자 5 사용을 기피해야 할 이유가 없다는 뜻-옮긴 이

- 약 300만 명의 사용자가 있었고 그중 73%가 미국 내에 있었다.
- 아마존도 구글도 야후도 페이스북도 없었다. (Netscape조차도 없었는데, Netscape는 그렇게 오래된 일이 아니므로 여러분들도 기억할 수 있을 것이다.)
- 가장 인기 있는 응용 프로그램은 텍스트 기반 이메일이었다.

이 시점까지 인터넷은 매우 미국 중심이었다. 대부분 사용자가 미국인일 뿐만 아니라 IAB(Internet Configuration Control Board)와 IETF 같은 통제 조직도 주로 미국 기업, 대학 및 연구기관에서 일하는 미국인으로 구성되었다.

오늘날 인터넷의 전신인 ARPANET(Advanced Research Projects Agency Network)은 미국 국방성에서 개발했다. ARPANET은 1969년 UCLA(University of California Los Angeles), SRI(Stanford Research Institute, 스탠포드 연구소)의 Augmentation Research Center, UCSB(University of California Santa Barbara, 캘리포니아 대학 산타바바라 캠퍼스) 및 유타 대학교를 연결하여 탄생했다. 그리고 다음 20년 동안 인터넷은 주로 미국 기관에서 미국인에 의해 통제되었다.

Note 인터넷의 창조와 발전에 기여한 사람들에 대해 자세히 알아보려면 Katie Lyons의 베스트셀러인 "*Where Wizards Stay Up Late: Origins of the Internet*"을 추천한다.

Vint Cerf가 1979년 설립한 IAB는 인터넷의 방향, 인터넷 프로토콜 아키텍처 및 프로토콜 승인에 관한 최종 책임을 맡고 있다. 1990년 IAB는 11명의 회원(현재 13명)으로 구성되었으며, 대부분이 "working code and rough consensus"[1]가 핵심 철학인 미국인이었다.

IAB는 1986년에 IETF를 설립했다. IETF는 정식 회원제가 아니었으며, 모두 자원봉사자였고 대부분 미국인이었다. 주된 역할은 인터넷 프로토콜 suite(모음)인 TCP/IP를 구성하는 표준(프로토콜)을 개발하고 제안하는 것이었다.

1990년에는 TCP/IP가 미래 인터넷 프로토콜 suite가 되리라는 것을 예견하지 못했다. ISO(International Organization for Standardization, 국제표준화기구)는 ITU(International Telecommunications Union, 국제전기통신연합)와 자체 프로토콜 suite인 OSI(Open Systems Interconnection)를 개발하고 있었다. 1947년 스위스 제네바에서 설립된 ISO는 전 세계 상업 및 산업 표준을 추진하는 국제기구다. TCP/IP는 사실상의 산업 표준(de facto standard)이 되었다(즉 널리 사용되었기 때문에 표준이 되었음을 의미한다). 그러나 ISO는 여전히 OSI suite가 결국 공식적으로 승인된 인터넷 표준(법률적 표준, the de jure standard)이 될 것이라 여겼다. 이 두 표준 조직이 대결하는 것은 시간문제였으며, 그 일이 IPv6를 통해 일어났다.

---

1 "working code and rough consensus"의 의미를 RFC 7282에서 아래와 같이 부연 설명하고 있다. "That is, our credo is that we don't let a single individual dictate decisions (a king or president), nor should decisions be made by a vote, nor do we want decisions to be made in a vacuum without practical experience. Instead, we strive to make our decisions by the consent of all participants, though allowing for some dissent(rough consensus), and to have the actual products of engineering(running code) trump theoretical designs." -우리의 신조는 한 명의 개인(왕 혹은 대통령)이 결정을 하도록 두지 않고, 투표로 결정을 해서도 안되며, 실질적인 경험 없이 공허한 상태에서 결정이 내려지는 것을 원하지 않는다. 대신 우리는 약간의 반대(대략적인 합의)를 허용하지만 모든 참가자의 동의에 따라 결정을 내리기 위해 노력하며, 실제 엔지니어링 제품(실행 코드)이 이론적 설계를 능가하게 되도록 노력한다.")-옮긴 이

Note ISO는 약어가 아니라 "equal(동일하다)"을 의미하는 그리스어 isos를 의미한다.

IPv4 Address Exhaustion and the Need for More International Involvement

IPv4 주소 고갈과 더 국제적인 연계의 필요성으로 IAB와 IETF는 1990년에 IPv4 주소 부족에 관한 논의를 시작했다. 인터넷 라우팅 테이블의 크기는 빠르게 커졌으며 인터넷 사용자는 폭발적으로 증가했다. IAB와 IETF는 IPv4를 계승할 새로운 네트워크 계층 프로토콜을 설계하고 시험하기 시작해야 할 때라는 데 뜻을 같이했다. 주소 공간의 크기를 늘리는 것 이외에도 IPv4의 한계를 해결하고 안정적인 성장과 미래를 위한 향상된 성능을 보장하는 프로토콜을 개발할, 좀처럼 없는 기회이기도 했다.

Note 이 프로세스의 대부분은 RFC 1752 "*Recommendation for IPng*"에 잘 문서화가 되어 있다.

1990년 8월 IETF 회의에서 당시 IPv4 주소할당 속도로는 주소가 1994년에 고갈될 것으로 추정되었다. 우리의 인터넷 사용 방식에 혁명을 일으킬 월드 와이드 웹이 등장하기도 전이었다. 당시 웹은 CERN의 Tim Berners-Lee에 의해 아직 개발 중인 상태였다. 곧 보게 되겠지만, 이는 IPv4 주소 고갈 문제에 큰 영향을 끼치는, 신규 인터넷 사용자의 엄청난 증가를 가져왔다.

당시에 IAB도 인터넷이 너무 미국 중심이라는 점을 걱정하고 있었다. IAB 및 IETF 및 기타 인터넷 관리 기관이 대부분 미국인으로 구성되었을 뿐만 아니라, 미국이 대부분의 IPv4 주소 공간을 보유하고 있었다. 당시 IPv4 주소는 미국의 단일 기관인 IANA에서 할당받았고 대부분의 IPv4 주소는 미국이 할당받았다.

Note 1990년에 IANA는 IPv4 주소할당 프로세스를 미국 국방성에서 자금 지원을 받는 캘리포니아 마리아 델 레이 소재 SRI International[1]의 Networking Information Center에 위임했다.

IAB 의장인 Vint Cerf는 더 많은 국제적 참여를 원했다. 그는 IPv4 주소가 국제기구에서 할당되어야 한다고 주장했다. 이렇게 해서 5개의 RIR이 만들어졌다.

인터넷 프로토콜이 되기 위한 경쟁에는 두 도전자가 있었다-IETF의 TCP/IP와 ISO의 OSI suite가 그것이다. TCP/IP는 실제 사용 중인 일련의 프로토콜이 있는 지배적인 프로토콜 모음이었다. TCP/IP는 RFC(Request for Comments)를 사용하여 모든 프로토콜과 프로세스를 문서화한 IETF의 지원을 받았다. OSI는 실제 적용이 제한적이며 훨씬 번거롭고 관료적인 표준 관리 프로세스를 사용했다(적어도 IETF의 눈에는). OSI는 또 미국 국립 표준 기술연구소(NIST, US National Institute of Standards and Technology)와 DEC(Digital Equipment Corporation) 같은 미국 대기업의 지원을 받았다.

그리고 승자는… 1992년 여름에 IAB는 일본 고베에서 회의를 했다. 그리고 IAB는 IPv4를 대체하기 위해 관례적으로 IETF와 협의 없이 OSI의 비연결형 네트워크 프로토콜(CLNP, OSI's Connectionless-mode Network Protocol)을 제안하였다. CLNP 제안은 더 큰 주소를 가지는 TCP와 UDP(TUBA, TCP and UDP

1 미국의 비영리 과학연구소 및 기관이며 Stanford Research Institute의 약자이다.-옮긴 이

with Bigger Addresses)라고 불렸다. 이것은 IPv4와 32-bit 주소 공간을 가변 길이의 160-bit CLNP 주소로 대체하는 것이었다.

그러면 새 프로토콜의 이름은? 프로토콜의 이름은 IPv7로 명명되었으며 IPv6를 실수로 건너뛰었다. TCP/IP 프로토콜 suite는 어떻게 하고? TUBA는 TCP/IP의 상위 계층을 가능한 한 많이 이용할 계획이었으며, 이것이 TUBA가 이름에 "TCP와 UDP"를 포함한 이유이다.

IAB가 이 제안을 IETF에 제시했을 때 IETF 회원들 사이에 엄청난 분노와 불신이 일어났다. 그들은 IPv4 전체를 폐기하는 것은 말할 것도 없고, 이 일이 자신들과 상의 없이 이루어진 것에 대해 분노했다. IETF는 또한, 더 복잡하고 관료적인 ISO에게 표준 개발 프로세스에 대한 통제권이 넘어갈 것을 우려했다. IETF의 메시지는 직설적이고 일치되었다. IPv4를 CLNP로 대체하라는 IAB의 지시를 거부했다.

A Call for Proposals

Vint Cerf와 IAB는 메시지를 받았다. 1993년에 IETF는 IPv4를 대체하기 위한 제안(proposals)을 요청하면서 그 과정을 개방하기로 했다. 이 발표는 RFC 1550 "*Next Generation (IPng) White Paper Solicitation*"으로 이루어졌다. 따라서 일부 이전 문서에서 IPv6를 IPng로 언급한 것을 볼 수 있다.

> **Note** RIPng는 차세대 라우팅 정보 프로토콜, 즉 IPv6용 RIP이다.

Scott Bradner와 Allison Mankin이 이끄는 IESG(Internet Engineering Steering Group)가 최종 결정을 내렸다. 세 가지 안이 제출되었다.

- **Common Architecture for the Internet (CATNIP):** CATNIP는 IPv4, IPX(Internetwork Packet Exchange), CLNP를 통합하는 것을 제안했다. IPX는 Internetwork Packet Exchange/Sequenced Packet Exchange (IPX/SPX) 프로토콜 스위트의 일부분이며, Novell Netware 운영 체제를 사용하는 네트워크에서 기본으로 사용된다. CLNP는 ISO 8473에 정의된 OSI 표준이며, OSI 프로토콜 스위트에서 IPv4와 동등한 위치에 있다. CATNIP는 RFC 1707에 정의되어 있다.
- **Simple Internet Protocol Plus (SIPP):** SIPP는 IPv4 주소 크기를 32bit에서 64bit로 늘리고 IPv4 헤더를 개선하여 좀 더 효율적인 포워딩이 될 수 있도록 권고한 것이다. SIPP는 RFC 1710에 정의되어 있다.
- **TCP/UDP over CLNP-Addressed Networks (TUBA):** TUBA는 IPv4를 CLNP와 그 주소 크기인 20byte(160bit)로 대체하여 새로운 IP 주소로의 마이그레이션과 관련된 위험을 최소로 하는 것을 목표로 했다. TCP, UDP와 기존 TCP/IP 응용 프로그램은 CLNP 위에서 구동된다. TUBA는 RFC 1347, 1526, 1561에 정의되어 있다.

1993년에 IETF는 IP Next Generation 워킹 그룹을 구성했다. 1994년 7월, IETF가 Steve Deering, Paul Francis와 Bob Hinden이 작성한 권고안(128-bit 주소를 가진 IP 기반 SIPP가 IPv4를 대체하는)을 발표한 것은 놀랄 일이 아니다.

A More IP Version of IPv6

1994년 IESG는 SIPP를 선택했지만, 128-bit IP 주소였다. 128-bit IP 주소를 가진 SIPP의 선택은 IETF가 표준 개발 프로세스에 관한 통제권을 계속 유지할 것임을 의미했다.

1995년에 IETF는 RFC 1883 *"IPv6(Internet Protocol, Version 6)" 명세*를 발표했는데 이것은 이후 1998년에 RFC 2460으로 대체되었다. 앞서 언급했듯이 IPv5란 명칭은 이미 사용되었으며 이다음으로 사용 가능한 버전 번호는 IPv6이다. 따라서 2001년에 IPng 워킹 그룹은 IPv6 워킹 그룹으로 명칭이 변경되었다.

1996년에 IETF는 6bone으로 알려진 IPv6 테스트 베드 네트워크를 구성했다. 6bone 네트워크는 IPv4 터널링/캡슐화를 통해 IPv6를 사용하기 시작했으며 IPv6 패킷을 전달하기 위해 IPv4-only 인터넷상에서 동작한다. 이후 IPv6 링크로 마이그레이션되었다. 6bone은 2006년에 단계적으로 폐지되었다.

RIR은 1999년부터 고객에게 IPv6 주소를 할당하기 시작했다. 처음에는 IPv6 채택이 느렸지만, 2007년에 RIR은 상당한 양의 IPv6 주소 공간 할당 요청을 받기 시작했다. 이는 RIR이 IPv6의 더욱 광범한 적용을 지원했기 때문이다. 최근 IANA가 IPv4 주소를 소진하고, RIR 5곳 중 4곳에서 IPv4 주소가 고갈되면서 IPv6 채택이 훨씬 더 빠른 속도로 증가하고 있다.

2000년에 많은 벤더사들이 자신들의 메인스트림 제품에 IPv6 지원을 추가하기 시작했다. 시스코는 Cisco IOS 12.2(2)T부터 IPv6를 지원하기 시작했다. 리눅스 벤더는 2000년부터 IPv6를 지원하기 시작했고 마이크로 소프트는 2001년에 Windows XP에서 IPv6를 지원한다고 발표했다.

IAB, IETF, RIR 및 기타 인터넷 통제 기구는 1990년 당시보다 오늘날 훨씬 더 국제적이다. 전 세계 각 나라 대표들의 더욱 포괄적인 협력이 이루어지길 원했던 IAB의 바램은 현실이 되었다.

Note RFC 2460 이외에도, IPv6와 관련된 수십 건의 다른 RFC가 있다. 이들 RFC 목록은 sites.google.com/site/ipv6center/ipv6-rfcs에서 확인할 수 있다.

Note IPv6를 포함하여 프로토콜 개발의 정치적인 측면과 개인적인 측면에 대해 자세히 알고자 한다면 Laura DeNardis의 〈*Protocol Politics: Globalization of Internet Governance(Information Revolution and Global Politics)*〉 책을 권장한다.

IPv6: More Than Just Longer Addresses

IPv6를 처음 접하는 많은 사람은 IPv6가 단순히 더 많은 송/수신 IP 주소를 사용할 수 있게 하는 것이 아닌, 그 이상의 것이라는 데 놀란다. IPv6 개발자들은 이 기회를 통해 IP뿐만 아니라 IP와 관련된 프로토콜과 프로세스를 개선했다. 이러한 선견지명은 오늘날의 인터넷을 훨씬 뛰어넘는 표준 및 정보 RFC들과 함께 지속되어 왔다. 예를 들어 미래의 가정은 마치 오늘날의 엔터프라이즈 네트워크처럼 보일 수 있다. 아마도 각 가정은 각각 차별화된 서비스를 제공하는 여러 ISP에 연결될 것이다. 홈 네트워크는 개인적 용도, 비즈니스 요구, 엔터테인먼트 시스템, 게스트 액세스, 스마트 홈 디바이스 등을 위한 여러 개의 서브넷을 포함할 수 있다. 이 홈 네트워킹 개념에 관한 훌륭한 설명은 RFC 7268 *"IPv6 Home Networking Architecture Principles"*에서 볼 수 있다.

그런데 IPv6에 대해 왜 전체 책을 할애해 설명해야 하는가? 앞서 언급했듯이 IPv6는 단순히 더 큰 주소 공간 이상의 것이다. 다음은 이 책에서 설명하는 IPv6의 중요한 특징 중 일부 예이다.

- IPv6 주소(global unicast 주소)는 조직에서 정의될 수 있는 서브넷 ID 필드를 포함하므로 서브넷을 생성하기 위해 주소의 호스트 부분에서 bit를 가져올 필요가 없다. 이를 통해 각 조직은 IPv4에서와같이 주소 공간을 절약하기 위해서가 아니라, 자체적인 필요성으로 서브넷을 쉽게 설계하고 관리할 수 있다.
- IPv6 헤더는 하나의 새로운 필드를 포함하고 여러 개의 필드를 삭제하여 상당 부분 수정되었다.
- 새로운 ICMPv6 NDP(Neighbor Discovery Protocol)에는 네 가지의 새로운 메시지 유형이 있다. ICMPv6를 ARP 대신 사용하여 Layer 3 주소로 Layer 2 주소를 알아낸다. 또 디바이스가 IPv6 주소 정보를 동적으로 받을 수 있도록 알려주는 메시지를 보내기 위해 IPv6 라우터에 의해 NDP가 사용된다.
- 라우팅 될 수 없는 IPv6 link-local(링크 로컬) 주소는 neighbor discovery(이웃 탐색)를 포함하여 IPv6 상에서 중요한 역할을 한다.
- neighbor discovery를 더 효율적으로 하기 위해 브로드캐스트 주소 대신 새로운 solicited-node multicast(요청된 노드 멀티캐스트) 주소를 사용한다.
- IPv6는 DHCPv6 서버의 서비스 없이 디바이스가 유일하고 인터넷으로 라우팅 될 가능한 주소를 할당받을 수 있는 Stateless Address Autoconfiguration(SLAAC)을 포함하고 있다.
- stateless와 stateful DHCPv6는 각 디바이스가 자신의 주소 정보의 일부 혹은 전부를 받을 수 있도록 하는 몇 가지 옵션을 제공한다.
- IPv4용 ARP 캐시와 비슷하지만, 여러 상태를 표시하는 neighbor cache가 있다.
- 디바이스는 같은 서브넷 또는 서로 다른 서브넷으로 여러 개의 IPv6 주소를 가질 수 있으며, 이를 더 나은 개인 정보 보호와 추가적인 기능을 위해 사용할 수 있다. 이 옵션은 호스트 및 네트워크 수준에서 관리할 수 있다.

그리고도 더 많은 것들이 있다. 지금으로서는 이 개념들을 이해할 수 있을지 걱정하지 말라. 이 책은 그 개념들과 IPv6에 관한 더 많은 뉘앙스를 단계별로 간단한 방식으로 설명한다.

IPv6 Myths

IPv6에 관련한 몇 가지 오해나 잘못 인식된 믿음들이 있다. IPv6는 1995년 RFC 1883과 함께 처음 소개되었고, 이후 1998년 RFC 2460으로 대체되었다. 수년에 걸쳐 IPv6가 발전하고 사람들이 새로운 프로토콜의 장점에 대해 논의함에 따라 특정한 오해가 있었다. 그중 일부를 알아보자.

- **IPv6는 IPv4보다 안전하다:** 어떤 이들은 IPv6가 IPsec을 사용하므로 IPv4보다 안전하다고 생각한다. IPsec은 초기에 IPv4용으로 개발된 IP 패킷을 인증하고 암호화하기 위한 보안 프로토콜 모음이다. IPsec은 IPv6를 IPv4보다 더 안전하게 만들지는 않는다. IPsec은 IPv6, ICMPv6 또는 다른

관련 프로토콜에 대한 공격을 차단할 수는 없다. 사실 IPv4와 IPv6는 어느 것이 더 안전하다거나 하지 않다. IPsec은 원래 IPv6의 모든 구현에 요구되었지만, RFC 6434는 권장 사항으로 변경했다.

- **IPv6가 IPv4보다 안전하지 않다:** 어떤 이들은 IPv6가 NAT를 사용하지 않기 때문에 IPv4보다 덜 안전하다고 생각한다. 이미 설명했듯이 NAT가 곧 보안인 것은 아니다. NAT는 공인 인터넷망으로부터 사설 IPv4 주소들을 숨기는 부가적인 효과를 제공하지만, 이것이 보안이라고 얘기할 수는 없다.
- **IPv6가 IPv4를 대체할 것이다:** IPv4에서 IPv6로 단번에 전환되는 정해진 날짜는 없다. 근 미래에는 IPv4와 IPv6가 공존할 것이다. 걱정하지 말라. 새로 알게 된 IPv6 지식과 함께 알고 있던 IPv4 지식을 사용할 수 있을 것이다.
- **IPv6는 필수적인 것이 아니다:** 어떤 이는 충분한 IPv4 주소가 있으므로 IPv6를 이해하거나 구현할 필요가 없다고 여긴다. 이 장의 시작 부분에서 언급한 것처럼 비즈니스 및 보안상의 이유로 IPv6 구현을 시작하는 것은 중요하다. IPv6를 무시하면 일부 고객은 온라인 서비스에 접근할 수 없게 될 수 있으며, 특정 유형의 IPv6 MITM 및 DoS 공격에 네트워크가 취약해질 수 있다.
- **IPv6는 너무 복잡하다:** IPv6 및 ICMPv6는 여러분에게 낯설고 기존과 다를 수 있지만, IPv4보다 복잡하지는 않다. 여러 가지 면에서 IPv6는 훨씬 더 쉽다. IPv6 헤더의 서브넷 ID 필드 때문에 IPv6 서브넷을 나누는 것은 간단하다. 16진수를 계산할 수 있다면 IPv6 상에서 서브넷을 만들 수 있다. 또한, 라우터에 의한 IPv6 패킷 단편화가 일어나지 않으므로 관련된 필드는 IPv6 헤더에 존재하지 않는다. IPv4 단편화와 재조립은 이해하기 복잡한 프로세스일 수 있다.
- **IPv6는 QoS를 향상시킨다:** 또 다른 일반적인 오해는 IPv6가 더 나은 QoS를 제공한다는 것이다. IPv4와 IPv6 모두 QoS에 대해 동일한 Differentiated Services 및 Integrated Services 필드를 사용한다. IPv6 네트워크에서는 flow를 효율적으로 처리하기 위해 새로운 flow label 필드를 제공한다. 많은 운영 체제가 IPv6 패킷에 대한 flow label 필드를 사용하지만, 현재 이를 처리할 수 있는 구현은 많지 않다. flow label 필드는 3장, "Comparing IPv4 and IPv6"에서 설명한다.

Transitioning to IPv6

"IPv6 프로토콜 표준은 인터넷의 지속적인 발전을 유지하는 데 중요하다. 네트워크 운영자, 콘텐츠 제공자, 소프트웨어 및 하드웨어 개발자, 기업 등은 특히 인터넷의 효율성, 글로벌 연결성 및 장기적인 성장을 확실히 하기 위해 IPv6를 구현해야 한다."

—Internet Society (ISOC) 정책 발표: IPv6의 도입(Adoption of IPv6), 2016년 4월

세계는 IPv6로 언제 전환될까? IPv4에서 IPv6로 전환되는 정해진 특정 날짜는 없다. IPv4와 IPv6는 수 년 동안 공존할 가능성이 크다. IPv6로의 전환은 현재 진행 중이며, 이 장에서 설명하는 이유로 계속 가속도가 붙을 것이다. 2011년 6월, ISOC는 첫 번째 "World IPv6 Day" 행사를 주최했다. 목적은 서비스 및 콘텐츠 프로바이더가 자신들의 IPv6 구현을 테스트하는 것이었다. 그 이후 서비스 및 콘텐츠 프로바이더의 IPv6 채택은 지속해서 증가했으며 IPv6를 사용할 수 있는 네트워크의 수도 증가했다.

IPv6에는 IPv4에서 IPv6로 전환하는 데 도움이 되는 터널링 및 NAT를 포함한 다양한 도구가 포함되어 있다. 터널링은 IPv6 패킷을 IPv4에 캡슐화하여 IPv4-only 네트워크를 통해 전달될 수 있도록 한다. NAT는 IPv4 주소를 IPv6 주소로 변환하거나 그 역으로 변환하는 메커니즘을 제공한다. 그러나 이것들은 일시적인 전환 도구일 뿐 대부분 경우에 더는 필요하지 않게 된다.

가정의 홈 네트워크이든 대기업의 네트워크이든 최종 목표는 완전한 IPv6 연결(native IPv6 connectivity)이다. "native IPv6"는 변환 기술이나 터널링 프로토콜이 필요하지 않음을 의미한다. Comcast, AT&T, Time Warner, Verizon, Sky Broadband[1], Deutsche Telekom과 같은 대형 서비스 프로바이더들은 "native IPv6"를 제공하고 있다. 여러분의 ISP가 "native IPv6" 연결을 제공하지 않는 경우 언제 IPv6 서비스를 제공할 계획인지 문의하라.

앞서 언급했듯이 IPv6의 킬러 애플리케이션은 인터넷 그 자체이다. ISOC, IETF 및 RIR이 수년 동안 언급해 왔듯이 인터넷은 IPv4만으로는 지속될 수 없다. 더 많은 주소 없이는 계속 성장하고 발전할 수 없으며 유일한 장기적인 해결책은 IPv6이다.

지금이 IT 부서가 IPv6를 준비할 수 있는 가장 최적의 시점이다. 긴급한 필요성이나 즉각적인 요구사항이 생기기 전에 말이다. IT 조직은 IPv6에 익숙해지고 인력을 교육하며 IPv6 구현을 테스트할 시간이 필요하다. 네트워크 운영, 보안, 애플리케이션 개발자, 콘텐츠 개발자, 데이터 센터 등 IT 부서의 모든 측면에 초점을 맞춰 준비되어야 한다.

IPv6로의 마이그레이션을 시작하기 위해 할 수 있는 몇 가지 사항을 적어보았다.

- **IT 전략에 IPv6를 포함하라:** IPv6가 단기 및 장기 IT 전략 계획 일부가 되어야 한다. IPv6는 IT 계획 프로세스, 상태 회의, 교육 및 구매 계획을 세울 때 통합되어야 한다.
- **교육을 준비하라:** IPv6를 구현해 달라는 요구가 있기 전이 IPv6에 관한 교육을 시작하거나 IPv6에 익숙해지기 위한 최적의 시간이다. 교육/훈련은 IT 직원의 IPv6에 대한 공포와 두려움을 없애는 최상의 방법이다. 훈련에는 영업직과 같은 비 IT 스태프도 포함될 수 있다. 25년간 네트워크 엔지니어로 일해 온 필자의 친구는 IPv6를 배워야 할 때쯤 은퇴하기를 희망한다고 말했다. 이 책을 읽으면 IPv6가 생각만큼 복잡하지 않다는 것을 알게 될 것이다. 여러 가지 면에서 IPv4보다 다루기 쉽다. 예를 들면 서브넷을 나누는 데 bit 매핑이 필요하지 않으므로 IPv6 서브넷을 더 쉽게 구성하고 구분할 수 있다.
- **장비, 응용 프로그램, 서비스의 목록을 만들어라:** 네트워크상 장비 목록을 생성(또는 기존 목록 사용)하고 이들 디바이스가 현재 IPv6를 지원하는지 또는 어떤 업그레이드/교체가 필요한지 확인한다. 다음 항목이 포함될 것이다.
  - 클라이언트와 서버
  - 라우터 및 멀티 레이어 스위치
  - Layer 2 스위치
  - 방화벽 및 기타 보안 장비

1 영국의 ISP이다.-옮긴 이

    - 프린터, 웹캠, 전화 및 네트워크상 IP 주소를 부여받은 기타 디바이스
    - 애플리케이션, 운영 체제와 소프트웨어 서비스

- **주의 깊게 구매하라:** 구매 계획상 들여올 모든 새로운 장비가 IPv6와 호환되는지 확인해야 한다. 하드웨어/소프트웨어가 IPv6를 지원하는지 공급업체에 문의하라. 지원하지 않는다면 IPv6 지원 계획이 있는지 문의하라.

- **테스트 랩을 운영하라:** 운영하는 네트워크 외부에 랩을 만드는 것은 IPv6를 배우고 활용할 수 있는 좋은 방법이다. 그런 다음 IPv6에 익숙해지면 IPv4를 사용하면서 이를 네트워크에 도입할 수 있다. 랩은 운영 네트워크의 모든 측면을 시뮬레이션해야 한다. 동일한 라우터, 스위치, 방화벽, 부하 분산, 애플리케이션, 최종 단말 등이 있도록 하여 실제 네트워크 환경에 최대한 가깝게 만들어야 한다.

Summary

이 장을 전부 읽고 난 후에는 IPv4의 한계와 IPv6로의 전환이 왜 중요한지에 대해 더 잘 이해하게 될 것이다.

다음은 이 장에서 설명한 주요 사항 중 일부이다.

- 오늘날 우리가 인터넷을 사용하는 방식은 IPv4가 개발될 당시 사용하던 것과 많이 달라졌다. 오늘날 우리는 더 많은 사용자, 더 많은 디바이스 및 새로운 요구사항을 충족시켜야 한다. 우리는 *컴퓨터들만의 인터넷*에서 현재 사물들의 인터넷으로 옮겨가고 있다.

- 정확히 언제가 될지 아무도 모르지만, 결국 IPv4의 42억 9천만 개 주소는 소진될 것이며, 인터넷은 공인 IPv4 주소를 할당할 수 있는 마지막 단계에 와 있다.

- 128-bit의 주소 체계를 사용하는 IPv6는 인터넷 성장을 지원하기에 충분한, 전 세계적으로 고유한 주소를 제공한다.

- 근 미래에는 IPv4와 IPv6가 공존할 것이다. IPv6는 두 프로토콜이 공존할 수 있도록 하는 도구와 마이그레이션 전략을 포함하고 있다.

- CIDR, NAT 그리고 사설 주소를 사용하여 IPv4 주소 공간이 고갈되는 속도를 늦출 수 있다. 그러나 NAT는 복잡하며 패킷 지연과 또 다른 문제를 유발한다.

- NAT의 알려진 보안상 강점 중 하나는 주소를 숨길 수 있다는 것이다. 그러나 NAT를 보안으로 간주하지 않는다. NAT에는 상태 테이블이 필요하므로 NAT 디바이스는 stateful(상태 기반) 방화벽처럼 동작해야 한다.

- 더 큰 주소 공간을 지원하는 것 외에도 IPv6는 Layer 3로 Layer 2 주소를 알아내기 위한 ICMPv6 NDP(Neighbor Discovery Protocol) 및 DHCP 서비스 없이도 디바이스가 IPv6 주소를 생성하도록 하는 상태 비보존 주소 자동 설정(SLAAC)과 같은 추가 개선사항을 지원한다.

- 지금은 IT 부서가 IPv6에 익숙해지기 시작할 가장 적당한 때이다.

- 인터넷은 IPv6의 킬러 애플리케이션이다. IPv6는 IPv4의 승계 프로토콜이며 인터넷의 성장을 보장한다.

Review Questions

1. 네트워크 운영자가 IPv6로의 전환을 시작해야 하는 2가지 이유는 무엇인가?
2. IAB와 IETF가 IPv4 주소 부족이 임박해있음을 알았을 때 구현한 임시 조치는 무엇인가?
3. NAT의 2가지 문제점을 열거해 보라.
4. NAT를 보안으로 간주하는가? 왜 그런가 또는 왜 아닌가?
5. 왜 IPv5가 IPv4를 대체하는 프로토콜이 아닌가?
6. 1992년에 IAB가 IPv4를 대체하기 위해 추천한 프로토콜은 무엇인가?
7. 1994년에 IESG와 IAB가 IPv4를 대체하기 위해 선택한 프로토콜은 무엇인가?
8. IPv6에 관한 잘못 알려진 사실을 세 가지 정도 나열하라.

References

RFCs

RFC 760, *DoD Standard, Internet Protocol*, USC, IETF, www.ietf.org/rfc/rfc760.txt, January 1980.

RFC 791, *Internet Protocol, DARPA Internet Program Protocol Specification*, USC, www.ietf.org/rfc/rfc791.txt, September 1981.

RFC 1190, *Experimental Internet Stream Protocol, Version 2 (ST-II)*, CIP Working Group, www.ietf.org/rfc/rfc1190.txt, October 1990.

RFC 1338, *Supernetting: An Address Assignment and Aggregation Strategy*, V. Fuller, BARRNet, www.ietf.org/rfc/rfc1338, June 1992.

RFC 1347, *TCP and UDP with Bigger Addresses (TUBA), A Simple Proposal for Internet Addressing and Routing*, Ross Callon, DEC, www.ietf.org/rfc/rfc1347.txt, June 1992.

RFC 1519, *Classless Inter-Domain Routing (CIDR): An Address Assignment and Aggregation Strategy*, V. Fuller, BARRNet, www.ietf.org/rfc/rfc1519.txt, September 1993.

RFC 1526, *Assignment of System Identifiers for TUBA/CLNP Hosts*, D. Piscitello, Bellcore, www.ietf.org/rfc/rfc1526.txt, September 1993.

RFC 1550, *IP: Next Generation (IPng) White Paper Solicitation*, S. Bradner, Harvard University, www.ietf.org/rfc/rfc1550.txt, December 1993.

RFC 1561, *Use of ISO CLNP in TUBA Environments*, D. Piscitello, Core Competence, www.ietf.org/rfc/rfc1561.txt, December 1993.

RFC 1700, *Assigned Numbers*, J. Reynolds, ISI, IETF, www.ietf.org/rfc/rfc1700.txt, October 1994.

RFC 1707, *CATNIP: Common Architecture for the Internet*, M. McGovern, Sunspot Graphics, www.ietf.org/rfc/rfc1707.txt, October 1994.

RFC 1710, *Simple Internet Protocol Plus White Paper*, R. Hinden, Sun Microsystems, www.ietf.org/rfc/rfc1710.txt, October 1994.

RFC 1752, *The Recommendation for the IP Next Generation Protocol*, S. Bradner, Harvard University, www.ietf.org/rfc/rfc1752.txt, January 1995.

RFC 1819, *Internet Stream Protocol Version 2 (ST2) Protocol Specification - Version ST2+*, ST2 Working Group, www.ietf.org/rfc/rfc1819.txt, August 1995.

RFC 1883, *Internet Protocol, Version 6 (IPv6) Specification*, S. Deering, Xerox PARC, www.ietf.org/rfc/rfc1883.txt, December 1995.

RFC 1918, *Address Allocation for Private Internets*, Y. Rekhter, Cisco Systems, IETF, www.ietf.org/rfc/rfc1918.txt, February 1996.

RFC 2205, *Resource ReSerVation Protocol (RSVP)—Version 1 Functional Specification*, R. Braden, ISI, www.ietf.org/rfc/rfc2205.txt, September 1997.

RFC 2235, *Hobbes' Internet Timeline*, R. Zakon, MITRE, www.ietf.org/rfc/rfc2235.txt, November 1997.

RFC 2460, *Internet Protocol, Version 6 (IPv6) Specification*, S. Deering, Cisco Systems, www.ietf.org/rfc/rfc2460.txt, December 1998.

RFC 2993, *Architectural Implications of NAT*, T. Hain, Microsoft, www.ietf.org/rfc/rfc2993.txt, November 2000.

RFC 3330, *Special-Use IPv4 Addresses*, IANA, www.ietf.org/rfc/rfc3330.txt, September 2002.

RFC 3927, *Dynamic Configuration of IPv4 Link-Local Addresses*, S. Cheshire, Apple Computer, www.ietf.org/rfc/rfc3927.txt, May 2005.

Websites

Google's list of IPv6 RFCs, sites.google.com/site/ipv6center/ipv6-rfcs

Cisco Visual Networking Index: Global Mobile Data Traffic Forecast Update, 2015-2020 White Paper, www.cisco.com/c/en/us/solutions/collateral/service-provider/visual-networking-index-vni/mobile-white-paper-c11-520862.html

Internet World Stats, www.internetworldstats.com/stats.htm

North American Network Operators' Group (NANOG) IPv6 presentations, Search for IPv6, www.nanog.org/archives/presentations

Chapter 2

IPv6 Primer

"쉬운 일은 아니지만, 무리를 마을로 몰고 오는데 한 마리도 잃어버리지 않는다면, 세상에서 그런 기분을 느끼기 힘들 겁니다."

—고양이 목동, XXXIV(34회) 슈퍼보울에서 방송된 EDS(Electronic Data Systems)의 광고[1]

IPv6를 배우는 것은 고양이를 키우는 것과 약간 비슷하다. 어디에서 시작할까? 많은 새로운 개념들이 있고, 여러분이 어디에서 시작하든 언제나 다른 것부터 시작하는 것이 더 나았으리라 생각하게 된다. 이것은 각 주제를 이해하기 위해서 얽혀 있는 다른 주제를 이해하고 있어야 하기 때문이다.

이 장은 책의 나머지 부분을 더 잘 이해하는 데 필요한 개념, 프로토콜, 용어에 관한 간략한 소개를 제공한다. 또한, 이 장은 IPv6 및 ICMPv6(Internet Control Message Protocol Version 6)와 관련된 프로토콜에 대한 변경사항에 관한 더 나은 이해를 할 수 있게 해 준다.

16진수 시스템에 관한 첫 번째 주제를 제외하면 이 장에서 설명한 다른 모든 내용은 다음 장에서 다시 소개하여 더 자세하게 설명할 것이다. 따라서 지금은 이 IPv6 프로토콜 및 개념을 완전히 이해하지 못할까 걱정하지 말라. 이 장을 읽은 후에는 더 많은 의문이 생길 것이다. 그러나 안심하라. 그 내용은 이 책의 뒷부분에서 다룰 것이다.

이 장에선 다음 주제를 소개한다.

- **Hexadecimal number system (16진수 체계):** IPv6는 주소를 표시하는데 16진수를 사용한다. 이 절은 16진수 시스템을 모르거나 약간의 복습이 필요한 사람들을 위한 것이다.
- **IPv6 address types (IPv6 주소 유형):** IPv6 주소는 새로운 주소 유형을 포함하며, IPv4에서부터 사용하던 주소 유형에도 변화가 있다. 이 장에서 4가지 주소 유형을 소개한다. global unicast, link-local unicast, unspecified unicast, solicited-node multicast 들이다. 이 유형들을 이해하면 ICMPv6와 같은 다양한 종류의 주소를 사용하는 많은 프로토콜과 메시지 유형을 더 잘 이해할 수 있다.

1 다음 링크를 참고할 수 있다. https://feelingmyage.co.uk/2011/07/herding-cats-tv-commercial/-옮긴 이

- **Address terminology (주소 용어):** IPv6는 어쩌면 생소할 수 있는 *prefix*, *prefix length*라는 용어를 사용한다. 이 장에서는 책 전반에서 사용되는 이러한 기본 용어 중 일부를 설명한다.
- **ICMPv6 Neighbor Discovery Protocol (NDP):** ICMPv6는 IPv4에서의 ICMP와 비슷하다. 그러나 ICMPv6는 기능이 확장되었고, 추가적인 기능을 지원하기 위해 ICMPv6 NDP를 사용한다. ICMPv6에는 네 가지 새로운 형태의 메시지 유형이 있다. Neighbor Solicitation(NS), Neighbor Advertisement(NA), Router Solicitation(RS), Router Advertisement(RA)가 그것이다. 이 네 가지 메시지는 Address Resolution(주소 결정, IPv4의 ARP에 해당)과 동적 IP 할당을 위해 사용된다. 이들 메시지를 간략하게 살펴보면 여러분이 IPv6 주소 유형과 동적 주소할당에 대해 이해하는 데 도움이 될 것이다.
- **Dynamic address allocation (동적 주소할당):** IPv6 디바이스들은 DHCPv6 서버 없이도 주소 정보를 받을 수 있다. 이 장에서 라우터의 ICMPv6 Router Advertisement를 통해 동적으로 IP를 할당받는 3가지 방법을 소개한다.

다시 한번 말하지만, 이 장에서 소개된 모든 것들은 이후의 장에서 좀 더 자세하게 설명할 것이다.

Hexadecimal Number System

IPv6 주소의 길이는 128-bit이며, 앞으로 알게 되겠지만, 16진수는 긴 bit 문자열을 표현하는 데 이상적인 숫자 체계이다. 기다란 16진수 문자열이 있는 IPv6 주소에 처음에는 질릴 수 있겠지만, 걱정하지 말라. 4장, "IPv6 Address Representation and Address Types"에서 IPv6 주소가 어떻게 표현되는지 살펴볼 것이다. 대부분의 경우 16진수를 사용하면 주소의 차이 나는 부분을 쉽게 확인할 수 있다.

여러분이 10진법 혹은 기수 10진법을 이해하고 있다면 16진법 혹은 기수 16진법을 포함한 모든 숫자 체계를 이해할 수 있다. 여러분이 2진법 혹은 기수 2진법에 익숙하다면, 혹시나 그렇지 않더라도, 기수 16진법을 여전히 이해할 수 있을 것이다. 모든 진법에는 동일한 일반 규칙이 적용된다.

정수 기반 숫자 체계를 살펴볼 때 세 가지 일반적인 규칙이 있다.

- **Rule #1:** 기수 *n* 진법은 *n* 개의 숫자를 사용한다.
  - 기수 10진법(십진수)은 10개의 숫자를 사용한다.
  - 기수 2진법(이진수)은 2개의 숫자를 사용한다.
  - 기수 16진법(십육진수)은 16개의 숫자를 사용한다.
- **Rule #2:** 모든 숫자 체계는 "0"에서 부터 시작한다. Rule #1과 Rule #2를 조합하면 다음과 같다.
  - 기수 10진법은 10개의 숫자, "0"에서 시작한다: 0, 1, 2, 3, 4, 5, 6, 7, 8, 9
  - 기수 2진법은 2개의 숫자, "0"에서 시작한다: 0, 1
  - 기수 16진법은 16개의 숫자, "0"에서 시작한다: 0, 1, 2, 3, 4, 5, 6, 7, 8, 9, A, B, C, D, E, F
- **Rule #3:** 가장 오른쪽 열 또는 최하위 자릿수는 항상 1의 열이다. 왼쪽의 열로 갈수록 이전 열의 *n* 배가 된다. 예를 들면 10진법을 사용하면 첫 번째 열은 1의 열이다. 다음 열은 1의 열의 10배 또

는 10의 열이다. 다음 열은 100의 열이다. 이것을 이해하면 다른 숫자 체계를 10진법으로 매우 쉽게 변환할 수 있다(Table 2-1을 참고하라).

Table 2-1 *Number Systems*

Base *n* Number System	n^3	n^2	n^1	n^0
Base 10	1,000	100	10	1
Base 2	8	4	2	1
Base 16	4,096	256	16	1

- Table 2-1에서 볼 수 있듯이, 3가지 진법에서 열은 다음을 의미한다.
  - **기수 10:** 10,000s, 1000s, 100s, 10s, 1s
  - **기수 2:** 128s, 64s, 32s, 16s, 8s, 4s, 2s, 1s
  - **기수 16:** 4,096s, 256s, 16s, 1s

이 세 가지 규칙을 이해하면 16진수 시스템을 더 자세히 알아볼 준비가 된 것이다. 16진법은 0부터 시작하는 16개의 숫자가 있다. Table 2-2는 이 16개의 숫자와 이에 대응하는 10진수 및 2진수를 보여준다.

Table 2-2 *Decimal, Hexadecimal, and Binary*

Decimal (Base 10)	Hexadecimal (Base 16)	Binary (Base 2)
0	0	0000
1	1	0001
2	2	0010
3	3	0011
4	4	0100
5	5	0101
6	6	0110
7	7	0111
8	8	1000
9	9	1001
10	A	1010
11	B	1011
12	C	1100
13	D	1101
14	E	1110
15	F	1111

16진법에 세 가지 규칙을 적용해 보겠다.

- **Rule #1:** 16진법은 16개의 숫자를 사용한다.
- **Rule #2:** Table 2-2는 16진수 숫자와 동등한 "0"으로 시작하는 10진수 및 2진수 값을 보여준다. 10진수 값 10~15를 표시하려면 영문자 A~F를 필요로 한다.
- **Rule #3:** IPv6 주소를 16진수로 표시하면 1개의 열만 사용하면 된다.

Table 2-2를 사용하면 하나의 진법에서 다른 진법으로 쉽게 변환할 수 있다. 하나의 알고 있는 값으로 다른 두 진법으로 변환 시 값을 쉽게 바꿀 수 있다. 다음은 숫자 체계를 구별하기 위해 아래 첨자를 사용하는 세 가지 예이다.

- 알고 있는 값이 14_{10}이면, E_{16} 및 1110_2과 같음을 알 수 있다.
- 알고 있는 값이 A_{16}이면, 10_{10} 그리고 1010_2과 같음을 알 수 있다.
- 알고 있는 값이 0010_2이면, 2_{10} 및 2_{16}과 같음을 알 수 있다.

IPv6 주소를 표시하기 위해 16진수를 사용하는 이유는 무엇일까? 16진수는 4bit(byte 혹은 octet의 절반)를 단일한 16진수로 표시할 수 있어서 IPv6에 자연스럽게 어울린다. 다르게 말해 4bit의 조합은 16개가 있고, 16진법에도 16개의 숫자가 있으므로 완벽하게 일치한다. 하나의 16진수 숫자는 4bit를 표시할 수 있으므로 두 개의 16진수 숫자로 단일 byte 또는 octet을 나타낼 수 있다. 이러한 이유로 16진수는 컴퓨터 과학, 컴퓨터 네트워킹 및 기타 컴퓨터 기술 분야에서 일상적으로 사용된다.

Note 4bit는 1/2byte혹은 1/2 octet(*nibble*이라고도 한다.)이다. 때때로 *nybble* 및 *nyble* 같은 철자를 쓰기도 한다.

IPv6 Address Types

4장에서 IPv6 주소의 16진수 포맷과 다양한 IPv6 주소 유형을 자세히 설명할 것이다. 당장은 이 책 전체를 통해 설명할 많은 프로토콜에서 사용되는 4가지 일반적인 주소 유형에 관한 간략한 소개를 할 것이다.

Global Unicast Address (GUA)

IPv6 GUA(global unicast address)는 글로벌 인터넷에서 유일하고 라우팅 가능한 IPv6 주소이다. 이것은 공인 IPv4 주소와 동등하다. GUA는 16진수 2 혹은 3으로 시작[1]한다. GUA는 송신 혹은 수신 IPv6 주소가 될 수 있다.

다음은 GUA의 한 예이다.

```
2001:db8:cafe:1::100
```

지금은 이 주소의 형식에 대해 걱정하지 말라. 4장에서 설명할 것이다.

1 전체 대역에서 현재 할당되고 있는 주소대역이 그렇다.-옮긴 이

Link-Local Unicast Address

link-local(링크 로컬) 주소는 해당 로컬 링크 상에서만 의미가 있는 unicast 주소이다. 링크라는 용어는 논리적 네트워크 세그먼트 혹은 서브넷을 가리킨다. link-local 주소는 특정 링크 내로 제한되며 로컬 서브넷 외부로 라우팅 될 수 없다.

IPv6 디바이스는 GUA 주소가 반드시 있어야 하는 것은 아니지만, link-local 주소는 반드시 있어야 한다. 달리 말해 IPv6를 사용하는 모든 디바이스는 link-local 주소가 있어야 한다. 디바이스는 IPv6 지원 인터페이스에서 link-local 주소를 자체적으로 생성할 수 있어야 한다.

link-local 주소는 다음 예처럼 일반적으로 fe80으로 시작한다.

```
fe80::a299:9bff:fe18:50d1
```

link-local 주소는 일반적으로 호스트 운영 체제에 의해 자동으로 생성되므로 Windows, Mac OS, Linux 운영 체제가 설치된 호스트에는 이미 이 주소들이 설정되어 있다. link-local 주소는 패킷의 송신 또는 수신 주소일 수 있다.

Figure 2-1은 IPv6 GUA 주소와 link-local 주소의 차이를 보여준다.

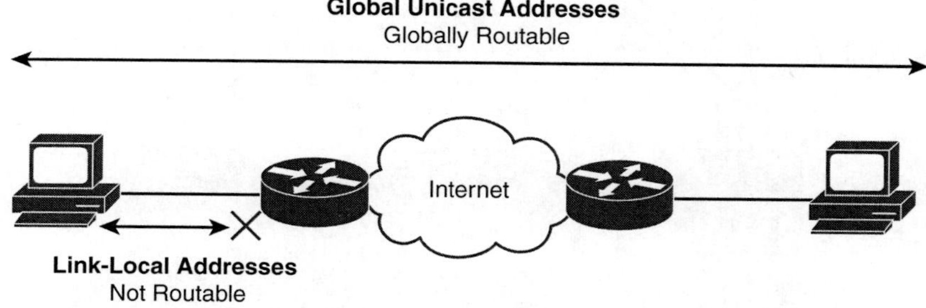

Figure 2-1 *Comparison Between IPv6 Global Unicast Address Addresses and Link-Local Addresses*

Unspecified Address

IPv6 미지정 주소(unspecified address)는 IPv6 주소가 없거나 불명임을 나타내는 모두 "0"인 주소이다. 미지정 주소는 패킷의 송신 주소로만 사용될 수 있으며 IPv6 라우터는 이를 포워딩하지 않는다.

Solicited-Node Multicast Address

solicited-node multicast 주소는 IPv4에서 사용하는 브로드캐스트 주소를 대신하여 IPv6 프로토콜에서 사용하는 특별한 용도의 multicast 주소이다. IPv4 브로드캐스트 주소가 이더넷 프레임에 캡슐화될 때 이더넷은 수신 MAC 주소로 브로드캐스트 주소를 사용한다. 이더넷 네트워크의 모든 디바이스(IPv4 서브넷)는 이 프레임을 수신하여 처리하게 될 것이다. 이것은 이더넷 NIC이 프레임을 받아서 처리를 위해 적절한 Layer 2 나 Layer 3 프로토콜로 올려야 한다는 것을 의미한다. ARP 같은 몇 가지 프로토콜은 IPv4에 캡슐화되지 않지만, 메시지는 이더넷 브로드캐스트 주소를 사용하여 보내진다.

Note IPv6는 브로드캐스트 주소를 사용하지 않으며, 대신 모든 IPv6 디바이스는 multicast 주소를 사용한다. 4장은 multicast 주소 유형에 관해 설명한다.

ARP Request는 비효율적인 프로세스이다(Figure 2-2를 보라). PC1의 ARP Request는 PC3과 통신하려는 것이다. PC1은 PC3의 IPv4 주소를 알고 있지만, 이더넷 MAC 주소는 모른다. ARP Request는 Layer 2 브로드캐스트를 사용하는 이더넷 프레임에 캡슐화되는데, 이는 네트워크상의 모든 디바이스가 해당 이더넷 프레임을 처리하고 ARP 프로세스로 전달하여 이 ARP Request에 자신이 응답해야 하는지 판단해야 함을 의미한다.

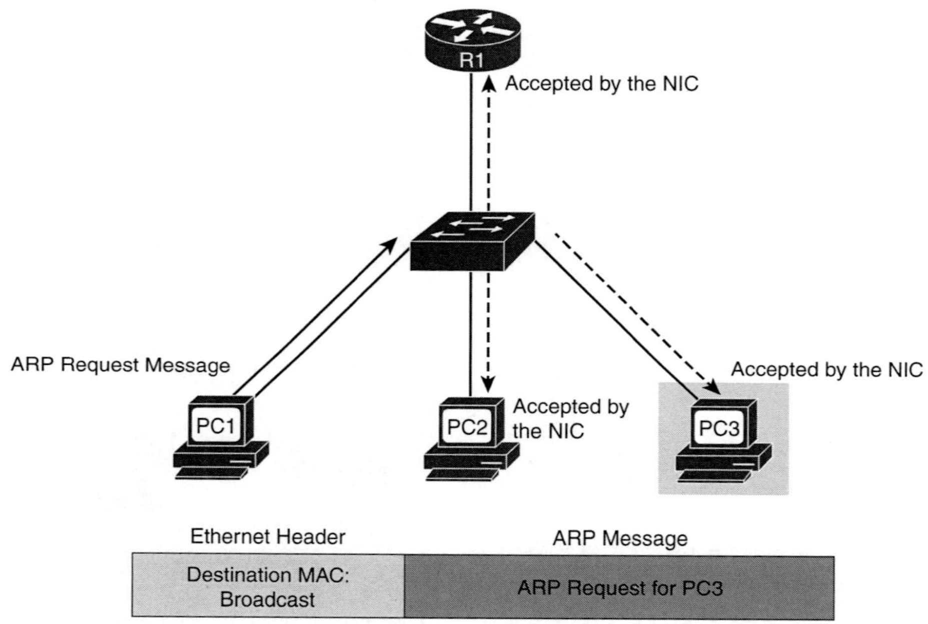

Figure 2-2 *ARP Request in IPv4*

IPv6는 ARP를 대신해 NDP(Neighbor Discovery Protocol)를 사용한다. Figure 2-3과 같이 PC1은 IPv4의 ARP Request 메시지에 해당하는 Neighbor Solicitation 메시지를 보낸다. PC1은 PC3의 IPv6 주소를 알고 있지만, 이더넷 MAC 주소는 모른다.

Figure 2-3의 아랫부분에서 알 수 있듯이 Neighbor Solicitation 메시지는 IPv6 헤더 내에 캡슐화된다. 수신 IPv6 주소는 특별한 이더넷 multicast 주소에 매핑되는 solicited-node multicast 주소이다. 이더넷 multicast 주소는 이더넷 헤더의 수신 MAC 주소로 사용된다.

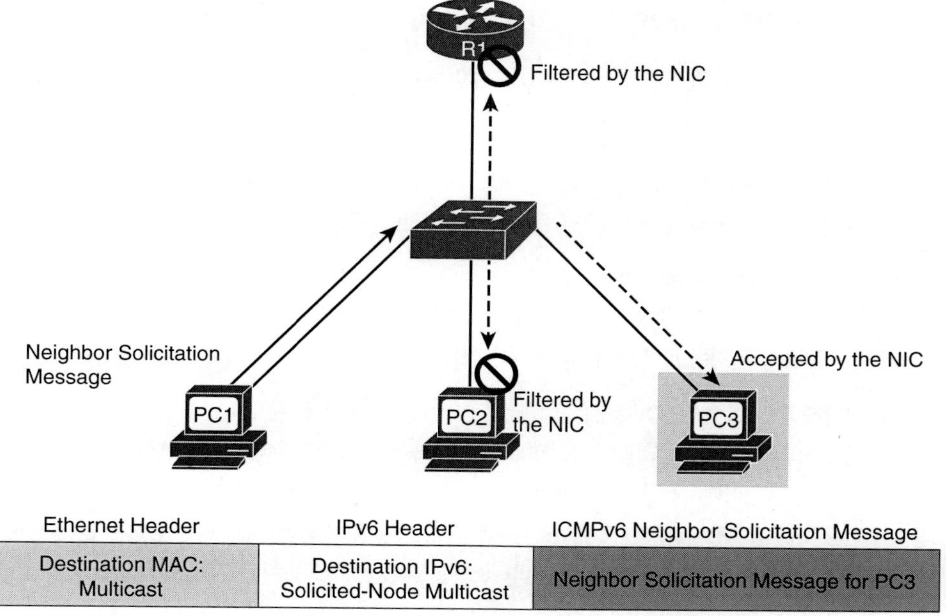

Figure 2-3 *Neighbor Solicitation Message in IPv6*

지금은 자세한 것을 모른다고 걱정하지 말라. 이 모두 이후의 장에서 설명할 것이다. 이 시점에는 solicited-node multicast 주소가 이더넷 브로드캐스트 주소를 사용하는 것보다 더 효율적이라는 것을 알아채는 게 중요하다.

각 디바이스가 Neighbor Solicitation 메시지를 수신하면 해당 NIC은 multicast 수신 MAC 주소를 조사하여 자신이 이 이더넷 프레임의 목적지인지 확인한다.

Figure 2-3에서 PC2와 R1의 NIC은 수신 MAC 주소(multicast 주소)를 조사하여 자신들이 목적지가 아니라는 것을 알게 된다. 따라서 PC2 및 R1의 NIC은 프레임을 상위 계층 프로토콜로 전달하지 않고 폐기한다.

그러나 PC3의 NIC은 수신 MAC 주소(multicast 주소)를 조사했을 때 이 메시지가 자신이 수신해야 할 수도 있는 것이라는 확인하고 나머지 프레임을 복사하여 추가적인 처리를 위해 상위 IPv6 프로세스로 페이로드를 전달한다(여기에서 "수신해야 할 수도"라는 말을 한 것은 나중에 알게 되겠지만, 둘 이상의 NIC이 같은 multicast 주소를 가질 가능성이 있기 때문이다).

다른 모든 multicast 주소와 마찬가지로 solicited-node multicast 주소는 수신 주소로만 사용될 수 있다. 또한, 링크 혹은 서브넷 외부로 라우팅 되지 않는다. solicited-node multicast 주소는 "ff02:0:0:0:0:1:ff"(조금 깔끔하지 않지만)로 시작한다.

solicited-node multicast 주소는 혼란스럽고 약간 어려워 보인다. 하지만, 걱정하지 말라. 7장 "Multicast Addresses"를 읽어본 후에 완전히 이해하게 될 것이다. 지금은 이 유형의 주소를 IPv4 브로드캐스트 주소 대신 사용하여 패킷 처리를 더욱 효율적으로 할 수 있다는 것을 기억해 두라.

Address Terminology

IPv6는 여러분들에게 어쩌면 생소할 수 있는 용어를 사용한다. 일부 용어는 IPv4에서도 사용되었던 것이다. 다음은 이 장과 책의 나머지 부분을 통해 사용되며 여러분이 알아야 할 몇 가지 용어들이다.

- **Prefix (프리픽스):** 프리픽스는 IPv6 주소의 네트워크 부분이다. IPv4 주소에서 우리는 종종 이것을 주소의 네트워크 부분이라거나 네트워크 프리픽스라고 부른다.
- **Prefix length (프리픽스 길이):** 프리픽스 길이는 주소의 네트워크 부분인 프리픽스를 규정하는 최상위(leftmost) bit의 수이다. 이것은 IPv4의 서브넷 마스크와 기능이 동일하다. IPv6는 128bit이므로 프리픽스 길이는 /0에서 /128까지 가능하다.
- **인터페이스 ID:** 인터페이스 ID는 IPv4 주소의 호스트 부분과 동일하다. IPv6에서는 호스트 컴퓨터뿐만 아니라 모든 유형의 디바이스가 IP 주소를 가질 수 있으므로 *인터페이스 ID*라는 용어를 사용한다. IPv6 인터페이스가 있는 디바이스는 일반적인 서버 또는 클라이언트 컴퓨터에서 에스프레소 머신 또는 바이오메디컬 센서에 이르기까지 다양할 수 있다. *인터페이스*라는 용어는 인터페이스에 IP 주소(IPv4 또는 IPv6)가 할당되며 디바이스에는 여러 인터페이스가 존재할 수 있으므로 사용된다.
- **Node or device (노드 또는 디바이스):** IPv6 노드 또는 디바이스는 컴퓨터 및 프린터와 같은 기존 디바이스와 함께 웹캠, 임베디드 디바이스 및 사물인터넷(IoT) 디바이스와 같은 다양한 유형의 디바이스를 포함하여 IPv6 주소를 가진 모든 것을 지칭한다. 노드와 *디바이스*라는 용어는 이 책에서 바꿔 쓸 수(같은 의미라는 뜻) 있다.

Figure 2-4는 IPv6 글로벌 유니캐스트(GUA) 주소의 프리픽스, 프리픽스 길이, 인터페이스 ID를 보여준다. 이 예에서 프리픽스 길이 /64는 프리픽스가 64-bit임을 의미하며 인터페이스 ID로는 나머지 64-bit를 사용하게 된다.

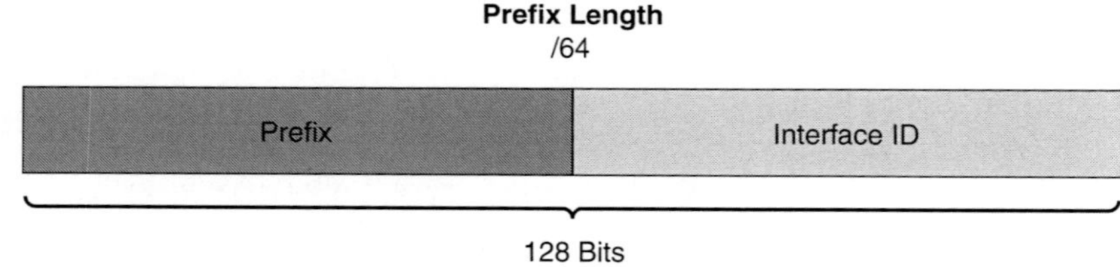

Figure 2-4 *Example of an IPv6 Global Unicast Address*

ICMPv6 Neighbor Discovery Protocol (NDP)

ICMPv6 NDP(Neighbor Discovery Protocol)는 ICMPv6에 새로운 기능을 추가한다. NDP는 on-link(동일한 서브넷) 디바이스 검색 및 통신에 사용된다.

NDP는 Router Solicitation(라우터 요청), Router Advertisement(라우터 광고), Neighbor Solicitation(이웃 요청), Neighbor Advertisement(이웃 광고), Redirect(재지향) 메시지의 다섯 가지 유형이 있다. 앞의 네 개 메시지는 ICMPv6에서 새로 만들어진 것이다. Redirect 메시지는 ICMPv4에서도 있었지만, 추가 기능이 포함되었다.

이러한 모든 메시지는 이후의 장에서 다양한 방법으로 설명한다.

Neighbor Solicitation (NS) and Neighbor Advertisement (NA) Messages

Neighbor Solicitation 및 Neighbor Advertisement 메시지는 같은 링크(서브넷)에 있는 두 디바이스 간의 통신에 사용된다. 이들 메시지는 주소 결정(resolution)에 사용되며, IPv4에서 ARP와 같은 기능을 한다. Figure 2-5와 같이 Neighbor Solicitation 및 Neighbor Advertisement 메시지는 각각 ARP 요청과 ARP 응답과 유사하다. NS, NA 메시지와 그 용도는 이 책의 나머지 부분에서 더 자세히 알아볼 것이다.

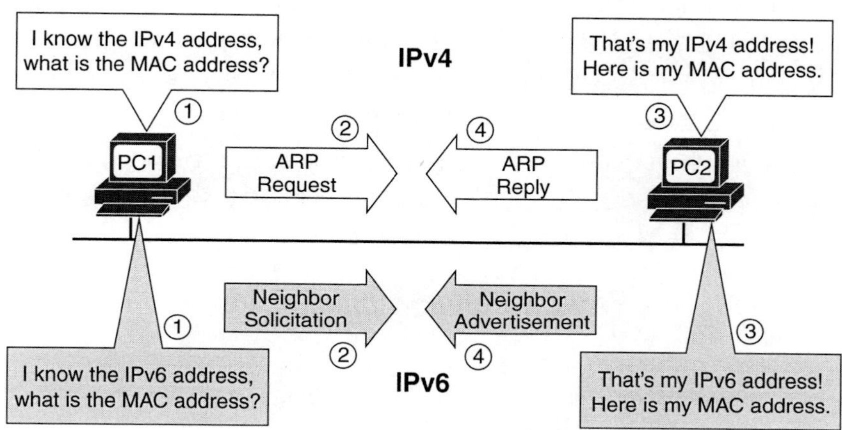

Figure 2-5 *Comparison of IPv4 ARP Request and ARP Reply to IPv6 NS and NA Messages*

Router Solicitation (RS) and Router Advertisement (RA) Messages

Router Solicitation과 Router Advertisement 메시지는 같은 링크(서브넷) 상 위치한 디바이스와 라우터 간의 통신에 사용된다.

다음 절에서 더 자세히 설명하겠지만, Router Advertisement 메시지는 IPv6 주소 정보를 동적으로 알려주기 위해 라우터가 디바이스로 보내는 것이다. Router Solicitation 메시지는 라우터에게 Router Advertisement 메시지를 요청하기 위해 서브넷 내 디바이스가 보내는 메시지이며, Figure 2-6에 이를 보였다. RA 메시지는 후에 다시 자세히 설명할 것이다.

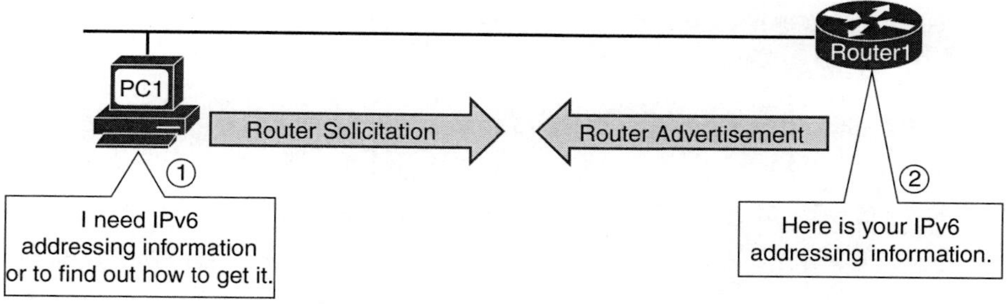

Figure 2-6 *ICMPv6 Router Solicitation and Router Advertisement Messages*

Dynamic Address Allocation

IPv4 상에서 디바이스는 IP 주소와 서브넷 마스크, 디폴트 게이트웨이, 도메인 네임, DNS(Domain Name Service) 서버 주소를 포함하는 IPv4 주소 정보를 설정하는 데 두 가지 방법을 사용한다.

- 정적 또는 수동 설정(static or manual configuration)
- DHCPv4 서버를 통한 동적 할당

IPv4에서와 마찬가지로 IPv6에서도 주소를 정적으로 설정할 수 있다. 그러나 동적 주소 설정과 관련해서 IPv6에서는 다른 방식을 사용한다. IPv6는 ICMPv6 Router Advertisement(라우터 광고) 메시지를 사용하여 디바이스에 IPv6 주소 정보를 알려주는 방법을 사용한다. IPv6 라우터는 Router Advertisement 메시지를 주기적으로(시스코 IOS는 200초마다) 보내고, 디바이스로부터 Router Solicitation(라우터 요청) 메시지를 수신할 때도 보낸다. RA 메시지는 일반적으로 "all-IPv6 devices multicast address, ff02::1"를 사용하여 송신되므로 링크 상의 모든 IPv6 디바이스는 이 메시지를 수신한다(unicast로도 보낼 수 있다). 타 라우터들은 수신한 RA 메시지를 포워딩하지 않는다.

Router Advertisement 메시지는 IPv6 디바이스를 위한 주소지정 정보를 갖고 있으며, 다음과 같은 정보를 포함한다.

- 링크(서브넷) 정보에 관한 기타 정보와 함께 네트워크 프리픽스 및 프리픽스 길이
- 디폴트 게이트웨이 주소(라우터의 송신 인터페이스의 link-local 주소이며 RA 메시지의 송신 IPv6 주소가 된다.)
- IPv6 주소지정 정보를 디바이스에 알려주는 데 사용되는 3가지 플래그가 있다. 자동 주소 설정 플래그(Autonomous Address Configuration Flag, A Flag), 기타 설정 플래그(Other Configuration Flag, O flag), 관리 주소 설정 플래그(Managed Address Configuration Flag, M flag)의 세 가지이다.
- 도메인 네임과 DNS 서버 목록과 같은 옵션 정보

IPv4 디바이스와는 다르게, IPv6 디바이스는 DHCP 서버의 서비스 없이도 동적으로 주소를 결정할 수 있다.

Figure 2-7에서 알 수 있듯이 Router Advertisement 메시지는 3가지 중의 하나가 될 수 있다.

- **방법1—Stateless Address Autoconfiguration (SLAAC):** 디바이스는 RA만을 사용하여 global unicast 주소(GUA)를 생성한다. 디바이스는 RA의 송신 IPv6 주소를 디폴트 게이트웨이로 사용한다. 이 방법은 시스코 IOS의 기본값이다.
- **방법2—SLAAC and stateless DHCPv6 server:** 앞의 방법과 마찬가지로 디바이스는 SLAAC로 GUA를 생성하고 RA의 송신 주소를 디폴트 게이트웨이로 사용한다. 그러나 이 방법에서는 RA 메시지에 포함되어 있지 않은 추가 정보가 필요한 경우 stateless DHCPv6 서버와 통신하라고 디바이스에 알려준다. 예를 들면 DNS 서버 주소 목록 같은 정보가 될 수 있다. stateless DHCPv6 서버는 IPv6 global unicast 주소 정보를 제공하거나 할당 정보를 관리하지 않는다. stateless 서버는 네트워크상의 모든 디바이스에 대해 공통적인 네트워크 정보만 제공한다.

Note RA 메시지는 stateless DHCPv6[1] 서버로부터 이용 가능한 정보를 지정하지 않는다. 라우터와 수신 디바이스가 모두 기능을 지원할 때만 DNS 주소 목록이 RA 메시지에 포함되어야 한다(RFC 6106 *"IPv6 Router Advertisement Options for DNS Configuration"*을 참고하라). 9장, "Stateless Address Autoconfiguration (SLAAC)에서 더 자세히 설명한다.

- **방법3—Stateful DHCPv6 server:** 이 방법은 IPv4에서 DHCP 동작과 유사하다. RA 메시지는 global unicast 주소를 포함하는 모든 IPv6 주소 정보에 대해 DHCPv6 서버를 사용하라고 디바이스에 알려준다. 이 경우에도 디바이스는 앞의 2가지 방법과 같이 디폴트 게이트웨이 주소 정보로는 RA 메시지의 송신 주소를 사용해야한다.

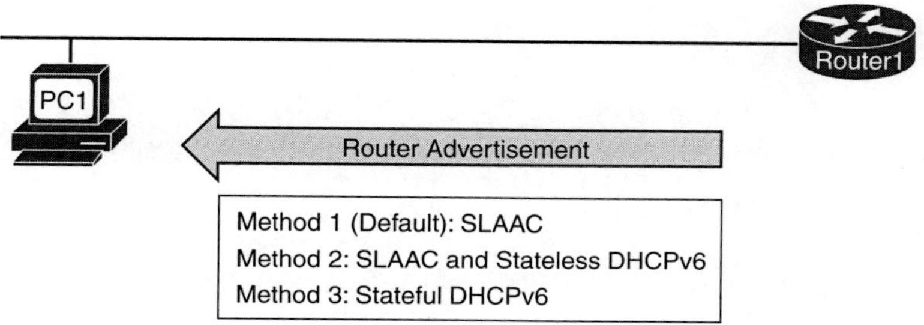

Figure 2-7 *ICMPv6 Router Advertisement Methods*

방법1과 방법2는 모두 클라이언트 디바이스가 SLAAC를 사용하여 자체적으로 IPv6 글로벌 유니트캐스트 주소를 생성하도록 알려준다. 클라이언트는 Router Advertisement(라우터 광고) 메시지의 프리픽스를 사용하는데 64-bit 인터페이스 ID를 생성하기 위해서는 다음 두 가지 방식 중 하나를 사용한다.

- **Random 64-bit value:** 운영 체제는 인터페이스 ID에 대해 임의의 64-bit 값을 생성할 수 있다(이것은 Windows 운영 체제의 기본값이다).
- **EUI-64 (Extended Unique Identifier):** 이 방식에서는 인터페이스의 48-bit MAC 주소를 사용하고 가운데 부분에 16bit(fffe)를 끼워 넣는다. 좌측 앞에서 7번째 bit는 반전시킨다. 지금은 이 프로세스에 대해 걱정하지 말라. 이것은 9장에서 좀 더 자세히 설명할 것이다(이것은 Linux와 Mac OS에서 기본 동작이다).

Note CGA(Cryptographically Generated Addresses, 암호화 생성 주소)는 인터페이스 ID를 생성하는 3번째 옵션이다. 이는 공개키로 암호화 단방향 해시 함수를 계산하여 수행되며, SEND(Secure Neighbor Discovery Protocol)를 포함한다. CGA와 SEND는 이 책의 범위 밖이다. CGA 및 SEND에 대해서 자세한 내용을 알고 싶으면 Eric Vyncke의 〈IPv6 Security〉를 추천한다.

위의 두 가지 경우 모두 디바이스는 DHCPv6 서비스 없이 자체적으로 GUA 주소를 생성할 수 있다.

---

1 errata: DHCPv4 -> DHCPv6

stateless 혹은 stateful DHCPv6 서버는 디폴트 게이트웨이 주소 정보를 제공하지 않는다. 디폴트 게이트웨이 정보는 RA 메시지를 통해서만 동적으로 받을 수 있다. 즉 stateful DHCPv6를 사용하더라도 호스트가 디폴트 게이트웨이 정보를 동적으로 확인할 수 있도록 라우터의 RA 메시지는 로컬에 전파되어야 한다.

RA가 stateful DHCPv6 정보를 알려줄 때 일부 호스트 운영 체제는 stateful DHCPv6와 SLAAC를 모두 사용해서 두 개의 서로 다른 주소를 생성한다. stateful DHCPv6를 적용한 네트워크의 관리자 대부분은 디바이스가 SLAAC를 사용하여 또 다른 주소를 생성하는 것을 원치 않을 것이다. 따라서 호스트가 디폴트 게이트웨이 주소는 RA 메시지의 값을 사용하지만, 그 외에 SLAAC를 사용하여 주소를 생성하지 않도록 RA 메시지의 정보를 설정해야 한다. (이 미스터리는 12장, "Stateful DHCPv6" 에서 풀린다.)

Summary

이 장에서는 이 책 전반에 걸쳐 더 자세히 설명하는 몇 가지 용어와 개념을 소개한다. 이 장의 목표는 다른 장에서 설명할 프로토콜과 개념을 이해하는 데 도움 될 만한 정보를 제공하는 것이다. 이 장의 모든 내용은 다음에 더 자세히 설명할 것이다.

다음은 이 장에서 설명한 주요 사항 중 일부이다.

- IPv6 주소는 16진법을 사용하여 표기한다. 4-bit는 단일한 16진수로 표기될 수 있다.
- IPv6에는 다양한 주소 유형이 있으며 그중 일부가 이 장에서 소개되었다.
  - **Global unicast address (GUA):** 인터넷 전체에서 유일하고 라우팅 가능한 IPv6 주소이며 공인 IPv4 주소와 같은 개념이다.
  - **Link-local unicast address:** IPv6 디바이스에 필수적인 주소이며, 이 link-local 주소는 링크 내에서만 유일하며 서브넷을 넘어서 라우팅 될 수 없다.
  - **Solicited-node multicast address:** 이 특별한 multicast 주소는 IPv4 브로드캐스트 주소를 대신하여 일부 IPv6 프로토콜에서 사용된다. Solicited-node multicast 주소는 이더넷 MAC multicast 주소에 매핑되어 이를 수신하는 디바이스의 NIC에서 필터 처리될 수 있다. 이를 통해 트래픽을 무조건 상위 계층으로 전달하지 않도록 NIC이 자기 자신이 수신해야 하는 정보인지 결정할 수 있게 한다.
- ICMPv6 NDP(Neighbor Discovery Protocol)는 on-link(동일 서브넷) 디바이스 검색 및 메시지전달에 사용된다. 5가지 메시지 유형이 있으며 그중 4가지가 이전엔 없던 유형이다.
  - **Neighbor Solicitation과 Neighbor Advertisement messages:** Layer 3 주소로 Layer 2 주소를 알아내는 데 사용되는 Neighbor Solicitation 및 Neighbor Advertisement 메시지는 IPv4에서의 ARP Request(요청)와 ARP Reply(응답) 메시지와 유사하다.
  - **Router Solicitation과 Router Advertisement messages:** Router Solicitation 메시지는 IPv6 라우터에게 라우터 광고 메시지를 요청하기 위해 디바이스에서 송신하는 것이다. RA 메시지는 주소 설정 정보를 동적으로 받는 방법을 디바이스에 알려준다. RA 메시지에는 디바이스가 디폴트 게이트웨이 주소와 스스로 주소를 생성하는 데 사용할 정보가 포함되어 있다.

- IPv6는 IPv4와 다른 방법으로 동적 주소할당을 수행한다. ICMPv6 Router Advertisement 메시지는 IPv6 라우터에 의해 송신되며 서브넷에 연결된 디바이스들에게 주소 정보를 어떻게 생성해야 하는지 알려준다. RA 메시지는 다음 세 가지 방법 중 하나를 광고한다.
  - **방법1—SLAAC:** 디바이스는 RA만을 사용하여 자체적으로 global unicast 주소(GUA)를 생성한다. RA 메시지에는 도메인 네임과 DNS 서버 주소를 비롯한 디바이스에 필요한 모든 정보가 포함된다.
  - **방법2—SLAAC와 stateless DHCPv6:** 디바이스는 RA 메시지의 정보를 사용하여 IPv6 global unicast 주소를 생성한다. RA 메시지에는 기타 정보가 포함될 수도 있지만, 디바이스는 추가적인 정보를 받기 위해 stateless DHCPv6 서버와 통신해야 한다. stateless DHCPv6 서버는 DNS 서버 주소 같은 정보를 제공할 수 있다.
  - **방법3—Stateful DHCPv6:** 이 방법은 IPv4에서 DHCP 동작과 유사하다. 이 방법은 디바이스에 global unicast 주소를 포함한 모든 주소 정보를 받기 위해 stateful DHCPv6 서버와 통신하라고 알려준다.

Review Questions

1. 4-bit 이진값을 16진수로 변환하라
   a. 0010
   b. 1100
   c. 1111
   d. 1101
   e. 0000
   f. 1010
2. Convert the following hexadecimal values to binary using 4 bits.
   a. E
   b. 3
   c. 8
   d. B
   e. 1
   f. 9
3. 각각의 설명을 다음 IPv6 주소 유형과 짝지워 보라.
   - Global unicast address
   - Link-local address

- Unspecified address
- Solicited-node multicast address

Descriptions:

a. 모든 IPv6 활성 인터페이스는 이 유형의 주소가 있어야 한다.

b. 공인 IPv4 주소와 동등하다.

c. 송신 주소로만 사용할 수 있다.

d. NIC에서 필터링 가능한 이더넷 MAC 주소에 매핑된다.

e. IPv6가 설정되지 않았거나 불명일 때 사용된다.

f. SLAAC를 사용해 생성하거나 stateful DHCPv6 서버에서 할당받을 수 있다.

g. 라우팅할 수 없다.

4. 각각의 설명을 다음 ICMPv6 Neighbor Discovery 메시지와 짝지워 보라.

- Neighbor Solicitation
- Neighbor Advertisement
- Router Solicitation
- Router Advertisement

Descriptions:

a. 프리픽스, 프리픽스 길이 및 디폴트 게이트 주소로 사용되는 송신 IPv6 주소를 포함하고 있다.

b. IPv4의 ARP Request 메시지와 같은 역할을 한다.

c. IPv4에 대한 ARP Reply 메시지와 같은 역할을 한다.

d. IPv6 주소 정보를 동적으로 받는 방법을 요청하기 위해 디바이스에서 보낸다.

5. 각각의 설명을 다음 Router Advertisement 설정 방법 중 하나 이상과 짝지워 보라.

- Method 1—SLAAC
- Method 2—SLAAC and stateless DHCPv6
- Method 3—Stateful DHCPv6

Descriptions:

a. IPv4용 DHCP와 유사하다.

b. 디폴트 게이트웨이의 주소를 제공한다.

c. global unicast 주소를 생성하는 데 사용할 프리픽스 및 프리픽스 길이를 제공한다.

d. DNS 또는 도메인 네임에 대해서만 DHCPv6 서버를 사용한다.

e. DHCPv6 서버는 전혀 필요하지 않다.

f. DHCPv6 서버가 global unicast 주소를 할당한다.

References

RFCs

RFC 2460, *Internet Protocol, Version 6 (IPv6) Specification*, S. Deering, Cisco Systems, www.ietf.org/rfc/rfc2460.txt, December 1998.

RFC 3315, *Dynamic Host Configuration Protocol for IPv6 (DHCPv6)*, R. Droms, Cisco Systems, www.ietf.org/rfc/rfc3315, July 2003.

RFC 3736, *Stateless Dynamic Host Configuration Protocol (DHCP) Service for IPv6*, R. Droms, Cisco Systems, www.ietf.org/rfc/rfc3736, April 2004.

RFC 4443, *Internet Control Message Protocol (ICMPv6) for the Internet Protocol Version 6 (IPv6) Specification*, A. Conta, Transwitch, www.ietf.org/rfc/rfc4443.txt, March 2006.

RFC 4861, *Neighbor Discovery for IP Version 6 (IPv6)*, T. Narten, IBM, www.ietf.org/rfc/rfc4861.txt, September 2007.

RFC 4862, *IPv6 Stateless Address Autoconfiguration*, S. Thompson, Cisco Systems, www.ietf.org/rfc/rfc4862, September 2007.

Chapter 3

Comparing IPv4 and IPv6

"똑같다. 완전히 다를 뿐이지.(It's exactly the same, only completely different.)"

—Anonymous

2장 "IPv6 Primer"에서 IPv4와 비교하여 IPv6가 어떻게 동작하는지 몇 가지 차이를 소개했다. IPv6는 주소 결정(resolution) 및 동적 주소지정 방식을 바꾸는 4가지 새로운 메시지를 사용할 수 있고, ICMPv6 Neighbor Discovery Protocol(NDP)의 예를 들어 설명했다.

이 장에서는 IPv6 프로토콜 헤더에 집중하여 설명하고, IPv4 헤더와 비교하겠다. IPv6 헤더의 구조는 RFC 2460 "*Internet Protocol, Version 6 (IPv6) Specification*"에서 정의된 것이다. 일반적으로 생각하는 IPv6 헤더 이외에도, extension header(확장 헤더)라고 하는 새로운 IPv6 헤더도 있다. 이것도 이 장에서 설명할 것이다.

이 장은 다음 주제에 관해서 설명한다.

- Comparing the IPv4 and IPv6 headers (IPv4와 IPv6 헤더 비교)
- IPv6 over Ethernet (이더넷 상의 IPv6)
- Packet analysis using Wireshark (와이어샤크를 사용한 패킷 분석)
- IPv6 extension headers (IPv6 확장 헤더)
- IPv4 and IPv6 differences at a glance (IPv4와 IPv6 차이 요약)

Comparing the IPv4 and IPv6 Headers

Figure 3-1은 IPv4 헤더의 구조를 보여준다. RFC 791 "*Internet Protocol, DARPA Internet Program Protocol Specification*"에서 정의된 것이다. IPv4와 IPv6를 비교해서 보면 몇몇 필드는 같거나 유사하다는 것을 알 수 있을 것이다. 그리고 일부는 IPv6에서 없어졌다.

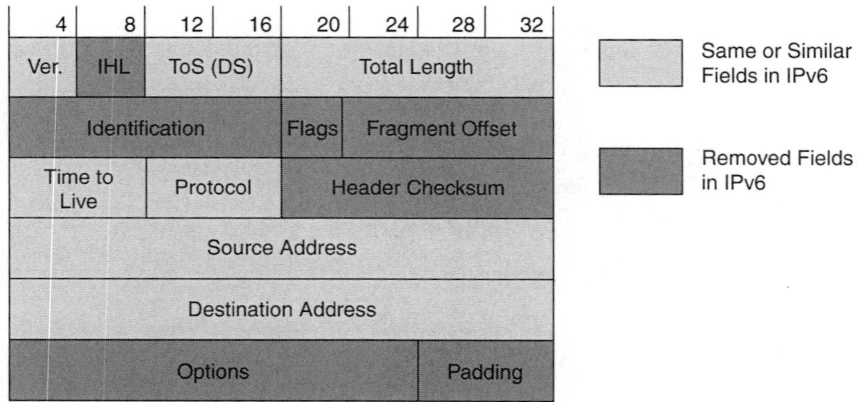

Figure 3-1 *IPv4 Header*

IPv6는 RFC 2460 "*Internet Protocol, Version 6 Specification*"에서 정의되었다. Figure 3-2는 *IPv6 기본 헤더*의 구조를 보여준다. IPv6 기본 헤더에는 한 개 이상의 IPv6 확장 헤더가 연결될 수 있다. 확장 헤더에 대해서는 이 장에서 설명한다.

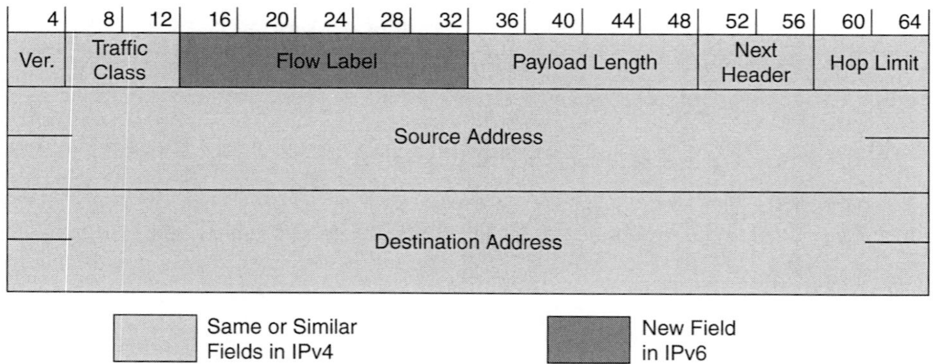

Figure 3-2 *IPv6 Header*

위의 두 헤더를 비교할 때, IPv4 헤더는 32bit 폭으로 그려진데 반해, IPv6 헤더는 64bit 폭으로 그려졌다. 두 헤더 모두 타 bit 폭 형식으로 그릴 수 있지만, IPv6에서는 64-bit 폭 형식을 사용할 것이다.

IPv6가 정의되었을 당시에는 아직 64-bit CPU가 일반적이지는 않았지만, IPv6의 설계자들은 64-bit CPU의 장점을 이용하고자 했다. 결과적으로 IPv6 헤더의 각 필드는 64-bit 경계에서 시작하거나 64-bit의 곱이다. 64-bit CPU의 장점은 64-bit 폭 메모리를 한 번에 읽을 수 있다는 것이다. 역으로 64-bit 경계는 32-bit의 경계이기도 하므로 32-bit CPU PC에서도 성능 저하를 일으키지 않는다.

Note 64-bit 폭 헤더를 사용해서 IPv6를 흔히 설명하는 뉘앙스가 여러분들에게 와 닿지 않아도 걱정할 필요가 없다. 나는 단지 하나의 관심사로 설명에 포함한 것이다.

Note IPv6 주소가 64bit의 SIPP 제안에서 128bit 주소로 변경된 이유 중 하나는 64의 배수를 사용하기 위해서라고 한다.

IPv6 헤더에 대한 간단한 비교만으로도 IPv4보다 더 적은 필드를 가진, 간단한 프로토콜이라는 것을 알 수 있다. 이 특징으로 IPv6는 더 탄탄한 프로토콜이 되었으며, 효율적인 처리를 가능하게 한다. 곧 알게 될 테지만, IPv6의 또 다른 장점은 고정된 40-byte 헤더를 사용한다는 것이다. (IPv4는 헤더 크기가 고정되지 않았다.)

The IPv4 and IPv6 Version Fields

IPv4와 IPv6 둘 다 인터넷 프로토콜(IP) 헤더의 버전 번호를 표시하는 "버전 필드"로 시작한다. 금방 알 수 있듯이, IPv4의 버전 필드는 "4"이고, IPv6는 "6"이다.

1장 "Introduction to IPv6"에서 설명했지만, "5"는 과거 실험적인 Internet Stream Protocol(ST2)에 의해 이미 사용되었다. ST2는 IPv5로 알려지진 않았지만, IPv4에 캡슐화될 때 version 값으로 "5"를 사용했다.

IPv4 Internet Header Length (IHL) Field

Figure 3-3에서 보여주는 IPv4 IHL(인터넷 헤더 길이) 필드는 32bit word 단위이며, 옵션 필드와 패딩을 포함한 IPv4 헤더의 길이이다. 실제로 이것은 IPv4 헤더가 끝나고 데이터 또는 페이로드가 시작되는 위치를 가리킨다. 최소값은 5(5 x 32-bit word = 160bit) 혹은 20byte(octet)이다. 이 값은 옵션이나 패딩이 없는 IPv4 헤더의 최소 크기이다. 옵션 및 패딩 필드가 추가되면 IHL의 길이는 최소값인 20byte를 넘어서 최대 60byte까지 확장될 수 있다.

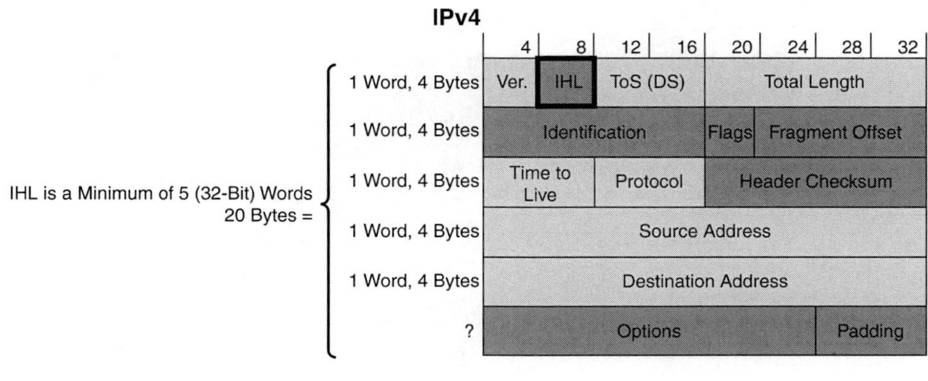

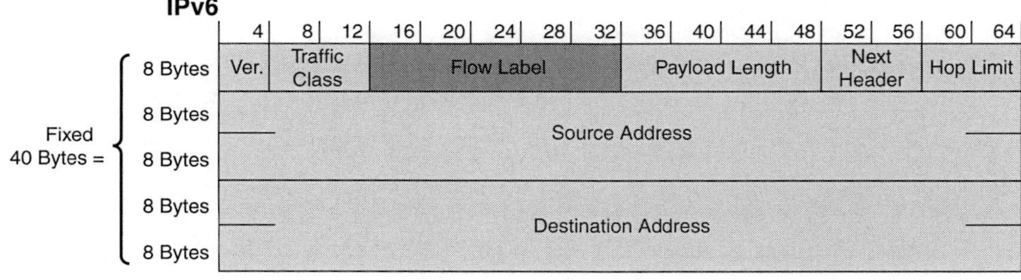

Figure 3-3 *IPv4 Internet Header Length (IHL) Field*

기본 IPv6 헤더는 40byte의 고정 길이이며, IPv6에는 IHL 필드가 없으므로 패킷 처리 시에 더욱 효율적인 처리가 가능하다. 이 장의 뒷부분에서 알 수 있듯이 IPv6는 선택적인 확장 헤더를 사용하여 추가적인 기능을 사용할 수 있다. 그러나 확장 헤더로 인해 기본 IPv6 헤더의 정해진 40-byte 길이가 변하는 것은 아니다.

IPv4 Type of Service (ToS) and IPv6 Traffic Class Fields

두 필드는 같은 역할을 하고 명칭만 변경되었다. Figure 3-4는 두 프로토콜상의 해당하는 필드를 보여준다. IPv4 ToS와 IPv6 Traffic Class는 라우터가 패킷을 수신했을 때 어떻게 처리해야 할지를 지시하는 데 사용된다. 이 정보는 다양한 Precedence(우선순위)를 제공하여 QoS 기능을 지원하는 데 사용한다. 여러 개의 패킷이 동일한 인터페이스 대향의 큐에 진입했을 때, 이 필드의 값은 패킷이 전송되는 순서를 포함하여, 패킷의 처리를 결정하는 데 사용된다.

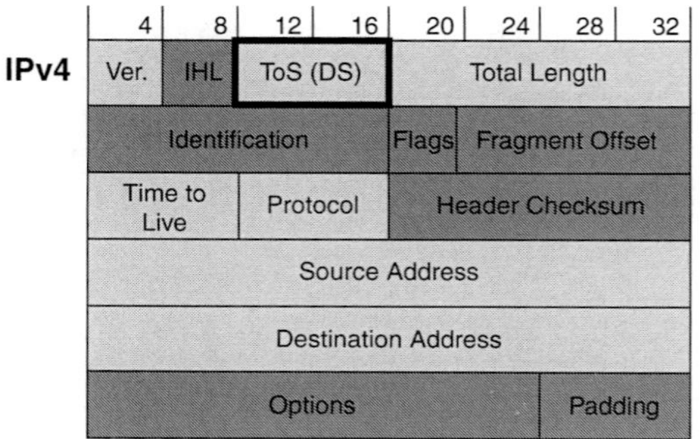

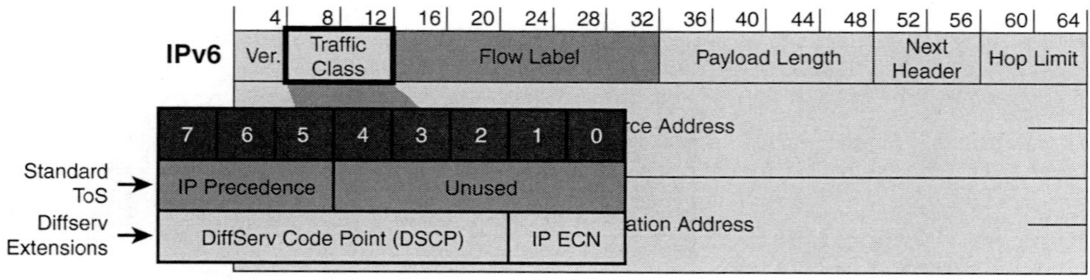

Figure 3-4 *IPv4 ToS Field and IPv6 Traffic Class Field*

IPv4 ToS 필드는 3개의 IP Precedence bit를 사용하며 초기에 많이 사용되지는 않았다. 그래서 1998년에 IETF가 Differentiated Service(DS)라고 하는 기술로 재정의하고 RFC 2474 "*Definition of the Differentiated Services Field in IPv4 and IPv6 Headers*" 에 문서화했다.

IPv6도 동일한 차등 서비스(Differentiated Services) 기술을 사용한다. 6bit를 사용하는 DSCP(Differentiated Services Code Point)는 64개의 마킹이 가능하다. 이렇게 해서 3bit 8개의 값을 가지는 원래의 IPv4 Precedence 필드와 비교하면 훨씬 더 세분된 우선순위 선택을 지원한다.

라우터는 이 필드를 무시할 수 있으나 네트워크에 QoS를 적용하게 되면 이 필드에 익숙해져야만 할 것이다. 원래의 "IPv4 Type of Service"라고 부르는 용어는 RFC 2474에 사용되는 "*diffserv*" 용어로 대체되었다.

Note DSCP 및 IP Precedence는 이 책의 범위가 아니다. 한 가지 흥미로운 점은 Figure 3-4와 같이 IP Precedence 값이 사실상 DSCP의 앞 3bit라는 것이다. 그러므로 두 값은 동시에 사용될 수는 없다. 추가적인 3bit가 있는 DSCP가 사용된다면, 이는 IP Precedence를 대체한다. QoS에 대해 더 자세히 공부하려면 Tim Szigeti, Christina Hattingh 외 2인이 쓴 <*End-to-End QoS Network Design: Quality of Service for Rich-Media and Cloud Networks*>라는 책을 추천한다.[1]

IPv6 Flow Label Field

Figure 3-5와 같이 IPv6 Flow Label 필드는 소스에서 하나 또는 그 이상의 목적지 노드로 전송되는 IPv6 패킷의 연속(sequence) 또는 플로우(flow)를 표시하는 데 사용되는 새로운 필드이다. 이 필드를 이용하여 패킷의 송신 측에서 실시간(real-time)과 같은 특별한 처리를 IPv6 라우터에 요구하는 패킷의 흐름에 표시하는 데 사용될 수 있다.

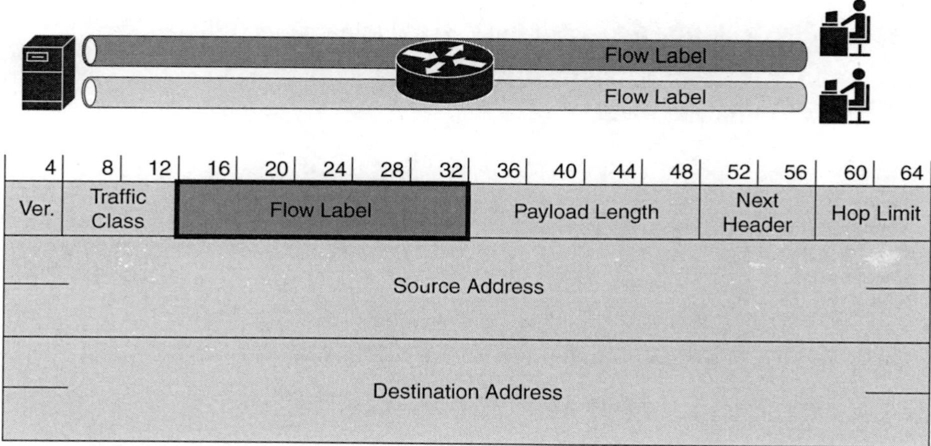

Figure 3-5 *IPv6 Flow Label Field*

Flow Label 필드는 흐름(flow) 내의 모든 패킷을 식별하여 IPv6 라우터에서 동일한 유형의 처리를 받도록 하는 데 사용된다. Flow Label 사용은 RFC 6437 "*IPv6 Flow Label Specification*"에 기술되어 있다. 라우터는 개별적인 패킷 flow를 추적할 수 있다. 라우터가 각 패킷의 헤더를 독립적으로 처리할 필요가 없으므로 좀 더 효율적으로 다량의 패킷 flow 처리[2]가 가능하다.

현재로서는 Flow Label에 대한 적용 예가 많지는 않다. RFC 6438 "*Using the IPv6 Flow Label for Equal Cost Multipath Routing and Link Aggregation in Tunnels*" 에 정의한 Equal Cost Multi-Path (ECMP)와 RFC 7098 "*Using the IPv6 Flow Label for Load Balancing in Server Farms*"에서 정의한 SLB(서버 부하 분산)라는 두 가지 사용 사례가 있다. 많은 시스템에서 다양한 TCP 세션에 속하는 패킷

---

1 Ram Balakrishnan의 <Advanced QoS for Multi-Service IP/MPLS Networks>라는 책도 추천한다. 시스코의 책은 아직 읽어보진 못했다.-옮긴 이

2 IPv4 망에서 트래픽은 일반적으로 5 tuple(송/수신 주소, 포트 번호, 프로토콜) 기반 flow(L4 load-balancing일 경우)로 처리된다. IPv6도 마찬가지가 될 것인데 flow-label이란 변수가 추가된 셈이다.-옮긴 이

에 대해 Flow Label을 설정한다. Flow Label이 "0" 이면 트래픽은 어떠한 flow와도 연관되지 않는다는 의미이다.

IPv4 Total Length Field, IPv6 Payload Length Field, and IPv6 Jumbograms

IPv4 Total Length 필드는 Figure 3-6에 표시된 것처럼 IPv4 헤더 및 데이터를 포함하여 바이트 단위로 표시되는 전체 IPv4 패킷의 길이이다. 16-bit 값이므로 IPv4 패킷의 최대 길이는 65,535byte가 된다. 대부분 IPv4 패킷은 이보다 훨씬 작다.[1]

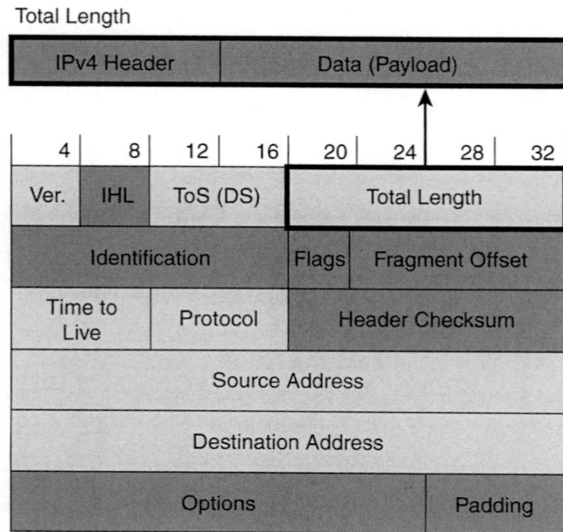

Figure 3-6 *IPv4 Total Length Field*

IPv6 "Payload Length"는 16-bit 길이 필드이며, IPv6 기본 헤더(40byte)에 따라오는 페이로드의 길이를 지정한다. 즉, 패킷의 데이터 부분 길이를 표시한다(Figure 3-7을 보라). 이 값은 기본 IPv6 헤더를 포함하지 않는다. IPv6 패킷이 하나 이상의 확장 헤더를 가지고 있다면 그 길이는 Payload Length 필드에 byte 단위로 포함된다. 확장 헤더는 페이로드 일부로 간주한다.

---

1 MTU 제한 때문에 IPv4 헤더의 최대값까지 사용하기 어렵다.-옮긴 이

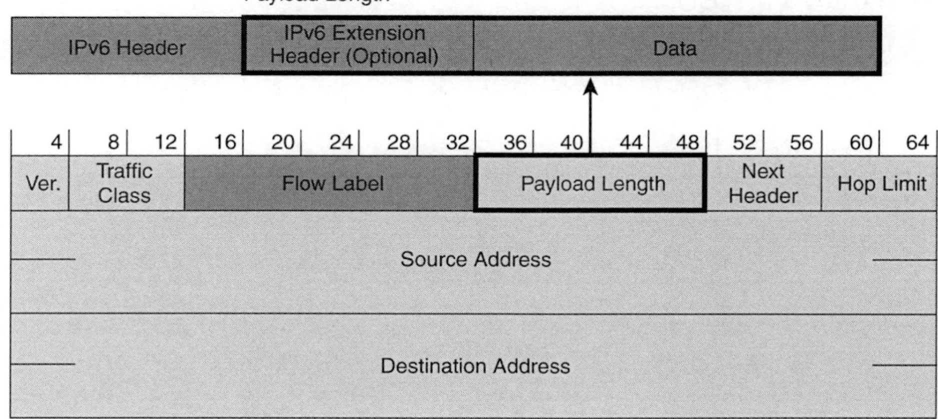

Figure 3-7 *IPv6 Payload Length Field*

IPv6 Payload Length 필드는 한 가지 중요한 차이점을 제외하고 IPv4 Total Length 필드와 유사하다. IPv4의 Total Length는 IPv4 헤더와 데이터 부분을 *합한* 길이이다. (그야말로 Total Length이다) 그러나 IPv6 Payload Length 필드는 *페이로드* 부분만을 계산하고 IPv6 기본 헤더를 포함하지 않는다. IPv4 헤더는 패딩(Padding) 및 옵션 필드(Option 필드) 때문에 길이가 가변적이지만 IPv6 헤더의 길이는 40byte로 고정되어 있다.

Note IPv4 페이로드(데이터) 부분의 byte 길이를 실제 계산하려면 다음과 같이 하면 된다.
(IPv4 Total Length) - (IPv4 IHL) = number of bytes
여기서 주의할 점은 IPv4 IHL 필드는 32-bit 워드 값 단위이고, IPv4 Total Length 필드는 byte 단위 값이다.

앞에서 말한 것처럼 IPv4 Total Length는 16-bit 필드이고, IPv4 패킷의 크기는 65,535byte까지 표현할 수 있다. 실제 네트워크에서 이들 패킷은 MTU(maximum transmission unit)로 인해 훨씬 크기가 작다. IPv4에는 이 이론적 최대값을 넘을 수 있는 별도의 옵션이 없다. 그러나 IPv6는 더 큰 페이로드를 전달할 수 있다. 점보그램(Jumbogram)이라고 알려진 이 종류의 패킷은 RFC 2675 "*IPv6 Jumbograms*"에 기술되었다. *점보그램*은 16-bit IPv6 페이로드 길이 필드로 허용되는 최대값인 65,535byte보다 큰 페이로드를 가진 IPv6 패킷이다.

점보그램은 Hop-by-Hop 확장 헤더의 Jumbo Payload 옵션을 사용하며 이번 장에서 설명할 것이다. 점보 페이로드(Jumbo Payload) 옵션은 32-bit 길이의 필드를 사용하여 65,536에서 4,294,967,295(2^{32}-1), 곧 4Gbyte(4GB-1) 사이의 길이를 가지는 IPv6 패킷을 전송할 수 있게 한다.

IPv4와 마찬가지로 IPv6 패킷의 크기는 현재의 link-layer MTU에 의해 여전히 제한된다. 그러나 IPv6 점보그램은 슈퍼컴퓨터 간 혹은 내부 고속 링크에서 지금도 사용되고 있다.

IPv4 and IPv6 MTUs

대부분 전송 매체에는 MTU(maximum transmission unit)라고 알려진 전송할 수 있는 최대 패킷 길이가 있다. IPv4와 IPv6 MTU는 헤더를 포함한 IP 패킷의 전체 길이이다.

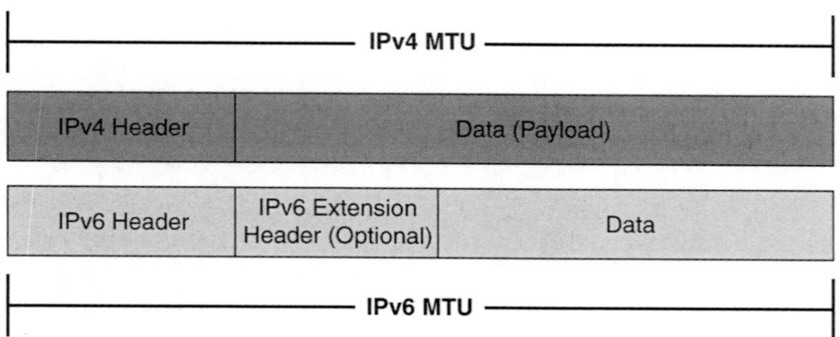

Figure 3-8 *IPv4 and IPv6 MTUs*

IPv4는 모든 노드가 더 이상의 단편화 없이 최소 68byte 길이의 패킷을 포워딩할 수 있어야 한다고 요구한다. 이런 경우 IPv4 헤더가 최대 60byte까지 가능하므로 실제 페이로드 부분은 8byte만 있을 수 있다. 페이로드는 단편화된 IPv4 데이터일 것이다. IPv4가 아니라면 페이로드는 또 다른 프로토콜의 정보를 담은 헤더를 포함할 필요가 있다. 이렇게 되면 8byte보다 커진다. 최종 수신자인 모든 IPv4 노드는 576byte의 최소 크기 패킷을 수신할 수 있어야(수신 시 제한) 하며, 이 패킷은 단편화된(fragment) 패킷일 수도 있고, 본래의 패킷일 수도 있다.

IPv6에서 모든 link의 MTU 최소값은 1280byte이며 1500byte가 권고된다.

IPv4 Fragmentation

IPv4는 다양한 전송 매체를 사용하도록 디자인되었다. IPv4는 경로상 MTU가 송신 측의 MTU보다 작은 경우 라우터가 IPv4 패킷을 단편화할 수 있도록 허용한다. 라우터는 송신 인터페이스의 MTU보다 큰 IPv4 패킷을 수신하는 경우 IPv4 헤더의 옵션에 따라 이 패킷을 단편화할 수 있다. 때로는 송신 측에서 패킷을 여러 개로 단편화한다. 패킷의 종단 수신 측에서는 패킷을 재조립하여 원래 크기의 IPv4 패킷으로 원복한다.

단편화는 IPv4 패킷을 여러 개로 나누어서, 원래 패킷의 크기를 지원할 수 없는 링크로 패킷이 전달될 수 있도록 한다. 목적지 디바이스가 단편화된 패킷을 재조립한다. IPv4 Identification, Flags, Fragment Offset 필드가 패킷 단편화와 재조립에 사용된다. (Figure 3-9를 보라)

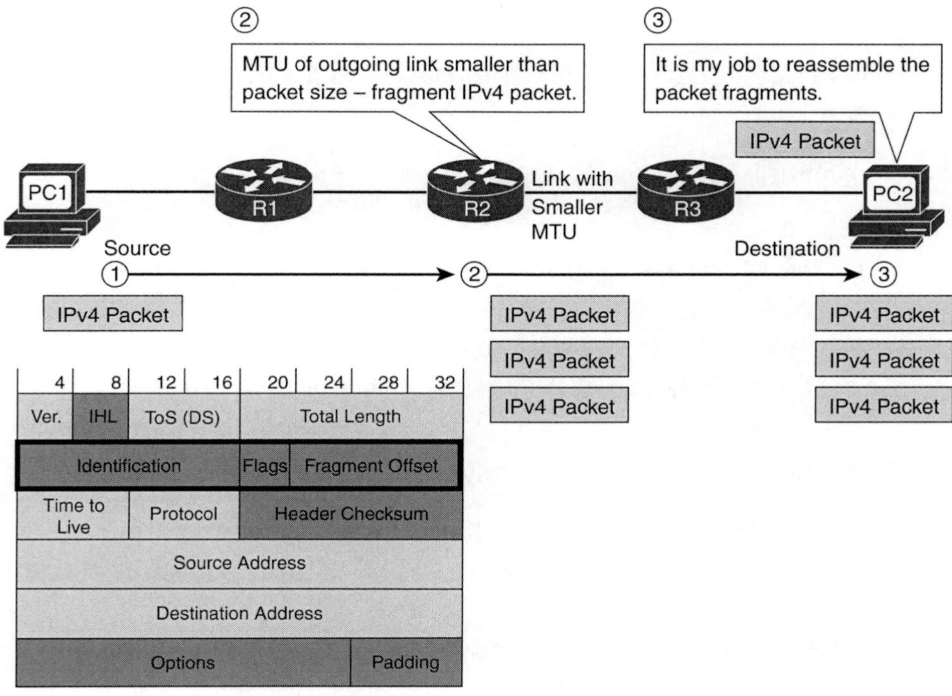

Figure 3-9 *IPv4 Fragmentation Fields*

IPv4 필드는 다음과 같이 단편화를 위해 사용된다.

Note 단편화에 사용되는 IPv4 필드에 대해 알 필요가 없으면 이 내용을 생략해도 IPv6를 이해하는 데 문제가 없을 것이다.

- **Identification field (16 bits):** 네트워크를 통해 송신되는 대부분 메시지는 많은 패킷으로 이루어진다. 하나의 메시지 내 각 IPv4 패킷은 유일한 16-bit identification 값을 가진다. 패킷이 둘 이상의 조각으로 분할될 때 identification 값은 공통의 값이 되고, 수신 측에서는 이 값으로 패킷을 구분하여 재조립할 수 있다.

- **Flags field (3 bits):** 첫 번째 bit는 "0"이며 이 값이 예약되었거나 사용되지 않음을 의미한다. 두 번째 bit는 DF(Don't Fragment) 으로 불린다. "1"로 세팅되었을 때 패킷은 단편화되지 않아야 한다(이 경우 MTU보다 큰 패킷은 폐기됨). 그러나 대부분 프로토콜은 단편화 프로세스에 대해서 특별히 주의할 필요가 없으며, 이 플래그는 "0"이 된다. 그 말은 필요하다면 패킷이 단편화될 수 있다는 뜻이다. 세 번째 bit는 MF(More Fragment)로 분할된 일련의 패킷은 "1"로 설정되고, 마지막 패킷은 "0"으로 설정된다. 패킷이 단편화되지 않았다면 전체 패킷에 대해 1개의 단편이 있다는 뜻이고 이 플래그는 "0"으로 설정된다.

Note "DF" 플래그는 전체 경로상의 MTU를 테스트하는 데 유용하다. "DF" 필드가 "1"로 설정된 IPv4 패킷은 단편화가 되어서는 안 된다. 경로상의 라우터 중에서 MTU가 패킷의 길이보다 작은 라우터는 패킷을 폐기시키고, "ICMP Destination Unreachable" 메시지를 송신 측으로 돌려보낸다. ICMP 메시지에는 라우터 출력 인터페이스 MTU 값이 포함되어 있다. IPv4의 "*Path MTU Discovery*"는 이 책에서 다루지 않는다. RFC 1191 "Path MTU Discovery"를 참고하라.

- **Fragment Offset field (13 bits):** IPv4 패킷이 단편화될 때 이 필드는 8 octets(64bit) 단위의 데이터 offset(혹은 위치)을 가리킨다. 기본적으로 Fragment Offset은 단편화된 패킷들의 상대 위치를 알려주어 수신 측이 패킷을 정렬할 수 있도록 해 준다. 첫 번째 단편화된 패킷의 오프셋(offset)은 "0"이다. 패킷이 단편화되지 않았다면 이 값은 당연히 "0"이다.

IPv6 Fragmentation: IPv6 Source Only

IPv4와는 다르게, IPv6 라우터는 패킷을 단편화할 수 없고, 패킷의 송신 측에서만 가능하다. 경로상의 노드(라우터)들은 단편화를 수행할 수 없다. Figure 3-10에서 두 헤더를 비교하면, IPv4 헤더에서 패킷의 단편화에 관련된 필드들이 IPv6에서는 존재하지 않는다. 패킷의 송신 측에서 어떻게 패킷을 단편화하는지, 이 장의 확장(extension) 헤더에 관한 논의에서 보게 될 것이다.

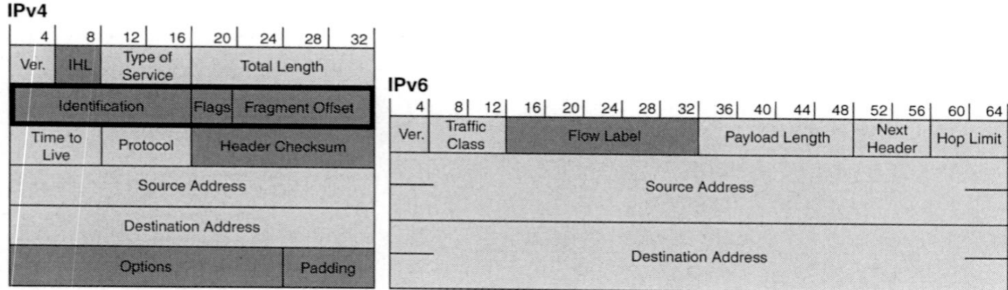

Figure 3-10 *Fragmentation Fields in IPv4 Header That Do Not Exist in IPv6 Header*

IPv6 라우터가 출력 인터페이스의 MTU보다 큰 패킷을 수신했을 때 라우터는 패킷을 폐기하고 "ICMPv6 Packet Too Big" 메시지를 송신 측으로 보낸다. "ICMPv6 Packet Too Big" 메시지에는 링크의 MTU 크기를 byte 단위의 값으로 포함해 송신 측에서 패킷을 크기를 조정해서 재송신할 할 수 있도록 한다. Path MTU discovery와 ICMPv6 Packet Too Big 메시지는 12장 "ICMPv6"에서 논의할 것이다.

데이터는 보통 일련의 패킷으로 보내지는데, 간혹 이것을 "packet train"이라 언급하기도 한다. 패킷의 크기가 클수록, 더 적은 수의 패킷을 보내도 된다. 그래서 선호되는 것은 송신 측에서 목적지까지 모든 링크에서 지원되는, 가능한 가장 큰 크기의 패킷을 보내는 것이다. 이것은 Path MTU(PMTU)라고 불리는 것이다. 디바이스는 Path MTU Discovery를 경로상의 가장 작은 MTU 값을 찾아내기 위해 사용할 수 있다. RFC 1981 "*Path MTU Discovery for IP Version 6*"는 패킷의 단편화를 피하고자, IPv6 디바이스가 ICMPv6 PMTU discovery를 실행할 것을 권고한다.

IPv4 Protocol and IPv6 Next Header Fields

IPv4 프로토콜 필드는 IPv4 패킷의 데이터 부분에 올라가는 프로토콜을 지시한다. IPv6도 비슷한 "Next Header" 필드가 있고, 이것은 기본 IPv6 헤더 바로 뒤에 따라 오는 헤더의 유형을 지정한다. IPv4의 프로토콜 필드와 유사한 기능이긴 하지만, IPv6에서는 추가적인 옵션 헤더의 번호를 가리키는 데도 사용된다. 이들 두 필드는 Figure 3-11에서 보여준다.

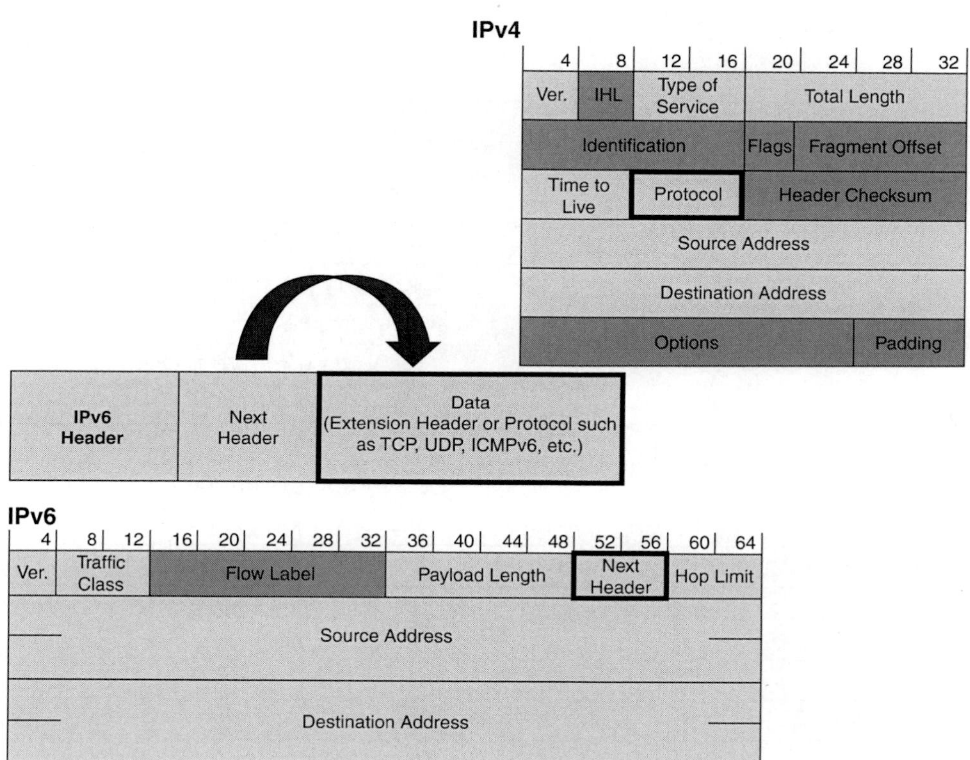

Figure 3-11 *IPv4 Protocol Field and IPv6 Next Header Field*

초기 여러 프로토콜에 대해 할당된 값들은 RFC 1700 *"Assigned Numbers"*에 정의되었고 후에 IANA(Internet Assigned Numbers Authority)에서 관리하는 온라인 데이터베이스로 대치되었다. URL은 "https://www.iana.org/assignments/protocol-numbers/protocol-numbers.xhtml"이다. IPv4 프로토콜 필드와 IPv6 Next Header 필드에서 사용되는 값들은 같은 값이다. 단지 IPv6에서는 약간의 추가적인 값(확장 헤더용)이 더 있을 뿐이다.

기본 IPv6 헤더만 있고 확장 헤더는 없을 때 Next Header 필드는 IPv6 패킷의 데이터 부분에 올라가 운반되는 상위 프로토콜을 가리킨다. 이것은 IPv4 프로토콜 필드의 동작과 같다. Table 3-1이 IPv6 Next Header 필드의 주요한 몇 개 값을 보여준다.

Table 3-1 *Significant IPv6 Next Header Field Values*

Next Header Field Value (Decimal)	Next Header Field Value (Hexadecimal)	Description
0	0	Hop-by-hop options extension header for IPv6
1	1	Internet Control Message Protocol version 4 (ICMPv4)
2	2	Internet Group Management Protocol version 4 (IGMPv4)
4	4	IPv4 encapsulation
5	5	Internet Stream Protocol (ST)
6	6	Transmission Control Protocol (TCP)
8	8	Exterior Gateway Protocol (EGP)
17	11	User Datagram Protocol (UDP)
41	29	IPv6 encapsulation
43	2B	Routing extension header for IPv6
44	2C	Fragment header for IPv6
46	2E	Resource Reservation Protocol (RSVP)
47	2F	Generic Routing Encapsulation (GRE)
50	32	Encapsulating Security Payload (ESP)
51	33	Authentication Header (AH)
58	3A	Internet Control Message Protocol version 6 (ICMPv6)
59	3B	No Next Header for IPv6
60	3C	Destinations options extension header for IPv6
88	58	Enhanced Interior Gateway Routing Protocol (EIGRP)
89	59	Open Shortest Path First (OSPF)

Figure 3-12는 10진수로 IPv6 Next Header 필드의 3가지 예를 보여준다. 보통 기본 IPv6 헤더의 뒤에 따라오는 정보는 TCP 세그먼트 같은 데이터(data) 혹은 페이로드(payload)이다. 그러나 Figure 3-12 그림의 마지막 예에서 Next Header 필드는 확장 헤더를 가리킨다. 확장 헤더는 이 장의 다음 절에서 다룬다.

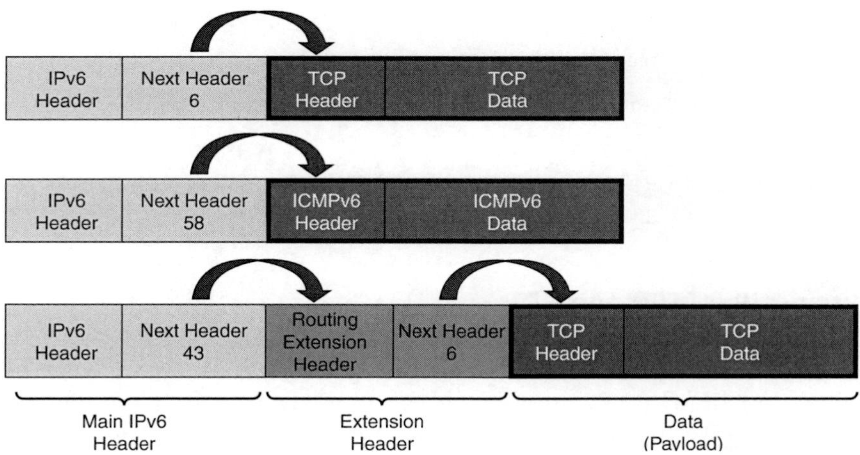

Figure 3-12 *IPv6 Next Header Examples*

IPv4 Time to Live (TTL) and IPv6 Hop Limit Fields

IPv4 Time to Live(TTL)와 IPv6 Hop Limit 필드는 라우팅 루프 같은 경우가 발생할 때 패킷이 네트워크상에서 무한 기간 반복적으로 전달되는 것을 방지한다. 이 필드들은 라우터가 IPv4 혹은 IPv6 패킷을 수신할 때마다 "1" 씩 감소한다. 이 필드의 값이 "0"이 될 때, 패킷은 폐기되고 라우터는 ICMPv4 나 ICMPv6 Time Exceeded 메시지를 패킷의 송신 주소로 보낸다. (ICMPv6 메시지는 12장에서 논의된다.) 이들 필드는 Figure 3-13에서 보여준다.

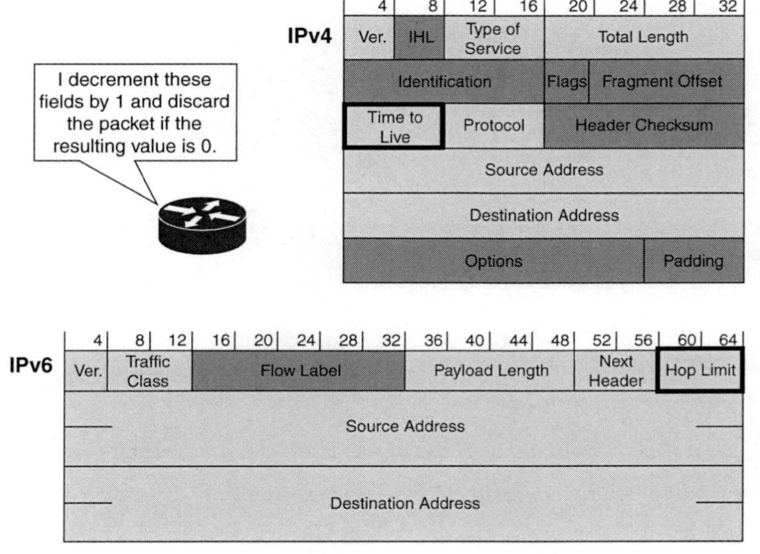

Figure 3-13 *IPv4 TTL Field and IPv6 Hop Limit Field*

IPv4 Time to Live 필드는 IPv6에서 Hop Limit로 변경되어, 라우터가 이 필드를 "1"만큼 감소시키는 동작 방식을 좀 더 명확하게 명칭에 반영한다. IPv4 TTL 필드는 원래 패킷이 네트워크를 통해 전달될 수 있는 실제 최대 시간을 표시할 목적이었고, 라우터 홉의 숫자를 의미하는 것이 아니었다. RFC 791은 다음과 같이 기술한다. "실제로 얼마만큼의 시간이 걸렸는지 알 수 있는 정보가 없을 때도 이 필드는 "1" 만큼 감소되어야 한다(Even if no local information is available on the time actually spent, the field must be decremented by 1). 시간은 초 단위로 측정된다(즉 "1"은 1초를 의미한다). 그래서 TTL의 최대값은 255이거나 4.25 분이다." 결과적으로 시간의 양을 계산하는 대신에, 라우터는 단순히 IPv4 TTL을 "1" 씩 감소시킴으로써, 사실상 홉의 숫자가 되었다.

Checksums: IPv4, TCP, and UDP

IPv4 헤더에 대한 체크섬은 전송 중에 발생하는 데이터의 변형을 방지하기 위해 제공된다. 이것은 이더넷 패킷에 사용하는 복잡한 CRC(Cyclic Redundancy Check)가 아니고, IPv4 헤더에 대해서만 수행되는 보다 단순한 16-bit 체크섬[1]이다. 경로상의 각 라우터는 이 필드를 검사하고 재계산한다. 만약 체크섬에 오류가 있으면 라우터는 패킷을 폐기한다.

Figure 3-14에서 알 수 있듯이 IPv6에서는 체크섬 필드가 없다. IPv6의 설계자들은 이더넷 같은 Layer 2(2계층) 데이터링크 기술들이 별도로 체크섬과 오류 제어를 수행하므로 IPv6에 이 필드를 포함하지 않았다. 거기다가 TCP/UDP 같은 상위 계층의 프로토콜들도 또한, 체크섬을 수행하므로 Layer 3에서 별도 체크섬은 과도하고 불필요하다.

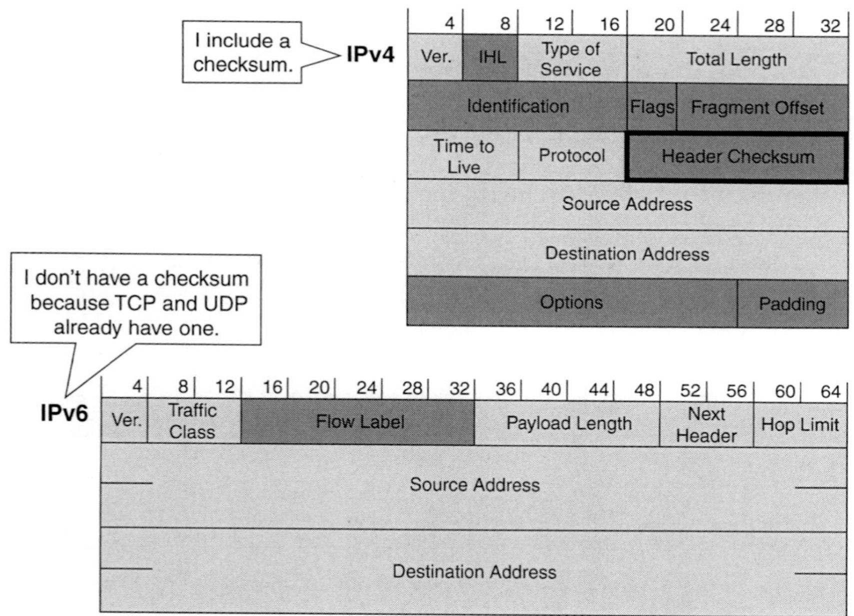

Figure 3-14 *IPv4 Checksum Field*

IPv6에는 체크섬 필드가 없으므로, IPv4에서 UDP 체크섬은 옵션이었으나 IPv6에서는 필수가 되었다. 체크섬 필드는 UDP 헤더와 데이터 부분의 무결성을 확인하는 데 사용된다.

1 이더넷(Layer 2)은 32-bit CRC(FCS)를 사용한다.-옮긴 이

TCP(Transmission Control Protocol)에서의 체크섬 필드는 IPv4와 IPv6 모두에서 필수(mandatory)이다. 프로토콜상의 구조적인 수정 없이 IPv6 상에서 TCP와 UDP를 사용한다.

체크섬은 다양한 프로토콜에 의해 서로 다른 Layer에서 사용된다. 체크섬은 전송 중에 발생할 수 있는 에러를 감지하기 위한 목적으로 데이터 블록에 대해 고정된 크기의 계산을 수행한 것이다. IPv4 주소를 자체 체크섬 계산에 포함하는 Transport Layer 나 더 상위 계층의 프로토콜이 있다면 IPv6 상에서 체크섬 계산 알고리즘은 수정되어야 할 것이다. 이것은 더 길어진 128-bit IPv6 주소 때문에 필요하다. TCP와 UDP는 헤더에 16-bit 체크섬을 포함하고 있고, Figure 3-15에 이를 보여준다.

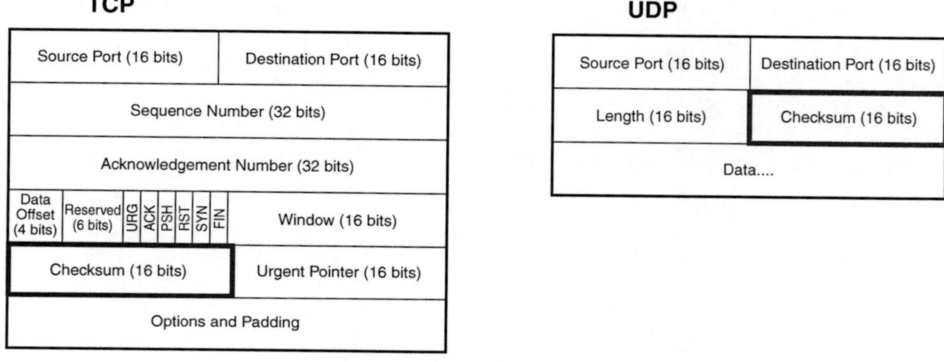

Figure 3-15 *TCP and UDP*

TCP/UDP는 체크섬 계산 목적으로 의사 헤더(pseudo header)를 생성한다. 이 의사 헤더 체크섬 계산을 위해 network와 transport layer의 일부 필드를 가져온다. IPv6 상에서 TCP/UDP가 4계층 프로토콜로 사용될 때, 체크섬에는 다음 필드들이 포함되어 계산된다.

- Source IPv6 주소
- Destination IPv6 주소
- 상위 계층 페이로드 길이(TCP/UDP 헤더와 데이터의 길이)
- IPv6 next header 값(모든 extension headers 포함)

IPv6를 통한 전송을 위해 TCP와 UDP 프로토콜은 수정이 필요하다. 두 프로토콜에서 체크섬 계산 시 IPv6 주소를 포함해서 하므로, 길어진 주소를 수용하도록 프로토콜의 내부 코드가 재작성되어야 했다. 주소는 길어졌지만, IPv6와 IPv4에서 체크섬을 계산하는 데 사용하는 알고리즘은 동일하다.

IPv4 헤더는 체크섬을 포함하므로, IPv4 상의 UDP 프로토콜에서 체크섬의 사용은 선택사항이었다. 그러나 IPv6 헤더에서 처리 속도를 향상시키기 위해 체크섬은 제거되었다. network layer 프로토콜 외에도 UDP 및 TCP에서 체크섬을 사용할 수 있다. IPv6는 체크섬을 가지지 않기 때문에, IPv6를 통해 데이터가 전달될 때 더는 선택사항이 아니다(그래서 UDP 체크섬은 필수가 되었다).

IP는 best-effort delivery 프로토콜이며, 데이터의 무결성을 확인하는 것은 전송계층(transport layer)의 책임이다. 상위 계층 프로토콜의 체크섬에 대해서는 RFC 2460 "*Internet Protocol, Version 6 (IPv6) Specification*"에서 기술되었다.

IPv4 and IPv6 Source Address and Destination Address Fields

IPv4와 비교하면 IPv6에서 가장 눈에 띄는 차이점은 주소의 크기가 32-bit에서 128-bit로 확장되었다는 것이다. Figure 3-14에서 송신 및 수신 주소를 보여준다.

두 프로토콜에서 두 주소의 주 기능은 다음과 같다.

- 송신 주소는 패킷이 만들어지는 곳이다.
- 송신 주소는 항상 unicast 주소이다. IPv6에서 이 주소는 링크 로컬 유니캐스트(link-local unicast), 유니크 로컬 유니캐스트(unique local unicast) 혹은 미지정 유니캐스트(unspecified unicast) 주소가 될 수 있다.
- 수신 주소는 패킷의 최종 수신자이거나 목적지이다.
- 수신 주소는 unicast, multicast 혹은 IPv4라면 브로드캐스트 주소가 될 수 있다. (IPv6에서는 브로드캐스트 주소가 없다.)
- 수신 주소는 라우터에서 패킷을 경로를 따라 최종적인 목적지로 포워딩하는 데 사용된다.

Note Network address translation(NAT)은 송신 혹은 수신 IPv4 주소를 변환 주소(일반적으로 RFC 1918에서 정의된 사설 주소) 중의 하나로 변경할 수 있다.

IPv4 Options and Padding Fields, IPv6 Fixed Length

IPv4 옵션 필드는 선택적(optional, 용어 그대로...)이며, 그래서 IPv4 패킷에 사용될 수도 있고 없을 수도 있다. 이 때문에 IPv4 헤더는 가변 길이라고 하지만, 사실 거의 사용되지 않으며 대부분 IPv4 패킷에 옵션은 포함되지 않는다. 옵션 필드는 record route(경로 기록), timestamp 및 RFC 1393 "*Traceroute Using an IP Option*"에 기술되었으며 traceroute 유틸리티를 개선하여 경로 추적에 사용되는 정보를 포함할 수 있다.

IPv4 Padding 필드는 IPv4 옵션 필드와 IPv4 헤더가 32-bit의 배수가 아닐 때만 사용된다. 이 경우 IPv4 헤더의 32-bit 경계 끝까지 "0"으로 채워진다.

IPv4 Option과 Padding 필드는 고정 크기의 IPv6 헤더와 함께 Figure 3-16에서 보여준다.

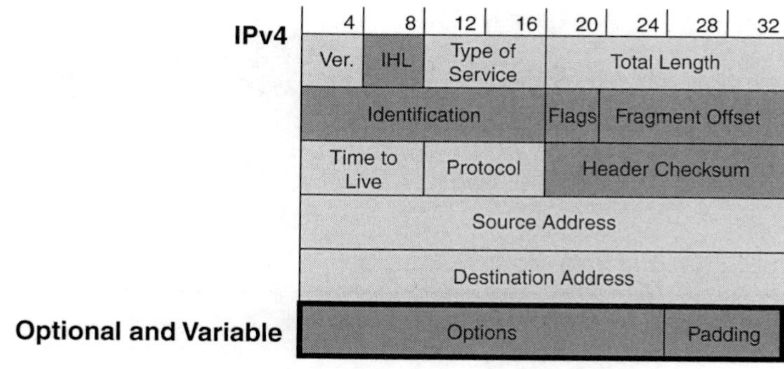

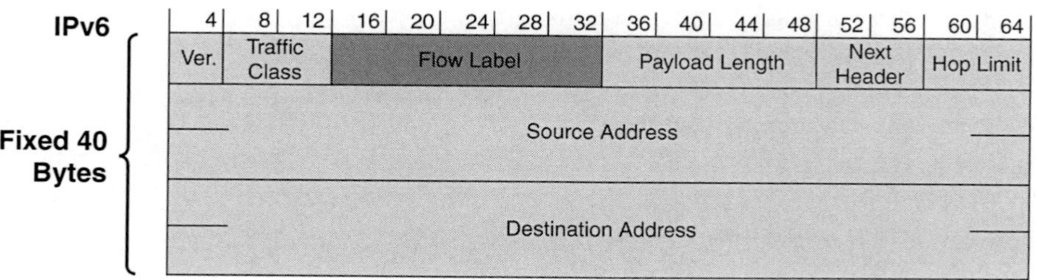

Figure 3-16 *IPv4 Options and Padding Fields and Fixed IPv6 Header*

IPv6 over Ethernet

이더넷 프레임(Ethernet II)은 페이로드 부분에 캡슐화된 프로토콜을 식별하기 위해 2byte EtherType 필드를 사용한다. Figure 3-17과 같이, 페이로드에 IPv6가 실릴 때 그에 대한 EtherType 필드는 16진수로 "86dd"이다. 일반적으로 "0x86dd"라고 표현하며 앞에 붙는 "0x"는 16진수임을 나타낸다.

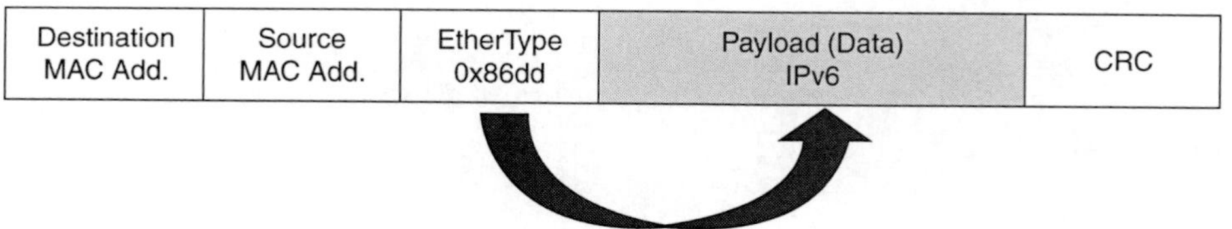

Figure 3-17 *IPv6 Packet Encapsulated in an Ethernet II Frame*

Packet Analysis Using Wireshark

IPv6를 좀 더 이해하기 위해, 패킷 분석기를 사용하여 보자. Figure 3-18과 Example 3-1은 PC1에서 PC2로 친 간단한 ping 시험 결과를 보여준다.

> **Note** 와이어샤크는 IPv4와 IPv6 둘 다에 대해 사용할 수 있는 네트워크 프로토콜 분석기이다. 와이어샤크는 몇몇 운영 체제에서 사용할 수 있고, www.wireshark.org에서 자유롭게 내려받아 사용할 수 있다.

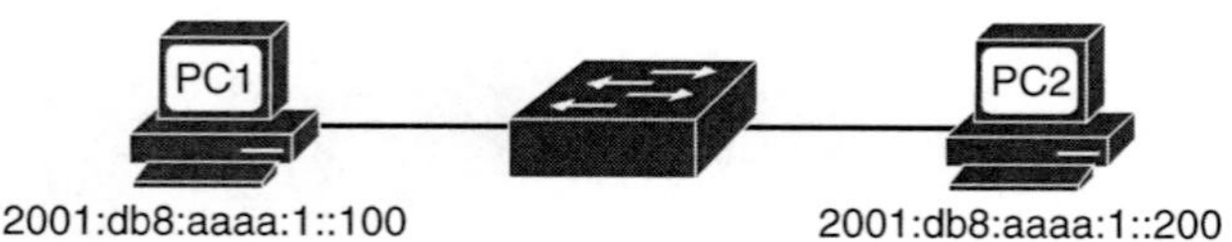

Figure 3-18 *PC1 Pinging an IPv6 Address on PC2*

Example 3-1 *Ping from PC1 to PC2*

```
PC1> ping 2001:db8:aaaa:1::200

Pinging 2001:db8:aaaa:1::200 from 2001:db8:aaaa:1::100 with 32 bytes of data:
Reply from 2001:db8:aaaa:1::200: time<1ms
Reply from 2001:db8:aaaa:1::200: time<1ms
Reply from 2001:db8:aaaa:1::200: time<1ms
Reply from 2001:db8:aaaa:1::200: time<1ms
Ping statistics for 2001:db8:aaaa:1::200:
    Packets: Sent = 4, Received = 4, Lost = 0 (0% loss),
Approximate round trip times in milli-seconds:
    Minimum = 0ms, Maximum = 0ms, Average = 0ms
PC1>
```

주소의 일부 "0" 들이 생략되어 표시되었음을 확인하라. IPv6 주소와 compressed 포맷은 4장에서 설명한다. 지금으로서는 "0"이 생략되어도 같은 주소라는 것만 알면 된다.

IPv6 주소는 128-bit 주소이며, 16진수로 표기된다. IPv4에 익숙한 우리에게는 약간 낯선 표기 방법이다. 하지만, 걱정할 필요 없다. 여러분들은 이 책의 다음 내용으로 인해 곧 익숙해질 것이다. Figure 3-19는 ICMPv6 Echo Request(ping) 패킷을 와이어샤크로 캡처한 화면이며, Table 3-2에서 추가 설명했다. ICMPv6는 12장에서 자세히 설명할 것이다.

Note Figure 3-19는 와이어샤크 화면을 잡아서 보여준다. 이후의 와이어샤크 패킷 캡처는 Example을 사용하여 읽기 쉽도록 표시한다.

Table 3-2에서 이더넷 II 프레임 내 Type 필드가 0x86dd임을 확인하라. 이것은 프레임 내 페이로드가 IPv6 패킷임을 나타낸다.

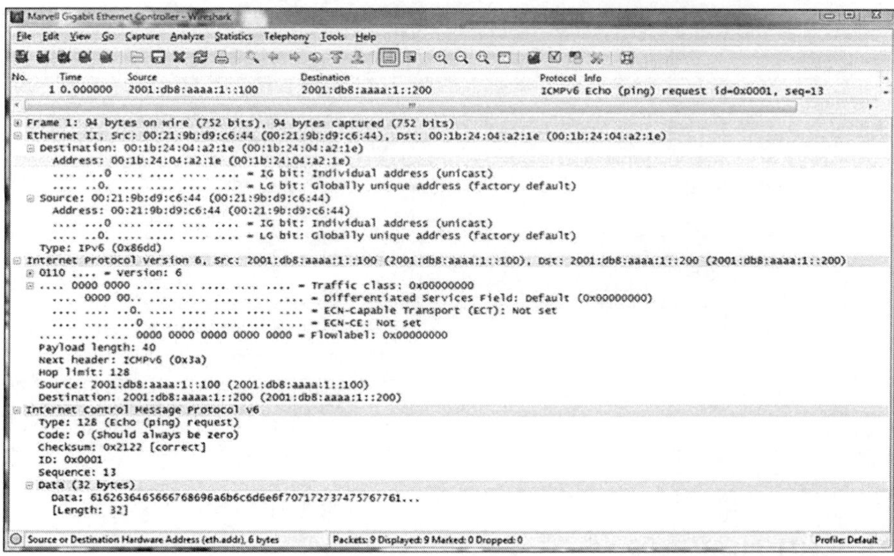

Figure 3-19 *Wireshark Capture of an IPv6 Packet*

Table 3-2 *Analysis of an Ethernet Frame Carrying an IPv6 Packet*

	Field Name	Size (Bits)	Value—Description
Ethernet II Header (16 Bytes)	Destination Address	48	**00:1b:24:04:a2:1e**—The destination MAC address in hexadecimal.
	Source Address	48	**00:21:9b:d9:c6:44**—The source MAC address in hexadecimal.
	Type	16	**0x86dd**—Indicates the protocol of the data (payload), which in this case is an IPv6 packet.
IPv6 Header (40 Bytes)	Version	4	**6**—Indicates IP version 6.
	Traffic Class	8	**0**—Default is 0.
	Flow Label	20	**0**—Default is 0.
	Payload Length	16	**40 bytes**—Indicates the size of the data, which in this case is an ICMPv6 message. Notice that the ICMPv6 message has a length of 40 bytes.
	Next Header	8	**58**—Identifies the following header as an ICMPv6 header. See Table 3-1 for a partial list of IPv6 Next Header values.
	Hop Limit	8	**128**—Indicates the maximum number of routers that this packet can traverse before being discarded.
	Source Address	128	**2001:0db8:aaaa:1::100**—The source IPv6 address in hexadecimal.
	Destination Address	128	**2001:0db8:aaaa:1::200**—The destination IPv6 address in hexadecimal.

	Field Name	Size (Bits)	Value—Description
ICMPv6 Header (40 Bytes)	Type	8	**128**—Identifies this as an ICMPv6 Echo Request message.
	Code	8	**0**—Not used; default is 0.
	Checksum	16	**0x2122**—16-bit checksum that is used to verify the integrity of the ICMPv6 header.
	ID	16	**0x0001**—Used to help match ICMPv6 Echo Request and Echo Reply messages.
	Sequence	16	**13**—Used to help match ICMPv6 Echo Request and Echo Reply messages.
	Data	256	Optional data of variable length depending upon the type of ICMPv6 message.

Extension Headers

확장 헤더(Extension headers)는 IPv6의 중요한 추가 기능이다. 확장 헤더는 IPv6에 향후 기능 개선과 유연성을 더하는 옵션 헤더이다. 그러나 이해하기는 어렵다. 이 절은 이 IPv6 특징에 관한 이해를 돕기 위한 것이다. 몇몇 확장 헤더는 이해하기 아주 쉬우나 어떤 것은 약간 어렵다. 그러나 이들이 명확하게 이해가 되지 않아도 신경 쓰지 말라. 이 절의 목적은 확장 헤더의 개념과 친숙해지고, 사용 방법을 이해하는 것이다.

확장 헤더는 옵션이며 기본 IPv6 헤더 뒤에 연결된다. 이전에 언급된 것처럼, 기본 IPv6 헤더는 다음 두 가지 목적 중 하나인 "Next Header" 필드를 가지고 있다.

- 패킷의 데이터 부분(페이로드)에 실리는 프로토콜 식별(Identify)
- 확장 헤더의 유무 식별(Identify)

"Next Header" 필드의 첫 번째 목적은 IPv6 페이로드 부분에 들어가는 프로토콜을 표시하는 것이며 IPv4 프로토콜 필드의 목적과 같다(Figure 3-12를 참고하라).

두 번째 목적은 IPv6 헤더의 가장 중요한 추가적인 기능 중 하나이다. "Next Header" 필드는 확장 헤더라고 알려진 추가적인 헤더를 지시한다. 확장 헤더는 기본 IPv6 헤더 바로 다음에 있고, 없을 수도 있으며 하나 혹은 다수의 확장 헤더가 있을 수도 있다.

모든 확장 헤더에 공통적인 필드는 헤더 내 또 다른 "Next Header" 필드이며, 뒤에 다른 확장 헤더가 따라오는지 아니면 Figure 3-12처럼 TCP 세그먼트 같은 페이로드의 프로토콜이 따라오는지 지시한다. 그러므로 마지막 확장 헤더의 "Next Header" 필드 값은 보통 페이로드 부분에 실리는 프로토콜을 가리키게 된다. "No Next Header"는 다른 확장 헤더나 프로토콜을 지시하지 않는 확장 헤더이다.[1]

1 테스트 용도 외에는 페이로드가 없다는 뜻이 되므로 "No Next Header" 값이 사용되는 경우는 거의 없을 것이다.-옮긴 이

앞에서 언급한 것처럼, 확장 헤더를 사용하는 의도는 향후 향상된 기능 추가를 위해 프로토콜의 재설계 없이 기본 IPv6 헤더에 유연함을 제공하는 것이다. 이렇게 하여 기본 IPv6 헤더는 고정된 크기가 될 수 있고, 더 효율적인 처리가 가능하다.

Note IPv4는 IPv6에서 확장 헤더가 하는 역할을 하기 위해 옵션과 패딩 필드를 사용한다. 불행히도 이렇게 해서 IPv4는 가변적인 길이를 가지게 되었고 추가적인 프로세싱이 필요하게 되었다.

IPv6의 설계자들은 64-bit CPU에 프로토콜을 최적화하고자 했다. 기본 IPv6 헤더와 마찬가지로, 확장 헤더도 64-bit 단위로 사용되어야 한다. 대부분 확장 헤더는 고정된 크기이며 64-bit 단위의 크기이다. 확장 헤더의 길이가 가변적일 경우 64-bit 경계에서 끝나도록 padding을 사용해야 한다.

Table 3-3은 RFC 2460에 정의된 6종의 확장 헤더를 요약했다. Figure 3-20은 2종의 확장 헤더를 사용하는 IPv6 패킷의 예를 보여준다. 다음은 Figure 3-20에 대한 간단한 설명이다.

- 지금까지 송신, 수신 주소와 Next Header 필드를 포함한 기본 IPv6 헤더 필드에 관해서 설명했다. Next Header 필드의 값이 "0"일 때 "Hop-by-Hop" 헤더를 가리키며 기본 IPv6 헤더 바로 다음에 따라온다.
- 기본 IPv6 헤더 뒤에는 Hop-by-Hop 확장 헤더가 따라온다. 확장 헤더에 대해서는 다음 절에서 자세히 설명할 것이다. 지금으로서는 Hop-by-Hop 확장 헤더 또한, 자체적으로 Next Header 필드를 가진다는 데 주목하라. 이 예제에서 값 "51"은 뒤에 또 다른 확장 헤더인 인증 헤더 (Authentication Header: AH)가 있음을 나타낸다.
- 마지막 확장 헤더는 Authentication Header이다. 이 헤더의 "Next Header" 필드 값은 "6"이며 상위 계층 프로토콜인 TCP가 바로 다음에 온다는 것을 가리킨다. 이제 더 이상의 확장 헤더는 없다는 의미이다.

Table 3-3 *IPv6 Extension Headers*

Next Header Value (Decimal)	Extension Header Name	Extension Header Length (Bytes)	Variable-Length Options (TLV) Used?	Extension Header Description
0	Hop-by-Hop Options	Variable	Yes	Used to carry optional information, which must be examined by every router along the path of the packet.
43	Routing	Variable	No	Allows the source of the packet to specify the path to the destination.
44	Fragment	8	No	Used to fragment IPv6 packets.
50	Encapsulating Security Payload (ESP)	Variable	No	Used to provide authentication, integrity, and encryption.

51	Authentication Header (AH)	Variable	No	Used to provide authentication and integrity.
60	Destination Options	Variable	Yes	Used to carry optional information that only needs to be examined by a packet's destination node(s).

Note Next Header 필드는 여러 개의 IPv6 헤더 및 데이터 부분을 연쇄적으로 연결하는 데 사용된다.

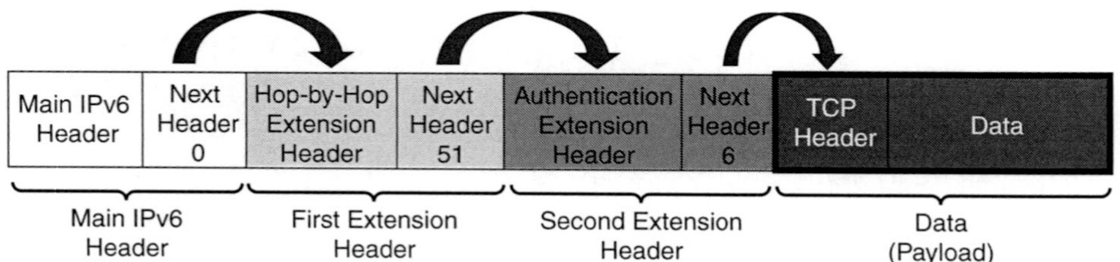

Figure 3-20 *Use of the Next Header Field in Extension Headers*

RFC 2460은 하나의 패킷에 여러 개의 확장 헤더가 사용될 때, 다음 순서로 헤더들이 나타나야 한다고 권고한다.

1. Main IPv6 header(기본 IPv6 헤더)
2. Hop-by-Hop Options header (홉바이홉 옵션 헤더)
3. Destination Options header (목적지 옵션 헤더)
4. Routing header (라우팅 헤더)
5. Fragment header (단편화 헤더)
6. Authentication Header (AH, 인증 헤더)
7. Encapsulating Security Payload (ESP) header (ESP 헤더)
8. Destination Options header (목적지 옵션 헤더)
9. Upper-layer protocol header (상위 계층 프로토콜 헤더)

Note 확장 헤더는 IPv6에서 중요한 부분이다. 확장 헤더는 IPv6에 유연성을 주고, 향후 기능 개선을 지원한다. 확장 헤더는 IPv6가 이전 IPv4에서는 할 수 없었던 것들을 가능하게 한다. 그렇지만, 확장 헤더는 선택 사항이며 특정한 환경에서만 사용된다. 여러분이 IPv6를 처음 접한다면 지금은 이 확장 헤더 절을 그냥 훑고 지나간 다음 나중에 참고로 할 수 있다. 확장 헤더는 IPv6에만 있는 기능이고 이에 익숙해져야 한다. 그러나 확장 헤더에 대해 깊이 알지 못한다고 해서 이 책에서 다루는 다른 주제들을 이해하는 데 어려움을 겪지는 않을 것이다.

Hop-by-Hop Options Extension Header

Hop-by-Hop 옵션 헤더는 패킷이 전달되는 경로상의 모든 라우터가 확인해야 하는 옵션 정보를 전달하기 위해 사용된다. (이전에는 필수였지만, 지금은 모든 노드가 이 헤더를 확인할 필요는 없도록 변경되었다.) Hop-by-Hop 옵션 헤더는 IPv4와 유사한 가변 길이 옵션 필드를 포함하는 2종의 확장 헤더 중 하나이다. 명칭으로 짐작되듯이, 이 유형의 옵션은 경로상의 모든 홉 라우터 상에서 확인되어(examined)야 한다.

Note Destination 옵션 헤더는 가변 길이 옵션 필드를 사용하는 또 하나의 옵션 헤더이다. 명칭이 암시하듯이 이 옵션 헤더는 패킷의 최종 목적지(destination)를 위한 정보를 담고 있다. Destination 옵션 헤더는 이 절의 끝부분에서 설명할 것이다.

옵션은 확장 헤더의 표준 그룹에서 정의되지 않았던 값들의 집합으로 IPv6 패킷을 보완하는 유연성을 제공한다. 이 값들의 집합은 "Type-Length-Value(TLV) triplets"이라고 종종 언급된다. 2종의 확장 헤더(Hop-by-Hop Options, Destination Options)가 이 옵션을 사용하고 있다. Figure 3-21에서 표시된 것처럼, 이 2종의 확장 헤더는 "Next Header" 필드와 "Header Extension Length" 필드, 그다음에 하나 이상의 옵션 세트가 따라오는 구조로 되어 있다. 각 옵션은 한 세트의 "Options Type", "Options Length", "Options Data fields"(Type, Length, Values[TLV])로 구성된다.

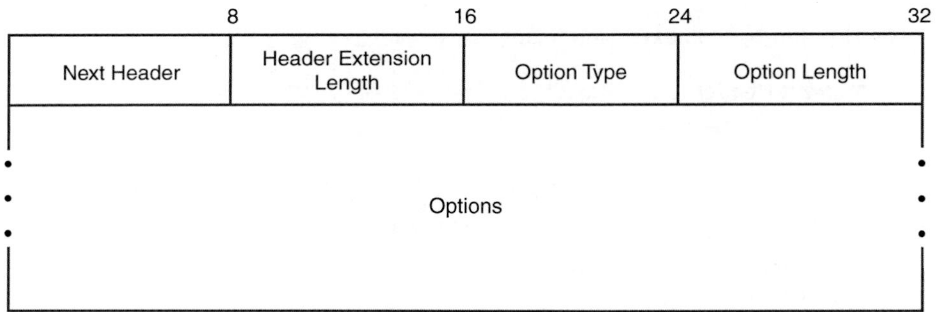

Figure 3-21 *Extension Header Options*

Figure 3-22는 Hop-by-Hop 확장 헤더를 Jumbo Payload 옵션으로 사용하는 것을 보여준다. "Jumbo Payload" 옵션은 IPv6 패킷의 크기가 "65,535byte"보다 큰 점보그램임을 표시하는 데 사용된다. 이것은 Hop-by-Hop 확장 헤더의 옵션이기 때문에 경로상의 모든 라우터는 이 옵션을 확인해야 한다.

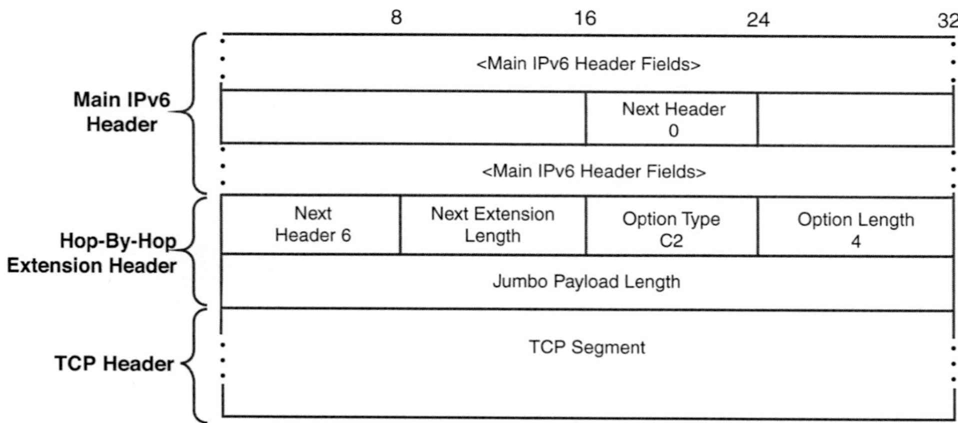

Figure 3-22 *Hop-by-Hop Extension Header with a Jumbo Payload Option*

다음은 Hop-by-Hop 확장 헤더에 관련된 필드에 관한 설명이다.

- **The main IPv6 header: Next Header (8 bits):** 기본 IPv6 헤더의 여타 정보들과 함께 있는 Next Header 필드의 값이 "0"이다. 이 값은 기본 헤더 뒤에 Hop-by-Hop 옵션 확장 헤더가 따라온다는 것을 가리킨다.
- **The Hop-by-Hop extension header:** 이 확장 헤더는 다음 정보를 담고 있다.
  - **Next Header (8 bits):** Next header 값은 "6"으로 다음에 TCP 헤더가 오고 더 이상의 확장 헤더는 없다는 것을 나타낸다.
  - **Header Extension Length (8 bits):** 이 값은 8 octet 단위로 표시한 Hop-by-Hop 옵션 헤더의 길이를 나타낸다. 첫 번째 8 octet(Next Header)은 길이에 포함되지 않는다. 각 옵션은 TLV(Option Type, Option Length, Option Data fields)로 구성되며, 여러 개의 옵션이 있을 수 있다.
  - **Option Type (8 bits):** 이 헤더에 포함된 옵션의 타입이다. 16진수 값 "C2"는 이 옵션이 Jumbo Payload Option이라는 것을 표시한다.
  - **Option Data Length (8 bits):** byte 단위로 표시한 Option Data 필드의 길이이다. 값 "4"는 Option Data 필드가 "4byte(32bit)" 길이임을 가리킨다.
  - **Option Data (variable-length):** 이 예에서 데이터는 "Jumbo Payload length"이다. "Jumbo Payload length"는 IPv6 패킷의 크기를 bytes 단위로 표시하는 32-bit 필드 값이다. 크기 값에 IPv6 헤더는 제외되고 Hop-by-Hop 옵션 헤더와 다른 확장 헤더가 있다면 포함해 계산된다. Jumbo Payload Length는 "65,535" 보다는 큰 값이어야 하고, 4,294,967,295byte까지 가능하다.
- **TCP Segment:** 하나의 옵션만 있고, 더 이상의 확장 헤더가 없으므로, TCP 세그먼트가 바로 다음에 인코딩된다. Hop-by-Hop 옵션 헤더의 Next Header 값 "6"이 이를 지시한다.

Hop-by-Hop 옵션 확장 헤더가 사용될 때, 이 헤더는 IPv6 기본 헤더의 바로 뒤에 와야 한다. 앞서 우리는 Hop-by-Hop 옵션 헤더 사용 시 Jumbo Payload Length의 예만 들었다. Hop-by-Hop 옵션 헤더에는 다음의 옵션이 있을 수 있다.

- **Pad1:** 1byte 패딩 옵션이다.
- **PadN:** 2byte 이상의 패딩이 필요할 경우 사용한다.
- **Jumbo Payload Length:** 이 옵션은 "65,535byte"보다 큰, jumbogram인 IPv6 패킷의 크기를 지정하는 데 사용된다.
- **Router Alert:** 라우터에게 IPv6 패킷의 내용을 엄밀히 확인하도록 알려준다. 이 옵션은 경로상 라우터들의 특별한 처리가 필요한 정보를 담은 패킷을 보내야 할 상황에 유용하다.

Routing Extension Header

라우팅 확장 헤더(routing extension header)는 패킷의 송신 측에서 목적지로 가는 경로를 지정할 수 있도록 한다. 이 헤더는 패킷이 목적지로 가는 도중에 거치는 하나 이상의 경로상 중간 라우터들의 목록을 가지고 있다. 이 기능은 IPv4에서 "Loose Source 옵션"과 아주 비슷하다. 선행하는 헤더의 Next Header 값이 "43"인 경우 다음에 라우팅 확장 헤더가 온다는 것을 가리키는 것이다.

현재 4종류의 라우팅 헤더가 있으며, 한 종류는 더는 사용되지 않는다.

- **Type 0:** 보안 우려로 사용되지 않는다.
- **Type 1:** DARPA가 자금을 지원하는 Nimrod 프로젝트에 사용되었다.
- **Type 2:** 모바일 IPv6에 사용된다.
- **Type 3:** anycast 패킷에 적용되는 라우팅 알고리즘 및 파라미터를 할당하는 데 사용된다.
- **Type 4:** 세그먼트 라우팅[1]에 사용된다.

Note DoS attacks 목적인 network discovery(네트워크 탐색)를 포함한 많은 잠재적인 취약성 때문에 "Type 0" 라우팅 확장 헤더는 RFC 5095 "*Deprecation of Type 0 Routing Headers in IPv6*"에 의해 폐지되었다.

Figure 3-23은 IPv6에서 이동성을 지원하는 "Type 2" 라우팅 헤더의 구조를 보여준다. 이 확장 헤더는 패킷이 correspondent(통신자) 노드로부터 모바일 노드의 "care-of-address(모바일 노드의 현재 위치에 관한 정보를 제공)"로 직접 라우팅 될 수 있도록 한다.

다음 필드는 라우팅 확장 헤더와 관련되어 있다.

- **Next Header (8 bits):** 이 라우팅 헤더에 바로 후속하는 헤더의 유형을 식별한다. 또 다른 확장 헤더가 될 수도 있고, 페이로드의 프로토콜이 올 수도 있다.

---

1 IPv4는 MPLS 기반으로 세그먼트 라우팅을 동작시켜야 하지만, IPv6는 라우팅 확장 헤더를 이용해서 구현한다. 라우팅 확장 헤더 중 Type 4 를 SR Header라 부른다. RFC 8754 "IPv6 Segment Routing Header (SRH)"를 참고하라.-옮긴 이

- **Header Extension Length (8 bits):** 8-octet 단위의 라우팅 헤더의 길이이다. 첫 번째 8 octet은 포함하지 않는다.
- **Routing Type (8 bits):** 이 값은 "2"이다.
- **Segments Left (8 bits):** 이 값은 "1"이다.
- **Reserved (32 bits):** 이 값은 사용되지 않는다. 패킷을 보낼 때 "0"으로 초기화되고, 수신 시 무시한다.
- **Home Address (128 bits):** 목적지 모바일 노드의 홈 주소(Home Address)이다. 이 필드는 모바일 IPv6에서만 사용된다. RFC 3775 "*Mobility Support in IPv6*"를 참고하라.

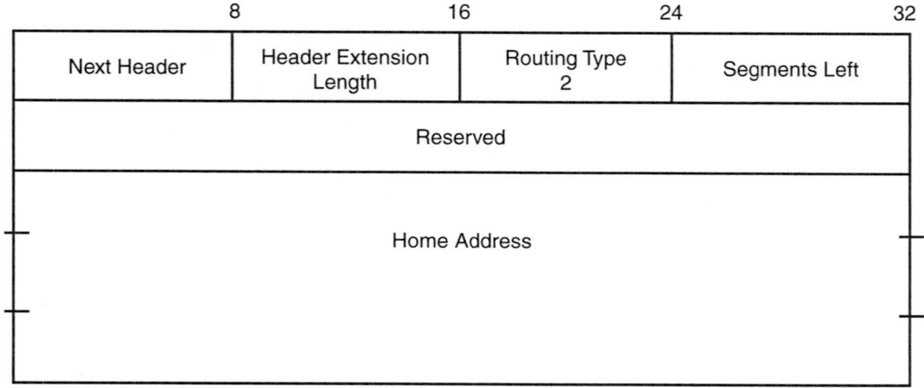

Figure 3-23 *Type 2 Routing Header*

> **Note** 라우팅 확장 헤더가 각 라우터에 의해 어떻게 처리되어야 하는지에 관한 자세한 내용은 이 책의 범위가 아니다. 흥미가 있다면, RFC 2460이나 Cisco Press의 〈*Cisco Self-Study: Implementing Cisco IPv6 Networks*〉를 참고하라. 많은 ISP는 송신 노드가 패킷의 next-hop selection을 한다는 데 대해 의심 어린 눈길을 보내고 있다. 그래서 라우팅 확장 헤더를 포함하는 패킷을 보낸다면 그 패킷은 차단되는 것이 일반적이다. 현재 유효한 단 하나의 라우팅 헤더는 Type 2 헤더이고, IPv6에서 이동성을 제공하기 위해 사용된다.

Fragment Extension Header

단편화(fragment) 확장 헤더는 Figure 3-24에서 보듯이 IPv4 헤더의 단편화를 위해 사용되는 필드들과 유사하다. IPv6 패킷의 source가 패킷을 단편화된 패킷으로 나눠서 각 단편을 별도의 패킷으로 전송해야 할 필요가 있을 때 사용된다. 패킷의 수신 측에서 단편화된 조각들을 재조립한다. 이 조각 패킷들은 각각 기본 IPv6 헤더와 fragment 확장 헤더를 가지고 있다.

IPv4와는 다르게, IPv6 라우터는 패킷을 단편화할 수 없고, 패킷의 송신 측에서만 할 수 있다. 경로상의 라우터들은 단편화를 수행할 수 없다. 패킷의 송신 측에서만 패킷을 단편화할 수 있다. 라우터가 출력 인터페이스의 MTU보다 큰 IPv6 패킷을 수신한다면, 라우터는 패킷을 폐기하고 송신 측으로 ICMPv6 Packet Too Big error 메시지를 돌려보낸다.

IPv4와 마찬가지로, IPv6에서도 단편화된 모든 패킷에 대해 송신 측은 동일한(unique) identification 값을 생성한다. 이 값은 단편화된 패킷 각각에 포함된다. identification 값은 단편화된 조각들이 원래의 패킷으로 적절하게 재조립될 수 있도록 한다. 송신 측이 동일 메시지 내 추가적인 패킷을 단편화할 필요가 있을 때, 다른 identification 값을 사용한다.

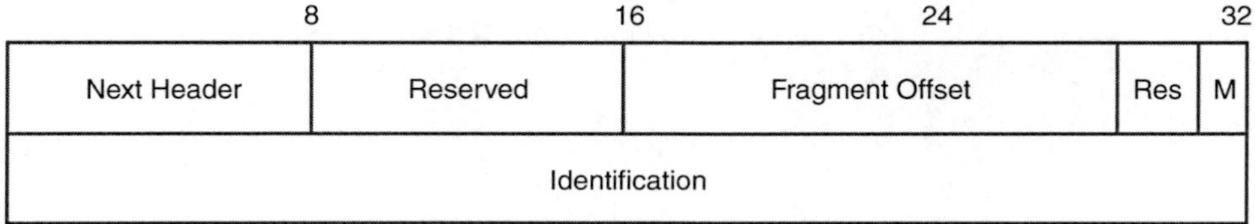

Figure 3-24 *Fragment Header*

다음 필드는 Fragment 헤더의 구성 필드이며, Figure 3-24에 보여준다.

- **Next Header (8 bits):** 데이터 부분의 프로토콜 번호를 식별한다. 본래 패킷의 단편화된 부분이다.
- **Reserved (8 bits):** 이 필드는 사용되지 않는다. 패킷을 보낼 때 "0"으로 초기화되고, 수신 시 무시한다.
- **Fragment Offset (13 bits):** 이 값은 본래 패킷에 대해, 이 헤더 뒤에 따라오는 단편화된 데이터의 상대적인 8-octet 단위 오프셋 값이다. 이 필드는 IPv4에서의 Fragment Offset 필드처럼 전체 단편화된 패킷들에 대한 이 패킷의 상대적인 위치를 수신 측에 알려주는 역할을 한다.
- **Res (2 bits):** 이 필드는 예약되었다. 패킷을 보낼 때 "0"으로 초기화되고, 수신 시 무시한다.
- **M flag (1 bit):** M 필드는 More Fragments를 의미하며, 이 패킷이 마지막인지("0") 아니면 다른 조각들이 더 있는지("1") 수신 측에 알려주는 역할이다. IPv4에서 했던 역할과 동일하다.
- **Identification (32 bits):** IPv4 헤더의 동일한 필드와 역할이 같다. Identification 필드는 하나의 패킷으로부터 단편화된 모든 패킷을 단일하게 식별하는 데 사용된다. 이 필드는 IPv4에서 "16bit"였지만, IPv6에서는 "32bit"가 되었다.

IPsec: AH and ESP Extension Headers

다음 헤더는 IPsec의 두 가지 중요한 security 프로토콜을 동작시키는 데 사용된다.

- Authentication Header (AH, 인증 헤더)
- Encapsulating Security Payload (ESP)

AH와 ESP 확장 헤더에 대해서 살펴보기 전에, 이 절에서는 IPsec과 두 가지 security 프로토콜의 기능에 대해서 간단하게 얘기해 보겠다. IPsec와 AH, ESP에 대해 완전한 이해를 하고자 하는 것이 아니라, IPv6에서 이들의 중요성을 이해에 충분한 정보를 전달하고자 한다.

IPsec은 IP 네트워크에서 패킷의 안전한 전달을 위한 프로토콜의 집합이다. Authentication Header(AH)와 Encapsulation Security Payload(ESP)는 IPv6 패킷에 인증과 무결성을 제공하기 위한 두 가지 주요한 프로토콜이다. ESP는 암호화를 위한 추가적인 기능을 제공한다.

Note IPsec은 IPv4와 IPv6의 양쪽에서 사용된다. IPsec은 IPv4 스택을 구현한 디바이스에 대한 요구사항이 아니다(not required). 초기 RFC IPv6의 구현에서 IPsec 지원은 "필수"이며, IPsec은 "must be supported(지원되어야만)" 한다고 명시했다. RFC 6434 "*IPv6 Node Requirements*"에서 이 요구사항을 "should be implemented"로 완화했다.[1]

Authentication Header(AH)는 패킷의 인증과 무결성을 보장하는 데 사용된다. *authentication*은 패킷의 송신자와 수신자가 실제 그들 자신임을 인증한다는 뜻이다. *integrity*는 패킷이 전송되는 동안 데이터가 변조되지 않았다는 것을 보증한다. AH는 인증(authentication)과 무결성(integrity)을 제공하지만, 암호화(encryption)를 제공하지는 않는다. *암호화*는 알고리즘(cipher라고 부른다)을 사용하여 정보(일반적으로 plain text)를 변형하는 프로세스이다. 데이터가 암호화될 경우 특별한 정보(보통 key라고 언급된다)를 사용한 프로세싱을 통하지 않고는 누구도 데이터를 해석할 수 없다.

Encapsulation Security Payload(ESP)는 authentication(인증), integrity(무결성), encryption(암호화)을 제공한다. ESP는 중간의 디바이스에서 데이터가 변형되는 것을 막을 뿐 아니라, 패킷의 내용을 볼 수 없도록 보호한다. ESP는 자체의 인증 정책을 사용하거나, AH와 같이 사용될 수 있다. 요약하면 AH는 인증과 무결성을 지원하고, ESP는 이 두 가지에 패킷 암호화도 지원한다. 그러나 패킷의 얼마나 많은 부분이 인증되거나 암호화되겠는가? 그 답은 다음에 설명되는 바와 같이 IPsec에 사용되는 모드가 transport 모드냐 tunnel 모드냐에 달려 있다.

Transport and Tunnel Modes

명칭으로 알 수 있듯이, transport 모드는 transport 계층과 그 상위 계층을 보호한다. 초기의 IP 헤더는 그대로 사용된다. 기본 IP 헤더의 송신 주소와 수신 주소가 그대로이기 때문에, 전달 과정의 디바이스인 라우터는 IPsec의 양쪽 참여자(IPsec participant)을 인식할 수 있다. transport 모드는 일반적으로 host-to-host 통신에 사용된다.

tunnel 모드는 IP 헤더를 포함한 IP 패킷 전체 내용을 보호하기 위해 사용된다. 이것은 IP 헤더를 포함한 원래의 IP 패킷을 송신 및 수신 IP 주소로 사용하는 터널의 양단 주소와 함께 새로운 IP 헤더 내부에 캡슐화하여 이루어진다. 터널의 양 종단은 라우터나 호스트 자신이 될 수 있다. tunnel 모드는 전체 IP 패킷을 보호하지만, transport 모드는 그렇지 않다. Figure 3-25는 transport와 tunnel 모드의 차이점을 그림으로 그린 것이다.

---

1 RFC 2119 "Key words for use in RFCs to Indicate Requirement Levels" 에 표준을 어느 정도 강력하게 준수해야 하는 지 기술하고 있으며, MUST, REQUIRED, SHALL, SHOULD, RECOMMANDED, MAY, OPTIONAL과 같이 표현한다.-옮긴 이

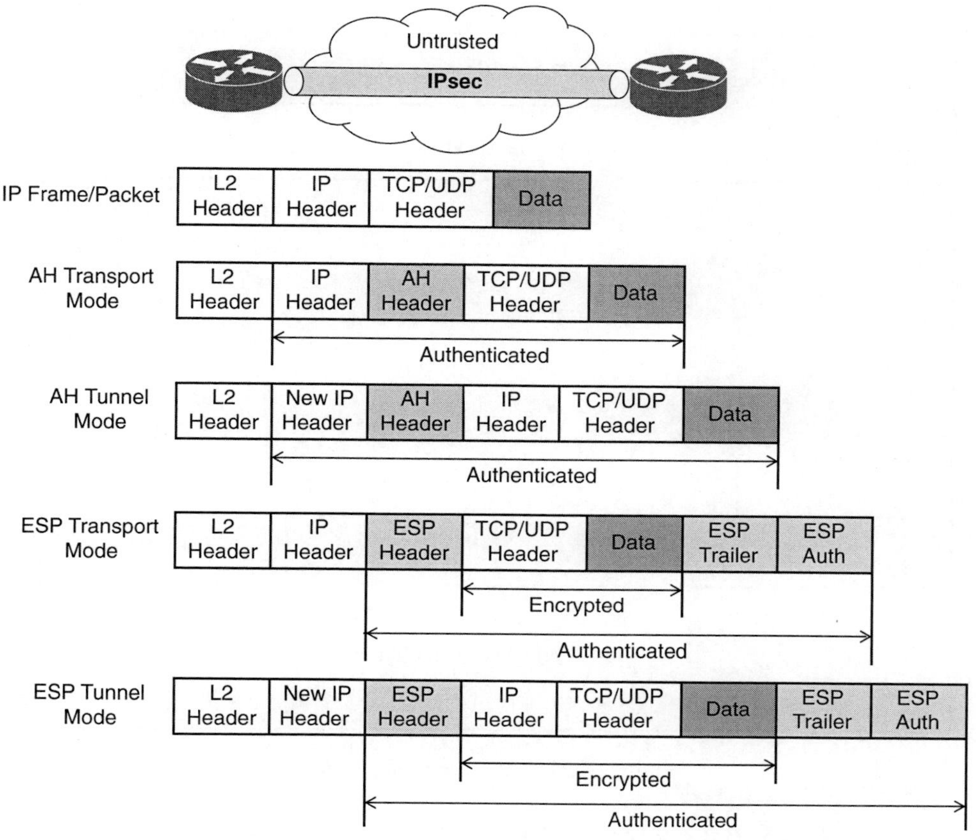

Figure 3-25 *Transport and Tunnel Modes*

이제 AH와 ESP를 위해 사용하는 확장 헤더로 되돌아가서 얘기를 해 보자. IPsec을 처음 접한다면 AH 및 ESP의 세부내용 중 일부가 아직은 명확하게 이해되지 않는 것은 충분히 이해할 수 있는 일이다.

Encapsulating Security Payload (ESP) Extension Header

Encapsulation Security Payload(ESP)는 가변 길이 확장 헤더이다. 이전에 언급한 것처럼, 이 헤더는 인증, 무결성, 암호화를 제공한다. Next Header 값이 "50"일 때 이 선행 헤더 이후에 ESP 확장 헤더가 온다는 걸 알 수 있다.

Figure 3-26은 네 부분으로 나누어진 ESP 확장 헤더를 보여준다.

- **ESP Header:** SPI와 Sequence Number 필드
- **Payload:** ESP 페이로드 데이터 필드
- **ESP Trailer:** Padding(패딩), Pad Length(패딩 길이)와 Next Header 필드
- **ESP Authentication Data (인증 데이터)**

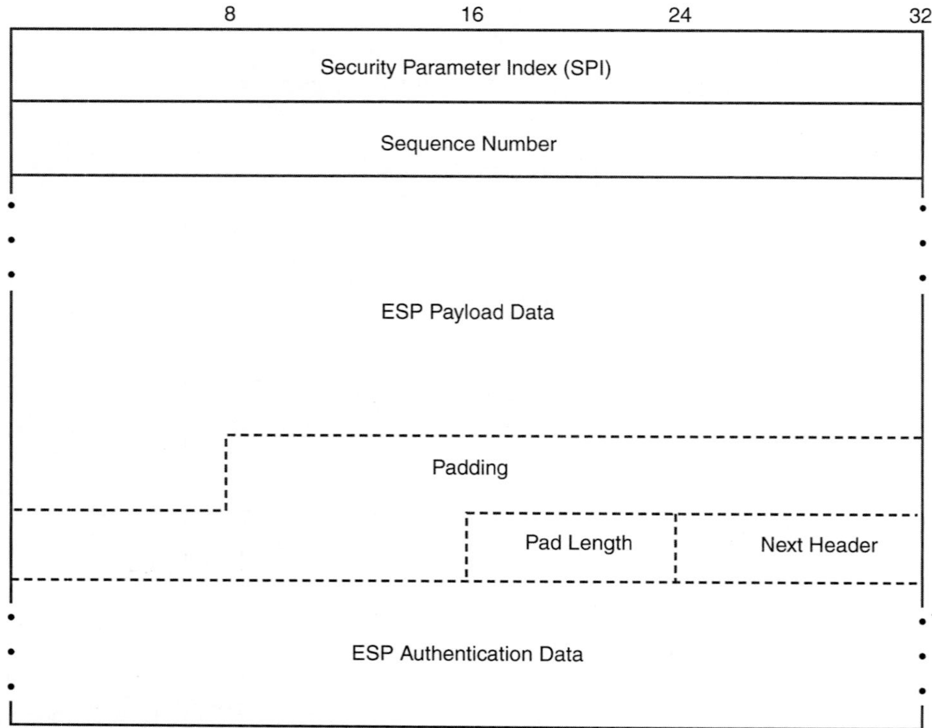

Figure 3-26 *ESP Extension Header*

Figure 3-26은 ESP 확장 헤더 내 필드를 그린 것이다. ESP는 end-to-end 통신을 한다. 달리 말하면, ESP는 경로상의 라우터에 의해 처리되지 않는다. ESP는 본래의 패킷에 대해 인증, 무결성, 기밀성을 제공한다는 것을 기억하라. 그러므로 ESP 확장 헤더는 Figure 3-27에서 그려진 것처럼, 기본 IPv6 헤더와 Hop-by-Hop, 라우팅, Fragment 확장 헤더 뒤에 캡슐화되어야 한다. IPv6의 경우 암호화가 ESP 헤더 다음에 적용되며 전체 transport 레벨 세그먼트에 ESP trailer 및 Destination Options 확장 헤더가 ESP 헤더 다음에 나타나는 경우, 해당 확장 헤더까지 포함된다. Destination Options 확장 헤더는 ESP 앞, 뒤 혹은 둘 다에 올 수 있다. ESP와 AH는 다양한 방법으로 조합되어 사용될 수 있다. 이들 옵션은 RFC 4301 "*Security Architecture for the Internet Protocol*"에 기술되었다.

Transport Mode

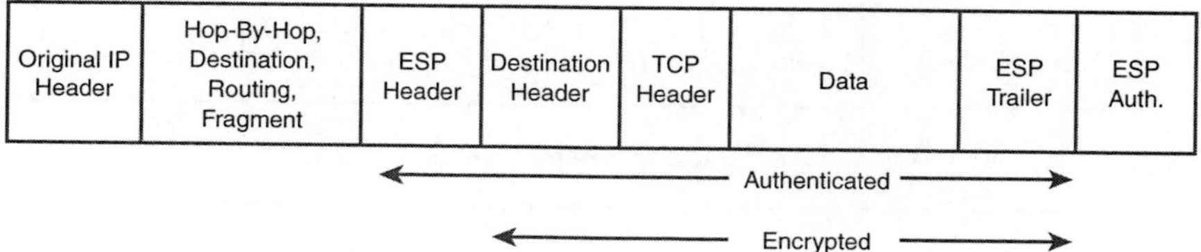

Tunnel Mode

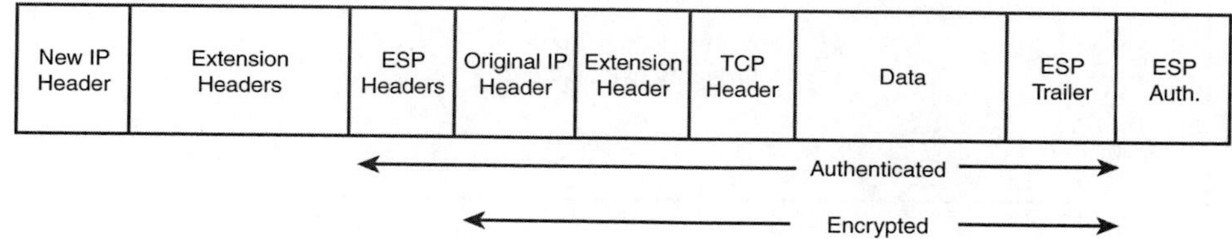

Figure 3-27 *ESP—Transport and Tunnel Modes*

각 필드에 관한 더 자세한 내용은 이 책의 범위 밖이며, IPsec에 관한 더 깊은 이해가 필요하다. 여러분이 IPsec을 처음 접한다면, 아직도 명확하게 이해되지 않는 점이 있다는 것은 당연한 일이다. 좀 더 자세한 내용을 알기 위해서는 James Henry Carmouche의 Cisco Press 도서인 *〈IPsec Virtual Private Network Fundamentals〉*를 권한다.

Authentication Header (AH) Extension Header

Authentication Header(AH)도 가변 길이의 확장 헤더이다. ESP와는 다르게, AH는 인증과 무결성을 제공하고 기밀성을 위한 암호화를 제공하지 않는다. AH 확장 헤더는 선행하는 헤더의 Next Header 값 "51"로 구분된다.

Figure 3-28에 AH 확장 헤더를 그림으로 그렸다. ESP처럼, AH는 종단 간(end-to-end) 통신으로 간주한다. AH는 전송되는 동안 패킷의 내용이 변조될 경우 수신자가 탐지할 수 있는 데이터 무결성만 제공한다는 것을 기억하라. ESP처럼 AH 확장 헤더도 기본 IPv6 헤더에 캡슐화되어 Hop-by-Hop, 라우팅, Fragment 확장 헤더 이후에 올 수 있고, 이를 Figure 3-29에 그렸다.

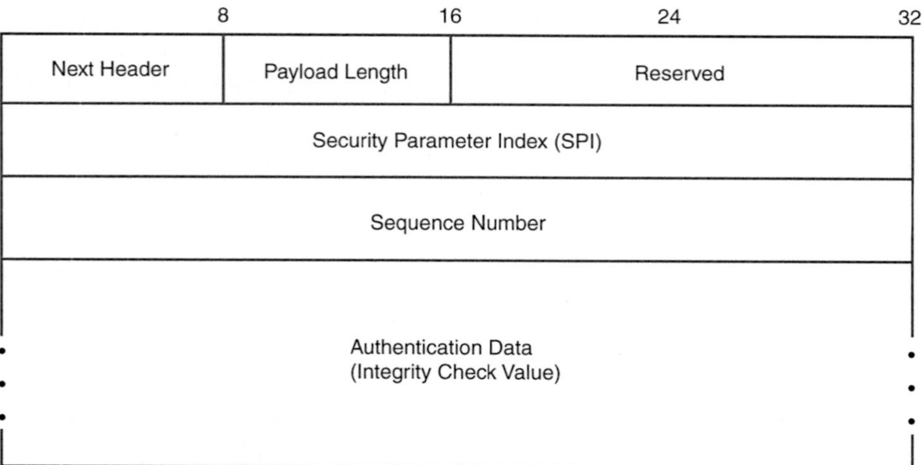

Figure 3-28 *AH Extension Header*

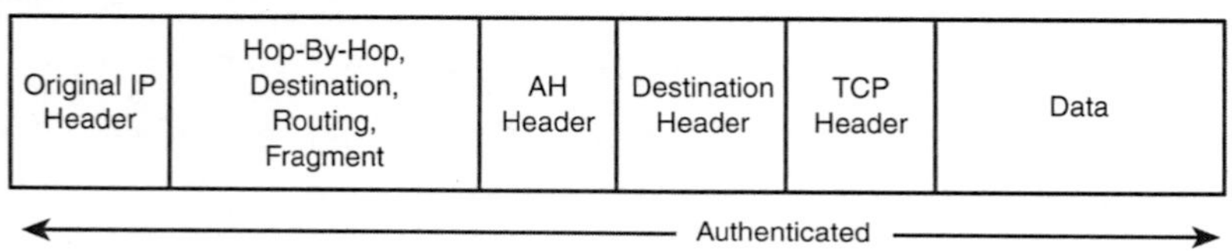

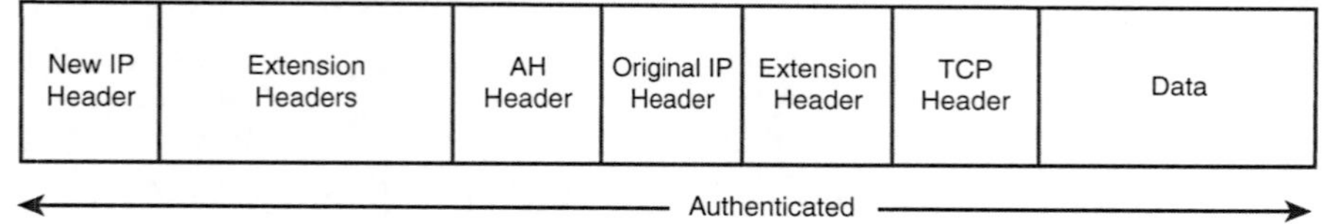

Figure 3-29 *AH—Transport and Tunnel Modes*

다른 IPsec 확장 헤더와 마찬가지로 AH 및 이들 필드의 세부내용은 이 책의 범위를 벗어나며 IPsec에 관한 더욱 완전한 이해가 필요하다.

Destination Options Extension Header

Destination(목적지) 옵션 헤더는 패킷의 수신 측에서 검사되어야 하는 옵션 정보를 전달하기 위해 사용된다. Hop-by-Hop 옵션 헤더처럼, Destination 옵션 헤더는 옵션을 사용하는 또 하나의 옵션 확장 헤더이다. Destination 옵션 헤더는 선행 헤더의 Next Header 값 "60"으로 식별되며 다음과 같은 포맷을 사용한다. Figure 3-30에 그려진 것처럼, Destination 옵션 헤더는 다음과 같은 포맷을 따른다.

- **Next Header (8 bits):** 이 라우팅 헤더에 직접 후속하는 헤더를 표시한다. 다음 헤더는 또 다른 확장 헤더가 될 수도 있고, 페이로드의 프로토콜이 될 수도 있다.

- **Header Extension Length (8 bits):** 8 octet 단위의 라우팅 헤더의 길이이다. 첫 번째 8 octet은 포함하지 않는다.
- **Options (variable-length):** 이 필드는 하나 이상의 TLV 인코딩된 옵션을 포함한다.
  - **Option Type (8 bits):** 이 헤더에 포함된 옵션의 타입이다.
  - **Option Data Length (8 bits):** 옵션 데이터 필드의 길이를 bytes 단위로 표시한다.
  - **Option Data (variable-length):** 데이터의 내용이다. 이 필드의 사용 용도에 따라 결정된다.

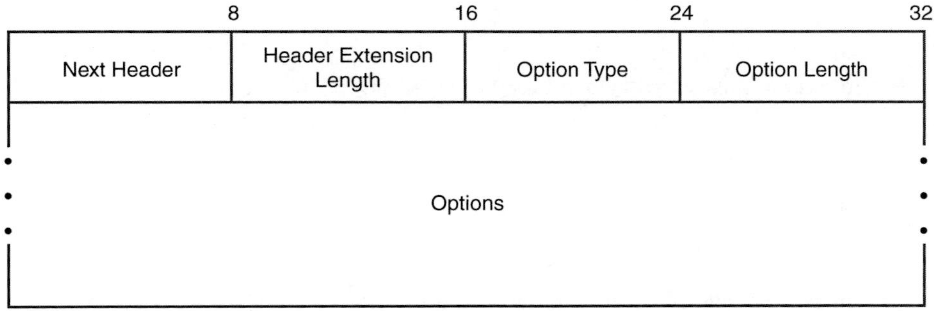

Figure 3-30 *Destination Options Extension Header*

Note Destination 옵션 확장 헤더의 제안된 용도 중 하나는 이동성 지원이며, RFC 6275 "*Mobility Support in IPv6*"에 기술되었다.

"각 모바일 노드는 인터넷에 연결된 현재 위치에 상관없이 항상 모바일 노드의 홈 주소로 식별된다. 홈에서 떨어져 있는 동안 모바일 노드는 care-of(의탁) 주소와 연결되며, care-of 주소는 모바일 노드의 현재 위치에 상관없는 정보를 제공한다. 모바일 노드의 홈 주소를 향하는 IPv6 패킷은 care-of 주소로 투명하게 라우팅 된다. 프로토콜은 IPv6 노드가 care-of 주소와 모바일 노드의 홈 주소 바인딩을 저장(cache)할 수 있도록 지원하여 모바일 노드로 가야 하는 패킷을 이 care-of 주소로 보낼 수 있도록 한다. 이 동작을 지원하기 위해 모바일 IPv6는 새로운 IPv6 프로토콜과 destination 옵션을 정의한다. 모든 모바일 또는 고정 IPv6 노드는 모바일 노드와 통신할 수 있다"

No Next Header

Next Header 값이 59인 경우는 이 헤더 다음에는 더 이상의 데이터가 없다는 것을 의미한다. 이것은 이 헤더의 뒤에 아무것도 없음을 나타내는 표시자이다. 페이로드 길이가 이 헤더 뒤에 추가적인 byte가 있음을 지시하는 경우 그 데이터들은 무시된다.

Comparing IPv4 and IPv6 at a Glance

IPv4와 IPv6 헤더를 상세하게 알아보고자 할 때, 두 프로토콜 사이의 중요한 차이 몇을 놓치기 쉽다. 이 장은 이해하기 어려울 수도 있는 많은 정보를 제공했고, 그래서 이 절에서 차이점 몇 가지를 요약한다. 이 절을 읽을 때 Figure 3-1과 3-2도 참고하라.

다음 IPv4 필드들은 IPv6와 같다.

- **Version (IPv4 and IPv6):** 4이면 IPv4, 6이면 IPv6이다. 이건 쉽다.
- **Source Address and Destination Address (IPv4 and IPv6):** 아마도 가장 인지하기 쉬운 차이점은 32-bit IPv4 송/수신 주소일 것이다. IPv6에서는 128bit로 증가하였다.

몇몇 IPv4 필드는 IPv6에서 필드명이 바뀌었고, 때에 따라 기능상의 차이가 있다.

- **Type of Service(IPv4)는 Traffic Class(IPv6)로 변경되었다:** IPv4는 이 필드를 3-bit Precedence, 3-bit delay, throughput, reliability로 사용하거나, 6-bit Differentiated Service(차등 서비스) 필드로 사용할 수 있다. IPv6는 6-bit Differentiated Service(차등 서비스) 필드로만 사용한다.
- **Total Length(IPv4)는 Payload Length(IPv6)로 변경되었다:** IPv4의 Total length는 IPv4 헤더와 데이터(페이로드) 부분을 포함한 길이이다. 반면에 IPv6는 Payload Length 필드라고 하며, 헤더 부분을 제외한 페이로드 부분(확장 헤더는 포함된)만의 길이이다. Hop-by-Hop 확장 헤더의 Jumbo Payload 옵션을 사용하면, IPv6는 4,294,967,295(2^{32}-1) 바이트 길이의 패킷까지 지원하는 jumbogram을 사용할 수 있다.
- **Time to Live(IPv4)는 Hop Limit(IPv6)로 변경되었다:** IPv4 Time to Live(TTL)와 IPv6 Hop Limit 필드는 패킷이 네트워크상에서 무한한 시간 동안 전송되지 않도록 한다. 이 필드는 같은 기능을 하고 있으며, IPv6에서의 명칭(Hop Limit)이 실제 동작을 조금 더 반영한다.
- **Protocol(IPv4)은 Next Header(IPv6)로 변경되었다:** IPv4에서 이 필드는 IPv4 데이터 혹은 페이로드로 운반되는 프로토콜을 가리킨다. IPv6에서 Next Header 필드가 똑같은 기능을 하지만, 추가로 기본 IPv6 헤더에 따라오는 확장 헤더의 존재를 알려주는 기능도 가지고 있다.

IPv4에서 존재하는 다음 필드는 IPv6에서는 삭제되었다.

- **Internet Header Length (IPv4):** IPv6는 40byte 고정된 길이의 기본 헤더를 사용하므로 이 필드는 IPv6에서 필요가 없다. 추가적인 IPv6 헤더는 Next Header 필드로 표시된 대로 연결하여 사용하며, 확장 헤더라고 불린다.
- **Identification(IPv4), Flag(IPv4)와 Fragment Offset(IPv4):** 이 필드들은 IPv4에서 단편화(fragmentation)를 위해 사용한다. IPv6에서 패킷 단편화는 오로지 송신 측에서만 fragment 확장 헤더를 사용하여 수행되며, 라우터에 의해 수행되지 않는다.
- **Header Checksum (IPv4):** 이더넷과 같은 2계층 기술은 자체적인 체크섬과 에러 제어 기능을 수행한다. TCP/UDP와 같은 상위 계층 프로토콜도 자체적인 체크섬을 가지고 있어 사실상 3계층에서의 체크섬은 중복되며 불필요하다. UDP 체크섬은 IPv4에서는 선택적이나, IPv6에서는 필수가 되었다.
- **Options (IPv4):** IPv4에서의 option 필드는 IPv6에서는 확장 헤더를 사용하여 처리된다. 2종의 IPv6 확장 헤더(Hop-by-Hop, Destination Options)는 자체적인 TLV 옵션 세트를 포함하고 있다.
- **Padding (IPv4):** IPv6 헤더는 40byte의 고정 길이를 가지고 있어 32-bit의 경계에 맞춰지도록 기본 IPv6 헤더의 길이를 늘일 필요가 없다. 기본 헤더의 길이는 64bit 경계에 맞춰져 있다.

다음 필드는 IPv4에서는 없었던, IPv6에서 새로 만들어진 필드이다.

- **Flow Label (IPv6):** IPv6에서 새롭게 정의된 필드이며, 상세 사용 방법에 대해서 IETF에서 현재도 확립 중이다. RFC 2460은 real-time 서비스를 위해 IPv6 라우터에서 특별한 처리가 필요한 일련의 패킷을 표시하기 위해 Flow Label 필드를 사용하는 것에 대해 논의했다. RFC 6437은 flow label 필드에 대한 추가적인 상세 정보를 포함하고 있다.

다음의 헤더는 IPv4에서는 없었던, IPv6에서 새로 만들어진 헤더이다.

- **Extension Headers (IPv6):** IPv6 확장 헤더는 고정된 길이의 IPv6 헤더에 유연성과 미래 기능 향상을 제공하기 위해 사용된다.

기타 기능:

- **IPv6 over Ethernet(이더넷을 통한 IPv6):** Ethernet II 프레임은 페이로드가 IPv6임을 표시하기 위해 16진수 값 "86dd"를 ethertype 값으로 사용한다.

- **Fragmentation:** IPv6 라우터는 패킷 단편화를 하지 않는다. IPv6 라우터가 출력 인터페이스의 MTU 값보다 큰 패킷을 수신할 경우, 라우터는 패킷을 폐기하고 송신 측 주소로 ICMPv6 Packet Too Big 메시지를 돌려보낸다. 이 패킷에는 출력 인터페이스의 byte 단위 MTU 값도 포함되어 있다. IPv6에서 단편화는 오로지 송신 디바이스상에서만 수행되며 Fragment 확장 헤더를 사용해서 처리된다.

Summary

이 장에서는 IPv4 및 IPv6 헤더를 모두 살펴보았다. 두 프로토콜 사이에는 유사점과 차이점이 있다. IPv6는 더 적은 수의 필드를 가지고 있으며 많은 면에서 더 단순한 프로토콜이다. IPv6의 필드 중 일부는 IPv4 필드와 동일하나 일부는 기능상의 차이와 함께 경험적인 명칭으로 변경되었으며, 일부는 완전히 사라졌고, 새로운 Flow Label 필드가 추가되었다.

이 장에서는 또 IPv6에 더 많은 유연성과 더 나은 효율성을 지원하는 확장 헤더를 소개했다. IPv6가 UDP 및 MTU에 끼치는 영향에 관해서도 설명했다.

이 장의 마지막 절에서 두 프로토콜 사이의 유사점과 차이점에 대해 요약을 하였다.

Review Questions

1. IPv6 헤더에 IPv4에 있는 IHL과 유사한 필드가 없는 이유는 무엇인가?
2. IPv4 Total Length 필드와 IPv6 Payload Length(페이로드 길이) 필드의 차이점은 무엇인가?
3. IPv4와 비교할 때 IPv6 송신 주소와 수신 주소 사이에 가장 눈에 띄는 차이점은 무엇인가?
4. IPv4와 IPv6에서 fragmentation(단편화)을 수행하는 방식은 어떤 차이가 있는가?
5. IPv4 헤더와는 다르게 IPv6에서는 Checksum 필드가 없다. 이것은 transport layer(전송 계층) 프로토콜에 어떤 영향을 미치는가?
6. IPv6에서 옵션 및 패딩 필드가 없는 이유는 무엇인가? IPv6는 대신 어떤 것을 사용하는가?

7. 페이로드가 IPv6 패킷일 때 이더넷 II 프레임 내 EtherType 필드의 값은 무엇인가?

References

RFCs

RFC 791, *Internet Protocol, DARPA Internet Program Protocol Specification*, USC, www.ietf.org/rfc/rfc791.txt, September 1981.

RFC 1191, *Path MTU Discovery*, J. Mogul, Stanford University, www.ietf.org/rfc/rfc1191.txt, November 1990.

RFC 1393, *Traceroute Using an IP Option*, G. Malkin, Xylogics, Inc., www.ietf.org/rfc/rfc1393.txt, January 1993.

RFC 1700, *Assigned Numbers*, J. Reynolds, ISI, www.ietf.org/rfc/rfc1700.txt, October 1994.

RFC 1981, *Path MTU Discovery for IP Version 6*, J. McCann, Digital Equipment Corporation, www.ietf.org/rfc/rfc1981.txt, August 1996.

RFC 2460, *Internet Protocol, Version 6 (IPv6) Specification*, S. Deering, Cisco Systems, www.ietf.org/rfc/rfc2460.txt, December 1998.

RFC 2474, *Using a Technique Called Differentiated Services (DS)*, K. Nichols, Cisco Systems, www.ietf.org/rfc/rfc2474.txt, December 1998.

RFC 2675, *IPv6 Jumbograms*, D. Borman, Berkeley Software Design, www.ietf.org/rfc/rfc2675.txt, August 1999.

RFC 3775, *Mobility Support in IPv6*, D. Johnson, Rice University, www.ietf.org/rfc/rfc3775.txt, June 2004.

RFC 6434, *IPv6 Node Requirements*, E. Jankiewicz, SRI International, www.ietf.org/rfc/rfc6434.txt, December 2011.

RFC 6437, *IPv6 Flow Label Specification*, S. Amante, Level 3, www.ietf.org/rfc/rfc6437.txt, November 2011.

Websites

IANA's list of protocol numbers, www.iana.org/assignments/protocol-numbers/protocol-numbers.xml

Wireshark, www.wireshark.org

Part II

IPv6 Addresses

Chapter 4

IPv4와 IPv6 프로토콜 사이에서 가장 분명하고 쉽게 인식할 수 있는 차이는 IPv6 주소이다. IPv4 주소는 32bit 길이를 가지고 있고 10진 표기를 사용하는 반면에 IPv6 주소는 128bit의 길이를 가지고 있으며, 16진수로 표기된다. 그러나 이 외에도 두 프로토콜 사이에는 많은 다른 차이가 있다. IPv6는 새로운 주소 유형을 포함하며, 기존의 익숙한 주소 유형에도 변경이 있다.

이 장에서 여러분은 IPv6 주소를 읽는 데 익숙해질 것이다. 또한, 두 가지 간단한 규칙을 사용하여 많은 IPv6 주소를 적은 수의 숫자로 표현하는 방법을 알게 될 것이다.

이 장에서 다양한 유형의 unicast, multicast 및 anycast 카테고리의 IPv6 주소를 모두 살펴볼 것이다. global unicast, link-local unicast 및 multicast 주소 같은 몇몇 주소는 IPv6에서 더 중요해 졌다. 이 주소들은 5장 "Global Unicast Address", 6장 "Link-Local Unicast Address" 및 7장 "Multicast Addresses"에서 좀 더 자세히 다룰 것이다.

Representation of IPv6 Addresses

IPv6 주소는 128bit의 길이를 가지고 있으며, 16진수 문자열로 표기된다. 매 4bit가 한 개의 16진수로 표현될 수 있으며, 전부 32개의 16진수 값이 된다.(016[00002] ~ f16 [11112])이 절의 뒷부분에서 IPv6 주소를 표기하는 데 필요한 숫자의 수를 가능한 한 줄이는 방법에 관해서 설명할 것이다. 16진수를 표현할 때 쓰는 영문자는 대소문자 구분이 없으며, 대문자와 소문자는 동등하다. IPv6 주소가 대문자 혹은 소문자로 표기될 수 있지만, RFC 5952 "*A Recommendation for IPv6 Address Text Representation*"에서는 소문자로 표기하도록 권고한다.

Note 16진법이 익숙하지 않다면, 해당 숫자 시스템에 관한 내용은 2장 "IPv6 Primer"를 참고하라.

RFC 4291에서 기술된 것처럼 preferred form(기본 형식)은 "x:x:x:x:x:x:x:x"이다. 각 "*x*"는 4개까지의 16진수를 사용하여 표기되는 16-bit 섹션이고, 각 섹션은 ":(콜론)"으로 구분된다. 결과적으로 Figure 4-1과 같이 여덟 개의 16-bit 혹은 hextets 부분으로 이루어져 전체 128bit 주소가 된다. Figure 4-1은 Windows 호스트와 Mac OS 호스트의 IPv6 주소 예를 보여준다. 이들 주소와 주소의 포맷은 이 장에서 설명될 것이다.

Each 'x' represents up to four hexadecimal digits separated by colons:

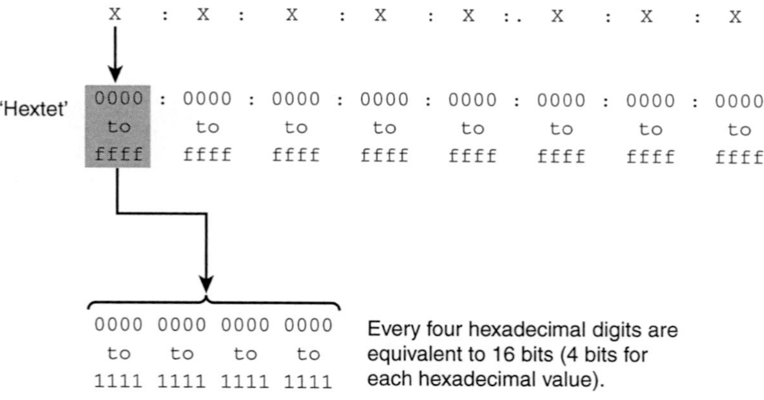


```
Windows-OS> ipconfig

Ethernet adapter Local Area Connection:
   Connection-specific DNS Suffix  . :
   IPv6 Address. . . . . . . . . . . : 2001:db8:cafe:1:d0f8:9ff6:4201:7086  ! IPv6 GUA
   Link-local IPv6 Address . . . . . : fe80::d0f8:9ff6:4201:7086%11         ! IPv6 Link-Local
   IPv4 Address. . . . . . . . . . . : 192.168.1.100
   Subnet Mask . . . . . . . . . . . : 255.255.255.0
   Default Gateway . . . . . . . . . : fe80::1%11                           ! IPv6 Default Gateway
                                       192.168.1.1
-----------------------------------------------------------------------------------------------
Mac-OS$ ifconfig

en1: flags=8863<UP,BROADCAST,SMART,RUNNING,SIMPLEX,MULTICAST> mtu 1500
          ether 60:33:4b:15:24:6f
          inet6 fe80::6233:4bff:fe15:246f%en1 prefixlen 64 scopeid 0x5       ! IPv6 Link-Local
          inet 192.168.1.111 netmask 0xffffff00 broadcast 192.168.1.255
          inet6 2001:db8:cafe:1:4bff:fe15:246f prefixlen 64 autoconf          ! IPv6 GUA
          Graphics: autoselect
          status: active
```

Figure 4-1 *Preferred Form of IPv6 Address*

preferred form의 가장 긴 표현은 전체 32개의 16진수 값을 포함한다. 콜론(:)은 4-bit 16진수 숫자를 그룹으로 구분한다.

IPv4 주소에서 사용하는 *octet*이란 용어와 비슷하게 16진수가 4개씩 묶인 그룹을 가리키는 비공식적인 용어는 "*hextet*"이다. IPv6 주소는 콜론으로 구분된 8개의 hextet으로 구성된다. Figure 4-1에서 4개의 16진수를 가진 8개의 hextet을 그림으로 그렸다. 설명을 명확하게 하자면, 이 책 전체를 통해 *hextet*이라는 용어는 각각의 16-bit 세그먼트를 지칭한다. 다음 목록은 preferred form의 가장 긴 표현을 사용한 IPv6 주소의 몇 가지 예를 보여준다.

```
0000:0000:0000:0000:0000:0000:0000:0000
0000:0000:0000:0000:0000:0000:0000:0001
ff02:0000:0000:0000:0000:0000:0000:0001
fe80:0000:0000:0000:a299:9bff:fe18:50d1
2001:0db8:1111:000a:00b0:0000:9000:0200
2001:0db8:0000:0000:abcd:0000:0000:1234
2001:0db8:cafe:0001:0000:0000:0000:0100
2001:0db8:cafe:0001:0000:0000:0000:0200
```

언뜻 보기에 이 주소들은 사람이 인식하기엔 너무 길어 보인다. 하지만, 걱정할 것 없다. 이 장의 뒷부분에서 IPv6 주소를 읽고 쓰는 데 도움이 되는 테크닉을 배우게 될 것이다. RFC 2373과 RFC 5952는 preferred format에서 표기되는 숫자를 줄여주는 두 가지 규칙을 규정하며 다음에 설명한다.

Rule 1: Omit Leading 0s

IPv6 주소를 간단하게 표기하는 한 가지 방법은 전체 hextet(즉, 16-bit 섹션)에서 선행하는 "0"을 생략하는 것이다. 이 규칙은 선행 "0"에만 적용되고 후행 "0"에는 적용할 수 없다.(선행과 후행 "0" 을 모두 생략할 수 있다면 주소가 알아볼 수 없게 될 것이다) Table 4-1은 preferred IPv6 주소의 목록과 선행하는 "0"을 생략하는 방법을 보여준다. 이 preferred form 은 32개의 16진수 숫자를 사용하여 주소를 표기한다.

Table 4-1 *Examples of Omitting Leading 0s in a Hextet**

Format	IPv6 Address
Preferred	0000:0000:0000:0000:0000:0000:0000:0000
Leading 0s omitted	0: 0: 0: 0: 0: 0: 0: 0 or 0:0:0:0:0:0:0:0
Preferred	0000:0000:0000:0000:0000:0000:0000:0001
Leading 0s omitted	0: 0: 0: 0: 0: 0: 0: 1 or 0:0:0:0:0:0:0:1
Preferred	ff02:0000:0000:0000:0000:0000:0000:0001
Leading 0s omitted	ff02: 0: 0: 0: 0: 0: 0: 1 or ff02:0:0:0:0:0:0:1
Preferred	fe80:0000:0000:0000:a299:9bff:fe18:50d1
Leading 0s omitted	fe80: 0: 0: 0:a299:9bff:fe18:50d1 or fe80:0:0:0:a299:9bff:fe18:50d1
Preferred	2001:0db8:1111:000a:00b0:0000:9000:0200
Leading 0s omitted	2001: db8:1111: a: b0: 0:9000: 200 or 2001:db8:1111:a:b0:0:9000:200
Preferred	2001:0db8:0000:0000:abcd:0000:0000:1234
Leading 0s omitted	2001: db8: 0: 0:abcd: 0: 0:1234 or 2001:db8:0:0:abcd:0:0:1234

Format	IPv6 Address
Preferred	2001:**0**db8:aaaa:**000**1:**0000**:**0000**:**0000**:**0**100
Leading 0s omitted	2001: db8:aaaa: 1: 0: 0: 0: 100 or 2001:db8:aaaa:1:0:0:0:100
Preferred	2001:**0**db8:aaaa:**000**1:**0000**:**0000**:**0000**:**0**200
Leading 0s omitted	2001: db8:aaaa: 1: 0: 0: 0: 200 or 2001:db8:aaaa:1:0:0:0:200

* In this table, the 0s to be omitted are in bold. Spaces are retained so you can better visualize where the 0s were removed.

선행(좌측)하는 "0"만 생략할 수 있다는 것을 기억하는 것이 중요하다. 후행 "0" 을 생략하면 전혀 다른 주소가 된다. 주소가 오해석될 여지를 없애기 위해 다음 예와 같이 선행(좌측) "0" 만 생략할 수 있다.

- "0"을 생략:

```
2001:db8:100:a:0:bc:abcd:d0b
```

- 틀린 표현(후행 "0" 생략):

```
2001:db80:1000:a000:0000:bc00:abcd:d0b0
```

- 정확한 표현(선행 "0" 생략):

```
2001:0db8:0100:000a:0000:00bc:abcd:0d0b
```

Rule 2: Omit All-0s Hextets

IPv6 주소를 간단하게 표기하는 두 번째 규칙은 단일 혹은 연속되는 2개 이상의 hextet이 모두 "0" 일 때, 간단하게 "::"(더블콜론)으로 축약할 수 있다는 것이다.

Table 4-2 *Examples of Omitting a Single Contiguous String of All-0s Hextets**

Format	IPv6 Address
Preferred	**0000:0000:0000:0000:0000:0000:0000:0000**
(::) All-0s segments	::
Preferred	**0000:0000:0000:0000:0000:0000:0000**:0001
(::) All-0s segments	::0001
Preferred	ff02:**0000:0000:0000:0000:0000:0000**:0001

(::) All-0s segments	ff02::0001
Preferred	fe80:**0000:0000:0000**:a299:9bff:fe18:50d1
(::) All-0s segments	fe80::a299:9bff:fe18:50d1
Preferred	2001:0db8:1111:000a:00b0:**0000**:0200
(::) All-0s segments	2001:0db8:1111:000a:00b0::0200
Preferred	2001:0db8:**0000:0000**:abcd:0000:0000:1234
(::) All-0s segments	2001:0db8::abcd:0000:0000:1234
Preferred	2001:0db8:aaaa:0001:**0000:0000:0000**:0100
(::) All-0s segments	2001:0db8:aaaa:0001::0100
Preferred	2001:0db8:aaaa:0001:**0000:0000:0000**:0200
(::) All-0s segments	2001:0db8:aaaa:0001::0200

* 이 표에서 preferred 표기의 굵은 글씨체인 "0"은 더블 콜론으로 대치된다.

연속된 모두 "0"인 세그먼트에서 오직 하나만 "::"으로 표현할 수 있으며, 이렇게 하지 않으면(즉 2개 이상을 "::"으로 표기하면), 이 예제에서 보여주듯이 주소가 모호한 값이 된다.

- 두 개의 더블 콜론을 사용한 잘못된 주소:

```
2001::abcd::1234
```

- 가능한 모호한 값들:

```
2001:0000:0000:0000:0000:abcd:0000:1234
2001:0000:0000:0000:abcd:0000:0000:1234
2001:0000:0000:abcd:0000:0000:0000:1234
2001:0000:abcd:0000:0000:0000:0000:1234
```

여러분도 알 수 있듯이 두 개의 더블콜론이 사용될 경우, 위와 같이 여러 해석이 가능하며 어느 주소가 올바른 것인지 알 수 없게 된다.

둘 이상의 연속된 모두 "0"인 hextet이 있는 주소(예: 2001:0db8:0000:0000:abcd:0000:0000:1234)가 있는 경우 어떻게 축약해야 할까? 이런 경우에 우리는 더블 콜론(::) 하나를 어디에 써야 할까?

RFC 5952는 "::(더블 콜론)"을 다음과 같이 표기해야 한다고 기술한다.

- 가장 긴 "all 0s" hextet
- 문자열의 길이가 같을 경우, 첫 번째 문자열에 "::(더블 콜론)" 표기를 사용해야 한다.

그러므로 2001:0db8:0000:0000:abcd:0000:0000:1234는 2001:0db8::abcd:0000:0000:1234로 표기되어야 한다. rule 1과 2를 모두 적용하면 주소는 2001:db8::abcd:0:0:1234로 표기된다.

Note Cisco IOS 및 Microsoft Windows를 포함한 대부분 운영 체제는 적절한 위치에 하나의 더블 콜론(::) 사용을 허용한다.

Combining Rule 1 and Rule 2

방금 설명한 두 규칙을 결합하여 주소를 더 간단하게 축약할 수 있다. Table 4-3은 preferred 주소와 rule 1을 적용했을 때, rule 2를 적용했을 때를 보여주어 이것을 어떻게 하는지 설명한다. 아래 예에서 "0"이 지워진 자리를 더 쉽게 찾을 수 있도록 공백을 그대로 두었다.

Table 4-3 *Examples of Applying Both Rule 1 and Rule 2*

Format	IPv6 Address
Preferred	0000:0000:0000:0000:0000:0000:0000:0000
Leading 0s omitted	0: 0: 0: 0: 0: 0: 0: 0
(::) All-0s segments	::
Preferred	0000:0000:0000:0000:0000:0000:0000:0001
Leading 0s omitted	0: 0: 0: 0: 0: 0: 0: 1
(::) All-0s segments	::1
Preferred	ff02:0000:0000:0000:0000:0000:0000:0001
Leading 0s omitted	ff02: 0: 0: 0: 0: 0: 0: 1
(::) All-0s segments	ff02::1
Preferred	fe80:0000:0000:0000:a299:9bff:fe18:50d1
Leading 0s omitted	fe80: 0: 0: 0:a299:9bff:fe18:50d1
(::) All-0s segments	fe80::a299:9bff:fe18:50d1
Preferred	2001:0db8:1111:000a:00b0:0000:9000:0200
Leading 0s omitted	2001: db8:1111: a: b0: 0:9000: 200
(::) All-0s segments	2001:db8:1111:a:b0::9000:200
Preferred	2001:0db8:0000:0000:abcd:0000:0000:1234
Leading 0s omitted	2001: db8: 0: 0:abcd: 0: 0:1234
(::) All-0s segments	2001:db8::abcd:0:0:1234
Preferred	2001:0db8:aaaa:0001:0000:0000:0000:0100
Leading 0s omitted	2001: db8:aaaa: 1: 0: 0: 0: 100
(::) All-0s segments	2001:db8:aaaa:1::100
Preferred	2001:0db8:aaaa:0001:0000:0000:0000:0200

Format	IPv6 Address
Leading 0s omitted	`2001: db8:aaaa: 1: 0: 0: 0: 200`
(::) All-0s segments	`2001:db8:aaaa:1::200`

Table 4-4는 Table 4-3과 동일한 예제이며, 이번에는 두 규정을 모두 적용한 후 가장 긴 preferred 형식과 최종적인 compressed 형식을 보여준다.

Table 4-4 *IPv6 Address Preferred and Compressed Formats*

Preferred Format	Compressed Format
`0000:0000:0000:0000:0000:0000:0000:0000`	`::`
`0000:0000:0000:0000:0000:0000:0000:0001`	`::1`
`ff02:0000:0000:0000:0000:0000:0000:0001`	`ff02::1`
`fe80:0000:0000:0000:a299:9bff:fe18:50d1`	`fe80::a299:9bff:fe18:50d1`
`2001:0db8:1111:000a:00b0:0000:0000:0200`	`2001:db8:1111:a:b0::200`
`2001:0db8:0000:0000:abcd:0000:0000:1234`	`2001:db8::abcd:0:0:1234`
`2001:0db8:aaaa:0001:0000:0000:0000:0100`	`2001:db8:aaaa:1::100`
`2001:0db8:aaaa:0001:0000:0000:0000:0200`	`2001:db8:aaaa:1::200`

압축된 표현을 위해 두 가지 규칙을 적용한 후에도 IPv6 주소는 여전히 다루기 어려워 보일 수 있다. 걱정하지 말라. 5장 "Global Unicast Address"에서 3-1-4 rule이라 부르는 기술을 소개할 것이다. 이 규칙을 사용하면 IPv4 주소보다 더 IPv6 global unicast 주소(GUA)를 읽기 쉽게 만들고 GUA 주소의 부분들을 인식하는 데 도움이 된다.

Prefix Length Notation

IPv4에서 주소의 프리픽스(혹은 네트워크 부분)는 dotted-decimal netmask로 식별되고 일반적으로 *서브넷 마스크(subnet mask)*라고 언급한다. 예를 들면 "255.255.255.0"은 IPv4 주소의 네트워크 부분(혹은 프리픽스 length)이 좌측의 24bit라는 것을 나타낸다. "255.255.255.0" 표현은 dotted-decimal netmask라고 하고, CIDR 방식 표기법으로는 "/24"로 쓴다.

IPv6 주소 프리픽스는 CIDR 표기법을 사용한 IPv4 주소 프리픽스 표기 방법과 같은 방식으로 표현된다. IPv6 주소 프리픽스(주소의 네트워크 부분)는 다음 형식으로 표기된다.

`ipv6-address/prefix-length`

prefix-length는 주소의 좌측에서부터 연속적인 bit 수를 10진수 값으로 표시한다. 이 방법으로 주소의 프리픽스 부분(다시 말하면, 네트워크 부분)을 구분한다. 또한, unicast 주소와 함께 사용하여 주소의 프리픽스 부분을 인터페이스 ID와 구분한다. 2장에서 보았듯이 인터페이스 ID는 IPv4 주소의 호스트 부분과 동등하다.

이제 주소 2001:db8:aaaa:1111::100/64를 사용하는 예제를 확인해 보겠다. Figure 4-2에서 가장 긴 형태인 preferred 표기는 /64 프리픽스 길이로 주소의 프리픽스 또는 네트워크 부분을 구분하는 방법을 보여준다. 프리픽스 길이가 /64이므로 주소에는 나머지 64bit가 남아있으며, 이것이 인터페이스 ID 부분이 된다.

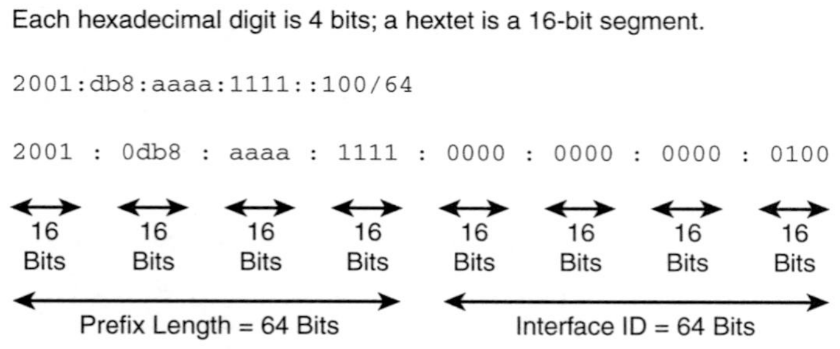

Each hexadecimal digit is 4 bits; a hextet is a 16-bit segment.
2001:db8:aaaa:1111::100/64
2001 : 0db8 : aaaa : 1111 : 0000 : 0000 : 0000 : 0100
16 Bits
16 Bits
16 Bits
16 Bits
16 Bits
16 Bits
16 Bits
16 Bits
Prefix Length = 64 Bits
Interface ID = 64 Bits

Figure 4-2 *IPv6 Prefix and Prefix Length*

IPv4에서와 마찬가지로, IPv6에서도 네트워크가 가질 수 있는 디바이스의 숫자는 프리픽스 길이에 달려있다. 그러나 IPv6 주소는 128-bit 길이이므로, 더는 IPv4 공인 주소에서 그랬던 것처럼 주소를 절약할 필요가 없다.

Figure 4-2에서 프리픽스 길이가 /64이므로, 인터페이스 ID는 /64가 된다. 5장에서 더 설명하겠지만, 이것이 일반적인 IPv6 최종 사용자 네트워크의 프리픽스 길이다. /64 프리픽스 길이는 단일한 네트워크 상에 1,800경(18 quintillion) 개의 디바이스를 수용할 수 있다.

Figure 4-3은 몇 가지 프리픽스 길이 예제를 보여주고 있다. /32, /48, /52, /56, /60, /64 등이다. 이들 예제에서 프리픽스 길이는 *nibble 경계*(4 bit 경계)와 일치된다는 데 주목하라. 프리픽스 길이가 4-bit 경계에 일치될 필요는 없다(그렇지만, 대부분 그렇게 한다). 예를 들면 /61, /62, /63로 nibble 내에 경계가 생기는 프리픽스 길이도 있을 수 있다. 프리픽스 길이에 대해서는 5장에서 global unicast 주소, 프리픽스 할당, 서브넷팅에 대해 논의할 때 좀 더 얘기하겠다.

Prefix
2001:0db8:0000:0000:0000:0000:0000:0001
/32
/48
/52
/56
/60
/64

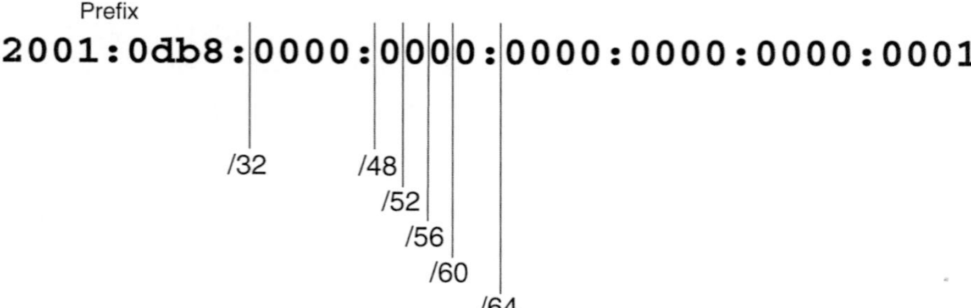

Figure 4-3 *IPv6 Prefix Length Examples*

IPv6 Address Types

이 절은 IPv6 주소 공간과 이 공간 내에서 다양한 유형의 주소가 할당되는 방법을 간략하게 살펴보는 것으로 시작한다. 이제 우리는 3종의 IPv6 주소 유형인 unicast, multicast 그리고 anycast에 해당하는 다양한 주소들에 관해 설명할 것이다.

IPv6 주소 유형은 RFC 4291, Internet Protocol, Version 6 (IPv6) Specification에서 정의되었다. 이 절에서 우리는 몇 개 유형의 unicast 주소, 3개 유형의 multicast 주소 및 anycast 주소에 관해서 설명한다. 이 주소 중 일부를 다른 주소보다 더 자세히 설명할 것이다. global unicast 주소, link-local 주소 그리고 multicast 주소는 5장, 6장, 7장에서 좀 더 자세히 설명한다.

Note IPv6에는 브로드캐스트 주소가 없다. IPv6에는 solicited-node multicast(요청된 노드 멀티캐스트) 주소 및 all-IPv6-device multicast 주소와 같은 타 옵션이 존재한다. 7장에서 이 유형의 주소들에 대해 자세히 설명하겠다.

IPv6 Address Space

IPv4는 32-bit 주소 공간을 가지고 있고, 약 42억(4,294,967,296) 개의 주소를 사용할 수 있다. IPv6는 128-bit 주소 공간을 가지고 있고, 약 3백4십 간 개의 주소를 사용할 수 있다. 즉 3백4십 간(340,282,366,920,938,463,463,374,607,431,768,211,456) 개의 주소[1]-엄청난-이다.

340 간이라는 숫자를 이해하는 데 도움이 되는 많은 비교가 있다.(대략적인 비교이다):

- 지구상의 1제곱미터당 3,911,873,538,269,506,102 주소를 할당 가능[2]
- 지구상 모래알의 숫자
- 지구상 모든 사람에게 10 nonillion 개 할당 가능(nonillion: 백만의 아홉 제곱)

미리 말하지만, 나는 지구 표면 면적이 몇 제곱미터인지 계산해 본 적 없으며, 지구상의 모든 모래 알갱이를 셀 기회도 없었다. 그리고 주소가 할당되는 방식 때문에 이것은 순전히 이론적일 뿐이라는 의견도 있을 수 있다. 어쨌든 간에 IPv6가 엄청난 수의 주소 공간을 제공한다는 것에는 모두 동의할 것이다.

Figure 4-4의 10의 승수에 관한 표로 IPv6 주소 공간의 엄청남에 관한 감을 잡을 수 있다.

---

1 우리 식으로 4자리씩 끊어 읽으면 만/억/조/경/해/자/양/구/간 단위로 읽어야 한다.-옮긴 이

2 R. Hinden, "IP Next Generation Overview," Communications of the ACM, Volume 39, Issue 6, June 1996, pp. 61-71.

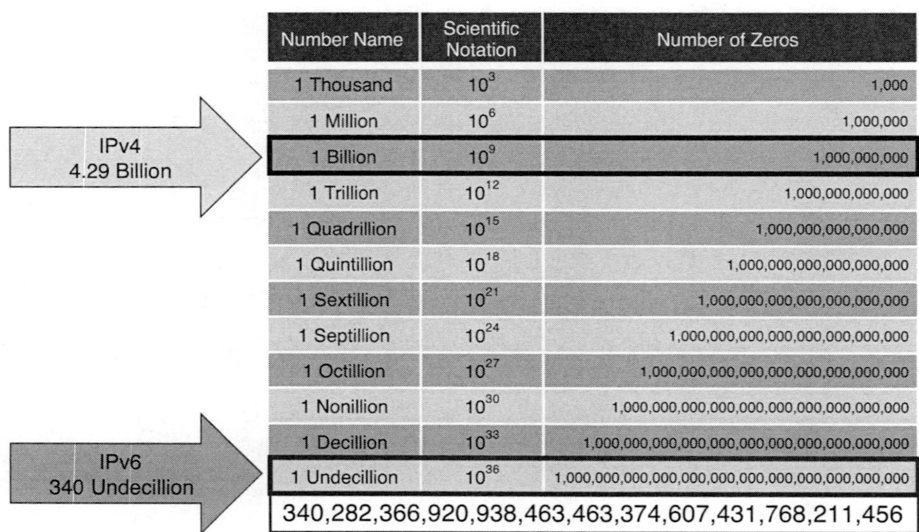

Figure 4-4 *Powers of 10: Comparing IPv4 and IPv6 Address Space*

1장 "Introduction to IPv6"에서 언급했던 것처럼, 이것은 이제 우리가 공인 IP 주소의 고갈에 대한 걱정 없이, 관리와 보안계획만 고려하여 IPv6 주소할당 계획을 세울 수 있다는 것을 의미한다. (이것은 5장에서 global unicast 주소와 서브넷팅에 대해 논의할 때 더욱 명확해진다.)

Table 4-5는 IANA의 128bit IPv6 주소 공간 할당에 관한 내용을 보여준다. global unicast, unique local unicast, link-local unicast 그리고 multicast 주소에 대한 할당이라는 것에 주목하라. 테이블을 사용하여 이를 시각화하는 것이 약간 어려울 수 있으므로 Figure 4-5에서는 이 동일한 할당 내용을 파이 도표로 표시하여 좀 더 보기 쉽게 하였다. 도표는 맨 앞 3bit를 사용하여 IPv6 파이를 8개의 조각으로 나눈다(즉, 3bit로 8 등분할 수 있다). 주소 공간의 000 및 111 절편 내에는 매우 작은 할당(차트상에는 실제 할당보다 크게 그려진)을 나타내는 데 사용되는 부분들이 있다.

Table 4-5 *IANA's Allocation of IPv6 Address Space**

Leading Bits	Address	Range of First Hextet	Allocation	Fraction of Space	
000x		**0000** **1fff**		**1/8**	
0000 0000	0000::/8	0000 00ff	Unspecified, loopback, embedded		1/256
0000 0001 through 0001 xxxx	0000::/3	0100 1fff	Reserved by IETF		Remaining 1/8

Leading Bits	Address	Range of First Hextet	Allocation	Fraction of Space	
001x	2000::/3	2000 3fff	Global unicast	1/8	
010x	4000::/3	4000 5fff	Reserved by IETF	1/8	
011x	6000::/3	6000 7fff	Reserved by IETF	1/8	
100x	8000::/3	8000 9fff	Reserved by IETF	1/8	
101x	a000::/3	a000 bfff	Reserved by IETF	1/8	
110x	c000::/3	c000 dfff	Reserved by IETF	1/8	
111x				1/8	
1110 xxxx	e000::/4	e000 efff	Reserved by IETF		1/16
1111 0xxx	f000::/5	f000 f7ff	Reserved by IETF		1/32
1111 10xx	f800::/6	f800 fbff	Reserved by IETF		1/64
1111 110x	fc00::/7	fc00 fdff	Unique local unicast		1/128
1111 1110 0	fe00::/9	fe00 fe74	Reserved by IETF		1/512
1111 1110 10	fe80::/10	fe80 febf	Link-local unicast		1/1024
1111 1110 11	fec0::/10	fec0 feff	Reserved by IETF; previously site-local (deprecated)		1/1024
1111 1111	ff00::/8	ff00 ffff	Multicast		1/256

* 이 표에서 "첫 번째 Hextet의 범위(Range of First Hextet)" 열은 주소 공간의 전체 범위를 표시하지 않는다. 예를 들어, global unicast 주소 공간의 실제 범위는 "2000::"부터 "3fff:ffff:ffff:ffff:ffff:ffff:ffff:ffff"이다.

Table 4-5 및 Figure 4-5에서 IPv6 주소 공간은 선행 3bit(000, 001, 010, 011, 100, 101, 110, 및 111)를 사용하여 8분의 1로 분할된다. 지금은 약간 혼란스럽지만, IPv6 주소 유형을 공부할 때 더 분명해질 것이다.

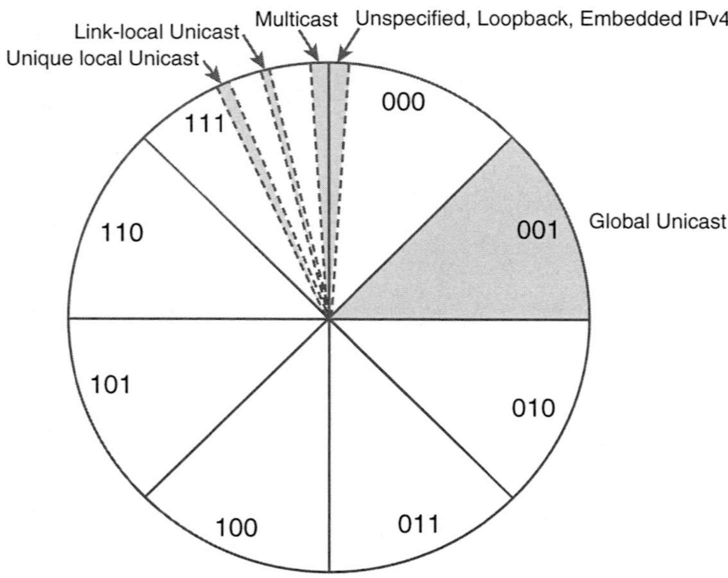

Figure 4-5 *IANA's Allocation of IPv6 Address Space in 1/8 Sections*

Unicast Addresses

Figure 4-6 다이어그램은 unicast, multicast 및 anycast의 세 가지 유형 주소를 보여준다. 먼저 unicast 주소를 살펴보자. 다양한 유형의 unicast 주소에 걱정하지 말자. 가장 중요한 유형은 IPv4 공인 주소와 동등한 global unicast 주소와 link-local 주소이다. 이 주소 유형은 5장 및 6장에서 상세히 논의한다.

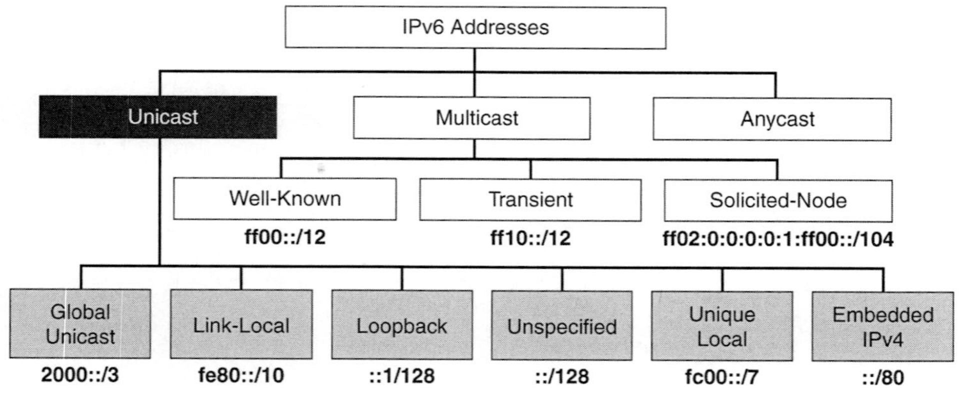

Figure 4-6 *IPv6 Address Types: Unicast Addresses*

unicast 주소는 IPv6 디바이스의 인터페이스를 유일하게 식별한다. unicast 주소로 보내진 패킷은 해당 주소가 할당된 인터페이스가 수신한다. IPv4와 유사하게, 송신 IPv6 주소는 unicast 주소여야 한다.

Note Figure 4-6에는 브로드캐스트 주소가 없다. IPv6에는 브로드캐스트 주소가 없다는 것을 잊지 말라.

이 절은 Figure 4-6에 그려진 다양한 유형의 unicast 주소들을 다룬다. 다음은 이 절에서 설명할 각 유형의 unicast 주소에 관한 요약이다.

- **Global unicast:** 공인 IPv4 주소와 비슷하게 IPv6 인터넷에서 라우팅 되는 주소이다. (5장에서 좀 더 자세히 설명한다.)
- **Link-local:** 동일 로컬 링크 내(local network)에 있는 디바이스와 통신하는 경우에만 사용한다. (6장에서 자세히 설명한다.)
- **Loopback:** 이 주소는 호스트가 자기 자신에게 IPv6 패킷을 송신하는 데 사용하며, 물리 인터페이스에 할당되지 않은 주소이다.
- **Unspecified address:** 송신 주소로만 사용되며, IPv6 주소가 없음을 의미[1]한다.
- **Unique local:** IPv4의 사설 주소(RFC 1918)와 비슷하며, IPv6 네트워크상에서 라우팅 되지 않는다. 그러나 RFC 1918 주소와는 다르게, IPv6에서 이 주소는 global unicast 주소로 상태 보존적인 방법(stateful)으로 변환되지[2] 않는다.
- **IPv4 embedded:** 주소의 하위 32bit에 IPv4 주소를 포함한 IPv6 주소이다.

Global Unicast Address

global unicast 주소(GUA)는 *축약 가능한(aggregatable) global unicast* 주소라고도 하며, IPv6 인터넷 전체에서 routing 되며 도달할 수 있는 주소이다. 이 주소는 IPv4의 공인 주소에 해당한다. 이 주소는 IPv6 주소 아키텍처에서 중요한 역할을 한다. IPv6으로 전환하는 주요 동기 중 하나는 같은 역할을 하는 IPv4 주소의 소진 때문이다. 앞의 Figure 4-6에서 본 것처럼, GUA는 여러 유형의 IPv6 unicast 주소 중 하나일 뿐이다.

Figure 4-7은 3개의 필드로 구성된 global unicast 주소의 일반적인 구조를 보여준다.

- **Global Routing Prefix:** 글로벌 라우팅 프리픽스는 ISP가 고객 사이트에 할당하는 IPv6 주소의 프리픽스 혹은 네트워크 부분을 말한다.
- **Subnet ID:** Subnet ID는 고객 사이트 내에 서브넷을 할당하기 위해 사용하는 별도의 필드이다. IPv4와 다르게, 서브넷을 생성하기 위해 인터페이스 ID(호스트 부분)로부터 bit를 차용할 필요가 없다. 서브넷 ID의 bit 수는 글로벌 라우팅 프리픽스가 끝나는 곳과 인터페이스 ID가 시작되는 곳 사이에 위치한다. 이렇게 해서 서브넷 작업을 간단하고 관리할 수 있게 한다.
- **Interface ID:** 인터페이스 ID는 IPv4 주소의 호스트 부분에 해당하며 서브넷에서 인터페이스를 식별한다. 대부분은 인터페이스 ID는 64bit이다.

---

1 IP 주소 설정이 안된 상태-옮긴 이

2 NAT 를 사용해 주소변환하는 것을 의미한다-옮긴 이

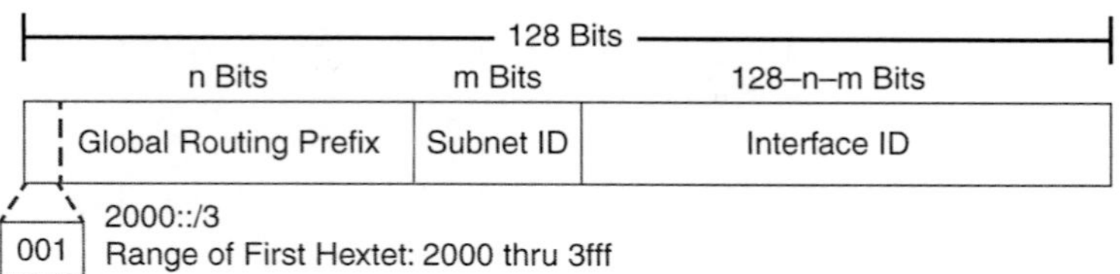

Figure 4-7 *Structure of a GUA Address*

Figure 4-7은 세 부분에 대해 특정 크기를 지정하지 않은 일반적 구조를 보여준다. global unicast 주소의 처음 3bit는 2진수 "001"로 시작하며 hex 값으로 IPv6 주소를 표현할 때 "2" 나 "3"으로 시작하는 주소가 된다. (우리는 GUA 주소의 구조를 5장에서 다시 자세하게 살펴볼 것이다.)

디바이스에 Global Unicast 주소를 설정하는 방법은 다음과 같이 몇 가지가 있다.

- 수동 설정
- Stateless Address Autoconfiguration(SLAAC)
- Stateful DHCPv6(상태 보존 DHCPv6)

Example 4-1은 윈도우와 MAC OS 상에서 **ipconfig** 명령 또는 **ifconfig** 명령을 사용하여, global unicast 주소를 확인하는 방법을 보여준다. **ifconfig** 명령은 Linux OS 상에서도 사용 가능하며 비슷한 결과를 보여준다.

Note 명령을 실행해 보면 하나 혹은 그 이상의 temporary 주소를 포함한 여러 개의 IPv6 global unicast 주소를 확인할 수 있다. 9장에서 좀 더 자세히 설명한다.

이 절에서는 Global Unicast 주소에 대해 간략한 소개만 한다. IPv6는 IP 프로토콜에 많은 변화를 가져왔다. 디바이스는 개인정보 보호(privacy) 등의 이유로 2개 이상의 GUA(Global Unicast 주소)를 가질 수 있다. 네트워크 내에서 접근을 관리하고 제어해야 하는 네트워크 관리자에게 stateful DHCPv6에 의해 관리되지 않는 이런 추가적인 주소들은 바람직하지 않을 수 있다. 11장에서는 디바이스가 여러 개의 global unicast 주소를 부여 혹은 생성하도록 하거나 stateful DHCPv6 서버로부터만 GUA 주소를 받을 수 있도록 하는 다양한 옵션에 대해 다룬다.

Example 4-1 *Viewing IPv6 Addresses on Windows and Mac OS*

```
Windows-OS> ipconfig
Ethernet adapter Local Area Connection:
   Connection-specific DNS Suffix  . :
   ! IPv6 GUA
   IPv6 Address. . . . . . . . . . . : 2001:db8:cafe:1:d0f8:9ff6:4201:7086
   ! IPv6 Link-Local
   Link-local IPv6 Address . . . . . : fe80::d0f8:9ff6:4201:7086%11
   IPv4 Address. . . . . . . . . . . : 192.168.1.100
   Subnet Mask . . . . . . . . . . . : 255.255.255.0
   ! IPv6 Default Gateway
   Default Gateway . . . . . . . . . : fe80::1%11
                                       192.168.1.1
--------------------------------------------------------------------------------
Mac-OS$ ifconfig
en1: flags=8863<UP,BROADCAST,SMART,RUNNING,SIMPLEX,MULTICAST> mtu 1500
   ether 60:33:4b:15:24:6f
   ! IPv6 Link-Local
   inet6 fe80::6233:4bff:fe15:246f%en1 prefixlen 64 scopeid 0x5
   inet 192.168.1.111 netmask 0xffffff00 broadcast 192.168.1.255
   ! IPv6 GUA
   inet6 2001:db8:cafe:1:4bff:fe15:246f prefixlen 64 autoconf
   media: autoselect
   status: active
```

Link-Local Unicast Address

Link-Local Unicast 주소는 Figure 4-6에서 보인 unicast 주소의 또 다른 유형이다. link-local 주소는 단일 링크, 단일 서브넷 내로 제한된 unicast 주소이다. link-local unicast 주소[1]는 링크(서브넷) 상에서만 유일할 필요가 있으며, 링크 너머의 주소와 겹치지 않게 할 필요가 없다. 그러므로 라우터는 link-local 주소를 가진 패킷을 포워딩하지 않는다. 디바이스는 링크 내에서 link-local 주소가 유일한지 확인하기 위해 Duplicate Address Detection(DAD)을 사용할 수 있다.

Note link-local unicast 주소는 6장에서 자세하게 설명한다. ICMPv6 DAD는 13장(ICMPv6 Neighbor Discovery)에서 다룬다.

Figure 4-8은 link-local unicast 주소의 포맷이며 "fe80::/10" 범위이다. 이 프리픽스와 프리픽스 길이를 사용하면 첫번째 hextet의 범위는 fe80에서 febf 사이가 된다.

Note 정확하게 "fe80"이 아닌 다른 Prefix를 Link-local 주소로 사용하면 엉뚱한 결과가 나올 수 있다. RFC 4291에 의해 허용되어 있지만, fe80이 아닌 다른 Prefix를 사용할 경우는 사전에 사용 테스트를 해야 한다.

---

1 IPv4에서는 169.254.0.0/16 이 이 용도이다. 상당히 낯익을 것이다.-옮긴 이

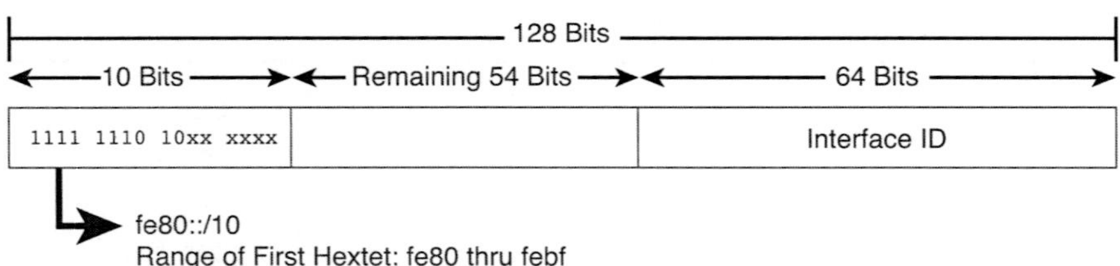

Figure 4-8 *Structure of a Link-Local Unicast Address*

6장에서 link-local 주소의 구조와 사용, 설정 옵션에 대해 좀 더 자세히 다룰 것이다. 지금은 다음과 같이 중요한 것만 요약하여 소개한다.

- IPv6-enabled 디바이스에는 적어도 하나의 IPv6 link-local 주소가 있어야 한다. 디바이스에 반드시 IPv6 global unicast 주소가 있어야 할 필요는 없지만, link-local 주소는 반드시 있어야 한다.
- Link-local 주소는 link(IPv6 서브넷) 바깥으로 라우팅 되지 않는다. 라우터는 link-local 주소를 가진 패킷을 포워딩하지 않는다.
- Link-local 주소는 해당 link 상에서 유일(Unique)해야 한다. 같은 디바이스의 다른 link 혹은 인터페이스에 같은 link-local 주소를 사용하는 것은 충분히 가능한 일이며 때로는 바람직하다.
- 인터페이스당 하나의 link-local 주소만 가능하다.

link-local 주소에 대한 설정 옵션은 다음과 같다.(6장과 9장에서 자세히 다룬다.)

- 디바이스는 시작(Startup) 중에 동적(자동)으로 자신의 link-local IPv6 주소를 생성한다. Cisco IOS, Windows, Mac OS, Linux 등의 모든 OS에서 이 동작은 기본값이다.
- link-local 주소는 수동으로도 설정될 수 있다.

디바이스가 시작되는 중에 자신의 IP 주소를 생성한다는 개념은 IPv6의 놀라운 장점이다. 생각해 보라. 디바이스는 DHCP 서버를 통하거나, 모종의 수동 설정이 필요 없이 자신의 IPv6 link-local 주소를 생성할 수 있다. 이것은 자신의 link(IPv6 Subnet) 상에 있는 어떠한 다른 디바이스와도 즉시 통신이 가능하다는 것을 의미한다. 동일한 네트워크상의 디바이스들끼리만 통신할 필요가 있을 경우라면 link-local 주소만 있어도 된다. 또는 global unicast 주소를 생성하거나 받기 위해, 필요한 정보를 가진 디바이스(예를 들면 IPv6 Router 나 DHCP 서버)와 통신할 때 link-local 주소를 사용할 수 있다. 디바이스는 global unicast 주소 정보를 할당받으면 이를 이용해 타 네트워크와 통신할 수 있다.

이것은 IPv4에서 발생하는 "닭이 먼저냐 달걀이 먼저냐" 하는 문제를 해결한다. 즉 "IP 주소를 요청하기 위해 서버와 통신하기 이전에 먼저 IP 주소가 필요한데 어떤 방법으로 DHCP 서버에 IP 주소를 요청하는가?"이다. (IPv4의 DHCP에서는 송신 주소로 0.0.0.0을 사용하는 Discover 메시지를 사용한다.) IPv6에서 디바이스는 시작 시에 link-local 주소를 서브넷에서 유일한 값으로 자동 설정한다. 그러고 나서 이 주소를 네트워크상의 다른 디바이스(IPv6 라우터 혹은 필요하다면 DHCPv6 서버)와 통신하는 데 사용한다. 2장에서 언급한 것처럼 라우터에서 송신하는 ICMPv6 Router Advertisement 메시지를 사용하면, 디바이스가 DHCPv6 서비스와 함께 또는 DHCPv6 없이도 global unicast 주소를 받을 수 있다.

Example 4-1에서는 "**ipconfig**"와 "**ifconfig**" 명령을 사용하여 Windows와 MAC OS 상에서 link-local 주소를 확인하는 방법을 보여준다. 이들 OS 들에는 Linux와 마찬가지로 기본적으로 IPv6가 활성화되어 있다. 그러므로 Example 4-1에서 확인할 수 있는 것처럼 디바이스가 global unicast 주소를 갖지 않더라도 IPv6 link-local 주소가 있음을 알 수 있다. 2장에서도 설명했지만, 클라이언트 호스트에는 이미 IPv6가 구동되고 있으며, 이것은 IPv6 공격을 방어하기 위해 네트워크가 보호되어야 한다는 것을 의미한다.

Note Example 4-1에서 IPv6 link-local 주소 마지막에 오는 %11과 %en1에 주목하라. 이것은 *zone identifier*라고 불리며, 디바이스에서 인터페이스를 식별하는 데 사용된다. 이것들은 보통 link-local 주소를 확인할 때 끝에 슬며시 표시되나, 실제로는 인터페이스에 주소를 연관 짓는 데 매우 중요한 역할을 한다. zone identifier에 대해서는 6장에서 논의한다.

다음은 IPv6 디바이스가 link-local 주소를 사용하는 몇 가지 방법들이다.

- 디바이스가 시작될 때, GUA 주소는 아직 할당받기 전이다. 디바이스는 IPv6 link-local 주소를 송신 주소로 사용하여 서브넷상의 로컬 라우터를 포함한 다른 디바이스와 통신한다.
- 디바이스는 라우터의 link-local 주소를 자신의 default gateway 주소[1]로 사용한다.
- 라우터는 link-local 주소를 사용하여 IPv6 dynamic Routing Protocol(OSPFv3, EIGRP for IPv6, RIPng) 메시지를 교환한다.
- 동적 라우팅 프로토콜로부터 생성되는IPv6 Routing 테이블 엔트리는 next-hop 주소로 link-local 주소를 사용한다.

이 절은 link-local 주소에 관한 소개만 했다. 이 모든 주제에 대해 6장에서 자세히 살펴볼 것이다.

Loopback Addresses

루프백 주소는 unicast 주소의 또 다른 유형이다(Figure 4-6을 참고하라). IPv6 루프백 주소는 "::1"이다. 마지막 bit만 "1"이고 이를 제외한 모든 bit는 "0"인 주소이다. IPv4 주소 블록 127.0.0.0/8이 이에 해당하며, 일반적으로 127.0.0.1을 루프백 주소로 사용한다.

Table 4-6은 IPv6 루프백 주소를 표기하는 다양한 포맷을 보여준다.

Table 4-6 *IPv6 Loopback Address Representations*

Representation	IPv6 Loopback Address
Preferred	0000:0000:0000:0000:0000:0000:0000:0001
Leading 0s omitted	0:0:0:0:0:0:0:1
Compressed	::1

루프백 주소는 IPv6 패킷을 노드 자신에게 보내는 데 사용될 수 있으며, 주로 TCP/IP 스택을 시험하는 데 사용한다. 루프백 주소는 다음과 같은 특징이 있다.

1 이것은 GUA 를 할당받아도 마찬가지이다.-옮긴 이

- 루프백 주소는 물리(physical) 인터페이스에 설정될 수 없다.
- 루프백 주소가 송신 혹은 수신 주소인 패킷을 디바이스 밖으로 내보내지 않아야 한다.
- 라우터도 목적지(destination) 주소가 루프백 주소일 때 패킷을 포워딩하지 않는다.
- 디바이스는 목적지 주소가 루프백 주소인 패킷이 인터페이스를 통해 수신될 경우 폐기해야 한다.

Unspecified Addresses

unspecified unicast 주소는 모두 "0"(all-0s)인 주소이다.(Figure 4-6을 참고하라) unspecified unicast 주소는 "주소가 없다" 것을 나타내기 위해 송신 주소로 사용된다. 이 주소는 인터페이스에 설정될 수 없다.

unspecified unicast 주소가 송신 주소로 사용될 수 있는 한 가지 예는 ICMPv6 Duplicate Address Detection(DAD, 중복 주소 검출)에서 사용될 때이다. DAD는 디바이스가 자신의 unicast 주소가 local link(network)에서 유일한가(충돌이 없는가)를 확인하는 데 사용하는 프로세스이다. DAD는 14장에서 다룬다.

Table 4-7은 IPv6 unspecified unicast 주소를 나타내는 다양한 포맷을 보여준다.

Table 4-7 *IPv6 Unspecified Address Representations*

Representation	IPv6 Unspecified Address
Preferred	`0000:0000:0000:0000:0000:0000:0000:0000`
Leading 0s omitted	`0:0:0:0:0:0:0:0`
Compressed	`::`

unspecified 주소는 다음 특징을 가진다.

- unspecified 송신 주소는 IP 주소가 없다는 것을 의미한다.
- unspecified 주소는 물리(physical) 인터페이스에 설정될 수 없다.
- unspecified 주소는 목적지(destination) 주소로 사용될 수 없다.
- 라우터는 송신 주소가 "unspecified 주소"인 패킷을 포워딩하지 않는다.

Unique Local Addresses

Figure 4-6은 IPv6 unicast 주소의 또 다른 유형인 ULA(Unique Local Address)를 보여준다. unique local 주소는 *사설(private) IPv6 주소* 혹은 *local IPv6 주소*로 불린다(link-local 주소와 혼동하지 말라).

ULA 주소는 global unicast 주소와 비슷하게 사용할 수 있지만, 사설 용도(Private Use)란 점이 다르며, 글로벌 인터넷으로 라우팅 되지 않아야 한다. ULA 주소는 사이트 내부 또는 제한된 수의 관리 도메인 간에 라우팅 되는 경우 같이 더욱 제한된 영역 내에서만 사용되어야 한다. ULA 주소는 인터넷을 사용할 필요가 없거나, 인터넷을 통해 접근할 필요가 없는 디바이스들을 위한 것이다.

ULA 주소는 RFC 4193 "*Unique Local IPv6 Unicast Addresses*"에서 정의되었다. Figure 4-9는 unique local unicast 주소의 포맷을 보여준다.

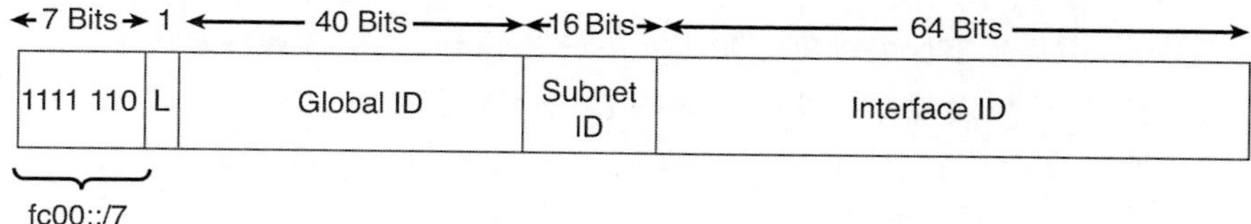

Figure 4-9 *Structure of a Unique Local Unicast Address*

unique local 주소는 fc00::/7 프리픽스를 사용하며 Table 4-8과 같이 "fc00::/7 ~ fdff::/7" 범위를 갖는다.

Table 4-8 *Range of Unique Local Unicast Addresses*

Unique Local Unicast Address (Hexadecimal)	Range of First Hextet	Range of First Hextet in Binary
fc00::/7	fc00 to	**1111 1100** 0000 0000 to
	fdff	**1111 1101** 1111 1111

unique local 주소는 다음 특징을 가진다.

- global unicast 주소처럼 사용한다.
- 인터넷을 사용하거나 외부에서 접근할 필요가 없는 디바이스들에 대해 사용한다.
- 주소 충돌 및 주소 변경 없이 여러 사이트를 합치거나 사설망으로 상호 연동할 수 있다. (주소 충돌은 넓은 주소 공간으로 인해 발생할 가능성이 매우 낮다.)
- ISP와는 독립적이며 Site 내부에서 인터넷 연결 없이도 사용할 수 있다.

ULA and NAT

ULA와 NAT는 약간 어려운 주제이다. unique local 주소를 global unicast 주소로 변환하는 개념은 IPv6 커뮤니티 내에서 진행 중인 논쟁의 주제이며 논쟁의 양측에서 감정적 의견을 유발한다. IAB는 RFC 5902 "IAB Thoughts on IPv6 Network Address Translation"을 NAT와 IPv6에 대한 IAB의 의견을 강조하는 정보 RFC로 발표했다. 이 RFC에서 IAB는 NAT의 사용에 대해 다음과 같이 요약한다.

> 네트워크 주소 변환은 주소 재부여(renumbering) 회피, 멀티호밍 촉진, 일관된 설정, 내부 네트워크 정보 숨기기 및 간단한 보안 제공과 같은 개별 네트워크에 대해 여러 가지 원하는 속성을 달성하기 위한 솔루션으로 간주한다.

그래서 이것이 NAT가 보안을 제공하고 그 목적으로 ULA 주소가 GUA 주소로 변환될 수 있다는 것을 의미하는가? 대답은 간단하게도 "아니다"이다. RFC 5902는 다음과 같이 기술한다, "그렇지만 NAT 장비를 방화벽과 혼동해서는 안 된다. [RFC 4864]의 2.2 절에서 논의된 바와 같이, (주소)변환 동작은 그 자체가 보안을 제공하는 것이 아니다."

IPv4와 함께 NAT를 사용하게 된 원동력은 보안 때문이 아니라 IPv4 주소 고갈 때문이다. IAB와 IETF는 IPv4에서 그런 것처럼 IPv6에 NAT가 사용되지 않기를 바라지만, NAT는 주소 변환이 필요한 경우 변환을 위한 메커니즘을 제공한다. 이러한 변환 기술에는 RFC 6296에 설명된 "*Network Prefix Translation version 6*(NPTv6)" 및 인터넷 초안 RFC, "*IPv6-to-IPv6 Network Prefix Translation*(NAT66, 장기 만료)"이 포함된다. 이 두 RFC는 주소 독립성을 위한 변환에 중점을 두고 있으며 필요한 경우에만 변환을 수행한다. RFC 6296에서 IETF는 "[RFC 2993]과 5절에서 논의된 사유로, IETF는 IPv6에 대한 네트워크 주소 변환 기술의 사용을 권장하지 않는다."라고 언급하였다.

NPTv6와 NAT66은 보안이 아닌 주소 독립성을 위해 설계된 것이다. 주소 독립성은 ISP가 사이트의 외부 프리픽스를 변경하거나 사이트가 ISP를 바꿔서 다른 프리픽스를 받을 때 내부에서 사용하는 주소를 재지정할 필요가 없다는 것을 의미한다.

NPTv6와 NAT66은 둘 다 stateless 기술인 반면 IPv4용 NAT는 stateful 기술이다. 보안을 제공하는 것은 NAT 자체가 아니라 상태 보존(statefulness) 기술 때문이다. 이는 망 내부 디바이스가 IPv4 네트워크용 NAT에서는 불가능한 특정 유형의 공격에 대해 노출되어 있음을 의미한다. NAT-대-보안 간 논쟁에 대해서는 1장에서 이미 설명했다-IPv4용 NAT는 보안이 아니며 많은 문제와 저항을 유발한다.

모든 것이 모호하고, 복잡하며, 어쩌면 모순적인 것처럼 보인다면, NAT와 IPv6에 관한 토론에 온 것을 환영한다.

Note NAT66 또는 NPTv6를 사용하는 ULA 주소에 관한 더 자세한 내용은 www.howfunky.com에서 Ed Horley의 뛰어난 글을 참고하라. Horley는 〈*Practical IPv6 for Windows Administrators*〉 책도 집필했다.

L Flag and Global ID

ULA 주소는 "fc00::/7" 혹은 처음 7bit가 "1111 110x"인 주소이다. Figure 4-9에서 보여준 것처럼 8번째 bit는 "L" 플래그(local flag)이다. 이 값은 "0"이나 "1"이 될 수 있다. 이것은 ULA 주소 범위가 2개 부분으로 나누어진다는 것을 의미한다.

- **fc00::/8** (1111 110**0**): L flag가 "0"인 것은 미래에 정의될 수 있다.
- **fd00::/8** (1111 110**1**): L flag가 "1"인 것은 locally assigned(지역적으로 할당됨)를 의미한다.

L 플래그의 올바른 값은 "1" 뿐이므로, 현재 유효한 ULA 주소는 fd00::/8 프리픽스뿐이다.

ULA 주소와 사설 IPv4 주소의 또 하나 차이는 ULA 주소는 인터넷 전체에서 유일할 수 있다는 점이다. 이것은 ULA 주소를 사용하여 두 사이트를 통합하거나 프리픽스가 인터넷으로 광고될 때에도 충돌이 발생하지 않도록[1] 하는 데 유용하다.

비결은 중앙 기관에서 관리하지 않고도 글로벌 ID가 어떻게 하든 유일해야 한다는 것이다. RFC 4193 "*Sample Code for Pseudo-Random Global ID Algorithm*"은 매우 높은 확률로 글로벌 ID를 유일하

1 서비스 장애가 나지 않는다는 의미-옮긴 이

게 생성할 수 있는 pseudorandom 알고리즘 프로세스를 정의한다. 글로벌 ID를 생성하는 모든 사이트는 유일성을 보장하기 위해 같은 알고리즘을 사용하는 것이 중요하다.

Note 이 절은 참고를 위해 무작위 글로벌 ID 알고리즘에 관한 약간의 정보를 포함하고 있다. 이 내용은 IPv6에 대한 기본 이해에 중요하지 않으므로 원한다면 생략할 수 있다.

RFC 4193에 정의된 알고리즘은 이 책의 범위를 벗어나지만, 다음은 RFC 4193 3.2.2 절의 6단계이다.

3.2.2. Pseudo-Random (의사-무작위) 글로벌 ID 알고리즘을 위한 예제 코드

아래에 설명된 알고리즘은 로컬 할당 글로벌 ID를 위해 사용되도록 고안되었다. 각각의 경우에 결과적인 글로벌 ID는 섹션 3.2에 정의된 것처럼 적절한 프리픽스에 사용될 것이다.

1. 64bit NTP 형식 [NTP] 으로 하루 중 현재 시각을 가져온다.
2. 이 알고리즘을 구동하는 시스템에서 EUI-64 식별자를 가져온다. EUI-64가 없는 경우 [ADDARCH]에 지정된 48bit MAC 주소에서 EUI-64를 만들 수 있다. EUI-64를 가져오거나 생성할 수 없는 경우, 노드에 대해 로컬이며 적절한 고유한 식별자 (예를 들어, 시스템 일련번호)가 사용되어야 한다.
3. 키를 만들기 위해 시스템 식별자와 NTP의 현재 시각 값을 연결한다.
4. [FIPS, SHA1]에 명시된 것처럼 키 상의 SHA-1 다이제스트를 계산하고; 결과값으로 160bit 값을 생성한다.
5. 글로벌 ID로 최하위(least significant) 40bit를 사용한다.
6. Fc00::/7에 L bit를 1로 설정하고 40bit 글로벌 ID를 연결하여 로컬 IPv6 주소 프리픽스를 생성한다.

Note RFC 4193의 알고리즘에는 /48 프리픽스가 필요하다. 더 큰 프리픽스 또는 연속되는 프리픽스가 필요한 경우 이 알고리즘이 잘 동작하지 않는다.

이 알고리즘은 로컬 IPv6 주소 프리픽스를 생성하는 데 사용할 수 있으며 중복될 가능성이 없는 글로벌 ID를 생성한다. 다음의 웹사이트를 사용하여 ULA 주소 공간을 생성하고 등록할 수 있다: 사이트는 www.sixxs.net/tools/grh/ula이다.

Site-Local Addresses (Deprecated)

최초 IPv6 명세(spec)에서는 RFC 1918, “Private Address Space in IPv4” 와 유사한 주소 공간을 site-local 주소에 할당했다. site-local 주소는 이후 폐지되었다. (즉, 더는 사용되지 않는다.)

site-local 주소는 RFC 3513에 정의되었으며, 프리픽스 범위 fec0::/10이 할당되었다. (오래된 문서에서 이 프리픽스와 마주칠 가능성이 크다.) 문제는 site라는 용어가 모호하다는 것이었다. site가 실제로 무엇을 의미하는지에 대해 사람들의 의견이 일치될 수 없었다. 또 다른 문제는 같은 조직 내의 두 사이트가 같거나 일부 중복되는 site-local 주소를 사용하지 않을 것이라는 보장이 없다는 것이었고, 이는 IPv6의 목적과 충분한 주소 공간을 쓸모없게 만드는 것이다. 따라서 site-local 주소는 더는 사용되지 않으며 unique local 주소로 대체되었다.

IPv4 Embedded Address

마지막 주소 유형은 IPv4 embedded 주소이며, Figure 4-6에 보여준다. IPv4 embedded 주소는 IPv4에서 IPv6으로의 전환을 지원하는 데 사용되는 IPv6 주소이다. IPv4 embedded 주소는 하위 32bit 자리에 IPv4 주소를 포함하고 있다. 이 주소들은 IPv6 주소 내부에 IPv4 주소를 표시하는 데 사용된다. RFC 4291은 두 가지 유형의 IPv4 embedded 주소를 정의한다.

- IPv4-mapped IPv6 주소
- IPv4-compatible IPv6 주소(deprecated, 폐지되었음)

터널과 같은 특별한 기술은 IPv4-only 네트워크 내부에 고립된 IPv6 디바이스 간의 통신을 제공하는 데 사용된다. 이런 호환성을 지원하기 위해 IPv4 주소를 IPv6 주소 내에 포함할 수 있다. 128-bit IPv6 주소에는 32-bit IPv4 주소를 위한 충분한 공간이 있으므로 이것은 쉬운 일이다. 기본적으로 IPv6 주소의 끝에 IPv4 주소를 위치시키고 그 앞에는 패딩값을 채워 넣는다. IPv4 및 IPv6 패킷은 호환되지 않는다. NAT64와 같은 기술이 두 주소 패밀리 패킷을 변환하는 데 사용된다. 더 많은 정보가 필요하다면, 17장 "Deploying IPv6 in the Network"을 참고하라.

IPv4-Mapped IPv6 Addresses

IPv4-mapped IPv6 주소는 IPv6 패킷을 IPv4-only 디바이스로 보내야 하는 dual-stack 디바이스에서 사용할 수 있다. Figure 4-10처럼 처음 80bit는 "0"으로 설정되고, 32-bit IPv4 주소 바로 앞의 16-bit 부분은 "1"이 된다. 마지막 32bit는 십진수로(dotted-decimal) 표기된다. 물론 앞의 96bit는 16진수이며, 마지막 32bit는 10진 표기법의 IPv4 주소를 포함하고 있다.

IPv4-mapped IPv6 주소를 사용할 때, IPv4 주소가 인터넷상에서 유일할 필요는 없다.[1]

1 IPv6 전용 애플리케이션에서 IPv4 주소를 매핑하기 위한 용도이다[예: 6PE에서MP-BGP(AFI:2, SAFI:4)를 사용하여 IPv6 주소를 전파할 때 next-hop 주소를 참고]. RFC 5156 은 이 주소 블록이 public 인터넷으로 전파되지 않아야 한다고 규정한다 -옮긴 이

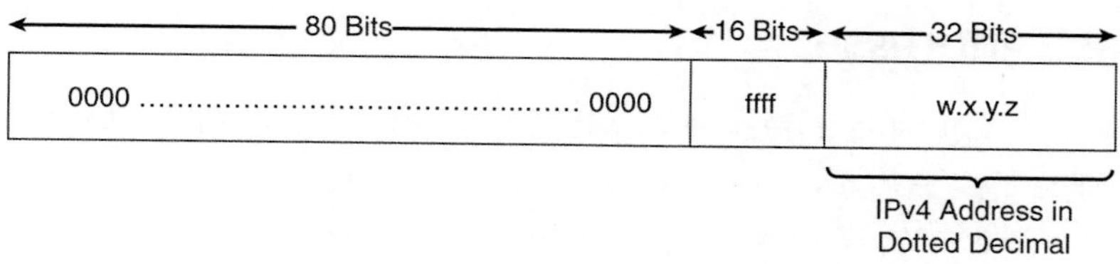

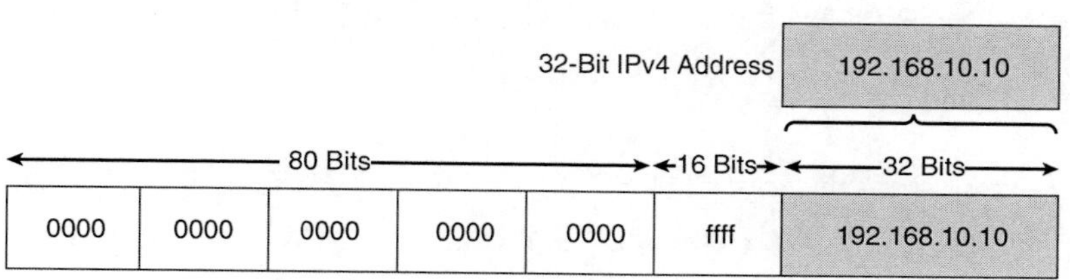

Figure 4-10 *IPv4-Mapped IPv6 Address*

Table 4-9는 IPv4 주소 192.168.10.10을 사용하여 IPv4-mapped IPv6 주소를 표기하는 다양한 형식을 보여준다.

Table 4-9 *IPv4-Mapped IPv6 Address Representations*

Representation	IPv4-Mapped IPv6 Address
Preferred	0000:0000:0000:0000:0000:0000:ffff:192.168.10.10
Leading 0s omitted	0:0:0:0:0:0:ffff:192.168.10.10
Compressed	::ffff:192.168.10.10

사용 가능한 전환 기술은 많지만, 최종 목표는 항상 종단 간 완전한 IPv6 연결이어야 한다.

IPv4-Compatible IPv6 Addresses (Deprecated)

IPv4-compatible IPv6 주소는 앞서 설명한 IPv4-mapped IPv6 주소와 거의 동일한데, 매핑될 32bit IPv4 주소 앞의 16-bit를 포함한 전체 96bit를 "0"으로 설정한다는 것이 상이하다. 또 다른 차이는 IPv4-compatible IPv6 주소 내에 들어가야 하는 IPv4 주소가 반드시 공인 주소(globally unique)여야 한다는 것이 다르다. IPv4-compatible IPv6 주소는 거의 사용되지 않았으며 이제는 폐지되었다. 현재의 IPv6 전환 기술은 더는 이 유형의 주소를 사용하지 않는다.

Note 17장에서 IPv6 전환과 공존 전략에 대해 다룰 때 언급될 것이다.

Multicast Addresses

Figure 4-11은 multicast 주소 유형에 대해 보여준다. multicast는 디바이스가 단일 패킷을 여러 목적지로 동시에 보내는 기술이다(one-to-many, 일대다). (unicast 주소는 단일 패킷을 단일 목적지[one-to-one, 일대일]로 보낸다.) 다수 목적지가 실제로는 동일한 디바이스의 여러 인터페이스가 될 수도 있지만, 일반적으로 서로 다른 디바이스가 된다.

Note Figure 4-11에 모든 유형의 multicast 주소를 그려 놓지는 않았지만, 이 책에서 중점을 두는 세 가지 multicast 주소를 표시하였다.

IPv6 multicast 주소는 *multicast* 그룹이라고 하는 디바이스 그룹을 정의한다. IPv6 multicast 주소는 Table 4-10에 표시된 프리픽스 ff00::/8을 사용하며, 이는 IPv4 multicast 주소 224.0.0.0/4와 같은 것이다. multicast 그룹으로 전달되는 패킷의 송신 주소는 항상 unicast 주소이다. multicast 주소는 송신 주소가 될 수 없다. IPv4와는 달리 IPv6에는 브로드캐스트 주소가 없다. 대신에 IPv6는 "all-IPv6 devices" well-known multicast 주소와 solicited-node multicast 주소를 포함하는 multicast를 사용한다.

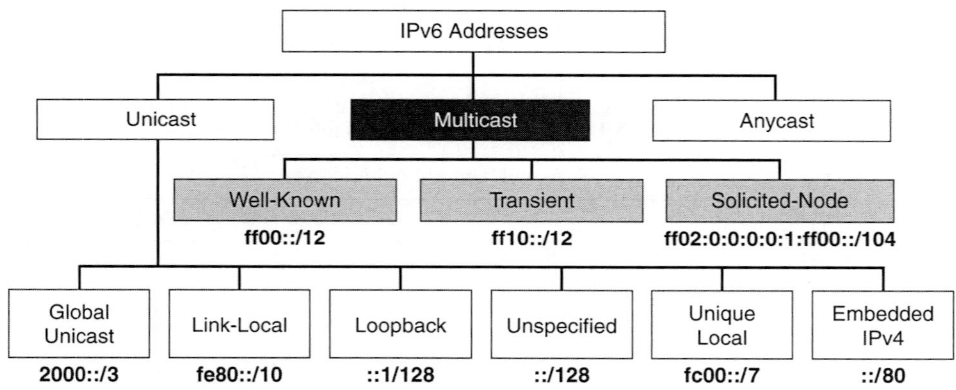

Figure 4-11 *Multicast Addresses*

Table 4-10 *IPv6 Multicast Address Representations*

Representation	IPv6 Multicast Address
Preferred	ff00:0000:0000:0000:0000:0000:0000:0000/8
Leading 0s omitted	ff00:0:0:0:0:0:0:0/8
Compressed	ff00::/8

Figure 4-12는 IPv6 multicast 주소의 구조를 보여준다. 처음 8bit는 "1(ff) "로 설정되고 연속해서 4bit의 플래그와 4-bit Scope 필드가 따라온다. scope 필드는 라우터가 multicast 패킷을 포워딩할 수 있는 범위를 지정한다. 그다음의 112bit는 그룹 ID를 나타낸다.

1111,1111 다음에 오는 4bit는 4개의 서로 다른 플래그를 나타낸다. 처음 3개의 플래그인 0(reserved), R(rendezvous point) 및 P(네트워크 프리픽스)는 이 책의 범위를 벗어난다. 네 번째 플래그[최하위 bit(LSB)

또는 가장 우측 bit]는 transient(임시) 플래그(T 플래그)이다. T 플래그는 두 가지 유형의 multicast 주소를 표시한다.

- **Permanent (0):** "*predefined multicast address(사전 정의된 멀티캐스트 주소)*"로 IANA가 할당한 주소라는 것을 의미하며, well-known과 solicited multicast 도 여기에 포함된다.
- **Nonpermanent (1):** "transient(임시)"이거나 "dynamically(동적으로)" 할당된 주소라는 것을 의미한다. 이 주소는 multicast application에 의해 할당된다.

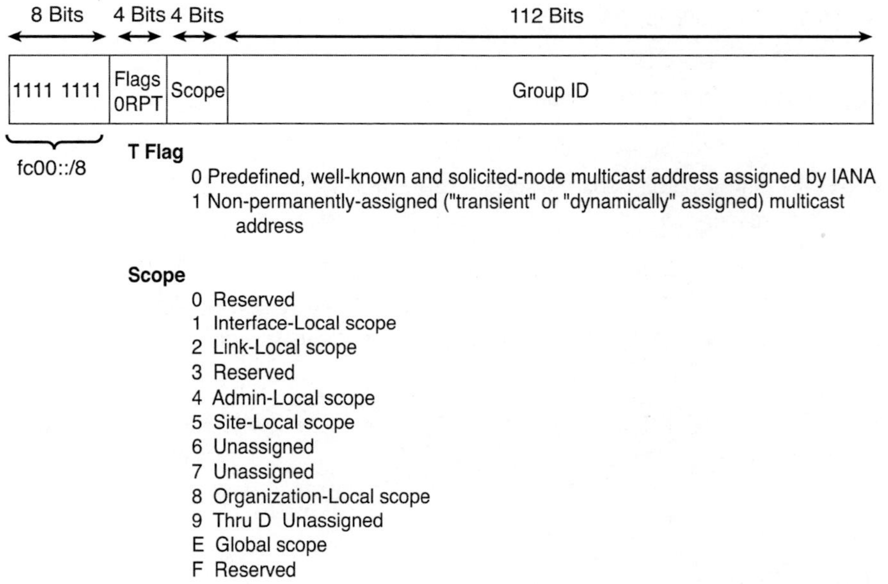

Figure 4-12 *IPv6 Multicast Address*

Figure 4-11에서 알 수 있듯이 사전 정의된 multicast 주소에는 두 가지 유형이 있으며, 둘 다 0x0 값의 Flag 필드를 사용한다.

- Well-known multicast 주소
- Solicited-node multicast 주소

Note IPv6 multicast 및 multicast 라우팅에 관한 자세한 내용은 시스코 시스템즈, Tim Martin의 *IPv6 Summit 2015: IPv6 Multicast Technologies* 동영상을 참고하라. URL은 www.youtube.com/watch? v=H6bBiIPfYXM이다. Tim Martin의 Cisco Press LiveLessons 동영상 시리즈인 *IPv6 Design and Deployment LiveLessons*(레슨 5 참조)도 있다.

Well-Known Multicast Addresses

well-known multicast 주소는 ff00::/12 프리픽스를 사용한다. Figure 4-12에서 볼 수 있듯이 플래그 필드를 포함한 3번째 16진수 값 전체가 "0"이 된다. well-known multicast 주소는 디바이스 그룹에 할당하기 위해 미리 정의되거나 예약된 multicast 주소이다. 이 주소는 224.0.0.0 ~ 239.255.255.255 범위의 IPv4 well-known multicast 주소와 같은 역할을 한다. IPv6 well-known multicast 주소의 몇 가지 예는 다음과 같다.

- **ff02::1:** All IPv6 디바이스
- **ff02::2:** All IPv6 라우터
- **ff02::5:** All OSPFv3 라우터
- **ff02::a:** All EIGRP (IPv6) 라우터

Solicited-Node Multicast Addresses

solicited-node multicast 주소는 IPv4 broadcast 주소 대비 효율적인 방식으로 사용된다. 2장에서 설명한 것처럼 solicited-node multicast 주소는 Layer 3 주소로 2계층 주소를 알아내는 데 사용한다. 이것은 IPv4에서 Address Resolution Protocol(ARP, 주소 결정 프로토콜)의 역할이다. solicited-node multicast 주소는 디바이스의 unicast 주소와 solicited-node multicast 주소를 나타내는 "ff02:0:0:0:0:1:ff00::/104" 프리픽스를 결합(디바이스에서 자동 생성)하여 사용한다. solicited-node multicast 주소는 디바이스의 모든 unicast 주소에 대해 자동으로 생성된다.

Note multicast 주소, Scope 필드, 할당된 multicast 및 solicited-node 멀티캐스트에 대해서는 7장에서 자세히 설명한다.

Anycast 주소

이 장에서 설명할 마지막 IPv6 주소 유형은 anycast 주소이다. IPv6 anycast 주소는 하나 이상의 인터페이스(주로 서로 다른 디바이스의 인터페이스이다)에 설정할 수 있는 주소이다. 달리 말해 여러 디바이스가 같은 anycast 주소를 가질 수 있다. anycast 주소로 보내진 패킷은 라우터의 라우팅 테이블에 따라 해당 주소를 갖는 "가장 가까운" 인터페이스로 라우팅 된다.

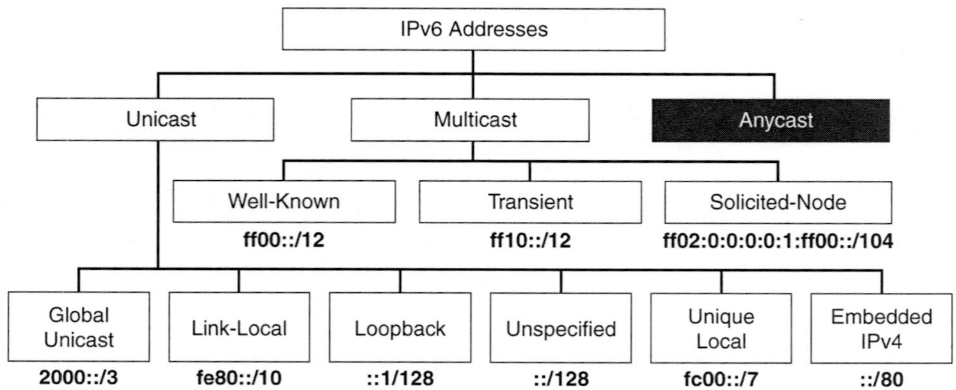

Figure 4-13 *Anycast Addresses*

anycast 주소는 IPv4 및 IPv6 모두에서 사용할 수 있으며, 최초 RFC 1546 "*Host Anycasting Service*"에서 정의되었다. anycast는 DNS 및 HTTP와 같은 서비스에 사용될 것을 염두에 둔 것이지만, 실제 설계대로 구현된 적은 없다.[1]

IPv6 anycast 주소 용도의 별도 프리픽스는 없다. IPv6 anycast 주소는 global unicast 주소와 같은 주소 범위를 사용한다. 주소에 참여하는 각 디바이스는 동일한 anycast 주소를 갖도록 설정된다. 예를 들면 Figure 4-14의 서버 A, B 및 C는 네트워크에 직접적으로 Layer 3 연결된 DHCPv6 서버일 수 있다. 이 서버들은 OSPFv3를 통해 같은 /128 주소를 광고할 수 있다. 클라이언트가 연결된 라우터는 라우팅 테이블을 참조하여 가장 *가까운*[2] 서버로 패킷을 포워딩한다.

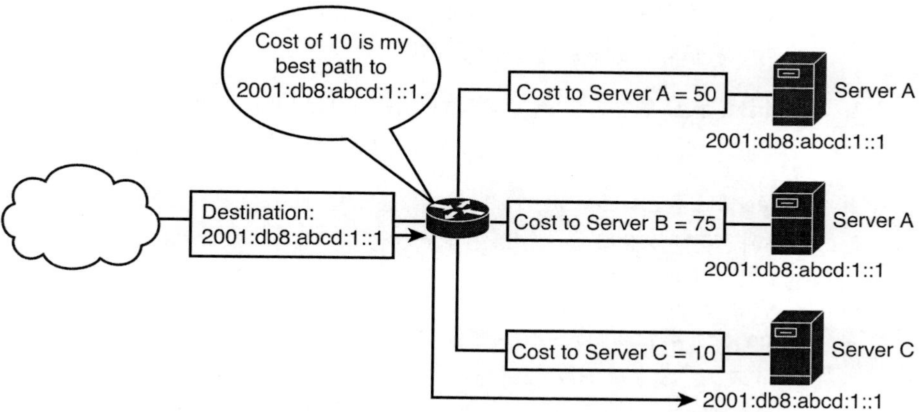

Figure 4-14 *Example of Anycast Addressing*

RFC 4291 및 RFC 2526에서 정의된 subnet-router anycast 주소와 같이 일부 예약된 anycast 주소 형식이 있다. IPv6 anycast 주소지정은 여전히 실험 단계이며, 이 책의 범위 밖이다.

Summary

이 장에서는 IPv6 주소지정에 관한 기본적인 내용을 설명했다. IPv6 128-bit 주소의 preferred 형식은 ":"으로 구분된 여덟 개의 16-bit 세그먼트(hextet)로 표기된다. 각 hextet의 선행 "0"은 생략할 수 있고, "0" 만으로 표현되는 hextet의 연속적인 값은 "::"(더블 콜론)으로 축약할 수 있다.

IPv6 주소 공간은 정말 거대하다. 128-bit 주소 공간으로 IPv6는 340간 개의 주소를 지원한다. 현재는 전체 공간의 1/8만 global unicast 주소 용도로 할당되고 있으며, 극히 일부만 다른 unicast와 multicast 용도(multicast/link-local 등)로 할당된다.

이번 장에서는 세 가지 유형의 IPv6 주소를 소개했다. unicast, multicast, anycast이다. 다음은 이 장에서 논의된 각 주소의 간략한 설명이다.

---

1 IPv4 망에서 실제 서비스에 사용되고 있으며, IPv6와 관련해서 6to4 터널의 공용 relay 주소(192.88.99.1)도 anycast의 사용 예였으며 현재까지는 상용망을 통해 프리픽스가 전파되고 있다.-옮긴 이

2 메트릭으로 경로를 조정할 경우를 언급한 것이다. 물론 훨씬 다양한 방법으로 라우팅 경로를 조정하여 운용할 수 있다.-옮긴 이

- **Unicast 주소:** Unicast 주소는 IPv6 디바이스의 인터페이스를 유일하게 식별한다. IPv6에서 패킷의 송신 주소는 Unicast 주소가 되어야 한다. unicast 주소는 몇 가지 유형이 있다.
  - **Global unicast 주소 (GUA):** global unicast 주소는 "*aggregatable(축약 가능한) global unicast 주소*"라고도 불린다. IPv6 네트워크상에서 이 주소들은 전 세계적으로 라우팅 되며 접근할 수 있다. 이 주소는 IPv4의 공인 주소에 해당한다. 현재 IANA에 의해 할당된 GUA 주소는 2진수 "001"로 시작되는 프리픽스 2000::/3 주소이다.
  - **Link-local 주소:** link-local 주소(fe80::/10)는 단일 link 내(subnet)로 제한되는 unicast 주소이다. 이 주소들은 링크 내에서만 단일하면 되며, 패킷은 링크 밖으로 라우팅 되지 않는다. IPv6가 활성화된 디바이스는 반드시 하나의 link-local 주소를 가져야 한다. link-local 주소는 보통 자동으로 생성되나 수동으로 설정할 수도 있다.
  - **Loopback 주소:** 루프백 주소는 마지막 한 bit만 "1"이고 나머지 모든 bit가 "0"인 주소(::1)이다. 이 주소는 IPv4 루프백 주소인 127.0.0.1과 동등하다.
  - **Unspecified 주소:** unspecified unicast 주소는 모든 bit가 "0"인 주소이다. 이 주소는 인터페이스에 설정할 수 없다. unspecified unicast 주소는 송신 주소로 사용되어 "주소가 없다" 것을 나타낸다.
  - **Unique local 주소:** unique local 주소(fc00::/7)는 IPv4의 RFC 1918 "private address space in IPv4"와 비슷하다. unique local 주소는 공인 인터넷상에서 라우팅 되지 않아야 한다. site 내부 혹은 제한된 수의 site 간 같은, 보다 제한된 영역내에서 사용되어야 한다.
  - **IPv4 embedded 주소:** 이 주소는 IPv4에서 IPv6로 전환할 때 도움이 되는 주소이다. IPv4 embedded 주소는 하위의 32bit에 IPv4 주소를 갖는다. 이 유형의 주소는 IPv6 주소 내부에 IPv4 주소를 표시하는 데 사용된다. IPv4 mapped IPv6 주소가 현재 사용 중인 IPv4 embedded 주소이며, IPv4 compatible IPv6 주소는 폐지되었다.
- **Multicast 주소:** multicast는 디바이스가 하나의 패킷을 여러 목적지로 동시에 보내는 데 사용하는 기술이다. 이 장에서는 두 종류의 multicast 주소를 소개했다.
  - **Well-known multicast 주소:** 이 주소는 사전 정의된 디바이스 그룹을 위해 예약된 주소이다. all-IPv6 node와 all-IPv6 router multicast 그룹 주소도 여기에 해당한다.
  - **Solicited-node 주소:** 인터페이스에 unicast 주소가 설정되면, solicited-node multicast 주소로 알려진 특별한 multicast 주소도 갖게 된다. 이들 multicast 주소는 자동 생성되며, solicited-node multicast prefix인 "ff02:0:0:0:0:1:ff00::/104"가 unicast 주소의 마지막 24bit 앞에 연결되는 특별한 매핑을 사용한다. IPv6 solicited-node multicast 주소는 링크상의 모든 디바이스가 패킷의 내용을 열어볼 필요 없이 원하는 디바이스와 통신하는 방법을 제공한다.
- **Anycast 주소:** IPv6 anycast 주소는 하나 이상의 인터페이스(주로 서로 다른 디바이스의 인터페이스이다.)에 설정할 수 있는 주소이다. 달리 말해 여러 디바이스가 같은 anycast 주소를 가질 수 있다. anycast 주소로 보내진 패킷은 라우터의 라우팅 테이블에 따라 해당 주소를 갖는 "가장 가까운" 인터페이스로 라우팅 된다.

IPv6에서는 브로드캐스트 주소가 없다. 대신에 IPv6는 solicited-node multicast와 "all-IPv6 devices" multicast 같은 multicast 주소를 사용한다.

Review Questions

1. 다음의 IPv6 주소를 여러 개의 연속된 전체 0인 hextet에 관한 RFC 5952 표준을 사용하여 "most compressed" 포맷으로 변환하라.
   2001:0db8:cab0:0234:0034:0004:0000:0000
2. 다음의 IPv6 주소를 여러 개의 연속된 전체 0인 hextet에 관한 RFC 5952 표준을 사용하여 "most compressed" 포맷으로 변환하라.
   2001:0db8:0cab:0000:0000:0000:0001:0000
3. 다음의 IPv6 주소를 여러 개의 연속된 전체 0인 hextet에 관한 RFC 5952 표준을 사용하여 "most compressed" 포맷으로 변환하라.
   2001:0db8:0cab:1234:0230:1200:0034:0000
4. 다음의 IPv6 주소를 여러 개의 연속된 전체 0인 hextet에 관한 RFC 5952 표준을 사용하여 "most compressed" 포맷으로 변환하라.
   fd00:0000:0000:0000:1234:0000:0000:0000
5. 다음의 IPv6 주소를 여러 개의 연속된 전체 0인 hextet에 관한 RFC 5952 표준을 사용하여 "most compressed" 포맷으로 변환하라.
   2001:0db8:0000:0000:1234:0000:0000:1000
6. 다음의 "compressed" IPv6 주소를 32개 16진수의 완전한 주소로 변환하라.
   2001:db8:cab::1
7. 다음의 "compressed" IPv6 주소를 32개 16진수의 완전한 주소로 변환하라.
   2001:db8:0:0:234::
8. 2001:db8:80f:f425::230/64 주소에서 프리픽스는 무엇인가?
9. 2001:db8:80f:f425:250:56ff:fe83:ecc/64 주소에서 프리픽스는 무엇인가?
10. fe80::250:56ff:fe83:ecc/64 주소에서 프리픽스는 무엇인가?
11. 2001:db8:80f:f425:250:56ff:fe83:ecc/48 주소에서 프리픽스는 무엇인가?
12. 2001:db8:80f:f425::230/48 주소에서 프리픽스는 무엇인가?
13. 2001:db8:bb8a:f390::1/32 주소에서 프리픽스는 무엇인가?
14. global unicast 주소에서 3개의 필드는 무엇인가?
15. global unicast 주소의 첫 번째 hextet 주소 범위는 어떻게 되는가?
16. IPv6 활성화된 디바이스에는 어떤 유형의 주소가 필요한가?
17. link-local unicast 주소의 첫 번째 hextet의 범위는?
18. link-local unicast 주소의 3가지 특징은?
19. 모두 "0"인 주소는 무슨 unicast 주소인가?
20. 미지정(Unspecified) unicast 주소의 2가지 특징은 무엇인가?
21. IPv4 사설 주소와 비슷한 IPv6 unicast 주소의 유형은 무엇인가?

22. unique local 주소의 첫 번째 hextet의 범위는?
23. NAT의 관점에서 IPv6 유니크 로컬 주소와 IPv4 사설 주소의 차이점은?
24. multicast 주소에서 처음 두 16진수 값은?
25. IPv4에서의 ARP와 비슷한 IPv6 주소에서 사용되는 multicast 주소는?

References

RFCs

RFC 1546, *Host Anycasting Service*, C. Partridge, www.ietf.org/rfc/rfc1543.txt, November 1993.

RFC 1918, *Address Allocation for Private Internets*, Y. Rekhter, Cisco Systems, www.ietf.org/rfc/rfc1918.txt, February 1996.

RFC 2373, *IP Version 6 Addressing Architecture*, R. Hinden, Nokia, www.ietf.org/rfc/rfc2373.txt, July 1998.

RFC 2374, *An IPv6 Aggregatable Global Unicast Address Format*, R. Hinden, Nokia, www.ietf.org/rfc/rfc2374.txt, July 1998.

RFC 2375, *IPv6 Multicast Address Assignments*, R. Hinden, Ipsilon Networks, www.ietf.org/rfc/rfc2375.txt, July 1998.

RFC 2526, *Reserved IPv6 Subnet Anycast Addresses*, D. Johnson, Carnegie Mellon University, www.ietf.org/rfc/rfc2526.txt, March 1998.

RFC 2993, *Architectural Implications of NAT*, T. Hain, Microsoft, www.ietf.org/rfc/rfc2993.txt, November 2000.

RFC 3306, *Unicast-Prefix-Based IPv6 Multicast Addresses*, B. Haberman, www.ietf.org/rfc/rfc3306.txt, August 2002.

RFC 3513, *Internet Protocol Version 6 (IPv6) Addressing Architecture*, R. Hinden, Nokia, www.ietf.org/rfc/rfc3513.txt, April 2003.

RFC 3587, *IPv6 Global Unicast Address Format*, R. Hinden, Nokia, www.ietf.org/rfc/rfc3587.txt, March 2005.

RFC 4038 *Application Aspects of IPv6 Transition*, M-K Shin, ETRI/NIST, www.ietf.org/rfc/rfc4038.txt, August 2003.

RFC 4193, *Unique Local IPv6 Unicast Addresses*, R. Hinden, Nokia, www.ietf.org/rfc/rfc4193.txt, October 2005.

RFC 4291, *IP Version 6 Addressing Architecture*, R. Hinden, Nokia, www.ietf.org/rfc/rfc4291.txt, February 2006.

RFC 4861, *Neighbor Discovery for IP version 6 (IPv6)*, Y. Narten, IMB, www.ietf.org/rfc/rfc4861.txt, September 2007.

RFC 4864, *Local Network Protection for IPv6*, G. Van de Velde, www.ietf.org/rfc/rfc4864.txt, May 2007.

RFC 5902, *IAB Thoughts on IPv6 Network Address Translation*, D. Thaler, www.ietf.org/rfc/rfc5902.txt, July 2010.

RFC 5952, *A Recommendation for IPv6 Address Text Representation*, S. Kawamura, NEC Biglobe, Ltd., www.ietf.org/rfc/rfc5952.txt, August 2010.

RFC 6296, *IPv6-to-IPv6 Network Prefix Translation*, M. Wasserman, Painless Security, www.ietf.org/rfc/rfc6296.txt, June 2011.

IPv6-to-IPv6 Network Address Translation (NAT66), draft-mrw-behave-nat66-02.txt, M. Wasserman, Sandstorm Enterprises, tools.ietf.org/html/draft-mrw-behave-nat66-02, November 2008.

Websites

IANA, *Internet Protocol Version 6 Address Space*, www.iana.org/assignments/ipv6-address-space/ipv6-address-space.txt

IANA, *IPv6 Global Unicast Address Assignments*, www.iana.org/assignments/ipv6-unicast-address-assignments/ipv6-unicast-address-assignments.xml

Ed Horley's blog, www.howfunky.com, an excellent resource for IPv6.

Book

Practical IPv6 for Windows Administrators, by Ed Horley, Apress, December 2013.

Chapter 5

global unicast 주소(GUA)는 IPv6 네트워크상에서 전 세계적으로 라우팅(globally routable)되고, 접근 가능하다. 이 주소는 IPv4에서 공인 IPv4 주소에 해당한다. GUA 주소는 4장 "IPv6 Address Representation and Address Types"에서 언급했듯이 "*aggregatable(축약 가능) global unicast 주소*"라고도 한다. GUA 주소는 Figure 5-1에 표시된 여러 유형의 IPv6 unicast 주소 중 하나이다.

이번 장에서는 4장에서 언급한 다음 내용에 대해 자세히 설명한다.

- GUA 주소는 공인 IPv4 주소와 동등하다.
- GUA 주소의 주소 범위는 "2000::/3"이다.
- GUA 주소는 3개 부분으로 이루어진다.
  - 글로벌 라우팅 프리픽스
  - 서브넷 ID
  - 인터페이스 ID
- global unicast 주소는 다음 몇 가지 방법으로 설정될 수 있다.
  - 수동 설정
  - Stateless Address Autoconfiguration (SLAAC)
  - Stateful DHCPv6

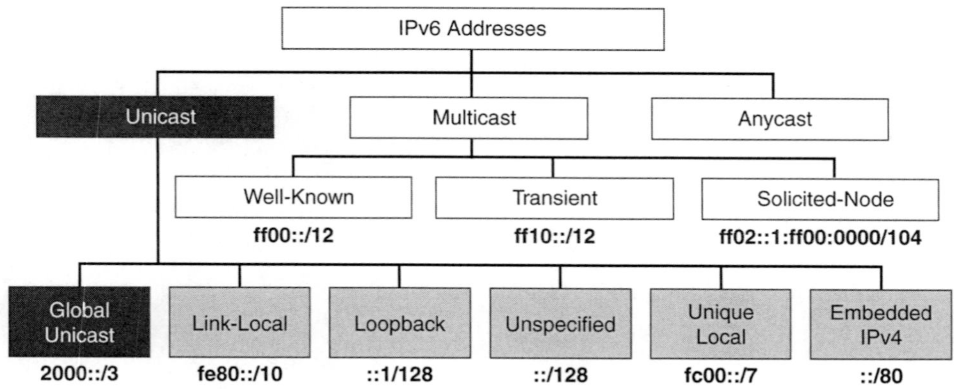

Figure 5-1 *IPv6 Global Unicast Address*

이 장에서는 위의 주제와 추가적인 주제에 관해 좀 더 자세하게 설명을 하겠다. global unicast 주소의 구조를 살피고, 시스코 IOS, Windows, Linux, MAC OS에서 GUA 주소를 수동 설정하는 방법을 알아보겠다.

이 장에서 "/48" 프리픽스를 가진 GUA 주소의 서로 다른 부분을 쉽게 구분할 수 있는 "3-1-4 rule"라고 하는 간단한 기교(technique)를 보여준다. IPv4 주소에서 그랬던 것보다 IPv6의 프리픽스(network), 서브넷, 인터페이스 ID(호스트 부분)를 더 쉽게 구분할 수 있다는 것을 알게 될 것이다.

우리는 서브넷 ID를 사용하여 IPv6 GUA 주소를 서브넷으로 나누는 것이 IPv4 주소를 서브넷으로 나누는 것보다 더 간단하다는 것을 알게 될 것이다. 또한, 인터페이스 ID의 bit 중 일부를 사용하여 서브넷 ID 경계를 넘어 서브넷을 나누는 법을 알게 될 것이다.

우리는 글로벌 라우팅 프리픽스의 역할과 Provider-aggregatable(PA)과 Provider-independent(PI) 주소 공간의 차이를 논할 것이다. 우리는 시스코 IOS의 IPv6 general prefix 옵션으로 주소를 쉽게 재지정할 수 있다는 것을 알게 될 것이다.

이 장의 끝부분에서는 디바이스가 SLAAC(Stateless Address Autoconfiguration)이나 Stateful DHCPv6를 사용하여 동적으로 주소를 할당받거나 생성하는 방법에 관한 간단한 개요를 제공한다. SLAAC 및 DHCPv6은 이후의 장에서 더 자세히 논의될 것이다.

Structure of a Global Unicast Address

Figure 5-2는 글로벌 라우팅 프리픽스, 서브넷 ID 및 인터페이스 ID로 구성되는 GUA 주소의 일반적 구조를 보여준다.

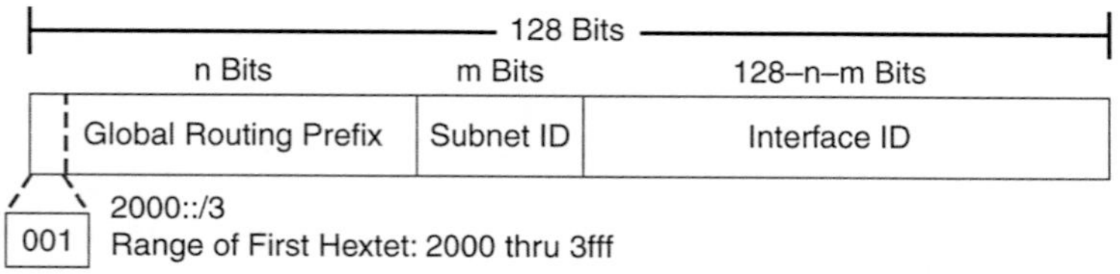

Figure 5-2 *Structure of a Global Unicast Address*

IANA(Internet Assigned Numbers Authority)을 관리하는 ICANN(Internet Corporation for Assigned Names and Numbers)은 5개의 지역 인터넷 레지스트리(RIR)에 IPv6 주소 블록을 할당한다. 현재 IANA는 이진수 값 001, 또는 접두사 2000::/3으로 시작하는 global unicast 주소를 할당하고 있다. 이로 인해 global unicast 주소의 범위는 2000::/3부터 3fff::/16까지이다.

2000::/3 프리픽스를 사용하는 주소의 범위를 어떻게 알 수 있는가? /3 프리픽스 길이는 첫 3bit의 프리픽스 2000과 일치 여부가 중요(일치하면 된다는 의미)하다는 것을 나타낸다. 16진수 값 2의 첫 3bit는 **001x**이다. 4번째 bit "x"는 "0"이나 "1"이 될 수 있다. 결과적으로 첫 번째 hextet은 "2(**0010**)"이나 "3(**0011**)"이 된다. hextet(16-bit 세그먼트)의 나머지 24bit는 "0"이나 "1" 어느 것도 될 수 있다. 이것을 Table 5-1에 그렸다.

Table 5-1 *Range of Global Unicast Addresses*

Global Unicast Address (Hexadecimal)	Range of First Hextet	Range of First Hextet in Binary
`2000::/3`	`2000 to`	`0010 0000 0000 0000`
	`3fff`	`0011 1111 1111 1111`

현재 IANA는 global unicast 주소에 대해 2000::/3 범위로 할당을 제한하고 있다. 이 범위는 전체 IPv6 주소 대역의 1/8이다. 이 블록의 IANA 할당 내역은 IANA 레지스트리 "*IPv6 Global Unicast Address Assignments*"에 등록되어 있다. www.iana.org/assignments/ipv6-unicast-address-assignments/ipv6-unicast-address-assignments.xml를 참조하라. 위 레지스트리를 살펴보면 RIR 은 /23보다 짧은 프리픽스를 보유하고 있으므로, 인터넷 서비스 제공업체 (ISP)에게 많은 주소를 할당할 수 있다는 것을 알 수 있다. 잠시 후 프리픽스 길이에 대해 좀 더 자세히 살펴보겠다.

global unicast 주소는 인터페이스상에 설정되며, 인터페이스에는 하나 이상의 GUA 주소를 설정할 수 있다. 하나의 인터페이스상에 설정되는 GUA 주소는 같거나 서로 다른 서브넷 주소가 될 수 있으며 수동으로 설정하거나 동적으로 할당받을 수 있다. Windows 호스트 같은 클라이언트 OS 상에서 여러 개의 GUA 주소를 볼 수 있는 것은 비정상적인 일이 아니다. 9장 "SLAAC(Stateless Address Autoconfiguration)"에서는 왜 이 일이 발생하는지와 원한다면 하나의 GUA 주소만 사용하도록 인터페이스에 제한을 가하는 방법에 관해서 다룬다.

그런데 인터페이스에 여러 개의 GUA 주소와 link-local 주소가 있을 때 어떤 주소가 실제로 사용될 것인가? 이 문제는 RFC 3484 "*Default Address Selection for Internet Protocol Version 6* (IPv6)"에서 다루고 있으며, 9장에서 논의할 것이다.

Note 왜 컴퓨터가 여러 개의 GUA 주소를 가질 수 있는지에 대해 알기 위해 9장까지 기다릴 수 없을 수도 있겠다. 두 가지의 가능한 이유가 있다. 첫 번째는 호스트에서 운영 체제의 SLAAC 절차를 사용해 자신의 GUA 주소를 생성하고, stateful DHCPv6를 사용해서 또 다른 주소를 받았을 경우다. 두 번째는 운영 체제가 SLAAC를 사용해서 GUA를 생성하고, 추가적인 temporary IPv6 주소를 생성할 경우다. 역시 9장에서 이 문제를 논의하고, 어떻게 그것들을 다루는가 보이겠다.

IPv6 인터페이스에 반드시 global unicast 주소가 설정될 필요는 없지만, link-local 주소는 반드시(must) 있어야 한다는 것을 기억해야 한다. 다시 말해 인터페이스에 global unicast 주소가 있더라도, 별도 link-local 주소도 있어야 한다. 그러나 인터페이스에 link-local 주소가 있다면, global unicast 주소가 반드시 필요한 것은 아니다.

Global Routing Prefix

global unicast 주소는 글로벌 라우팅 프리픽스, 서브넷 ID 및 인터페이스 ID로 이루어진다는 것을 기억하라. 모든 것은 "Global Routing Prefix(글로벌 라우팅 프리픽스)"부터 시작한다.

글로벌 라우팅 프리픽스는 ISP에 의해 고객 혹은 site에 할당되는 주소의 네트워크 부분이다. 이것은 프로바이더(즉, ISP)가 인식하는 사이트 프리픽스 혹은 네트워크 주소이다. 몇몇 경우에 이 프리픽스, 즉 글로벌 라우팅 프리픽스는 인터넷을 통해 다른 ISP 또는 autonomous systems(AS)으로 직접 전파될 수 있다. 그렇지 않고 IPv4 프리픽스와 유사하게 여러 프리픽스들이 함께 축약되어 전파될 수도 있다.

IESG(Internet Engineering Steering Group)와 IAB(Internet Architecture Board)는 더는 서로 다른 크기의 네트워크에 대해 특정 프리픽스 길이를 사용하도록 권고하지 않지만, RIR 들이 "End 사이트"들에 대한 정책을 갖는 것은 여전히 유효하다. ARIN(The American Registry for Internet Numbers)은 네트워크 크기에 상관없이 적어도 "48-bit" 크기의 글로벌 라우팅 프리픽스를 할당하는 정책을 시행하고 있다. 여기에서 "*End 사이트*"의 의미는 인터넷에 IP 접속을 해야 하는 모든 공공 혹은 사설 조직, 회사, 학교, 가정이나 기타 기관을 말한다.

Note 이 장의 내용에서 사이트라는 용어에 대한 정의는 ARIN의 "*Number Resource Policy Manual*" 섹션 6.5.8.2 (www.arin.net/policy/nrpm.html)에서 확인할 수 있다. RFC 6177 "*IPv6 Address Assignment to End Sites*"는 RFC 3177 "*IAB/IESG Recommendations on IPv6 Address Allocations to Sites*"를 대체한다.

Figure 5-3은 /48 글로벌 라우팅 프리픽스를 가진 전형적인 사이트 주소를 보여준다. 대부분 네트워크에서 /64bit 인터페이스 ID의 사용은 강력한 권고사항이다. SLAAC가 64bit의 인터페이스 ID와 16bit의 서브넷 ID를 사용하기 때문이다.

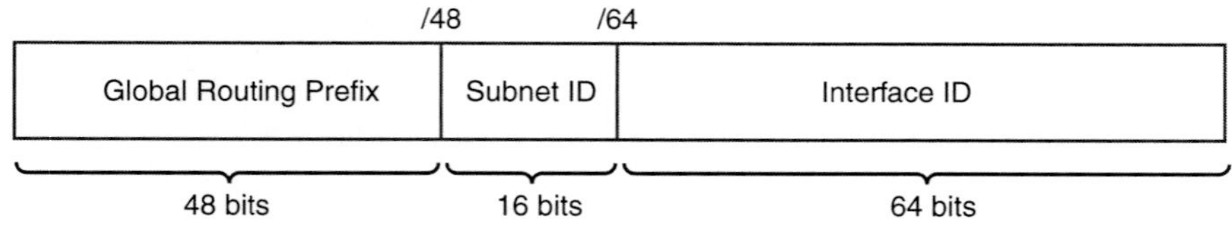

Figure 5-3 *Structure of a GUA for a Typical Site*

Note RFC 4291 "*IP Version 6 Addressing Architecture*"는 서브넷 ID의 크기를 지정하지 않는다. Figure 5-3에서 사이트가 /48 글로벌 라우팅 프리픽스를 할당받은 결과로 16-bit 서브넷 ID를 사용하게 된다. 64-bit 인터페이스 ID를 사용하면 서브넷 ID로 사용할 16bit가 남는다.

이 장의 뒷부분에서 글로벌 라우팅 프리픽스의 크기와 64bit 인터페이스 ID가 서브넷 ID의 bit 수를 어떻게 결정하게 되는지 자세히 살펴볼 것이다. 우리는 또 조직이 provider-aggregatable(PA) 주소를 할당하는 ISP 또는 provider-independent(PI) 주소를 할당하는 RIR에서 IPv6 프리픽스(글로벌 라우팅 프리픽스)를 할당받는 방법에 대해 논의할 것이다.

Subnet ID

IPv4와 IPv6의 가장 큰 차이는 IPv6 GUA 주소에 서브넷 ID가 추가된다는 점이다. IPv4에서 서브넷을 만들기 위해서는 주소의 호스트 부분 bit를 차용하였다. 서브넷의 개념은 IPv4에서 나중에야 고려되었기 때문에 주소의 서브넷 부분을 위해 할당된 bit는 없었다. IPv6에서 서브넷 ID는 주소의 호스트 부분과 분리된 별도의 필드이다.

Figure 5-3에서 보인 바와 같이 /48 글로벌 라우팅 프리픽스는 64-bit 인터페이스 ID와 16-bit 서브넷 ID를 갖는다. 이렇게 해서 개별적인 서브넷 개수는 65,536개가 된다. 궁금할 수도 있는데...그렇다. all-0 서브넷과 all-1 서브넷도 사용할 수 있다. 그러나 all-0과 all-1 서브넷은 일반적으로 권장하지 않는다. 이 두 서브넷은 더 짧은 축약 경계와 혼동을 일으킬 수 있으며, 데스크톱 지원에 문제를 일으킬 수 있다. 서브넷 ID를 사용하면 서브넷을 나누는 것이 쉬워진다. 서브넷 작업의 즐거움은 이 장의 뒷부분 절에 설명되어 있으며 IPv6에서 더 쉽게 할 수 있다.

프리픽스 길이는 주소의 프리픽스(네트워크 부분)의 총 길이이며, 글로벌 라우팅 프리픽스 및 서브넷 ID를 합친 것이다. 예를 들어, Figure 5-3에 예시된 주소는 서브넷 프리픽스로도 알려진 /64 프리픽스 길이를 갖는다. 서브넷 프리픽스는 글로벌 라우팅 프리픽스와 서브넷 ID 주소 bit를 합쳐서 표시한다.

Interface ID

인터페이스 ID는 서브넷상에서 디바이스의 인터페이스를 유일하게 식별한다. 64bit 인터페이스 ID는 서브넷 당 18,446,744,073,709,551,616(18 quintillion) 주소를 가능하게 한다. 앞서 언급했지만, 단일 호스트에 각각 하나 이상의 IPv6 주소를 갖는 여러 개의 인터페이스가 있을 수 있으므로 *호스트 ID* 대신 *인터페이스 ID*라는 용어를 사용한다.

대부분 경우에 LAN과 여타의 네트워크(point-to Point 링크를 포함하는)에서 64-bit 인터페이스 ID가 사용되어야 한다. (point-to-Point 링크 상에서 /64 프리픽스를 사용해야 할지는 이 장의 뒷부분에서 서브넷 작업에 대해 논의할 때 하겠다.) /64 프리픽스가 사용자 네트워크(LAN)에서 사용되어야 하는 이유는 SLAAC가 인터페이스 ID를 자동 생성하는 데 64bit를 사용하기 때문이다. SLAAC는 디바이스가 DHCPv6의 서비스 없이도 자신의 GUA 주소를 생성할 수 있게 하며 9장에서 논의된다.

64-bit 인터페이스 ID를 사용하는 다른 이유도 있다. 예를 들면 서브넷 작업을 쉽게 하기 위해서이다. 수년 동안 IPv4에 익숙한 이들은 인터페이스 ID에 64bit를 사용하는 것이 어색할(심지어는 낭비라고 여길 것) 것이다. 1,800경 개의 주소가 LAN 상의 몇 개의 디바이스를 위해 사용될 때 필요가 있을까? 분명히 아니다. 그러나 IPv6에서 주소정책의 초점은 더는 주소를 절약하는 것이 아니라는 것을 기억하라. 대신 주소정책은 서브넷들을 어떻게 구성하고 관리할 것인가에 집중한다. (제한된 IPv4 주소 때문에 서브넷 숫자와 서브넷 당 호스트의 숫자 사이의 적절한 균형을 맞추려 할 필요가 없다.)

전형적인 site는 /48 글로벌 라우팅 프리픽스와 각각의 서브넷 당 1,800경 개의 호스트를 수용하는 65,536개의 서브넷이 가능한 16-bit 서브넷 ID를 가진다. 그 주소를 다 쓰려고 할 필요도 없다. 이진 트리나 그와 같은 어떤 것들을 자르지 않을 것이다. 이것은 340간 개 주소를 가진 128-bit 주소 공간의 이점이다.

그런데 인터페이스 ID 영역의 일부를 사용해 서브넷을 나누는 것도 가능하다. 이후에 서브넷 작업 방법에 대해 논해 보고, 이것이 왜 필요할지와 어떻게 하는지를 보게 될 것이다.

또 하나의 IPv6와 IPv4 주소 사이의 흥미로운 차이점은 "all-0"과 "all-1" 주소가 IPv6에서 정상적인 인터페이스 ID로 사용 가능하다는 것이다. IPv6 인터페이스 ID는 "all-0"이나 "all-1" 일 수 있다. IPv4에서 이 주소들은 사용할 수 없었다. 주소의 호스트 부분이 "all-0"인 것은 네트워크나 서브넷 주소로 예약되었다. IPv4 주소의 호스트 부분이 "all-1"이면 주소가 브로드캐스트 주소라는 것을 의미한다. IPv6에서는 브로드캐스트 주소가 없다는 것을 기억하라.

Note IPv4에서 point-to-Point 링크에 대해 /31 프리픽스를 설정했을 때 "all-0"과 "all-1" 주소가 사용될 수 있다. 이것은 RFC 3021 "*Using 31-Bit Prefixes on IPv4 Point-to-Point Links*"에서 논의되었다.

Note IPv6에서 "all-0"와 "all-1"인 인터페이스 주소가 허용되기는 하지만, "all-0" 주소는 프리픽스 주소와 subnet-router-anycast 주소와의 혼동을 피하기 위해서 사용하지 않아야 한다. subnet-router anycast 주소로 보내진 패킷은 서브넷상의 라우터로 전달된다. "all-1"는 IPv6에서 broadcast 주소가 없어서 혼동할 위험성이 없어도 일반적으로 사용하지 않는다. /64 서브넷 내 1,800경 개의 주소(18 quintillion)가 있는데 굳이 위의 두 주소를 쓸 이유가 없다.(영미식으로 quintillion 은 10^{18}이다)

Manual Configuration of a Global Unicast Address

이 절에서는 Cisco IOS, Windows, Linux 및 Mac OS에서 IPv6 global unicast 주소를 수동으로 설정하는 방법을 알아볼 것이다.

IPv4와 유사하게, 인터페이스에 수동으로 또는 동적으로 global unicast 주소를 할당하는 것이 가능하다. Figure 5-4는 다양한 설정 옵션을 보여준다. 이 장에서 GUA 주소에 관한 수동 설정 옵션에 중점을 두고 설명한다. 일반적인 수동 설정 방법 외에, 시스코 IOS는 부가적인 2가지 옵션(EUI-64를 이용한 수동 설정, IPv6 unnumbered)을 제공한다. 8장 앞부분에서 동적 설정 옵션에 대해서도 다룬다.

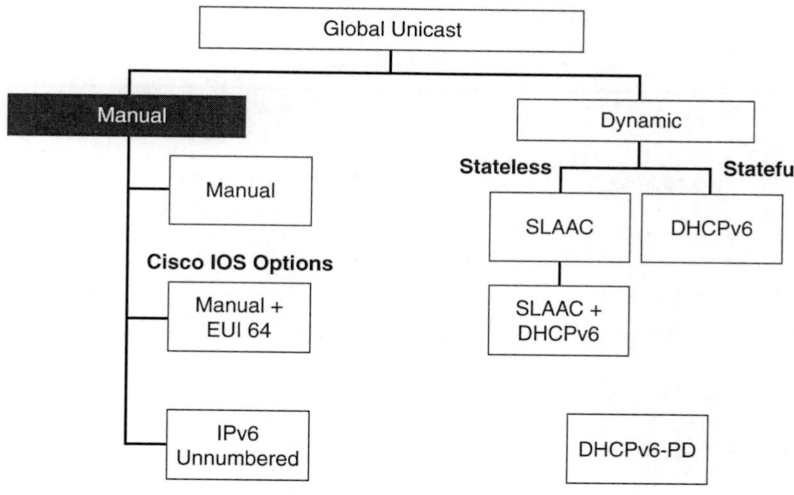

Figure 5-4 *Options for Configuring a GUA*

이 절에서는 시스코 IOS 상에서 global unicast 주소를 수동 설정하는 다음 방법을 다룬다.

- **Manual:** 이 방법은 IPv4 주소를 수동 설정하는 방법과 유사하다. IPv6 주소와 프리픽스 길이를 인터페이스에 설정한다.
- **Manual + EUI-64:** 이 옵션으로 프리픽스와 프리픽스 길이를 설정한다. 인터페이스 ID는 EUI-64에 의해 자동 생성된다.
- **IPv6 unnumbered:** IPv6 unnumbered는 IPv4와 같다. 해당 장비의 타 인터페이스에 설정된 IPv6 주소를 사용하는 방법이다.

Note 이 장의 끝부분에서 Figure 5-4에 표시된 동적 설정 옵션에 대해 요약한다. SLAAC과 DHCPv6는 8장 "Basics of Dynamic IPv6 Addressing"에서부터 11장 "Stateful DHCPv6"에 걸쳐서 상세히 설명한다.

Manual GUA Configuration for Cisco IOS

IPv4와 마찬가지로, 라우터 인터페이스와 서버는 IPv6 주소를 수동 설정하는 방법이 가장 효과적이다. 시스코 라우터에서 global unicast 주소를 수동 설정하는 것은 IPv4 주소에서의 설정과 유사하다.

Table 5-2는 global unicast 주소를 고정으로 설정하는 "**ipv6 address**" 인터페이스 명령어 형식을 보여준다. 타 유형의 주소를 설정할 때 필요한 이 명령의 추가적인 형태와 옵션은 이 장의 후반부에서 다룰 것이다.

Table 5-2 *ipv6 address Command*

Command	Description
Router(config)# **interface** *interface-type -interface-number*	Specifies the interface type and interface number.
Router(config-if)# **ipv6 address** *ipv6-address/prefix-length*	Specifies the IPv6 address and prefix length to be assigned to the interface. To remove the address from the interface, use the **no** form of this command.

Figure 5-5는 이 장에서 사용되는 토폴로지를 보여준다. 4개의 IPv6 네트워크가 있다.

- 2001:db8:cafe:1::/64
- 2001:db8:cafe:2::/64
- 2001:db8:cafe:3::/64
- 2001:db8:cafe:4::/64

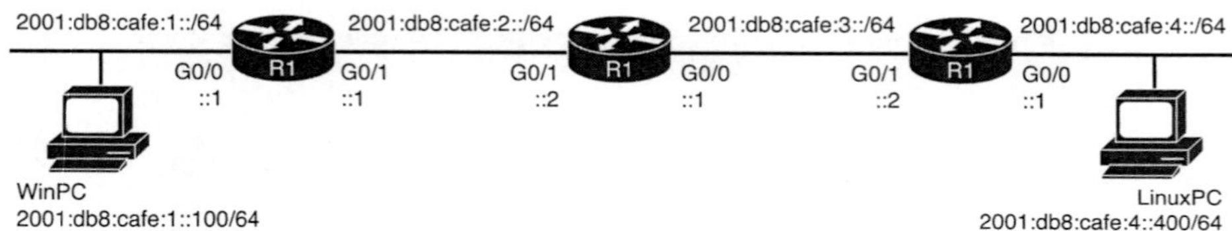

Figure 5-5 *IPv6 Topology*

Example 5-1은 라우터 R1, R2, R3에서 global unicast 주소를 설정하는 명령을 보여준다. IPv6 주소를 설정할 때 프리픽스와 프리픽스 길이를 공백 없이 붙여서 설정한다. 명령은 IPv4에서의 설정 방법과 유사하다. 그러나 **"ip"** 명령이 **"ipv6"** 명령어로 대치된다.

Example 5-1 *Configuring Global Unicast Addresses on Routers R1, R2, and R3*

```
R1(config)# interface gigabitethernet 0/0
R1(config-if)# ipv6 address 2001:db8:cafe:1::1/64
R1(config-if)# no shutdown
R1(config-if)# exit
R1(config)# interface gigabitethernet 0/1
R1(config-if)# ipv6 address 2001:db8:cafe:2::1/64
R1(config-if)# no shutdown
-------------------------------------------------------------------------------
R2(config)# interface gigabitethernet 0/1
R2(config-if)# ipv6 address 2001:db8:cafe:2::2/64
R2(config-if)# no shutdown
R2(config-if)# exit
R2(config)# interface gigabitethernet 0/0
R2(config-if)# ipv6 address 2001:db8:cafe:3::1/64
R1(config-if)# no shutdown
```

```
--------------------------------------------------------------------------------
R3(config)# interface gigabitethernet 0/1
R3(config-if)# ipv6 address 2001:db8:cafe:3::2/64
R3(config-if)# no shutdown
R3(config-if)# exit
R3(config)# interface gigabitethernet 0/0
R3(config-if)# ipv6 address 2001:db8:cafe:4::1/64
R1(config-if)# no shutdown
```

아직 라우터에서 "**ipv6 unicast-routing**" 글로벌 명령을 설정하지 않았다는 것에 유의해야 한다. 이 명령은 잠시 후에 설정할 것이고 곧 설명하겠다.

Example 5-2는 라우터 R1의 "running-config"를 보여준다. "**no ip address**" 출력 결과는 IPv4 주소가 없다는 것을 나타낸다. 운용자가 인터페이스를 설정할 때 축약된 IPv6 주소를 사용하지 않았더라도, "running-config"는 축약형(compressed format)으로 보여준다. 또한, 운용자는 같은 인터페이스에 IPv4 주소와 IPv6 주소를 동시에 설정할 수 있다. 이것을 "*dual stack*"이라고 한다.

Example 5-2 ***show running-config*** *Command on Router R1*

```
R1# show running-config
<output omitted for brevity>
!
interface GigabitEthernet0/0
 no ip address
 duplex auto
 speed auto
 ipv6 address 2001:DB8:CAFE:2::1/64
!
interface GigabitEthernet0/1
 no ip address
 duplex auto
 speed auto
 ipv6 address 2001:DB8:CAFE:1::1/64
!
```

Note RFC 5952는 소문자 IPv6 주소 표기를 권고하나, 시스코 IOS는 현재 대문자를 사용한다.

Example 5-3은 "**show ipv6 interface brief**" 명령의 결과를 보여준다. 이 역시 IPv4의 "**show ip interface brief**" 명령의 결과와 유사하다. line protocol과 각 interface의 상태가 "**up/up**"인 것을 확인하라.

Example 5-3 ***show ipv6 interface brief*** *Command on Router R1*

```
R1# show ipv6 interface brief
GigabitEthernet0/0      [up/up]
    FE80::5AAC:78FF:FE93:DA00      ! Link-local address
    2001:DB8:CAFE:1::1             ! Global unicast address
GigabitEthernet0/1      [up/up]
    FE80::5AAC:78FF:FE93:DA01      ! Link-local address
    2001:DB8:CAFE:2::1             ! Global unicast address
R1#
```

인터페이스당 한 개의 IPv6 주소만 설정했음에도, 각 인터페이스는 2개의 IPv6 주소를 가지고 있다. "fe:80"으로 시작되는 주소들은 link-local unicast 주소들이다. link-local 주소는 global unicast 주소가 인터페이스에 할당될 때 자동으로 설정된다. IPv6 인터페이스는 반드시 한 개의 link-local 주소를 가지고 있으며, 동일 링크 상의 다른 디바이스와 통신할 때 사용된다.

> **Note** 시스코 IOS는 인터페이스 ID를 생성하는 방법으로 EUI-64를 사용하며, 생성된 ID를 "fe80::/64" 프리픽스에 연결하여 link-local 주소를 생성한다. link-local 주소는 읽기 약간 어렵지만, 6장 "Link-Local Unicast Address"에서 라우터 인터페이스에 link-local 주소를 수동으로 설정하여 인식과 기억을 쉽게 만드는 방법을 보여준다.

Example 5-4는 "**show ipv6 interface gigaethernet 0/0**" 명령의 결과를 보여준다. global unicast 주소가 수동 설정됨에 따라 link-local 주소가 자동으로 생성되었다는 것을 확인하라. 또한, Joined group address(es) 항목 이하에는 "ff02:"로 시작하는 그룹 주소도 있음을 확인하라. 이 주소는 multicast 주소들이며, global unicast 주소가 설정될 때 라우터의 인터페이스는 자동으로 그룹 멤버가 된다. (multicast 주소는 7장 "Multicast Addresses"에서 설명한다.) "ND 또는 Neighbor Discovery(ICMPv6 ND)"라고 표시된 ICMPv6 ND의 일부인 몇 개의 행이 있다. (이 명령의 결과는 8장~11장에서 좀 더 자세히 논의될 것이다. ICMPv6와 ICMPv6 Neighbor Discovery는 12장~13장에서 소개될 것이다.)

Example 5-4 ***show ipv6 interface gigabitethernet 0/0*** *Command on R1*

```
R1# show ipv6 interface gigabitethernet 0/0
GigabitEthernet0/0 is up, line protocol is up
  IPv6 is enabled, link-local address is FE80::5AAC:78FF:FE93:DA00
  No Virtual link-local address(es):
  Global unicast address(es):
    2001:DB8:CAFE:1::1, subnet is 2001:DB8:CAFE:1::/64
  Joined group address(es):
    FF02::1
    FF02::FB
    FF02::1:FF00:1
    FF02::1:FF93:DA00
  MTU is 1500 bytes
  ICMP error messages limited to one every 100 milliseconds
  ICMP redirects are enabled
  ICMP unreachables are sent
  ND DAD is enabled, number of DAD attempts: 1
```

```
  ND reachable time is 30000 milliseconds (using 30000)
  ND NS retransmit interval is 1000 milliseconds
  Default router is FE80::662:73FF:FE5E:F961 on GigabitEthernet0/1
R1#
```

Manual GUA Configuration with EUI-64 for Cisco IOS

시스코 IOS 상에서 GUA 주소를 수동 설정하는 또 다른 방법은 Example 5-5에서 보여준 EUI-64 옵션을 사용하는 방법이다. EUI-64 옵션을 사용하여 주소의 프리픽스(network portion) 부분을 수동 설정하고, EUI-64 프로세스가 인터페이스 ID 부분을 자동 설정하는 데 사용된다.

Note 대부분 경우에 IPv6 GUA 주소를 라우터 인터페이스에 EUI-64 옵션 없이 수동으로 설정한다. 이 옵션에 대해서는 여기에서 상세하게 다룰 것이다.

"**eui-64**" 옵션을 사용한 **IPv6 주**소 인터페이스 명령은 아래와 같다.

```
Router(config-if)# ipv6 address ipv6-prefix/prefix-length eui-64
```

프리픽스 길이와 프리픽스만 설정했다는 것을 확인하라. 인터페이스 ID는 EUI-64 프로세스에 의해 결정된다.

modified(수정된) EUI-64 프로세스는 64-bit 인터페이스 ID를 생성하기 위해 인터페이스의 48-bit MAC 주소와 추가적인 16bit를 사용한다. 인터페이스 ID가 64bit이기 때문에 서브넷 프리픽스도 "/64"가 필요하다.

EUI-64는 6장 "Link-Local Unicast Address"에서 link-local 주소를 설명할 때 상세히 설명할 것이고, 다시 9장에서 설명할 것이다. 지금은 EUI-64가 인터페이스의 48-bit이더넷 MAC 주소를 사용하고 가운데에 16bit의 "fffe"가 추가된다는 것만 기억하라. MAC 주소의 7번째 bit는 플립(flipped, 반전)되어 인터페이스 ID의 두 번째 16진수 값은 변한다.

Example 5-5는 EUI-64 옵션으로 GUA 주소를 생성하는 경우 설정과 확인하는 방법이다. "**show interface gigabitethernet 0/0**" 명령으로 이더넷 MAC 주소 "58ac.7893.da00"를 확인할 수 있다. 다음으로 라우터 R1의 gigabitethernet 0/0 인터페이스를 EUI-64 포맷으로 설정한다. 명령에는 프리픽스 "2001:db8:cafe:1::", 프리픽스 길이 "/64", "**eui-64**" 옵션만 필요하다.

Note Example 5-5에서 **eui-64** 옵션을 사용하지 않는다면, 인터페이스 ID는 "all 0"으로 설정될 것이다. 유효한 IPv6인터페이스 주소이지만, 권고하지는 않는다.

Example 5-5 *Configuring a GUA Address with the EUI-64 Option*

```
R1# show interface g 0/0
GigabitEthernet0/0 is up, line protocol is up
  Hardware is CN Gigabit Ethernet, address is 58ac.7893.da00 (bia 58ac.7893.da00)
<output omitted for brevity>

R1(config)# interface g 0/0
R1(config-if)# ipv6 address 2001:db8:cafe:1::/64 ?
anycast  Configure as an anycast
  eui-64   Use eui-64 interface identifier
  <cr>

R1(config-if)# ipv6 address 2001:db8:cafe:1::/64 eui-64
R1(config-if)# end

R1# show ipv6 interface g 0/0
GigabitEthernet0/0 is up, line protocol is up
  IPv6 is enabled, link-local address is FE80::5AAC:78FF:FE93:DA00
  No Virtual link-local address(es):
  Global unicast address(es):

    2001:DB8:CAFE:1:5AAC:78FF:FE93:DA00, subnet is 2001:DB8:CAFE:1::/64 [EUI]
<output omitted for brevity>
```

인터페이스 ID 부분은 EUI-64 포맷을 사용하여 생성되었으며, 인터페이스의 48-bit MAC 주소인 "58ac.7893.da00"을 사용하였다. 인터페이스 ID 가운데 부분에 "fffe"가 삽입된 것을 확인하라. 추가적인 16bit로 인해 인터페이스 ID 길이는 전체 64bit가 되었다. 인터페이스 ID의 2번째 헥사 값은 "8"에서 "A"로 변경되었다. 이것은 EUI-64 프로세스의 7번째 bit 반전(flip) 규칙 때문이다. (6장에서 더 설명한다.)

요약하자면, 서브넷 프리픽스는 수동 설정하며, "**eui-64**" 옵션이 인터페이스 ID를 생성하는 데 사용되었다. 수동 설정된 서브넷 프리픽스(2001:db8:cafe:1::/64)에 EUI-64로 생성된 인터페이스 ID(5aac:78ff:fe93:da00)를 추가하여 global unicast 주소는 "2001:db8:cafe:1:5aac:78ff:fe93:da00"이 되었다. EUI-64 옵션을 사용한 주소를 삭제하고자 한다면 "**no ipv6 address 2001:db8:cafe:1::/64 eui-64**" 명령을 사용하라.

Manual GUA Configuration with IPv6 Unnumbered for Cisco IOS

GUA 주소를 수동 설정하는 또 한 가지의 방법은 "ipv6 unnumbered" 명령이다. 이 명령으로 인터페이스는 다른 인터페이스에 설정된 GUA 주소를 사용할 수 있다.

"**pv6 unnumbered** *인터페이스*" 명령은 IPv6 패킷이 인터페이스를 통해서 나갈 때, 어떤 송신 주소를 가지고 나갈지 지정한다. **ipv6 unnumbered** 명령의 문법은 아래와 같다.

```
Router(config-if)# ipv6 unnumbered interface-type interface-number
```

Note IPv4에서 주소를 절약하기 위해 **ip unnumbered** 명령을 사용했었다. 명백하게 IPv6 네트워크에서는 주소가 모자란다는 것은 일어날 수 없는 일이다. 그래서 이 명령은 제한적인 목적으로 사용될 것이다.

Example 5-6은 라우터 상에서 **ipv6 unnumbered** 명령을 사용하는 예를 들었다. 라우터의 serial 0/0/1 인터페이스를 unnumbered로 설정한다. serial 0/0/1에서 출력되는 IPv6 패킷은 송신 주소로 gigabitethernet 0/0의 IPv6 주소를 사용할 것이다.

Example 5-6 *Example of Using the ipv6 unnumbered Command*

```
Router(config)# interface gigabitethernet 0/0
Router(config-if)# ipv6 address 2001:db8:abcd:1234::1/64
Router(config)# interface serial 0/0/1
Router(config-if)# ipv6 unnumbered gigabitethernet 0/0
```

Manual GUA Configuration for Windows, Linux, and Mac OS

Figure 5-5의 토폴로지에서 윈도우, 리눅스, 맥 OS X 호스트에 IPv6 global unicast 주소를 수동 설정하는 방법을 확인해 보자. 윈도우 호스트(Windows 8,10도 동일하다)는 Windows 7[1]을 구동한다. 리눅스 호스트는 Ubuntu 리눅스이다.

Example 5-7은 Windows PC와 Linux PC의 기본 설정을 보여준다. 이들 호스트에 아직 IPv6 global unicast 주소를 설정하지 않았지만, 호스트들은 이미 IPv6 link-local 주소를 가지고 있음을 확인하라. 이것은 Windows, Linux, Mac OS X 운용체제가 기본적으로 IPv6-enabled 되어 있기 때문이다.

Note Linux 호스트에서 인터페이스 ID를 생성할 때 EUI-64를 사용하여 link-local 주소를 생성함을 확인하라. 반면에 Windows 호스트 상에서 link-local 주소는 무작위(random) 64-bit 값을 사용한다. Linux PC의 인터페이스 ID는 자체 MAC 주소를 사용하며 "fffe"가 가운데에 들어가고 7번째 bit가 반전되어 2번째 16진수 숫자가 변경된다. Windows 디바이스에 대한 MAC 주소를 보여주지 않았지만, 가운데에 "fffe"가 없는 것으로 미루어 link-local 주소의 인터페이스 ID가 무작위로 생성되었음을 알 수 있다.

1 현재 윈도우 버전은 11까지 왔지만, 명령 프롬프트(일명 도스 창) 사용법은 큰 차이가 없다.-옮긴 이

Example 5-7 *Viewing the IPv6 Configuration on WinPC and LinuxPC*

```
WinPC> ipconfig
Ethernet adapter Local Area Connection:
   Connection-specific DNS Suffix  . :
   Link-local IPv6 Address . . . . . : fe80::d0f8:9ff6:4201:7086%11
   Autoconfiguration IPv4 Address  . : 169.254.112.134
   Subnet Mask . . . . . . . . . . . : 255.255.0.0
   Default Gateway . . . . . . . . . :
-----------------------------------------------------------------------
LinuxPC$ ifconfig
eth0       Link encap:Ethernet  HWaddr 00:50:56:af:14:1b
           inet6 addr: fe80::250:56ff:feaf:141b/64 Scope:Link
           UP BROADCAST RUNNING MULTICAST  MTU:1500  Metric:1
           RX packets:466475604 errors:0 dropped:0 overruns:0 frame:0
           TX packets:403172654 errors:0 dropped:0 overruns:0 carrier:0
           collisions:0 txqueuelen:1000
           RX bytes:2574778386 (2.5 GB)  TXbytes:1618367329 (1.6 GB)
           Interrupt:16
```

이전에 언급했었던 "**ipv6 unicast-routing**" 명령은 아직 라우터 상에 설정되지 않았다. 이 설정이 라우터를 IPv6 라우터로 기능하게 하므로 매우 중요하며, 설정 이후에 라우터는 ICMPv6 Router Advertisement 메시지를 보내기 시작할 것이다. 대부분 호스트 운영 체제(Windows, Linux, Mac OS)에서는 IPv6 주소를 동적으로 받도록 기본 설정이 되어 있다. 이 말은 만약 라우터 R1과 R3에 "**ipv6 unicast-routing**" 명령을 친다면, WinPC와 LinuxPC 들은 9장에서 설명한 것과 같이 SLAAC를 통해 global unicast 주소를 동적으로 생성한다는 의미이다.

"**ipv6 unicast-routing**" 명령을 R1과 R3에서 아직 설정하지 않았기 때문에 WinPC와 LinuxPC는 아직 link-local 주소만 가지고 있다. Figure 5-6은 WinPC에서 IPv6 주소를 수동 설정하는 것을 보여주며 다음과 같은 내용을 포함하고 있다.

- **IPv6 주소: 2001:db8:cafe:1::100** - WinPC의 global unicast 주소이다.
- **서브넷 프리픽스 길이: /64** - 이것은 GUA 주소에 대한 서브넷 프리픽스의 길이이다.
- **디폴트 게이트웨이: 2001:db8:cafe:1::1** - 로컬 라우터의 GUA 주소이다. 라우터의 GUA 주소를 사용할 수 있지만, 라우터의 link-local 주소를 사용하는 것이 더 일반적이다.—이 경우는 fe80::5aac:78ff:fe93:da00이다.

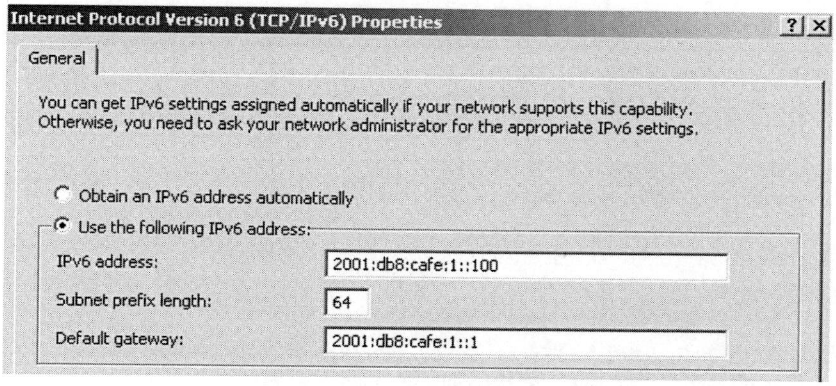

Figure 5-6 *WinPC IPv6 Configuration*

Example 5-8에서 "ipconfig" 명령으로 WinPC의 설정을 확인한다. link-local 주소 이외에도 이제 WinPC는 GUA 주소와 IPv6 디폴트 게이트웨이 주소를 갖고 있다.

Example 5-8 *IPv6 Configuration on WinPC*

```
WinPC> ipconfig
Ethernet adapter Local Area Connection:
   Connection-specific DNS Suffix  . :
   IPv6 Address. . . . . . . . . . . : 2001:db8:cafe:1::100
   Link-local IPv6 Address . . . . . : fe80::d0f8:9ff6:4201:7086%11
   Autoconfiguration IPv4 Address  . : 169.254.112.134
   Subnet Mask . . . . . . . . . . . : 255.255.0.0
   Default Gateway . . . . . . . . . : 2001:db8:cafe:1::1
```

Example 5-9는 LinuxPC에서 linux shell을 사용한 GUA 주소 및 IPv6 디폴트 게이트웨이의 설정과 확인법을 보여준다. WinPC에서의 설정과 비슷하게, LiunxPC도 R3의 IPv6 디폴트 게이트웨이 주소로 link-local 주소 대신에 R3의 GUA 주소가 설정되어 있다.

Note 대부분 리눅스 구현들은 IPv6 GUA 주소와 디폴트 게이트웨이를 포함하는 네트워크 정보를 설정하는 GUI 기반의 설정 방법을 제공한다.

Example 5-9 *IPv6 Configuration and Verification on LinuxPC*

```
Configuring the IPv6 global unicast address
LinuxPC$ ifconfig eth0 inet6 add 2001:db8:cafe:4::400/64

Configuring the IPv6 default gateway address
LinuxPC$ route -A inet6 add default gw 2001:db8:cafe:4::1

Verifying the IPv6 global unicast address
LinuxPC$ ifconfig
eth0      Link encap:Ethernet  HWaddr 00:50:56:af:14:1b
          inet6 addr:0.0.0.6  Bcast:255.255.255.255  Mask:0.0.0.0
          inet6 addr: 2001:db8:cafe:4::400/64 Scope:Global
          inet6 addr: fe80::250:56ff:feaf:141b/64 Scope:Link
<output omitted>

Verifying the IPv6 default gateway
LinuxPC$ ip -6 route show
<output omitted>
default via 2001:db8:cafe:4::1 dev eth0  metric 1
```

토폴로지에는 없지만, Figure 5-7은 Mac OS X에서 IPv6 주소 정보를 설정하는 예제이다. Mac OS X는 Unix OS이며, 명령행 설정을 선호하는 사용자를 위한 shell 명령은 Example 5-9의 linux 명령어와 유사하다.

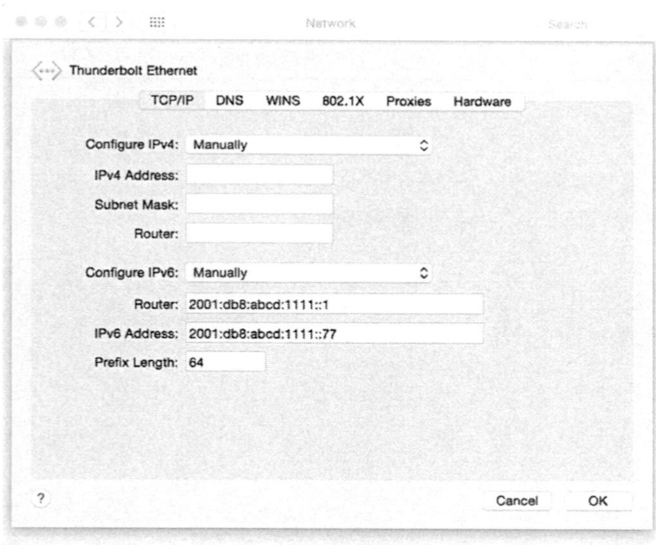

Figure 5-7 *Mac OS X IPv6 Configuration Example*

Implementing Static Routing and Verifying Connectivity with ping

이 절의 마지막 단계는 Figure 5-5 토폴로지상의 WinPC와 LinuxPC에서 서로 간 도달 가능함을 확인해 보는 것이다. 3대의 라우터와 4개의 IPv6 네트워크로 구성된 우리의 네트워크에서 먼저 진행되어야 할 것이 있다.

Example 5-10은 라우터 R1, R2에서 static 라우팅을 설정하는 것을 보여준다. 네트워크를 연동시키기 위해 R1, R2, R3에서 다음 항목들을 설정해야 한다.

- **ipv6 unicast-routing**: "**ipv6 unicast-routing**" 명령은 라우터를 IPv6 라우터로 기능하게 한다. 이 명령은 라우터가 IPv6 패킷을 포워딩할 수 있게 하고, static/dynamic 라우팅을 활성화하며, ICMPv6 Router Advertisement 메시지를 보내게 한다. **ipv6 unicast-routing** 명령은 8장 "Basic of Dynamic IPv6 Addressing"에서 좀 더 자세하게 설명한다.
- **Static routing:** 각 라우터에는 적절한 static route가 설정되어 있다. IPv4 static route와 유사함을 알 수는 있지만, 현재로서는 static route 명령 구문을 이해할 필요는 없다. IPv6에서 "::/0"은 디폴트 라우트이다. 14장 "IPv6 Routing Table and Static Routes"에서 static route에 대해 다룰 것이다.

Example 5-10 *IPv6 Routing Configuration on R1, R2, and R3*

```
R1(config)# ipv6 unicast-routing
R1(config)# ipv6 route ::/0 2001:db8:cafe:2::2
-----------------------------------------------------------------
R2(config)# ipv6 unicast-routing
R2(config)# ipv6 route 2001:db8:cafe:1::/64 2001:db8:cafe:2::1
R2(config)# ipv6 route 2001:DB8:cafe:4::/64 2001:db8:cafe:3::2
-----------------------------------------------------------------
R3(config)# ipv6 unicast-routing
R3(config)# ipv6 route ::/0 2001:db8:cafe:3::1
```

> **Note** 이제 **ipconfig**(Windows) 또는 **ifconfig**(Linux) 명령을 사용하면 SLAAC에 의해 생성된 추가적인 IPv6 주소를 표시한다. **ipv6 unicast-routing** 명령도 활성화되었으므로 라우터는 Router Solicitation 메시지에 대한 응답으로 혹은 200초마다 ICMPv6 Router Advertisement 메시지를 보내기 시작한다. 이 명령이 설정되면 각각의 WinPC와 LinuxPC는 RA 메시지의 정보를 사용하여 추가적인 GUA 주소를 생성한다.

Example 5-11의 라우터 R1, WinPC 및 LinuxPC에서 **ping** 명령으로 확인한 것과 같이 이제 네트워크는 완전히 연결되었다(즉 수렴되었다). Cisco IOS와 Windows OS 둘 모두에서 IPv4에 사용했던 동일한 **ping** 명령을 사용한다. 그러나 리눅스 상에서는 IPv6 주소로 ping 시험을 하기 위해서 **ping6** 명령을 사용해야 한다.

Example 5-11 *Verifying Connectivity on Router R1, WinPC, and LinuxPC*

```
R1# ping 2001:db8:cafe:4::400
Type escape sequence to abort.
Sending 5, 100-byte ICMP Echos to 2001:DB8:CAFE:4::400, timeout is 2 seconds:
!!!!!
Success rate is 100 percent (5/5), round-trip min/avg/max = 1/1/4 ms
R1#
------------------------------------------------------------------
WinPC> ping 2001:db8:cafe:4::400
Pinging 2001:db8:cafe:4::400 with 32 bytes of data:
Reply from 2001:db8:cafe:4::400: time=8ms
Reply from 2001:db8:cafe:4::400: time=1ms
Reply from 2001:db8:cafe:4::400: time=1ms
Reply from 2001:db8:cafe:4::400: time=1ms
Ping statistics for 2001:db8:cafe:4::400:
    Packets: Sent = 4, Received = 4, Lost = 0 (0% loss),
Approximate round trip times in milli-seconds:
    Minimum = 1ms, Maximum = 8ms, Average = 2ms

------------------------------------------------------------------
LinuxPC$ ping6 2001:db8:cafe:1::100
PING 2001:db8:cafe:1::100(2001:db8:cafe:1::100) 56 data bytes
64 bytes from 2001:db8:cafe:1::100: icmp_seq=1 ttl=61 time=6.07 ms
64 bytes from 2001:db8:cafe:1::100: icmp_seq=2 ttl=61 time=1.11 ms
64 bytes from 2001:db8:cafe:1::100: icmp_seq=3 ttl=61 time=1.14 ms
64 bytes from 2001:db8:cafe:1::100: icmp_seq=4 ttl=61 time=1.15 ms
^C
4 packets transmitted, 4 received, 0% packet loss, time
3003ms rtt min/avg/max/   mdev = 1.114/2.374/6.078/2.138 ms
```

Recognizing the Parts of a GUA Address and the 3-1-4 Rule

IPv4처럼 IPv6의 프리픽스 길이도 서브넷 및 네트워크에서 사용 가능한 디바이스 숫자를 결정한다. 종단 사이트(End Sites)들은 앞에서 말한 대로 자신들의 프로바이더(ISP 나 RIR)로부터 프리픽스와 프리픽스 길이를 할당받는다.

종단 사이트는 일반적으로 ISP로부터 /48 IPv6 주소 프리픽스를 할당받는다. 그러나 앞에서 말한 것처럼, 사이트들도 프로바이더의 결정에 따라 다양한 길이의 프리픽스를 할당받을 수 있다. 현재 북미의 RIR인 ARIN은 대부분 경우 종단 사이트에 최소 /48 네트워크를 할당하는 정책을 시행하고 있다. 그래서 이 절은 /48 프리픽스를 시작점으로 사용하여 IPv6 global unicast 주소의 다양한 부분을 얼마나 쉽게 분석하고 이해할 수 있는지 보여준다.

IPv6 global unicast 주소는 때로는 복잡해 보이고, 모든 부분을 알아보기는 힘들 수 있다. /48 프리픽스를 빠르게 분석할 수 있는 간단한 테크닉은 "3-1-4" rule이며 이는 Figure 5-8에서 보여준다. (이것은 공식적인 rule의 어떤 유형이 아니다, 필자가 자체적으로 생각한 것이다.) 각 숫자는 주소의 해당하는 부분에서

hextet(또는 16bit 세그먼트)의 수를 의미한다. 아마도 이 숫자를 기억하는 쉬운 방법은 *pi*(3.14) *rule*을 연상하는 것이다.

- **3:** 이 부분은 글로벌 라우팅 프리픽스인 앞쪽 3개의 hextet(혹은 48bit)을 가리킨다. 이 예에서 글로벌 라우팅 프리픽스는 "2001:db8:cafe"이다.
- **1:** 이 부분은 그다음 하나의 hextet(혹은 16bit)을 가리키며 서브넷 ID이다. 이 예에서 서브넷 ID는 이진수 "0001" 혹은 "1"이다. 16bit의 서브넷 길이로 65,536개의 서브넷을 생성할 수 있다.
- **4:** 이 부분은 마지막 4개의 hextet(혹은 64-bit)을 가리키며, 곧 인터페이스 ID이다. 최종 사용자 네트워크에 SLAAC를 적용하고 주소정책을 관리하기 쉽도록 64-bit의 인터페이스 ID가 권고된다. 64-bit 인터페이스 ID는 서브넷 당 1,800 경개의 디바이스를 사용할 수 있게 한다. 예제에서 인터페이스 ID는 "0000:0000:0000:0100" 이나 "::100"이다. 여기에서 "::"은 3개의 "all-0" hextet을 생략한 것이다.

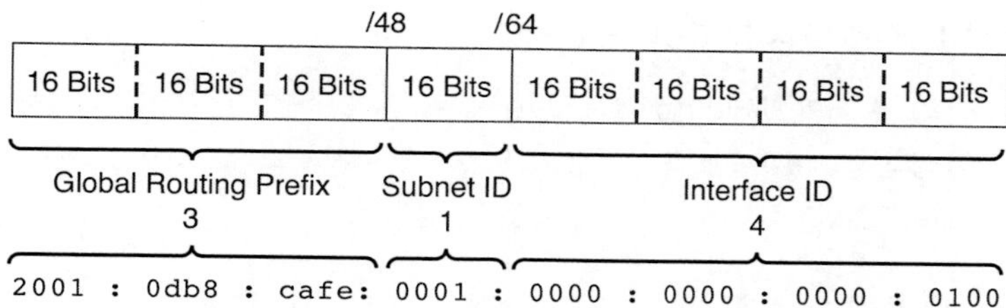

Figure 5-8 *Global Unicast Addresses and the 3-1-4 Rule*

Table 5-3은 3-1-4 테크닉을 사용하는 /48 global unicast 주소의 몇 가지 예제를 보여준다. 주소는 각 부분을 좀 더 명확하게 표시하기 위해 preferred 및 compressed 형식으로 표기하였다. 더블 콜론이 주소 표기를 압축하므로, 때때로 이 때문에 주소의 세 부분을 인식하기 어렵게 되기도 한다. 주소의 인터페이스 ID부터 시작하거나, 양쪽 끝부분부터 가운데의 서브넷 ID 방향으로 구분하는 게 쉬울 수도 있다.

Table 5-3 *Examples of /48 Global Unicast Addresses with the 3-1-4 Technique*

/48 Global Unicast Address	Global Routing Prefix (3)	Subnet ID (1)	Interface ID (4)
2001:0db8:cafe:0001:0000:0000:0000:0001	2001:db8:cafe	0001	0000:0000:0000:0001
2001:0db8:cafe:0004:0000:0000:0000:0400	2001:db8:cafe	0004	0000:0000:0000:0400
2001:0db8:1234:0001:0000:0000:0000:0100	2001:db8:1234	0001	0000:0000:0000:0100
2001:db8:aaaa:9:0:0:0:a	2001:db8:aaaa	0009	0000:0000:0000:000a
2001:db8:aaaa:1::0200	2001:db8:aaaa	0001	0000:0000:0000:0200
2001:db8:aaaa::200	2001:db8:aaaa	0000	0000:0000:0000:0200
2001:db8::abc:0	2001:db8:0000	0000	0000:0000:0abc:0000
2001:db8:abc:1::	2001:db8:abc	0001	0000:0000:0000:0000

/48 Global Unicast Address	Global Routing Prefix (3)	Subnet ID (1)	Interface ID (4)
2001:db8:deed:450:0123:4567:89ab:cdef	2001:db8:deed	0450	0123:4567:89ab:cdef
2001:db8:deed:5:ffff:ffff:ffff:ffff	2001:db8:deed	0005	ffff:ffff:ffff:ffff

다음 주소는 모두 IPv6에서 유효한 인터페이스(호스트) 주소임을 확인하라.

- **All-0s address:** 2001:db8:abc:1:: 혹은 2001:0db8:0abc:0001:0000:0000:0000:0000
- **All-1s address:** 2001:db8:deed:5:ffff:ffff:ffff:ffff

3-1-4 rule은 ISP가 site에 일반적인 /48 프리픽스를 할당할 때만 적용할 수 있다.

Examining Other Prefix Lengths

IPv6에서 프리픽스는 거의 언제나 nibble(4bit 단위) 경계에서 할당되므로, 인터페이스 ID와 서브넷 ID를 구분하는 것이 쉽다. Figure 5-9에서는 다양한 프리픽스 할당 예를 보여준다. 이 예들은 모두 최종 사용자 서브넷에 대해 권고되는 64-bit 인터페이스 ID를 사용한다.

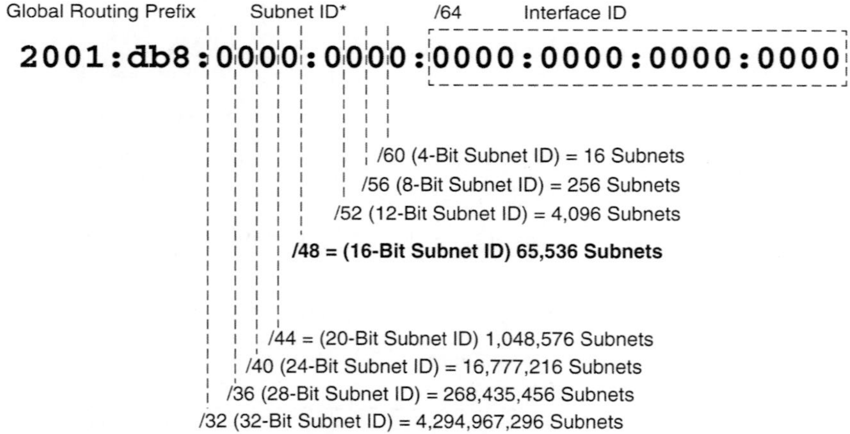

Figure 5-9 *Prefix Lengths and Subnet IDs*

/32 프리픽스를 살펴보자. 사이트는 /32 프리픽스를 ISP로부터 할당받거나, 혹은 더욱 일반적으로 RIR로부터 직접 받을 수도 있다. /32 프리픽스는 다음과 같은 결과를 낳는다.

- **Global Routing Prefix:** 이 경우 처음 32bit 혹은 처음 2개의 hextet이 된다. ISP 입장에서 본 네트워크 주소 혹은 프리픽스는 2001:db8::/32가 된다.
- **Subnet ID:** 64bit 인터페이스 ID이므로, 이제 32bit(프리픽스 다음 2개의 hextet)가 남아서 서브넷 ID가 된다. 서브넷 ID의 범위는 2001:db8:0000:0000::/64에서 2001:db8:ffff:ffff::/64이다. 서

브넷 ID 길이가 32-bit이면 약 42.9억 개의 서브넷 ID를 생성할 수 있고, 각 서브넷은 디바이스 ID로 1,800경 개를 사용할 수 있다. 이 단일한 사이트는 인터넷에서 IPv4 전체 주소 만큼이나 많은 서브넷을 사용할 수 있는 것이다.

이것이 매우 큰 정부 기관 같은 곳에서 받을 수 있는 비정상적으로 큰 네트워크 주소로 생각할 수 있으나 반드시 그런 것은 아니다. 실제로 캘리포니아대학(산타크루즈 캠퍼스)에서는 ARIN으로부터 /32 프리픽스를 할당받았다.

Figure 5-9에서 nibble(니블, 4bit) 단위로 나누어지는 다른 서브넷 ID의 예를 보여준다. 이렇게 해서 글로벌 라우팅 프리픽스와 인터페이스 ID로부터 주소의 서브넷 부분을 쉽게 구분하게 해준다. (다음 절에서는 nibble 내에서 서브넷을 나눌 때 어떤 일이 일어나는지 살펴볼 것이다.)

확실한지 확인하기 위해 Figure 5-10의 2001:db8:face:1000::/52에서 /52 프리픽스를 살펴볼 것이다.

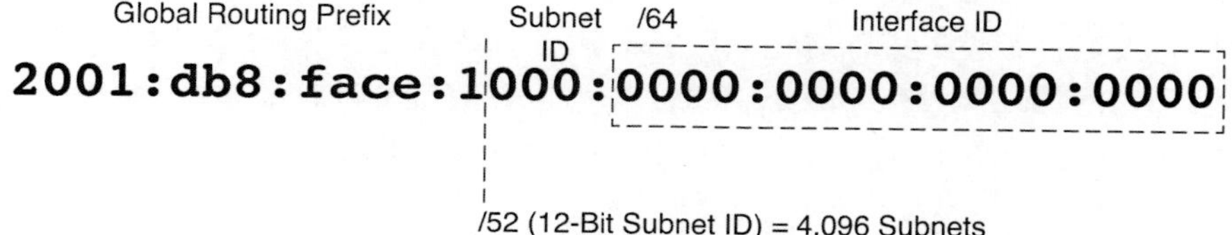

Figure 5-10 *Example of a /52 Prefix*

/52 글로벌 라우팅 프리픽스와 64-bit 인터페이스 ID로 서브넷 ID는 3개의 16진수를 사용할 수 있다. ISP는 라우팅 테이블에서 "2001:db8:face:1000::/52" 를 확인할 수 있을 것이다. 사이트 내부적으로 "2001:db8:face:1000::/64"에서 "2001:db8:face:1fff::/64"까지 범위의 서브넷 ID(4096개의 /64 네트워크)를 사용할 수 있다.

Subnetting IPv6

네트워크 크기에 따라 IPv6 주소지정 계획을 수립하려면 상당한 노력이 필요할 수 있다. 그러나 IPv6에서의 기본 서브넷 작업은 매우 직관적이다. 여러 면에서 IPv4 주소를 서브넷으로 나누는 것보다 훨씬 간단하다. IPv4에서는 옥텟 경계를 이용해 서브넷을 나누지 않는 한 특정 서브넷은 일반적으로 쉽게 알아보기 힘들게 된다.

RFC 5375 "*IPv6 Unicast Address Assignment Considerations*"에서 서브넷 프리픽스 고려 사항에 관한 지침을 제공한다. (IPv6 주소 계획은 17장, "Deploying IPv6 in the Network"에서 논의한다.) RIR과 다음의 기타 자료들도 IPv6 주소 계획을 발전시키는 데 도움을 제공한다:

- ARIN's *IPv6 Addressing Plans*, www.getipv6.info/index.php/IPv6_Addressing_Plans를 방문해 보라.
- RIPE's *Preparing an IPv6 Addressing Plan*, labs.ripe.net/Members/steffann/preparing-an-ipv6-addressing-plan을 참고하라.
- IPv6 Forum's *Preparing an IPv6 Addressing Plan*, www.ipv6forum.org/dl/presentations/IPv6-addressing-plan-howto.pdf를 참고하라.

"*서브넷 ID*"란 GUA 프리픽스 길이와 인터페이스 ID에 의해 길이가 변할 수 있고, 개별적인 서브넷들을 할당할 수 있는 필드를 지칭한다는 것을 유념하라. "*서브넷 프리픽스*(종종 단순히 *프리픽스*라고 하는)"는 Figure 5-1에서 보여준 것처럼 글로벌 라우팅 프리픽스와 서브넷 ID 주소 bit를 합친 것을 말한다.

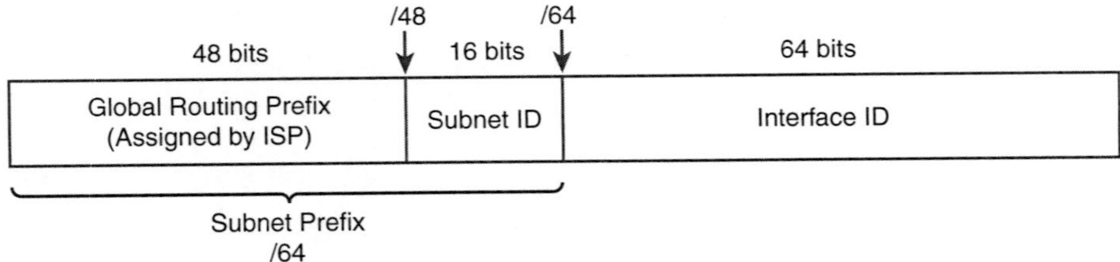

Figure 5-11 *Subnet Prefix*

ISP(보통 그렇지만, RIR에서 할당받을 수도 있다)에 의해 할당되는 전형적인 IPv6 사이트 프리픽스는 /48이다. /48 프리픽스를 할당받으면, 2^{16}개 혹은 65,536개의 서브넷을 만들 수 있는 16-bit 서브넷 ID를 생성할 수 있다. "all-0"와 "all-1" 서브넷도 유효한 서브넷임을 잊지 말아야 한다. 이렇게 해서 인터페이스 ID로 사용할 64bit가 남겨지는데, 서브넷 당 2^{64}(1,800경) 개의 디바이스가 가능하며 Figure 5-12에서 이를 보여준다.

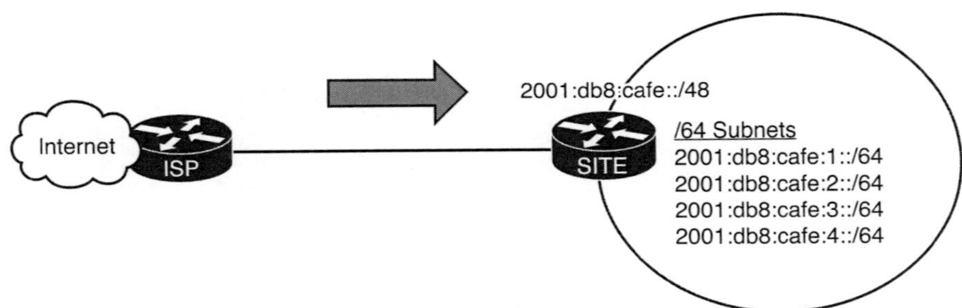

Figure 5-12 *Example of a /48 Site Subnetted with Four /64 Subnets*

Figure 5-12의 토폴로지를 사용하여 2001:db8:cafe::/48 네트워크는 Table 5-4와 같이 4개의 /64 서브넷으로 분리되었다. "all-0" 서브넷을 사용할 수 있지만, 이 예제는 "0001"로 시작하는 서브넷부터 사용하여 구분이 쉽게 한다.

Table 5-4 *IPv6 Address Chart for 2001:db8:cafe::/64*

Subnet Prefix (Global Routing Prefix and Subnet ID)		
Global Routing Prefix	**Subnet ID**	**Compressed Format**
`2001:db8:cafe:`	`0001`	`2001:db8:cafe:1::/64`
`2001:db8:cafe:`	`0002`	`2001:db8:cafe:2::/64`
`2001:db8:cafe:`	`0003`	`2001:db8:cafe:3::/64`
`2001:db8:cafe:`	`0004`	`2001:db8:cafe:4::/64`

16-bit 서브넷 ID의 값은 0000에서 ffff까지 범위이며 총 65,536개의 서브넷을 제공한다. 첫번째 서브넷은 0000부터 시작하고 16진수로 1씩 증가하므로 간단하다. 0009 다음의 서브넷 ID는 000a임을 주의해야 한다. 16-bit 서브넷 ID를 이용한 서브넷 작업의 단순함은 Table 5-5에 그려져 있다.

Table 5-5 *Subnetting Using the 16-Bit Subnet ID*

Range	Subnet ID
First 16 subnets	0000
	0001
	0002
	…
	0009
	000a
	000b
	000c
	000d
	000e
	000f
Next 16 subnets	0010
	0011
	0012
	…
	001f
Next 16 subnets	0020
	0021
	0022
	…
	002f
…	0030
	0031
	…

Extending the Subnet Prefix

서브넷을 나누는 것은 16-bit 서브넷 ID로 제한되지 않는다. 서브넷 ID는 다양한 길이가 가능하다. 즉 글로벌 라우팅 프리픽스 다음에 오는 다양한 길이의 bit가 서브넷 ID가 될 수 있다. IPv4와 마찬가지로 서브넷의 숫자를 늘릴 필요가 있으면(IPv6에서 더 그럴 수 있다), IPv6에서도 인터페이스 ID 영역에서 일부의 bit를 차용할 수 있고, 그렇게 하면 서브넷 당 허용되는 호스트의 숫자는 줄어든다. 이런 경우 좋은 사례는 네트워크 장비 간 링크(인프라스트럭쳐 링크)에 IP를 할당할 때인데 오로지 이런 경우에만 사용할 수 있다는 데 유의해야 한다. 단말들이 붙어야 하는 모든 네트워크 세그먼트에는 /64 프리픽스를 사용해야 하며, 이렇게 해야 SLAAC를 사용할 수 있다.

Figure 5-13은 /112 프리픽스의 예를 들었다. 이렇게 하여 원래의 /48 프리픽스를 64-bit(4개의 hextet) 더 확장한다. Figure 5-14는 /112 프리픽스 길이를 사용하는 서브넷 프리픽스의 범위를 보여준다.

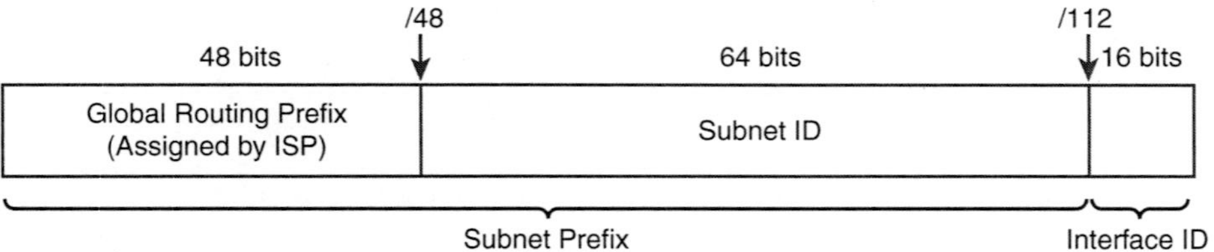

Figure 5-13 */112 Subnet Prefix*

```
                         Subnet Prefix
 Global Routing Prefix              Subnet-ID              Interface ID
2001 : 0db8 : cafe : 0000 : 0000 : 0000 : 0000 : 0000
2001 : 0db8 : cafe : 0000 : 0000 : 0000 : 0001 : 0000
2001 : 0db8 : cafe : 0000 : 0000 : 0000 : 0002 : 0000
2001 : 0db8 : cafe : 0000 : 0000 : 0000 : 0003 : 0000
2001 : 0db8 : cafe : 0000 : 0000 : 0000 : 0004 : 0000
      thru
2001 : 0db8 : cafe : ffff : ffff : ffff : fffe : 0000
2001 : 0db8 : cafe : ffff : ffff : ffff : ffff : 0000
```

Figure 5-14 *Range of /112 Subnet Prefixes*

서브넷 ID의 길이를 늘여서 확장해도 nibble 단위(4bit)로 하는 한 서브넷 작업은 매우 직관적이다.

Subnetting on a Nibble Boundary

인터페이스 ID의 bit를 사용하여 서브넷 ID로 확장할 경우, nibble 경계로 서브넷을 확장하는 것이 가장 좋은 방법이다. 하나의 nibble 은 4bit이고 Table 5-6에서 이를 보여준다.

Table 5-6 *Decimal, Hexadecimal, and Binary Chart*

Decimal	Hexadecimal	Binary (Nibble)
0	0	0000
1	1	0001
2	2	0010
3	3	0011
4	4	0100
5	5	0101
6	6	0110
7	7	0111
8	8	1000
9	9	1001
10	a	1010
11	b	1011
12	c	1100
13	d	1101
14	e	1110
15	f	1111

Figure 5-15에서 /64 서브넷 프리픽스는 4bit(1 nibble)만큼 확장되어 /68이 되었다. 이렇게 하여 서브넷 ID는 16bit에서 20bit가 되었다. 이것은 서브넷의 숫자를 늘려줄 수 있지만, 인터페이스 ID의 크기가 줄어든다. 개념을 설명할 목적 이외에는 이렇게 할 실제적인 이유는 별로 없다. 서브넷 프리픽스를 4bit(혹은 1 nibble)만큼 확장하여 nibble 경계에서 서브넷을 나누는 모범 사례를 수행한다. 4bit의 배수인 20bit를 사용할 경우 서브넷은 매우 직관적으로 된다.(Figure 5-15를 보라)

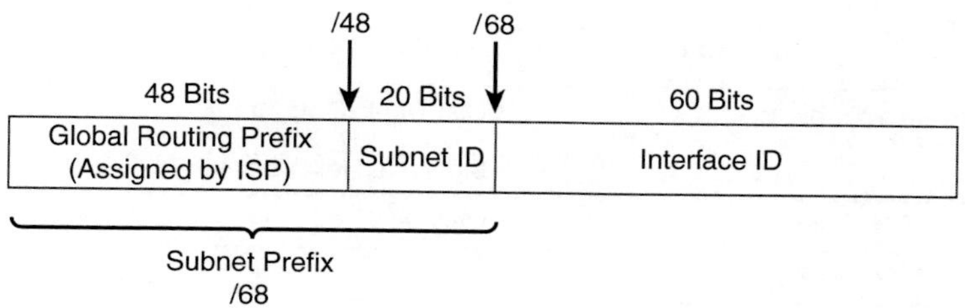

Subnetting on a nibble (4 bit) boundary makes it easier to list the subnets.

```
2001:db8:cafe:0000:0000::/68
2001:db8:cafe:0000:1000::/68
2001:db8:cafe:0000:2000::/68
  thru
2001:db8:cafe:ffff:f000::/68
```

Figure 5-15 *Subnetting on a Nibble Boundary*

Subnetting Within a Nibble

대부분 고객 네트워크에서, 서브넷 분리를 nibble 내에서 하는 것을 권고하지 않는다.[1] 이렇게 하면 실익은 거의 없는데 구현 및 트러블슈팅을 어렵게 만든다. 그러나 nibble 단위의 서브넷 분리가 IP를 잠재적으로 낭비하는 등의 몇 가지 경우에는 4-bit nibble 내부에서 서브넷 작업을 하는 것이 유리하다. 앞서 설명한 주소정책(addressing plan)이 이 경우에 도움을 줄 수 있을 것이다.

서브넷 분리를 nibble 내에서 하는 것은 조금 더 어렵다. Figure 5-16은 /70 프리픽스를 사용하여 nibble 내에서 서브넷을 나누는 예를 보여준다. 4bit nibble 대신에 2bit만큼만 서브넷 ID를 확장했기 때문에, 변환이 조금 더 번거롭다. 물론 유효한(쓸 수 있는) 방법이다. 단지 변환하기가 어려울 뿐이다.

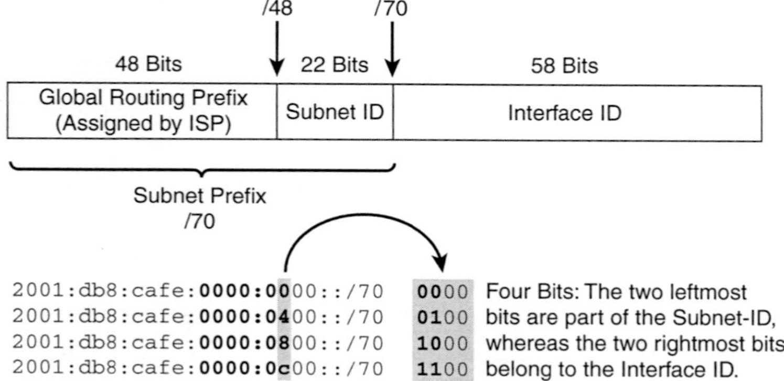

Figure 5-16 *Subnetting Within a Nibble*

첫 번째 서브넷은 알아보기 쉽다. 그러나 그다음 서브넷부터는 약간의 생각이 필요하다. IPv6 주소는 각 4bit를 표현할 때 16진수를 사용한다. /70 서브넷 프리픽스에서 마지막 16진수는 처음의 반은 서브넷 ID이며, 나머지 반은 인터페이스 ID이다. 그래서 서브넷 ID의 마지막 숫자 처음 2개 bit만 변경해가면서 사용할 수 있으며 Table 5-7에 이를 보여준다.

Table 5-7 *Subnetting Within a Nibble*

Subnetting Within a Nibble	Last Digit of Subnet ID Binary to Hexadecimal
2001:db8:cafe:**0000:0000**::/70	**00**00 = 0
2001:db8:cafe:**0000:0400**::/70	**01**00 = 4
2001:db8:cafe:**0000:0800**::/70	**10**00 = 8
2001:db8:cafe:**0000:0c00**::/70	**11**00 = c

1 4bit 단위가 아닌 nibble을 잘라서 서브넷을 나누는 것-옮긴 이

Subnetting /127 Point-to-Point Links

IPv6 주소 공간이 충분하다 하더라도, 네트워크 장비 간(network infrastructure) 인터페이스 ID의 크기를 제한하는 것은 충분한 이유가 있다. 일부 네트워크에 인터페이스 ID의 크기를 제한하는 것이 필요한지에 관한 논란이 있다. 이번 장에서는 이 주제에 대해 간략한 설명을 하겠다.

NDP Exhaustion Attack

Jeff Wheeler의 논문 〈IPv6 NDP 테이블 소진 공격(IPv6 NDP Table Exhaustion Attack)〉은 /64 서브넷과 IPv6 상의 단일 서브넷상의 거대한 주소 공간으로 인해 발생할 수 있는 잠재적인 문제를 제기했다. 예를 들면 공격자(해커, attacker)는 라우터에게 수억 개의 변조된 송신 IPv6 주소로부터 연속적인 패킷 스트림을 보낼 수 있다. 이렇게 하면 라우터는 각각의 주소마다 Neighbor Cache 엔트리를 생성해야 하고, 많은 메모리를 소모하게 된다. 송신 패킷의 종류에 따라, 라우터는 막대한 숫자의 Neighbor Solicitation 패킷을 발생시킬 것이고, 그에 대한 응답을 받지는 못할 것이다. 그래서 많은 양의 메모리와 CPU를 소진하게 된다. 이것은 마치 IPv4에서 ARP 캐시 테이블을 소진시키는 것과 동일하다.[1]

Note Jeff Wheeler의 프레젠테이션은 inconcepts.biz/~jsw/IPv6_NDP_Exhaustion.pdf에서 내려받을 수 있다.

64-bit 인터페이스 ID는 충분한 양의 인터페이스 주소를 허용한다-서브넷 당 1,800경 개 이상의 인터페이스(호스트). IPv4 호스트는 IPv4 주소와 관련된 Layer 2 MAC 주소의 목록을 관리하기 위해 ARP 캐시를 가지고 있다. IPv6에서 비슷한 역할은 "Neighbor Cache"이다.

NDP 소진(exhaustion) 공격에 대응하여 완화하는 기술이 있다. 시스코 라우터는 이 유형의 공격을 방어하기 위해 Neighbor Cache를 내부적으로 관리한다. 시스코 IOS "IPv6 destination guard"는 불분명한 곳에서 오는 트래픽을 차단하고, 목적지 주소에 기반하여 IPv6 트래픽을 필터링하는 또 다른 완화 방법이다.

RFC 3756 "*IPv6 Neighbor Discovery (ND) Trust Models and Threats*"는 NDP 소진 공격 문제에 대항할 몇 가지 기술(Secure Neighbor Discovery 등, SEND 혹은 SeND라고도 함)을 제안한다. 모든 제조사가 SEND를 널리 지원하지는 않는다. 또 아직 제안 단계의 RFC "*Mitigating IPv6 Neighbor Discovery DoS Attack Using Stateless Neighbor Presence Discovery*"도 이 문제를 다룬다.

NDP 소진 공격과 완화 기술에 관한 자세한 내용은 이 책의 범위를 넘어선다. 이 장의 끝에 이 문제에 관한 레퍼런스를 몇 개의 URL로 포함해 놓겠다.

---

1 infra 링크는 /127을 사용하면 문제가 되지 않을 것이다. 스위칭 chip의 메모리(TCAM 등)는 한정되어 있으므로, 4배 긴 주소를 사용하는 neighbor cache에다 /64 프리픽스를 여러 개 사용해야 하며, IPv6 멀티캐스트까지 지원해야 하므로 호스트를 직접 수용하는 edge 라우터/스위치에서는 반드시 적절한 메모리 관리 및 보호 기술이 구현되어야 할 것이며 안정화에 시간이 오래 걸릴 수 있다.-옮긴 이

/127 Subnetting on Point-to-Point Links

NDP 소진 공격에 대해 방어하는 한 가지 방법은 point-to-point 링크에 관해서 /127 프리픽스를 사용하는 것이다. RFC 6164 "*Using 127-Bit IPv6 Prefixes on Inter-Router Links*"에서 보안 문제와 또 다른 몇 가지 이유로 라우터의 point-to-point 링크에서 /127 IPv6 프리픽스를 사용하도록 권고한다.

/127 프리픽스를 사용해서 서브넷을 나누는 것은 IPv4에서 31-bit(/31)을 사용하는 것과 비슷하다. IPv4에서는 주소를 절약하기 위해 /30 또는 /31을 point-to-point 링크에 사용했다. 오랫동안 많은 네트워크에서 실제 /30 프리픽스를 사용해 왔으며, 이렇게 해서 모두 4개의 주소를 사용한다.(2개의 host 주소, 1개의 네트워크 주소, 1개의 브로드캐스트 주소)

/31 서브넷은 같은 주소 공간을 가지고 /30보다 2배의 point-to-point 링크를 운용할 수 있게 한다. 시스코 IOS는 12.2(2)T 이후에서 지원되며, RFC 3021 "*Using 31-Bit Prefixes on IPv4 Point-to-Point Links*"를 참고하라.

Note /31 point-to-point 링크의 인터페이스 IPv4 주소는 네트워크와 브로드캐스트 주소를 사용하여 설정된다. 더 많은 정보와 설정 예제를 참고하려면 www.cisco.com에서 확인하라.

IPv6 /127 서브넷은 "all-0"와 "all-1"(호스트 부분)의 개념이 다른 것(정상적인 unicast 주소이며, IPv6에서는 브로드캐스트 주소가 없다) 이외에는 IPv4 /31 서브넷과 유사하다. Figure 5-17은 48-bit 글로벌 라우팅 프리픽스를 사용한 IPv6 /127 프리픽스의 예를 보여준다. 그림에서 세 필드의 크기는 다음과 같다.

- **글로벌 라우팅 프리픽스:** 앞의 48 bit
- **서브넷 ID:** 79 bits
- **인터페이스 ID:** 마지막 1 bit

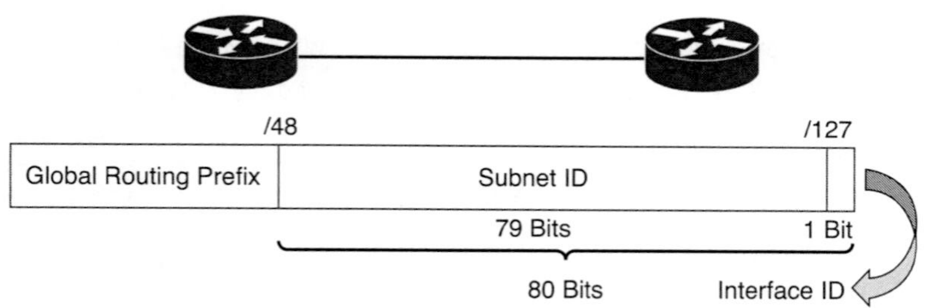

Figure 5-17 */127 Prefix*

IPv4에서 /30, /31 프리픽스를 사용하는 목적과 달리, IPv6에서 /127 프리픽스를 사용하는 것은 주소를 절약하기 위한 것이 아니라 보안과 기타 몇 가지 이유 때문이다. 주소 관리를 쉽게 하기 위해, 각 /127 서브넷을 위해 /64 전체를 할당할 것을 권고한다.

예를 들면 몇 개의 point-to-point 링크를 갖는 2001:db8:cafe::/48 사이트 프리픽스를 사용한다고 가정하자. 16bit 서브넷 ID는 65,536개의 서브넷을 제공한다. 우리는 서브넷 ID "ffxx"를 point-to-point /127 프리픽스를 위해 할당할 수 있다. 그러므로 /127 네트워크의 첫 번째 hextet은 ff00, ff01, ff02로 시작하여 ffff까지가 될 것이다. 모두 256개의 /127 네트워크를 point-to-point 용으로 할당할 수 있는 것이다.

Table 5-8은 각 /127 서브넷에 대해 /64 서브넷 전체를 할당하는 예제를 보여준다. 처음 보면 이것은 주소를 낭비하는 것처럼 보일 것이다. 그러나 /48 글로벌 라우팅 프리픽스는 모두 65,536개 /64 서브넷을 만들 수 있다는 것을 상기하라. 서브넷 ID는 구분하기 쉽게 preferred 포맷으로 표시한다.

Table 5-8 *Allocating a /64 Subnet for Each /127 Subnet*

First Hextet	/64 Subnet Reserved for Each /127 Subnet
`ff00`	`2001:db8:cafe:ff00:0000:0000:0000:0000/64` (Reserved)
	`2001:db8:cafe:ff00:0000:0000:0000:0000/127` (First host)
	`2001:db8:cafe:ff00:0000:0000:0000:0001/127` (Second host)
`ff01`	`2001:db8:cafe:ff01:0000:0000:0000:0000/64` (Reserved)
	`2001:db8:cafe:ff01:0000:0000:0000:0000/127` (First host)
	`2001:db8:cafe:ff01:0000:0000:0000:0001/127` (Second host)
`ff02`	`2001:db8:cafe:ff02:0000:0000:0000:0000/64` (Reserved)
	`2001:db8:cafe:ff02:0000:0000:0000:0000/127` (First host)
	`2001:db8:cafe:ff02:0000:0000:0000:0001/127` (Second host)
.	
.	
.	
`ffff`	`2001:db8:cafe:ffff:0000:0000:0000:0000/64` (Reserved)
	`2001:db8:cafe:ffff:0000:0000:0000:0000/127` (First host)
	`2001:db8:cafe:ffff:0000:0000:0000:0001/127` (Second host)

Table 5-8에서 첫 번째 호스트(First host)의 주소 부분은 "::"(더블 콜론)으로 표기될 수 있으며, 네트워크 주소와 유사하게 보인다. 이것은 IPv6에서 문제가 되지는 않지만, 혼동할 우려는 있다. 한 가지 대안은 서브넷 ID의 마지막 3bit를 수정하여 마지막 hextet이 "::"(더블 콜론)으로 끝나지 않게 하는 것이다.

Figure 5-8에서 서브넷 ID의 마지막 3bit를 "101"로 수정하여 "::"로 끝나지 않게 하는 예제를 보여준다. 서브넷 ID의 마지막 3bit(101)에 host 부분의 bit를 더하여 마지막 hextet이 "a" 혹은 "b"로 끝나게 된다.

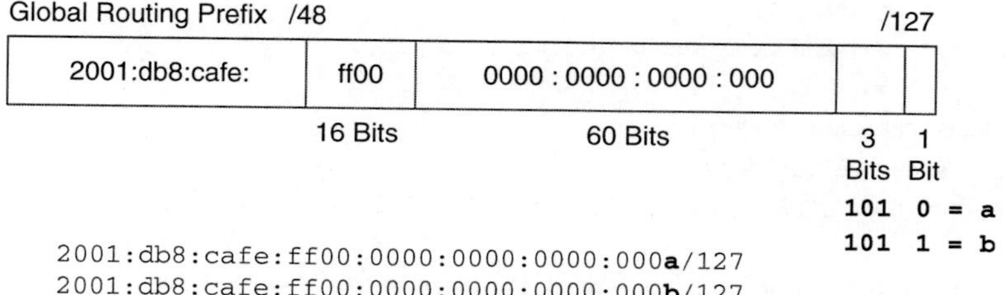

Figure 5-18 */127 Prefix with Last 3 Bits Modified in Subnet ID*

Table 5-9는 앞의 Table 5-8 예제와는 다르게 서브넷 ID의 마지막 3bit가 "101"인 /127 서브넷들을 보여준다. 각 주소 쌍들은 주의 깊게 선택되어야 한다. 2001:db8:cafe:ff00::a/127과 2001:db8:cafe:ff00::b/127은 같은 서브넷상의 호스트 주소이다. 그러나 2001:db8:cafe:ff00::b/127과 2001:db8:cafe:ff00::c/127은 서로 다른 서브넷에 속한 호스트이다. 다시 한번 말하지만, 구분이 쉽도록 서브넷 ID를 preferred 형식으로 표시했다.

Table 5-9 */127 Subnets with Modified Last Hextet*

First Hextet	/64 Subnet Reserved for /127 Subnet
`ff00`	`2001:db8:cafe:ff00:0000:0000:0000:0000/64` (Reserved)
	`2001:db8:cafe:ff00:0000:0000:0000:000a/127` (First host)
	`2001:db8:cafe:ff00:0000:0000:0000:000b/127` (Second host)
`ff01`	`2001:db8:cafe:ff01:0000:0000:0000:0000/64` (Reserved)
	`2001:db8:cafe:ff01:0000:0000:0000:000a/127` (First host)
	`2001:db8:cafe:ff01:0000:0000:0000:000b/127` (Second host)
`ff02`	`2001:db8:cafe:ff02:0000:0000:0000:0000/64` (Reserved)
	`2001:db8:cafe:ff02:0000:0000:0000:000a/127` (First host)
	`2001:db8:cafe:ff02:0000:0000:0000:000b/127` (Second host)
.	
.	
.	
`ffff`	`2001:db8:cafe:ffff:0000:0000:0000:0000/64` (Reserved)
	`2001:db8:cafe:ffff:0000:0000:0000:000a/127` (First host)
	`2001:db8:cafe:ffff:0000:0000:0000:000b/127` (Second host)

Example 5-12는 2대의 인접 라우터 R1과 R2에서 /127 설정을 보여준다.

Example 5-12 *Configuring and Verifying the /127 Subnet*

```
R1(config)# interface g 0/1
R1(config-if)# ipv6 add 2001:db8:cafe:ff02::a/127

------------------------------------------------------------
R2(config)# interface g 0/1
R2(config-if)# ipv6 add 2001:db8:cafe:ff02::b/127
R2(config-if)# end
R2# ping 2001:db8:cafe:ff02::a
Type escape sequence to abort.
Sending 5, 100-byte ICMP Echos to 2001:DB8:CAFE:FF02::A, timeout is 2 seconds:
!!!!!
Success rate is 100 percent (5/5), round-trip min/avg/max = 1/1/1 ms
R2#
```

ipv6gen: An IPv6 Subnetting Tool

지금까지 설명한 대로 IPv6에서의 서브넷 작업은 쉽다(IPv4에서 서브넷 작업을 하는 것보다 확실하게). 그리고 더 쉽게 만드는 좋은 툴도 있다. ipv6gen은 주어진 프리픽스 길이에 대해 IPv6 서브넷을 생성한다. 이 툴은 할당받은 더 큰 프리픽스로부터 주어진 길이의 IPv6 프리픽스 목록을 생성한다.

> **Note** ipv6gen은 RFC 3531 "*A Flexible Method for Managing the Assignment of Bits of on IPv6 Address Block*"에 따라서 프리픽스를 생성한다.

ipv6gen 명령은 몇 가지 옵션을 가지고 있다. 기본 명령 구문은 아래와 같다.

```
ipv6gen prefix/prefix-length subnet-bits
```

Example 5-13은 ipv6gen을 사용한 2개의 예제를 보여준다. 첫 번째 예는 "2001:db8:cafe::/48"에 관한 /64 서브넷을 보여준다. 물론 65,536개 서브넷 전체를 표시한 것은 아니다.

Example 5-13 *Using ipv6gen to Display IPv6 Subnets*

```
MacOS$ ipv6gen.pl 2001:db8:cafe::/48 64
2001:0DB8:CAFE:0000::/64
2001:0DB8:CAFE:0001::/64
2001:0DB8:CAFE:0002::/64
2001:0DB8:CAFE:0003::/64
2001:0DB8:CAFE:0004::/64
2001:0DB8:CAFE:0005::/64
<output omitted for brevity>
2001:0DB8:CAFE:FFFD::/64
2001:0DB8:CAFE:FFFE::/64
2001:0DB8:CAFE:FFFF::/64
MacOS$

 ----------------------------------------------------------------------------
MacOS$ ipv6gen.pl 2001:db8:cafe:1000::/52 54
2001:0DB8:CAFE:1000::/54
2001:0DB8:CAFE:1400::/54
2001:0DB8:CAFE:1800::/54
2001:0DB8:CAFE:1C00::/54
MacOS$
```

Example 5-13에서의 두 번째 예는 nibble 내에서 서브넷을 나누는 경우를 보여준다. 2001:db8:cafe:1000::/52 프리픽스를 /54 서브넷 ID로 나누었다. 결과적으로 "1**0**00"의 처음 나오는 "0"인 두 번째 16진수 값은 서브넷 ID와 인터페이스 ID로 분할된다. 2bit의 서브넷 ID로 4개의 서브넷이 된다.

nibble 내 서브넷 작업의 이해를 돕기 위해 다음 목록은 4번째 hextet을 16진수와 이진수 둘 다로 표기했다.

- 16진수: 1**0**00, 이진수: 0001 **00**00 0000 0000
- 16진수: 1**4**00, 이진수: 0001 **01**00 0000 0000
- 16진수: 1**8**00, 이진수: 0001 **10**00 0000 0000
- 16진수: 1**c**00, 이진수: 0001 **11**00 0000 0000

Note ipv6gen 은 Perl로 작성되었고 code.google.com/archive/p/ipv6gen/downloads에서 내려받을 수 있다.

Prefix Allocation

IPv4에서와 마찬가지로 IPv6에서도 네트워크상에서 사용할 수 있는 호스트와 서브넷의 숫자는 ISP에서 할당받는 주소의 프리픽스 길이에 달려있다.

IPv4 인터넷이 발전함에 따라 제한된 숫자의 IPv4 주소 공간은 빠르게 고갈되었다. 오늘날 IPv4 주소 공간에 대한 고객의 할당 요청은 ISP에 의해 면밀하게 검토된다. 대부분 사이트는 자신들의 네트워크 내에 많은 수의 IPv4 호스트를 수용하기 위해 NAT에 크게 의존하고 있다.

예를 들면, 이 책을 쓸 당시의 캘리포니아 연구망 사업단(CENIC, Corporation for Education Network Initiatives in California)은 IPv4 주소를 할당하기 위한 자체 정책에 다음과 같은 내용을 포함하고 있다.

- "인터넷상에서 사용할 수 있는 IP의 숫자가 제한되어 있으므로 할당받은 주소의 사용률이 네트워크 주소할당의 핵심 요소가 될 것이다."
- "CENIC의 고객은 더는 /27(32개의 사용 가능한 주소)보다 큰 주소를 할당받을 수 없다."
- "추가적인 주소할당 전에 85% 이상의 사용률이 증명되어야 한다."
- "모든 주소할당은 CENIC 엔지니어의 판단에 달려있다."
- "CENIC이 고객의 수요에 충분하다고 결론을 내릴 때 주소할당은 /27보다 작을 수도 있다."
- "/27을 초과하는 호스트 주소를 요청하는 고객은 NAT(Network Address Translation)의 사용을 고려해야 한다."[1]

Note CENIC의 전체 IPv4 할당 정책은 cenic.org/network/ipv4-allocation에서 확인 가능하며 IPv6 정책은 cenic.org/network/address-allocation에서 알 수 있다.

IPv6는 충분한 주소 공간을 가지고 있어서 이러한 유형의 조사나 제한이 필요 없다. 네트워크 관리자들은 내부 네트워크를 위한 NAT 같은 기술과 point-to-point 링크에 /30 프리픽스 사용 제한이 걸리는 IPv4 주소에 익숙해져 있다. IPv6에서 더는 이런 것들이 고려 대상이 아니지만, 누군가에게는 깨기 힘든 관습일 것이다.

---

1 CENIC, Address Allocation, cenic.org/network/ipv4-allocation

최종 site에 IPv6 주소할당을 하면 IPv6 주소는 충분한 서브넷과 서브넷 당 디바이스를 허용한다. 목표 중의 하나는 site 들이 IPv6 주소 스키마를 다루기 쉽게 하는 것이다.

그래서 사이트가 할당받을 IPv6 네트워크의 크기는 얼마나 큰 것이 될 것인가? IAB(Internet Architecture Board)는 한때 /48 프리픽스를 최종 사이트에 할당해야 한다고 ISP에게 권고했었다. (RFC 3177 "*IAB Recommendations on IPv6 Address Allocations to Sites*"를 참고하라) 이 권고는 RFC 6177 "*IPv6 Address Assignment to End Sites*"에서 폐지되었다.

IAB가 사이트들에 /48 프리픽스 할당을 권고한 것은 몇 가지 이유(충분한 주소 공간을 보장하고, 사이트의 주소 계획을 단순하게 함)가 있다. RFC 6177에서도 최종 사이트들에 대한 /48 프리픽스 할당은 여전히 옵션이긴 하나, 더는 IPv6 아키텍처의 요구사항은 아니다. 대신에 ISP는 최종 사이트에 프리픽스를 할당할 때, 프리픽스 크기에 있어 좀 더 유연해질 수 있다. 이것은 하나의 서브넷을 구성하기 위해 /64가 필요하고 사이트는 여러 개의 서브넷이 필요할 것이라는 점을 염두에 두고 있다.

이런 변경에도 불구하고, 여전히 ISP는 통상적으로 /48 프리픽스를 고객에게 할당하고 있다. 앞서 말했듯이 북미의 RIR인 ARIN은 대부분 경우 산하의 ISP에게 최소한 /48 프리픽스를 최종 사이트에 할당하도록 권고하는 정책을 갖고 있다.

Provider-Aggregatable (PA) and Provider-Independent (PI) Address Space

최종 사용자 조직에 할당할 수 있는 두 가지 유형의 주소가 있다.

- Provider-aggregatable (PA, 프로바이더-축약 가능)
- Provider-independent (PI, 프로바이더-독립)

Provider-Aggregatable Address Space

Provider-Aggregatable(PA) 주소 공간은 RIR이 ISP에 할당한 주소 블록이다. ISP는 좀 더 효율적인 라우팅을 위해 자신의 주소 공간을 축약(aggregate/summarize)한다. 이 주소들은 ISP에 의해 다시 고객들에게 할당된다. PA 주소 공간은 다음과 같은 특징을 가지고 있다.

- 이 주소들은 ISP의 소유이며 고객들에게 할당된다.
- PA 주소 공간의 이점은 비용이 들지 않는다는 것이다. 이 주소는 ISP의 소유이며 보통 서비스 차원에서 추가적인 요금 없이 고객들에게 제공된다.
- 단점은 최종 사이트들이 ISP를 바꿀 경우, 최종 사용자가 전과 같은 주소를 쓸 수 없다는 점이다.

PA 주소 공간에서 IPv6 프리픽스를 할당받은 최종 사이트의 예는 캘리포니아주 앱토스에 있는 Cabrillo 대학이다. Cabrillo대학은 /48 IPv6 프리픽스를 자신의 ISP인 CENIC으로부터 할당받았다. CENIC은 IPv6 최종 사이트에 /48 프리픽스를 할당하는 정책을 시행하고 있다. 다시 말하면 /48 프리픽스는 65,536개의 서브넷을 제공하며, 각각의 서브넷은 1,800경 개의 디바이스를 수용한다. 그러나 Cabrillo 대학이 ISP를 바꾼다면 또 다른 IPv6 프리픽스를 부여받을 것이다. 이로 인해 디바이스의 IP 변경, ACL

수정, DNS 업데이트, 스위치 및 라우터 인터페이스 변경, ingress 필터링 수정, 라우팅 프로토콜 수정 등의 측면에서 문제가 발생한다.

다음의 RFC는 한 IPv6 프리픽스를 다른 IPv6 프리픽스로 재부여(renumbering)할 때 도움을 준다.

- RFC 4192, *Procedures for Renumbering an IPv6 Network with a Flag Day*
- RFC 6879, *IPv6 Enterprise Networking Renumbering Scenarios, Considerations, and Methods*

Cisco IOS는 시스코 장비의 IP를 쉽게 변경할 수 있는 general prefix 옵션 (다음 절에서 설명)을 제공한다.

Figure 5-19는 RIR과 ISP 그리고 사이트에 어떻게 주소가 할당되는지 예를 들어 보여주고 있다. 이 예들은 최소한의 할당이다. 실제는 RIR 은 /23이나 더 짧은 프리픽스를 할당받고, ISP는 /32나 더 짧은 프리픽스, 사이트는 /48이나 더 짧은 프리픽스를 할당받을 수 있다. 프리픽스 길이가 짧을수록 사용할 수 있는 주소는 많아진다. 예를 들면 사이트는 자신의 ISP에게 정당하다고 인정받으면, /48 대신에 /40을 할당받을 수 있다.

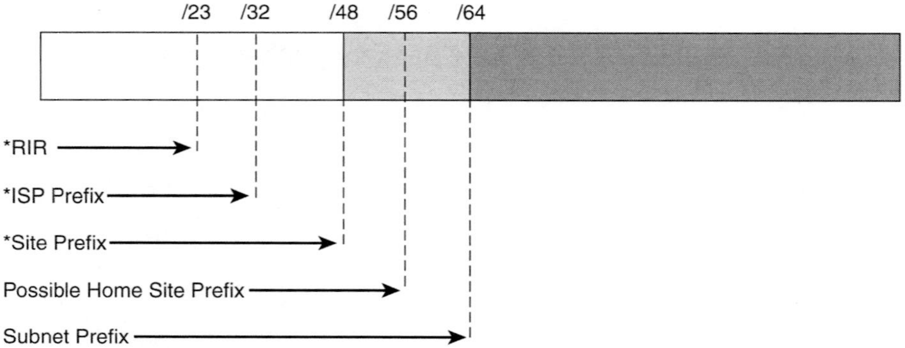

Figure 5-19 *Global Routing Prefix Sizes*

Provider-Independent Address Space

최종 사용자도 RIR로부터 Provider-Independent 주소 공간을 직접 할당받을 수 있다. RIR 은 직접 사용자 기관에게 PI 주소 공간을 할당한다. Provider-Independent 주소 공간은 다음의 특징을 가지고 있다.

- 주소 공간을 RIR로부터 직접 할당받는다.
- 사이트는 더욱 큰 주소 공간을 할당받을 수 있다.
- PI는 여러 ISP와 연결하여 멀티홈 방식으로 사용될 수도 있다. (멀티호밍은 여러 개의 ISP 들과 네트워크를 연결하는 방법의 하나이다.)
- ISP를 변경하더라도 주소는 사용자에 직접 할당되어 있으므로, 프리픽스 재부여(prefix renumbering)가 필요 없다.
- RIR 은 PI 주소 공간에 대해 과금을 한다.

Provider-Independent 주소 공간의 장점 중의 하나는 ISP를 바꾸더라도 새로운 주소를 받아야 할 필요가 없다는 것이다. 최종 사이트는 단일 ISP 혹은 여러 ISP와 자신의 프리픽스를 라우팅해 주도록 계약을 해야만 한다.

Figure 5-9에서의 프리픽스 길이를 참고하면, 최종 사이트들은 RIR의 정책에 따라 /48에서 /32까지의 프리픽스를 할당받을 수 있다. PI 주소의 한 예로 UCSC(University of California Santa Cruz, 캘리포니아 주립대 산타크루즈 캠퍼스)를 들 수 있다. UCSC는 ARIN에 IPv6 PI 주소 공간을 신청해서 /32 프리픽스를 할당받았다. 이 말은 UCSC는 각각 1,800 경개의 호스트를 쓸 수 있는 42.9억 개의 서브넷을 생성할 수 있다는 것을 의미한다. UCSC는 32bit의 서브넷 ID를 사용하여 관리와 구현이 쉬운 주소 계획을 세울 수 있다.

General Prefix Option

시스코 IOS에서 IPv6 "general(혹은 generic) prefix" 옵션은 네트워크 주소 변경을 쉽게 하고, 자동 프리픽스 정의를 가능하게 한다. *prefix-name*이 "general-prefix"—예를 들면 /48 프리픽스— 명령에 인자로 주어진다. *prefix-name*은 general IPv6 프리픽스를 위한 별칭(placeholder)이며 인터페이스에 IPv6 주소를 할당할 때 프리픽스 숫자 대신 사용할 수 있다.

general 프리픽스는 다음 구문을 사용하여 global configuration 모드에서 설정한다.

```
ipv6 general-prefix prefix-name ipv6-prefix/prefix-length
```

Example 5-14에서 "MyGUA"라는 이름을 가진 general 프리픽스를 다음과 같이 설정하였다.

```
Router(config)# ipv6 general-prefix MyGUA 2001:db8:cafe::/48
```

MyGUA는 2001:db8:cafe::/48 프리픽스의 별칭이다. MyGUA *프리픽스 명*은 주소를 할당할 때, 단축 약어 혹은 별칭으로 사용될 수 있다. MyGUA 프리픽스 명을 **gigabitethernet 0/0**과 **0/1**에 설정할 때, 앞쪽의 /48 bit는 "all-0(::)"이다. 이 48bit는 *프리픽스 명* MyGUA로 치환된다.

Example 5-14 *Configuring Addresses with the IPv6 General Prefix Option*

```
Router(config)# ipv6 general-prefix ?
  WORD  General prefix name
Router(config)# ipv6 general-prefix MyGUA 2001:db8:cafe::/48
Router(config)# interface gigabitethernet 0/0
Router(config-if)# ipv6 address MyGUA ::88:0:0:0:1/64
Router(config-if)# no shutdown
Router(config-if)# exit
Router(config)# interface gigabitethernet 0/1
Router(config-if)# ipv6 address MyGUA ::99:0:0:0:1/64
Router(config-if)# no shutdown
Router(config-if)# end
Router# show ipv6 interface brief
GigabitEthernet0/0     [up/up]
    FE80::7EAD:74FF:FECC:5380
    2001:DB8:CAFE:88::1
GigabitEthernet0/1     [up/up]
    FE80::7EAD:74FF:FECC:5381
    2001:DB8:CAFE:99::1
<output omitted>

Router# show ipv6 general-prefix
IPv6 Prefix MyGUA, acquired via Manual configuration
  2001:DB8:CAFE::/48 Valid lifetime infinite, preferred lifetime infinite
Router#
```

Example 5-14에서 "**show ipv6 interface brief**" 명령으로 MyGUA *프리픽스 명*의 처음 48bit인 "2001:db8:cafe"로 시작하는 두 개의 인터페이스를 확인할 수 있다. "**show ipv6 general-prefix**" 명령으로 설정된 모든 general 프리픽스의 정보를 조회한다.

Example 5-15는 프리픽스 재부여(renumbering)를 위해 "**general-prefix**" 명령을 사용할 때의 장점을 보여주고 있다. 처음에 general prefix 명 MyGUA와 관련된 프리픽스를 삭제했다. 그다음 동일한 프리픽스 명인 MyGUA를 사용하여 새로운 /48 프리픽스(2001:db8:beef)로 general 프리픽스를 재설정했다. "**show ipv6 interface brief**" 명령은 모든 인터페이스에 재설정을 할 필요 없이, 인터페이스의 새로운 프리픽스로 재부여를 확인하는 명령이다. running-config 파일은 **general-prefix** 명령을 사용하는 인터페이스 설정을 보여준다.

Example 5-15 *Renumbering Using the IPv6* ***general-prefix*** *Option*

```
! General prefix-name GUA is removed
Router(config)# no ipv6 general-prefix MyGUA 2001:db8:cafe::/48

! General prefix-name GUA is configured with a new prefix
Router(config)# ipv6 general-prefix MyGUA 2001:db8:beef::/48
Router(config-if)# end

! Verify that the interface addresses have the new prefix
Router# show ipv6 interface brief
GigabitEthernet0/0      [up/up]
    FE80::7EAD:74FF:FECC:5380
    2001:DB8:BEEF:88::1
GigabitEthernet0/1      [up/up]
    FE80::7EAD:74FF:FECC:5381
    2001:DB8:BEEF:99::1
<output omitted>
Router# show running-config
<partial output>
ipv6 general-prefix MyGUA 2001:DB8:BEEF::/48
!
interface GigabitEthernet0/0
 ipv6 address MyGUA ::88:0:0:0:1/64
!
interface GigabitEthernet0/1
 ipv6 address MyGUA ::99:0:0:0:1/64
!
```

Note **general-prefix** 명령에 관한 자세한 설명은 "www.cisco.com/c/en/us/td/docs/ios-xml/ios/ipv6_basic/configuration/15-mt/ip6b-15-mt-book/ip6-generic-prefix.html"를 참고하라.

Dynamic Addressing Methods with SLAAC and DHCPv6

이 절에서 IPv6 global unicast 주소에 대한 동적 주소할당(dynamic addressing) 방법에 대해 간략한 설명을 한다. 동적 주소할당은 8장에서 논의를 시작할 것이다.

2장 "IPv6 Primer"에서 언급했듯이, IPv6는 동적 주소할당 관련해서 IPv4와는 다른 접근 방식을 가지고 있다. 차이점 하나는 IPv6에서는 ICMPv6 Router Advertisement(RA) 메시지를 사용하여 로컬 네트워크 내 디바이스에 IPv6 주소 정보를 어떻게 얻을 수 있을지 알려준다는 점이다.

RA 메시지는 동적으로 global unicast 주소를 설정하는 다음 두 가지 방법을 제안한다.

- **Stateless Address Autoconfiguration (SLAAC):** 디바이스는 자신의 global unicast 주소를 생성하기 위해 RA 메시지 내의 프리픽스를 포함하는 정보를 사용한다. 인터페이스 ID는 random 64bit 값을 사용하거나 이더넷 MAC 주소를 사용하는 EUI-64 프로세스로 자동으로 생성된다.
- **Stateful DHCPv6:** stateful DHCPv6는 IPv4의 DHCP와 유사하다. stateful DHCPv6 서버는 global unicast 주소를 클라이언트 디바이스에 할당한다. 하나 차이점은 DHCPv6 서버는 디폴트 게이트웨이의 정보를 알려주지 않는다는 것이다. 디폴트 게이트웨이의 정보는 RA 메시지로부터만 동적으로 받을 수 있다.

8장에서 SLAAC와 DHCPv6 둘 다에 대해 다시 설명할 것이다.

Summary

이 장에서는 IPv6 global unicast 주소(GUA), 서브넷팅, 프리픽스 할당에 중점을 두었다. global unicast 주소의 구조와 Cisco IOS, Windows, Linux 및 Mac OSX에서 GUA 주소를 수동으로 설정하는 방법을 살펴보았다.

/48 GUA 주소에서 주소의 서로 다른 부분을 쉽게 인식할 수 있는 간단한 테크닉은 3-1-4 rule이다.

서브넷 ID를 사용하면 IPv4보다 간단하게 IPv6 GUA 주소를 서브넷으로 나눌 수 있다. 필요한 곳에서는 인터페이스 ID의 비트를 사용하여 서브넷 ID의 경계를 넘어 서브넷을 나눌 수도 있다. 항상 니블 경계에서 서브넷을 나누는 것이 최선이지만, 니블 내 서브넷팅도 가능하다. NDP 소진 공격에 대한 우려 때문에 일부 네트워크 관리자는 point-to-point 링크에서 /127 프리픽스를 사용하는 것을 선호한다. 이 장에서는 **ipv6gen** 프로그램이 IPv6 서브넷을 나누는 데 어떻게 도움이 될 수 있을지에 대한 예제를 제공한다.

이 장에서는 provider-aggregatable(PA)와 provider-independent(PI) 주소 공간을 비교했다. PA 주소 공간의 단점 중 하나는 특정 사이트가 ISP를 변경할 경우 프리픽스 재부여가 필요하다는 것이다. Cisco IOS는 IPv6 **general-prefix** 옵션을 사용하여 더 쉽게 이 작업을 할 수 있게 해 준다.

이 장에서는 디바이스가 Stateless Address Autoconfiguration(SLAAC)와 stateful DHCPv6를 사용하여 GUA를 동적으로 할당받거나 생성하는 방법에 관한 간단한 소개를 하고 끝맺는다. SLAAC 및 DHCPv6에 대해서는 8~11장에서 자세히 설명한다.

Review Questions

1. global unicast 주소의 세 가지 부분은 무엇인가?
2. 사용자 네트워크(LAN)에 /64 서브넷 프리픽스를 사용하는 것이 권장되는 이유는 무엇인가?
3. 3-1-4 rule은 /48 GUA 주소의 3가지 부분을 어떻게 표시하는가?
4. 다음 /48 GUA 주소에 대해 글로벌 라우팅 프리픽스, 서브넷 ID 및 인터페이스 ID를 구분하라.
   a. 2001:db8:cafe:1:a:b:c:d
   b. 2001:db8:cafe:a100::2:d
   c. 2001:db8:cafe:a:37::9
   d. 2001:db8:cafe::a:b:c:d

    e. 2001:db8:cafe:1::100
    f. 2001:db8::100:a:b:c:d
    g. 2001:db8::100

5. /52를 사용하여 2001:db8:cafe::/48 프리픽스를 서브넷팅한다. 이렇게 하면 서브넷이 몇 개 생성되는가? 서브넷을 나열해 보라.
6. /56을 사용하여 2001:db8:cafe::/48 프리픽스를 서브넷팅한다. 이렇게 하면 서브넷이 몇 개 생성되는가? 처음 3개와 마지막 3개의 서브넷을 나열해 보라.
7. /64 인터페이스 ID를 사용하여 글로벌 라우팅 프리픽스가 256 서브넷을 제공하는 길이는 얼마인가?
8. /64 인터페이스 ID를 사용하는 글로벌 라우팅 프리픽스가 16,777,216 서브넷을 제공하는 길이는 얼마인가?
9. 다음 /127 주소 중 같은 서브넷에 있고 point-to-point 링크에 사용할 수 있는 2개의 주소는 어느 것인가?
    a. 2001:db8:face:b00c::a/127
    b. 2001:db8:face:b000::b/127
    c. 2001:db8:face:b00c::/127
    d. 2001:db8:face:b00c::2/127
    e. 2001:db8:face:b00c::3/127
    f. 2001:db8:face:b00c::4/127
10. 프로바이더-독립(provider-independent) 주소 공간의 이점은 무엇인가?

References

RFCs

Mitigating IPv6 Neighbor Discovery DoS Attack Using Stateless Neighbor Presence Discovery, https://tools.ietf.org/id/draft-smith-6man-mitigate-nd-cache-dos-slnd-06.html.

RFC 2374, *An IPv6 Aggregatable Global Unicast Address Format*, R. Hinden, Nokia, www.ietf.org/rfc/rfc2374.txt, July 1998.

RFC 2460, *Internet Protocol, Version 6 (IPv6) Specification*, S. Deering, Cisco Systems, www.ietf.org/rfc/rfc2460.txt, December 1998.

RFC 3021, *Using 31-Bit Prefixes on IPv4 Point-to-Point Links*, A. Retana, Cisco Systems, www.ietf.org/rfc/rfc3021.txt, December 2000.

RFC 3177, *IAB/IESG Recommendations on IPv6 Addresses*, IAB, www.ietf.org/rfc/rfc3177.txt, September 2001.

RFC 3531, *A Flexible Method for Managing the Assignment of Bits of an IPv6 Address Block*, M. Blanchet, www.ietf.org/rfc/rfc3531.txt, April 2003.

RFC 3587, *IPv6 Global Unicast Address Format*, R. Hinden, Nokia, www.ietf.org/rfc/rfc3587.txt, August 2003.

RFC 3756, *IPv6 Neighbor Discovery (ND) Trust Models and Threats*, P. Nikander, Ericsson Research Nomadic Lab, www.ietf.org/rfc/rfc3756.txt, May 2004.

RFC 4192, *Procedures for Renumbering an IPv6 Network Without a Flag Day*, F. Baker, Cisco Systems, www.ietf.org/rfc/rfc4192.txt, September 2005.

RFC 4291, *IP Version 6 Addressing Architecture*, R. Hinden, Nokia, www.ietf.org/rfc/rfc4291.txt, February 2006.

RFC 5375, *IPv6 Unicast Address Assignment Considerations*, G. Van de Velde, www.ietf.org/rfc/rfc5375.txt, December 2008.

RFC 5453, *Reserved IPv6 Interface Identifiers*, S. Krishnan, www.ietf.org/rfc/rfc5453.txt, February 2009.

RFC 6164, *Using 127-Bit IPv6 Prefixes on Inter-Router Links*, M. Kohno, Juniper Networks, www.ietf.org/rfc/rfc6164.txt, April 2011.

RFC 6177, *IPv6 Address Assignment to End Sites*, IAB, www.ietf.org/rfc/rfc6177.txt, March 2011.

RFC 6879, *IPv6 Enterprise Network Renumbering Scenarios, Considerations, and Methods*, S. Jiang, www.ietf.org/rfc/rfc6879.txt, February 2013.

Websites

ARIN, *Number Resource Policy Manual*, www.arin.net/policy/nrpm.html

ARIN, *IPv6 Addressing Plans*, www.getipv6.info/index.php/IPv6_Addressing_Plans

Jeff S. Wheeler, *IPv6 NDP Table Exhaustion Attack*, inconcepts.biz/~jsw/IPv6_NDP_Exhaustion.pdf

IPv6 Neighbor Cache Exhaustion Attacks—Risk Assessment & Mitigation Strategies, Part 1, www.insinuator.net/2013/03/ipv6-neighbor-cache-exhaustion-attacks-risk-assessment-mitigation-strategies-part-1/

RIPE, *Preparing an IPv6 Addressing Plan*, labs.ripe.net/Members/steffann/preparing-an-ipv6-addressing-plan

IPv6 Forum, *Preparing an IPv6 Addressing Plan*, www.ipv6forum.org/dl/presentations/IPv6-addressing-plan-howto.pdf

IANA, *IPv6 Global Unicast Address Assignments*, www.iana.org/assignments/ipv6-unicast-address-assignments/ipv6-unicast-address-assignments.xml

Chapter 6

link-local 주소(LLA)는 단일 링크로 범위가 제한되는 unicast 주소이다. "*link*"라는 단어는 하나의 네트워크 세그먼트 혹은 서브넷을 지칭한다. 그러므로 link-local 주소는 특정한 링크 혹은 서브넷 내부로 제한되는 주소이며 link 밖으로 라우팅되지 않는다. link-local 주소는 패킷들이 링크 바깥으로 라우팅되지 않기 때문에 링크 내부에서만 유일하면 된다. 이는 송신 및 수신 link-local 주소 모두에 적용된다. 즉 라우터는 수신 주소 혹은 송신 주소 어느 한쪽이라도 link-local인 패킷은 포워딩하지 않아야 한다.

Figure 6-1은 link-local 주소가 unicast 주소의 한 유형임을 보여준다.

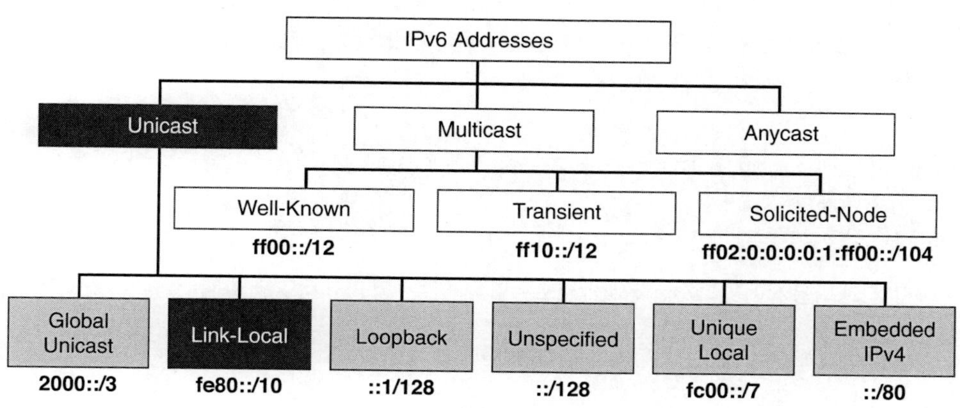

Figure 6-1 *Link-Local Unicast*

4장 "IPv6 Address Representation and Address Types"에서 link-local 주소를 소개했고 다음 특징에 관해 설명했다.

- "IPv6-enabled" 디바이스가 되려면, 디바이스는 각 인터페이스당 하나의 link-local 주소를 스스로 생성해야 한다. 디바이스에 반드시 IPv6 global unicast 주소가 있어야 할 필요는 없지만, link-local 주소는 반드시 있어야 한다. link-local 주소는 디바이스가 DHCP 서비스 없이도 자신의 네트워크에 있는 다른 디바이스와 통신할 수 있게 해 준다.
- 링크는 하나의 서브넷이다.

- link local 주소(즉 IPv6 서브넷)는 링크 바깥으로 라우팅되지 않는다. 라우터는 송신이나 수신 주소가 link-local 주소인 패킷은 링크 바깥의 다른 link로 포워딩하지 않아야 한다.
- link-local 주소는 해당 link 상에서 유일(Unique)해야 한다. 같은 디바이스의 다른 link상에서나, 다른 인터페이스에 같은 link-local 주소를 사용하는 것은 충분히 가능한 일이며 때로는 바람직하다.
- 인터페이스당 하나의 link-local 주소만 있을 수 있다.
- link-local 주소는 송신 혹은 수신 주소가 될 수 있다.

link-local 주소는 IPv4가 제공하지 않았던 IPv6만의 고유 기능을 제공한다. 예를 들면 디바이스는 DHCPv6 서버 없이 자체적으로 부팅 중에 자신의 IPv6 link-local 주소를 생성한다. 그다음에 이 주소로 로컬 서브넷상의 어떤 디바이스(로컬 라우터 및 DHCPv6 서버도 포함)와도 통신하여 global unicast 주소를 받을 수 있다.

디바이스에 link-local 주소만 있고 global unicast 주소는 없을 수도 있다. 이 경우는 디바이스가 자체 로컬 서브넷상의 다른 디바이스들과만 통신할 필요가 있을 때이다. 이것은 로컬 서브넷 내에서만 접근이 필요한 프린터, 엔터테인먼트 시스템 및 IoT 디바이스와 같은 것에 바람직할 수 있다.

1장 "Introduction to IPv6"에서 언급한 것처럼 최근의 Windows OS(Win 7 이후)는 기본적으로 IPv6 프로토콜을 구동한다(곧 link-local 주소를 가진다는 의미). 이것은 IPv6 상의 잠재적인 MITM와 DoS 공격으로부터 네트워크를 보호하기 위해 중요한 내용이다. 이런 것들은 IPv4에서 rogue DHCP 서버[1]나 ARP Spoofing 위협과 유사하다. IPv6 프로토콜이 기본적으로 OS 상에서 실행되지 않는다 하더라도 IPv6 네트워크를 보호하기 위해 역시 중요한 내용이다. 클라이언트 운영 체제가 이미 IPv6를 실행하고 있고, 그래서 이러한 유형의 공격에 취약해질 수 있다는 것을 상기하라.

Note 시스코 IOS는 이러한 유형의 공격을 차단하기 위해 IPv6 Router Advertisement Guard 및 DHCPv6 Guard 같은 Tool들을 제공한다.

이번 장과 다음 장에서 IPv6 link-local 주소는 다음과 같은 몇 가지 용도가 있다는 것을 알게 될 것이다.

- global unicast 주소를 할당받기 전에 디바이스는 로컬 라우터 및 DHCPv6 서버와 통신하기 위해 link-local 주소를 사용하여 통신한다.
- 디바이스는 ICMPv6 Router Advertisement 메시지를 통해 디폴트 게이트웨이를 동적으로 수신한다. 디폴트 게이트웨이 주소는 라우터의 link-local 주소이다.
- "EIGRP for IPv6" 나 OSPFv3 같은 라우팅 프로토콜을 실행하는 라우터는 라우팅 메시지를 주고받고 adjacency를 맺는 데 자신의 link-local 주소를 송신 주소로 사용한다.
- 동적 라우팅 프로토콜을 통해 학습된 IPv6 라우팅 테이블 내 프리픽스는 next-hop 주소로 link-local 주소를 사용한다.

---

1 사용자 모르게 해커에 의해 실행되는 DHCP 서버-옮긴 이

이번 장에서 이러한 특징과 기타 주제에 대해 좀 더 자세하게 들여다볼 것이다. 우리는 link-local 주소의 구조에 대해 자세히 확인할 것이다. link-local 주소를 동적으로 생성하거나 수동으로 설정하는 방법도 알게 될 것이다. Cisco IOS, Windows, Linux 및 Mac 운영 체제를 사용하여 link-local 주소를 확인하고 ping 시험하는 방법을 확인할 것이다. 또한, 디바이스가 라우터의 link-local 주소를 동적으로 받아서 디폴트 게이트웨이 주소로 사용하는 방법도 알게 될 것이다.

Structure of a Link-Local Unicast Address

Figure 6-2는 link-local 주소의 포맷을 보여준다. link-local unicast 주소는 "fe80::/10" 범위의 프리픽스를 사용한다. 최하위(오른쪽) 64bit가 인터페이스 ID로 사용된다.

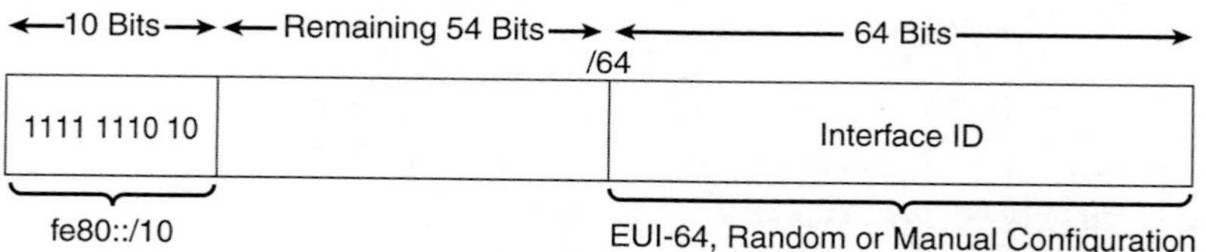

Figure 6-2 *Link-Local Unicast Address*

"fe80::/10" 프리픽스의 범위는 "fe80::/10"에서 "febf::/10"이며, Table 6-1에서 이를 그렸다. "/10"는 처음의 10bit가 최상위(most significant, leftmost) bit이며, 프리픽스와 일치해야 한다는 것을 나타낸다. 프리픽스는 "fe80::/10"(혹은 이진수로 "1111 1110 10")이다. RFC 4291 "IP Version 6 Addressing Architecture"에서 인터페이스 ID 앞의 남은 54bit에 대해 특정한 지침을 주지는 않았다. 그러나 이 54bit는 "all-0"으로 사용하는 것이 모범이다. 그리고 "fe80::/10" 프리픽스 규정에 따라 첫 번째 hextet을 fe80에서 febf까지의 값을 사용할 수 있지만, OS 상의 호환성에서 발생할 수 있는 잠재적인 문제를 피하려면 "fe80"을 프리픽스로 사용하는 것이 최선이다. 즉 link-local 주소의 모범은 /10 프리픽스로 "fe80"을 사용하고, 54bit 부분은 "0"을 사용하는 것이며, 64bit 인터페이스 ID는 어떤 값도 될 수 있다.

Table 6-1 *Range of Link-Local Unicast Addresses*

Link-Local Unicast Address (Hexadecimal)	Range of First Hextet	Range of First Hextet in Binary
fe80::/10	fe80	**1111 1110 10**00 0000
	febf	**1111 1110 10**11 1111

Automatic Configuration of a Link-Local Address

IPv6가 활성화된 디바이스는 반드시 하나의 link-local 주소를 가져야 한다. Windows, Linux, Mac OS X 호스트 OS는 기본적으로 IPv6-enabled이며, 부팅 중에 IPv6 link-local 주소를 자동으로 생성한다. 시스코 IOS는 인터페이스에 IPv6 global unicast 주소 혹은 unique local 주소가 설정될 때 link-local 주소를 자동으로 생성한다.

Note 시스코 IOS 인터페이스에 IPv6 global unicast 주소 혹은 unique local 주소가 설정될 때 link-local 주소가 자동 생성된다. 만약 global unicast 주소나 unique local unicast 주소가 삭제된다면, link-local 주소 또한 지워진다. 이에 대한 예외는 "ipv6 enable" 인터페이스 명령이 설정되었을 때이다. 이때는 인터페이스에서 link-local 주소가 삭제되지 않는다.

기본적으로 디바이스는 자신의 link-local 주소를 자동 생성한다. 프리픽스는 일반적으로 "fe80::/10"이며, 64-bit 인터페이스 ID는 다음 두 가지 중의 한 방법으로 자동 생성된다.

- **EUI-64 방식 생성:** 시스코 IOS, Mac OS X, Ubuntu Linux에서 사용된다.
- **random 생성:** Windows에서 사용된다.

Note Cryptographically Generated Address(CGA)가 세 번째 방법이나, 이 책의 범위를 넘어서는 주제이다. 이 책의 Mac OS 예제는 10.11 버전을 사용한다. Mac OS 10.12(Sierra)는 현재 인터페이스 ID를 생성하기 위해 RFC 3972 "Cryptographically Generated Address(CGA)"를 사용한다. CGA를 비활성화하기 위해서는 /etc/sysctl.conf에 "**net/inet6/send/op-mode=0**" 명령을 추가하고 리부팅하라. CGA에 관해서 좀 더 알고 싶다면, Eric Vynke이 쓴 〈IPv6 Security〉 책을 추천한다.

Note 다음에 설명할 테지만, link-local 주소를 수동으로 설정할 수도 있다.

EUI-64 Generated Interface ID

IEEE에서 인터페이스의 이더넷 MAC 주소를 사용하여 64-bit 인터페이스 ID를 생성하는 Extended Unique Identifier를 정의했다. EUI-64로 생성된 인터페이스 ID 앞에 "fe80::/64" 프리픽스를 붙여 link-local 주소를 만든다.

Figure 6-3의 토폴로지를 사용하여, 우리는 시스코 IOS가 EUI-64를 사용해서 라우터 인터페이스에 link-local 주소를 어떻게 생성하는지 시험할 것이다.

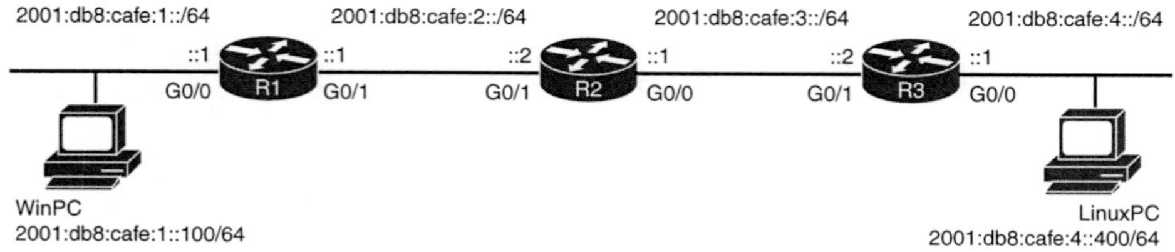

Figure 6-3 *Topology for Link-Local Addresses Example*

Example 6-1에서 "**show interface**" 명령을 사용하여 라우터 R1 Gigabitethernet 0/0의 이더넷 MAC 주소를 보여준다. "**show ipv6 interface gigabitethernet 0/0**"과 "**show ipv6 interface brief gigabitethernet 0/0**" 명령어는 Gigabitethernet 0/0 인터페이스의 link-local 주소를 보여준다. link-local 주소는 EUI-64 포맷을 사용하여 자동 생성된다. "**show interface**" 명령의 결과로 알 수 있는

MAC 주소와 "**show ipv6 interface**" 명령 결과상의 link-local 주소가 유사함을 알 수 있을 것이다. 이것은 EUI-64를 써서 link-local 주소의 인터페이스 ID 부분을 생성하는 데 Gigabitethernet 0/0의 MAC 주소를 사용했기 때문이다.

Example 6-1 *Displaying the Link-Local Address on Router R1*

```
R1# show interface gigabitethernet 0/0
GigabitEthernet0/0 is up, line protocol is up
  Hardware is CN Gigabit Ethernet, address is 58ac.7893.da00 (bia 58ac.7893.da00)
<output omitted for brevity>

R1# show ipv6 interface gigabitethernet 0/0
GigabitEthernet0/0 is up, line protocol is up
  IPv6 is enabled, link-local address is FE80::5AAC:78FF:FE93:DA00
  No Virtual link-local address(es):
  Global unicast address(es):
    2001:DB8:CAFE:1::1, subnet is 2001:DB8:CAFE:1::/64
<output omitted for brevity>

R1# show ipv6 interface brief gigabitethernet 0/0
GigabitEthernet0/0      [up/up]
    FE80::5AAC:78FF:FE93:DA00
    2001:DB8:CAFE:1::1
R1#
```

이제 EUI-64 프로세스와 인터페이스 ID를 생성하는 데 이더넷 MAC을 어떻게 사용하는지 좀 더 자세히 알아보도록 하자.

이더넷 MAC 주소는 48bit이다. 라우터 R1의 Gigabitethernet 0/0 이더넷 MAC 주소는 Figure 6-4에서 보여준다. 이더넷 MAC은 48bit이며, 16진수로 표기된 24-bit OUI(Organizationally Unique Identifier)와 24-bit device identifier(디바이스 식별자)의 조합이다. 이더넷 network interfaces(NICs)의 제조자들은 하나 이상의 OUI(또는 vendor, code)를 가지고 있다. 24-bit device Identifier(디바이스 식별자)는 주어진 OUI에 대해 이더넷 NIC를 유일하게 식별한다. 즉 24-bit OUI에 24-bit 디바이스 identifier를 붙여서 이더넷 NIC을 고유하게 식별한다.

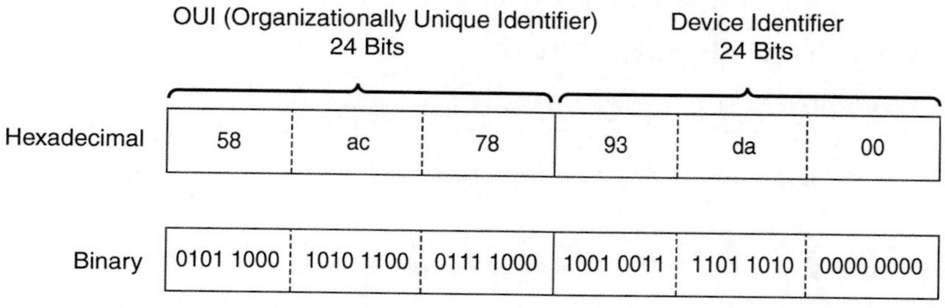

Figure 6-4 *Ethernet MAC Address on GigabitEthernet 0/0*

Note IEEE OUI의 목록은 http://standards.ieee.org/develop/reauth/oui/oui.txt를 참고하라.

modified EUI-64[1] 프로세스는 U/L(Universal/Local) bit를 *반전(bit flip)*시키고, 24-bit OUI와 24-bit Device identifier 사이에 16-bit “fffe”를 끼워 넣는다. 이 프로세스는 Figure 6-5에서 설명하는 간단한 세 단계를 거친다.

Step 1. **MAC 주소를 분리한다:** MAC 주소를 2진수로 변환한 다음, MAC 주소를 가운데에서 각각 24-bit의 왼쪽 OUI와 24-bit의 오른쪽 Device Identifier로 분리한다.

Step 2. **“fffe”를 끼워 넣는다:** 16bit “1111 1111 1111 1110”(16진수 fffe)를 OUI와 Device Identifier 사이에 집어넣는다. “fffe”는 EUI-64 주소가 48-bit MAC 주소로부터 생성되었음을 지시하는 IEEE-reserved 값이다.

Step 3. **Flip the seventh bit:** MAC 주소가 universal 혹은 locally administered 인지를 결정하는 첫 번째 바이트의 일곱 번째 bit(U/L) bit를 반전시킨다. IEEE는 “0”인 U/L bit에 관해서 “unique”로 “1”인 값에 대해 “locally administered”로 권고한다.

U/L bit가 “0”이면 IEEE가 unique company ID로 주소를 관리하고 있다. U/L Bit가 “1”이면 주소는 지역적으로 관리(locally administered)된다.[2]

U/L bit에는 역사적 중요성이 있으며, 현재 시점에서 얼마나 타당하거나 유용한지에 관한 논쟁도 있다. 이 모든 것이 어떻게 시작되었는지 궁금하다면 온라인에서 해당 주제에 관한 자세한 정보를 검색할 수 있다. 결론은 EUI-64가 U/L 비트를 뒤집는다는 것이지만, 그다지 중요한 의미는 없다.

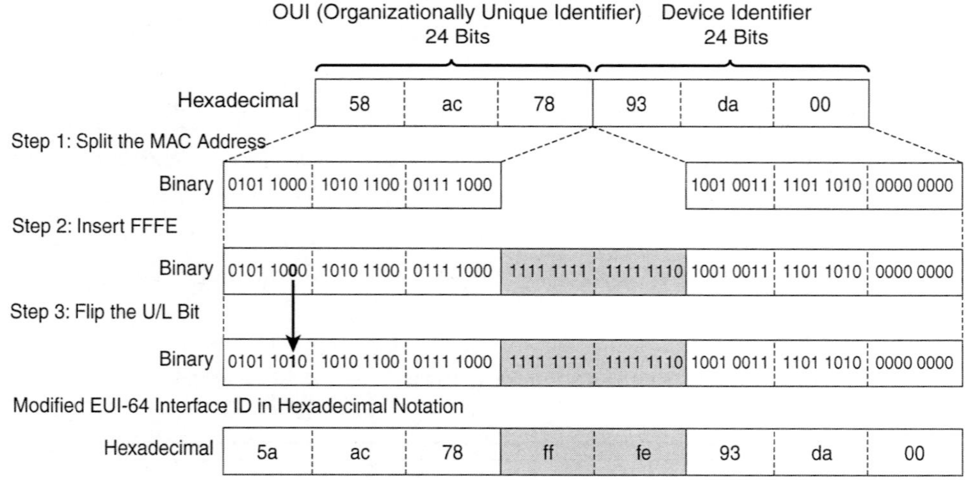

Figure 6-5 *Modified EUI-64 Format on GigabitEthernet 0/0*

---

1 이 책에서 특별히 “IEEE EUI-64”라고 하지 않고 “EUI-64”라고 언급하는 것은 “modified EUI-64”를 지칭하는 것이다.-옮긴 이

2 일부 설명이 누락된 것으로 판단하여 번역은 그대로 진행하고 각주를 달아 설명을 덧붙인다. modified EUI-64에서는 U/L bit가 “1”인 경우 “global unique”, 그리고 “0” 인 경우 “locally administered” 용도로 권고한다. modified EUI-64 에서는 IEEE EUI-64 나 EUI-48 의 U/L Bit 용법과 반대로 사용하는 것이다. U/L bit 가 “1”이면 unique commpany ID를 할당받았다는 의미이며, IEEE 가 주소를 관리하고 있다. U/L bit가 “0”이면 주소는 지역적으로 관리된다(locally administered). 이 말은 네트워크 관리자가 본래의 (manufactured) 주소를 무효화시키고, 다른 주소를 지정했다는 것을 뜻한다. RFC 4291 2.5.1절과 “https://standards.ieee.org/wp-content/uploads/import/documents/tutorials/eui.pdf”의 6p를 참고하라.-옮긴 이

U/L bit가 "0에서 1로" 아니면 "1에서 0으로" 반전(flip)되어야 하는지 논란이 있다. 문서에는 U/L bit가 "0" 일 때만 "1"로 반전되어야 한다고 기술하고 있다. 그러나 시스코 장비들은 값에 상관없이 U/L bit를 반전시킨다. Figure 6-5에서 본 것처럼 U/L bit를 반전시키는 것은 인터페이스 ID의 두 번째 16진수 값을 변경한다.

Note RFC 7042 "*IANA Considerations and IETF Protocol Usage for IEEE 802 Parameters*"에서 U/L bit의 반전에 깔린 논리(logic behind)에 대해 논의한다. 결론은 U/L bit를 반전시키는 것은 네트워크 관리자가 local-scope 식별자를 입력하기 쉽게 만든다는 것이다.

Example 6-1과 같이 R1의 GigabitEthernet 0/0 인터페이스의 MAC 주소는 "58ac.7893.da00"이다. Modified EUI-64를 써서 "fffe"가 MAC 주소의 OUI와 Device Identifier 사이에 삽입된다. 일곱 번째 bit는 0에서 1로 반전되고, 이것은 두 번째 16진수 값을 8에서 A로 변경시킨다. 결과적으로 인터페이스 ID는 64bit 값 "5a-ac-78-ff-fe-93-da-00"이 할당된다. link-local 프리픽스 "fe80::/64"를 이제 인터페이스 ID 앞에 붙여서 R1의 GigabitEthernet 0/0 인터페이스의 link-local 주소는 "fe80::5aac:78ff:fe93:da00"이 된다.

Note IPv6 인터페이스 ID는 64bit이며, 더 길어진 64-bit MAC 주소도 수용한다. Modified EUI-64 포맷은 인터페이스가 현재의 표준인 48-bit MAC 주소일 때 사용된다.

Verifying the Router's Link-Local Address on Ethernet and Serial Interfaces

Example 6-1에서 우리는 "**show interface**"와 "**show ipv6 interface**" 명령으로 EUI-64 프로세스로 만들어진 64-bit 인터페이스 ID를 사용하는 link-local 주소를 확인할 수 있다. 그러면 시스코 IOS는 시리얼 인터페이스처럼 이더넷 MAC 주소가 없는 인터페이스상에서 어떻게 EUI-64로 link-local 주소를 생성할까?

Example 6-2는 이번엔 동일한 라우터 R1을 대상으로 시리얼 0/0/0 인터페이스의 주소를 보여준다. 시리얼 0/0/0은 EUI-64를 사용해서 link-local 주소를 생성하기 위해 GigabitEthernet 0/0 인터페이스의 이더넷 MAC 주소를 사용한다.

Example 6-2 ***show ipv6 interface brief*** *Command with Serial Interface on Router R1*

```
R1# show ipv6 interface brief
GigabitEthernet0/0      [up/up]
    FE80::5AAC:78FF:FE93:DA00       ! Link-local address
    2001:DB8:CAFE:1::1              ! Global unicast address
GigabitEthernet0/1      [up/up]
    FE80::5AAC:78FF:FE93:DA01       ! Link-local address
    2001:DB8:CAFE:2::1              ! Global unicast address
Serial0/0/0             [up/up]
    FE80::5AAC:78FF:FE93:DA00       ! Link-local address
    2001:DB8:CAFE:99::1             ! Global unicast address
R1#
```

두 개의 인터페이스가 같은 link-local 주소를 가지고 있다는 것이 문제가 되지 않을까? 그렇지 않다. link-local 주소는 오직 해당 링크 상에서만 유일해야 한다는 조건을 기억해 보라. 이 장의 다음 부분에서 라우터의 모든 인터페이스에 같은 link-local 주소를 수동 설정하는 것이 가능하다는 것을 알게 될 것이다. 이렇게 하면 link-local 주소를 더 쉽게 기억하고 인식할 수 있다. 또한, 디폴트 게이트웨이 주소를 인식하고, 라우팅 테이블 엔트리를 분석하고 라우팅 프로토콜 메시지를 확인하는 데 도움이 될 수 있다.

> **Note** 라우터의 모든 인터페이스에 같은 link-local 주소를 사용하는 것은 라우터가 분배 링크만 가지고 단말에 대해 디폴트 게이트웨이로 사용되지 않을 때[1] 유용하다. 이 장에서는 단순함을 위해 각 라우터에 대해 공통 link-local 주소를 사용한다. 17장 "deploying IPv6 in the Network"에서 VLAN ID를 link-local 주소 일부로 사용하는 방법을 알게 될 것이다.

link-local 주소와 EUI-64의 또 다른 예는 Example 6-3의 LinuxPC이다. Ubuntu Linux를 구동하는 Linux 호스트는 link-local 주소의 인터페이스 ID를 생성하는 데 EUI-64를 사용한다. (적어도 여기서 사용한 리눅스 버전의 경우에는 그렇다. 이것은 바뀔 수도 있다.) 어떻게 link-local 주소가 EUI-64를 사용해서 생성되었다는 것을 알 수 있겠는가? 인터페이스 ID의 가운데에 "fffe"가 있는지 확인하라. 이것이 무작위로 생성되어 이 특정한 위치에 있을 가능성은 극히 적다(물론 그럴 수도 있다). 의심스러울 땐 제조사의 문서를 검색하여 확실한 답변을 찾을 수도 있다. Figure 6-6은 LinuxPC에서 EUI-64 프로세스로 생성된 인터페이스 ID로 link-local 주소를 생성하는 방법을 보여주고 있다.

Example 6-3 *Viewing the Link-Local Address on the LinuxPC*

```
LinuxPC$ ifconfig
eth0      Link encap:Ethernet  HWaddr 00:50:56:af:14:1b
          inet addr:0.0.0.6  Bcast:255.255.255.255  Mask:0.0.0.0
          inet6 addr: 2001:db8:cafe:4::400/64 Scope:Global
          inet6 addr: fe80::250:56ff:feaf:141b/64 Scope:Link
<output ommitted>
```

Linux PC 48 Bit MAC Address: 00:50:56:af:14:1b

```
            0    0    5    0  .  5    6    a    f  .  1    4    1    b
            0000 0000 0101 0000 . 0101 0110 1010 1111 . 0001 0100 0001 1011

① 0000 0000 0101 0000 . 0101 0110                   1010 1111 . 0001 0100 0001 1011
② 0000 0000 0101 0000 . 0101 0110 11111111 11111110 1010 1111 . 0001 0100 0001 1011
③ 0000 0010 0101 0000 . 0101 0110 11111111 11111110 1010 1111 . 0001 0100 0001 1011
    0    2    5    0  .  5    6    f    f    f    e    a    f  .  1    4    1    b
```

Link-local unicast address is fe80::250:56ff:feaf:141b

Interface ID
(EUI-64 Format)

Figure 6-6 *Modified EUI-64 Format on LinuxPC*

1 즉 단말이 직접 수용되지 않고 장비간 링크만 가지고 있을 경우-옮긴 이

Randomly Generated Interface ID

EUI-64는 48-bit 이더넷 주소로부터 64-bit 인터페이스 ID를 자동으로 생성하는 편리한 방법이다. 그러나 일부 사용자로부터 새로운 우려가 제기되었는데, 물리 디바이스 48-bit MAC에 대응되는 IPv6 주소를 추적할 가능성이다. 이런 privacy 우려를 완화하기 위해서 디바이스는 무작위 생성된(randomly generated) 64-bit 인터페이스 ID를 사용할 수 있다.

Note 9장 "Stateless Address Autoconfiguration(SLAAC)"에서 주소지정 시의 privacy 우려를 논의한다. privacy 확장에 관한 더 많은 내용은 RFC 5375 "*IPv6 Unicast Address Assignment Consideration*"과 RFC 4941 "*Privacy Extensions for Stateless Address Autoconfiguration in IPv6*"를 참고하라.

디바이스가 EUI-64를 사용할 것인지 아니면 random 생성된 인터페이스 ID를 사용할 것인지는 운영 체제에 의존한다 시스코 IOS는 EUI-64를 사용하고 Ubuntu Linux도 그렇다는 것은 이미 확인했다. Mac OS X도 link-local 주소를 생성할 때 EUI-64를 사용한다. Windows 운영 체제는 XP 이후로 인터페이스 ID 생성할 때 random 방식을 사용한다. 이전의 운영 체제인 XP는 EUI-64를 사용했다.

Note Windows, Linux, Mac OS X 등의 운영 체제에서 EUI-64 혹은 무작위 식별자를 사용해 인터페이스 ID를 생성하는 동작은 변경 가능하며 9장에서 논의한다.

Example 6-4에서 "**ipconfig /all**" 명령은 토폴로지 내 Windows PC에 대한 link-local 주소와 MAC 주소를 보여준다. Windows 호스트는 자신의 link-local 주소를 "fe80::/64"와 64-bit의 random 인터페이스 ID를 사용해서 생성한다. 인터페이스 ID가 EUI-64를 통해서 생성되지 않았다는 것은 다음 두 가지로 알 수 있다.

- link-local 주소가 인터페이스 ID 내에 이더넷 MAC 주소(물리주소)를 포함하고 있지 않다.
- link-local 주소가 인터페이스 ID의 가운데 부분에 "fffe"값을 포함하고 있지 않다.

Example 6-4 *IPv6 Configuration on WinPC*

```
WinPC> ipconfig /all
Windows IP Configuration
<output omitted for brevity>

Ethernet adapter Local Area Connection:
   Connection-specific DNS Suffix  . :
   Description: Intel<R> PRO/1000 MT Network Connection
   Physical Address: 00-50-56-AF-97-68
   DHCP Enabled. . . . . . . . . . . . : Yes
   Autoconfiguration Enabled:. . . . . : Yes
   IPv6 Address. . . . . . . . . . . . : 2001:db8:cafe:1::100
   Link-local IPv6 Address . . . . . . : fe80::d0f8:9ff6:4201:7086%11
<output omitted for brevity>
```

Zone ID (%) on Link-Local Interfaces

Example 6-4에서 link-local 주소의 마지막에 "%11"가 따라온다는 것을 알았을 것이다. 이것은 Zone ID 또는 Scope ID 또는 Interface Scope라고 불리는 것이다. Windows, Linux, Mac OS X 등의 운영 체제들은 link-local 주소와 특정한 인터페이스를 연결(associate)시키기 위해 Zone ID를 사용한다. Zone ID는 link-local 주소로 향하는 패킷을 보낼 때 어느 인터페이스를 사용할지 결정하는 데 도움이 된다. 이것은 디바이스에 각각의 링크(서브넷)에 연결된 여러 개의 인터페이스가 있을 때 특히 중요하다. Zone ID는 로컬에서만 의미[1]가 있다.

link-local 주소가 해당 링크(서브넷) 상에서 유일해야 한다는 것을 생각해 보라. 두 개의 인터페이스를 가진 컴퓨터는 두 개의 link-local 주소가 있을 것이다. link-local 주소로 패킷을 보낼 때, 디바이스는 패킷을 어느 인터페이스로 보내야 할지 알아야 한다. 이것이 적절한 출력 인터페이스를 지정하기 위해 Zone ID를 사용해야 하는 이유이다.

Example 6-5에서 Windows 호스트 상에서 Zone ID의 사용법을 보여준다. 이 Windows 호스트는 두 개의 인터페이스를 가지고 있으며, 하나는 이더넷 NIC이고 하나는 Wireless NIC이며 둘 다 IPv6 활성화된 상태이다. "**ipconfig**" 명령은 Windows 호스트의 두 개 link-local 주소를 두 개의 분리된 Zone으로 표시한다.

- **%11:** Ethernet LAN의 Zone ID
- **%12:** Wireless LAN의 Zone ID

두 개의 인터페이스가 같은 링크(서브넷) 상에 있고, 같은 디폴트 게이트웨이를 가지고 있다는 것에 주목하라. 인터페이스가 같은 링크(서브넷) 상에 있다고 하더라도 Zone ID는 상이하다. "**netsh interface ipv6 show interface**" 명령은 Zone ID에서 사용되는 내부적인 index를 보여준다. 다시 한번 이더넷에 대해서는 Zone ID가 11이고, Wireless에 대해서는 12라는 것을 확인할 수 있다.

Example 6-5 *Windows Host Link-Local Address and Zone ID*

```
Windows-Host> ipconfig

Windows IP Configuration

Wireless LAN adapter Wireless Network Connection:

   Connection-specific DNS Suffix  . :
   IPv6 Address. . . . . . . . . . . : 2001:db8:face:1::aaaa
   Link-local IPv6 Address . . . . . : fe80::6c51:4f86:ff70:67f5%12
   Default Gateway . . . . . . . . . : fe80::481d:70ff:fe6f:9503%12
```

1 locally significant

```
Ethernet adapter Local Area Connection:

   Connection-specific DNS Suffix  . :
   IPv6 Address. . . . . . . . . . . : 2001:db8:face:1::bbbb
   Link-local IPv6 Address . . . . . : fe80::9d23:50de:14ce:c8ab%11
   Default Gateway . . . . . . . . . : fe80::481d:70ff:fe6f:9503%11

Windows-Host> netsh interface ipv6 show interfaces

Idx     Met         MTU          State                Name
---  ----------  ----------  ------------  --------------------------
  1          50  4294967295  connected     Loopback Pseudo-Interface 1
 12          10        1500  connected     Wireless Network Connection
 25          50        1280  disconnected  isatap
 11          10        1500  connected     Local Area Connection
 16          50        1280  disconnected  Teredo Tunneling Pseudo-Interface
Windows-Host>
```

Note Zone ID 혹은 인터페이스 scope 값으로 Linux는 "%eth"를 사용하고, Mac OS X는 "%en"을 사용한다. 예를 들면 Mac OS X는 "%en1" 등이다.

Example 6-6에서 디폴트 게이트웨이의 link-local 주소로 Windows 호스트 ping을 친 여러 번 친 결과를 보여주고 있다. 처음의 두 예에서는 목적지 주소의 link-local 주소에 각각 Zone ID %11과 %12를 덧붙여 시험한 결과이고 ping이 정상적이다. 세 번째 예에서는 Zone ID를 포함하지 않고 같은 주소로 ping을 해서 성공적인 결과를 얻었다. 네 번째 예에서는 디폴트 게이트웨이의 link-local 주소로 ping을 쳤으나 잘못된 Zone ID를 주었기 때문에 실패한 결과를 보여준다.

Note Linux와 Mac OS X는 link-local 주소로 ping을 할 때, Zone ID 입력을 요구한다. 이것은 이 장의 후반에 설명한다.

Example 6-6 *Windows Host Pinging the Default Gateway Using the Zone ID*

```
Windows-Host> ping fe80::481d:70ff:fe6f:9503%11
Pinging fe80::481d:70ff:fe6f:9503%11 with 32 bytes of data:
Reply from fe80::481d:70ff:fe6f:9503%11: time=2ms
Reply from fe80::481d:70ff:fe6f:9503%11: time=1ms
<output omitted for brevity>

Windows-Host> ping fe80::481d:70ff:fe6f:9503%12

Pinging fe80::481d:70ff:fe6f:9503%12 with 32 bytes of data:
Reply from fe80::481d:70ff:fe6f:9503%12: time=13ms
Reply from fe80::481d:70ff:fe6f:9503%12: time=4ms
<output omitted for brevity>

Windows-Host> ping fe80::481d:70ff:fe6f:9503
Pinging fe80::481d:70ff:fe6f:9503 with 32 bytes of data:
Reply from fe80::481d:70ff:fe6f:9503: time=4ms
Reply from fe80::481d:70ff:fe6f:9503: time=4ms
<output omitted for brevity>

Windows-Host> ping fe80::481d:70ff:fe6f:9503%16

Pinging fe80::481d:70ff:fe6f:9503%16 with 32 bytes of data:
Request timed out.
Request timed out.
<output omitted for brevity>
```

그러면 언제 Zone ID를 사용할 필요가 있을까? 여러 개의 인터페이스가 있을 때만, 그리고 link-local 주소와 통신할 때 필요하다. 또한, 사용 중인 OS의 종류에 따라 다르다.

Note 더 많은 자료가 필요하면 RFC 4007 "*IPv6 Scoped Address Architecture*"를 참고하라. 여러 개의 global unicast 주소가 있을 때는 9장에서 설명할 기본 송신 주소 선택(default source address selection) 프로세스의 영향으로 Zone ID가 불필요하다.

이 장 뒷부분에서 link-local 주소에 대해 시스코 IOS 라우터에서 ping 시험한 예제를 보게 될 것이다. Windows PC의 Zone ID와 유사하게 출력 인터페이스와 link-local 주소 둘 다 인수로 필요하다는 것을 알게 될 것이다. 또한, Windows, Linux, Mac OS 호스트에서 link-local 주소로 ping 시험하는 예제도 보게 될 것이다.

Manual Configuration of a Link-Local Address

동적으로 생성된 link-local 주소는 일반적인 클라이언트 PC와 서버 등 많은 디바이스에 대해 이상적이다. 그래서 대부분 경우에 자동으로 생성된 link-local 주소를 변경할 필요가 없다. 어떤 이에게는 개인 정보 보호 문제로 EUI-64보다 random 생성된 인터페이스 ID를 사용할 수 있다는 것이 중요할 수 있으나 대개 PC, 서버, 온도 센서 같은 단말 시스템에서 link-local 주소를 구별하거나 기억할 필요는 없다.

그러나 라우터와 같은 특정한 디바이스는 link-local 주소를 인지하는 것이 유용할 수 있다. EIGRP for IPv6와 OSPFv3 등과 같은 동적 라우팅 프로토콜은 라우팅 테이블 상의 next-hop과 adjacency를 맺고 기타 메시지를 주고받는데 link-local 주소를 사용한다. 이런 경우 자동 생성된 link-local 주소의 단점은 인터페이스 ID가 길어져서(최대 16자리 16진수) 상대방에서 구별하는 것이 어려워진다는 데 있다. 구별하기 쉬운 수동 설정된 단순한 link-local 주소를 사용하는 것이 훨씬 나을 것이다.

정적으로 link-local unicast 주소를 설정하는 명령은 다음과 같다.

```
Router(config-if)# ipv6 address ipv6-address link-local
```

Table 6-2는 link-local unicast 주소를 정적 설정하는 명령을 보여준다. "*ipv6-address*" 명령 다음에 "**link-local**" 파라미터가 필요하다는 것을 확인하라.

Table 6-2 *Configuring a Static Link-Local Unicast Address*

Command	Description
Router(config)# **interface** *interface-type interface-number*	Specifies the interface type and interface number.
Router(config-if)# **ipv6 address** *ipv6-address* **link-local**	Specifies the IPv6 link-local address. The **link-local** parameter is required.

Figure 6-7은 각 인터페이스에 고정된 link-local 주소를 할당한 장비의 토폴로지를 보여준다. Example 6-7은 라우터 R1, R2, R3의 이 주소들에 대한 설정을 표시한다. 각 라우터의 인터페이스 각각에 같은 link-local 주소를 설정한다. 이렇게 하면 라우터에 대한 link-local 주소를 인식하기 쉬워진다. 앞서 언급했듯이, 이것은 업무를 단순화시키기 위해서이다. 이것은 point-to-point 링크를 가진 라우터 상에서 실제로 사용되는 방법이며, 단말들이 수용된 link를 위한 다른 옵션도 있다.

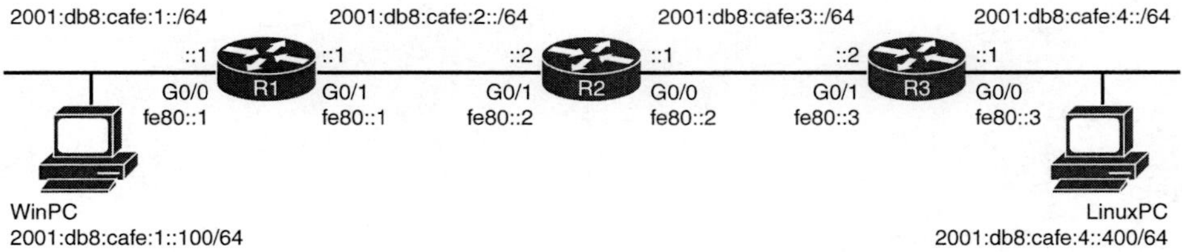

Figure 6-7 *Topology Used to Configure Static Link-Local Addresses*

이 단순한 토폴로지에서, R1은 자신의 모든 인터페이스에 인터페이스 ID "::1"을, R2는 모든 인터페이스에 인터페이스 ID "::2"를, R3도 마찬가지로 모든 인터페이스에 인터페이스 ID "::3"을 사용한다. link-local 주소는 링크 바깥으로 라우팅 되지 않기 때문에 해당 링크 상에서만 유일하다는 것을 상기하라. (다른 링크에서라면 중복되어도 된다.)

Example 6-7 *Configuring Static Link-Local Unicast Addresses on R1, R2, and R3*

```
R1(config)# interface gigabitethernet 0/0
R1(config-if)# ipv6 address fe80::1 ?
  link-local  Use link-local address

R1(config-if)# ipv6 address fe80::1 link-local
R1(config-if)# exit
R1(config)# interface gigabitethernet 0/1
R1(config-if)# ipv6 address fe80::1 link-local
------------------------------------------
R2(config)# interface gigabitethernet 0/0
R2(config-if)# ipv6 address fe80::2 link-local
R2(config-if)# exit
R2(config)# interface gigabitethernet 0/1
R2(config-if)# ipv6 address fe80::2 link-local
------------------------------------------
R3(config)# interface gigabitethernet 0/0
R3(config-if)# ipv6 address fe80::3 link-local
R3(config-if)# exit
R3(config)# interface gigabitethernet 0/1
R3(config-if)# ipv6 address fe80::3 link-local
```

Example 6-8에서 "**show ipv6 interface brief**" 명령으로 설정을 확인한다. 각 라우터에 대해 개별 인터페이스에 같은 link-local 주소가 설정되었다는 것을 다시 한번 확인하라.

Example 6-8 *Verifying the Static Link-Local Unicast Addresses on R1, R2, and R3*

```
R1# show ipv6 interface brief
GigabitEthernet0/0     [up/up]
    FE80::1
    2001:DB8:CAFE:1::1
GigabitEthernet0/1     [up/up]
    FE80::1
    2001:DB8:CAFE:2::1
R1#
--------------------------------------------
R2# show ipv6 interface brief
GigabitEthernet0/0     [up/up]
    FE80::2
    2001:DB8:CAFE:3::1
GigabitEthernet0/1     [up/up]
    FE80::2
    2001:DB8:CAFE:2::2
R2#
--------------------------------------------
R3# show ipv6 interface brief
GigabitEthernet0/0     [up/up]
    FE80::3
    2001:DB8:CAFE:4::1
```

```
GigabitEthernet0/1      [up/up]
    FE80::3
    2001:DB8:CAFE:3::2
R3#
```

수동 설정을 통해 link-local 주소를 알아보기 쉽게 만들고, 해당하는 장비를 식별하기 쉽게 한다. Example 6-9는 IPv6 라우팅 테이블의 예를 보여준다. 라우터 R1에 대한 fe80::1, 라우터 R3에 대한 fe80::3을 통해 수동으로 설정한 link-local 주소가 어떻게 next-hop 라우터를 구분하기 쉽게 할 수 있는지 확인하라.

어떤 주소를 수동 설정하는 것은 이 주소 공간이 관리된 주소 영역으로 전환되는 것이다. 이 주소들은 조직에 의해 할당되고, 동적으로 할당된 주소와 중복되지 않도록 관리될 필요가 있다.

Note 쉽게 구분 가능한 link-local 주소의 장점을 보여주기 위해서 OSPFv3를 사용하였다. OSPFv3는 16장 "OSPFv3"에서 설명할 것이다.

Example 6-9 *R1's IPv6 Routing Table*

```
R2# show ipv6 route ospf
IPv6 Routing Table - default - 7 entries
Codes: C - Connected, L - Local, S - Static, U - Peruser Static route
<output omitted for brevity>
       O - OSPF Intra, OI - OSPF Inter, OE1 - OSPF ext 1, OE2 - OSPF ext 2

O   2001:DB8:CAFE:1::/64 [110/2]
     via FE80::1, GigabitEthernet0/1
O   2001:DB8:CAFE:4::/64 [110/2]
     via FE80::3, GigabitEthernet0/0
R2#
```

Link-Local Address and Duplicate Address Detection

디바이스는 IPv6 주소가 최초 생성되었을 때, 네트워크 내에서 유일한지 어떻게 알 수 있을까? IPv6는 링크 상에서 유일한지 확인하기 위해 Duplicate Address Detection(DAD)을 사용한다. RFC 4862 "*IPv6 Stateless Address Autoconfiguration*"에서 기술된 DAD는 ICMPv6의 Neighbor Solicitation 메시지를 사용하며, 이것은 IPv4의 ARP Request와 유사하다.

DAD는 13장 "ICMPv6 Neighbor Discovery"에서 자세히 설명하지만, 그 프로세스는 아주 단순하다. DAD는 네트워크상에서 해당 IPv6 주소를 누군가 사용하고 있는지 확인하기 위해 자신의 unicast 주소를 기반으로 패킷을 만들어 링크 상의 모든 디바이스에 보내는 것이다. 이것은 IPv4에서의 gratuitous ARP Request와 유사하다.

Figure 6-8에서 WinPC는 방금 생성된 link-local 주소가 링크 상에서 유일한지 확인할 필요가 있다. WinPC는 자신의 link-local 주소인 fe80::d0f8:9ff6:4201:7086을 목적지 주소로 Neighbor Solicitation (NS) 메시지-IPv4 ARP 패킷처럼-를 보낸다.

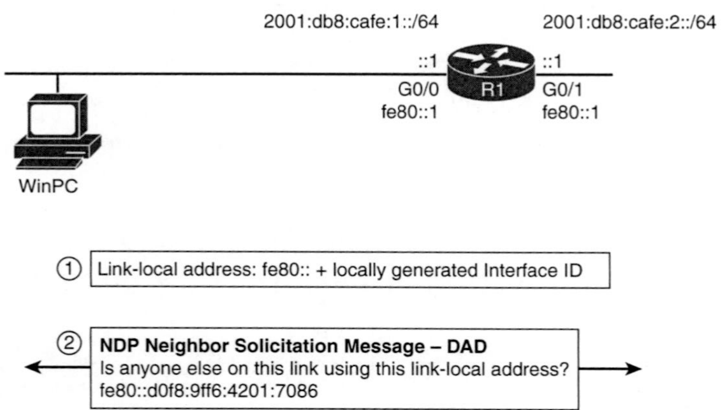

Figure 6-8 *Link-Local Addresses and Duplicate Address Detection*

만약 다른 단말이 이 주소를 사용하고 있다면, Neighbor Advertisement(NA) 메시지로 응답한다(IPv4에서의 ARP Reply처럼). NS 메시지는 *solicited node multicast* 주소로 송신된다. solicited node multicast 주소의 용도는 브로드캐스트 주소의 용도와 비슷하나, 훨씬 효율적이다. solicited node multicast 주소는 2장 "IPv6 Primer"에서 소개했었고, 7장 "Multicast 주소"에서 좀 더 자세히 설명할 예정이다.

DAD 실패상황[1]이 발생했을 때, 이를 처리하는 것은 전적으로 OS에 달려있다. 만약 EUI-64를 사용한 인터페이스 ID에서 주소 중복(duplication)이 발생했다면, 인터페이스를 사용할 수 없게 될 수 있다. Windows는 random 인터페이스 ID를 사용한다. DAD 실패가 발생하면 새로운 주소를 만들어낸다. 몇 가지 이유(아마도 Spoofing 공격이 발생할 경우)로 DAD 실패가 반복적으로 발생한다면, 새 주소를 만들어내는 몇 번의 시도 후에 Windows는 네트워크 에러 메시지(Windows has detected an IP address conflict)를 표시할 것이다. 일반적으로 duplicate 주소가 감지되면, 운영 체제는 DAD 실패 로그를 발생시키고, duplicate address detected 메시지를 표시한다.

WinPC는 자신의 Neighbor Solicitation 메시지에 대한 응답으로 Neighbor Advertisement 메시지가 오지 않는다면, 자신의 link-local 주소가 link 상에서 유일하다고 판단할 수 있다.

디바이스는 자신이 사용하고자 하는 unicast 주소를 링크 상의 다른 디바이스가 사용하고 있는지 알기 위해 Duplicate Address Detection을 사용한다. Duplicate Address Detection은 모든 unicast 주소(global unicast, link-local unicast 등)에 대해서 주소가 인터페이스에 할당되기 전에 수행되어야 한다. 이것은 주소가 SLAAC 나 DHCPv6를 통해 할당되거나, 또는 수동으로 설정되었더라도 상관없이 필요하다.

Note 이 동작에는 RFC 4862와 RFC 4429 "*Optimistic Duplicate Address Detection(DAD) for IPv6*"에서 논의된 몇 가지 예외가 있다. DAD는 anycast 주소에 대해서는 수행되지 않는다.

1 duplicate 주소-옮긴 이

라우터에 설정된 link-local 주소가 link 상에 이미 존재한다면, 시스코 IOS는 아래와 같이 link-local 주소와 인터페이스를 포함한 경고 메시지를 보여준다.

```
*%IPV6-4-DUPLICATE: Duplicate address FE80::1 on GigabitEthernet0/1
```

"**show ipv6 interface**" 명령은 IPv6 인터페이스가 여전히 사용 가능한지에 관한 정보를 포함한 duplicate 주소에 관한 정보를 표시하며 출력 결과는 다음과 같다.

```
R2# show ipv6 interface gigabitethernet 0/1
GigabitEthernet0/1 is up, line protocol is up
  IPv6 is stalled, link-local address is FE80::1 [DUP]
<output omitted for brevity>
```

주소는 여전히 표시되지만, 인터페이스는 사용하려는 주소가 중복되었음을 감지하고 사용할 수 없는 주소로 간주한다. (Duplicate Address Detection에 관해서 13장에서 좀 더 자세히 논의한다.)

Link-Local Addresses and Default Gateways

호스트는 ICMPv6 Neighbor Discovery Protocol Router Solicitation과 Router Advertisement 메시지를 사용해서 IPv6 주소 정보를 동적으로 받는 방법을 결정한다. SLAAC가 사용되면 호스트는 IPv6 주소 정보(프리픽스, 프리픽스 길이, 디폴트 게이트웨이 같은)를 자동으로 받을 수 있다. Stateless Address Autoconfiguration(SLAAC)은 2장에서 소개되었고, 9장에서 좀 더 자세히 설명할 것이다.

시스코 라우터는 기본값으로 Router Advertisement 메시지를 200초마다, 혹은 Router Solicitation 메시지를 받은 후에 보낸다. 디폴트 게이트웨이 주소는 link-local 주소이며, Router Advertisement 메시지의 IPv6 송신 주소이다.

Figure 6-9에서 WinPC는 IPv6 주소를 자동으로 받도록 설정되어 있다. WinPC는 ND Router Solicitation(RS) 메시지를 보내고, 라우터 R1은 Router Advertisement(RA)로 응답한다. WinPC는 인터페이스 ID에 난수를 사용하고 RA 메시지의 프리픽스를 그 앞에 덧붙인다.

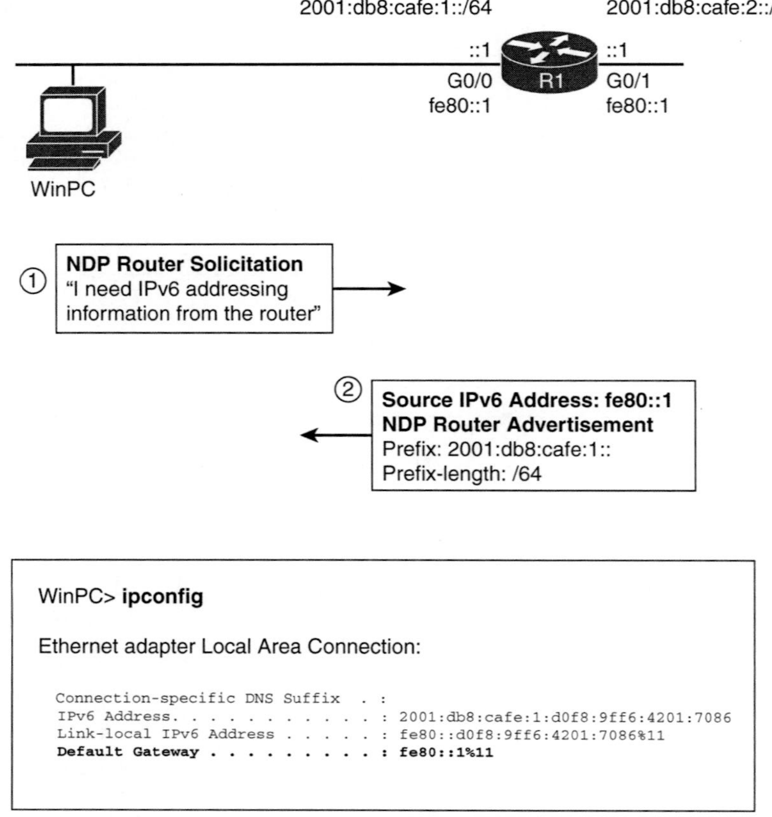

Figure 6-9 *WinPC **ipconfig** with Link-Local Address for Default Gateway*

여기서 흥미 있는 것은 디폴트 게이트웨이 주소이다. 라우터 R1은 RA 메시지를 보낼 때 IPv6 송신 주소로 자신의 link-local 주소인 "fe80::1"을 사용한다. WinPC는 이 주소를 자신의 디폴트 게이트웨이 주소로 사용한다. WinPC는 또 SLAAC를 사용하여 자신의 GUA 주소를 생성하는 데 "2001:db8:cafe:1::/64" 프리픽스를 사용한다.

앞에서 설명했듯이, 동적으로 디폴트 게이트웨이 주소를 받아야 할 때 Router Advertisement 메시지로부터만 알 수 있다. DHCPv6는 디폴트 게이트웨이 정보를 제공하지 않는다.

ipv6 enable: Isolated Link-Local Address

IPv6 global unicast 나 unique local unicast 주소가 인터페이스에 설정될 때마다 link-local 주소는 자동으로 생성된다. 또 이런 unicast 주소 없이도, "**ipv6 enable**" 인터페이스 명령어를 써서 자동으로 생성할 수도 있다. "**no ipv6 enable**" 명령은 이 옵션을 삭제하는 데 사용된다. "**ipv6 enable**"을 설정하는 인터페이스 명령은 아래와 같다.

```
Router(config-if)# ipv6 enable
```

Example 6-10은 unicast 주소 설정 없이 link-local 주소를 자동 생성하는, 이 명령의 사용법을 보여준다. 인터페이스에 명령이 설정된 후, 라우터는 즉시 EUI-64 포맷을 사용하여 link-local 주소를 생성한다. 이것은 Example 6-10에서 "**show ipv6 interface brief**" 명령을 사용하여 확인한다. GigabitEthernet 0/1 인터페이스는 EUI-64로 생성된 link-local 주소 "fe80::20c:30ff:fe10:92e1"만 가지고 있다.

Example 6-10 ***ipv6 enable*** *Command*

```
Router(config)# interface gigabitethernet 0/1
Router(config-if)# ipv6 enable
Router(config-if)# end
Router# show ipv6 interface brief g 0/1
GigabitEthernet0/1             [up/up]
    FE80::20C:30FF:FE10:92E1
Router#
```

"**ipv6 enable**" 명령이 사용되었을 때에도 여전히 인터페이스에 global unicast 나 unique local 주소를 설정할 수 있다. 그러나 "**ipv6 enable**" 명령이 사용되면 이들 unicast 주소 중의 하나를 이후 삭제하더라도, 인터페이스는 여전히 link-local 주소를 가지고 있을 것이다.

라우터의 인터페이스가 link-local 주소를 갖기 위해 "**ipv6 enable**" 명령이 반드시 필요한 것은 아니다. Example 6-11은 "**ipv6 enable**" 명령과 global unicast 주소 없이도, link-local 주소가 수동으로 설정될 수 있음을 보여준다.

Example 6-11 *Configuring an Interface with Only a Link-Local Address*

```
Router(config)# interface gigabitethernet 0/0
Router(config-if)# ipv6 address fe80::99 link-local
Router(config-if)# end
Router# show ipv6 interface brief g 0/0
GigabitEthernet0/0             [up/up]
    FE80::99
Router#
```

요약하자면, 시스코 IOS에서 인터페이스상 IPv6 link-local 주소는 다음과 같은 상황에서 있을 수 있다.

- IPv6 global unicast 주소나 unique local unicast 주소가 인터페이스에 수동 혹은 자동으로 설정되었을 때
- IPv6 link-local 주소가 인터페이스상에 수동으로 설정되었을 때
- "**ipv6 enable**" 명령이 인터페이스에 설정되었을 때

Pinging a Link-Local Address

여러분이 본 바와 같이, global unicast 주소와 통신할 때에 비교해 link-local 주소와 통신할 때는 두 가지 정도가 다르다.

- 목적지 link-local 주소가 송신 디바이스의 서브넷과 같은 링크에 있어야만 한다.
- 다른 네트워크(서브넷이 다르다면)에 같은 link-local 주소가 존재할 수 있다. link-local 주소는 링크 상에서만 유일하면 된다.

link-local 주소로 ping 시험을 할 때, 디바이스는 목적지 link-local 주소가 동일 링크에 있는지 뿐만 아니라 패킷을 보낼 때 어느 링크를 사용할지도 알아야 한다. Figure 6-10에 설명된 대로 라우터 A는 fe80::2로 ping을 치지만, 이때 사용할 출력 인터페이스가 어느 것인지도 알 필요가 있다.

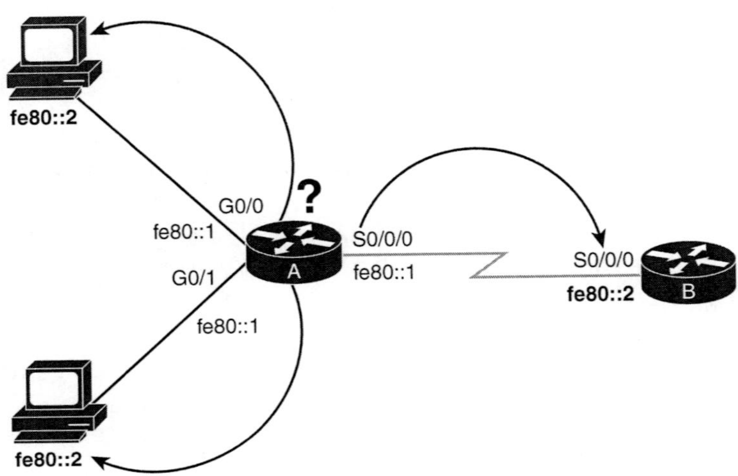

Figure 6-10 *Same Link-Local Address on Different Networks*

Figure 6-11의 토폴로지를 사용하여 시스코 라우터에서 WinPC, Linux 호스트, Mac OS X(토폴로지엔 없지만)의 link-local 주소로 ping 시험을 해 보자.

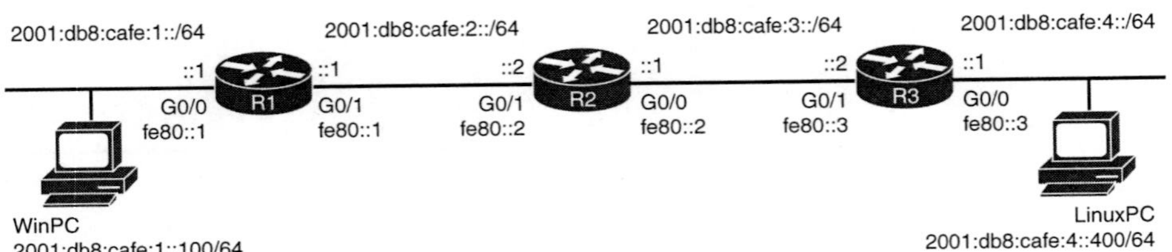

Figure 6-11 *Topology Used to Verify Link-Local Addresses*

Example 6-12는 시스코 IOS 상에서 link-local 주소로 ping 시험을 하는 것을 보여주고 있다. ping 패킷을 보내는 데 사용할 인터페이스를 라우터에 알려주기 위해, 출력 인터페이스(Output Interface)를 입력하라고 프롬프트가 뜨는 것을 확인할 수 있다. 또한, 시스코 IOS는 인터페이스의 축약형(예: g0/1)으로 입력을 받지 않는 것을 확인할 수 있다. 인터페이스 명을 공백 없이 완전한 명칭(full name)으로 넣어야 한다.

Example 6-12 *Pinging a Link-Local Address Using Cisco IOS*

```
R2# ping fe80::1
Output Interface: g0/1
% Invalid interface. Use full interface name without spaces (e.g. Serial0/1)
Output Interface: gigabitethernet0/1
Type escape sequence to abort.
Sending 5, 100-byte ICMP Echos to FE80::1, timeout is 2 seconds:
Packet sent with a source address of FE80::2%GigabitEthernet0/1
!!!!!
Success rate is 100 percent (5/5), round-trip
min/avg/max = 1/1/1 ms
R2#
```

Example 6-13은 Windows 호스트에서 로컬 라우터의 link-local 주소로 ping 시험을 하는 예를 보여준다. Zone ID가 사용될 수 있으나 link-local 주소의 마지막에 반드시 붙여야 하는 것은 아니다. Windows는 기본적으로 유선 인터페이스를 사용하기 때문이다. Zone ID를 알아내기 위해 "**netsh interface ipv6 show interface**" 명령을 사용하라. Example 6-3이 이를 보여준다.

Example 6-13 *Pinging a Link-Local Address from Windows OS*

```
WinPC> ping fe80::1

Pinging fe80::1 with 32 bytes of data:
Reply from fe80::1: time=2ms
Reply from fe80::1: time=1ms
<output omitted for brevity>

WinPC> netsh interface ipv6 show interfaces

Idx     Met         MTU          State                Name
---  ----------  ----------  ------------  --------------------------
  1          50  4294967295  connected     Loopback Pseudo-Interface 1
<output omitted for brevity>
 11          10        1500  connected     Local Area Connection
 13          50        1280  disconnected  Teredo Tunneling Pseudo-Interface

WinPC> ping fe80::1%11

Pinging fe80::1%11 with 32 bytes of data:
Reply from fe80::1%11: time=1ms
Reply from fe80::1%11: time=1ms
<output omitted for brevity>
```

Example 6-14에서는 Linux 호스트(LinuxPC)가 로컬 디폴트 게이트웨이로 한 ping 시험을 보여준다. Example 6-15는 Mac OS X에 대한 유사한 결과를 보여준다. Linux와 Mac OS는 IPv6 주소에 ping 시험을 할 때 "**ping6**" 명령을 사용한다. Linux와 Mac OS에서는 Zone ID(또는 Interface Scope)를 입력해야 한다는데 주의하라. 첫 번째 **ping6** 명령은 Zone ID를 명시하지 않아서 실패했다. "**ifconfig**" 명령

은 **ping6** 명령을 사용하는 데 필요한 인터페이스 명을 포함한 인터페이스의 설정 정보를 보여준다. Example 6-14와 6-15는 link-local 주소로 ping 시험을 하기 위해 **ping6** 명령에서 사용하는 두 가지 옵션을 보여준다. 하나는 주소의 끝에 *%interface*를 쓰는 방법이고, 다른 하나는 "**-I**" *인터페이스* 파라미터를 쓰는 방법이다.

Example 6-14 *Pinging a Link-Local Address from Linux OS*

```
LinuxPC$ ping6 fe80::3
Connect: Invalid argument

LinuxPC$ ifconfig
eth0      Link encap:Ethernet  HWaddr 00:50:56:af:14:1b
          inet addr:0.0.0.6  Bcast:255.255.255.255  Mask:0.0.0.0
          inet6 addr: 2001:db8:cafe:4::400/64 Scope:Global
          inet6 addr: fe80::250:56ff:feaf:141b/64 Scope:Link
<output omitted>

LinuxPC$ ping6 fe80::3%eth0
PING fe80::3%eth0(fe80::3) 56 data bytes
64 bytes from fe80::3: icmp_seq=0 ttl=64 time=0.552 ms
64 bytes from fe80::3: icmp_seq=1 ttl=64 time=0.429 ms
<output omitted for brevity>

LinuxPC$ ping6 –I eth0 fe80::3
PING fe80::3%eth0(fe80::3) 56 data bytes
64 bytes from fe80::3: icmp_seq=0 ttl=64 time=0.552 ms
64 bytes from fe80::3: icmp_seq=1 ttl=64 time=0.551 ms
<output omitted for brevity>
```

Example 6-15 *Pinging a Link-Local Address from Mac OS*

```
MacOS$ ping6 fe80::1
ping6: sendmsg: No route to host
<output omitted for brevity>

MacOS$ ifconfig
en4: flags=8963<UP,BROADCAST,SMART,RUNNING,PROMISC,SIMPLEX,MU LTICAST> mtu 1500
    options=10b<RXCSUM,TXCSUM,VLAN_HWTAGGING,AV>
    ether a8:20:66:2c:9d:97
   inet6 fe80::aa20:66ff:fe2c:9d97%en4 prefixlen 64 scopeid 0x9
    inet6 2001:db8:cafe:1::200 prefixlen 64

MacOS$ ping6 fe80::1%en4
PING6(56=40+8+8 bytes) fe80::aa20:66ff:fe2c:9d97%en4 --> fe80::1%en4
16 bytes from fe80::1%en4, icmp_seq=0 hlim=64 time=5.205 ms 16 bytes from
  fe80::1%en4, icmp_seq=1 hlim=255 time=1.676 ms
<output omitted for brevity>
```

```
MacOS$ ping6 -I en4 fe80::1
PING6(56=40+8+8 bytes) fe80::aa20:66ff:fe2c:9d97%en4 --> fe80::1%en4
16 bytes from fe80::1%en4, icmp_seq=0 hlim=64 time=1.772 ms
16 bytes from fe80::1%en4, icmp_seq=1 hlim=255 time=1.086 ms
<output omitted for brevity>
```

Summary

이 장에서는 IPv6 link-local unicast address(LLA)에 중점을 두고 설명했다. link-local 주소는 다음의 특징을 가지고 있다.

- IPv6가 활성화되기 위해서 디바이스에 IPv6 link-local 주소가 있어야 한다.
- 디바이스에 IPv6 global unicast 주소는 없어도 되지만, link-local 주소는 있어야 한다.
- link-local 주소는 링크(서브넷) 밖으로 라우팅 될 수 없다.
- 라우터는 송신 혹은 수신 주소가 link-local 주소인 패킷은 포워딩하지 않는다.
- link-local 주소는 링크 상에서 유일해야 한다.
- 인터페이스당 하나의 link-local address 주소만 가능하다.
- link-local 주소는 송신 혹은 수신 주소가 될 수 있다.
- link-local 주소의 범위는 fe80::/ 10에서 febf::/ 10까지이지만, 실제로는 fe80을 사용하는 것이 좋다.

Windows, Linux, Mac OS 호스트는 시작될 때(startup) link-local unicast 주소를 생성한다. Cisco IOS는 인터페이스에 global unicast 주소 또는 unique local unicast 주소가 있거나, "**ipv6 enable**" 명령을 인터페이스에 사용했을 때 link-local 주소를 자동으로 생성한다.

link-local 주소는 동적으로 생성된다. 프리픽스는 일반적으로 fe80::/ 64이고, 그 뒤로는 EUI-64를 사용하거나 무작위로 자동 생성되는 인터페이스 ID가 자리한다.

EUI-64 프로세스는 48-bit이더넷 MAC 주소를 64-bit 인터페이스 ID로 변환하기 위해 다음과 같이 한다.

- OUI디바이스 식별자 사이의 MAC 주소 중간에 fffe를 삽입한다.
- 일곱 번째 비트를 반전한다.

Cisco IOS 상에서 Link-local 주소 수동 설정도 가능하다. 수동 설정은 link-local 주소를 알아보기 쉽게 만들고, 해당하는 장비를 식별하기 쉽게 한다.

Zone ID 또는 인터페이스 범위(Interface Scope)라고도 하는 Scope ID는 디바이스에서 인터페이스를 Link-local 주소와 결합하는데 사용된다. 이것은 Link-local 주소를 사용하여 통신할 때 일부 호스트 운영 체제에서 필요할 수 있다. Cisco IOS 상에서 Link-local 주소로 ping 할 때는 출력 인터페이스를 묻는 메시지가 표시된다.

link-local 주소의 서브넷 내 유일함을 확인하기 위해 Duplicate Address Detection(DAD, 중복 주소 검출, 충돌 감지)이 사용된다. DAD는 IPv4의 gratuitous ARP와 유사하다. DAD는 수동이든 자동 설정이든 관계없이 모든 unicast 주소에 사용된다.

디바이스는 ICMPv6 Router Advertisement 메시지를 통해 디폴트 게이트웨이 주소를 동적으로 받는다. 디폴트 게이트웨이 주소는 로컬 라우터의 link-local 주소이다.

"**ipv6 enable**" 명령을 사용하면 별도로 unicast 주소를 설정하지 않고도 라우터 인터페이스에 link-local 주소를 자동으로 생성할 수 있다.

Review Questions

1. 참 또는 거짓: IPv6가 활성화된 디바이스는 link-local 주소 또는 global unicast 주소가 있어야 한다.
2. 참 또는 거짓: 라우터는 link-local 주소를 가진 패킷은 포워딩하지 않는다.
3. link-local 주소의 첫 번째 hextet의 범위는?
4. link-local 주소의 인터페이스 ID를 동적으로 생성하는 2가지 방법은 무엇인가?
5. EUI-64 프로세스는 48-bit이더넷 MAC 주소를 64-bit 인터페이스 ID로 어떻게 변환하는가?
6. 인터페이스에 link-local 주소를 자동으로 할당할 때 Cisco IOS는 인터페이스 ID에 어떤 방법을 사용하는가?
7. Scope ID 혹은 인터페이스 Scope로도 불리는 Zone ID의 역할은 무엇인가?
8. 라우터 인터페이스의 link-local 주소를 수동으로 설정하면 어떤 이점이 있는가?
9. 디바이스는 link-local 주소가 링크(서브넷)에서 유일한지 어떻게 확인하는가?
10. 디바이스는 디폴트 게이트웨이 주소를 어떻게 동적으로 할당받는가?
11. DHCPv6은 디폴트 게이트웨이 주소를 제공하는가?
12. "**ipv6 enable**" 명령의 목적은 무엇인가?
13. Cisco IOS 상에서 link-local 주소를 ping 할 때 필요한 것은 무엇인가? 왜 그런가?

References

RFCs

RFC 2373, *IP Version 6 Addressing Architecture*, R. Hinden, Nokia, www.ietf.org/rfc/rfc2373.txt, July 1998.

RFC 4007, *IPv6 Scoped Address Architecture*, S. Deering, Cisco Systems, www.ietf.org/rfc/rfc4007.txt, March 2005.

RFC 4291, *IP Version 6 Addressing Architecture*, R. Hinden, Nokia, www.ietf.org/rfc/rfc4291.txt, February 2006.

RFC 4429, *Optimistic Duplicate Address Detection (DAD) for IPv6*, N. Moore, Monash University CTIE, www.ietf.org/rfc/rfc4429.txt, April 2006.

RFC 4862, *IPv6 Stateless Address Autoconfiguration*, S. Thomson, Cisco Systems, www.ietf.org/rfc/rfc4862.txt, September 2007.

RFC 5342, *IANA Considerations for IETF Protocol Usage for IEEE 802 Parameters*, D. Eastlake 3rd, Eastlake Enterprises, www.ietf.org/rfc/rfc5342.txt, September 2008.

RFC 5375, *IPv6 Unicast Address Assignment Considerations*, G. Van de Velde, www.ietf.org/rfc/rfc5375.txt, December 2008.

Chapter 7

이번 장에서는 IPv6 multicast 주소에 관해서 설명한다(Figure 7-1을 참고하라). multicast는 디바이스가 하나의 패킷을 동시에 다수의 목적지로 보내는 기술이다(one-to-many). 이와 대비해서 unicast는 하나의 패킷을 하나의 목적지로 보낸다(one-to-one). 다수 목적지는 사실 같은 디바이스의 여러 인터페이스가 될 수도 있지만, 일반적으로 서로 다른 디바이스가 된다. multicast는 IPv6에서 새로운 것이 아니다. IPv4에서도 1988년 이후로 계속 사용해왔다.

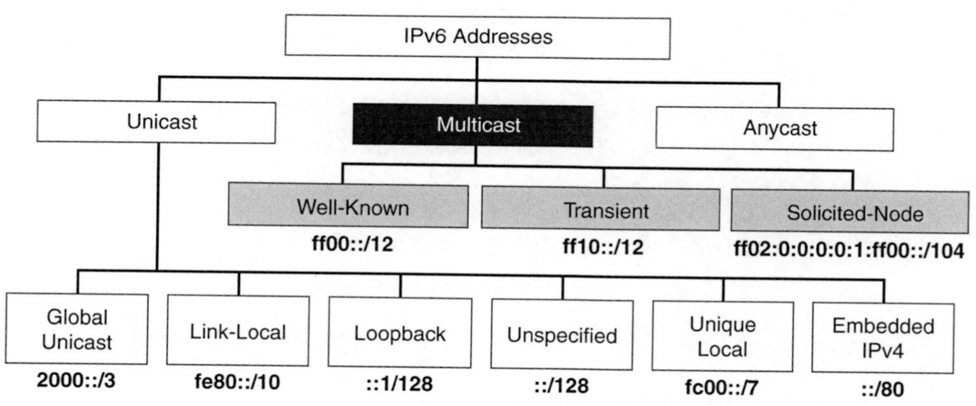

Figure 7-1 *Multicast Addresses*

multicast 주소는 단일한 패킷 또는 단일한 패킷 스트림을 동시에 다수의 디바이스에 보내는 데 사용된다. 이것은 별도의 unicast 송신을 위해 목적지별로 패킷의 스트림을 복사하는 것보다 효율적인 방법이다.

multicast는 서브넷 상의 일부 디바이스들이 수신자일 때에도 브로드캐스트보다 더 나은 선택이 될 수 있다. IP multicast 패킷은 이더넷 스위치와 NIC에 의해 필터링 될 수 있다. unicast 프레임을 필터링하는 것과 비슷하게 스위치에서 multicast 프레임을 필터링하는 것은 다음 두 가지 방법 중 하나를 사용하여 수행된다.

- IPv4 multicasting 용 IGMP(Internet Group Management Protocol)
- IPv6 multicasting 용 MLD(Multicast Listener Discovery) snooping

IPv6 multicast 주소는 *multicast group*으로 알려진 디바이스 그룹을 정의한 "ff00::/8" 프리픽스를 사용한다. 이것은 IPv4에서 "224.0.0.0/4"와 동등하다. multicast 그룹으로 전달되는 패킷의 송신 주소는 항상 unicast 주소이다. multicast 주소는 수신 주소로만 사용될 수 있으며, 결코 송신 주소가 될 수 없다.

IPv6 multicast 주소는 4장 "IPv6 Address Representation and Address Types"에서 소개되었다. 이 장에서는 4장에서 소개된 개념에 관한 요약으로 시작한다. Table 7-1은 IPv6 multicast 주소의 다양한 표현 방법을 보여준다.

Table 7-1 *IPv6 Multicast Address Representations*

Representation	IPv6 Multicast Address
Preferred	ff00:0000:0000:0000:0000:0000:0000:0000/8
No leading 0s	ff00:0:0:0:0:0:0:0/8
Compressed	ff00::/8

Figure 7-2는 IPv6 multicast 주소의 구조를 보여준다.

- **ff00::/8** - 첫 번째 8bit는 "all-1(ff)"이며, IPv6 multicast를 위해서 예약되었다.
- **Flags** - 다음의 4bit는 "flags" 용도로 할당되었다. 처음 3개의 플래그는 0(예약됨), R(rendezvous point) 및 P(네트워크 프리픽스)이며 이에 관한 내용은 책의 범위를 벗어난다. 네 번째 bit는 transient flag(T flag)이며 다음 두 가지 종류의 multicast 주소를 구분한다.
  - **Permanent (0):** 이 비트가 "0"이면 이 multicast 주소는 IANA(Internet Assigned Numbers Authority)에 의해 할당된 "*사전 정의된(predefined) multicast 주소*"이다. 여기에 포함되는 주소는 "well-known"과 "solicited-node" multicast 주소이다.
  - **Nonpermanent (1):** 이 비트가 "1"이면 "transient" 혹은 "dynamically assigned" multicast 주소가 된다. 이 주소는 multicast application에 의해 할당된다.
- **Scope** - Scope 필드는 라우터가 multicast 패킷을 전달할 수 있는 범위를 지정한다.
- **Group ID** - 다음의 112bit는 Group ID를 표시한다.

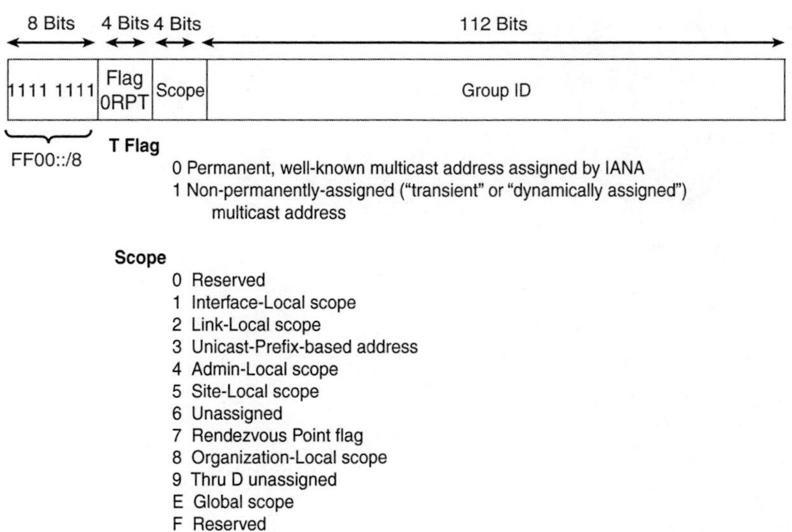

Figure 7-2 *IPv6 Multicast Address*

이 장에서는 네 번째 flag에 의해 정의되는 두 종류의 multicast 주소에 대해 중점을 두고 설명한다. well-known 주소는 IPv4의 well-known multicast 주소와 유사하다. 이 주소는 라우팅 프로토콜 및 기타 토폴로지 검색 및 유지 보수 프로토콜에서 사용할 목적으로 예약된 주소이다. solicited-node multicast 주소는 IPv6에서 처음 소개되었다. 이 주소 유형은 IPv4의 브로드캐스트 주소보다 더 효율적인 접근법으로 사용된다.

또 다른 multicast 주소 유형은 "transient" 나 동적 할당된 multicast 주소이다. 이 종류의 multicast 주소는 multicast용 응용 프로그램에서 사용하며, 다양한 소프트웨어와 서비스(예를 들면 비디오 delivery, remote imaging과 backup)에 사용될 수 있다.

Scope

scope 필드에 대하여 조금 더 얘기해 봄으로써 multicast에 관한 논의를 계속해 보자. scope는 multicast 패킷의 범위를 규정하는 4-bit 필드 값이며, Figure 7-2에서 보여준다. scope 필드는 다음과 같은 가능한 값을 가질 수 있다.

- **0:** Reserved(예약됨)
- **1:** Interface-Local scope
- **2:** Link-Local scope
- **3:** Unicast-Prefix-based address
- **4:** Admin-Local scope
- **5:** Site-Local scope
- **6 :** Unassigned

- **7 :** Rendezvous Point flag
- **8 :** Organization-Local scope
- **9 :** Unassigned
- **A:** Unassigned
- **B :** Unassigned
- **C:** Unassigned
- **D:** Unassigned
- **E :** Global scope
- **F :** Reserved

RFC 4007 "*IPv6 Scoped Address Architecture*"는 서로 다른 scope의 IPv6 주소들의 특징과 예상 동작, 그리고 사용 방법에 대해 정의한다. Figure 7-3은 이 scope에 대해 그림으로 이해하기 쉽도록 표현한 것이다. scope 필드는 디바이스가 multicast 패킷의 범위를 정할 수 있도록 하고 라우터가 패킷을 얼마나 넓은 영역으로 전파할 것인지 즉시 판단할 수 있도록 한다. 이렇게 하여 사전에 의도된 영역 너머로 트래픽이 전달되는 것을 차단하여 효율성을 개선한다.

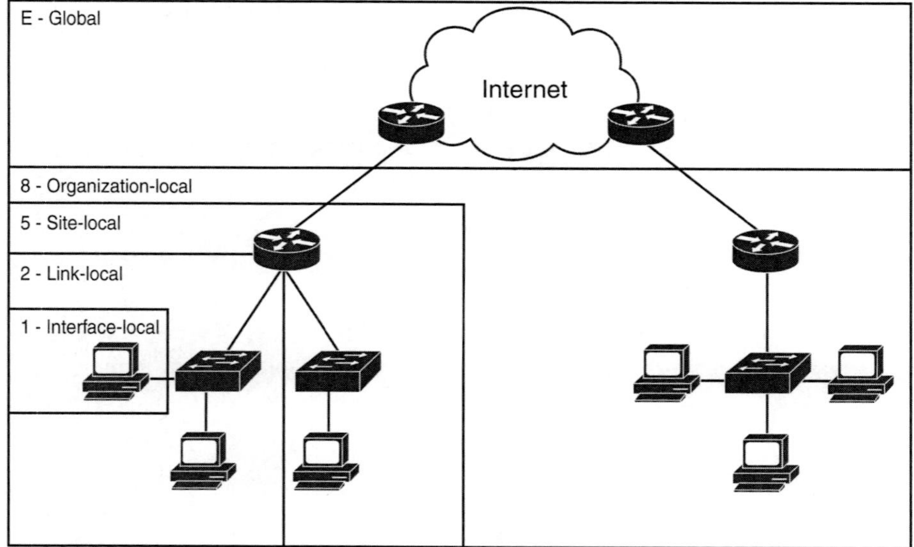

Figure 7-3 *Multicast Scope*

> **Note** 라우터가 multicast 패킷을 필터링하는 자동화된 메커니즘은 없다. site/organization local 주소의 경계는 수동으로 설정되어야 한다. 한 가지 예외가 link-local multicast이며 이것은 자동으로 필터링 된다.

scope 필드는 첫 번째 hextet의 4번째 16진수값이다. 예를 보자.

- **ff02::2** - All-IPv6 routers
- **ff05::2** - All-IPv6 routers

위의 두 주소 모두 all-IPv6 routers multicast 그룹 주소이다. 차이는 scope 필드이다. "ff0**2**::2"는 scope 필드가 "2"이며 link-local scope이다. "ff0**5**::2"는 scope 필드가 5이며 site-local scope이다.

Multicast with Link-Local Scope Versus Link-Local Unicast Addresses

가장 일반적인 scope 값은 link-local scope이다—ff02에서 "2". link-local scope(ff02) multicast 주소를 link-local unicast 주소(fe80::/10)와 혼동하지 않아야 한다.

link-local scope multicast 주소는 다음 특징들이 있다.

- unicast 주소가 아니라 multicast 주소이다.
- 목적지 주소로만 사용할 수 있다.
- 동일한 링크 상의 디바이스 그룹에게만 트래픽을 보낼 수 있고, 링크 밖으로 라우팅 될 수 없다.
- 일반적으로 solicited-node multicast 주소나 well-known multicast 주소이며 neighbor discovery 나 routing protocol 메시지에 사용된다.

link-local unicast 주소의 패킷은 다음 특징을 가지고 있다.

- unicast 주소이다. multicast 주소가 아니다.
- 송신 및 수신 주소가 될 수 있다.
- link-local unicast 주소(송신 및 수신 주소)는 링크 내로 트래픽 전달이 제한되며, 링크 바깥으로 라우팅 되지 않는다.
- link-local unicast 주소는 링크 상의 단일 디바이스(프린터 등)와 통신할 필요가 있을 때 목적지 주소로 사용될 수 있다.
- link-local unicast 주소는 동일 링크 상의 디바이스들과 통신할 때 송신 주소로 사용될 수 있다.

link-local unicast 주소는 목적지 주소가 link-local scope multicast 주소일 때 송신 주소로 사용될 수 있다. 예를 들면 Figure 7-4는 ICMPv6 Neighbor Solicitation 메시지와 후속하는 Neighbor Advertisement 메시지를 보여준다. 이 메시지는 둘 다 송신 주소로 디바이스의 link-local unicast 주소를 사용하며 목적지 주소로 link-local scope의 well-known multicast 주소를 사용한다. 송신 주소는 단일 디바이스에서 사용하는 link-local unicast 주소이다. 목적지 주소로 link-local scope well-known multicast 주소를 사용하여 해당 링크에 대한 multicast 그룹으로 송신된다. Router Solicitation 메시지는 "all-IPv6 router multicast" 그룹 주소를 사용하며, Router Advertisement 메시지는 "all-IPv6 device multicast" 그룹 주소를 사용한다.

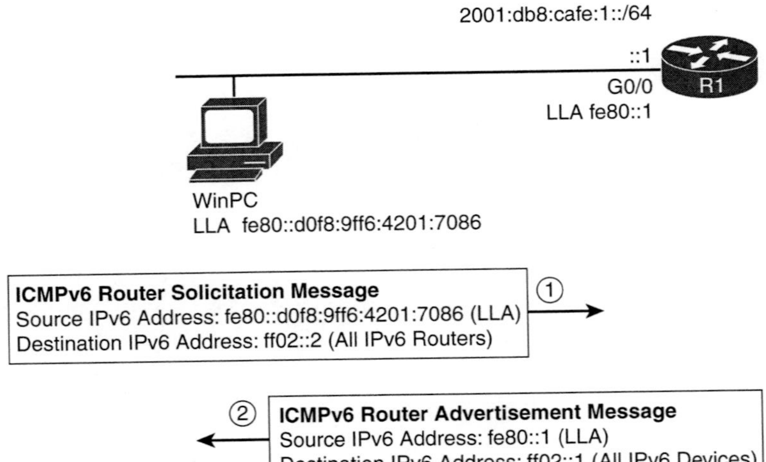

Figure 7-4 *Link-Local Unicast Addresses and Multicast Addresses with Link-Local Scope*

Well-Known Multicast Addresses

well-known multicast 주소는 할당된 multicast 그룹에 대해 사전 정의하였거나 예약된 multicast 주소이다. well-known multicast 주소는 ff00::/12 프리픽스를 사용한다. 플래그 필드의 네 번째인 "T" 플래그는 "0"으로 설정된다. 이 주소는 224.0.0.0 ~ 239.255.255.255 범위의 IPv4 well-known multicast 주소와 같은 역할을 한다. 이 주소 유형은 neighbor discovery 나 routing protocol 메시지에도 사용된다.

RFC 2375 "*IPv6 Multicast Address Assignments*"는 영구 할당된 Global ID를 가진 IPv6 multicast 주소들의 초기 할당에 대해 정의한다. IANA는 well-known IPv6 multicast 주소들의 목록을 관리한다. IANA의 IPv6 multicast 주소할당에 관한 더 자세한 내용은 "www.iana.org/assignments/ipv6-multicast-addresses/ipv6-multicast-addresses.xhtml"을 참고하라.

Table 7-2는 well-known 또는 할당된 multicast 주소들의 몇 가지 예를 보여준다.

Table 7-2 *Well-Known Multicast Addresses*

/8 Prefix	Flag	Scope	Predefined Group ID	Compressed Format	Description
Interface-Local Scope					
ff	0	1	0:0:0:0:0:0:1	ff01::1	All-nodes
ff	0	1	0:0:0:0:0:0:2	ff01::2	All-routers
Link-Local Scope					
ff	0	2	0:0:0:0:0:0:1	ff02::1	All-nodes
ff	0	2	0:0:0:0:0:0:2	ff02::2	All-routers
ff	0	2	0:0:0:0:0:0:5	ff02::5	OSPF routers

ff	0	2	0:0:0:0:0:0:6	ff02::6	OSPF designated routers
ff	0	2	0:0:0:0:0:0:9	ff02::9	RIP routers
ff	0	2	0:0:0:0:0:0:a	ff02::a	EIGRP routers
ff	0	2	0:0:0:0:0:1:2	ff02::1:2	All-DHCP agents
Site-Local Scope					
ff	0	5	0:0:0:0:0:0:2	ff05::2	All-routers
ff	0	5	0:0:0:0:0:1:3	ff05::1:3	All-DHCP servers

Note IPv6에는 브로드캐스트 주소가 없다. 그러나 "all-nodes" 혹은 "all-IPv6 devices" multicast 주소(ff02::1)가 있어서 유사한 기능을 한다.

Table 7-2는 미리 정의된 동일한 multicast 그룹 ID가 다양한 scope(혹은 range)를 가질 수 있음을 보여준다. scope에 따라, "all-routers" 그룹 ID인 "0:0:0:0:0:0:2(::2)"로 송신된 패킷은 단일 링크 내로 제한되거나(ff0**2**::2) 아니면 전체 사이트로(ff0**5**::2) 전달될 수 있다.

Note site-local scope 혹은 any scope로 multicast를 보낼 때 이 패킷은 라우팅 되어야 한다. IPv6에서 multicast 라우팅은 "**ipv6 multicast-routing**" 명령을 사용하여 활성화된다.

IPv4와 IPv6 multicast 주소를 비교해 보면 그룹 ID 상의 일관성을 알 수 있을 것이다. 예를 들면 "all-OSPF router"는 IPv4에서는 224.**0.0.5**이고, IPv6에서는 "ff02::**5**"이다. 두 프로토콜에서 그룹 ID로 "5"를 사용한다. well-known multicast 주소는 Neighbor Discovery 프로토콜 및 OSPFv3와 같은 특정 프로토콜과 함께 사용되며, 이후 장에서 자세히 살펴볼 것이다.

Figure 7-5에서 이번 장에서 확인할 multicast 주소 토폴로지를 볼 수 있다. 6장 "Link-Local Unicast Address"에서 각 라우터에 수동으로 link-local 주소를 설정하는 방법을 보였었다. 이번 장에서는 좀 더 나은 설명을 위해 토폴로지 내 라우터에 수동으로 설정된 주소를 사용하는 대신에 EUI-64에 의한 자동 생성 link-local 주소를 그대로 사용하겠다.

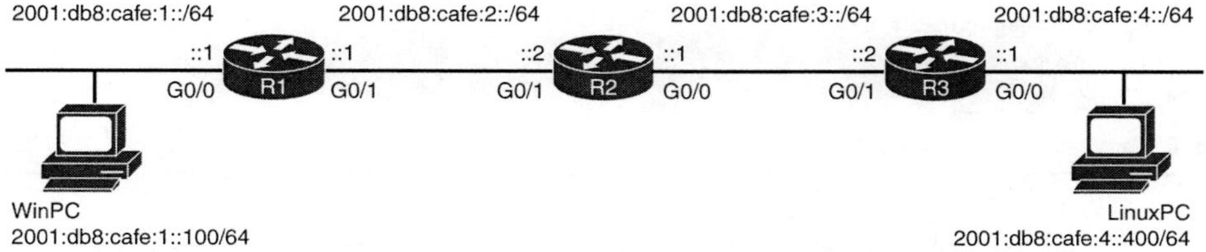

Figure 7-5 *Topology for Multicast Addresses Example*

Example 7-1에서 "**show ipv6 interface gigabitethernet 0/0**" 명령은 Router R1의 gi0/0 인터페이스에 설정된 multicast 그룹을 보여준다. 출력 결과는 이 인터페이스가 3개의 well-known multicast 그룹의 멤버이며, 두 개의 solicited-node multicast 주소를 가지고 있음을 보여주고 있다. 라우터 R1은 이들 multicast 주소가 목적지인 패킷을 "listen"하여 처리한다.

Well-known multicast groups:

- **ff02::1** - 해당 링크에 대한 "All-node" multicast 그룹 주소이다. IPv6 link-local 주소를 가진 인터페이스를 enable 시키면, 인터페이스는 이 multicast 그룹의 멤버가 된다.
- **ff02::2** - 해당 링크에 대한 "All-routers" multicast 그룹 주소이다. R1은 ipv6 라우팅을 활성화하기 위한 "**ipv6 unicast-routing**" 명령 설정이 되어 있다. Example 7-1에서 "**show running-config**" 명령의 결과로 "**ipv6 unicast-routing**" 명령을 볼 수 있고, 이전에 설정된 static 라우팅을 확인할 수 있다.
- **ff02::fb** - 해당 링크에 대한 "Multicast DNS"이다.

Solicited-node multicast addresses(이 장의 후반부에 설명한다):

- **ff02::1:ff00:1** - 이 solicited-node multicast 주소는 R1의 해당 인터페이스 global unicast 주소에 대응되는 것이다.
- **ff02::1:ff93:da00** - 이 solicited-node multicast 주소는 R1의 해당 인터페이스 link-local 주소에 대응되는 것이다.

Example 7-1 *Displaying Multicast Groups on Router R1's G0/0 Interface*

```
R1# show ipv6 interface gigabitethernet 0/0
GigabitEthernet0/0 is up, line protocol is up
  IPv6 is enabled, link-local address is FE80::5AAC:78FF:FE93:DA00
  No Virtual link-local address(es):
  Global unicast address(es):
    2001:DB8:CAFE:1::1, subnet is 2001:DB8:CAFE:1::/64
  Joined group address(es):
    FF02::1             ! All-IPv6 devices
    FF02::2             ! All-IPv6 routers
    FF02::FB            ! Multicast DNS
    FF02::1:FF00:1      ! Solicited-node multicast for GUA
    FF02::1:FF93:DA00   ! Solicited-node multicast for LLA
<output omitted for brevity>

R1# show running-config
<partial output>
ipv6 unicastrouting
ipv6 route ::/0 2001:DB8:CAFE:2::2
```

Example 7-2는 WinPC와 LinuxPC의 multicast 그룹을 보여준다. "**netsh interface ipv6 show joins**" 명령이 WinPC 상에서 multicast 그룹을 확인하기 위한 명령이고, "**netstat -g**" 명령은 LinuxPC 상에서 같은 정보를 보여준다. 두 호스트 다 "ff01::1"(all-IPv6 device multicast group for local scope)과 "ff02::2"(all-IPv6 device multicast group for link-local scope)의 멤버이다. (리눅스는 "ff02::1" 주소를 "ipv6-allnodes"라고 부른다.) WinPC와 LinuxPC는 이 목적지 IPv6 주소를 가진 패킷을 수신하여 처리한다.

Example 7-2 *Displaying Multicast Groups on WinPC and LinuxPC*

```
Windows PC

C:\Users\user>netsh interface ipv6 show joins

Interface 11: Local Area Connection

Scope       References  Last  Address
----------  ----------  ----  ---------------------------------
! All-IPv6 devices, local scope
0                    0  Yes     ff01::1
! All-IPv6 devices, link-local scope
0                    0  Yes     ff02::1
! Multicast Name Resolution
0                    1  Yes     ff02::1:3

! Solicited-node GUA
0                    1  Yes     ff02::1:ff00:100
! Solicited-node LLA
0                    2  Yes     ff02::1:ff01:7086
<output omitted for brevity>
---------------------------------------------------------------
Ubuntu Linux PC

LinuxPC$ netstat -g
IPv6/IPv4 Group Memberships
Interface RefCnt Group
---------- ------ --------------------
! Solicited-node multicast GUA
eth0       1      ff02::1:ff00:400
! Solicited-node multicast LLA
eth0       1      ff02::1:ffaf:141b
! Multicast Name Resolution
eth0       1      ff02::fb
! All-IPv6 devices, link-local scope
eth0       1      ip6-allnodes
! All-IPv6 devices, local scope
eth0       1      ff01::1
<some output omitted for brevity>
```

Note Mac OS에서도 IP multicast 그룹을 표시하기 위해 "**netstat -g**" 명령을 사용한다.

Note "ff02::fb"는 IPv6에서 mDNS(multicast DNS) 주소이다. mDNS는 호스트 네임에 대해 IP 주소를 알려주며, 설정이 불필요한 서비스이다. mDNS는 local DNS 서버를 사용하지 않는 소규모의 네트워크에서 주로 사용된다. "ff02::1:3"은 로컬 네트워크 세그먼트의 "all-LLMNR(Link-Local Multicast Name Resolution)" 호스트 multicast 주소이다. LLMNR 은 로컬 link에서 IP name resolution 서비스를 위해 DNS 패킷 포맷을 사용한다. mDNS와 LLMNR의 자세한 설명은 이 책의 범위를 벗어난다. mDNS는 RFC 6762 "*Multicast DNS*"에 기술되어 있다. LLMNR 은 RFC 4795 "*Link-Local Multicast Name Resolution*"에 기술되어 있다.

Solicited-Node Multicast Addresses

또 다른 한 종류의 multicast 주소는 Figure 7-1에서 보여주는 "solicited-node" multicast 주소이다. solicited-node multicast는 약간 어려울 수 있다. 그러나 이 절은 이 새로운 종류 multicast 주소의 사용상 장점과 어떻게 생성되는지 설명할 것이다.

solicited-node multicast 주소는 인터페이스에 설정된 모든 global unicast 주소와 unique local 주소, link-local 주소에 대응[1]하여 자동으로 생성된다. 이 multicast 주소는 디바이스의 unicast 주소와 solicited-node multicast 프리픽스(ff02:0:0:0:0:1:ff00::/104)의 특수한 매핑을 통해 자동으로 생성되며, Table 7-3에 이를 보여준다. (이 프리픽스는 보기에 좋지는 않지만, 적어도 solicited-node multicast 주소를 쉽게 인지할 수 있게 한다.) solicited-node multicast 프리픽스 "ff02:0:0:0:0:1:ff00::/104"는 unicast 주소의 하위 24bit 주소에 앞에 덧붙여진다. 잠시 후에 이것이 어떻게 수행되는지 설명할 것이다.

Table 7-3 *IPv6 Solicited-Node Multicast Address Representations*

Representation	IPv6 Loopback Address
Preferred	ff02:0000:0000:0000:0000:0001:ff00::/104
Compressed	ff02:0:0:0:0:1:ff00::/104

Layer 3 multicast 주소를 사용하는 장점 중의 하나는 매핑된 2계층 이더넷 MAC 주소가 있다는 점이다. 이를 통해 스위치는 프레임을 필터링한다. 이것은 이 패킷들이 multicast 그룹의 멤버 디바이스가 연결된 포트로만 포워딩된다는 것을 의미한다. 이것은 Multicast Listener Discovery(MLD)를 사용하여 수행되며 이 장의 뒷부분에서 설명할 것이다.

Note IPv6 solicited-node multicast는 MLD에 의해 필터링 되지 않는다. 이 패킷들은 모든 포트로 포워딩된다.[2] 이렇게 하지 않으면 이 multicast 트래픽을 다루기 위한 포워딩 테이블이 엄청나게 커질 수 있다. solicited-node multicast 및 MLD는 이 장의 뒷부분에서 다시 설명할 것이다.

스위치 상에서 MLD가 동작하지 않는다면,[3] multicast 프레임은 스위치의 모든 포트로 포워딩된다(이것은 대부분 스위치에서 기본 동작이다). 목적지(destination) MAC 주소를 사용하여 프레임은 디바이스의 이더넷 NIC에서 최종 필터 처리될 것이다. 이더넷 NIC은 프레임을 버릴 것인지 아니면 추가적인 처리를 위

1 unicast 주소마다 해당하는 solicited-node 멀티캐스트 주소가 생성된다-옮긴 이

2 즉 IPv6 solicited-node 멀티캐스트 주소에 대해서는 포워딩 테이블을 관리하지 않는다-옮긴 이

3 MLD snoop 기능을 얘기하는 것이다. IPv4에서도 igmp snoop 기능이 필요하다.-옮긴 이

해 IPv6 같은 상위 프로토콜로 전달할 것인지 결정할 수 있다. 디바이스가 해당 multicast 그룹의 멤버가 아니면 이더넷 NIC은 프레임을 폐기한다.

Note IPv6 multicast 주소를 이더넷 MAC 주소로 매핑하는 방법은 이 장의 뒷부분에서 다룬다.

IPv6의 solicited-node multicast 주소는 주소 결정(ARP, address resolution) 프로세스보다 효율적인 방법을 제공한다. solicited-node multicast 주소와 이더넷 MAC 주소의 매핑을 사용하여 NIC은 상위 계층 프로토콜로 패킷을 전달하지 않고도 자신이 최종 수신자가 맞는지 판단할 수 있다.

solicited-node multicast 주소는 두 가지 IPv6의 필수적인 메커니즘에 사용되며, 둘 다 Neighbor Discovery Protocol(NDP)의 일부분이다.

- **Address resolution:** IPv4에서의 ARP request와 똑같은 기능으로 IPv6 디바이스는 동일 링크 내의 link-layer 주소(일반적으로 이더넷)를 알아내기 위해 Neighbor Solicitation 메시지를 solicited-node multicast 주소로 보낸다. 디바이스는 해당 링크 상의 목적지 IPv6 주소를 알고 있지만, data-link(이더넷) 주소를 알아낼 필요가 있다. address resolution은 Figure 7-6에서 그려져 있다. 이 예에서 사용된 주소에 대해 간단히 설명할 것이다.

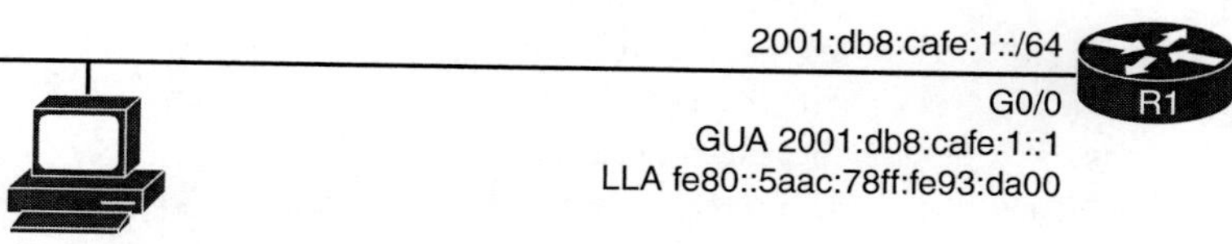

Figure 7-6 *Use of Solicited-Node Multicasts with Address Resolution*

- **Duplicate Address Detection (DAD):** DAD는 디바이스의 unicast 주소가 링크 상에서 유일한지 확인할 수 있도록 한다. Neighbor Solicitation 메시지는 디바이스 자신의 solicited-node multicast 주소로 송신되는데, 이렇게 하여 다른 누군가가 같은 주소를 사용하는지 확인한다.

Note Neighbor Discovery 프로토콜은 13장 "ICMPv6 Neighbor Discovery"에서 자세히 다룬다.

Mapping Unicast Address to Solicited-Node Multicast Address

이전에 언급한 바와 같이, solicited-node multicast 주소는 인터페이스상의 각 unicast 주소에 (global unicast, unique local, link-local) 대해 자동으로 생성된다. solicited-node multicast 프리픽스 "ff02:0:0:0:0:1:ff00::/104"는 unicast 주소의 하위 24bit 주소 앞에 덧붙여진다. 이제 이것이 어떻게 이루어지는지 알아보자.

Figure 7-6에서 Router R1의 GigabitEthernet 0/0 인터페이스는 두 개의 주소를 가지고 있으며, global unicast 주소와 link-local unicast 주소이다. Example 7-3의 "**show ipv6 interface gigabitethernet 0/0**" 명령을 써서 이들 unicast 주소와 관련된 solicited-node multicast 주소를 확인할 수 있다.

Example 7-3 *Displaying Solicited-Node Multicasts on Router R1's G0/0 Interface*

```
R1# show ipv6 interface gigabitethernet 0/0
GigabitEthernet0/0 is up, line protocol is up
   IPv6 is enabled, link-local address is FE80::5AAC:78FF:FE93:DA00
   No Virtual link-local address(es):
   Global unicast address(es):
     2001:DB8:CAFE:1::1, subnet is 2001:DB8:CAFE:1::/64
   Joined group address(es):
     FF02::1                 ! All-IPv6 devices
     FF02::2                 ! All-IPv6 routers
     FF02::FB                ! Multicast DNS
     FF02::1:FF00:1          ! Solicited-node multicast for GUA
     FF02::1:FF93:DA00       ! Solicited-node multicast for LLA
<output omitted for brevity>
```

Example 7-3의 출력 결과에서 라우터 R1은 2개의 solicited-node multicast 주소를 가지고 있다. 하나는 global unicast 주소와 대응되는 것이고, 하나는 link-local unicast 주소와 대응된다. unicast 주소에 대한 solicited-node multicast 주소 연관성은 다음과 같다.

- global unicast 주소 "2001:db8:cafe:1::1"는 solicited-node multicast 주소 "ff02::1:ff00:1"에 대응된다.
- link-local unicast 주소 "fe80::5aac:78ff:fe93:da00"는 solicited-node multicast 주소 "ff02::1:ff93:da00"에 대응된다.

Figure 7-7은 라우터 R1의 global unicast 주소에 대한 매핑을 보여주고 Figure 7-8은 R1의 link-local 주소에 대한 매핑을 보여준다.

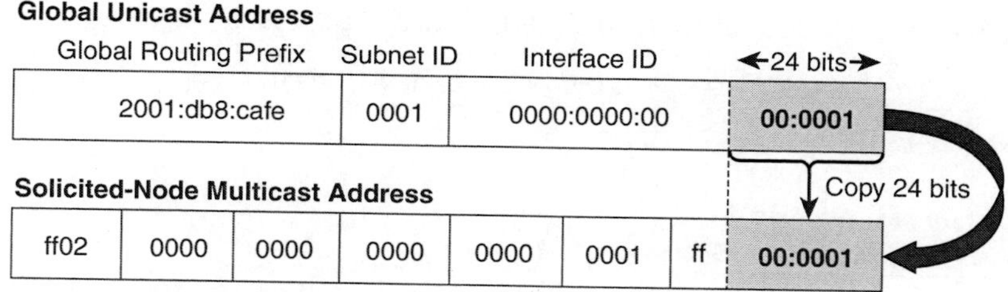

Figure 7-7 *Mapping R1's Global Unicast Address to a Solicited-Node Multicast Address*

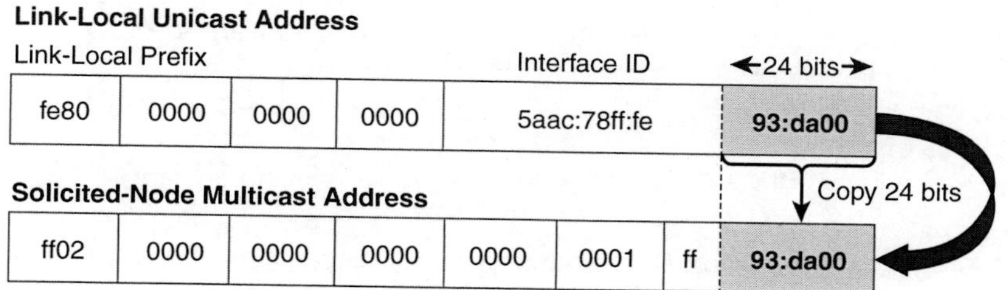

Figure 7-8 *Mapping R1's Link-Local Unicast Address to a Solicited-Node Multicast Address*

두 solicited-node multicast 주소의 하위 24bit가 같은 방법으로 각각의 unicast 주소로부터 생성되었다. 각 solicited-node 주소는 "ff02:0:0:0:0:1:ff00::/104" 프리픽스에 unicast 주소의 24bit를 더하여 생성되었다.

Mapping to the Ethernet MAC Address

solicited-node와 well-known을 포함한 IPv6 multicast 주소는 이더넷 MAC 주소에 매핑된다. 여기에서 브로드캐스트 주소를 대신하여 멀티캐스트 주소를 사용하는 것의 실질적인 장점을 알 수 있다.

이더넷 브로드캐스트를 사용하면 서브넷 상의 모든 NIC이 이더넷 프레임을 수신하게 되고, 추가적인 처리(processing)를 위해 상위 계층 프로토콜로 전달된다. 앞에서 설명한 것과 같이 ARP Request의 경우에 서브넷상 모든 디바이스의 NIC이 프레임을 수신하게 되고, 자신에게 온 패킷인지 알아내기 위해 상위의 ARP 프로세스로 전달된다. 이더넷 브로드캐스트와 달리 이더넷 멀티캐스트는 NIC에 의해 필터링될 수 있다. 이 예제를 곧 볼 수 있을 것이다.

"33-33-xx-xx-xx-xx"는 IPv6 multicast 패킷을 전달할 때 사용하기 위한 이더넷 MAC의 예약된 값이며, RFC 7042 "*IANA Considerations and IETF Protocol and Documentation Usage for IEEE 802 Parameters*"에 기술되어 있다. IPv6 multicast 주소의 하위 32bit가 MAC 주소의 하위(xx-xx-xx-xx) 32bit로 복사된다.

Note 왜 "33-33" 인가? 이 숫자는 Xerox PARC(Palo Alto Research Center)의 주소(3333 Coyote Hill Road, Palo Alto, California)이다. 이더넷은 원래 DEC(Digital Equipment Corporation)/Intel(Intel Corporation)/Xerox PARC에서 개발되었다.

Mapping Solicited-Node Multicast to Ethernet MAC Addresses

Figure 7-9와 7-10은 unicast 주소와 solicited-node multicast, ethernet multicast MAC의 연속된 매핑을 보여준다.

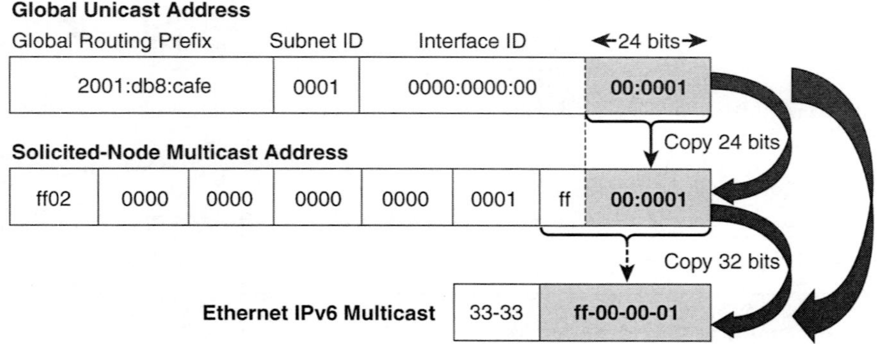

Figure 7-9 *Mapping R1's Global Unicast Address to a Solicited-Node Multicast Address to an Ethernet MAC Address*

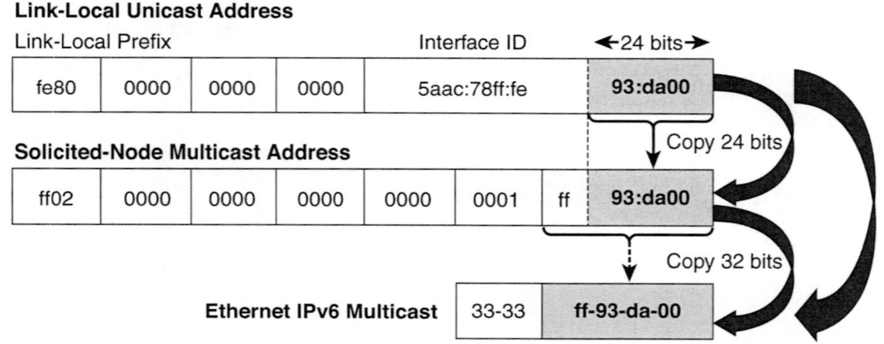

Figure 7-10 *Mapping R1's Link-Local Unicast Address to a Solicited-Node Multicast Address to an Ethernet MAC Address*

Figure 7-5의 토폴로지를 사용하여, Table 7-4는 라우터 R1, WinPC, LinuxPC에 대한 global unicast와 link-local unicast 주소를 보여준다. 각각의 unicast 주소에 대해 관련된 solicited-node multicast 주소와 ethernet multicast MAC 주소를 표시했다. solicited-node multicast 주소는 각각의 unicast 주소 하위 24bit를 사용하여 생성된다. 그런 다음 이더넷 MAC은 solicited-node multicast 주소의 하위 32bit를 사용하여 생성되었다. unicast, solicited-node multicast, multicast MAC 주소 사이의 같은 24bit 값을 굵은 글씨체로 표시하여 알아보기 쉽게 했다.

solicited-node multicast 주소는 개별 unicast 주소에 대해 전체 64-bit 인터페이스 ID가 아닌 하위 24bit를 사용하여 생성되기 때문에 여러 개의 디바이스가 같은 solicited-node multicast 주소로 겹칠 가능성이 있다. 그렇지만 이것은 문제가 되지 않는다. ICMPv6 Neighbor Solicitation 메시지와 같은 상위 계층 프로토콜은 목적지 IPv6 주소를 담고 있다. 이 상위 프로토콜 대상(target) 주소가 자신의 IPv6 주소와 일치되는 디바이스들은 패킷 처리를 계속하고 일치되지 않는 디바이스는 처리하지 않는다.

Table 7-4 *Unicast to Solicited-Node Multicast to Ethernet MAC Address Mappings*

Unicast Address		Solicited-Node Multicast Address	Ethernet Multicast MAC Address
Router R1			
Global	`2001:db8:cafe:1::`**`1`**	`ff02::1:ff00:`**`1`**	`33-33-ff-`**`00-00-01`**
Link-local	`fe80::5aac:78ff:fe`**`93:da00`**	`ff02::1:ff`**`93:da00`**	`33-33-ff-`**`93-da-00`**
WinPC			
Global	`2001:db8:cafe:1::`**`100`**	`ff02::1:ff`**`00:100`**	`33-33-ff-`**`00-01-00`**
Link-local	`fe80::d0f8:9ff6:42`**`01:7086`**	`ff02::1:ff`**`01:7086`**	`33-33-ff-`**`01-70-86`**
LinuxPC			
Global	`2001:db8:cafe:4::`**`400`**	`ff02::1:ff00:`**`400`**	`33-33-ff-`**`00-04-00`**
Link-local	`fe80::250:56ff:fe`**`af:141b`**	`ff02::1:ff`**`af:141b`**	`33-33-ff-`**`af-14-1b`**

이 디바이스들이 자신의 unicast 주소가 목적지인 패킷을 처리할 뿐만 아니라, 개별 solicited-node multicast 주소를 가진 패킷을 처리한다는 것은 무슨 의미일까? 이것은 이더넷 NIC이 solicited-node multicast 주소와 매핑되는 multicast MAC을 가진 이더넷 프레임을 받아들인다는 것을 의미한다.

Figure 7-11에서는 WinPC의 Layer 2와 Layer 3 주소를 보여준다. Layer 2 주소는 NIC의 이더넷 MAC 주소와 WinPC의 NIC이 받아들이는 이더넷 MAC 주소들이다. 그런 다음 IPv6 패킷은 IPv6 프로세스로 전달되어 처리를 계속한다.

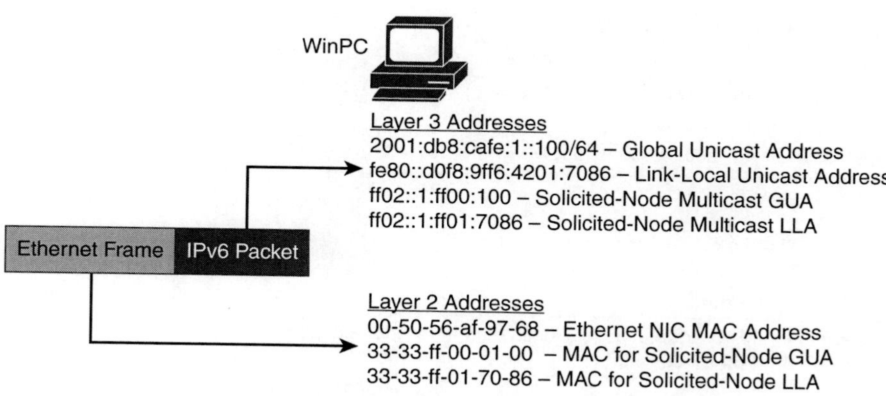

Figure 7-11 *WinPC Layer 3 and Layer 2 Addresses*

Example 7-4는 IPv4의 ARP request와 동등한 Neighbor Solicitation 메시지의 매핑 예를 보여준다. 이것은 Figure 7-6에 그려진 Neighbor Solicitation 메시지와 같은 것이다. 라우터 R1은 NS 메시지의 송신자이다. R1은 WinPC의 IPv6 GUA를 알지만, 이더넷 MAC 주소를 알지 못한다. 이 주소의 매핑을 주의 깊게 보라.

- **ICMPv6 Neighbor Solicitation message:**
  - **Target Address 2001:db8:cafe:1::100** - R1은 이 IPv6 unicast 주소에 대해 MAC 주소를 알아내야 한다. 이 주소의 하위 24bit를 solicited-node multicast 주소에 매핑하고, IPv6 헤

더의 목적지 주소에 사용한다.

- **IPv6 header:**
  - **Destination Address ff02::1:ff00:100** - 이 solicited-node multicast 주소는 Neighbor Solicitation 목적지 주소로부터 매핑되어 얻어진 것이다. 이 주소의 하위 32bit 들은 이더넷 multicast MAC 주소에 매핑된다.
- **Ethernet header:**
  - **Destination MAC Address 33:33:ff:00:01:00** - 이 multicast MAC 주소는 solicited-node multicast 주소로부터 매핑된 것이다. 이 주소는 이더넷 NIC에서 필터 처리될 수 있다.

Example 7-4 *Wireshark Capture of ICMPv6 Neighbor Solicitation Message from R1*

```
Ethernet II, Src: 58:ac:78:93:da:00, Dst: 33:33:ff:00:01:00
Internet Protocol Version 6
    0110 .... = Version: 6
    .... 0000 0000 .... .... .... .... .... = Traffic class: 0x00000000
    .... .... .... 0000 0000 0000 0000 0000 = Flowlabel: 0x00000000
    Payload length: 32
    Next header: ICMPv6 (0x3a)     Hop limit: 255
    Source: 2001:db8:cafe:1::1
   Destination: ff02::1:ff00:100
Internet Control Message Protocol v6
    Type: 135 (Neighbor solicitation)     Code: 0
   Target: 2001:db8:cafe:1::100
    ICMPv6 Option (Source link-layer address)
        Type: Source link-layer address (1)
        Length: 8
        Link-layer address: 58:ac:78:93:da:00
```

Figure 7-12 는 Example 7-4 의 매핑을 그린 것이다.

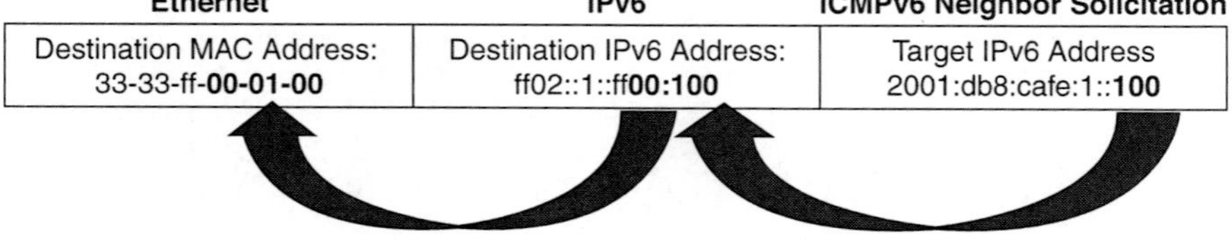

Figure 7-12 *Address Mappings for R1's Neighbor Solicitation Message*

IPv6 패킷과 Neighbor Solicitation 메시지를 전달하는 이더넷 프레임은 목적지 MAC 주소로 매핑된 multicast 주소를 갖는다. Example 7-4에서 서브넷 내 디바이스의 NIC 들은 이 프레임을 받고, 자신이 대상인지 확인한다. WinPC를 포함한 NIC은 매핑된 목적지 multicast MAC 주소가 일치할 때만 이더넷 프레임을 받아들인다. 다른 모든 NIC 들은 프레임을 폐기한다. 그리하여 결과적으로 NIC 상위의 또 다른 프로세스로 프레임을 보내지 않으므로 추가적인 프로세스를 유발하지 않는다.

Mapping Well-Known Multicast to Ethernet MAC Addresses

well-known multicast 주소들도 이더넷 MAC 주소에 매핑된다. Table 7-5에서 몇 가지 예를 보여준다. 다시 한번 언급하지만, 브로드캐스트 주소를 사용하는 것보다 이러한 매핑을 사용하는 것의 주요 장점은 이더넷 NIC이 목적지 multicast MAC 주소를 확인하여 페이로드 데이터의 처리를 위해 상위 Layer 프로토콜로 전달할지를 결정할 수 있다는 것이다.

Table 7-5 *Well-Known Multicast to Ethernet MAC Address Mappings*

Description	Well-Known Multicast	Mapped Ethernet MAC Address
All-Devices	ff02::**1**	33-33-ff-**00-00-01**
All-Routers	ff02::**2**	33-33-ff-**00-00-02**
All-OSPF Routers	ff02::**5**	33-33-ff-**00-00-05**
All-EIGRP Routers	ff02::**a**	33-33-ff-**00-00-0a**

Verifying the Address Mappings on Cisco IOS, Windows, and Linux

Table 7-4의 정보를 사용하여 라우터 R1, WinPC, LinuxPC의 solicited-node multicast 주소를 확인할 수 있다.

Example 7-5에서 "**show ipv6 interface**" 명령으로 인터페이스의 solicited-node multicast 주소를 확인하였다. 다시 한번 프리픽스 "ff02:0:0:0:0:1:ff00::/104"가 unicast 주소의 하위 24bit 앞에 덧붙여져서 최종 solicited-node multicast 주소가 된다는 것을 확인하라.

Example 7-5 *Verifying the Solicited-Node Multicasts on Router R1's G0/0 Interface*

```
R1# show ipv6 interface gigabitethernet 0/0
GigabitEthernet0/0 is up, line protocol is up
  IPv6 is enabled, link-local address is FE80::5AAC:78FF:FE93:DA00
  No Virtual link-local address(es):
  Global unicast address(es):
    2001:DB8:CAFE:1::1, subnet is 2001:DB8:CAFE:1::/64
  Joined group address(es):
    FF02::1 FF02::2
    FF02::FB
    FF02::1:FF00:1     ! Solicited-node multicast for GUA
    FF02::1:FF93:DA00  ! Solicited-node multicast for LLA
<output omitted for brevity>
```

Example 7-6은 WinPC 상의 solicited-node multicast 주소 확인 방법을 보여준다. "**ipconfig**" 명령은 global unicast와 link-local unicast 주소를 표시하기 위해 사용된다. "**netsh interface ipv6 show joins**" 명령은 두 개의 unicast 주소에 대한 solicited-node multicast 주소를 표시한다.

Example 7-6 *Verifying the Solicited-Node Multicasts on WinPC*

```
WinPC> ipconfig

Ethernet adapter Local Area Connection:

   Connection-specific DNS Suffix  . :
   IPv6 Address. . . . . . . . . . . : 2001:db8:cafe:1::100
   Link-local IPv6 Address . . . . . : fe80::d0f8:9ff6:4201:7086%11
   Default Gateway . . . . . . . . . : 2001:db8:cafe:1::1
<output omitted for brevity>

WinPC> netsh interface ipv6 show joins

Interface 11: Local Area Connection

Scope       References  Last  Address
----------  ----------  ----  ---------------------------------
0                    0  Yes   ff01::1
0                    0  Yes   ff02::1
0                    1  Yes   ff02::1:3
! Solicited-node GUA
0                    1  Yes   ff02::1:ff00:100
! Solicited-node LLA
0                    2  Yes   ff02::1:ff01:7086
<output omitted for brevity>
```

Example 7-7은 Linux PC 상의 solicited-node multicast 주소 확인 명령을 보여준다. **"ifconfig"** 명령은 global unicast와 link-local unicast 주소를 표시하기 위해 사용된다. 그다음의 **"netstat -g"** 명령으로 두 개의 unicast 주소에 대해 solicited-node multicast 주소를 확인할 수 있다.

Example 7-7 *Verifying the Solicited-Node Multicasts on LinuxPC*

```
LinuxPC$ ifconfig
eth0      Link encap:Ethernet HWaddr 00:50:56:af:14:1b
          inet addr:0.0.0.6 Bcast:255.255.255.255 Mask:0.0.0.0
          inet6 addr: 2001:db8:cafe:4::400/64 Scope:Global
          inet6 addr: fe80::250:56ff:feaf:141b/64 Scope:Link
<output omitted>

LinuxPC$ netstat -g
IPv6/IPv4 Group Memberships
Interface RefCnt Group
---------- ------ --------------------
! Solicited-node multicast GUA
eth0       1      ff02::1:ff00:400
! Solicited-node multicast LLA
eth0       1      ff02::1:ffaf:141b
```

```
! Multicast Name Resolution
eth0      1      ff02::fb
! All-IPv6 devices, link-local scope
eth0      1      ip6-allnodes
! All-IPv6 devices, local scope
eth0      1      ff01::1
<some output omitted for brevity>
```

Multiple Devices Using the Same Solicited-Node Multicast Address

동일 서브넷의 두 디바이스가 동일한 solicited-node multicast 주소를 가질 수 있을까? 가능한 일이다. 문제가 될 것인가? 아니다. DAD(Duplicate Address Detection)는 unicast 주소가 인터페이스에 할당되기 전에만 모든 unicast 주소에 대해 수행되기 때문에 그런 상황을 얘기하는 것이 아니다.

앞서 언급한 대로, 서브넷 내 하나 이상의 디바이스가 같은 solicited-node multicast 주소를 가질 수 있다. 이런 경우는 global unicast 혹은 link-local unicast 주소의 하위 24bit가 같은 경우에 발생한다.

Figure 7-13에서 두 개의 호스트는 서로 다른 global unicast 주소를 가졌지만, solicited-node multicast 주소는 같은 예제를 보여준다. PCA와 PCB는 서로 다른 GUA 인터페이스 ID를 가진다.

- **PCA's Interface ID:** *aaaa*:0000:0000:0200
- **PCB's Interface ID:** *bbbb*:0000:0000:0200

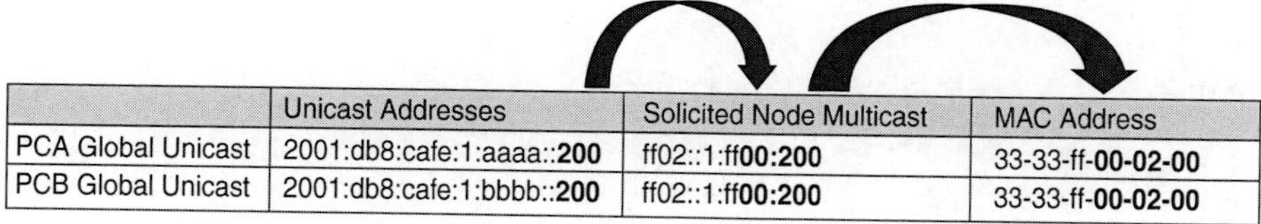

	Unicast Addresses	Solicited Node Multicast	MAC Address
PCA Global Unicast	2001:db8:cafe:1:aaaa::**200**	ff02::1:ff**00:200**	33-33-ff-**00-02-00**
PCB Global Unicast	2001:db8:cafe:1:bbbb::**200**	ff02::1:ff**00:200**	33-33-ff-**00-02-00**

	Global Routing Prefix	Subnet ID	Interface ID (←40 bits→)	(←24 bits→)
PCA	2001:db8:cafe	0001	aaaa:0000:00	**00:0200**
PCB	2001:db8:cafe	0001	bbbb:0000:00	**00:0200**

Figure 7-13 *PCA and PCB with Different GUA Addresses but the Same Solicited-Node Multicast Address*

PCA 및 PCB의 인터페이스 ID는 첫번째 hextet이 상이하며, 그 때문에 GUA 주소도 다르다. IPv6 인터페이스 ID 주소 앞쪽 40bit 부분의 차이는 solicited-node multicast 주소를 생성할 때 영향을 끼치지 못한다. 오른쪽 끝의 24bit 만 solicited-node multicast 주소로 복사되기 때문이다.

그런데 같은 solicited-node multicast 주소를 두 개 이상의 디바이스가 공유한다면 어떤 일이 생길까? Figure 7-14에서 같은 solicited-node multicast 주소를 공유하는 두 호스트가 ICMPv6 Neighbor Solicitation(NS) 메시지를 어떻게 처리하는지 예를 들었다. Neighbor Solicitation 메시지는 IPv4의 ARP 요청과 유사하다.

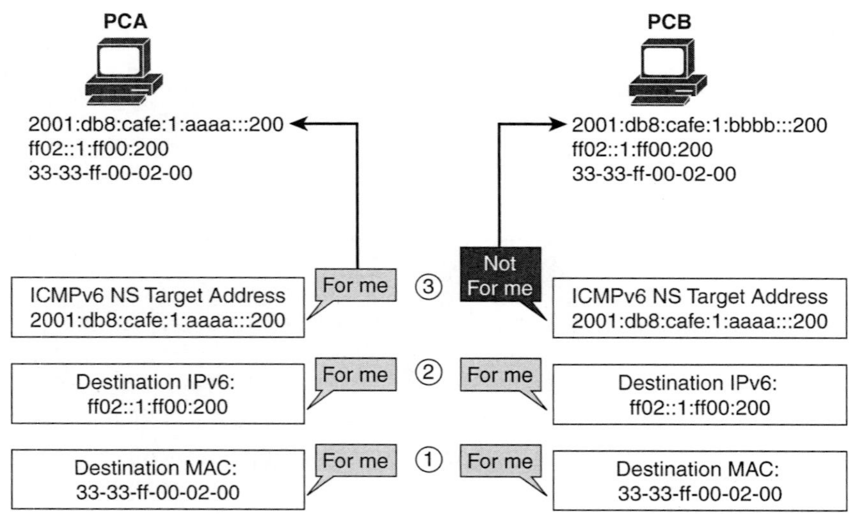

Figure 7-14 *PCA and PCB Processing an ICMPv6 Neighbor Solicitation Message*

이 예에서 PCA 및 PCB는 각각 "2001:db8:cafe:1:*aaaa*::200"과 "2001:db8:cafe:1:*bbbb*::200" GUA 주소를 가지고 있다. (인터페이스 ID의 첫 번째 hextet이 상이하다.) 디바이스는 IPv6 주소 "2001:db8:cafe:1:aaaa::200"에 해당하는 MAC 주소를 알아내기 위해 NS 메시지를 보냈다. 이 주소는 NS 메시지의 목적지 주소이다. 다음은 Figure 7-14의 시나리오를 설명한 것이다.

Step 1. PCA 및 PCB의 NIC은 multicast MAC 주소 "33-33-ff-00-02-00"이 매핑되어 있어 해당 이더넷 프레임을 받아 들인다.

Step 2. 두 호스트는 이더넷 프레임을 IPv6 프로세스로 올려보낸다. PCA와 PCB는 둘 다 solicited-node multicast 주소 ff02::1:ff00:200을 수신하도록 매핑되기 때문에 패킷을 받아서 처리한다.

Step 3. 이제 캡슐화된 데이터들은 ICMPv6 NS 프로세스로 전달된다. NS 메시지가 대상 디바이스를 찾는 지점이 여기이다. ICMPv6 메시지의 대상 주소는 NS 메시지의 송신자가 찾고자 하는 IPv6 주소이다. PCA의 GUA 주소와 일치하므로 PCA는 NS 메시지를 처리한다. 반대로 PCB에서는 GUA 주소와 일치하지 않는다. 그래서 패킷은 폐기된다. PCA는 이더넷 NIC의 MAC 주소가 포함된 ICMPv6 Neighbor Advertisement 메시지를 reply 메시지로 보낸다 (solicited-node multicast 주소와 매핑되었던 MAC 주소가 아니다).

여러 디바이스들이 같은 solicited-node multicast 주소를 공유하는 것은 디바이스의 인터페이스 ID 내 하위 24bit가 같아야 하므로 대부분 네트워크에서 자주 있는 일은 아니다. 그러나 그런 일이 일어난다고 하더라도 문제를 일으키지 않는다.

Note DAD(Duplicate Address Detection)는 NS 및 NA 메시지를 사용한다. ICMPv6 Neighbor Solicitation과 Neighbor Advertisement 메시지는 13장에서 설명한다.

One Solicited-Node Multicast Address for Multiple Unicast Addresses

하나의 디바이스가 global unicast와 link-local unicast 주소에 대해 같은 solicited-node multicast 주소를 갖게 되는 것은 가능하고 자주 있는 일이다. Example 7-8은 라우터 R1에서 어떻게 그런 일이 일어날 수 있는지 보여준다.

Example 7-8 *R1 Multicast Groups*

```
R1# show ipv6 interface gigabitethernet 0/0
GigabitEthernet0/0 is up, line protocol is up
  IPv6 is enabled, link-local address is FE80::5AAC:78FF:FE93:DA00
  No Virtual link-local address(es):
  Global unicast address(es):
    2001:DB8:CAFE:1::1, subnet is 2001:DB8:CAFE:1::/64
  Joined group address(es):
    FF02::1              ! All-IPv6 devices
    FF02::2              ! All-IPv6 routers
    FF02::FB             ! Multicast DNS
! Solicited-node multicast for GUA
    FF02::1:FF00:1
! Solicited-node multicast for LLA
    FF02::1:FF93:DA00
<output omitted for brevity>

R1(config)# interface gigabitethernet 0/0
R1(config-if)# ipv6 address fe80::1 link-local
R1(config-if)# end
R1# show ipv6 interface gigabitethernet 0/0
GigabitEthernet0/0 is up, line protocol is up
  IPv6 is enabled, link-local address is FE80::1
  No Virtual link-local address(es):
  Global unicast address(es):
    2001:DB8:CAFE:1::1, subnet is 2001:DB8:CAFE:1::/64
  Joined group address(es):
! All-IPv6 devices
  FF02::1
! All-IPv6 routers
  FF02::2
! Multicast DNS
  FF02::FB
! Solicited-node multicast for GUA and LLA
  FF02::1:FF00:1
```

초기엔 라우터 R1의 global unicast와 link-local unicast 주소에 대한 solicited-node multicast 주소가 서로 달랐다. 이것을 첫 번째 "**show ipv6 interface gigabitethernet 0/0**" 명령으로 보여준다.

이제 인터페이스상의 link-local 주소를 "fe80::1"로 수동 설정했다. 이 주소의 하위 24bit는 global unicast 주소인 2001:db8:cafe:1::1과 같다.

두 번째 "**show ipv6 interface gigabitethernet 0/0**" 명령으로 이제는 하나가 된, global unicast와 link-local unicast 주소 둘 다에 대한 solicited-node multicast 주소 "ff02::1:ff00:1"을 확인할 수 있다.

두 개의 unicast 주소를 가진 디바이스가 같은 solicited-node multicast 주소를 공유하는 이런 경우는 디바이스가 SLAAC로 global unicast 주소를 생성할 때에도 일어날 수 있다. 앞에서 설명한 것처럼 SLAAC는 EUI-64를 사용하거나 random 64-bit 값을 인터페이스 ID로 사용한다. Windows와 같이 global unicast와 link-local 주소를 생성할 때 같은 프로세스를 사용하는 운영 체제에서 이런 경우는 일상적일 것이다. random 64-bit 값을 사용할 때도 인터페이스 ID는 global unicast와 link-local 주소에서 동일하다. 그래서 global unicast와 link-local unicast 주소는 같은 인터페이스 ID를 가지게 되므로, 두 주소에 대한 solicited-node unicast 주소는 같게 된다.

SLAAC는 9장 "Stateless Address Autoconfiguration(SLAAC)"에서 설명할 것이다.

Multicast Listener Discovery

IPv6는 특정 서브넷 상의 multicast 클라이언트(listeners)를 찾기 위해 Multicast Listener Discovery(MLD)를 사용한다. IPv6 라우터가 인터페이스상에서 multicast 패킷을 수신할 때, 해당하는 패킷 혹은 일련의 패킷을 하나 또는 이상의 인터페이스로 포워딩할 필요가 있을 수 있다. 인터페이스 중의 하나가 단말(end system)과 연결된 LAN일 때, 라우터는 단말 중의 하나 이상이 패킷의 multicast 그룹 멤버인지 아닌지 판단할 필요가 있다. IPv6 라우터는 이 용도로 MLDv2를 사용한다. 이 과정은 IPv6에서 새로운 것이 아니다.

IPv4에서 multicast 그룹의 관리는 Internet Group Management Protocol(IGMP)에 의해 이루어졌다. 호스트는 특정 네트워크의 multicast 그룹에 자신을 동적으로 등록하기 위해 IGMP를 사용한다. 이것은 호스트가 트래픽을 받고자 하는 multicast 주소에 대한 IGMP 메시지를 로컬 multicast 라우터에 보냄으로써 이루어진다. 라우터는 호스트에서 오는 IGMP 메시지를 청취(listen)하도록 설정된다. 라우터에서는 활성화(즉 호스트가 트래픽을 받기 원하는 multicast 그룹 주소)된 multicast 그룹을 알아내기 위해 query를 주기적으로 보낸다.

그렇게 하면 호스트가 더는 트래픽을 요청하지 않아서 어느 multicast 주소가 비활성화 상태가 되었을 때 라우터가 판단할 수 있게 된다. IGMP의 첫번째 버전(IGMPv1)에서는 호스트가 명시적으로 multicast 그룹에서 탈퇴(leave)-라우터에 해당 그룹에서 탈퇴하길 원한다는 것을 알려서-하는 방법이 없었다. 호스트가 라우터에 multicast 그룹에서 탈퇴하는 것을 알려주는 leave 메커니즘은 IGMPv2에 포함되었다.

IPv6에서는 동일한 서비스를 위해 ICMPv6 Multicast Listener Discovery를 사용하고 그 기능은 IGMPv2에 기초했다. 그래서 이미 IGMP에 익숙하다면, MLD도 매우 유사하다. 중요한 차이점은 MLD는 MLD 메시지를 전달하는 데 ICMPv6를 사용한다는 점이다.

MLD는 RFC2710 "Multicast Listener Discovery for IPv6"에서 정의되었다. MLD version 2는 RFC 3810 "*Multicast Listener Discovery Version2(MLDv2)*"에서 정의되었다. IGMPv3에 기반한 MLDv2는 Source Specific Multicast(SSM)를 지원하도록 MLD의 첫번째 버전을 확장했고, MLDv1과 하위 호환성을 지녔다. SSM은 호스트가 목적지 multicast 주소뿐만 아니라, 특정 송신 주소에 대해서도 multicast 패킷을 요청할 수 있도록 한다. MLDv2는 Cisco IOS에서 기본 버전이다.

Note 모든 MLD 메시지는 Hop limit가 "1"이고, Router Alert 옵션 플래그가 켜진 Hop-by-Hop Option 헤더와 함께 link-local 송신 IPv6 주소를 사용해 송신된다. Router Alert 플래그는 라우터가 직접적으로 Join 하지 않은 multicast 주소에 대한 MLD 메시지를 확인하도록 하는 데 필요하다. 다르게 말하면 Router Alert 옵션은 모든 패킷을 검사하지 않고도, 라우터의 주소로 보내지지 않은 패킷 중 처리가 필요한 패킷을 라우터가 인지하게 만드는 유용한 메커니즘을 제공한다.

Note 다른 모든 IPv4 및 IPv6 패킷과 마찬가지로 IPv6 송신 주소는 unicast 주소여야 한다.

다음 3종류의 MLD 메시지가 있다.

- **Multicast Listener Query** (Type = 10진수 130): 라우터는 주기적으로 host membership Query 메시지를 보내어 라우터에 직접 연결된 네트워크상에서 multicast 그룹 멤버가 있는지 확인한다. Multicast Listener Query 메시지는 두 가지 하위 유형(subtype)이 있다.
  - **General Query:** 연결된 링크 상에서 전체 multicast 주소에 대한 listener가 있는지 알기 위해 사용된다. General Query는 link-scope all-nodes multicast(ff02::1) 주소를 목적지 주소로 하며, 링크 상의 "all-IPv6 devices"로 보낸다.
  - **Multicast-Address-Specific Query:** 이 메시지는 연결된 링크 상에 특정한 multicast 그룹에 대한 listener가 있는지 알아내기 위해 사용한다. Address-Specific Query는 해당하는 multicast 주소로 보낸다.
- **Multicast Listener Report** (Type = 10진수 131): 이 메시지는 multicast 그룹에 등록(register)하기 위해 listener가 보내는 메시지이다. listener는 이 메시지를 query에 대한 응답이나, 라우터에 의한 query를 기다리지 않고 unsolicited로 보낼 수 있다. query에 대한 응답이라면, 해당 multicast 그룹에 속한 하나의 멤버만 Multicast Listener Report 메시지를 보낼 필요가 있다. MLDv1에서 이런 Listener Report는 해당하는 multicast 그룹 주소를 목적지로 보낸다. 이것은 MLDv2에서 변경되었다. MLDv2에서는 Listener Report는 특별한 multicast 주소 "ff02::16"(all-MLDv2-capable routers)로 보내진다.
- **Multicast Listener Done** (Type = 10진수 132): listener가 더는 특정한 multicast 그룹에 대해 트래픽을 받기 원하지 않는다면, 자신이 multicast 그룹에서 탈퇴함을 알리기 위해 라우터에게 Multicast Listener Done 메시지를 보낸다. Listener Done 메시지는 link-scope-all-router multicast 주소(ff02::2)로 보낸다.

Figure 7-15는 MLDv2 General Query 및 Listener Report 메시지의 예를 보여주며, 다음에 단계적으로 설명한다.

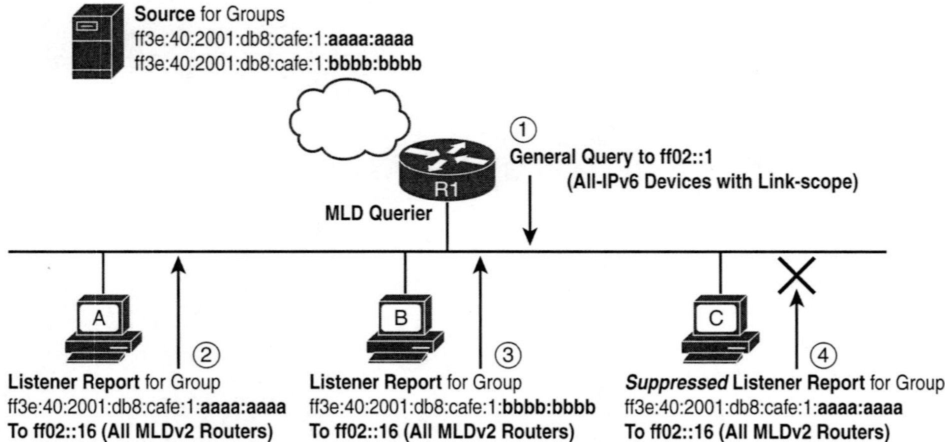

Figure 7-15 *MLDv2 General Query and Listener Reports*

Step 1. Router R1은 네트워크상에서 MLD-designated Querier이며, 호스트가 수신하기를 원하는 multicast 그룹을 알아내기 위해 주기적으로 link-scope all-nodes multicast 주소 "ff02::1"로 General Query 메시지를 보낸다. 서브넷 내에서 가장 작은 숫자의 IPv6 주소를 가진 라우터가 MLD-designated Querier가 된다. 선출(election) 프로세스와 기타 MLDv2 정보는 RFC 3810 "*MLDv2 for IPv6*"에 기술되어 있다.

Step 2. PCA는 multicast 그룹 "ff3e:40:2001:db8:cafe:1:aaaa:aaaa"의 멤버이며, General Query를 수신한 후, 임의의 지연시간을 기다려서 Multicast Listener Report를 보낸다. 해당 그룹에 대해 또 다른 호스트의 report를 받지 않는 조건에서 PCA는 Multicast Listener Report를 "ff02::16"(all-MLDv2-capable routers)을 목적지 주소로 보낸다. 이렇게 라우터 R1에 이 multicast 주소에 대한 트래픽을 받아야 한다는 것을 알린다.

Step 3. PCB는 또 다른 multicast "ff3e:40:2001:db8:cafe:1:bbbb:bbbb" 그룹의 멤버이다. PCB는 별개의 Multicast Listener Report를 "ff02::16"로 보내며, 라우터 R1에 이 multicast 그룹을 수신하기를 원한다고 알린다.

Step 4. PCC는 multicast 그룹 "ff3e:40:2001:db8:cafe:1:aaaa:aaaa"의 멤버이며, 임의의 지연시간 동안 기다리는 중에 PCA가 Multicast Listener Report를 이미 보냈다는 것을 알았다. 라우터 R1이 각 multicast 그룹에 대해 하나의 멤버로부터 report를 받으면 되기 때문에 PCC는 report 메시지를 보내지 않는다.

Note RFC 3306 "*Unicast-Prefix-Based IPv6 Multicast*", Section 4 "Multicast Address Format"에서 multicast 주소 "ff3e:40:2001:db8:cafe:1:aaaa:aaaa"의 포맷을 설명한다.

호스트가 더는 multicast 그룹에 대한 트래픽을 수신하지 않으려면 Multicast Listener Done 메시지를 보내 라우터에 알릴 수 있다. Figure 7-16은 호스트가 multicast 그룹을 탈퇴하는 프로세스를 그린 것이며 각 단계에 대해 이제 설명한다.

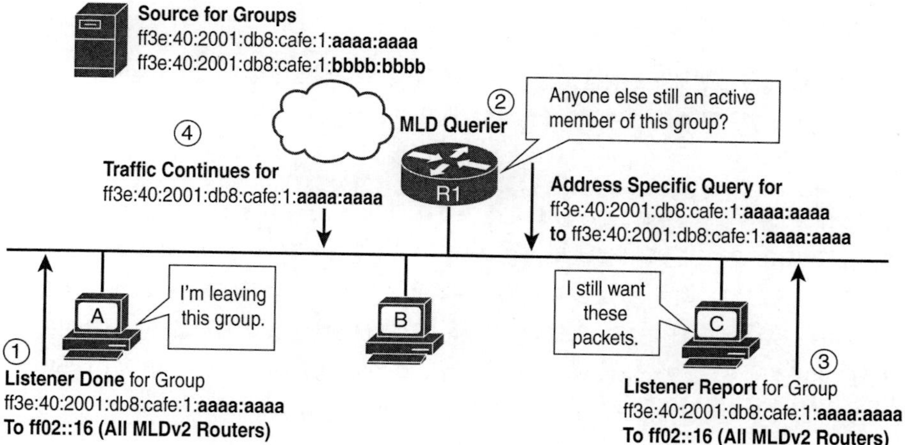

Figure 7-16 *MLDv2 Listener Done and Listener Reports*

Step 1. PCA가 multicast 그룹 "ff3e:40:2001:db8:cafe:1:aaaa:aaaa"에 대해 더는 트래픽을 받지 않고자 할 때 Multicast Listener Done 메시지를 "ff02::2"(link-scope all-routers)를 목적지 주소로 보내어 라우터 R1에 더는 해당 그룹 트래픽을 받지 않겠다고 알린다.

Step 2. Router R1은 해당 네트워크에 대한 designated MLD querier이며, Listener Done 메시지를 수신한다. 라우터는 네트워크에서 일반적으로 해당 그룹의 멤버인 디바이스의 목록까지는 아니라 하더라도, multicast 그룹의 목록을 관리한다. 그래서 라우터는 Multicast Listener Done 메시지를 수신했을 때, Multicast-Address-Specific Query를 송신하여 다른 디바이스가 여전히 해당 그룹의 트래픽을 받아야 하는지 알아야 한다. 라우터 R1은 Multicast-Address-Specific Query를 특정 multicast 그룹 "ff3e:40:2001:db8:cafe:1:aaaa:aaaa"을 목적지 주소로 보낸다.

Step 3. PCC는 여전히 multicast 그룹 "ff3e:40:2001:db8:cafe:1:aaaa:aaaa"의 멤버이다. PCC는 라우터에 자신이 여전히 트래픽을 받아야 한다는 것을 알리기 위해 Multicast Listener Report로 응답한다. Multicast Listener Report는 "ff02::16"(all-MLDv2-capable routers)로 보낸다.

Step 4. 라우터 R1은 PCC로부터 Multicast Listener Report를 수신하고, 해당 multicast 주소로 트래픽 송신을 계속한다. 만약 라우터 R1이 설정 가능한 시간 간격 동안 기다려도 해당 그룹 내 호스트로부터 응답을 받지 못하면, 해당 그룹에 대해 트래픽 포워딩을 중지한다.

호스트는 multicast 그룹에 join과 leave를 하기 위해 라우터와 통신한다. 그리고 라우터들은 multicast 트래픽을 라우팅하기 위해 서로 통신할 방법이 필요하다. IPv4에서는 PIM(Protocol Independent Multicast)이 사용되고, IPv6에서는 PIM6가 사용된다. MLD와 PIM6의 설정은 이 책의 범위를 벗어난다.

MLD Snooping

MLD Snooping은 스위치가 스위칭 되는 MLD 패킷을 확인하고 그 내용에 기반하여 multicast 트래픽을 포워딩할 수 있도록 한다. 스위치의 기본 모드는 입력 포트를 제외한 모든 포트로 multicast 패킷을 플러딩하는 것이다.

MLD snooping이 사용될 때 스위치는 Figure 7-17과 같이 호스트의 Listener Report를 snooping 하여, 자신의 Layer 2 포워딩 테이블에 Report 메시지가 수신된 포트에 대한 엔트리를 생성한다. 또 다른 호스트가 같은 그룹에 대해 Listener Report를 보내면, 스위치는 해당 메시지를 snooping하고 이미 존재하는 Layer 2 포워딩 테이블 엔트리에 포트를 추가한다. MLD snoop이 활성화되면 해당 그룹의 멤버 호스트가 연결된 포트로만 multicast 트래픽이 전달된다. Figure 7-17에서 "ff3e:40:2001:db8:cafe:1:aaaa:aaaa"에 대한 패킷은 PCA 및 PCC가 연결된 포트로만 전달된다.

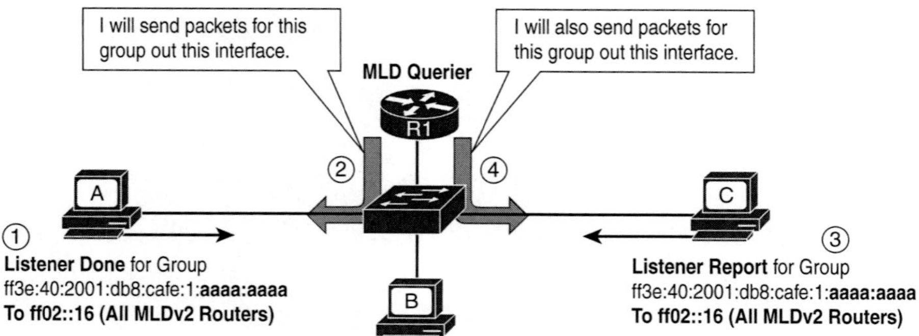

Figure 7-17 *MLD Snooping*

MLD snooping은 solicited-node multicast 주소에 대해서는 동작하지 않는다. solicited-node multicast 주소로 향하는 패킷은 언제나 모든 포트로 포워딩된다. 만약 포워딩 테이블에 이 주소들을 관리하려고 한다면 엄청나게 큰 포워딩 테이블이 필요하게 된다.

Note 이 책의 범위를 벗어나는 IPv6 multicast 및 multicast 라우팅에 관한 자세한 내용은 시스코 시스템즈, Tim Martin의 리소스인 YouTube 비디오 *IPv6 Summit 2015: IPv6 multicast 기술*(www.youtube.com/watch?v=H6bBilPfYXM)과 Cisco Press LiveLessons 비디오 시리즈 "*IPv6 Design and Deployment*" 를 참고하라. Ciprian Popoviciu의 Cisco Press 〈*Deploying IPv6 Networks*〉는 IPv6 multicast 라우팅에 관한 또 하나의 훌륭한 리소스이다.

Summary

이 장은 디바이스가 단일한 패킷을 여러 곳의 목적지에 동시에(one-to-many, 일대다) 전달하는 데 사용되는 IPv6 multicast 주소에 중점을 두었다. IPv6는 multicast 주소로 프리픽스 ff00::/8을 사용한다.

IPv6 multicast 주소의 형식은 다음과 같다.

- **ff00::/8:** 처음 8bit는 모두 "1"이다.(ff)
- **Flags:** 다음 4bit는 플래그를 표시하기 위해 할당되었다. 네 번째 플래그는 Transient 플래그(T flag)이다. T 플래그로 2가지 유형의 multicast 주소를 구분한다.
  - **Permanent (0):** 이 주소는 *정의된 multicast* 주소로 well-known과 solicited multicast 주소를 포함한다.
  - **Nonpermanent (1, 비영구):** 일시적 또는 동적으로 할당되며 multicast 응용 프로그램에 할당되는 multicast 주소이다.
- **Scope:** Scope 필드는 라우터가 multicast 패킷을 포워딩할 수 있는 범위를 정의한다.
- **Group ID:** 다음 112bit는 그룹 ID를 표시한다.

well-known multicast 주소는 ff00::/12 프리픽스를 사용한다. well-known multicast 주소는 할당된 multicast 그룹에 대해 미리 정의하였거나 예약된 multicast 주소이다. ICMPv6 Neighbor Discovery 프로토콜에서 사용하는 몇몇 일반적 well-known 그룹은 다음과 같다.

- **ff02::1** - 링크에 대한 "All-node" multicast 그룹 주소이다.
- **ff02::2** - 링크에 대한 "All-routers" multicast 그룹 주소이다.

IPv6 라우팅 프로토콜도 well-known multicast 주소를 사용한다. 예를 들면 ff02::5는 all-OSPF routers 주소이고, ff02::a는 all-EIGRP routers 주소이다. 이들 주소에 대해서는 15장 "EIGRP for IPv6 and Chapter 16 OSPFv3"에서 설명할 것이다.

인터페이스에 할당된 모든 unicast 주소는 연관되는 solicited-node multicast 주소를 갖는다. solicited-node multicast 프리픽스 ff02:0:0:0:0:1:ff00::/104는 unicast 주소의 하위 24bit 앞에 추가된다. IPv6의 solicited-node multicast 주소는 브로드캐스트 주소보다 효율적인 해결책을 제공한다. multicast 주소는 이더넷 MAC 주소에 매핑되며 NIC은 프레임을 받아들일 것인지를 결정할 수 있다.

Multicast Listener Discovery version 2(MLDv2)는 Internet Group Management Protocol version 3(IGMPv3)를 기반으로 하며 IPv6 라우터가 특정 서브넷의 multicast 클라이언트를 알아내는 데 사용된다. MLD snooping은 스위치 상에서 solicited-node multicast가 아닌 경우의 multicast 패킷을 필터 처리를 수행하며 해당 그룹의 멤버가 있는 포트로만 트래픽을 포워딩하는 동작을 한다.

Review Questions

1. IPv6 multicast 주소의 프리픽스는 무엇인가?
2. ff02::/16 multicast 주소의 scope는 무엇인가?
3. ff05::/16 multicast 주소의 scope는 무엇인가?
4. link-local scope의 모든 IPv6 디바이스에 대해 well-known multicast 주소는 무엇인가?
5. all IPv6 routers로 사용하는 well-known 주소는 무엇인가?
6. 이더넷 LAN 상에서 브로드캐스트 주소와 비교하여 multicast 주소의 장점은 무엇인가?
7. Solicited-node multicast 주소는 어떠한 유형의 주소에 대해 자동으로 생성되는가?
8. solicited-node multicast 주소를 사용하는 ICMPv6 Neighbor Discovery 프로토콜 메시지 유형은 무엇인가?
9. 동일 서브넷의 두 디바이스가 같은 solicited-node multicast 주소를 가질 수 있을까? 왜 그런가 또는 왜 아닌가?
10. 디바이스가 GUA와 link-local unicast 주소 모두에 대해 solicited-node multicast 주소를 가질 수 있는가? 왜 그런가? 왜 그런가 또는 왜 아닌가?
11. 다음의 각 unicast 주소를 solicited-node multicast와 이더넷 MAC 주소로 변환해 보라.
    a. 2001:db8:bee:47:0201:41ff:fea1:1067
    b. fe80::0201:41ff:fea1:1067
    c. 2001:db8:deed:30:feaf:d899:10bc:7
    d. 2001:db8:feed:1:a:1ab::7000
    e. 2001:db8:feed:1:a:2ab::7000
12. IPv6 라우터는 특정 서브넷에 multicast 클라이언트가 있는지 알아내기 위해 어떤 프로토콜을 사용하는가?
13. IPv6 multicast 프레임을 선택적으로 포워딩할 수 있게 하려면 이더넷 스위치에서 어떤 프로토콜을 구현하여야 하는가?

References

RFCs

RFC 2373, *IP Version 6 Addressing Architecture*, R. Hinden, Nokia, www.ietf.org/rfc/rfc2373.txt, July 1998.

RFC 2375, *IPv6 Multicast Address Assignments*, R. Hinden, Ipsilon Networks, www.ietf.org/rfc/rfc2375.txt, July 1998.

RFC 3306, *Unicast-Prefix-Based IPv6 Multicast Addresses*, B. Haberman, www.ietf.org/rfc/rfc3306.txt, August 2002.

RFC 3956, *Embedding the Rendezvous Point (RP) Address in an IPv6 Multicast Address*, P. Savola, CSC/FUNET, www.ietf.org/rfc/rfc3956.txt, November 2004.

RFC 3513, *Internet Protocol Version 6 (IPv6) Addressing Architecture*, R. Hinden, Nokia, www.ietf.org/rfc/rfc3513.txt, April 2003.

RFC 4007, *IPv6 Scoped Address Architecture*, S. Deering, Cisco Systems, www.ietf.org/rfc/rfc4007.txt, March 2005.

RFC 4291, *IP Version 6 Addressing Architecture*, R. Hinden, Nokia, www.ietf.org/rfc/rfc4291.txt, February 2006.

RFC 4861, *Neighbor Discovery for IP version 6 (IPv6)*, Y. Narten, IMB, www.ietf.org/rfc/rfc4861.txt, September 2007.

RFC 7042, IANA Considerations and IETF Protocol and Documentation Usage for IEEE 802 Parameters, D. Eastlake 3rd, www.ietf.org/rfc/rfc7042.txt, October 2013.

Websites, Videos, and Books

Netsh Commands for Interface Internet Protocol Version 6 (IPv6), technet.microsoft.com/en-us/library/cc753156(v=ws.10).aspx.

IPv6 Summit 2015: IPv6 Multicast Technologies, by Tim Martin, www.youtube.com/watch?v=H6bBiIPfYXM.

Cisco Press LiveLessons: IPv6 Design and Deployment, by Tim Martin, www.ciscopress.com/store/ipv6-design-and-deployment-livelessons-9780134655512, ISBN-10: 0-13-465551-6.

Deploying IPv6 Networks, by Ciprian Popoviciu, ISBN-10: 1-58705-210-5.

Part III

Dynamic IPv6 Addressing

Chapter 8

이번 장에서 동적 IPv6 주소할당에 관해 소개한다. 동적 할당은 디바이스가 global unicast 주소와 기타 주소 정보들을 생성하거나 얻는 방법을 제공한다.

이 장에서 동적 주소할당의 3가지 방법에 관한 전체적인 내용을 배우고, 다음 3개 장에서 이 방법들 각각에 대해 설정 방법을 논의한다.

본격적인 설명을 위한 무대를 마련하는 데 도움이 되도록 이 장에서는 다음 사항에 관해 설명한다.

- stateful DHCPv4(DHCP for IPv4)를 사용하는 IPv4에서 동적 IP 할당이 어떻게 이루어지는지 비교한다.
- IPv6 주소지정 정보를 얻기 위해 사용해야 하는 방법을 디바이스에 알려주는 ICMPv6 Router Advertisement 메시지에 관해 설명한다.
- 3가지의 Router Advertisement 플래그(A, O, M 플래그)에 관해서 설명한다. 이 플래그들은 RA 메시지에 포함되어 동적 주소지정 방법을 결정한다.
- Stateless Address Autoconfiguration(SLAAC), SLAAC with stateless DHCP, Stateful DHCPv6 등 3가지 방법에 대해 간단하게 둘러본다.
- 기본적인 DHCPv6의 동작과 메시지 타입에 대해 논의한다.

이 장의 내용을 통해 나중에 SLAAC, stateless DHCPv6 및 stateful DHCPv6를 더욱 깊고 전반적으로 이해할 수 있게 될 것이다.

Dynamic IPv4 Address Allocation: DHCPv4

이 절에서는 IPv6가 동적 주소할당을 다루는 방법에 대해 간단하게 살펴본다. IPv4 주소 및 관련된 주소지정 정보(서브넷 마스크, 디폴트 게이트웨이, DNS 서버 등)는 정적(수동 설정) 또는 동적의 두 가지 방법 중 하나를 사용하여 할당될 수 있다. IPv4에서 동적 주소할당은 곧 DHCPv4를 의미한다.

프로세스는 주소지정 정보를 동적으로 가져오도록 설정된 클라이언트 디바이스(호스트 컴퓨터 또는 프린터 같은)에서 시작된다. 이것은 대부분 호스트 컴퓨터 운영 체제에서 기본값이다. Figure 8-1은 DHCPv4

클라이언트와 서버가 주고받는 DHCPv4 메시지를 보여준다. 여기에서 이 프로세스와 메시지들에 관한 간략한 요약을 하겠다.

Step 1. **DHCPv4 Discover:** IPv4 클라이언트가 DHCPv4 서버의 서비스를 요청하는 브로드캐스트(이더넷 MAC과 IPv4 주소)를 보낸다. 이 요청 메시지에는 마지막으로 알고 있는[1] IPv4 주소를 포함하거나 0.0.0.0을 사용한다.

Step 2. **DHCPv4 Offer:** 하나 이상의 DHCPv4 서버가 DHCPv4 Offer 메시지로 응답한다. 이것은 DHCPv4 서버가 클라이언트에 주는 할당 IPv4 주소, 서브넷 마스크 및 주소 임대 기간에 관한 내용을 포함하고 있다. 또한, 서버가 IPv4 주소를 이 클라이언트에 바인딩하는 데 사용하는 클라이언트의 MAC 주소도 포함한다. 이 Offer 메시지에는 디폴트 게이트웨이 주소 및 DNS 서버 주소 목록과 같은 기타 옵션도 포함될 수 있다.

Step 3. **DHCPv4 Request:** 단말은 DHCPv4 Request로 응답하여 Offer에 명시된 주소를 요청한다. Request는 모든 DHCPv4 서버로 브로드캐스트되어 서로 다른 서버로부터 여러 개의 Offer가 수신되었을 때도 어느 서버의 Offer가 선택되었는지 알려 준다.

Step 4. **DHCPv4 Acknowledgement:** 마지막 단계는 DHCPv4 서버가 클라이언트에 IPv4 주소 및 기타의 정보를 가진 Acknowledgement를 보내는 것이다.

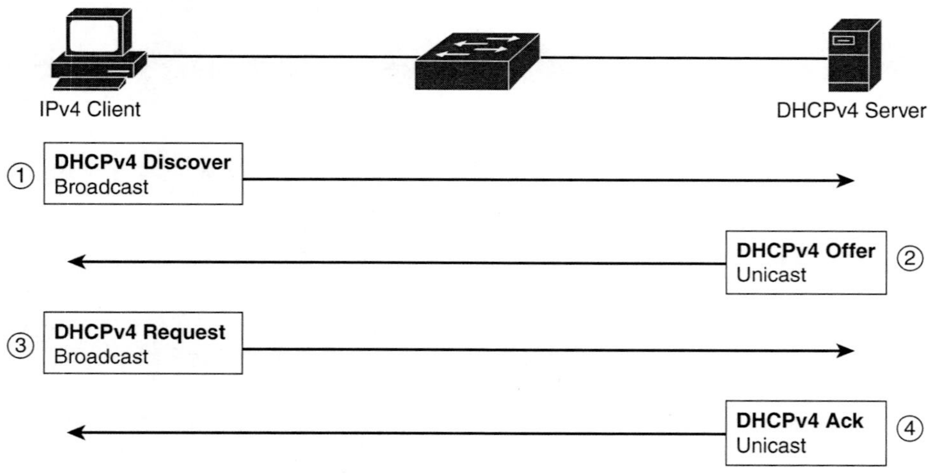

Figure 8-1 *DHCPv4 Messages*

DHCPv4에 관한 상세한 내용과 옵션은 여기에서 설명하지 않는다. 그렇다 하더라도 DHCPv6 과 비교할 때 DHCPv4의 프로세스는 매우 간단하며 상대적으로 옵션이 거의 없다는 것을 알 수 있을 것이다.[2]

Note IPv4용 DHCP를 단순히 DHCP로 부르는 게 일반적이지만, DHCPv6와의 혼동을 피하고자 이 장 전체에서 DHCPv4라는 용어를 사용할 것이다.

1 직전에 호스트가 할당받은-옮긴 이

2 매우 간단하다는 말에 동의하지는 않는다. 사실 DHCPv4에 대해서 완전히 이해하고 있는 사람은 거의 없을 것이다.-옮긴 이

Dynamic IPv6 Address Allocation

이전 장에서 동적 IPv6 주소지정을 위한 세 가지 방법을 소개했다.

- **Method 1:** Stateless Address Autoconfiguration (SLAAC)
- **Method 2:** SLAAC와 Stateless DHCPv6 서버
- **Method 3:** Stateful(상태보존) DHCPv6 서버

Figure 8-2는 수동 및 동적 방식을 포함한 IPv6 global unicast 주소를 설정하는 모든 방법을 보여준다. 5장 "Global Unicast Address"에서는 수동 설정 옵션을 알아보았었다. 이번 장과 다음 3개 장에서는 Figure 8-2에서 보여준 다양한 동적 설정 방법을 살펴볼 것이다.

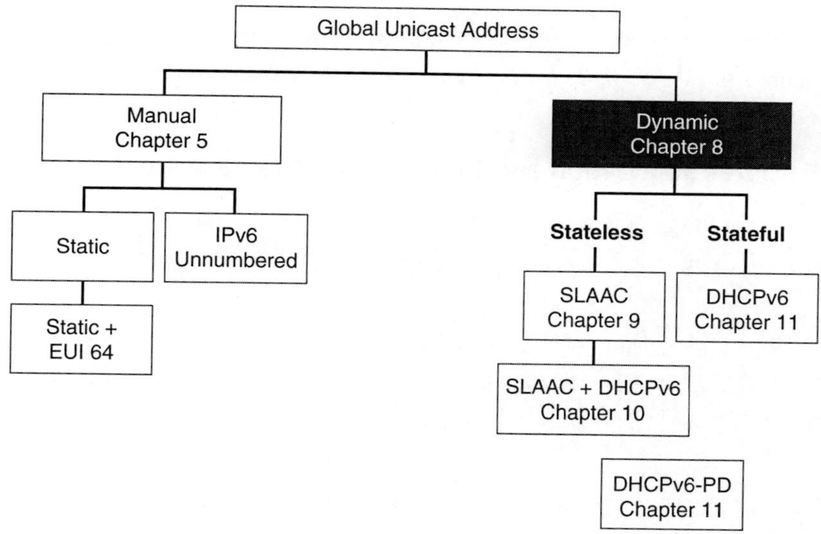

Figure 8-2 *Global Unicast Address Configuration Methods*

Figure 8-2의 DHCPv6-PD는 DHCPv6 프리픽스 위임(Prefix Delegation)의 약어이다. DHCPv6-PD는 ISP가 IPv6 프리픽스를 가정 혹은 소규모 사업자에 할당하는 데 사용한다.

서비스 프로바이더의 IPv6 적용으로 많은 ISP가 자신들의 일반 고객에 IPv6 서비스를 제공하고 있다. "allways on" 미디어들이 넓게 퍼진 것과 관련해서 고객 측 사이트에 주소 프리픽스를 위임하는 효율적인 메커니즘이 필요하게 되었다. RFC 3769 "Requirements for IPv6 Prefix Delegation"은 고객 사이트에서 사용될 프리픽스를 고객의 네트워크에 알려 주는 프로세스를 자동화할 목적으로 "위임" 메커니즘[1]을 정의했다. DHCPv6 프리픽스 위임은 11장 "Stateful DHCPv6"에서 설명한다.

디바이스에서 IPv6 주소를 자동으로 받도록 설정하는 것은 IPv4와 거의 차이가 없다. Figure 8-3은 Windows OS와 Mac OS의 예를 보여준다. IPv6를 설정하는 Mac OS 프롬프트는 IPv4에서 사용했던

1 예를 들면 홈 네트워크 내의 IPv6 Home Router에 프리픽스 대역을 할당하여 하단 내부 네트워크에 대해 Home Router가 IPv6 주소를 알려주도록 한다. Home Router는 하위 네트워크에 대해 L3로 동작하여 RS/RA 혹은 자체 DHCPv6에 의해 홈 네트워크를 구성한다.-옮긴 이

"DHCP 사용(Using DHCP)"이란 용어 대신에 "자동(Automatically)"이라고 표시한다. 이것은 RA 메시지가 DHCPv6 이외 다른 방법을 사용하도록 권고할 수 있기 때문이다.

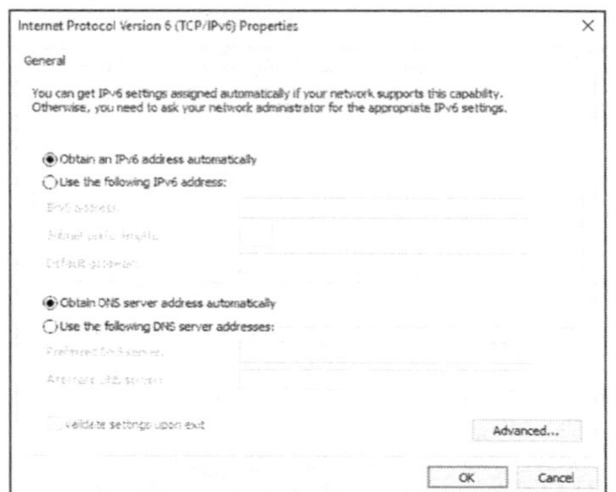

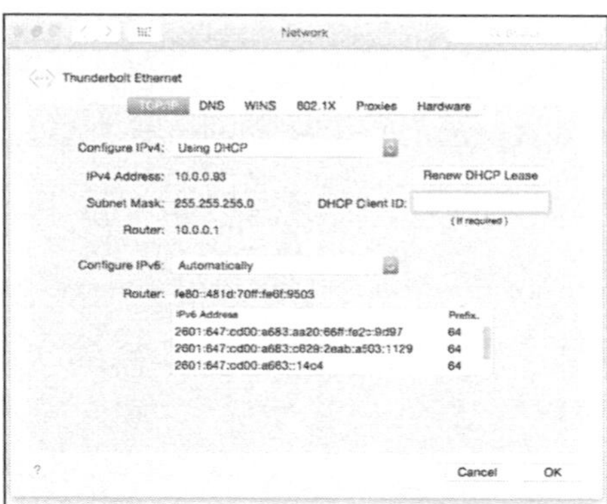

Figure 8-3 *Windows OS (Left) and Mac OS (Right) Dynamic Address Allocation*

ICMPv6 Router Solicitation and Router Advertisement Messages

동적인 IPv6 주소할당은 ICMPv6 Router Solicitation과 Router Advertisement 메시지로 시작한다. 이 메시지는 동일 링크 상의 라우터와 디바이스들 사이에서 주고받는 메시지들이다.

> **Note** Router Solicitation 및 Router Advertisement 메시지는 ICMPv6 Neighbor Discovery 프로토콜(NDP 또는 ND)의 다섯 메시지 중 두 개이다. NS(Neighbor Solicitation) 및 NA(Neighbor Advertisement) 메시지는 두 디바이스 간의 메시지 전달에 사용되며 Redirect 메시지는 next-hop 라우팅을 최적화하는 데 사용된다.

Advertisement 메시지와 같은 ICMPv6 NDP 메시지는 Figure 8-4와 같이 IPv6에 캡슐화된 ICMPv6 메시지이다.

Figure 8-4 *ICMPv6 RA/RS Message over IPv6*

> **Note** RA와 RS를 포함하는 ICMPv6 NDP 메시지에 관한 자세한 내용은 13장 "ICMPv6 Neighbor Discovery"에서 설명한다. 그러나 RA 및 RS 메시지는 SLAAC 및 DHCPv6 주소할당 방법과도 관련되기 때문에 다음 4개 장에서도 설명한다.

IPv6 Router Advertisement는 IPv6 unicast 라우팅이 활성화된 이더넷 혹은 FDDI 인터페이스에서 자동으로 송신된다. (이제 FDDI는 거의 사용하지 않는다.) Router Advertisement는 *IPv6 라우터*에 의해 서브넷으로 송신된다. 시스코 라우터는 IPv6 라우터가 기본 설정이 아니다. IPv6 라우터로 동작하게 하려면 다음의 전역 설정 명령을 사용해야 한다.

```
Router(config)# ipv6 unicast-routing
```

라우터에 IPv6 주소(link-local, global unicast, unique local unicast)가 설정된 인터페이스가 없다면 IPv6 라우터로 동작할 필요가 없다. 인터페이스에 IPv6 주소가 설정되면, 인터페이스는 "all-IPv6 device multicast group(ff02::1)"의 멤버가 된다.

"**ipv6 unicast-routing**" 명령을 사용하여 시스코 라우터를 IPv6 라우터로 동작하게 하면 다음이 가능하다.

- 라우터는 라우터를 거쳐 가야 하는(transit) IPv6 패킷을 포워딩할 수 있다.
- 동적 IPv6 라우팅 프로토콜을 설정할 수 있다.
- 이더넷 인터페이스에서 ICMPv6 Router Advertisement 메시지가 송신된다.
- IPv6 주소를 가진 모든 인터페이스는 all-IPv6 routers multicast(ff02::2) 그룹의 멤버가 된다.

Note IPv6 라우터로 설정하지 않았더라도[1] IPv6 static 라우팅은 설정할 수 있다. 그러나 이때에도 라우터 자신이 보내는 IPv6 패킷만(non-transit 동작) 포워딩할 수 있다.

라우터에서 보내는 RA 메시지는 라우터 자신의 존재(presence)와 해당 링크 관련(link-specific) 파라미터(예를 들면 link prefix, prefix length, default-gateway, MTU)들을 광고한다. RA는 "*all-IPv6 devices multicast* address(ff02::1)"로 보내지며(목적지 IPv6 주소로 사용한다), 본질적으로 broadcast 주소와 같다. RA 메시지는 unicast로도 보내질 수 있으며, RS 메시지를 보낸 단말에 직접 송신된다. 이것은 모바일 기기가 많은 환경에서 유용할 수 있다. 이 옵션은 9장 "Stateless Address Autoconfiguration (SLAAC)"에서 설명한다.

RA 메시지의 송신 IPv6 주소는 인터페이스의 link-local 주소이다. RA 메시지의 송신 IPv6 주소는 이 메시지를 받는 단말들에서 디폴트 게이트웨이 주소로 사용될 것이다.

시스코 라우터는 RA를 다음과 같이 보낸다.

- 200초마다
- Router Solicitation 메시지에 대한 응답으로

IPv6 주소를 동적으로 할당받도록 설정된 디바이스는 Router Solicitation 메시지를 보낸다. RS 메시지는 "*all-IPv6 router multicast* address(ff02::2)"로 송신된다. 송신 IPv6 주소는 디바이스의 link-local 주소이거나 unspecified IPv6 주소(::)가 된다.

Figure 8-5는 WinPC의 RS 메시지와 라우터 R1의 RA 메시지의 상호 작용을 보여주며, 다음과 단계를 거친다.

Step 1. WinPC는 자동으로 IPv6 주소를 받도록 설정된다. 부팅 이후 WinPC는 아직 Router Advertisement 메시지를 받지 못했기 때문에, Router Solicitation 메시지를 송신하여 로컬 IPv6 라우터에 RA 메시지가 필요하다고 알린다. Router Solicitation 메시지는 IPv6 패

1 아직 ipv6 unicast-routing 설정을 하지 않았더라도-옮긴 이

킷에 캡슐화된다.

Router Solicitation 메시지

- **송신 IPv6 주소:** WinPC의 link-local 주소, fe80::d0f8:9ff6:4201:7086
- **수신 IPv6 주소:** All-IPv6 routers multicast 주소, ff02::2

Step 2. 라우터 R1은 Router Solicitation 메시지를 수신하고 Router Advertisement로 응답한다. Router Advertisement는 서브넷 내 디바이스들에 global unicast 주소 및 기타 주소 정보를 받거나 생성하는 방법을 제안한다. RA 메시지에는 링크의 프리픽스 및 프리픽스 길이가 포함된다. 디폴트 게이트웨이 주소는 R1의 송신 IPv6 주소, 즉 link-local 주소를 사용한다.

Router Advertisement 메시지

- **송신 IPv6 주소:** 라우터 R1의 link-local 주소, fe80::1
- **수신 IPv6 주소:** All-IPv6 devices multicast 주소, ff02::1
- **제안 IPv6 주소 생성 방법(세 가지 중 하나):**
  - **Method 1:** Stateless Address Autoconfiguration(SLAAC)
  - **Method 2:** SLAAC와 a stateless DHCPv6 서버
  - **Method 3:** Stateful(상태보존) DHCPv6 서버

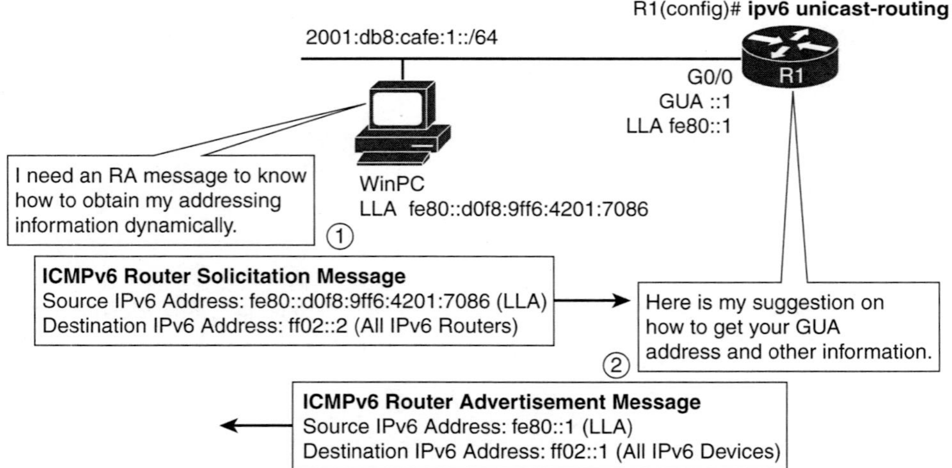

Figure 8-5 *Interaction Between ICMPv6 Router Solicitation and Router Advertisement Messages*

Router Advertisement 내의 IPv6 주소 획득 방법(method)은 클라이언트에게 권고일 뿐이다. 클라이언트 운영 체제들은 RA 메시지를 무시하도록 설정될 수 있다. 대부분 기관에서 서버 및 프린터와 같은 특정 시스템의 IPv6 주소 정보는 고정으로 설정하는 것을 선호한다. 추가적인 사전 설정으로 이러한 시스

템에서 RA 메시지를 무시하도록 할 수 있다. Windows에서는 "**netsh interface ipv6 set interface "Local Area Connection" routerdiscovery = disabled**" 명령으로 가능하다.

Router Advertisement Methods and the A, O, and M Flags

Router Advertisement는 링크 상의 디바이스가 통신을 위해 global unicast 주소와 부가적인 주소 정보를 생성하는 방법을 제공한다. RA 메시지는 세 가지 플래그를 사용하여 디바이스에 이것을 어떻게 해야 하는지 알려준다.

- **Address Autoconfiguration flag (A flag):** 이 값이 "1(on)"이면, 수신 호스트는 SLAAC를 사용하여 global unicast 주소를 생성하라는 의미이다. SLAAC로 호스트는 RA 메시지에 포함된 프리픽스와 자체적으로 만들어낸 인터페이스 ID를 합쳐서 GUA 주소를 생성한다. 호스트가 자신의 인터페이스 ID를 만드는 데 사용하는 방법은 운영 체제에 달려있다. 인터페이스 ID를 만드는 데는 두 가지 옵션이 있다.
  - EUI-64 프로세스
  - random 64-bit 값
- **Other Configuration flag (O flag):** RA의 이 값이 "1(on)"이면, 이 플래그는 호스트에 global unicast 주소가 아닌 기타 주소 정보(DNS 서버 정보 등)를 stateless DHCPv6 서버로부터 받으라고 알려주는 것이다. 이 정보에는 DNS 서버 주소 및 도메인 이름이 포함될 수 있다.
- **Managed Address Configuration flag (M flag):** RA의 이 값이 "1(on)"이면, 이 플래그는 호스트가 global unicast 주소와 기타 주소 정보들을 stateful DHCPv6 서버를 이용해 받으라고 알려주는 것이다. 이것은 IPv4의 DHCP와 유사하다. 호스트는 주소 정보를 설정할 때, RA 메시지의 송신 주소를 자신의 디폴트 게이트웨이 주소로 사용한다.

Note DHCPv4와는 다르게, DHCPv6 서버는 디폴트 게이트웨이 정보를 따로 제공하지 않는다. 디폴트 게이트웨이 주소 정보에 대해서는 라우터가 주는 정보가 가장 정확하다는 것이 핵심이다.

stateful DHCPv6 서버와 stateless DHCPv6 서버 사이의 차이점을 이해하는 것은 중요하다. *stateful DHCPv6 서버*는 클라이언트에 global unicast 주소를 할당하고, 클라이언트가 어떤 주소를 할당받았는지에 관한 상태 정보 기록을 유지한다. *stateless DHCPv6 서버*는 global unicast 주소를 제공하지 않는다. stateless 서버는 일반적인 정보-DNS 서버, 도메인 네임 등 모든 클라이언트에 대해 동일한 정보-를 제공한다.

Table 8-1은 RA 메시지의 세 가지 플래그의 설정이 세 가지 주소할당 방법에 어떻게 대응되는지 보여준다. 다음 절에서는 그 방법과 플래그에 관해 설명한다. "1"은 플래그가 "온(ON)"으로 켜졌음을 나타내고, "0"은 "오프(OFF)"를 나타낸다. 이 플래그들이 RA 메시지에 포함된 플래그 전부인 것은 아니지만, 이 주제와 관련된 플래그이다.

Table 8-1 *Router Advertisement: Address Allocation Methods and RA Flags*

RA Address Allocation Method	A Flag (SLAAC)	O Flag (Stateless DHCPv6)	M Flag (Stateful DHCPv6)
Method 1: SLAAC (default)	1 (on)	0 (off)	0 (off)
Method 2: SLAAC and stateless DHCPv6	1 (on)	1 (on)	0 (off)
Method 3: Stateful DHCPv6	0 (off)	N/A	1 (on)

라우터에서 RA 플래그는 인터페이스에 설정되며, 링크마다 다른 RA 메시지 타입 설정이 가능하다.

3개의 플래그가 모두 "1"로 설정되면 어떻게 될 것인지 궁금할 수 있다. "O"와 "M" 플래그가 "1"로 설정되면 "O" 플래그가 무시된다. 디바이스는 디폴트 게이트웨이를 제외한 모든 설정 정보를 stateful DHCPv6 서버를 사용하여 받는다. "A" 플래그가 부가적으로 "1"로 설정되면 대부분 운영 체제(Windows 같은)는 SLAAC를 사용하여 추가적인 주소를 생성한다. 결과적으로 디바이스는 SLAAC에 의한 주소를 하나 생성하고, stateful DHCPv6 서버로부터 또 하나의 주소를 받는다.

"A" 플래그(Address Autoconfiguration)의 기본 설정값은 "1"이다. "A" 플래그를 "0"으로 설정하기 위해 다음 명령을 사용한다.

```
Router(config)# interface interface-type/interfacenumber
Router(config-if)# ipv6 nd prefix prefix/prefix-length no-autconfig
```

"O" 플래그(Other Configuration)의 기본 설정값은 "0"이다. "O"플래그를 "1"로 설정하기 위해 다음 명령을 사용한다.

```
Router(config)# interface interface-type/interfacenumber
Router(config-if)# ipv6 nd other-config-flag
```

"M" 플래그(Managed Address Configuration)의 기본 설정값은 "0"이다. "M"플래그를 "1"로 설정하기 위해 다음 명령을 사용한다.

```
Router(config)# interface interface-type/interfacenumber
Router(config-if)# ipv6 nd managed-config-flag
```

Note 기본값으로 "A" 플래그는 "1"로 설정되고, "O" 및 "M" 플래그는 "0"으로 설정된다. 설정 명령을 사용하여 이 기본값을 변경할 수 있다. "**no**" 옵션을 사용하여 플래그를 기본 설정으로 다시 되돌린다. 예를 들어, "**no ipv6 nd other-config-flag**"는 "O" 플래그를 기본 설정인 "0 (off)"으로 다시 되돌린다. 9장, 10장 및 11장은 이 세 개의 플래그를 사용하는 설정 예를 제공한다.

Method 1: Stateless Address Autoconfiguration (SLAAC)

시스코 라우터 Router Advertisement의 기본 동작은 "SLAAC only"이다. Figure 8-6처럼, 이 방법으로 디바이스가 SLAAC를 사용하여 자체적으로 global unicast 주소를 생성할 때 사용할 프리픽스는 물론이고, 그 외 필요로 하는 모든 주소 정보를 RA 메시지에 포함해 단말들에 알려줄 수 있다. 3가지 RA 플래그의 기본값은 아래와 같다.

- **A flag = 1:** global unicast 주소를 생성하는 데 SLAAC를 사용한다.
- **O flag = 0:** stateless DHCPv6 서버로부터 기타 정보를 받지 않는다.
- **M flag = 0:** stateful DHCPv6 서버와 통신할 필요가 없다.

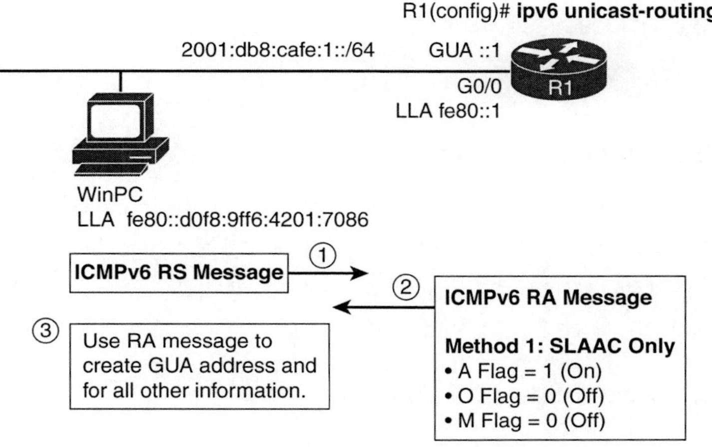

Figure 8-6 *Method 1: SLAAC Only*

이 경우는 A, O, M 플래그에 관해서 기본값 그대로이며, 그래서 이 플래그에 대한 별도 설정은 불필요하다.

IPv6 주소를 동적으로 할당받도록 설정된 디바이스:

- 단말들은 RA 메시지 내의 프리픽스를 사용해서 global unicast 주소를 생성한다.
- 단말들은 RA 메시지 내의 프리픽스 길이와 link MTU 등과 같은 기타 정보도 사용한다. 기타 정보로 도메인 네임 및 DNS 서버 주소를 포함할 수 있다. 도메인 네임과 DNS 주소는 기본으로 포함되는 정보가 아니다. (이 내용은 9장에서 더 설명한다.)
- 단말들은 패킷의 송신 IPv6 주소인 link-local 주소를 디폴트 게이트웨이로 사용한다.
- stateless 및 stateful DHCPv6 서버로부터는 어떤 정보도 받을 필요가 없다.

요약하자면, 이 RA 메시지는 디바이스에 "SLAAC을 사용하여 GUA 주소를 생성하라. RA 메시지에는 필요한 모든 정보가 있다. 어떤 유형의 DHCPv6 서버와도 통신할 필요가 없다." 라고 알려주고 있다.

9장에서 SLAAC와 SLAAC가 호스트 운영 체제에 미치는 영향을 자세히 알아볼 것이다. 여기에는 다음과 같은 사항들이 포함된다.

- Windows, Linux 및 Mac OS 호스트에서 SLAAC 주소 확인
- debug 및 와이어샤크를 이용한 RS 및 RA 메시지 분석

- temporary 주소와 privacy 관련한 이슈에 관한 논의
- 자동 설정된 주소의 다양한 상태
- random 64bit 또는 EUI-64 프로세스를 사용하여 global unicast 주소의 인터페이스 ID를 생성하기 위한 Windows 호스트의 설정
- privacy를 위한 temporary global unicast 주소 생성을 활성화 또는 비활성화하는 Windows 호스트 설정
- 기본 주소 선택-디바이스가 사용할 주소(link-local 주소 또는 하나 이상의 global unicast 주소)를 선정하기 위해 사용하는 프로세스

Method 2: SLAAC with Stateless DHCPv6

SLAAC와 stateless DHCPv6를 함께 사용하려면 "O" Flag를 "1"로 설정한다. 첫번째 방법에서 그랬던 것처럼 디바이스는 SLAAC를 사용하여 자신의 global unicast 주소를 생성한다. link MTU도 RA 메시지에 포함된 정보를 사용한다. 그러나 "O" 플래그가 켜지면 이외의 정보들은 stateless DHCPv6 서버의 정보를 사용하며 이것은 Figure 8-7에 보여준다. 3개의 RA 플래그는 다음과 같다.

- **A flag = 1:** global unicast 주소를 생성하는 데 SLAAC를 사용한다.
- **O flag = 1:** 기타 주소 정보를 위해 stateless DHCPv6 서버와 통신한다.
- **M flag = 0:** stateful DHCPv6 서버와 통신할 필요가 없다.

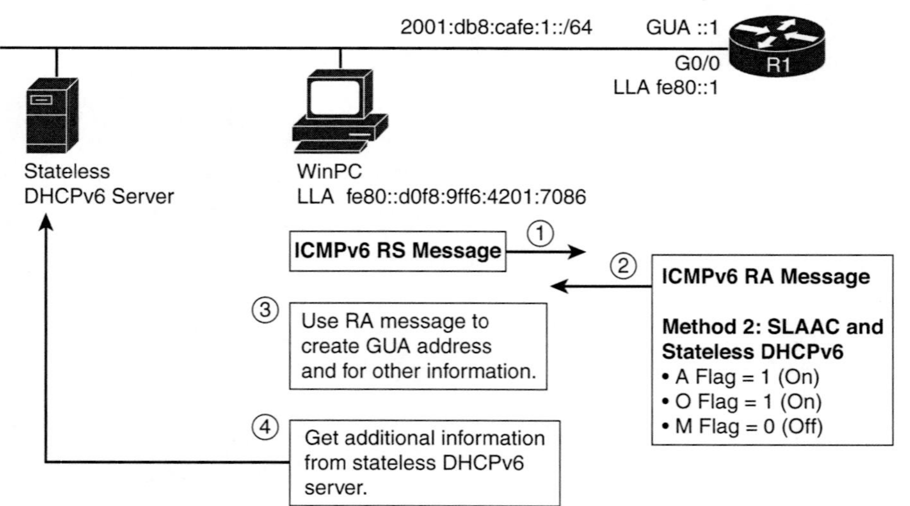

Figure 8-7 *Method 2: SLAAC and Stateless DHCPv6*

다음 명령을 사용하여 R1 G0/0의 "O" 플래그를 "off"인 기본 설정에서 "on"으로 변경한다.

```
R1(config)# interface g 0/0
R1(config-if)# ipv6 nd other-config-flag
```

IPv6 주소를 동적으로 획득하도록 설정된 디바이스는 다음과 같은 순서를 거친다.

- 단말들은 RA 메시지 내의 프리픽스를 사용해서 global unicast 주소를 생성한다.
- 단말들은 RA 메시지 내의 프리픽스 길이 와 link MTU 등과 같은 기타 정보도 사용한다.
- 단말들은 패킷의 송신 IPv6 주소인 link-local 주소를 디폴트 게이트웨이로 사용한다.
- 도메인 네임 및 DNS 서버 주소와 같은 추가 정보를 받기 위해서는 stateless DHCPv6 서버와 통신해야 한다. RA 메시지는 stateless DHCPv6 서버에서 받아올 수 있는 정보를 지정하지 않는다.

요약하자면, 이 RA 메시지는 디바이스에 "GUA 주소를 생성하기 위해 SLAAC를 사용하라. RA 메시지는 몇몇 정보를 더 가지고 있다. 그러나 기타 설정 정보는 stateless DHCPv6 서버와 통신해야 한다" 고 알려준다.

10장 "Stateless DHCPv6"에서 stateless DHCPv6와 다음 내용에 대해 좀 더 자세히 설명한다.

- debug 및 wireshark를 사용하여 stateless DHCPv6와 SLAAC를 함께 사용하도록 지시하는 RA 메시지 분석
- 시스코 라우터를 stateless DHCPv6 서버로 설정하고 확인
- Windows 호스트 상에서 SLAAC 주소 및 stateless DHCPv6 정보 확인

Method 3: Stateful DHCPv6

stateful DHCPv6 방식은 두 가지 플래그의 수정이 필요하다. Managed Address Configuration 플래그(M)와 Address Autoconfiguration 플래그(A)가 수정되어야 하는 것들이다. Figure 8-8에서 그려진 대로, 이 방식은 수신 디바이스에 디폴트 게이트웨이 정보를 제외한 global unicast 주소와 기타 정보를 stateful DHCPv6 서버로부터 받으라고 알려준다. 3개의 RA 플래그는 다음과 같다.

- **A flag = 0:** global unicast 주소를 생성하기 위해 SLAAC를 사용하지 않는다.
- **O flag = 0:** stateless DHCPv6 서버와 통신할 필요가 없다.
- **M flag = 1:** global unicast 주소와 기타 정보를 stateful DHCPv6 서버로부터 받는다.

> **Note** M 플래그가 1로 설정되면, O 플래그는 불필요하며 DHCPv6 서버가 사용 가능한 모든 설정 정보를 알려주기 때문에 이 플래그의 값은 무시할 수 있다.

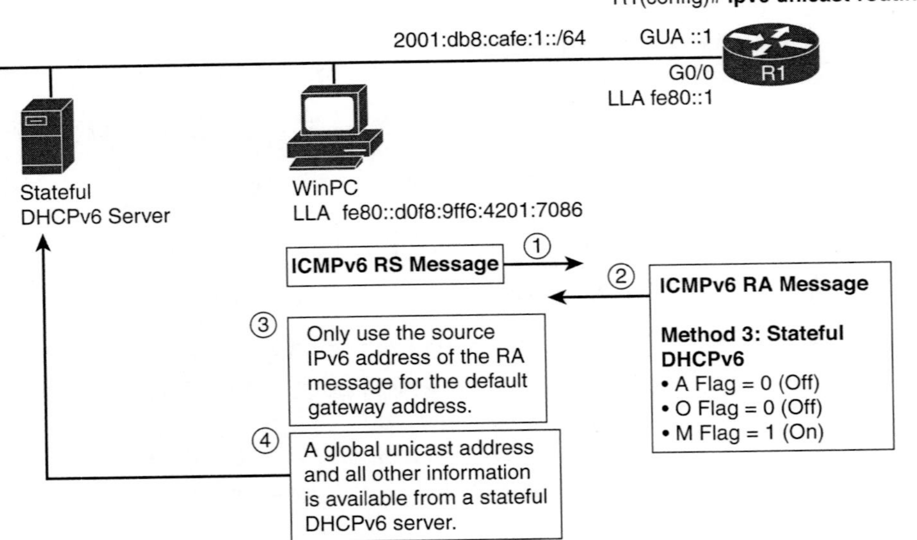

Figure 8-8 *Method 3: Stateful DHCPv6*

다음의 명령을 사용하여 "A" 플래그를 기본값 "1"에서 "0"으로 변경하고 "M" 플래그를 기본값 "0"에서 "1"로 변경한다.

```
R1(config)# interface g 0/0
R1(config-if)# ipv6 nd prefix 2001:db8:cafe:1::/64 noautconfig
R1(config-if)# ipv6 nd managed-config-flag
```

IPv6 주소를 동적으로 획득하도록 설정된 디바이스는 다음과 같은 순서를 거친다.

- 이들은 패킷의 송신 IPv6 주소, 즉 RA 메시지의 link-local unicast 주소를 디폴트 게이트웨이 주소로 사용한다.
- stateful DHCPv6 서버와 통신하여 global unicast 주소와 도메인 네임 및 DNS 서버 주소와 같은 기타 모든 정보를 받는다.

요약하자면, 이 RA 메시지는 디바이스에 "디폴트 게이트웨이 주소에 대해서만 RA 메시지를 이용하라. SLAAC을 사용하여 global unicast 주소를 생성하지 말라. stateful DHCPv6 서버에서 GUA 주소 및 기타 모든 정보를 받으라."고 알려준다.

"A" 플래그가 "0"으로 설정된다는 데 주의하라. 이렇게 하면 Windows와 같은 운영 체제가 stateful DHCPv6 및 SLAAC 둘 다 사용해서 global unicast 주소를 생성하는 것을 막을 수 있다. "A" 플래그와 "M" 플래그가 모두 "1"로 설정되면 Windows는 SLAAC을 사용하여 GUA 주소를 생성하고 stateful DHCPv6 서버로부터 두 번째 GUA 주소를 받는다. 이렇게 해도 디바이스에 아무런 문제가 발생하지 않지만, 네트워크 정책과 충돌할 수 있다. 이것은 11장에서 더 자세히 설명한다.

11장에서 stateful DHCPv6와 다음의 내용에 대해 더 자세히 설명한다.

- debug 및 Wireshark를 사용하여 stateful DHCPv6를 지시하는 RA 메시지 분석
- 시스코 라우터를 stateful DHCPv6 서버로 설정 및 확인
- Windows 호스트 상에서 stateful DHCPv6 정보 확인
- 디바이스가 stateful DHCPv6 서버에서 한 개의 global unicast 주소를 할당받고 추가적인 주소를 위해 SLAAC를 사용하지 않도록 RA 메시지를 수정하는 방법
- 클라이언트가 원격 DHCPv6 서버에 접근할 수 있도록 하는 DHCPv6 릴레이 설정

DHCPv6 Services

라우터는 Router Advertisement 메시지로 IPv6 클라이언트들이 자신의 주소 정보를 자동으로 얻는 방법을 권고한다. 여기에는 stateful 혹은 stateless DHCPv6 서버와의 통신을 포함할 수 있다. 이번 절에서 DHCPv6 프로세스와 새로운 용어, 메시지 타입, 동작을 설명한다. 10장과 11장에서 stateless와 stateful DHCPv6를 설정하고 확인하는 방법에 대해 좀 더 자세히 설명하겠다.

IPv6 주소할당의 stateless 특성에 대해 많은 논의가 있었다. 단말은 DHCPv6 서버의 서비스를 통하지 않고 IPv6 주소와 그 밖의 설정 정보를 받을 수 있다. ICMPv6 Router Advertisement의 사용과 단말이 자신의 인터페이스 ID를 생성하는 기능을 통해, SLAAC는 DHCP 서비스 없이 동적 주소지정을 제공한다. 누군가에게는 이 stateless 형태의 주소 자동 설정이 IPv6 네트워크 동적 주소할당을 위해 필요한 것의 전부일 수 있다. 그러나 많은 다른 이들에 stateful DHCPv6 서비스는 네트워크의 운영에 중요한 장점이며 심지어는 주소할당을 관리하기 위한 요구사항이기도 하다.

일부 사람들은 stateful DHCPv6 서비스의 필요성을 인식하지 못하는데 다른 많은 이들은 이에 동의하지 않는다. IPv6 초창기부터 양측 간에 많은 논쟁이 있었다.

stateless 및 stateful 주소 자동 설정은 둘 다 IPv6 상에서 실제로 일어나는 일이다. DHCPv6은 RFC 3315 "*Dynamic Host Configuration Protocol for IPv6 (DHCPv6)*"에서 정의되었다. 수년에 걸쳐 이 DHCPv6 프로토콜 표준에 관한 많은 연구가 진행되었다. 2001년 시스코 시스템즈의 Steve Deering은 "IETF 51"에서 DHCPv6가 인터넷 초안 중 가장 높은 개정 번호를 가지고 있다[1]고 언급했다(참고: "제51회 인터넷 엔지니어링 태스크포스 회보(Proceedings of the 51st Internet Engineering Task Force").

앞에서 언급한 대로 DHCPv6에서는 다음 두 가지 형태가 있다.

- **Stateful DHCPv6 services:** RFC 3315 "*Dynamic Host Configuration Protocol for IPv6 (DHCPv6)*"
- **Stateless DHCPv6 services:** RFC 3736 "*Stateless Dynamic Host Configuration Protocol(DHCP) Service for IPv6*"

stateful DHCPv6는 IPv4에서 DHCP를 사용하는 것과 같은 자동 설정 서비스를 제공한다. 호스트는 디폴트 게이트웨이 정보를 제외한 모든 주소 정보와 기타 설정 정보를 DHCPv6 서버로부터 직접 받는다.

---

1 수정이 많이 이루어졌다는 뜻-옮긴 이

stateless DHCPv6은 호스트가 Router Advertisement에서 주소지정 정보를 수신하고 DHCPv6 서버에서 이외의 기타 설정값들을 얻는다는 점에서 차이가 있다.

제공하는 서비스는 유사하지만, DHCPv6는 DHCPv4를 거의 새롭게 코딩한 것이며 두 프로토콜은 서로 독립적이다. 만약 현재 DHCP를 사용하는 듀얼 스택 네트워크를 운용한다면 각각의 프로토콜에 대해 별도 DHCP 서비스를 구동할 필요가 있다.

DHCPv6에서 사용되는 프로세스와 메시지는 DHCPv4와 크게 다르지는 않다. 그러나 DHCPv4의 세계에서는 Windows의 "Obtain an IP address automatically[자동(DHCP)]" 옵션이나 Mac의 "Using DHCP"를 단순 선택하여 DHCPv4를 사용하도록 설정했었다. IPv6에서도 비슷한 방식으로 클라이언트를 설정한다. 그러나 클라이언트의 주소 설정 정보를 Router Advertisement(SLAAC)에서 받는지, SLAAC와 stateless DHCPv6를 조합하는지, stateful DHCPv6 서버로부터 받는지 알 수 없다.

Note 동적 IPv6 주소지정 기술을 구현한 호스트를 네트워크에 연결하기 전에 먼저 호스트 운영 체제의 동작 확인을 권한다. 특정 운영 체제가 Router Advertisement의 "A", "O" 및 "M" 플래그를 준수하지 않을 수 있어 뜻하지 않은 결과를 만날 수 있다.

여기서는 기본적인 개념과 stateless DHCPv6 서버인 라우터의 역할에 특히 중점을 두고 설명을 한다. 이것이 DHCPv6에 대한 최종적인 지침이 될 수는 없다. DHCPv6 및 시스코 라우터의 DHCPv6 구현에 대한 자세한 내용은 다음을 참고하라.

- RFC 3315, *Dynamic Host Configuration Protocol for IPv6 (DHCPv6)*[1]
- *Cisco IOS IPv6 Implementation Guide*

DHCPv6 Terminology and Message Types

DHCPv6는 그 뿌리를 DHCPv4에 두고 있으며, 둘은 많은 유사성을 갖고 있다. 많은 부분에서 DHCPv6는 DHCPv4와 같은 서비스를 제공한다-그렇지만, 약간의 변경이 있다. 이 절에서는 DHCPv6에서 사용되는 용어 및 메시지 유형에 관해 설명한다.

아래 세 가지 DHCPv6 용어는 DHCPv4의 용어와 동일하다.

- **DHCPv6 클라이언트:** DHCPv6 클라이언트는 자신의 설정 파라미터를 얻기 위한 요청을 하나 혹은 그 이상의 DHCPv6 서버로 보냄으로써 프로세스를 시작한다.
- **DHCPv6 서버:** DHCPv6 서버는 DHCPv6 클라이언트들이 보내는 DHCPv6 request에 응답하도록 설정된다. 이 클라이언트들은 서버와 동일 링크 상에 있을 수도 있고 아닐 수도 있다.
- **DHCPv6 relay agent:** 대다수의 DHCPv6 서버와 클라이언트들은 서로 다른 네트워크 혹은 링크 상에 위치한다. relay agent는 중재(intermediary) 디바이스이며 일반적으로 라우터가 역할을 수

1 2023년 현재 DHCPv6의 최종 권고안은 RFC 8415이며 RFC 3315를 대체한다.-옮긴 이

행한다. relay agent는 클라이언트의 request 메시지를 받아서 다른 네트워크상의 하나 혹은 그 이상의 DHCPv6 서버로 전달한다. DHCPv6 relay agent의 동작은 클라이언트들에 투명하다.[1]

다음 3개의 용어-DUID, IA, IAID-는 DHCPv6에서 새로 소개되었다. 그러나 몇 년 전부터 DHCPv4에서도 이들을 사용하려는 프로세스가 진행 중이다. 이 용어를 이해하는 것은 DHCPv6에서 제공하는 몇 가지 다양한 옵션을 설정하기 위해 중요하다.

- **DUID (DHCP Unique Identifier, 노드 식별자):** 모든 DHCPv6 참여자(클라이언트, 서버)들은 디바이스를 유일하게 구분하는 DUID를 가지고 있다. 각 DHCPv6 서버와 클라이언트는 정확히 하나의 DUID를 가진다. DUID는 클라이언트와 서버가 서로를 식별할 수 있게 한다. DUID는 2-byte 유형(type) 코드와 실제적인 identifier(구분자)로 사용되는 가변 길이의 byte로 구성된다. 유형 코드를 제외한 DUID의 길이는 128byte를 초과할 수 없다. RFC 3315는 3가지 타입의 DUID를 정의했다.
  - Link-layer 주소와 시간 정보를 더한 형태
  - IANA(Internet Assigned Numbers Authority)에서 관리되는 private enterprise number[2]에 기반한 Vendor-assigned unique ID
  - Link-layer 주소

Note DUID는 장치 독립적이다. DUID는 "opaque(불투명) 값"으로 취급되며 DHCPv6 클라이언트 또는 서버를 고유하게 식별하는 것 외에는 부가적인 의미가 없다. 세 가지 유형의 DUID 차이와 선택 프로세스는 이 책의 범위를 벗어난다. 자세한 내용은 RFC 3315를 참고하라.

- **IA (Identity Association):** IA는 클라이언트에 할당된 주소의 모음이다. 클라이언트는 DHCPv6 서비스를 사용하는 각 인터페이스에 대해 적어도 하나의 IA를 할당한다. 각 IA는 클라이언트에 의해 할당되는 고유 식별자인 IAID를 가지고 있다.

- **IAID (Identity Association Identifier, 연결 결합 식별자):** 각 IA에는 클라이언트가 할당한 IAID가 있으며 해당 클라이언트 내에서 유일하다.[3] IAID는 디바이스상의 특정한 인터페이스를 구분한다. 한때 호스트는 하나의 네트워크 인터페이스만을 가진다고 인식되었다. 그러나 시대는 바뀌었고 현재의 디바이스에는 이더넷 NIC과 wireless NIC을 포함하는 여러 개의 네트워크 인터페이스가 있다. DHCPv6 클라이언트 혹은 서버의 각 인터페이스는 IAID를 써서 구분된다.

DHCPv6 클라이언트와 서버는 다음의 multicast 주소를 사용한다.

- **All_DHCP_Relay_Agents_and_Servers (ff02::1:2):** 모든 DHCPv6 서버와 relay agent는 이 link-local scope multicast 그룹의 멤버이다. 클라이언트는 이 multicast 주소를 링크 상의 DHCPv6 서버 혹은 relay agents와 통신하는 데 사용한다.

---

1 존재를 눈치채지 못한다는 뜻이다.-옮긴 이

2 IANA가 관리하는 민간기업번호(PEN)이다. 이 번호는 MIB, LDAP, RADIUS 등에도 사용된다. https://www.iana.org/assignments/enterprise-numbers/ 를 참고하라.-옮긴 이

3 IA 타입(예: IA_TA, IA_NA, IA_PD)별로 별도의 IAID를 관리한다.-옮긴 이

- **All_DHCP_Servers (ff05::1:3):** 모든 DHCPv6 서버는 이 site-local multicast 그룹의 멤버이다. 사이트 내부의 DHCPv6 서버에 메세지를 전달할 때 혹은 서버의 unicast 주소를 알지 못할 때 relay agent는 이 multicast 주소를 사용한다.

DHCPv6는 다음의 UDP(User Datagram Protocol) 포트를 사용한다.

- **UDP port 546:** DHCPv6 서버와 relay agent는 UDP destination 포트 546번을 사용하여 클라이언트에 메시지를 보낸다. 클라이언트들은 UDP port 546에서 DHCPv6 메시지를 기다(listen)린다.
- **UDP port 547:** DHCPv6 클라이언트는 서버나 relay agent의 UDP port 547로 메시지를 보낸다. 서버와 relay agent는 UDP port 547에서 응답 대기한다.

DHCPv6는 client/server 통신을 위해서 다양한 메시지 유형을 정의했다. 완전한 메시지 목록은 RFC 3315에 기술되었고, Table 8-2의 메시지 유형을 참고하라. 이 장의 다음 절에서는 이 중 다수 메시지의 사용에 관해 설명한다. 더 완벽하게 이해하려면, 이 장의 앞부분에서 언급한 자료들을 참고하라.

다음의 네 가지 DHCPv6 메시지 유형은 DHCPv6 클라이언트와 서버 간에 통신 시 사용되는 기본적인 메시지이다.

- **SOLICIT (1):** DHCPv6 클라이언트는 SOLICIT 메시지를 사용하여 서버를 찾는다.
- **ADVERTISE (2):** 클라이언트의 SOLICIT 메시지에 대한 응답으로 DHCPv6 서비스에 사용 가능함을 알리기 위해 서버가 ADVERTISE 메시지를 보낸다.
- **REQUEST (3):** 클라이언트가 특정한 DHCPv6 서버에 IPv6 주소를 포함한 설정 정보를 요청하기 위해 REQUEST 메시지를 보낸다.
- **REPLY (7):** 서버는 클라이언트의 REQUEST 메시지에 대한 응답으로 할당 주소와 설정 파라미터를 포함하는 REPLY 메시지를 보낸다. 또한, 서버는 rapid commit 옵션(이 장의 뒷부분에서 설명)이 사용될 때 SOLICIT 메시지에 대한 응답으로 REPLY 메시지를 보낸다. 서버는 또한 INFORMATION-REQUEST, CONFIRM, RELEASE 혹은 DECLINE 메시지에 대한 응답으로 REPLY 메시지를 보낼 수도 있다.

Table 8-2 *DHCPv6 Message Types Described in RFC 3315*

DHCPv6 Message Type	Description
SOLICIT (1)	A client sends a SOLICIT message to locate servers.
ADVERTISE (2)	A server sends an ADVERTISE message to indicate that it is available for DHCPv6 service, in response to a SOLICIT message received from a client.
REQUEST (3)	A client sends a REQUEST message to request configuration parameters, including IPv6 addresses, from a specific server.
CONFIRM (4)	A client sends a CONFIRM message to any available server to determine whether the addresses it was assigned are still appropriate to the link to which the client is connected.

DHCPv6 Message Type	Description
RENEW (5)	A client sends a RENEW message to the server that originally provided the client's addresses and configuration parameters to extend the lifetimes on the addresses assigned to the client and to update other configuration parameters.
REBIND (6)	A client sends a REBIND message to any available server to extend the lifetimes on the addresses assigned to the client and to update other configuration parameters; the client sends this message after it receives no response to a RENEW message.
REPLY (7)	A server sends a REPLY message containing assigned addresses and configuration parameters in response to a SOLICIT, REQUEST, RENEW, or REBIND message received from a client. A server sends a REPLY message containing configuration parameters in response to an INFORMATION-REQUEST message. A server sends a REPLY message in response to a CONFIRM message, confirming or denying that the addresses assigned to the client are appropriate to the link to which the client is connected. A server sends a REPLY message to acknowledge receipt of a RELEASE or DECLINE message.
RELEASE (8)	A client sends a RELEASE message to the server that assigned addresses to the client to indicate that the client will no longer use one or more of the assigned addresses.
DECLINE (9)	A client sends a DECLINE message to a server to indicate that the client has determined that one or more addresses assigned by the server are already in use on the link to which the client is connected.
RECONFIGURE (10)	A server sends a RECONFIGURE message to a client to inform the client that the server has new or updated configuration parameters and that the client is to initiate a RENEW/REPLY or INFORMATION-REQUEST/REPLY transaction with the server to receive the updated information.
INFORMATION-REQUEST (11)	A client sends an INFORMATION-REQUEST message to a server to request configuration parameters without the assignment of any IPv6 addresses to the client.
RELAY-FORWARD (12)	A relay agent sends a RELAY-FORWARD message to transfer messages to servers, either directly or through another relay agent. The received message, either a client message or a RELAY-FORWARD message from another relay agent, is encapsulated in an option in the RELAY-FORWARD message.
RELAY-REPLY (13)	A server sends a REPLAY-REPLY message to a relay agent containing a message that the relay agent delivers to a client. The REPLAY-REPLY message can be passed on by other relay agents for delivery to the destination relay agent. The server encapsulates the client message as an option in the REPLAY-REPLY message, which the relay agent extracts and sends to the client.

DHCPv6 Communications

Figure 8-9는 클라이언트, 서버 및 라우터가 관련된 DHCPv6 통신 프로세스의 절차를 보여준다. DHCPv6와 DHCPv4의 중요한 차이점은 라우터가 동적으로 주소를 할당하는 방법을 결정한다는 데 있다. 클라이언트는 주소지정 정보와 기타 구성 정보를 자동으로 받아오도록 설정된다.

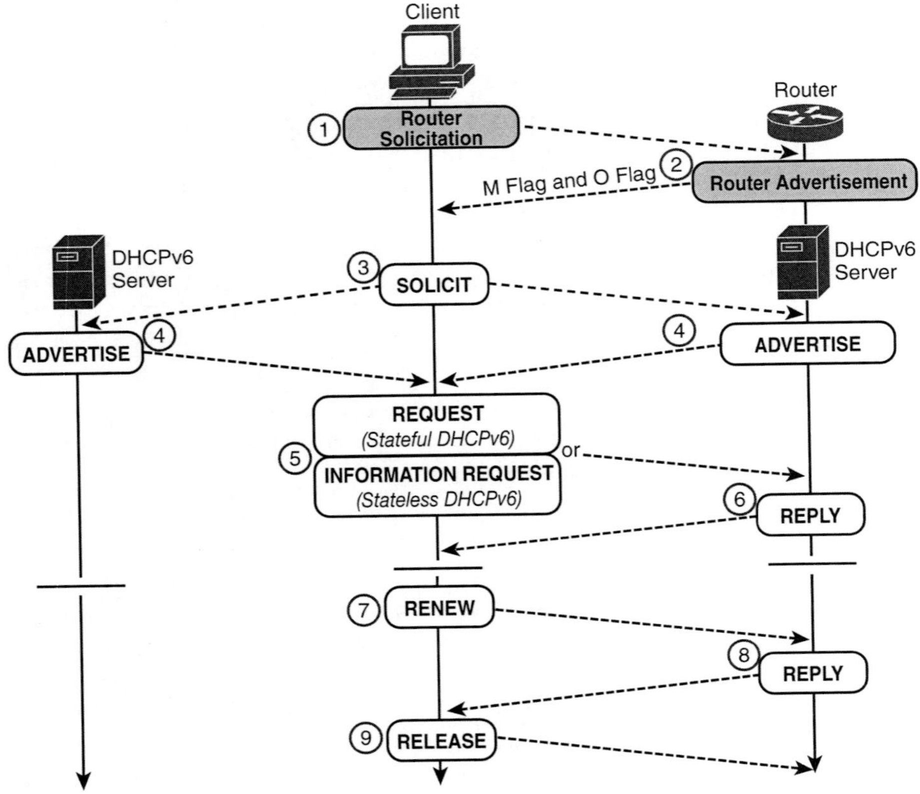

Figure 8-9 *Stateless and Stateful DHCPv6 Operations*

호스트가 주소지정 정보를 동적으로 가져오는 데 사용할 방법을 전적으로 결정하지는 않는다. 호스트가 라우터의 RA 메시지를 신뢰한다면, 라우터는 RA 메시지의 정보, 특히 A 플래그(Address Autoconfiguration 플래그), M 플래그(Managed Address Configuration 플래그) 및 O 플래그(Other Configuration 플래그)를 이용하여 정책을 제어할 수 있다. 운영 체제에 따라 호스트는 라우터의 Router Advertisement 내 권고를 무시하고 그 방법 중 하나만 사용할 수도 있다. 앞서 설명한 것처럼 네트워크에 적용하기 전에 호스트 운영 체제의 동작을 미리 확인하는 것이 좋다.

Figure 8-9처럼 DHCPv6 통신 절차는 다음과 같다.

Router Solicitation and Router Advertisement Messages

Step 1. 클라이언트가 Router Advertisement를 아직 수신하지 못했으면 Router Solicitation 메시지를 all-routers multicast 그룹 "ff02::2"로 보낸다. 호스트가 프리픽스, 프리픽스 길이, 디폴트 게이트웨이 및 기타 정보를 동적으로 받도록 설정된 경우에 Router Solicitation 메시지를 보낸다.

Step 2. 라우터는 호스트의 Router Solicitation에 대한 응답으로 혹은 주기적으로 Router Advertisement 메시지를 보낸다. RA 메시지에 포함된 두 플래그는 호스트가 주소 정보 및 기타 설정 정보를 결정하는 데 사용할 방법을 정한다: "M" 플래그(Managed Address Configuration 플래그) 및 "O" 플래그(Other Configuration 플래그). A 플래그는 SLAAC 여부에만 관여한다.

"M" 및/또는 "O" 플래그가 "1"로 설정되면 DHCPv6 프로세스가 진행되며, 이는 stateless 또는 stateful DHCPv6가 사용되고 있음을 의미한다. Step 5에서는 stateful 혹은 stateless DHCPv6 사용 여부에 따라 클라이언트가 서버에 적절한 요청을 보내는 방법을 보여준다.

"M" 및/또는 "O" 플래그는 Router Advertisement 메시지에서 "1"로 설정된다.

DHCPv6 Messages

Step 3. 이제 DHCPv6 클라이언트가 되는 호스트는 DHCPv6 서버를 찾기 위해 All_DHCP_Relay_Agents_and_Servers 목적지 주소 "ff02::1:2"로 SOLICIT 메시지를 보낸다. 몇 가지 경우에 특정 서버와 통신하도록 unicast 주소를 클라이언트에 설정할 수도 있다.

Step 4. 하나 이상의 DHCPv6 서버가 클라이언트에 ADVERTISE 메시지로 응답하여 자신이 DHCPv6 서비스를 제공함을 알려 줄 수 있다. 클라이언트가 둘 이상의 ADVERTISE 메시지를 수신하게 되면 RFC 3315[1]에 기술된 결정 과정을 사용하여 적절한 서버를 선택한다. 이 옵션들은 클라이언트와 서버 양쪽에 설정된다.

> **Note** 클라이언트가 여러 서버로부터 ADVERTISE 메시지를 받았을 때 DHCPv6 서버를 선택하는 조건에 관한 내용은 이 책의 범위를 벗어난다. 자세한 내용은 RFC 3315 section 17.1.3 "Receipt of Advertise Messages"를 참고하라.

Step 5. 클라이언트는 stateful 혹은 stateless DHCPv6 여부에 따라 "REQUEST(stateful)" 혹은 "INFORMATION-REQUEST(stateless)" 메시지를 서버에 보낸다. 클라이언트가 보내는 메시지 유형은 라우터의 Router Advertisement에 포함된 M 플래그에 따라 달라진다. 두 가지 가능성이 있다.

- stateful DHCPv6가 사용되고 있다면(Router Advertisement M 플래그가 "1"), 클라이언트는 IPv6 global unicast 주소 및 기타 설정값을 받기 위한 REQUEST를 보낸다.
- 클라이언트가 stateless DHCPv6를 사용 중이라면(Router Advertisement M 플래그가 "0", O 플래그가 "1"), 클라이언트는 서버로 global unicast 주소는 제외한, 설정값만 요청하는 INFORMATION-REQUEST 메시지를 보낸다.

Step 6. 서버가 클라이언트로부터 REQUEST를 수신한 경우 할당 주소와 기타 설정값이 포함된

---

1 앞에서도 언급했지만, RFC 3315는 RFC 8415로 대체되었으므로 이후 모든 RFC 3315 언급은 RFC 8415로 바꿔서 생각해야 한다.-옮긴 이

REPLY를 보낸다. INFORMATION-REQUEST에 대한 응답일 경우 서버는 설정값만 포함된 REPLY를 보낸다.

Renew and Release

Step 7. DHCPv6 주소 임대가 만료될 때 클라이언트는 임대를 연장하기 위해 이전에 클라이언트의 주소와 설정 정보를 제공한 서버로 RENEW 메시지[1]를 보낸다.

Step 8. 서버는 클라이언트에 주소 및 설정값에 대한 임대의 갱신을 확인하는 REPLY 메시지를 보낸다.

Step 9. 클라이언트가 할당된 주소 중 하나 이상을 더는 필요로 하지 않을 때 DHCPv6 서버에 이를 알리는 RELEASE 메시지를 보낸다.

Note 서버도 RELEASE 혹은 DECLINE 메시지의 수신 여부를 확인하는 REPLY 메시지를 보낸다.

Note Duplicate Address Detection(DAD)를 통해 할당받은 주소가 이미 사용 중일 때 클라이언트는 DECLINE 메시지를 서버에 보낸다. 호스트는 주소를 유보한다(suspended). 서버는 이 주소를 알지 못하는 호스트가 사용하는 것으로 표시(mark)하고, 클라이언트에 다른 주소를 할당한다.

Summary

이 장에서는 동적 IPv6 주소를 위한 세 가지 방법에 관해 간략하게 설명했다.

- **Method 1:** Stateless Address Autoconfiguration(SLAAC)
- **Method 2:** SLAAC와 a stateless DHCPv6 서버
- **Method 3:** Stateful(상태 보존) DHCPv6 서버

디바이스는 Router Advertisement 메시지에 포함된 3가지 플래그를 사용하여 주소 정보 획득 방법을 결정한다.

- **Address Autoconfiguration flag (A flag):** 이 값이 "1(on)"이면, 수신 호스트는 global unicast 주소를 생성하기 위해 SLAAC를 사용하라는 의미이다.
- **Other Configuration flag (O flag):** RA의 이 값이 "1(on)"일 때, 이 플래그는 호스트에 global unicast 주소가 아닌 기타 주소 정보(DNS 서버 정보 등)를 stateless DHCPv6 서버로부터 받으라고 알려준다.

---

1 IPv4와는 연장요청 메시지의 용어가 다르다. DHCPv6도 깊이 들어가면 상당한 분량의 주제이다. 할당 주소가 IA_NA(Identity Association for Non-temporary), IA_PD(Identity Association for Prefix Delegation) 유형이면 T1, T2 타이머를 사용하여 연장요청을 한다. -옮긴 이

- **Managed Address Configuration flag (M flag):** RA의 이 값이 "1(on)"이면, 호스트에 global unicast 주소와 기타 주소 정보들을 DHCPv6 서버를 통해 받으라고 알려주는 것이다.

DHCPv6는 IPv4의 DHCPv4와 비슷하지만, 몇 가지 중요한 차이점이 있다. DHCPv6에는 두 가지 형태가 있다.

- **Stateful DHCPv6 서비스:** global unicast 주소 및 기타 설정 정보를 stateful DHCPv6 서버에서 받는다.
- **Stateless DHCPv6 서비스:** global unicast 주소 이외의 기타 주소 정보를 stateless DHCPv6 서버에서 받는다.

DHCPv6와 DHCPv4의 중요한 차이 중 하나는 DHCPv6 서버는 디폴트 게이트웨이 주소를 제공하지 않는다는 것이다. 해당 정보는 라우터의 Router Advertisement 메시지에서 직접 동적으로 알아낼 수 있다.

다음의 네 가지 DHCPv6 메시지 유형은 DHCPv6 클라이언트와 서버 간의 통신에 사용되는 기본적인 메시지이다.

- **SOLICIT (1):** DHCPv6 **클라이언트는** SOLICIT 메시지를 **사용하여** 서버를 찾는다.
- **ADVERTISE (2):** 서버가 클라이언트의 SOLICIT 메시지에 대한 응답으로 DHCPv6 서비스에 사용 가능함을 알리기 위해 ADVERTISE 메시지를 보낸다.
- **REQUEST (3):** 클라이언트가 특정한 DHCPv6 서버에 IPv6 주소를 포함한 설정 정보를 요청하기 위해 REQUEST 메시지를 보낸다.
- **REPLY (7):** 서버는 클라이언트의 REQUEST 메시지에 대한 응답으로 할당된 주소와 설정 파라미터를 포함하는 REPLY 메시지를 보낸다.

Review Questions

1. IPv4에서 동적 주소할당에 사용할 수 있는 방법은 무엇인가?
2. IPv6에서 동적 주소할당에 사용할 수 있는 방법은 무엇인가?
3. 클라이언트는 IPv6 상에서 동적 주소할당을 위해 사용할 방법을 어떻게 결정하는가?
4. Router Solicitation 메시지의 목적은 무엇인가? 이 메시지의 IPv6 송신 및 수신 주소는 무엇인가?
5. Router Advertisement 메시지의 목적은 무엇이며 언제 보내지는가? 이 메시지의 IPv6 송신 및 수신 주소는 무엇인가?

6. 아래 각 기능을 Router Advertisement 플래그와 짝지워 보라.

   A flag

   O flag

   M flag

   A. "1 (on)"으로 설정하면, 이 플래그는 디바이스가 stateful DHCPv6 서버에서 global unicast 주소를 포함한 모든 주소지정 정보를 받아오도록 알린다.

   B. "1 (on)"으로 설정하면, 이 플래그는 디바이스가 SLAAC를 사용하여 global unicast 주소를 생성하도록 알려준다.

   C. "1 (on)"으로 설정하면, 이 플래그는 디바이스가 stateless DHCPv6 서버에서 여타 다른 설정 정보를 받아올 수 있음을 장치에 알린다.

7. 세 가지 주소할당 방법 각각에 대한 A, O, M 플래그의 "0 (off)"이나 "1 (on)"을 정해 보라.

   A. Method 1: Stateless Address Autoconfiguration (SLAAC)

   B. Method 2: SLAAC와 a stateless DHCPv6 서버

   C. Method 3: Stateful(상태 보존) DHCPv6 서버

8. 디폴트 게이트웨이 주소를 제공하는 방법에서 DHCPv4 서버와 DHCPv6 서버는 어떻게 다른가?

9. DHCPv6 서버는 DHCPv6 클라이언트와 서버를 유일하게 식별하기 위해 무엇을 사용하는가?

10. DHCPv6에서 클라이언트와 stateful DHCPv6 서버 간의 통신에 사용하는 네 가지 메시지 유형은 무엇인가? 보내지는 순서와 각 메시지를 보내는 디바이스(클라이언트 또는 서버)로 나열해 보라.

References

RFCs

RFC 3315, *Dynamic Host Configuration Protocol for IPv6 (DHCPv6)*, R. Droms, Cisco Systems, www.ietf.org/rfc/rfc3315, July 2003.

RFC 3596, *DNS extensions to support IP Version 6*, S. Thompson, Cisco Systems, www.ietf.org/rfc/rfc3596, October 2003.

RFC 3736, *Stateless Dynamic Host Configuration Protocol (DHCP) service for IPv6*, R. Droms, Cisco Systems, www.ietf.org/rfc/rfc3736, April 2004.

RFC 3769, *Requirements for IPv6 Prefix Delegation*, S. Miyakawa, NTT Communications Corporation, www.ietf.org/rfc/rfc3769, June 2004.

RFC 4862, *IPv6 Stateless Address Autoconfiguration*, S. Thompson, Cisco Systems, www.ietf.org/rfc/rfc4862, September 2007.

Website

Cisco IOS IPv6 Implementation Guide, www.cisco.com/c/en/us/td/docs/ios-xml/ios/ipv6/configuration/15-2mt/ipv6-15-2mt-book/ip6-dhcp.html.

Chapter 9

8장 "Basics of Dynamic Addressing in IPv6"에서 자동으로 IPv6 global unicast 주소를 할당하기 위해 ICMPv6 RA 메시지를 사용하는 3가지 방식을 소개했다.

- **Method 1:** Stateless Address Autoconfiguration(SLAAC)
- **Method 2:** SLAAC와 Stateless DHCPv6 서버
- **Method 3:** Stateful DHCPv6 서버

이 장에서는 위의 첫 번째 방법인 Stateless Address Autoconfiguration(SLAAC)에 중점을 두어 다음과 같은 주제에 대해 논의한다.

- ICMPv6 RA 메시지와 A(Address Autoconfig) 플래그의 사용
- 인터페이스 ID를 생성하는 SLAAC의 두 가지 방법: EUI-64와 random 64-bit 값(privacy 확장)
- SLAAC의 privacy 확장과 일반(public) global unicast 주소와 temporary global unicast 주소
- Wireshark를 사용한 ICMPv6 RA 메시지 내부 필드 확인
- SLAAC를 사용하여 생성된 global unicast 주소의 다양한 상태와 임대 시간
- RA 내 recursive DNS 서버 주소 목록 추가를 포함하는 다양한 RA 설정 옵션
- IPv6 디바이스가 link-local 주소와 여러 개의 GUA 주소 중 어느 것을 사용할 것인지 선택하는 데 사용하는 프로세스

The RA Message and SLAAC

Figure 9-1은 동적 주소할당을 위해 SLAAC를 권고하는 Router Advertisement 메시지의 기본 정보 중 일부를 보여준다.

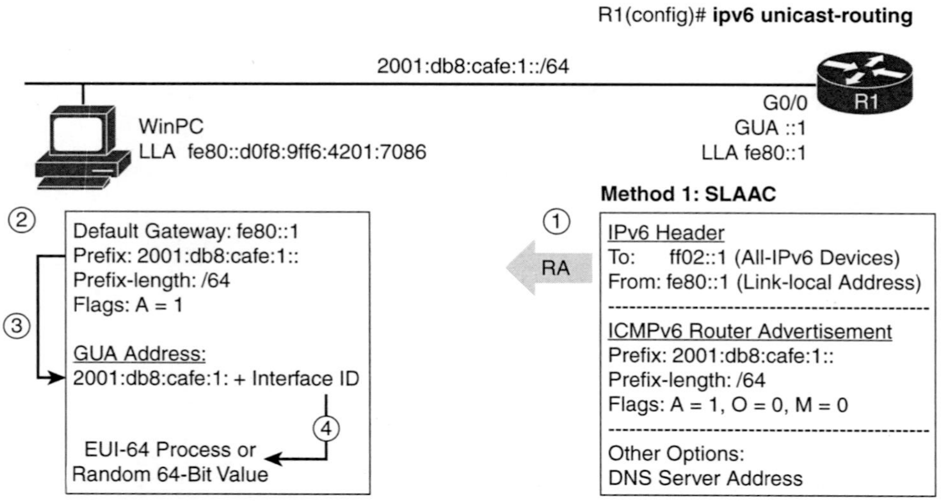

Figure 9-1 *Method 1: Router Advertisement and Basics of SLAAC*

이 책에서 앞서 몇 번 언급했지만, 라우터 R1이 Router Advertisement 메시지를 보내려면 *IPv6 라우터*여야 한다. 이것은 "**ipv6 unicast-routing**" 전역 설정 명령을 사용해서 할 수 있다. 시스코 IPv6 라우터는 기본 설정으로 RA를 200초마다 보내며, RS 메시지를 받았을 때도 보낸다. IPv6 unicast-routing 설정이 되어 있고 인터페이스에 IPv6 주소가 설정되어 있으면 이더넷과 FDDI 인터페이스에서 IPv6 Router Advertisement 메시지는 자동으로 송신된다. (FDDI는 이제 거의 사용하지 않는다.)

8장에서 설명한 것처럼, RA 메시지는 global unicast 주소를 어떻게 받거나 생성할지 디바이스에 알려주는 3개의 플래그를 가지고 있다:[1]

- **Address Autoconfiguration flag (A flag):** 이 값이 "1(on)"이면, 수신 호스트는 global unicast 주소를 생성하기 위해 SLAAC를 사용하라는 의미이다.
- **Other Configuration flag (O flag):** 이 값이 "1(on)"이면, 호스트에 global unicast 주소가 아닌 다른 주소 정보(DNS 서버 정보 등)를 stateless DHCPv6 서버로부터 받으라고 알리는 것이다.
- **Managed Address Configuration flag (M flag):** RA의 이 값이 "1(on)"이면, 호스트에 global unicast 주소와 기타 주소 정보들을 DHCPv6 서버를 통해 받으라고 알려주는 것이다.

Figure 9-1에서 앞선 장에서 배웠던 RA 메시지와 SLAAC에 관한 4개 단계를 요약했다.

Step 1. Router Advertisement 메시지는 목적지 주소 "all-IPv6 devices multicast(ff02::1)"이고 송신 주소는 R1의 link-local 주소 "fe80::1"인 IPv6 패킷에 캡슐화된다. (RA 메시지는 solicited unicast 주소로 송신될 수도 있다.) link-local 주소는 R1에 수동으로 설정된 것이며, 이 메시지를 수신하는 디바이스가 디폴트 게이트웨이 주소로 사용할 수 있다. IPv6 Next Header 필드(Figure 9-1에는 보여주지 않았음)는 캡슐화된 데이터가 ICMPv6 메시지임을 나타내는 십진수 58(16진수 3a)이다.

---

1 A 플래그의 위치는 조금 상이하여 prefix information 정보 내부에 있다.-옮긴 이

Note ICMPv4와 마찬가지로 ICMPv6의 Type 필드는 이것이 ICMPv6 Router Advertisement임을 나타낸다. ICMPv6는 이후의 장에서 설명한다.

RA 메시지에는 많은 정보가 포함되어 있으며, 이 장을 통해 상세히 확인할 것이다. 지금으로서는 RA 메시지가 링크의 프리픽스(2001:db8:cafe:1::)와 프리픽스 길이(/64)를 포함하고 있음을 알 수 있다. 이 옵션들은 실제로는 RA에 포함되지 않아도 되지만, Cisco IOS는 기본값으로 포함한다.

기본값으로 "A" 플래그는 "1"로 설정되고, "O" 및 "M" 플래그는 "0"으로 설정된다. "1"로 설정된 "A" 플래그는 수신 디바이스에 RA 메시지의 프리픽스를 사용하여 global unicast 주소(SLAAC)를 생성하도록 알려준다. "O" 및 "M" 플래그가 "0"인 것은 수신 디바이스에 DHCPv6 서버에서 사용 가능한 다른 정보는 없다는 것을 알려주는 것이다.

RA 메시지는 IPv6 호스트에서 DNS 서비스에 사용되는 DNS recursive 서버 주소에 대한 옵션도 포함할 수 있다. (이 장의 뒷부분에서 이 옵션의 상세 내용에 관해 설명할 것이다.)

Note O 및 M 플래그가 "0"으로 설정되면 수신 디바이스가 DHCPv6의 서비스를 사용할 필요가 없다. 이것은 필요한 모든 주소 및 링크 정보가 RA 메시지에 포함되어 있거나 디바이스 자체에 수동으로 설정되어 있어야 한다는 것을 의미한다.

Step 2. RA 메시지를 수신한 WinPC는 RA 메시지의 송신 주소(fe80::1)를 디폴트 게이트웨이 주소로 사용한다. "A" 플래그는 "1"로 설정되었는데 WinPC가 수신한 프리픽스를 사용하여 global unicast 주소를 생성해야 함을 의미한다(SLAAC).

Step 3. WinPC는 RA에 포함된 "2001:db8:cafe:1:" 프리픽스를 사용하여 자신의 GUA를 생성한다.

Step 4. 호스트는 GUA 주소에 대한 인터페이스 ID를 생성할 때, EUI-64나 random 64-bit 값을 사용한다. WinPC는 윈도우 호스트이기 때문에, random 인터페이스 ID를 사용한다. 그런 다음 WinPC는 서브넷상에서 이 주소를 사용하는 다른 디바이스가 있는지 확인하기 위해 GUA 주소에 대한 DAD(Duplicate Address Detection)를 수행한다.

Note DAD는 주소를 인터페이스에 할당하여 사용하기 전에 모든 unicast 주소(global unicast, link-local unicast)에 대해 수행되어야 한다. 주소가 SLAAC, DHCPv6를 통한 것이건 혹은 수동 설정되었든 상관이 없다. 이 동작에는 몇 가지 예외가 있는데, RFC 4429 "*Optimistic Duplicate Address Detection(DAD) for IPv6*"[1]를 참고하라.

Example 9-1에서 "**show ipv6 interface gigabitethernet 0/0**" 명령으로 라우터 R1이 RA 메시지를 통해 보내는 다음의 정보를 확인할 수 있다.

---

1 RFC 7527" Enhanced Duplicate Address Detection"으로 추가 내용(Update)이 있다.-옮긴 이

Note 이 장의 뒷부분에서 WinPC의 Router Solicitation 메시지와 그 응답인 R1의 Router Advertisement 메시지 내 정보를 Wireshark를 사용하여 확인하는 예제를 볼 수 있을 것이다.

- **FF02::2:** 라우터 R1은 "**ipv6 unicast-routing**" 명령으로 IPv6 라우터로 설정되었으며, 그 결과로 R1은 "all-IPv6 routers multicast" 그룹 "ff02::2"에 Join 한다.
- **MTU is 1500 bytes:** 호스트에 링크 MTU(maximum transmission unit) 값을 알려준다. 호스트는 이 정보를 IPv6 패킷의 최대 길이 값으로 사용한다.
- **ND router advertisements are sent every 200 seconds:** 인터페이스상에서 얼마나 자주 RA 메시지를 보내는지 보여준다. 디폴트는 200초이다.
- **ND router advertisements live for 1800 seconds:** RA 메시지의 lifetime 정보이다. 라우터가 디폴트 게이트웨이로 사용되어야 하는 시간을 초 단위의 기간으로 호스트에 알려준다. "0"인 lifetime은 라우터가 디폴트 게이트웨이가 아니라는 것을 알린다. 라우터 lifetime은 디폴트 게이트 웨이로서의 라우터 기능에만 적용된다. 다른 메시지 필드 내 있는 여타 정보나 프리픽스 및 프리픽스 길이와 같은 옵션에는 이 값이 적용되지 않는다. 호스트는 Router Advertisement를 받을 때마다 자신의 타이머를 초기화한다. 디폴트 값은 1,800초이다.
- **ND advertised default router preference is Medium:** RA 메시지 내 라우터 Preference 값이다. 호스트는 RA 메시지의 송신 IPv6 주소에 기반해 디폴트 라우터 리스트를 동적으로 관리한다. "Default Router Preference"는 high, medium(default), low의 3가지 상태 중 하나가 될 수 있다. 호스트가 여러 개의 RA 메시지를 받았을 때, 어느 라우터를 디폴트 게이트웨이로 사용할지 이 값을 사용하여 결정한다. 기본값은 medium이다.
- **Hosts use stateless autoconfig for addresses:** A 플래그가 "1"로 설정되어 있으므로 인터페이스에서 보낸 RA 메시지는 호스트가 "SLAAC"를 통해 IPv6 주소를 받으라고 알려준다. "O" 플래그와 "M" 플래그는 "0"이기 때문에 DHCPv6 서버 사용에 관한 내용은 없다. 10장 "Stateless DHCPv6", 11장 "Stateful DHCPv6"에서 O 및 M 플래그를 "1"로 설정했을 때의 결과를 알게 될 것이다.

Note 여기에서 열거한 많은 수의 Router Advertisement 파라미터들이 설정 가능하며 이 장의 뒷부분에서 설명할 것이다.

Note 라우터가 아닌 디바이스는 *디폴트 라우터 리스트*를 유지한다. 디바이스가 Router Advertisement를 수신하면 패킷의 link-local 송신 주소를 디폴트 게이트웨이로 사용할 수 있는 라우터 중 하나로 추가한다. 각 엔트리에는 Router Advertisement 메시지에서 가져오는 무효화 타이머인 "Router Lifetime"이 있으며, 더는 광고되지 않는 엔트리를 삭제하는 데 사용된다.

Example 9-1 *Verification of Router R1 as an IPv6 Router*

```
R1(config)# ipv6 unicast-routing
R1(config)# exit
R1# show ipv6 interface gigabitethernet 0/0
GigabitEthernet0/0 is up, line protocol is up
  IPv6 is enabled, link-local address is FE80::1
  No Virtual link-local address(es):
  Global unicast address(es):
    2001:DB8:CAFE:1::1, subnet is 2001:DB8:CAFE:1::/64
  Joined group address(es):
    FF02::1
    FF02::2
    FF02::FB
    FF02::1:FF00:1
  MTU is 1500 bytes
  ICMP error messages limited to one every 100 milliseconds
  ICMP redirects are enabled
  ICMP unreachables are sent
  ND DAD is enabled, number of DAD attempts: 1
  ND reachable time is 30000 milliseconds (using 30000)
  ND advertised reachable time is 0 (unspecified)
  ND advertised retransmit interval is 0 (unspecified)
  ND router advertisements are sent every 200 seconds
  ND router advertisements live for 1800 seconds
  ND advertised default router preference is Medium
  Hosts use stateless autoconfig for addresses.
R1#
```

R1의 G0/0 인터페이스에 IPv6 주소만 설정하고, 아직 IPv6 라우터로 설정하지 않았을 때 R1은 RA 메시지를 보내지 않는다. Example 9-2에서 "**ipv6 unicast-routing**"이 설정되지 않았을 때 무슨 일이 일어나는지 보여주고 있다. 동일한 "**show ipv6 interface gigabitethernet 0/0**" 명령이 사용된 Example 9-1과 비교했을 때, 해당 출력에는 "FF02::2(all-IPv6 routers multicast 그룹)"와 "ND advertised", "ND router advertisement" 등의 문구가 더는 보이지 않는다. 마지막의 문장 "Hosts use stateless autoconfig for address" 도 없다.

Example 9-2 *Verification That Router R1 Is Not an IPv6 Router*

```
< The ipv6 unicast-routing command has not been configured>

R1# show ipv6 interface gigabitethernet 0/0
GigabitEthernet0/0 is up, line protocol is up
  IPv6 is enabled, link-local address is FE80::1
  No Virtual link-local address(es):
  Global unicast address(es):
    2001:DB8:CAFE:1::1, subnet is 2001:DB8:CAFE:1::/64
  Joined group address(es):
    FF02::1
    FF02::D
    FF02::16
    FF02::FB
    FF02::1:FF00:1
  MTU is 1500 bytes
  ICMP error messages limited to one every 100 milliseconds
  ICMP redirects are enabled
  ICMP unreachables are sent
  ND DAD is enabled, number of DAD attempts: 1
  ND reachable time is 30000 milliseconds (using 30000)
  ND NS retransmit interval is 1000 milliseconds
R1#
```

"**debug ipv6 nd**" 명령을 사용하며 Router Advertisement 메시지 송신 여부를 확인할 수 있으며 Example 9-3에서 이를 보여준다. 이 명령으로 인터페이스에서 송수신되는 모든 NDP 메시지를 볼 수 있다. 이 예에서 R1을 IPv6 라우터로 활성화하기 위해서 "**ipv6 unicast-routing**" 명령을 사용하였다.

Example 9-3 *Examining R1's RA Messages Using the* ***debug ipv6 nd*** *Command*

```
R1(config)# ipv6 unicast-routing
R1(config)# exit
R1# debug ipv6 nd
  ICMP Neighbor Discovery events debugging is on
R1#
*Nov 27 18:34:52.494: ICMPv6-ND: (GigabitEthernet0/0,FE80::1) send RA to FF02::1
*Nov 27 18:34:52.494: ICMPv6-ND: (GigabitEthernet0/0,FE80::1) Sending RA (1800) to
  FF02::1
*Nov 27 18:34:52.494: ICMPv6-ND:    MTU = 1500
*Nov 27 18:34:52.494: ICMPv6-ND:    prefix 2001:DB8:CAFE:1::/64 [LA] 2592000/604800
<output omitted for brevity>
R1# undebug all
```

"**debug ipv6 nd**" 명령의 출력은 IOS 버전에 따라 다를 수 있다. Example 9-3의 결과를 보라.

- **(GigabitEthernet0/0,FE80::1) Sending RA (1800) to FF02::1**
  - **Gigabit/Ethernet0/0:** RA 메시지의 출력 인터페이스이다.
  - **FE80::1:** RA 메시지의 송신 IPv6 주소이며, 호스트가 디폴트 라우터 리스트에 관리할 것이다.

  - **Sending RA:** 이 줄과 다음의 들여쓰기 된 줄들은 이 라우터에 의해 송신되는 하나의 RA 메시지를 디버그한 것이다.
  - **(1800):** 이것은 라우터의 lifetime이다. 라우터가 디폴트 게이트웨이로 사용하는 초 단위 기간이다. (1800초는 30분이다.)
  - **to FF02::1:** "all-IPv6-devices multicast" 주소이며, RA 메시지의 목적지 IPv6 주소이다.
  - **MTU = 1500:** 링크에 대한 maximum transmission unit(MTU)이다.
- **prefix 2001:DB8:CAFE:1::/64 [LA] 2592000/604800**
  - **prefix 2001:DB8:CAFE:1::/64:** 디바이스가 SLAAC를 통해 global unicast 주소를 생성하는 데 사용할 프리픽스와 프리픽스 길이이다.
  - **[LA]:** "L(On-Link)" 플래그와 "A(Address Autoconfiguration)" 플래그가 "1"로 설정되었다. "1"로 설정된 On-Link 플래그는 RA 속에 포함된 프리픽스가 이 링크 혹은 서브넷상의 것임을 가리킨다. "A" 플래그는 디바이스가 SLAAC를 통해 주소를 생성하기 위해서 해당 프리픽스가 사용될 수 있다는 것을 지시한다. L 플래그 및 On-Link 플래그는 다음 절에서 설명한다.
  - **2592000/604800:** Valid Lifetime과 Preferred Lifetime이다. Valid lifetime은 디바이스가 RA에 포함된 프리픽스를 유효하다고 간주해야 하는 시간의 양(초 단위)이며, 이 시간 동안 송신 IPv6 주소로 사용될 수 있다. (2,592,000초는 30일이다.) Preferred lifetime은 RA의 프리픽스와 SLAAC를 사용하여 생성된 주소를 우선*(preferred)*하는 시간의 양이다. (604,8000초는 7일이다.) "preferred lifetime"은 디바이스가 이 주소를 송신 주소로 사용하여 새로운 연결(connection)을 시작할 수 있는 시간을 의미한다. Preferred Lifetime이 만료된 후에도, 디바이스는 이미 맺어진 연결은 계속 사용할 수 있으나, 더는 이 주소를 사용하여 새로운 연결을 생성할 수 없다. Valid 및 Preferred Lifetime은 이 장의 이후 부분에서 설명한다.

Example 9-4에서 "**ipconfig**" 명령을 써서 WinPC의 주소 정보를 확인한다. WinPC가 2개의 global unicast 주소를 가지고 있다는 것을 확인하라. 첫 번째 "2001:db8:cafe:1:d0f8:4201:7086"은 *public* 주소이다. 두 번째 "2001:db8:cafe:1:78bd:10b0:aa92:62c"는 *temporary* 주소이다. temporary 주소가 있는 것은 Windows OS가 SLAAC에 대해 privacy 확장을 수행했기 때문이다. 또한, GUA 주소와 link-local 주소의 인터페이스 ID에 random 64-bit 값을 사용했다는 것을 확인하라. 이것도 Windows가 privacy 확장 옵션을 사용한 결과이다. privacy 확장은 익명성과 privacy를 제공하는 데 사용되며 이후 더 자세히 설명한다.

Note RFC 4941 "*Privacy Extensions for Stateless Address Autoconfiguration in IPv6*"에서 "*public*"과 "*temporary*"라는 용어를 사용했다. IPv4에서의 public, private와는 분명히 의미가 다른 용어이다. 공인(public) IPv4 주소는 전체 외부 인터넷에서 라우팅 가능한 주소지만, 사설(private) IPv4 주소는 그렇지 않다. IPv6 public[1]과 temporary global unicast 주소는 둘 다 외부 인터넷상에서 라우팅 되는 주소이다. (Unique local 주소는 외부 인터넷으로 라우팅할 수 없다.)

1 IPv6 주소에서는 공인과 사설로 대비되는 개념이 아니므로 이 경우는 public을 "일반"으로 번역하고 의미 전달이 분명치 않거나 temporary 주소와 대비하여 사용할 경우 원문을 그대로 사용하였다.-옮긴 이

Example 9-4 *WinPC's Addressing Information Using SLAAC*

```
WinPC> ipconfig
Ethernet adapter Local Area Connection:
   Connection-specific DNS Suffix  . :
   IPv6 Address. . . . . . . . . . . : 2001:db8:cafe:1:d0f8:9ff6:4201:7086
   Temporary IPv6 Address. . . . . . : 2001:db8:cafe:1:78bd:10b0:aa92:62c
   Link-local IPv6 Address . . . . . : fe80::d0f8:9ff6:4201:7086%11
   Autoconfiguration IPv4 Address  . : 169.254.112.134
   Subnet Mask . . . . . . . . . . . : 255.255.0.0
   Default Gateway . . . . . . . . . : fe80::1%11
```

On-Link Determination

호스트가 IP 패킷을 또 다른 호스트에 보내고자 할 때, 패킷을 호스트에 직접 보내야 할지, 아니면 디폴트 게이트웨이로 보내야 할지 어떻게 판단할 수 있을까?

IPv4의 세계에서는 로컬 주소인지 확인하기 위해 IPv4 주소와 서브넷 마스크를 사용하여 단순한 논리적 AND 연산을 수행했다. 목적지가 같은 네트워크인지 아닌지를 결정하기 위해, 목적지 IPv4 주소와 자신의 서브넷 마스크를 사용하여 유사한 AND 연산을 수행한다. 네트워크 주소가 일치하면, 두 개의 주소는 같은 서브넷상에 있는 것이다. 만약 다르면, 목적지 IPv4 주소는 다른 서브넷상에 있으므로, 패킷을 디폴트 게이트웨이로 보내야 한다.

호스트는 두 AND 연산을 위해 자신의 서브넷 마스크를 사용한다. 목적지의 서브넷 마스크를 모르지만, 그건 중요하지 않다. 목적지 주소가 같은 서브넷상에 있다면, 송신 호스트와 동일 마스크인 것이다. 그렇지 않다면 엉뚱한 결과가 나올 수 있다.

IPv6의 세계는 그와 다르다. IPv6에서 호스트는 라우터의 RA에 포함된 2개의 필드를 사용하여 "*on-link prefix*"로 알려진 자신의 로컬 서브넷을 결정한다. Example 9-3을 참고하라.

- Prefix
- On-Link 플래그(L flag)

호스트가 "L" 플래그 "1(기본값)"인 프리픽스를 가지는 RA 메시지를 받았을 때, 이 프리픽스를 자신의 "on-link" 프리픽스 목록에 추가한다. 해당 프리픽스를 사용하는 이 서브넷상의 모든 호스트의 주소는 on-link로 간주(SLAAC 든 수동 설정이든 혹은 DHCPv6이어도)된다.

예를 들면, "A" 플래그가 "1(default)" 일 때, 호스트는 이 프리픽스를 사용하여 GUA를 생성하고, on-link로 간주한다. 호스트는 목적지 IPv6 주소가 이 프리픽스인 패킷은 해당하는 디바이스로 직접 보낼 수 있다(디폴트 게이트웨이를 거치지 않고).

Example 9-3에서, RA는 "L" 플래그가 "1"인 프리픽스 "2001:db8:cafe:1::/64"를 포함한다. Example 9-5에서 "**netsh interface ipv6 show siteprefixes**" 명령어의 결과는 이 프리픽스가 WinPC의 프리픽스 목록에 추가되었음을 보여준다.

Example 9-5 *WinPC's Prefix List*

```
WinPC> netsh interface ipv6 show siteprefixes
Prefix                   Lifetime        Interface
----------------------   -----------     ----------------------
2001:db8:cafe:1::/64     7d23h59m56s     Local Area Connection
```

*"on-link"*는 패킷을 라우터를 통해서 포워딩할 필요 없이 단말에 직접적으로 보낼 수 있다는 것을 의미한다. RFC 4861 *"Neighbor Discovery for IPv6"*에 따라 다음 조건 중 하나를 만족하면 디바이스는 주소를 "on-link"라고 간주한다.

- 라우터 RA 메시지가 on-Link 플래그가 "1"로 설정된 해당 프리픽스를 포함하고 있을 때
- 로컬 라우터가 리다이렉트 메시지로 이 주소를 "on-link"라고 지시할 때. - 라우터가 패킷을 받은 인터페이스로 그대로 패킷을 포워딩할 경우, 라우터는 패킷의 유입 방향으로 리다이렉트 메시지를 보낸다. 송신 측은 그때 이 주소를 "on-link"로 간주하고 후속 패킷을 디바이스에 직접적으로 보낸다.
- 대상 주소에 *대한* ICMPv6 Neighbor Advertisement 메시지가 수신되었을 때(Neighbor Advertisement는 IPv4에서 ARP Reply와 유사하다.)
- 해당 디바이스로*부터* ICMPv6 Neighbor Discovery 메시지가 수신되었을 때

다음은 on-link 결정의 몇 가지 특징을 열거한 것이다.

- 기본값으로 호스트는 자신의 link-local 주소의 프리픽스를 on-link로 취급한다. link-local은 영구적으로 on-link이다.
- Valid Life-time에 지정된 동안 프리픽스는 on-link로 간주한다. Valid Lifetime은 "L" 플래그가 1이고 동일한 프리픽스가 포함된 새로운 RA 메시지를 받을 때마다 초기화(reset)된다.
- 수동 설정, SLAAC, DHCPv6를 사용하여 인터페이스에 할당된 IPv6 프리픽스는 암묵적으로 on-link로 간주하지 *않는다*. 호스트는 명시적으로 선언되었을 경우만 on-link로 간주한다.
- on-link임을 지시하는 명시적인 정보가 없다면 목적지 주소를 off-link로 가정한다.
- 호스트는 *on-link 프리픽스*와 관련되지 않은(즉 어떤 서브넷에도 속하지 않은) IPv6 주소를 가질 수 있다. 또한, 자신의 주소들과 상관없는 프리픽스를 on-link라고 판단할 수 있다.

on-link가 아닌 모든 주소로 가는 패킷은 디폴트 라우터(디폴트 게이트웨이)로 보낸다. 만약 디폴트 라우터가 없다면, 디바이스에 ICMPv6 Destination Unreachable 메시지로 알려줘야 한다.

> **Note** 더 많은 정보는 RFC 5942 *"IPv6 Subnet Model: The Relationship Between Links and Subnet Prefixes"*와 RFC 4861 *"Neighbor Discovery for IP version 6"*를 참고하라.

Generating an Interface ID

SLAAC는 명칭에서 알 수 있듯이 stateless이다. 호스트는 자신의 global unicast 주소를 stateful 디바이스(stateful DHCPv6 서버 같은)의 서비스 없이 생성한다. 이때 자체 생성한 인터페이스 ID와 RA 메시지 내의 프리픽스를 결합해 주소를 생성한다. 호스트가 인터페이스 ID를 생성하는 데 쓰는 방법은 운영 체제에 달려 있다. 인터페이스 ID를 만드는 데는 두 가지 옵션이 있다.

- EUI-64 프로세스
- Random 64-bit 값(privacy 확장)

Note Cryptographically Generated Address(CGA)가 세 번째 방법이나, 이 책의 범위를 넘어서는 주제이다. 이 책의 Mac OS 예제는 10.11 버전을 사용한다. Mac OS 10.12(Sierra)는 현재 인터페이스 ID를 생성하기 위해 "Cryptographically Generated Address(CGA, RFC 3972)"를 사용한다. CGA를 비활성화하기 위해서는 /etc/sysctl.conf에 "**net/inet6/send/op-mode=0**" 명령을 추가하고 리부팅 하라. CGA에 관해서 좀 더 알고 싶다면, Eric Vynke이 쓴 〈IPv6 Security〉를 추천한다.

EUI-64는 인터페이스 ID를 생성하기 위해 이더넷 MAC 주소를 사용한다. Mac OS X와 몇몇 Linux 구현들은 인터페이스 ID를 생성할 때 EUI-64를 사용한다. 이더넷 MAC 주소를 사용할 때 주소의 추적 가능성과 관련하여 큰 우려가 있다. 또 다른 옵션은 SLAAC에 대한 privacy 확장의 일부분으로써 인터페이스 ID에 대해 random 64-bit 값을 사용하는 것이다. privacy 확장은 또한, temporary 주소의 사용도 포함하고 있다. 이 두 가지 방법 모두 이 절에서 상세히 설명한다.

Note RFC 4862 "*IPv6 Stateless Address Autoconfiguration*"는 SLAAC에 EUI-64가 사용되어야 한다고 특별히 지정하지는 않았다. 인터페이스 ID로 modified EUI-64 포맷을 사용하는 것에 관해서 RFC 4291 "*IPv6 Version 6 Addressing Architecture*"에서 논의되었다. random 인터페이스 ID는 RFC 4941 "*Privacy Extensions for Stateless Address Autoconfiguration in IPv6*"에서 논의되었다. MAC 주소에 기반하여 보안과 사용자의 privacy를 희생시키지 않고도 인터페이스 ID를 생성하는 또 하나의 방법은 RFC 7217 "*A Method for Generating Semantically Opaque Interface Identifiers with IPv6 Stateless Address Autoconfiguration(SLAAC)*"에서 논의되었다.

Generating the Interface ID Using the EUI-64 Process

Figure 9-2는 이 장에서 사용되는 토폴로지를 보여준다. 각 라우터의 link-local 주소는 라우터 global unicast 주소의 인터페이스 ID 아래에 표시되었다.

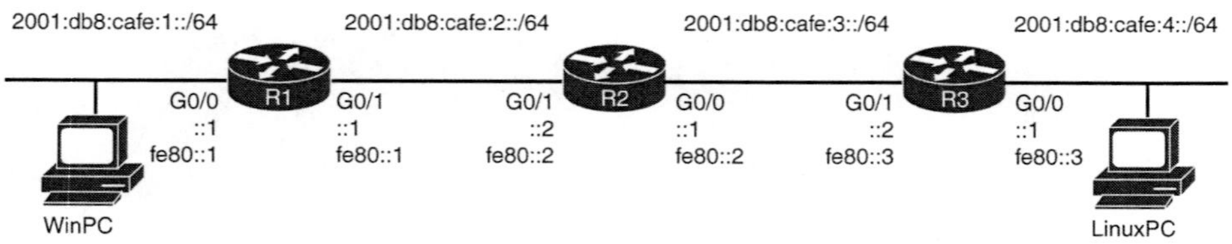

Figure 9-2 *Topology for Generating Interface IDs*

Example 9-6에서 Ubuntu Linux를 구동하는 LinuxPC의 "**ifconfig**" 명령의 결과를 보여준다. LinuxPC는 동적 IPv6 주소 설정이 되어 있다. 라우터 R3는 "**ipv6 unicast-routing**" 설정이 되어 있어, RA 메시지를 기본값을 사용하여 보낸다. 기본값은 "A" 플래그는 값 "1", "O, M" 플래그는 값이 "0"이다.

Example 9-6 *LinuxPC's Addressing Information Using SLAAC and EUI-64*

```
LinuxPC$ ifconfig
eth0      Link encap:Ethernet  HWaddr 00:50:56:af:25:24
          inet6 addr: 2001:db8:cafe:4:250:56ff:feaf:2524/64 Scope:Global
          inet6 addr: fe80::250:56ff:feaf:2524/64 Scope:Link
          inet6 addr: 2001:db8:cafe:4:314a:dd3e:762f:e140/64 Scope:Global
          UP BROADCAST RUNNING MULTICAST  MTU:1500  Metric:1
          RX packets:31 errors:0 dropped:0 overruns:0 frame:0
          TX packets:3415 errors:0 dropped:0 overruns:0 carrier:0
          collisions:0 txqueuelen:1000
          RX bytes:3438 (3.4 KB)  TX bytes:459921 (459.9 KB)
          Interrupt:16
<output omitted for brevity>
```

첫 번째 GUA 주소(public 주소)와 link-local 주소가 EUI-64를 사용하여 생성되었다는 것을 확인하라. 인터페이스 ID 가운데의 "ff:fe"는 SLAAC 및 EUI-64가 사용되었다는 것을 나타낸다. 두 번째 GUA 주소인 "2001:db8:cafe:4:314a:dd3e:762f:e140/64"는 무작위로 생성된 인터페이스 ID를 사용했다. 이것은 temporary 주소이다.

Example 9-6에서 LinuxPC에 대한 48-bit 이더넷 MAC 주소를 볼 수 있다. Figure 9-3의 그림에서 볼 수 있듯이, 이더넷 MAC 주소는 16진수로 표기된 24-bit OUI(Organizationally Unique Identifier)에 24-bit 디바이스 식별자(Device Identifier)를 더하여 만들어진다. 이더넷 네트워크 인터페이스 카드(NIC)의 제조사들은 하나 이상의 OUI(vendor code)를 가지고 있다. 24-bit 디바이스 식별자를 24-bit OUI에 더하여 이더넷 NIC을 유일하게 식별할 수 있다. 즉 24-bit OUI에 24-bit 디바이스 식별자를 추가하여 이더넷 NIC을 단일하게 구별한다. (64-bit MAC 주소에 대한 IEEE 표준도 존재한다.)

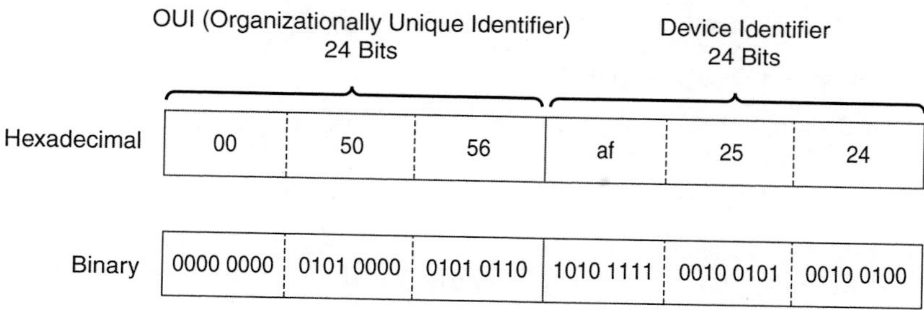

Figure 9-3 *LinuxPC's Ethernet MAC Address*

Note IEEE OUI 목록은 "*IEEE Guidelines for Use Organizationally Unique Identifier(OUI) and Company ID*"에서 확인할 수 있으며 URL은 "http://standards.ieee.org/develop/regauth/oui/oui.txt"이다.

modified EUI-64는 U/L bit를 반전시킨 24-bit OUI와 16-bit "fffe" 값, 그리고 24-bit 디바이스 식별자를 이어 놓은 것이다. 이 프로세스는 Figure 9-4에 그려진 간단한 3단계로 수행된다.

Note 이것은 5장 "Global Unicast Address" 및 6장 "Link-Local Address"에서 설명한 것과 같은 EUI-64 프로세스이다.

Step 1. MAC 주소를 이진수로 변환한 후, MAC 주소의 가운데를 잘라서 24-bit OUI와 24-bit 디바이스 식별자를 분리해 놓는다.

Step 2. OUI와 디바이스 식별자 사이에 "fffe"를 삽입한다. 이진수로는 "1111 1111 1111 1110"이다. "fffe"는 EUI-64 주소가 48-bit MAC 주소로부터 생성되었음을 지시하는 IEEE-reserved 값이다.

Step 3. Local/Global bit로도 알려진 Universally/Locally(U/L) bit는 첫 번째 byte의 일곱 번째 bit이며 이 주소가 전역적(universally) 혹은 지역적(locally) 관리될 것인지 결정하는 데 사용된다. 이 값이 "0"이면 IEEE가 unique company ID의 할당을 통해서 관리하는 주소라는 것을 의미한다.[1] U/L bit가 "1"이면 주소는 지역적으로 관리된다.(locally administered). 네트워크 관리자는 제조자 주소 대신에 다른 주소를 지정한다.

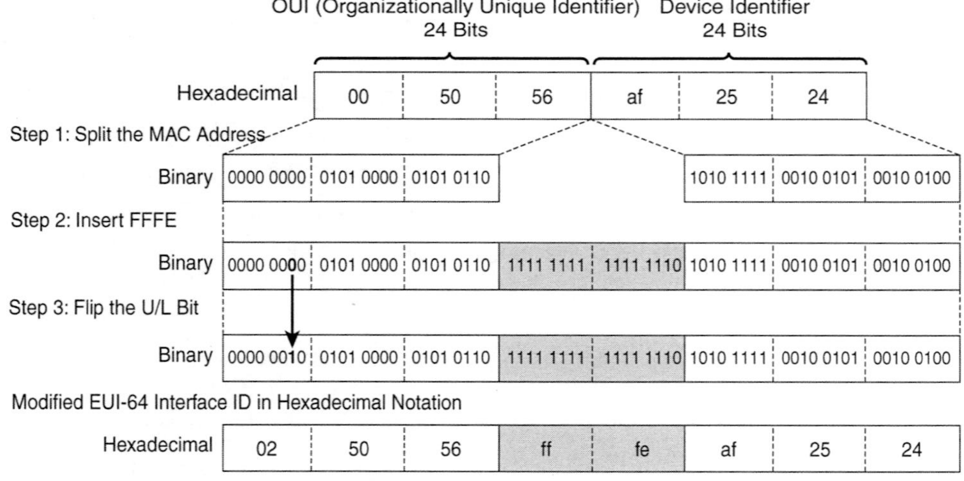

Figure 9-4 *Modified EUI-64 Format on LinuxPC*

U/L bit가 "0에서 1로" 아니면 "1에서 0으로" 반전(flip)되어야 하는지 논란이 있다. 어떤 문서에는 이것이 "0"일 때에만 "1"로 반전되어야 한다고 기술한다. 그러나 시스코 장비는 이 bit를 값에 상관없이 반전시키는 것으로 보인다. Figure 9-4에서 U/L bit를 반전시켜서 인터페이스 ID의 두 번째 16진수 값이 변경되었다.

1 이 부분도 원서를 그대로 번역했으므로, Figure 6-5 에서 언급된 각주를 통해서 이해하라. RFC 4291의 2.5.1절과 Appendix A를 참고하고, 추가로 왜 bit를 반전시켜서 사용하는지에 대한 여러 의견이 있는 데 관심이 있다면 참고하면 될 것이다.-옮긴 이

Note RFC 7032 "*IANA Considerations and IETF Protocol Usage for IEEE 802 Parameters*"에서 U/L bit의 반전에 깔린 논리에 대해 논의한다. 결론은 U/L bit를 반전시키는 것은 네트워크 관리자가 local-scope 식별자를 입력하기 쉽게 만든다는 것이다.

EUI-64 프로세스로 48-bit MAC 주소는 64-bit IPv6 인터페이스 ID를 생성하는 데 사용된다. MAC 주소 "00-50-56-af-25-24"는 EUI-64 포맷 "02-50-56-ff-fe-af-25-24"로 바뀐다. EUI-64는 주소 중간에 "fffe"를 삽입하고 일곱 번째 비트를 수정하여 두 번째 16진수 값이 0에서 2로 변경된다.

Note IPv6 인터페이스 ID는 64bit로 더 긴 64-bit MAC 주소도 수용할 수 있고 운영 효율을 위한 64-bit 경계와도 잘 맞는다. modified EUI-64 포맷은, 인터페이스가 현재의 표준인 48-bit MAC 주소일 때 사용된다. 추가적인 내용은 "*IEEE Guidelines for Use Organizationally Unique Identifier (OUI) and Company ID (CID), IEEE 1394-1995: IEEE Standard for a High Performance Serial Bus* (FireWire로도 불린다)" 와 "*IEEE 802.15: Low-Rate Wireless Personal Area Networks (LR-WPANs)* (ZigBee로도 알려져 있다)"을 참고하라.

요약하면, LinuxPC는 라우터 R1의 RA 메시지를 통해 프리픽스 "2001:db8:cafe:4:"를 받는다. LinuxPC의 운영 체제는 EUI-64를 사용하여 global unicast 주소를 생성한다. EUI-64 프로세스는 인터페이스 ID로 48-bit이더넷 MAC 주소를 사용하여 중간에 fffe를 삽입하고 일곱 번째 비트를 반전시킨다. RA에 의해 전달된 프리픽스(2001:db8:cafe:4:)는 EUI-64에 의해 생성된 인터페이스 ID(0250:56ff:feaf:2524) 앞에 추가되어 global unicast 주소 "2001:db8:cafe:4:0250:56ff:feaf:2524" 를 만들어낸다.

Configuring a Windows Host to Use EUI-64

Example 9-7은 "**ipconfig /all**" 명령어 결과이며, WinPC가 global unicast 주소와 link-local 주소를 위한 인터페이스 ID를 생성할 때, random 64-bit 값을 사용한다는 것을 보여준다. 앞의 Example 9-5에서 **ipconfig** 명령을 사용하여 이미 본 적 있다. 물리적 주소인 이더넷 MAC 주소는 인터페이스 ID를 생성하는 데 사용되지 않았다.

Example 9-7 *WinPC's Addressing Information Using SLAAC and a Random 64-Bit Interface ID*

```
WinPC> ipconfig /all
<output omitted for brevity>

Ethernet adapter Local Area Connection:

   Connection-specific DNS Suffix  . :
   Description . . . . . . . . . . . : Intel(R) PRO/1000 MT Network Connection
   Physical Address. . . . . . . . . : 00-50-56-AF-97-68
   DHCP Enabled. . . . . . . . . . . : Yes
   Autoconfiguration Enabled . . . . : Yes

   IPv6 Address. . . . . . . . . . . : 2001:db8:cafe:1:d0f8:9ff6:4201:7086(Preferred)
   Temporary IPv6 Address. . . . . . : 2001:db8:cafe:1:78bd:10b0:aa92:62c (Preferred)
   Link-local IPv6 Address . . . . . : fe80::d0f8:9ff6:4201:7086%11(Preferred)

   Default Gateway . . . . . . . . . : fe80::1%11
```

Windows 호스트는 public GUA 주소 생성 시 random 64-bit 인터페이스 ID 대신에 EUI-64를 사용하도록 설정될 수 있다. Windows 호스트의 기본 동작을 EUI-64로 변경하기 위해서는 randomizeidentifiers를 비활성화해야 한다.

```
C:\> netsh interface ipv6 set global randomizeidentifiers=disabled store=active
C:\> netsh interface ipv6 set global randomizeidentifiers=disabled store=persistent
```

Figure 9-5는 WinPC에서 이 명령들을 사용한 결과를 보여준다.

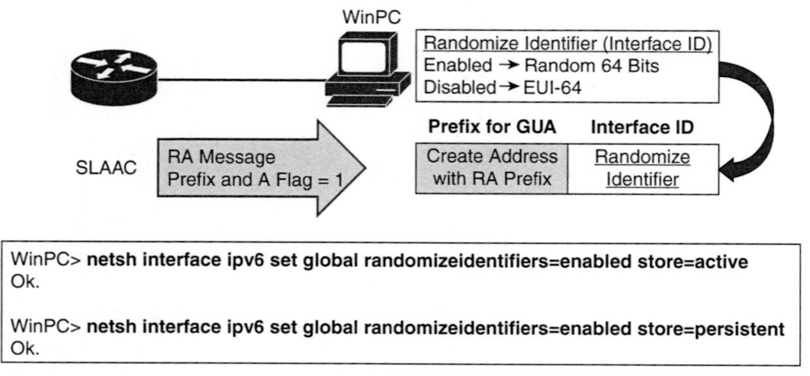

Figure 9-5 *Modifying the Windows Randomize Identifier for EUI-64*

Example 9-8에서 보여주는 것과 같이 Windows에서 randomizeidentifiers 파라미터를 disable 시키면, 인터페이스 ID에 대해 EUI-64를 사용하게 된다. 이 명령어는 공인 주소와 link-local 주소 둘 다의 인터페이스 ID 생성 방법에 영향을 준다. 이 주소들의 인터페이스 ID는 더는 random 64-bit 값(d0f8:9ff6:4201:7086)을 사용하지 않고 EUI-64로 생성된 "250:56ff:feaf:9768"을 사용한다.

Example 9-8 *WinPC's Addressing Information Using SLAAC and Privacy Extension*

```
WinPC> netsh interface ipv6 set global randomizeidentifiers=disabled store=active
Ok.

WinPC> netsh interface ipv6 set global randomizeidentifiers=disabled
  store=persistent
Ok.

WinPC> ipconfig
Ethernet adapter Local Area Connection:
   Connection-specific DNS Suffix  . :
   IPv6 Address. . . . . . . . . . . : 2001:db8:cafe:1:250:56ff:feaf:9768
   Temporary IPv6 Address. . . . . . : 2001:db8:cafe:1:78bd:10b0:aa92:62c
   Link-local IPv6 Address . . . . . : fe80::250:56ff:feaf:9768%11
   Autoconfiguration IPv4 Address .  : 169.254.112.134
   Subnet Mask . . . . . . . . . . . : 255.255.0.0
   Default Gateway . . . . . . . . . : fe80::1%11
<output omitted for brevity>
```

그렇지만 "**netsh**" 명령은 WinPC의 temporary IPv6 주소에는 영향을 끼치지 않는다. SLAAC에 대한 privacy 확장을 사용하여 생성되는 temporary 주소는 인터페이스 ID로 random 생성된 값만을 사용한다.

Privacy Extension for Stateless Address Autoconfiguration

Stateless Address Autoconfiguration을 사용하는 디바이스는 라우터의 RA 메시지에 의해 광고되는 프리픽스와 자체적으로 사용 가능한 정보를 결합하여 GUA 주소를 생성한다. (프리픽스가 필요 없는 link-local에서도 마찬가지다) 디바이스가 EUI-64 프로세스를 사용할 때, 인터페이스 ID는 MAC 주소를 사용하여 생성된다. 이더넷 MAC 주소를 사용하는 것은 IPv6 주소와 실제 디바이스를 연관시키기 쉽게 한다.

그러나 물리적인 디바이스(혹은 이더넷 NIC)에 직접 연관되는 인터페이스 ID를 사용하는 것에 대해 몇 가지 주의사항이 있다.-주소가 절대 바뀌지 않는다. 고정된 식별자(결국은 주소!)가 여러 세션 및 다양한 응용 프로그램에서 사용될 때에 같은 주소를 사용하므로, 겉으로 보기에는 관련이 없는 활동들을 연관시키는 게 가능하다. RFC 4941 "*Privacy Extensions for Stateless Address Autoconfiguration in IPv6*"는 다음과 같은 예를 든다.

> *예를 들어, 특정 호스트의 모든 트래픽이 오가는 링크에 설치된 네트워크 스니퍼는 노드가 어떤 대상과 어떤 시간에 통신했는지 추적할 수 있다. 이 정보는 몇몇 경우에는 직원이 일했던 시간, 누가 집에 있었는지 등과 같은 것을 추측하는 데 사용될 수 있다. 주소의 인터페이스 ID를 주기적으로 변경하면 도청자 혹은 웹사이트, 모바일 앱과 같은 정보 수집기가 이런 서로 다른 주소들 및 트랜잭션을 특정 디바이스에 연관 짓기가 더 어려워진다.*

RFC 4941 "*Privacy Extensions for Stateless Address Autoconfiguration in IPv6*"에서 이러한 우려에 관해서 다룬다.

- **Generation of randomized Interface IDs:** 물리적인 디바이스를 추적할 수 없도록 인터페이스 ID를 생성하는 메커니즘이다. 이는 일반 주소(SLAAC에 의해 생성되는 초기 주소)와 privacy를 제공하는 temporary 주소 모두에 적용된다. temporary 주소는 random 인터페이스 ID를 사용해야 한다.
- **Generation of temporary addresses:** 이 주소는 상대적으로 짧은 lifetime을 가지고 인터넷 연결을 할 때 송신 주소로 사용되는 추가적인 주소이다. 이 주소들은 public 주소와 같은 프리픽스를 가지며 무작위로 생성된 인터페이스 ID를 사용한다. (public 주소는 전형적으로 여타 다른 디바이스들이 해당 디바이스와 인터넷 연결을 시작할 할 때 목적지 IPv6 주소로 사용된다.)

다시 말하면, 디바이스가 SLAAC privacy 확장(extension)으로 동작한다는 것은 다음을 의미한다.

- public 주소는 EUI-64 대신에 random 인터페이스 ID를 사용할 수 있다. (EUI-64도 물론 사용할 수 있다.)
- temporary 주소는 오로지 random 인터페이스 ID를 사용하여 생성될 수 있다. 이 주소들은 public 주소에 부가적으로 사용된다.

EUI-64를 사용하여 생성된 GUA는 인터페이스 ID가 이더넷 MAC을 포함하고 있으므로 쉽게 추적할 수 있다. MAC 주소는 세계적으로 단일하므로(그렇게 되어야 한다), 설사 다른 프리픽스를 받아서 다양한 네트워크에 붙였더라도 디바이스를 추적하는 것이 가능하다. 이것이 SLAAC에 대한 privacy 확장 옵션이 생기게 된 이유이다.

Privacy Extension and Generating Randomized Interface IDs

random 생성된 인터페이스 ID는 단일한 이더넷 MAC 주소를 사용한 디바이스의 인터페이스 ID로 향하는 패킷이 추적당할 가능성을 제거하여 privacy를 제공한다. SLAAC를 사용하여 link-local 주소와 GUA 주소를 생성할 때 Windows는 random 인터페이스 ID가 기본값이다.

Example 9-8은 GUA와 link-local 주소를 생성할 때 기본 privacy 확장 대신 EUI-64를 이용한 인터페이스 ID를 사용하도록 Windows를 설정하는 것을 보여준다.[1] 아래 명령은 SLAAC 주소에 random 식별자를 사용하도록 Windows 호스트의 기본 동작을 재활성화시킨다.

```
C:\> netsh interface ipv6 set global randomizeidentifiers=enabled store=active
C:\> netsh interface ipv6 set global randomizeidentifiers=enabled store=persistent
```

Note Windows는 기본값으로 privacy 확장을 사용한다. 위의 **netsh** 명령은 random 식별자가 이전에 비활성화되어 Windows가 EUI-64를 사용하도록 강제된 경우에 필요하다.

WinPC의 기본 동작은 Example 9-9와 같이 SLAAC에 의한 global unicast 주소 및 link-local 주소에 random 생성된 인터페이스 ID를 사용하는 것이다.

1 굳이 같은 IPv6 주소를 계속 사용하고자 한다면-옮긴 이

Example 9-9 *WinPC's Addressing Information Using SLAAC and Privacy Extension*

```
WinPC> ipconfig
Ethernet adapter Local Area Connection:
   Connection-specific DNS Suffix  . :
   IPv6 Address. . . . . . . . . . . : 2001:db8:cafe:1:d0f8:9ff6:4201:7086
   Temporary IPv6 Address. . . . . . : 2001:db8:cafe:1:78bd:10b0:aa92:62c
   Link-local IPv6 Address . . . . . : fe80::d0f8:9ff6:4201:7086%11
   Autoconfiguration IPv4 Address  . : 169.254.112.134
   Subnet Mask . . . . . . . . . . . : 255.255.0.0
   Default Gateway . . . . . . . . . : fe80::1%11

<output omitted for brevity>
```

Privacy Extension and Temporary Addresses

SLAAC를 위한 privacy 확장은 IPv6를 이해하는 데 약간의 복잡성을 더하는 temporary IPv6 주소에도 사용된다. 윈도우비스타 이후로 마이크로소프트는 Windows 운영 체제에 기본값으로 privacy 확장을 사용한다.

Figure 9-6은 윈도우를 위한 privacy 확장의 두 가지 방법을 설명한다. 이전 절에서는 random 식별자의 사용에 관해 설명했다. Windows는 SLAAC에 대한 privacy 확장을 위해 두 가지 파라미터를 사용한다.

- **Randomize identifiers parameter:** 인터페이스 ID의 random 기능을 활성화하거나 비활성화한다. 비활성화하면 인터페이스 ID는 EUI-64를 사용해 생성된다. 활성화가 기본값이다.
- **Privacy parameter:** temporary 주소 사용을 활성화/비활성화한다. 활성화가 기본값이다.

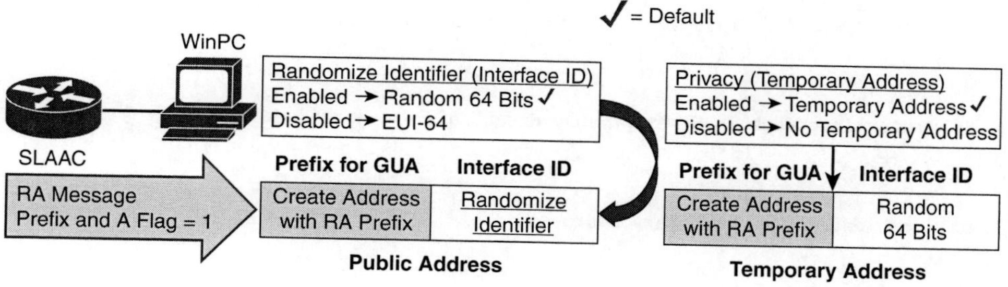

Figure 9-6 *Windows Privacy Extensions*

temporary 주소는 인터페이스 ID로 random 64-bit 값을 사용한다. 이 주소는 디바이스가 네트워크 연결을 시작하고자 할 때, 송신 IPv6 주소로 사용될 수 있다. temporary 주소는 보통 시간 단위 혹은 일 단위의 짧은 lifetime을 가진다. 새로운 네트워크 세션을 새 temporary 주소로 맺을 동안 현재의 세션을 유지하기 위해 여러 개의 temporary 주소를 갖는 것도 흔한 일이다. temporary 주소의 lifetime은 이 장의 다음 부분에서 설명하겠다.

> **Note** 디바이스는 여러 개의 GUA와 link-local 주소를 가질 수 있다. GUA 주소들은 동일 네트워크일 수도 있고 서로 다른 네트워크일 수도 있다. 이장의 뒷부분에서 디바이스가 기본 주소 선택 프로세스를 사용하여 송신 주소로 사용할 주소를 선택하는 방법에 대해 알게 될 것이다.

Disabling the Use of Temporary Addresses

Example 9-10의 첫 번째 "**ipconfig**" 명령은 WinPC가 public global unicast 주소와 temporary global unicast 주소 둘 다 가지고 있는 것을 보여준다. 두 개의 "**netsh interface ipv6 set privacy state=disabled**" 명령이 temporary 주소의 사용을 비활성화하는 데 사용된다. 두 번째 "**ipconfig**" 명령은 WinPC가 더는 temporary 주소를 가지지 않고, public GUA 주소만 가지고 있음을 보여준다. (이 더넷 인터페이스를 비활성화했다가 다시 활성화해야 할 수도 있다.)

Example 9-10 *Verifying and Disabling the Privacy Extension*

```
WinPC> ipconfig
Ethernet adapter Local Area Connection:
   Connection-specific DNS Suffix  . :
   IPv6 Address. . . . . . . . . . . : 2001:db8:cafe:1:d0f8:9ff6:4201:7086
   Temporary IPv6 Address. . . . . . : 2001:db8:cafe:1:78bd:10b0:aa92:62c
   Link-local IPv6 Address . . . . . : fe80::d0f8:9ff6:4201:7086%11
   Autoconfiguration IPv4 Address  . : 169.254.112.134
   Subnet Mask . . . . . . . . . . . : 255.255.0.0
   Default Gateway . . . . . . . . . : fe80::1%11
<output omitted for brevity>

! Disable the use of temporary addresses

WinPC> netsh interface ipv6 set privacy=disabled store=active
Ok.

WinPC> netsh interface ipv6 set privacy=disabled store=persistent
Ok.

! WinPC no longer uses temporary addresses

WinPC> ipconfig
Ethernet adapter Local Area Connection:
   Connection-specific DNS Suffix  . :
   IPv6 Address. . . . . . . . . . . : 2001:db8:cafe:1:d0f8:9ff6:4201:7086
   Link-local IPv6 Address . . . . . : fe80::d0f8:9ff6:4201:7086%11
   Autoconfiguration IPv4 Address  . : 169.254.112.134
   Subnet Mask . . . . . . . . . . . : 255.255.0.0
   Default Gateway . . . . . . . . . : fe80::1%11

<output omitted for brevity>
```

다음의 명령을 사용하여 SLAAC로 temporary 주소를 사용하는 Windows 호스트의 기본 동작을 재활성화 설정한다.

```
C:\> netsh interface ipv6 set privacy state=enabled store=active
C:\> netsh interface ipv6 set privacy state=enabled store=persistent
```

Note Linux와 Mac OS에서도 privacy 확장(random identifier와 temporary 주소) 설정을 변경할 수 있다. Example 9-6의 Ubuntu Linux에서 공인 GUA 주소 생성을 위해 EUI-64를 사용하고, temporary 주소는 random ID로 생성되었다. Mac OS X를 실행시킨 MacBook Pro에서도 유사한 동작을 한다. 운영 체제의 동작을 항상 확인하고 실제 구현은 상이할 수 있으므로 적절한 문서를 참조하는 것이 좋다. 일반적으로 Linux OS에서 privacy 확장을 활성화하기 위해 "**sysctl net.ip6.conf.if.user_tempaddr=2**" 명령어를 사용할 수 있고 Mac OS에서 "**sysctl net.inet6.ip6.use_tempaddr=1**" 명령어를 사용할 수 있다.

왜 IPv6는 여러 개의 주소를 사용하는가? IPv4에 대한 DHCP에서 클라이언트는 일반적으로 1개의 주소를 할당받고 주기적으로 서버와 통신하여 임대 시간을 연장한다. DHCPv4에서 사용자는 디바이스가 같은 IPv4 주소를 유지하길 원한다.(아니면 적어도 그렇게 하는 것에 관한 어떤 문제도 없다.) IPv4 주소는 상당 부분 사설 IPv4 주소이며, NAT는 주소를 숨겨준다. 그러나 그것도 외부 세계에 대해서만 그렇다.

그러나 IPv6와 SLAAC 상에서는 privacy를 이유로 사용자는 몇 시간 혹은 며칠 정도만 같은 주소를 사용하길 원한다. 앞에서 언급한 것처럼 temporary 주소는 public 주소보다 더 짧은 lifetime을 가지고 있으며, 단말이 네트워크 접속을 시작할 때 사용된다. 다중 temporary 주소들이 이미 연결된 네트워크 접속을 유지하는 데 사용되고, 새로운 temporary 주소가 새로운 네트워크 세션을 위해서 생성된다.[1]

Autoconfigured Address States and Lifetimes

앞에서 알아본 것처럼 라우터의 RA 메시지에는 디바이스가 public IPv6 주소를 생성하는 데 도움이 되는 정보가 포함되어 있으며, 수신 디바이스가 privacy 확장을 사용하도록 설정된 경우 temporary IPv6 주소도 생성할 수 있다.

public 주소이든 temporary 주소이든 SLAAC를 사용하여 생성한 주소는 주소의 lifetime에 기반한 "상태"와 연관지워진다. 주소 형태 및 lifetime은 Figure 9-7과 함께 아래에서 설명한다.

- **Tentative 주소:** 주소의 유일함을 확인 중인 상태이다. tentative 주소는 아직 인터페이스에 할당된 것으로 간주하지 않는다. 인터페이스는 tentative 주소로 수신된 패킷을 버리지만, 주소 중복 감지(DAD) 관련하여 tentative 주소에 대한 Neighbor Discovery 패킷은 허용한다.
- **Valid 주소:** preferred 혹은 deprecated 상태에 있는 주소이다. valid 주소는 패킷의 송신 혹은 수신 주소가 될 수 있다. 주소가 preferred 상태로 유지되는 시간은 Router Advertisement 메시지에 포함되어 있다. Valid Lifetime은 Preferred Lifetime보다 크거나 같아야 한다.
    - **Preferred 주소:** 인터페이스 주소가 유일한 것으로 확인된 상태이다. 디바이스는 이 주소를

1 새로 생성한 temporary 주소로 새로운 연결 세션을 시작하고, 기 연결된 connection은 세션을 끝낼 때까지 기존의 temporary 주소를 그대로 사용한다는 뜻-옮긴 이

사용하여 트래픽을 송/수신할 수 있다. preferred 주소를 송신 주소로 사용하여 새로운 접속을 시작할 수 있다. 주소를 preferred 상태를 유지할 수 있는 기간은 Router Advertisement 메시지에 포함되어 있다.

- **Deprecated 주소:** 인터페이스에 할당된 주소가 여전히 유효하지만, 사용은 권장되지 않는다. deprecated 주소는 이제 새로운 접속을 맺기 위한 송신 주소로 사용해서는 안 되지만, 이 주소에서 보내거나 받는 패킷은 여전히 처리된다. deprecated 주소는 연결된 상태의 TCP 세션과 같은, 패킷의 주소가 변경되면 끊어지는 세션의 송신 주소로 여전히 사용할 수 있다.

- **Invalid 주소:** 주소의 Valid Lifetime이 만료되면 invalid 상태가 된다. invalid 주소는 패킷의 수신 또는 송신 주소로 사용되지 않아야 한다.

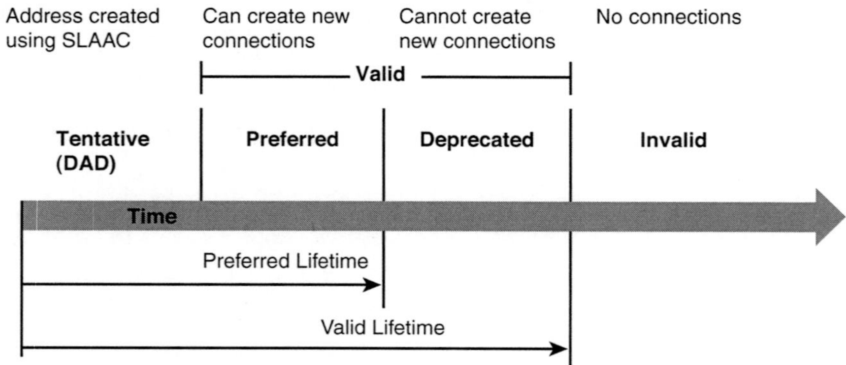

Figure 9-7 *Address States and Lifetimes*

주소가 valid 상태로 유지되는 시간의 양은 두 개의 타이머에 달려있다.

- **Preferred Lifetime:** valid 주소가 deprecated 상태가 되기 전 preferred인 시간의 길이이다. Preferred Lifetime이 만료되면 주소는 deprecated 상태가 된다.

- **Valid Lifetime:** 주소가 valid 상태로 유지되는 시간의 길이이다. Valid Lifetime은 Preferred Lifetime보다 크거나 같아야 한다. Valid Lifetime이 만료되면 주소는 invalid 상태가 된다.

RFC 4862에 preferred와 deprecated 주소의 사용과 그 이유에 관해 설명해 놓았다.

> valid 주소를 preferred와 deprecated 범주로 나누어, 상위 계층에 사용하고 있는 주소가 곧 사용하지 못하게 됨과 통신이 종료되기 전에 주소의 유효한 수명이 지날 때 해당 주소를 사용하는 통신이 실패할 것임을 알려 줄 수 있다. 이 시나리오를 피하려면 상위 계층에서 preferred 주소(충분한 범위 중 하나가 있다고 가정한다.)를 사용하여 통신하는 동안 valid 상태로 남아있을 가능성을 높여야 한다. 주소가 바뀔 때 끊어질 통신의 영향을 최소화하기 위해 적절한 프리픽스 lifetime을 설정하는 것은 시스템 관리자에게 달려 있다. deprecation 기간은 주소가 invalid 상태로 될 때, 전부는 아니더라도 대부분 통신이 새로운 주소로 전환될 수 있을 만큼 충분히 길어야 한다.

Figure 9-7은 주소 상태 및 lifetime을 보여준다. 이 그림은 다음에 나오는 예제 속의 주소 전환을 시각화하는 데 도움이 될 수 있다.

Example: Autoconfigured Address States and Lifetimes

Valid Lifetime과 Preferred Lifetime은 Router Advertisement 메시지에 담겨 송신된다. 이전에도 사용했었고 Figure 9-8에서 다시 보여주는, 같은 토폴로지를 사용하여 라우터 R1에서 보내는 RA 메시지를 다시 확인해 보자. Example 9-11은 라우터 R1에서 보내는 RA를 확인하기 위해 "**debug ipv6 nd**" 명령을 사용한다. RA에서 보낸 Valid Lifetime 및 Preferred Lifetime 값인 **2592000/604800**을 강조 표시했다.

- **Valid Lifetime**: 2,592,000초 또는 30일
- **Preferred Lifetime**: 604,800초 또는 7일

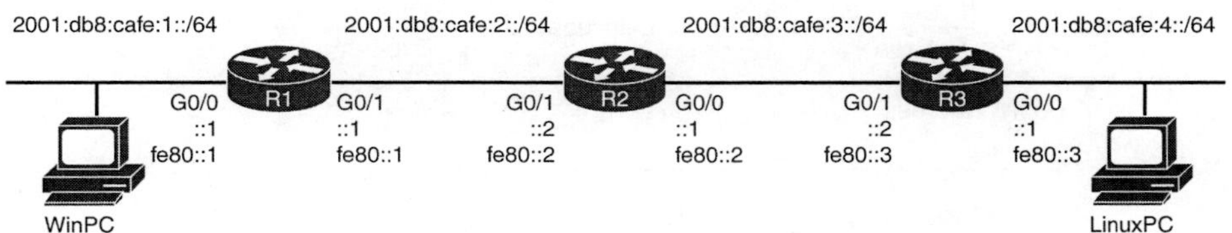

Figure 9-8 *Topology for Autoconfigured Address States and Lifetimes Example*

Example 9-11 *Examining R1's RA Messages Using the debug ipv6 nd Command*

```
R1# debug ipv6 nd
  ICMP Neighbor Discovery events debugging is on
R1#
*Nov 27 18:34:52.494: ICMPv6-ND: (GigabitEthernet0/0,FE80::1) send RA to FF02::1
*Nov 27 18:34:52.494: ICMPv6-ND: (GigabitEthernet0/0,FE80::1) Sending RA (1800) to
  FF02::1
*Nov 27 18:34:52.494: ICMPv6-ND: MTU = 1500
*Nov 27 18:34:52.494: ICMPv6-ND:   prefix 2001:DB8:CAFE:1::/64 [LA] 2592000/604800
<output omitted for brevity>
R1# undebug all
```

라우터 R3도 같은 기본 lifetime 값을 사용하고 있다. WinPC와 LinuxPC는 둘 다 IPv6 주소 정보를 동적으로 받아오도록 설정되었다. Figure 9-9상의 프로세스 다이어그램을 사용하여 WinPC와 LinuxPC가 주소를 생성하는 과정을 확인해 보자. 두 호스트의 운영 체제는 기본 동작으로 privacy 확장이 적용되어 있다. 이것은 두 호스트가 public IPv6 주소와 temporary IPv6 주소를 모두 생성한다는 것을 의미한다.

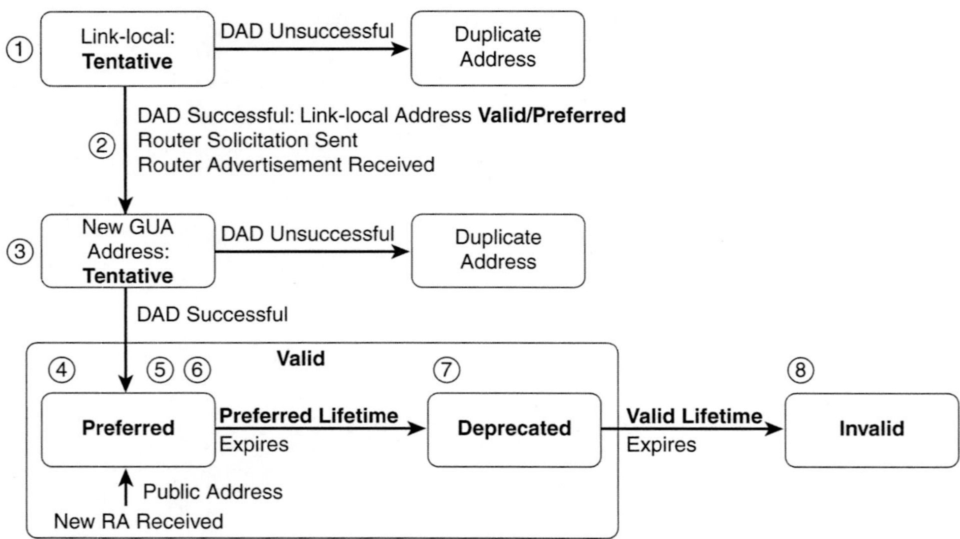

Figure 9-9 *SLAAC Address State Process Diagram*

> **Note** 이 장은 WinPC와 LinuxPC를 모두 사용하여 서로 다른 운영 체제가 어떻게 SLAAC의 privacy 확장을 구현했는지 보여주는 예제를 포함하고 있다.

Figure 9-9 는 다음의 프로세스를 보여준다:

Step 1. **Link-Local 주소:** Windows 및 Linux 컴퓨터와 같은 IPv6-enabled 디바이스는 기동하는 동안 인터페이스상에 자동으로 IPv6 link-local 주소를 생성한다.

- **WinPC:** WinPC는 link-local 주소 "fe80::d0f8:9ff6:4201:7086"을 생성하고, DAD(Duplicate Address Detection)를 수행하여 주소가 유일한지 확인한다. DAD 프로세스 동안, link-local 주소는 tentative 상태에 있다 (즉, 아직 정식 사용할 수 없는 tentative 주소이다). 주소가 유일하다고 판단되면 link-local 주소는 valid/preferred 상태로 천이된다. link-local 주소는 링크 외부와의 통신에 사용되지 않기 때문에, global unicast 주소와 같은 privacy 우려는 없다. 그러므로 이 경우는 Valid Lifetime과 Preferred Lifetime은 무한대 값으로 설정된다. link-local 주소는 preferred valid 상태에서 영원히 유지된다. Example 9-12에서 인터페이스 ID는 random 인터페이스 ID를 사용하여 생성된다는 것에 주목하라.
- **LinuxPC:** LinuxPC 및 그 link-local 주소인 fe80::250:56ff:feaf:2524에 대해 example 9-13에서 보여준, 동일한 프로세스가 일어난다. 인터페이스 ID의 가운데에 "fffe"가 있으므로 EUI-64를 사용하여 생성되었음을 알 수 있다.

Step 2. **RS와 RA 메시지:** 각각의 WinPC와 LinuxPC는 link-local 주소를 송신 IPv6 주소로 사용하여 Router Advertisement를 요청하는 Router Solicitation 메시지를 보낸다. (RA 메시지는 주기적으로 송신된다.)

- **Router R1:** WinPC의 로컬 라우터인 R1은 "2001:db8:cafe:1::/64" 프리픽스와 Valid Lifetime/Preferred Lifetime이 2592000/604800인 Router Advertisement 메시지를 보낸다.
- **Router R3:** LinuxPC의 로컬 라우터인 라우터 R3도 유사하게 Valid Lifetime과 Preferred Lifetime이 2592000/604800인 프리픽스 2001:db8:café:4::/64를 Router Advertisement 메시지로 보낸다.

Step 3. **SLAAC:** 단말은 하나 혹은 그 이상의 라우팅 가능한 주소를 생성하기 위해 RA 속의 정보를 이용한다.

- **WinPC:** R1의 RA 메시지에 포함된 프리픽스를 사용하여, WinPC는 SLAAC로 두 개의 주소를 생성한다.

  Public IPv6 주소: 2001:db8:cafe:1:d0f8:9ff6:4201:7086

  Temporary IPv6 주소: 2001:db8:cafe:1:78bd:10b0:aa92:62c

  이 주소들은 DAD가 유일성을 확인하기 위해 수행되는 동안인 초기에 tentative 상태이다. 물론 둘 다 random 인터페이스 ID를 사용한다.

  Example 9-11에서 프리픽스 "2001:db8:cafe:1::/64와 함께 "L" 플래그는 "1"로 설정되어 있으며, 이것은 WinPC에 이 프리픽스가 on-link 프리픽스라는 걸 알려준다. 두 개의 주소에 대한 2001:db8:cafe:1::/64는 on-link 프리픽스이다. 이 프리픽스가 목적지 IPv6 주소인 모든 패킷은 해당 디바이스로 직접 보낼 수 있다.

- **LinuxPC:** LinuxPC 또한, SLAAC를 사용하여 public 및 temporary 주소를 생성한다. 프리픽스는 R3의 RA 메시지에 포함되어 있다.

  Public IPv6 주소: 2001:db8:cafe:4:250:56ff:feaf:2524

  Temporary IPv6 주소: 2001:db8:cafe:4:314a:dd3e:762f:e140

  Ubuntu Linux는 public 주소에 대한 인터페이스 ID를 생성할 때는 EUI-64를 사용한다는 것에 주의하라. 그러나 temporary 주소에 대해서는 인터페이스 ID에 random 식별자를 사용한다. temporary 주소의 인터페이스 ID는 random 식별자를 사용하여 생성되어야 한다. 그렇지 않다면 privacy를 제공하려는 애초의 목적이 의미 없어지는 것이다.

  WinPC와 비슷하게 LinuxPC에서 수신하는 RA 메시지는 프리픽스 "2001:db8:cafe:

  4::/64"이고 "L" 플래그는 "1"로 이 프리픽스가 on-link라는 것을 표시하고 있다.

Step 4. **Valid/Preferred:** 이들 주소가 유일하다고 DAD가 확인하면 주소들은 tentative 상태에서 valid/preferred 상태로 천이된다. WinPC에 대해 link-local unicast 주소와 관련된 public과 temporary global unicast 주소를 Example 9-12에 보여준다. Example 9-13은 LinuxPC의 global unicast 주소와 link-local unicast 주소를 보여준다.

Example 9-12 *WinPC's Addressing Information*

```
WinPC> ipconfig
Ethernet adapter Local Area Connection:
   Connection-specific DNS Suffix  . :
   IPv6 Address. . . . . . . . . . . : 2001:db8:cafe:1:d0f8:9ff6:4201:7086
   Temporary IPv6 Address. . . . . . : 2001:db8:cafe:1:78bd:10b0:aa92:62c
   Link-local IPv6 Address . . . . . : fe80::d0f8:9ff6:4201:7086%11
<output omitted for brevity>
```

Example 9-13 *LinuxPC's Addressing Information*

```
LinuxPC$ ifconfig
eth0      Link encap:Ethernet  HWaddr 00:50:56:af:25:24
          inet6 addr: 2001:db8:cafe:4:250:56ff:feaf:2524/64 Scope:Global
          inet6 addr: fe80::250:56ff:feaf:2524/64 Scope:Link
          inet6 addr: 2001:db8:cafe:4:314a:dd3e:762f:e140/64 Scope:Global
<output omitted for brevity>
```

Step 5. **Public Address:** public 주소는 라우터 RA 메시지에 포함된 Valid Lifetime과 Preferred Lifetime을 사용한다. 각각 30일(2,592,000초)과 7일(604,800초)이다.

- **WinPC:** 현재 윈도우의 lifetime은 example 9-14의 "**netsh interface ipv6 show address 11**"로 확인할 수 있다. (Example 9-12에서 설명한 것처럼 11은 Zone ID이다.) 이 예제의 결과는 아래와 같다.

  2001:db8:cafe:1:d0f8:9ff6:4201:7086

  Valid Lifetime: 29 days 23 hours 59 minutes 32 seconds

  Preferred Lifetime: 6 days 23 hours 59 minutes 32 seconds

- **LinuxPC:** Ubuntu Linux 호스트에서 현재의 Valid Lifetime과 Preferred Lifetime을 확인하기 위해 "**ip -6 addr show dev** *interface*" 명령을 사용한다. Example 9-15에서 이를 보여준다. 이 예제의 결과는 아래와 같다.

  2001:db8:cafe:4:250:56ff:feaf:2524

  Valid Lifetime: 2,591,947 seconds

  Preferred Lifetime: 604,747 seconds

  이 값들은 현재의 lifetime이다. 다르게 말해서 WinPC와 LinuxPC에 대해 출력된 lifetime 값들은 RA 메시지가 수신된 이후 시간이 지나면서 감소한다. 호스트가 RA 메시지를 받을 때마다 Valid Lifetime과 Preferred Lifetime은 RA의 값으로 초기화된다.

Note RA의 lifetime 값에 따라서 호스트에 사용되는 실제의 lifetime 값은 RA의 값들과 다를 수 있다. 이 주제는 이 책의 범위를 벗어난다. 자세한 내용은 RFC 4862를 참고하라.

Step 6. **Temporary Address:** temporary 주소는 public 주소보다 짧은 lifetime을 가진다. public 주소와는 다르게 RA 메시지가 수신되어도 Preferred Lifetime이 초기화되지 않는다. (이 책의 범위를 넘어서는 요인에 의해서 이것이 변할 수도 있다.) 디바이스는 temporary 주소의 Preferred Lifetime을 deprecated 상태가 될 때까지 계속 감소시킨다.

- **WinPC:** Windows의 Valid/Preferred Lifetime 기본값은 7일(604,800초)이다. 현재의 lifetime은 Example 9-14에서 보여준다.

  2001:db8:cafe:1:78bd:10b0:aa92:62c

  Valid Lifetime: 6 days 23 hours 59 minutes 32 seconds

  Preferred Lifetime: 6 days 23 hours 59 minutes 32 seconds

- **LinuxPC:** Ubuntu Linux 호스트에서 temporary 주소의 Valid Lifetime의 기본값은 7일(604,800초)이고, Preferred Lifetime은 1일(86,400초)이다. Example 9-15에서 현재의 lifetime을 보여준다.

  2001:db8:cafe:4:314a:dd3e:762f:e140

  Valid Lifetime: 604,747 seconds

  Preferred Lifetime: 85,747 seconds

  두 호스트에서 Valid Lifetime과 Preferred Lifetime은 temporary 주소가 생성된 이후로 지속 감소한다. 다르게 말하면 public 주소와는 다르게 이들 temporary 주소 lifetime은 deprecated 상태가 될 때까지 감소한다.

Step 7. **Deprecated Address:** Preferred Lifetime이 만료되면 주소는 deprecated 상태가 되며 새로운 세션 연결에 이 주소를 사용하지 않는다. temporary 주소가 사용되지 않아야 하는 상태(deprecated)가 될 때, 새로운 temporary 주소가 생성되어야 한다. 일반적인 동작에서 valid/preferred 상태인 하나 이상의 temporary 주소가 있다.

Step 8. **Invalid:** 새로운 RA 메시지가 수신되지 않으면 Valid Lifetime은 결국 만료되고 주소는 invalid 상태가 된다. 그 주소는 인터페이스에서 제거된다.

Example 9-14 *Valid Lifetime and Preferred Lifetime for WinPC Addresses*

```
WinPC> netsh interface ipv6 show address 11
Address 2001:db8:cafe:1:d0f8:9ff6:4201:7086 Parameters
--------------------------------------------------------
-
Interface Luid     : Local Area Connection
Scope Id           : 0.0
Valid Lifetime     : 29d23h59m32s
Preferred Lifetime : 6d23h59m32s
DAD State          : Preferred
Address Type       : Public
Skip as Source     : false

Address 2001:db8:cafe:1:78bd:10b0:aa92:62c Parameters
--------------------------------------------------------
-
Interface Luid     : Local Area Connection
Scope Id           : 0.0
Valid Lifetime     : 6d23h59m32s
Preferred Lifetime : 6d23h59m32s
DAD State          : Preferred
Address Type       : Temporary
Skip as Source     : false

Address fe80::d0f8:9ff6:4201:7086%11 Parameters
--------------------------------------------------------
-
Interface Luid     : Local Area Connection
Scope Id           : 0.11
Valid Lifetime     : infinite
Preferred Lifetime : infinite
DAD State          : Preferred
Address Type       : Other
Skip as Source     : false
```

Example 9-15 *Valid and Preferred Lifetime for Linux Addresses*

```
LinuxPC# ip -6 addr show dev eth0

2: eth0: <BROADCAST,MULTICAST,UP, LOWER_UP> mtu 1500 state UNKNOWN qlen1000
  inet6 2001:db8:cafe:4:314a:dd3e:762f:e140/64 scope global temporary dynamic
     valid_lft 604747sec preferred_lft 85747sec

  inet6 2001:db8:cafe:4:250:56ff:feaf:2524/64 scope global dynamic
     valid_lft 2591947sec preferred_lft 604747sec

  inet6 fe80::250:56ff:feaf:2524/64 scope link
     valid_lft forever preferred_lft forever
```

temporary 주소의 생성과 만료에 관한 더 많은 정보가 필요하다면 RFC 4862와 4941을 참고하라.

Displaying IPv6 Lifetimes and State Information on Windows, Linux, and Mac OS

Example 9-11 및 9-12에서는 Windows 및 Linux 상에서 Valid Lifetime과 Preferred Lifetime을 확인하는 명령을 보여준다. 이 절은 이 명령들에 관한 요약을 제공한다.

인터페이스별로 할당된 IPv6 주소, 주소 유형, DAD(Duplicate Address Detection) 상태(preferred 혹은 deprecated), Valid와 Preferred Lifetime을 표시하려면 다음 명령을 사용한다.

```
C:\> netsh interface ipv6 show address
C:\> netsh interface ipv6 show address zone-id
```

IPv6 인터페이스 목록, 인터페이스의 인덱스, 인터페이스 메트릭, MTU, 상태, 명칭을 표시하려면 다음의 명령을 사용한다.

```
C:\> netsh interface ipv6 show interface
```

Valid Lifetime와 Preferred Lifetime을 포함한 privacy 파라미터를 표시하려면 다음 명령을 사용한다.

```
C:\> netsh interface ipv6 show privacy
```

Note Microsoft Windows 상의 IPv6 정보 확인은 Ed Horley의 책 〈*Practical IPv6 for Windows Administrators*〉를 참고하라. IPv6에 대해 최신 정보를 확인하려면 Ed의 웹사이트 및 블로그 howfunky.com을 참고하라.

Linux에서 Valid Lifetime과 Preferred Lifetime을 포함하는 인터페이스 주소 정보를 표시하려면 다음 명령을 사용한다.

```
Linux# ip -6 addr show dev interface
```

Mac OS에서 Valid Lifetime과 Preferred Lifetime을 표시하려면 다음 명령을 사용한다.

```
MacOS# ifconfig –L
```

Router Advertisement Fields and Options

이 절에서는 Router Advertisement 메시지 내 필드와 RA를 수정하는 몇 가지 옵션(Valid Lifetime, Preferred Lifetime과 DNS 주소 추가)을 설명한다.

Examining the Router Advertisement with Wireshark

Example 9-16에서 R1 ICMPv6 RA 메시지의 Wireshark 프로토콜 분석을 보여준다. 이 절에서는 예제에서 강조 표시된 필드에 관해서 설명한다. RA에 포함된 모든 필드에 관한 설명은 RFC 4861 "Neighbor Discovery in IPv6"를 참고하라.

ICMPv6 메시지는 IPv6 패킷의 헤더에 캡슐화된다.(Example 9-16에서 보여주진 않는다):

- **송신 주소:** fe80::1(R1의 link-local 주소)
- **수신 주소:** ff02::1(all-IPv6 devices multicast 그룹 혹은 solicited unicast)
- **Next Header:** 0x3a(ICMPv6 헤더, 10진수 58)

Example 9-16 *Wireshark Analysis of R1's Router Advertisement*

```
Internet Control Message Protocol v6
    Type: Router Advertisement (134)
    Code: 0
    Checksum: 0xcaf0 [correct]
    Cur hop limit: 64
    Flags: 0xc0
        0... .... = Managed address configuration: Not set
        .0.. .... = Other configuration: Not set
        ..0. .... = Home Agent: Not set
        ...0 0... = Prf (Default Router Preference): Medium (0)
        .... .0.. = Proxy: Not set
        .... ..0. = Reserved: 0
    Router lifetime (s): 1800
    Reachable time (ms): 0
    Retrans timer (ms): 0
    ICMPv6 Option (Source link-layer address : 58:ac:78:93:da:00)
        Type: Source link-layer address (1)
        Length: 1 (8 bytes)
        Link-layer address: 58:ac:78:93:da:00 (58:ac:78:93:da:00)
    ICMPv6 Option (MTU : 1500)
        Type MTU (5)
       Length: 1 (8 bytes)
        Reserved
        MTU: 1500
   ICMPv6 Option (Prefix information : 2001:db8:cafe:1::/64)
        Type: Prefix information (3)
        Length: 4 (32 bytes)
        Prefix Length: 64
        Flag: 0xc0
            1... .... = On-Link flag(L): Set
            .1.. .... = Autonomous address-configuration flag(A): Set
            ..0. .... = Router address flag(R): Not set
            ...0 0000 = Reserved: 0
        Valid Lifetime: 2592000
        Preferred Lifetime: 604800
        Reserved
        Prefix: 2001:db8:cafe:1:: (2001:db8:cafe:1::)
```

다음에서 ICMPv6 메시지의 몇 가지 중요한 필드에 관해서 설명한다.

- **Type (134):** 타입 필드는 134이며, Router Advertisement 메시지이다.
- **Cur Hop Limit (64):** Cur Hop Limit는 라우터가 네트워크상 호스트에 IPv6 패킷의 Hop Limit 필드 값으로 사용하기를 권장하는 값이다. 이 값이 "0"이면 라우터는 hop limit로 아무 값도 권하지 않고, 호스트의 운영 체제가 자신의 값을 결정해야 한다. 기본값은 64이다.
- **Managed Address Configuration 플래그 (M flag) (0):** 이 값이 "1"이면, 호스트에 stateful 설정(DHCPv6)을 사용하라고 알리는 것이다. 기본값은 "0"이다.
- **Other Configuration flag (O flag) (0):** 이 값이 "1"이면, DHCPv6 서버로부터 추가적인 정보(도메인 네임과 DNS 관련 정보)가 사용 가능하다는 것을 알려주는 것이다. 기본값은 "0"이다.

Note M이나 O 플래그가 설정되지 않은 경우라면 DHCPv6를 통해 사용 가능한 정보가 없음을 나타낸다.

- **Default Router Preference (Medium):** 여러 개의 라우터로부터 RA를 수신할 때 어느 라우터를 디폴트 게이트웨이로 사용할지 결정하기 위해 DRP(Default Router Preference)가 사용된다. Preference 값은 High(01), Medium(00), Low(11), Reserved(10)가 있다. DRP 값이 같으면 호스트는 가장 먼저 수신한 RA 메시지의 송신 주소를 디폴트 게이트웨이로 사용한다. 기본값은 Medium이다.
- **Router Lifetime (1800):** 호스트에 라우터가 디폴트 게이트웨이로 사용되어야 하는 기간을 알려주는 초 단위 값이다. "0"인 lifetime은 라우터가 디폴트 게이트웨이가 아니라는 것을 알린다. 라우터 lifetime은 오로지 디폴트 게이트웨이로서의 라우터 기능에만 적용된다. 프리픽스와 프리픽스 길이와 같은 여타 다른 메시지 필드나 옵션에 포함된 정보에는 적용되지 않는다. 호스트는 Router Advertisement를 받을 때마다 자신의 타이머를 초기화한다. 기본값은 1800초이다.

Note RA 메시지의 형식과 옵션은 13장 "ICMPv6 Neighbor Discovery"에서 자세히 설명한다.

다음의 필드들은 ICMPv6 헤더에 연속되는 옵션이다.

- **(Source) Link Layer Address (58:ac:78:93:da:00):** link-layer의 송신 주소이다. 이 예에서는 라우터 R1의 이더넷 source MAC이다.
- **MTU (1500):** 이 값은 네트워크의 MTU 값을 알려준다. 호스트는 이 정보를 IPv6 패킷의 최대 길이 값으로 사용한다.
- **Prefix Length (64):** 프리픽스에서 유효한 선행 bit의 숫자이다. "0"에서 "128" 사이의 값이다. 프리픽스 길이 필드는 on-link 결정에 필요한 정보를 제공한다(prefix information 옵션 내 "L" 플래그와 결합해서). 또한, 주소 자동 설정도 돕는다.

- **On-Link flag (L flag) (1):** 이 값이 "1" 일 때, 프리픽스는 on-link 결정에 사용될 수 있다는 것을 알려주며 RA 내 광고되는 프리픽스는 이 링크(subnet)에 대해 "on"이다. "0"이면 프리픽스에 대해 RA가 프리픽스의 on-link 혹은 off-link 속성에 대해 알려주지 않은 것이다. 기본값은 "1"이다.
- **Autonomous Address Configuration flag (A flag) (1):** 이 값이 "1" 일 때, 수신 호스트가 자신의 global unicast 주소를 생성할 때 SLAAC를 사용하라고 알려주는 것이다. 기본값은 "1"이다.
- **Valid Lifetime (2592000):** 주소가 valid 상태로 유지되는 시간의 길이이다. Valid Lifetime은 Preferred Lifetime보다 크거나 같아야 한다. Valid Lifetime이 만료되면 주소는 invalid 상태가 된다. 기본값은 2,592,000초(30일)이다.
- **Preferred Lifetime (604800):** 이 값은 valid 주소가 preferred인 시간의 길이이다. Preferred Lifetime이 만료되면 주소는 deprecated 상태가 된다. 기본값은 604,800초(7일)이다.
- **Prefix (2001:db8:cafe:1::):** 이 값으로 Stateless Address Autoconfiguration에 사용될 프리픽스를 호스트에 알려준다.

Note Wireshark는 www.wireshark.org에서 자유롭게 내려받을 수 있다. Wireshark University의 설립자 중 한 명인 Laura Chappell의 Wireshark 관련 서적 및 기타 자료는 www.wiresharkbook.com을 참고하라.

Modifying the Valid Lifetime and Preferred Lifetime in the RA Message

RA에 의해 송신되는 Valid Lifetime과 Preferred Lifetime의 기본값은 인터페이스 명령어를 사용해서 수정될 수 있다.

```
Router(config-if)# ipv6 nd prefix ipv6-prefix/prefix-length [valid-lifetime]
[preferred-lifetime]
```

Example 9-17에서 R1 인터페이스 G0/0 RA 메시지 Valid Lifetime과 Preferred Lifetime은 각각 15일(1,296,000초)과 2일(172,800초)로 변경되었다.

Example 9-17 *Examining R1's New Lifetimes Using the* ***debug ipv6 nd*** *Command*

```
R1(config)# interface gigabitethernet 0/0
R1(config-if)# ipv6 nd prefix 2001:db8:cafe:1::/64 1296000 172800
R1(config-if)# end
R1# debug ipv6 nd
  ICMP Neighbor Discovery events debugging is on
R1#
*Nov 27 20:12:50.490: ICMPv6-ND: (GigabitEthernet0/0,FE80::1) send RA to FF02::1
*Nov 27 20:12:50.490: ICMPv6-ND: (GigabitEthernet0/0,FE80::1) Sending RA (1800) to
  FF02::1
*Nov 27 20:12:50.490: ICMPv6-ND:   MTU = 1500
*Nov 27 20:12:50.490: ICMPv6-ND:   prefix 2001:DB8:CAFE:1::/64 [LA] 1296000/172800
<output omitted for brevity>
R1# undebug all
```

Including the DNS Address in the Router Advertisement

RA 메시지는 프리픽스, 프리픽스 길이, MTU와 같은 정보와 기타 정보들을 제공한다. 이 정보 중에서 프리픽스 같은 일부 정보는 인터페이스의 설정에 의존한다. 다른 정보들, 예를 들면 MTU는 인터페이스의 Type에 달려 있다. Valid Lifetime과 Preferred Lifetime 같은 것들은 기본값들이 있다.

DNS 서버 주소는 기본값으로 RA 메시지에 포함되지는 않는다. RA 메시지에 이들 주소를 포함시키려면 별도로 설정되어야 한다. RFC 6106 "*IPv6 Routes Advertisement Options for DNS Configuration*"은 RA 메시지 내의 recursive DNS 서버(RDNSS)와 DNS search list(DNSSL) 옵션을 정의한다. RFC 6106 이전에는 DNS 주소는 stateless 나 stateful DHCPv6를 통해서만 받을 수 있었다.

> **Note** RFC 6106은 RDNSS라는 용어를 정의한다. Recursive DNS 네임서버는 호스트의 DNS 쿼리에 대해 적절한 IP 주소로 응답하는 역할을 하는 서버이다. 반면에 책임(authoritative) 서버는 RDNSS 쿼리에 대해 응답을 주는 서버이다.

시스코 라우터에서 RA 속에 DNS 서버 목록을 포함하도록 하려면 다음 명령을 사용한다.

```
Router(config-if)# ipv6 nd ra dns server ipv6-address dns-lifetime
```

여덟 개까지의 DNS 서버를 설정할 수 있다. *dns-lifetime*은 DNS 서버에 대해 RA 메시지 내 광고되는 시간의 양이다. 200에서 4,294,967,295초 사이의 값을 설정할 수 있고 기본값은 400초이다. Example 9-18에서 설정과 확인 방법을 보여준다.

> **Note** Google 공개 DNS의 IPv6 주소는 2001:4860:4860::8888 및 2001:4860:4860::8844이다.

Example 9-18 *Configuring and Verifying the RDNSS Option on R1*

```
R1(config)# interface gigabitethernet 0/0
R1(config-if)# ipv6 nd ra dns server 2001:db8:cafe:99::9999
R1(config-if)# end
R1# debug ipv6 nd
  ICMP Neighbor Discovery events debugging is on
R1#
*Dec  3 16:14:04.647: ICMPv6-ND: (GigabitEthernet0/0,FE80::1) send RA to FF02::1
*Dec  3 16:14:04.647: ICMPv6-ND: (GigabitEthernet0/0,FE80::1) Sending RA (1800)
  to FF02::1
*Dec  3 16:14:04.647: ICMPv6-ND:    MTU = 1500
*Dec  3 16:14:04.647: ICMPv6-ND:    DNS lifetime 400
*Dec  3 16:14:04.647: ICMPv6-ND:       server 2001:DB8:CAFE:99::9999
*Dec  3 16:14:04.647: ICMPv6-ND:    prefix 2001:DB8:CAFE:1::/64 [LA] 2592000/604800
R1#
```

Example 9-19는 R1의 RDNSS 옵션이 포함된 Router Advertisement에 대한 Wireshark 분석을 보여준다.

Example 9-19 *Wireshark Analysis of RDNSS Option in R1's Router Advertisement*

```
Internet Control Message Protocol v6
   Type: Router Advertisement (134)
<output omitted for brevity>
ICMPv6 Option (Recursive DNS Server 2001:db9:cafe:99::99)
     Type: Recursive DNS Server (25)
     Length: 3 (24 bytes)
     Reserved
     Lifetime: 400
     Recursive DNS Servers: 2001:db9:cafe:99::99 (2001:db9:cafe:99::99)
```

RA 메시지를 송신하는 라우터와 SLAAC를 위해 RA를 사용하는 디바이스 둘 다 RFC 6106을 지원해야 한다는 것이 중요한 점이다. 모든 경우를 지원하기 위해 어떤 구현에서는 RA 메시지 내에 DNS 서버 주소를 보내고, 동일한 DNS 주소를 광고하기 위해 stateless DHCPv6를 사용한다. 이렇게 하여 아직 RFC 6106을 지원하지 않는 OS에 대해 서비스가 문제가 없도록 한다. 다양한 운영 체제의 IPv6 지원에 관한 자료가 Wikipedia "*Comparison of IPv6 Support in Operating Systems*-en.wikipedia.org/wiki/Comparison_of_IPv6_support_in_operating_systems"에 있다.

Router Advertisement Configuration Options

RA 메시지를 다루고 설정하기 위한 몇 가지 옵션이 있다. 다음은 이 옵션들에 관한 요약이다.

Note 이 옵션 중 몇 가지는 앞에서 설명하였으며 기타 옵션 중 일부는 9장과 10장에서 설명할 것이다.

- **Other Configuration flag:** Other Configuration 플래그를 설정하여 호스트들에 stateless DHCPv6 서버를 사용하여 기타 정보(non-address)를 받아야 한다는 것을 알린다.

```
Router(config-if)# ipv6 nd other-config-flag
```

  이 옵션은 10장에서 더 자세히 설명한다.

- **Managed Address Configuration flag:** Managed Address Configuration 플래그를 설정하여 호스트들에 stateful DHCPv6 서버를 통해 주소와 기타 정보를 받아야 한다는 것을 알린다.

```
Router(config-if)# ipv6 nd managed-config-flag
```

  이 옵션은 11장에서 더 자세히 설명한다.

- **Modifying the Default Router Preference (DRP):** 이 명령으로 특정 인터페이스의 디폴트 라우터 Preference(Default Router Preference)를 수정한다.

```
Router(config-if)# ipv6 nd router-preference { high | medium | low }
```

예를 들면 DRP는 두 대의 라우터가 링크 상에 있고 경로가 equal-cost 경로가 아닐 때 유용하다. 정책을 사용하여 호스트가 둘 중 하나의 라우터를 선택하도록 알려줄 수 있다. 기본값은 medium 이다.

- **Modifying Prefix Parameters:** 이 명령을 사용해 Router Advertisement로 광고하는 IPv6 프리픽스를 설정할 수 있다.

```
Router(config-if)#  ipv6 nd prefix { ipv6prefix/prefix-length | default }
[ no-advertise | [ valid-lifetime preferred-lifetime [ off-link |
no-rtr-address | no-autoconfig | no-onlink ] ] ] at valid-date |
preferred-date [ off-link | no-rtr-address | noautoconfig ]
```

- 이 명령은 프리픽스별로 개별적인 파라미터를 조정할 수 있도록 하며, 특정한 프리픽스를 광고하지 않을 수도 있다. 이에 대해서는 11장에서 더 자세히 설명한다.

기본값으로 인터페이스상에 설정된 주소의 프리픽스들은 RA 메시지에 포함된다. 추가적인 프리픽스들을 "**ipv6 nd prefix**" 명령을 사용해 광고할 수 있다. "**ipv6 nd prefix**" 명령을 사용하여 특정한 프리픽스가 설정되었을 때 해당 프리픽스들이 광고된다.

인터페이스상에 설정된 모든 프리픽스의 Valid Lifetime은 2,592,000초(30일)로, Preferred Lifetime은 604,800초(7일)로 광고된다.

기본값:

- 모든 프리픽스는 connected 프리픽스로 라우팅 테이블에 추가된다.
- 모든 프리픽스는 on-link로 광고된다.("L" 플래그가 "1")
- 모든 프리픽스는 autoconfiguration 프리픽스로 광고된다.("A" 플래그가 "1")

위에서 보인 문법은 아래에서 설명한다.

- ***ipv6-prefix*:** RA에 포함되는 IPv6 네트워크를 지정한다.
- ***/prefix-length*:** IPv6 프리픽스의 길이를 지정한다.
- **default:** 기본값을 사용하도록 지정한다.
- **no-advertise:** (optional) 광고되지 않아야 할 프리픽스를 지정한다. 또한, 이 프리픽스에 대해서는 프리픽스가 on-link라는 것을 알리는 On-Link 플래그가 없다는 것을 의미한다. 이 프리픽스를 수동 설정이나 DHCPv6를 통해서 사용할 경우 의도하지 않았던 결과가 나올 수 있다. 이 프리픽스는 광고되지 않기 때문에 이 프리픽스를 사용한 SLAAC는 고려 대상이 되지 않는다.
- ***valid-lifetime*:** (optional) 특정한 IPv6 프리픽스가 유효한 것으로 광고되는 시간의 양이다(초 단위). "0"에서 "4,294,967,295"[1] 사이의 값이 될 수 있다.

1 32bit 값, 49,710일 6시간 28분 15초, 136년-옮긴 이

- ***preferred-lifetime***: (optional) 특정한 IPv6 프리픽스가 preferred한 것으로 광고되는 시간의 양이다(초 단위). "0"에서 "4,294,967,295"사이의 값이 될 수 있다.
- **off-link:** (optional) 특정한 프리픽스를 off-link로 지정한다. 프리픽스는 "A" 플래그가 "0"으로 광고된다. 프리픽스는 connected 프리픽스로 라우팅 테이블에 추가되지 않는다. 만약 프리픽스가 connected로 이미 라우팅 테이블에 존재한다면(예를 들면 프리픽스가 "**ipv6 address**" 명령으로 설정되었을 때) 즉시 삭제된다.
- **no-rtr-address:** (Optional) 라우터가 전체 라우터 주소를 RA로 광고하지 않는다는 것을 지시하고, "R" bit를 설정하지 않는다.
- **no-autoconfig:** (Optional) 로컬 링크 상의 호스트에 특정한 프리픽스가 IPv6 autoconfiguration에 사용되지 않아야 한다고 지시한다. 프리픽스는 "A" 플래그를 "0"으로 하여 광고된다.
- **no-onlink:** (Optional) 특정한 프리픽스가 on-link가 아닌 것으로 지정한다. 프리픽스는 "L" 플래그가 "0"으로 광고된다.
- **at *valid-date***: (Optional) lifetime과 Preference가 만료될 날짜와 시간을 지정한다. 프리픽스는 지정한 날짜와 시간이 되기 전까지 유효하다.
- ***preferred-date***: (Optional) preferred 만료 일자를 지정한다.

- **Including the DNS Server:** 앞에서 언급한 대로 이 명령은 DNS 서버 목록을 RA에 포함시킨다.

```
Router(config-if)# ipv6 nd ra dns server ipv6-address seconds
```

이 명령으로 RA 메시지에 여덟 개의 DNS 서버를 지정할 수 있다. seconds 옵션은 DNS 서버가 RA 메시지에 의해 광고될 때 유효한 시간의 양이다. 200에서 4,294,967,295 사이의 값을 가지며 단위는 "초"이다. 값이 "0"이면 DNS 서버는 더는 사용되지 않는다는 것을 의미한다.

- **Configuring the Router Lifetime:** 인터페이스상의 IPv6 Router Advertisement 내 라우터의 lifetime을 설정하는 데 사용된다.

```
Router(config-if)# ipv6 nd ra lifetime seconds
```

앞에서 언급한 것처럼 라우터 lifetime은 라우터의 디폴트 게이트웨이 기능에만 적용된다. 기본값은 1,800초이다. 값이 "0"이면 이 인터페이스상에서 디폴트 라우터로 간주하지 않아야 한다는 것을 지시한다. 라우터 lifetime 값이 "0"이 아니면 이 라우터는 링크 상에서 디폴트 라우터로 간주하여야 한다는 것을 지시한다. "0" 이 아닌 라우터 lifetime 값은 RA 메시지의 간격보다 길어야 한다.

- **Modifying the Router Advertisement Interval:** 이 명령으로 인터페이스를 통해 Router Advertisement 메시지를 보내는 시간 간격을 설정한다.

```
Router(config-if)# ipv6 nd ra interval { maximum-secs [minimum-secs] | msec
maximum-ms [minimum-ms] }
```

만약 라우터의 lifetime을 설정했다면 RA 송신 간격은 라우터의 lifetime보다 작거나 같아야 한다. 다른 IPv6 노드와의 동기화를 막기 위해, 실제적인 송신 간격은 min 값과 max 값 사이 random 값이 선택되어 사용된다.

사용자는 명시적으로 minimum RA 간격을 설정할 수 있다. minimum RA interval은 3초 이상이어야(초 단위 설정 시)하고, maximum RA interval의 75% 이상이 될 수 없다. 만약 minimum RA 간격 값이 명시적으로 설정되지 않았다면, maximum RA interval의 75%로 계산되어 적용된다.

만약 사용자가 milliseconds 단위로 시간을 설정한다면, minimum RA interval은 30 milliseconds가 된다. 이 제한은 Mobile IPv6를 위한 매우 짧은 RA interval을 가능하게 한다.

maximum과 minimum RA interval은 unsolicited RA 메시지에만 적용된다(주기적인 Router Advertisement). RS 메시지에 대한 응답인 RA 메시지도 여전히 송신된다. 만약 여러 개의 RS 메시지가 매초 수신된다면 RA 메시지 간에 3초간의 minimum delay가 있다. 이것은 인터페이스를 통해 송신되는 solicited RA 메시지의 숫자를 제한한다.

- **Sending a Solicited Unicast Router Advertisement:** 이 명령은 인터페이스상에서 solicited RA 응답 메시지 방식을 통합 설정한다.

```
Router(config-if)# ipv6 nd ra solicited unicast
```

Solicited Router Advertisement는 Router Solicitation에 대한 응답으로 송신된다. 모바일 디바이스가 집중적으로 수용된 규모가 큰 네트워크에서는 모든 단말에 multicast로 보내지는 많은 양의 solicited Router Advertisement 메시지로 인해 불필요한 배터리 소모 문제를 겪을 수 있다. "**ipv6 nd ra solicited unicast**" 명령은 Router Solicitation 메시지에 대한 응답을 unicast RA로 보내는 데 사용한다. 이렇게 하면 네트워크상 모바일 디바이스의 배터리 수명을 연장하는 데 도움이 된다.

- **Suppressing the Router Advertisement:** 이 명령은 랜 인터페이스상에서 IPv6 Router Advertisement 송신을 억제하는 데 사용된다.

```
Router(config-if)# ipv6 nd ra suppress [all]
```

IPv6 Router Advertisement는 인터페이스상의 IPv6 unicast 라우팅이 활성화된 이더넷 혹은 FDDI 인터페이스에서 자동으로 송신된다. IPv6 Router Advertisements는 타 유형의 인터페이스에서는 송신되지 않는다. "**all**" 옵션은 인터페이스상의 모든 RA 들을 억제한다.

stateful DHCPv6를 사용할 때 결과에 관한 검토 없이 인터페이스상의 RA 메시지를 억제하지 않아야 한다는 것은 중요한 사항이다.

- stateful DHCPv6는 디폴트 게이트웨이에 대한 정보를 주지 않는다. 이 정보는 Router Advertisement를 통해서 자동으로 획득된다.
- RA에 포함된 On-Link 플래그("1" 일 때)는 RA 내 프리픽스가 on-link라는 것을 지시한다. 이는 수동으로 설정되거나 혹은 SLAAC 혹은 stateful DHCPv6 주소일 때 해당 주소가 on-link 인지를 결정하는 데 사용된다. 그렇지 않다면 주소는 off-link로 간주한다.

Note IPv6 RA 및 기타 IPv6 IOS 명령의 전체 목록은 *Cisco IOS IPv6 Command Reference* (www.cisco.com/c/en/us/td/docs/ios-xml/ios/ipv6/command/ipv6-cr-book.html)를 참고하라.

Default Address Selection

IPv6 주소 아키텍처에서는 같은 인터페이스에 여러 개의 unicast 주소를 허용한다. 이 주소들은 다음과 같은 부분들이 서로 상이할 수 있다.

- scope (link-local, global 등등)
- public 혹은 temporary
- preferred 혹은 deprecated
- "home address" 혹은 "care-of address" (이동성을 위해 사용되는)

결과적으로 IPv6 디바이스가 여러 개의 송신 주소 중에서 어느 것을 사용할 것인지 결정해야 할 때가 생긴다. 따라서 적절한 주소를 선택하는 알고리즘이 필요하며 그래야 개발자와 관리자가 시스템의 동작에 대해 예측을 할 수 있다. 이 프로세스는 RFC 6724 "*Default Address Selection for Internet Protocol Version 6(IPv6)*"에 정의되었다.

Note RFC 6724는 송신과 수신 주소 선택을 다룬다. 이 장에서는 오로지 송신 주소 선택 프로세스만 설명했다. 수신 주소 선택 프로세스를 포함하는 완전한 세부내용을 위해서는 RFC 6724를 참고하라.

가능한 하나 이상의 송신 주소가 있을 때, 송신 주소 선택 프로세스는 주어진 목적지 IPv6 주소에 대해 하나의 송신 IPv6 주소를 대응시킨다. 알고리즘은 송신 주소 간의 쌍 비교(pairwise comparison) 규칙(rule)을 사용한다. 여덟 개의 규칙이 다음 순서로 적용된다.

- **Rule 1: Prefer same address:** 송신 주소와 목적지 주소가 같다면 동일한 주소를 선택한다. 예를 들면 WinPC로 자체 ping 시험을 할 때 목적지 주소로도 사용하는 송신 주소이므로 동일한 주소를 사용해야 한다.
- **Rule 2: Prefer appropriate scope:** 같은 scope 나 type(link-local, global 등등)을 가진 주소 쌍을 선택한다. 예를 들면 WinPC가 라우터 R1의 link-local 주소로 ping 시험을 할 때, 송신 주소로 자신의 link-local 주소를 사용한다.
- **Rule 3: Avoid deprecated addresses:** deprecated 주소의 사용을 피하고 preferred(non-deprecated) 주소를 사용한다. deprecated 주소는 이미 맺어진 연결에만 계속 사용하고, 더 이상의 사용을 피할 필요가 있다. WinPC가 동일한 인터페이스에 preferred와 deprecated 주소를 가지고 있다면 당연히 새로운 연결을 시작할 IP 주소로는 preferred 주소를 사용한다.
- **Rule 4: Prefer home addresses (mobility):** care-of 주소보다는 *home* 주소를 선택한다. home 주소는 mobile node에 할당되는 IPv6 주소이며 영구적인 주소로 사용된다. 이 주소는 홈

네트워크상 디바이스에서 사용하는 "일반(normal)" 영구 IPv6 주소이다. 이 디바이스에 보내야 하는 패킷은 항상 "home" 주소로 송신된다.

care-of 주소는 home link에서 떨어진 foreign link를 방문할 때 mobile node와 연결되는 대체(secondary), temporary IPv6 주소이다. mobile 노드가 자신의 home link 상에 있을 때 home 주소와 care-of 주소 둘 다 가질 수 있다.

- **Rule 5: Prefer outgoing interface:** 패킷을 포워딩하는 데 사용될 출력 인터페이스의 주소를 송신 주소로 선택한다. 즉, 이 규칙으로 패킷을 목적지 주소로 보낼 때 사용하는 인터페이스에 있는 송신 주소를 선택한다.
- **Rule 6: Prefer matching label:** 기본 정책 테이블은 마치 라우팅 테이블처럼 longest-matching-prefix lookup 테이블이다. 테이블은 프리픽스, precedence, label을 포함하고 있다. precedence는 목적지 주소 기준으로 테이블을 정렬할 때 사용된다. label은 목적지 주소 프리픽스와 함께 사용할 특정한 송신 주소 프리픽스를 선택하는 정책에 의해 사용된다. 이 주소들은 동일한 label을 가지고 있다. 따라서 6to4 목적지 주소에 6to4 송신 주소를 사용하는 것 같이 목적지 주소 유형에 맞는 송신 주소를 사용하게 된다. Example 9-20은 WinPC의 기본 정책 테이블을 보여주고 있다.

Example 9-20 *WinPC's Default Policy Table*

```
WinPC> netsh interface ipv6 show prefixpolicies
Querying active state...

Precedence  Label  Prefix
----------  -----  --------------------------------
        50      0  ::1/128
        40      1  ::/0
        30      2  2002::/16
        20      3  ::/96
        10      4  ::ffff:0:0/96
         5      5  2001::/32
```

- **Rule 7: Prefer temporary addresses:** 이 규칙에 따라 public 주소보다는 temporary 주소를 선택하며, privacy 주소가 우선한다. 예를 들면, WinPC가 LinuxPC와 통신을 시작할 때이다. WinPC는 privacy 확장을 실행하므로 자신의 송신 주소로 Preferred 상태인 temporary 주소를 사용한다.
- **Rule 8: Use longest prefix matching:** 동일한 프리픽스 길이가 주어지는 경우 규칙은 프리픽스가 더 길게 일치하는 주소를 선택한다. 예를 들어 PC-1이 각각 "2001:db8:cafe:1001::1/64"(주소 A)와 "2001:db8:cafe:1fff::1/64" (주소 B)인 두 개의 GUA 주소를 가지고 있을 수가 있다. PC-1으로 주소가 "2001:db8:cafe:1000::1"인 PC-2로 ping 시험을 하고자 한다. Figure 9-10에서 PC-2의 2001:db8:cafe: 부분은 PC-1과 일치하지만, 이진수의 네 번째 hextet으로 확인했을 때, 2001:db8:cafe:1001::1이 더 길게 일치하는 프리픽스(longer prefix match)임을 알 수 있다.

```
Destination Address:     2001:db8:cafe:0001:000000000000
Source Address A:        2001:db8:cafe:0001:000000000001
Source Address B:        2001:db8:cafe:0001:111111111111
```

Figure 9-10 *SLAAC Address State Process Diagram*

Rule 8은 더 나은 통신 성능 같은 이유로 구현상 또 다른 송신 주소를 선택하는 방법이 있다면 대체될 수도 있다.

Configuring the Router's Interface as a SLAAC Client

전형적으로 라우터 인터페이스는 IPv6 주소를 수동으로 설정한다. 라우터의 IPv6 주소를 stateless 주소로 자동 설정해야 할 필요도 때에 따라 있을 수 있다. "**ipv6 address autoconfig**" 인터페이스 명령을 사용하면 라우터 인터페이스는 Router Advertisement 메시지를 수신하여 링크에서 프리픽스를 알아낸 다음 IPv6 Stateless 주소 자동 설정을 수행하고 EUI-64 기반 주소를 인터페이스에 추가한다. "**ipv6 address autoconfig**" 인터페이스 명령의 문법은 Table 9-1에 설명되어 있다.

Table 9-1 *Configuring the Router Interface for Stateless Address Autoconfiguration*

Command	Description
Router(config)# **interface** *type number*	Specifies an interface type and number and places the router in interface configuration mode.
Router(config-if)# **ipv6 address autoconfig**	Enables automatic configuration of IPv6 addresses using Stateless Address Autoconfiguration on an interface and enables IPv6 processing on the interface.

Summary

이 장에서는 Stateless Address Autoconfiguration(SLAAC)의 다양한 측면에 관해 설명하였다. 기본값으로 Cisco IPv6 라우터는 200초마다 혹은 Router Solicitation 메시지를 수신한 후 Router Advertisement를 보낸다. IPv6 라우터는 "IPv6 unicast routing"이 활성화되어야 이렇게 동작한다.

RA의 송신 주소는 라우터의 link-local 주소이다. 디바이스는 이 주소를 디폴트 게이트웨이 주소로 사용할 수 있다. RA 메시지의 목적지 주소는 ff02::1(all-IPv6 devices multicast)이거나 solicited unicast 주소일 수 있다. RA의 나머지 필드에는 다음과 같은 내용이 포함된다.

- **Cur Hop Limit:** 이것은 라우터가 네트워크상의 호스트에 대해 IPv6 패킷의 Hop Limit 필드로 사용하라고 권장하는 값이다.
- **Managed Address Configuration 플래그 (M flag) (0):** 이 값이 "1"이면 호스트에 stateful 설정(DHCPv6)을 사용하라고 알리는 것이다.
- **Other Configuration flag (O flag) (0):** 이 값이 "1"이면 DHCPv6 서버로부터 추가적인 정보(도메인 네임과 DNS 관련 정보)가 사용 가능하다는 것을 알려주는 것이다.

- **Default Router Preference (DRP):** 여러 라우터로부터 RA 메시지를 수신했을 때 DRP를 사용하여 디폴트 게이트웨이로 사용할 라우터를 결정한다.
- **Router Lifetime:** 라우터를 디폴트 게이트웨이로 사용해야 하는 기간을 초 단위로 호스트에 알려준다.
- **(Source) Link Layer Address:** 송신 장비의 Layer 2 주소이다.
- **MTU:** 네트워크의 MTU 값을 호스트에 알려준다. 호스트는 이 정보를 IPv6 패킷의 최대 길이 값으로 사용한다.
- **On-Link flag (L flag):** 이 플래그가 설정되면 이 프리픽스가 On-Link 결정 시 사용될 수 있음을 나타낸다. RA에서 광고되는 프리픽스는 해당 링크(서브넷) 상에 있다.
- **Autonomous Address Configuration flag (A flag):** "1(on)"이면 이 플래그는 수신하는 호스트가 SLAAC를 사용하여 global unicast 주소를 생성하도록 알리는 것이다.
- **Valid Lifetime:** 주소가 무효로 되기 전 유효한 상태로 유지되는 시간을 지정한다.
- **Preferred Lifetime:** deprecated 상태가 되기 전 유효한 주소가 선호(preferred)되는 기간을 지정한다.
- **Prefix Information:** stateless 주소 자동 설정에 사용할 수 있는 프리픽스 및 프리픽스 길이를 호스트에 알린다.

IPv6는 Router Advertisement의 On-Link 플래그가 "1" 인지 확인하여 프리픽스가 on-link 인지 결정한다. 라우터의 redirect 메시지를 사용한 다른 방법도 있다.

RA 메시지는 DNS 서버 주소 목록이나 사전 설정된 값을 수정하여 다양한 기타 옵션을 포함하고 있을 수 있다.

"A" 플래그가 "1" , "O" 및 "M" 플래그는 "0"인 것이 기본값이다. 이는 디바이스에 RA의 프리픽스를 사용하여 global unicast 주소를 생성하고, DHCPv6를 통한 다른 정보는 사용하지 않도록 지시한다. 디바이스는 운영 체제의 구현에 따라 EUI-64 또는 임의 64-bit 값(privacy 확장)을 사용하여 인터페이스 ID를 생성한다.

EUI-64는 주소 일부분에 MAC 주소를 사용하며 privacy에 대한 우려가 발생한다. RFC 4941 "*Privacy Extensions for Stateless Address Autoconfiguration in IPv6*"를 통해 random 인터페이스 ID를 사용하고 temporary 주소인 두 번째 주소를 생성하여 이 문제를 해결한다. 첫 번째 주소는 public 주소이다. 첫번째 주소에 대해서는 EUI-64 또는 random 64-bit 인터페이스 ID를 사용할 수 있다. temporary 주소는 인터페이스 ID로 임의의 64-bit 값을 사용해야 한다.

temporary 주소는 다음 다섯 가지 상태 중 하나이다.

- **Tentative address:** 주소의 유일함은 Duplicate Address Detection (DAD)를 사용하여 확인할 수 있으며 DAD를 위한 IPv6 Neighbor Discovery 메시지 외에 여타 메시지는 사용할 수 없다.

- **Valid address:** preferred 혹은 deprecated 상태에 있는 주소이다. valid 주소는 패킷의 송신 혹은 수신 주소가 될 수 있다.
- **Preferred 주소:** 인터페이스 주소의 유일함이 확인된 상태이다. 디바이스는 이 주소를 사용하여 트래픽을 송/수신할 수 있다.
- **Deprecated 주소:** 인터페이스에 할당된 주소가 여전히 유효하지만, 사용은 권장되지 않는다. deprecated 주소는 이제 새로운 접속 세션을 맺기 위한 송신 주소로 사용해서는 안 되지만, 이 주소에서 보내거나 받는 패킷은 여전히 처리된다.
- **Invalid 주소:** 주소의 Valid Lifetime이 만료되면 invalid 상태가 된다. invalid 주소는 더는 수신 혹은 송신 주소로 사용되어 선 안된다.

주소가 유효한 상태로 유지되는 시간은 2개의 타이머 값에 달려있다.

- **Preferred Lifetime:** deprecated 상태로 되기 전 유효한 주소가 선호되는 기간
- **Valid Lifetime:** 주소가 무효로 되기 전 유효한 상태로 유지되는 기간을 지정한다.

IPv6 주소지정 아키텍처를 사용하면 동일한 인터페이스에 여러 개의 unicast 주소를 할당할 수 있다. RFC 6724, "*Default Address Selection for Internet Protocol Version 6* (IPv6)"은 송/수신 주소 선택 시에 사용할 프로세스를 정의한다.

Review Questions

1. 기본값으로 IPv6 unicast 라우팅이 활성화된 시스코 라우터는 RA 메시지를 얼마나 자주 보내는가?
   a. 10초마다
   b. 60초마다
   c. 180초마다
   d. 200초마다
   e. 1,800초마다
2. SLAAC를 사용하라고 알려주는 "1"로 설정되는 플래그는 무엇인가?
   a. Address Autoconfiguration 플래그 (A flag)
   b. Other Configuration 플래그 (O flag)
   c. Managed Address Configuration 플래그 (M flag)
   d. On-Link 플래그 (L flag)
3. Router Lifetime이 지정하는 값은 무슨 기간을 의미하는가?
   a. RA 메시지의 정보가 유효한 것으로 간주하여야 하는 기간
   b. 이 라우터를 디폴트 게이트웨이로 사용해야 하는 기간
   c. SLAAC로 생성된 주소가 유효한 것으로 간주하는 기간
   d. 링크 상에서 RA 메시지가 보내지는 빈도

4. IPv6 디바이스는 임의의 GUA 주소가 서브넷상에 있는지 어떻게 알아내는가?
   a. 자신의 프리픽스 길이를 사용해서
   b. RA 메시지에 있는 프리픽스 길이를 사용해서
   c. A 플래그가 "1"인 RA 메시지 내 프리픽스로
   d. L 플래그가 "1"인 RA 메시지 내 프리픽스로
5. MAC 주소를 사용하여 인터페이스 ID를 생성하는 SLAAC 방법은 무엇인가?
6. SLAAC에 대한 privacy 확장은 다음 중 어떤 것을 허용하는가? (2개를 골라라)
   a. 가변적인 프리픽스 길이
   b. random 인터페이스 ID
   c. 변환을 사용한 주소 은닉
   d. temporary 주소
   e. 사설 주소
7. 주소의 유형을 설명과 짝지어보라.

   Tentative 주소

   Valid 주소

   Preferred 주소

   Deprecated 주소

   Invalid 주소

   a. 이 주소는 유일한 것은 확인되었지만, 패킷의 송신 주소나 수신 주소로 사용되어서는 안 된다.
   b. 이 주소는 유일한 것으로 확인되었으며 새로운 세션을 시작하기 위해 사용될 수 있다.
   c. 이 주소는 preferred와 deprecated 주소 모두를 포함한다.
   d. 이 주소는 기존의 세션에만 사용해야 하며 새로운 세션을 위해서는 사용되어서는 안 된다.
   e. 이 주소는 유일한지 확인하는 중으로 DAD 외에 세션을 연결하기 위해 사용될 수 없다.
8. unicast 주소가 사용 전에 유일한지 확인하는 데 사용하는 방법은?
9. 디바이스가 여러 라우터로부터 RA를 받을 때 디폴트 게이트웨이를 결정할 때 사용할 수 있는 RA의 필드는 무엇인가?
10. 송신 주소에 대한 기본 주소 선택 프로세스를 사용하여 동일 링크 상의 link-local 주소로 ping을 보낼 때 디바이스가 사용하는 송신 주소는 무엇인가?
11. 송신 주소에 대한 기본 주소 선택 프로세스를 사용하여 디바이스가 타 네트워크에 있는 디바이스와 세션을 시작하는 데 사용할 송신 주소는: 공인 주소인가 temporary 주소 중 어느 것을 사용할 수 있나?
12. 송신 주소에 대한 기본 주소 선택 프로세스를 사용하여 디바이스가 타 네트워크에 있는 디바이스와 세션을 시작하는 데 사용할 송신 주소는: preferred 주소 혹은 deprecated 주소 중 어느 것을 사용할 수 있나?

References

RFCs

RFC 4191, *Default router preferences and more specific routes*, R. Draves, Microsoft, www.ietf.org/rfc/rfc4191, November 2005.

RFC 4291, *IPv6 version 6 addressing architecture*, R. Hinden, Nokia, www.ietf.org/rfc/rfc4291, February 2006.

RFC 4429, *Optimistic Duplicate Address Detection (DAD) for IPv6*, N. Moore, Monash University, www.ietf.org/rfc/rfc4429, April 2006.

RFC 4861, *Neighbor Discovery for IP version 6 (IPv6)*, T. Narten, IBM, www.ietf.org/rfc/rfc4861, September 2007.

RFC 4862, *IPv6 Stateless Address Autoconfiguration*, S. Thomson, Cisco Systems, www.ietf.org/rfc/rfc4862, September 2007.

RFC 4941, *Privacy extensions for Stateless Address Autoconfiguration in IPv6*, T. Narten, IBM, www.ietf.org/rfc/rfc4941, September 2007.

RFC 6106, *IPv6 Router Advertisement options for DNS configuration*, J. Jeong, Brocade/ETRI, tools.ietf.org/html/rfc6106, November 2010.

RFC 6724, *Default address selection for Internet Protocol version 6 (IPv6)*, D. Thaler, Microsoft, tools.ietf.org/rfc/rfc6724.txt, September 2012.

RFC 7042, *IANA considerations and IETF protocol usage for IEEE 802 parameters*, D. Eastlake, Eastlake Enterprises, tools.ietf.org/html/rfc7042, September 2008.

Websites

IPv6 Addressing (TechRef), technet.microsoft.com/en-us/library/dd392266(v=ws.10).aspx.

Netsh Commands for Interface Internet Protocol Version 6 (IPv6), technet.microsoft.com/en-us/library/cc753156(v=ws.10).aspx.

Comparison of IPv6 Support in Operating Systems, en.wikipedia.org/wiki/Comparison_of_IPv6_support_in_operating_systems.

IEEE Guidelines for Use Organizationally Unique Identifier (OUI) and Company ID (CID), http://standards.ieee.org/develop/regauth/tut/eui.pdf.

IEEE 1394-1995: IEEE Standard for a High Performance Serial Bus, standards.ieee.org/findstds/standard/1394-1995.html.

IEEE 802.15: Low-Rate Wireless Personal Area Networks (LR-WPANs), standards.ieee.org/about/get/802/802.15.html.

Cisco IOS IPv6 Command Reference, www.cisco.com/c/en/us/td/docs/ios-xml/ios/ipv6/command/ipv6-cr-book/ipv6-i3.html.

Ed Horley's Blog, www.howfunky.com.

Other

Practical IPv6 for Windows Administrators, by Ed Horley.

Chapter 10

앞 장에서 언급했듯이, IPv6 주소 지정과 설정 정보를 동적 할당하는 방법은 3가지가 있다.

- **Method 1:** Stateless Address Autoconfiguration (SLAAC)
- **Method 2:** SLAAC와 a stateless DHCPv6 서버
- **Method 3:** Stateful DHCPv6 서버

9장 "Stateless Address Autoconfiguration(SLAAC)"에서 우리는 첫 번째 방법(SLAAC)에 대해 논의했다. 이 장에서 우리는 두 번째 방법인 SLAAC에 추가적인 stateless DHCPv6를 함께 사용하는 방법에 관해서 설명하겠다. 여기에서는 stateless DHCPv6에 중점을 두고 설명한다. SLAAC와 관련하여 9장에서 설명했던 모든 내용은 두 번째 방법에도 똑같이 적용된다.

- SLAAC는 EUI-64 또는 privacy 확장의 64-bit random 식별자를 사용하여 global unicast 주소를 생성한다.
- SLAAC privacy 확장은 public 및 temporary 주소를 생성하는 데 사용되며, 다양한 주소 상태(tentative, valid, preferred, deprecated, invalid)가 있을 수 있다.
- on-link 결정 및 기본 주소 선택

이 장에서 설명할 방법의 한 가지 차이점은 디바이스가 SLAAC를 사용하여 하나 혹은 그 이상의 주소를 생성한 후에 다시 추가적인 정보를 받기 위해 stateless DHCPv6 주소와 통신한다는 것이다.

stateless DHCPv6 서버는 어떤 IPv6 global unicast 주소 정보도 유지하거나 할당하지 않는다. stateless 서버는 네트워크상의 모든 단말이 사용할 일반적인 네트워크 정보(예를 들면 DNS 서버 주소 혹은 도메인 네임 등)만을 제공한다.

SLAAC with Stateless DHCPv6

DHCPv6은 RFC 3315 "*Dynamic Host Configuration Protocol for IPv6* (DHCPv6)"에 정의되었고, stateless DHCPv6는 RFC 3736 "*Stateless Dynamic Host Configuration Protocol* (DHCP) *Service for IPv6*"에 정의되어 있다. Figure 10-1은 stateless DHCPv6를 이용한 SLAAC 프로세스에 관한 개요이다.

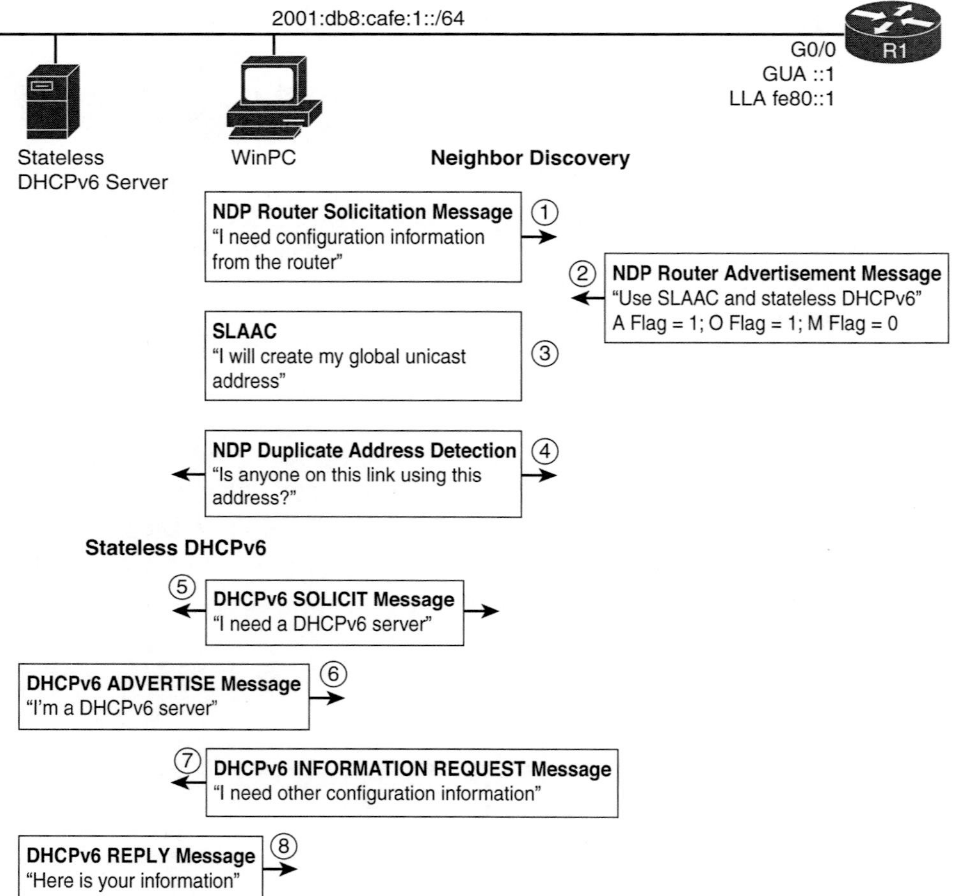

Figure 10-1 *Stateless DHCPv6 Operations*

Figure 10-1에서 본 것처럼 stateless DHCPv6와 SLAAC를 이용하여 다음과 같은 단계로 진행된다.

Step 1. WinPC는 RA를 받지 못했다면 Router Solicitation 메시지를 보낸다.

Step 2. RA 메시지는 호스트에 SLAAC를 사용하라고 알리는 "A" 플래그 "1"인 값으로 송신된다. "O" 플래그는 "1"로 설정되어 기타 정보는 stateless DHCPv6 서버에서 받으라고 알려준다. "M" 플래그는 기본값 "0"을 유지하며, stateful DHCPv6 서버의 서비스가 필요 없다고 지시한다. (RA 메시지의 내용은 다음 절에서 Wireshark를 사용하여 설명한다)

Step 3. RA를 받으면 WinPC는 IPv6 패킷의 송신 주소인 "fe80::1"을 디폴트 게이트웨이로 사용한다. "A" 플래그가 "1"이기 때문에, WinPC는 앞의 장에서 설명했던 것과 동일한 SLAAC 동작을 하며 다음과 같다.

- RA에 포함된 프리픽스 2001:db8:cafe:1: 을 사용하여 호스트는 하나 혹은 그 이상의 global unicast 주소를 생성한다. 인터페이스 ID는 EUI-64를 사용하거나 random 64-bit 값을 사용하여 생성된다. 주소가 유일함을 확인하기 위해 DAD가 모든 unicast 주소에 대해 수행된다.
- 기본값으로 Windows 호스트는 random 식별자를 사용하는 public과 temporary GUA 주소를 생성하기 위해 privacy 확장을 사용한다.

Step 4. WinPC는 SLAAC를 통해서 생성된 GUA 주소가 유일한지 확인하기 위해 DAD를 실행한다. DAD는 본질적으로 IPv4에서 gratuitous ARP를 사용하는 것과 같다. WinPC는 자신과 같은 IPv6 주소를 가진 MAC 주소를 찾는 Neighbor Solicitation 메시지를 보낸다. 단말이 reply 메시지(Neighbor Advertisement)를 받지 못하면, 주소가 유일하다고 판단한다. DAD는 13장 "ICMPv6 Neighbor Discovery"에서 설명한다.

Step 5. RA 메시지의 "O" 플래그는 "1"로 설정되며 stateless DHCPv6 서버를 통해서 추가적인 정보를 받으라고 권고한다. WinPC는 DHCPv6 SOLICIT 메시지를 "ff02::1:2(all-DHCPv6 server multicast)" 주소로 보낸다.

Step 6. 하나 이상의 DHCPv6 서버가 자신이 DHCPv6 서비스가 가능하다고 알리는 DHCPv6 ADVERTISE 메시지로 응답한다.

Step 7. WinPC는 설정 정보를 요청하는 INFORMATION REQUEST 메시지를 보내어 선택된 서버에 응답한다.

Step 8. DHCPv6 서버는 설정 정보를 포함한 REPLY 메시지로 응답한다.

Note DHCPv6 메시지에 관한 자세한 내용은 8장 "Basics of Dynamic Addressing in IPv6"에 설명되어 있다.

Implementing Stateless DHCPv6

stateless DHCPv6와 SLAAC를 위해서 다음과 같은 것들이 필요하다.

- 라우터의 RA 메시지 "O" 플래그를 "1"로 설정
- stateless DHCPv6 서버 설정

다음 절에서 Figure 10-2의 토폴로지를 사용하여 stateless DHCPv6 서버로 라우터 R1을 설정하는 것을 포함한 두 개의 작업을 보여준다.

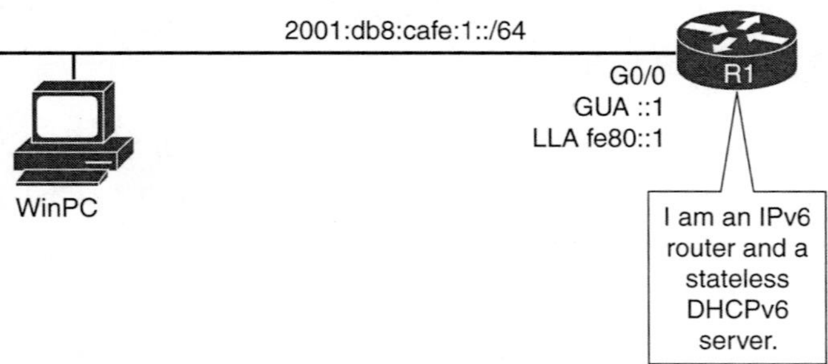

Figure 10-2 *Topology for Stateless DHCPv6 Configuration*

Configuring the RA Message's Other Configuration Flag

기본값으로 Other Configuration 플래그는 "0"이다. "O" 플래그를 "1"로 설정하기 위해 다음 인터페이스 명령어를 사용한다.

```
Router(config-if)# ipv6 nd other-config-flag
```

이 명령에 "**no**" 옵션을 사용하면 해당 플래그를 다시 기본값인 "0"으로 설정할 수 있다.

Example 10-1에서 R1은 "O" 플래그를 "1"로 설정하여 RA 메시지를 송신한다. RA 메시지를 송신하는 데 필요한 "**ipv6 unicast-routing**" 명령어 설정도 포함되어 있다. "A" 플래그는 SLAAC를 사용하라고 알려주며 기본값이 "1"로 추가적인 설정을 할 필요가 없다. "**show ipv6 interface gigbabitethernet 0/0**" 명령은 RA 메시지가 변경된 것을 확인하는 데 사용된다.

Example 10-1 *Configuring and Verifying the RA's O Flag on R1*

```
R1(config)# ipv6 unicast-routing
R1(config)# interface gigabitethernet 0/0
R1(config-if)# ipv6 nd other-config-flag
R1(config-if)# end
R1# show ipv6 interface gigabitethernet 0/0
GigabitEthernet0/0 is up, line protocol is up
  IPv6 is enabled, link-local address is FE80::1
  No Virtual link-local address(es):
  Global unicast address(es):
    2001:DB8:CAFE:1::1, subnet is 2001:DB8:CAFE:1::/64
  Joined group address(es):
    FF02::1
    FF02::2
    FF02::FB
    FF02::1:FF00:1
  MTU is 1500 bytes
  ICMP error messages limited to one every 100 milliseconds
  ICMP redirects are enabled
  ICMP unreachables are sent
  ND DAD is enabled, number of DAD attempts: 1
```

```
  ND reachable time is 30000 milliseconds (using 30000)
  ND advertised reachable time is 0 (unspecified)
  ND advertised retransmit interval is 0 (unspecified)
  ND router advertisements are sent every 200 seconds
  ND router advertisements live for 1800 seconds
  ND advertised default router preference is Medium
  Hosts use stateless autoconfig for addresses.
  Hosts use DHCP to obtain other configuration.
R1#
```

"**show ipv6 interface gigabitethernet 0/0**" 명령 결과의 마지막 2줄은 호스트가 어떻게 자신의 주소 정보를 얻을 수 있는지 지시한다.

- **Hosts use stateless autoconfig for addresses.** "A" 플래그가 "1"로 설정되어 global unicast 주소를 생성할 때 SLAAC를 사용하라고 수신 디바이스에 알려준다.
- **Hosts use DHCP to obtain other configuration.** "O" 플래그가 "1"로 설정되어 stateless DHCPv6 서버로부터 기타 설정 정보를 받아야 함을 수신 디바이스에 알려준다.

Wireshark Analysis of Router Advertisement: SLAAC and Stateless DHCPv6

Example 10-2는 Wireshark를 사용하여 R1의 ICMPv6 RA 메시지에 대한 프로토콜 분석을 수행한 것이다. 이것은 9장에서 RA 메시지를 분석한 것과 차이점 하나가 있다. "O" 플래그가 "1"이다.(예제에서 강조 표시되어 있다). 또한, 강조 표시된 A 플래그는 기본값인 "1"로 설정된다.

ICMPv6 RA 메시지는 IPv6 헤더에 캡슐화된다(Example 10-2에는 표시하지 않았다):

- **송신 주소:** fe80::1 (R1의 Link-Local 주소)
- **수신 주소:** ff02::1 (all-IPv6 devices multicast 그룹 혹은 solicited unicast를 사용할 수도 있다.)
- **Next Header:** 0x3a (Next Header가 ICMPv6 header이며, 10진수로 58이다)

Example 10-2 *Wireshark Analysis of R1's Router Advertisement*

```
Internet Control Message Protocol v6
    Type: Router Advertisement (134)
    Code: 0
    Checksum: 0x796a [correct]
    Cur hop limit: 64
    Flags: 0xc0
        0... .... = Managed address configuration: Not set
        .1.. .... = Other configuration: Set
        ..0. .... = Home Agent: Not set
        ...0 0... = Prf (Default Router Preference): Medium (0)
        .... .0.. = Proxy: Not set
        .... ..0. = Reserved: 0
    Router lifetime (s):
```

```
Reachable time (ms): 0
Retrans timer (ms): 0
ICMPv6 Option (Source link-layer address : 58:ac:78:93:da:00)
    Type: Source link-layer address (1)
    Length: 1 (8 bytes)
    Link-layer address: 58:ac:78:93:da:00 (58:ac:78:93:da:00)
ICMPv6 Option (MTU : 1500)
    Type MTU (5)
    Length: 1 (8 bytes)
    Reserved
    MTU: 1500
ICMPv6 Option (Prefix information : 2001:db8:cafe:1::/64)
    Type: Prefix information (3)
    Length: 4 (32 bytes)
    Prefix Length: 64
    Flag: 0xc0
        1... .... = On-link flag(L): Set
        .1.. .... = Autonomous address-configuration flag(A): Set
        ..0. .... = Router address flag(R): Not set
        ...0 0000 = Reserved: 0
    Valid Lifetime: 2592000
    Preferred Lifetime: 604800
    Reserved
    Prefix: 2001:db8:cafe:1:: (2001:db8:cafe:1::)
```

Configuring a Router as a Stateless DHCPv6 Server

라우터를 stateless DHCPv6 서버로 설정하는 것은 간단하고 직관적이다. stateless DHCPv6 서비스를 설정하는 데는 다음 두 가지 단계가 필요하다.

Step 1. 설정 파라미터로 DHCPv6 서버 pool 명을 설정한다.

Step 2. 인터페이스에 DHCPv6 서버 pool을 활성화한다.

Table 10-1은 첫 번째 단계로 DHCPv6 pool을 생성하는 명령을 보여주며 사용할 수 있는 일부 설정 파라미터를 보여준다.

Table 10-1 *Stateless DHCPv6 Configuration Pool Commands*

Command	Description
Router(config)# **ipv6 dhcp pool** *poolname*	Creates a DHCPv6 pool and enters DHCPv6 pool configuration mode.
Router(config-dhcp)# **dns-server** *ipv6-address*	Specifies the IPv6 DNS servers available to a DHCPv6 client.
Router(config-dhcp)# **domain-name** *domain*	Configures a domain name for a DHCPv6 client.

Note 전체 DHCPv6 설정 옵션 및 명령은 "www.cisco.com/c/en/us/td/docs/ios-xml/ios/ipv6/configuration/15-2mt/ipv6-15-2mt-book/ip6-dhcp.html"의 "*시스코 IPv6 구현 가이드*" "Implementing DHCP for IPv6" 장을 참고하라.

Step 2에서 "**ipv6 dhcp server**" 인터페이스 명령으로 인터페이스에 DHCPv6 서비스를 활성화한다. Table 10-2는 인터페이스에 DHCPv6 pool을 설정하는데 사용되는 명령어를 보여준다. "**ipv6 dhcp server**" 명령어의 rapid-commit 옵션은 다음 절에서 다루겠다.

Table 10-2 *Associating the DHCPv6 Pool to an Interface*

Command	Description
Router(config)# **interface** *type number*	Specifies an interface type and number and places the router in interface configuration mode.
Router(config-if)# **ipv6 dhcp server** *poolname* [**rapid-commit**]	Enables DHCPv6 service on an interface. *poolname* (optional) is a user-defined name for the local prefix pool. The pool name can be a symbolic string (such as Engineering) or an integer (such as 0). **rapid-commit** (optional) enables the use of the two-message exchange for address allocation and other configuration. If it is enabled, the client includes the rapid-commit option in a solicit message.

Example 10-3은 *poolname*을 강조 표시하여 라우터 R1을 stateless DHCPv6 서버로 설정하는 명령어를 보여준다.

Example 10-3 *Stateless DHCPv6 Configuration on R1*

```
! Configure the stateless DHCPv6 server pool
R1(config)# ipv6 dhcp pool STATELESS-DHCPv6
R1(config-dhcpv6)# dns-server 2001:db8:cafe:1::8888
R1(config-dhcpv6)# domain-name example.com
R1(config-dhcpv6)# exit

! Set the O flag to 1 and enable DHCPv6 service on the interface
R1(config)# interface gigabitethernet 0/0
R1(config-if)# ipv6 nd other-config-flag
R1(config-if)# ipv6 dhcp server STATELESS-DHCPv6
R1(config-if)#
```

"**ipv6 dhcp pool STATELESS-DHCPv6**" 명령은 DHCPv6 pool STATELESS-DHCPv6를 생성하고 DHCPv6 pool config 모드로 진입한다. "**dns-server 2001:db8:cafe:1::8888**" 명령으로 DNS 서버의 주소를 지정하고, DHCPv6 클라이언트를 위한 도메인 네임은 **example.com**으로 설정했다.

"**ipv6 dhcp pool STATELESS-DHCPv6**" 인터페이스 명령은 클라이언트가 수용된 인터페이스에 DHCPv6 서비스를 활성화하고 pool STATELESS-DHCPv6를 연결한다. 또한, "**ipv6 nd other-config-flag**" 명령은 "O" 플래그를 "1"로 설정한다.

> **Note** "**debug ipv6 dhcp [detail]**" 명령을 사용하여 DHCPv6 메시지와 동작 상태를 확인할 수 있다.

Verifying Stateless DHCPv6 on a Windows Client

Example 10-4는 "**ipconfig /all**" 명령의 결과를 보여준다. 클라이언트가 필요로 하는 주소와 설정 정보를 모두 받았음을 확인하라. 프리픽스와 디폴트 게이트웨이 주소는 R1의 RA에서 수신한다. (인터페이스 ID는 random으로 생성되었다) 예제에서 강조 표시된 내용은 IPv6 DNS 서버의 주소이고, DNS Suffix(domain name) 목록은 example.com이다. 이 둘 다 stateless DHCPv6 서버인 라우터 R1으로부터 받은 것이다.

Example 10-4 *WinPC* ***ipconfig /all*** *Command*

```
WinPC> ipconfig /all
<output omitted for brevity>
Ethernet adapter Local Area Connection:

   Connection-specific DNS Suffix  . :
   Description . . . . . . . . . . . : Intel(R) PRO/1000 MT Network Connection
   Physical Address. . . . . . . . . : 00-50-56-AF-97-68
   DHCP Enabled. . . . . . . . . . . : Yes
   Autoconfiguration Enabled . . . . : Yes
   IPv6 Address. . . . . . . . . . . : 2001:db8:cafe:1:d0f8:9ff6:4201:7086
                                       (Preferred)
   Temporary IPv6 Address. . . . . . : 2001:db8:cafe:1:78bd:10b0:aa92:62c
                                       (Preferred)
   Link-local IPv6 Address . . . . . : fe80::d0f8:9ff6:4201:7086%11(Preferred)
   Default Gateway . . . . . . . . . : fe80::1%11
   DHCPv6 IAID . . . . . . . . . . . : 234901590
   DHCPv6 Client DUID. . . . . . . . : 00-01-00-01-1A-5F-DA-B3-00-50-56-8C-C0-45
   DNS Servers . . . . . . . . . . . : 2001:db8:cafe:1::8888
   Connection-specific DNS Suffix Search List : example.com
```

예제에서 강조 표시된 것은 WinPC의 DUID(DHCP Unique Identifier)와 IAID(Identify Association Identifier)이다. 모든 DHCPv6 참가자, 클라이언트, 서버는 유일하게 식별되어야 한다. DHCPv6에서 이 식별자들은 두 부분으로 구성된다.

- **DUID (DHCP Unique Identifier):** DUID는 시스템 식별자이고 디바이스를 고유하게 식별한다. 각 DHCPv6 서버와 클라이언트는 정확히 하나의 DUID를 가진다. DUID는 클라이언트와 서버가 서로를 식별할 수 있게 한다.
- **IAID (Interface Association Identifier):** IAID는 디바이스, 시스템상에서 특정한 인터페이스를 식별한다. 이전에는 호스트가 오직 하나의 네트워크 인터페이스를 가진다고 가정할 때가 있었다. 현

재는 그렇지 않다. 디바이스는 이더넷 NIC, 무선랜 NIC, Firewire, Bluetooth, USB 등 여러 개의 네트워크 인터페이스를 가진다. DHCPv6 클라이언트 혹은 서버의 각 인터페이스는 IAID를 써서 구분된다.

Verifying the Router as a Stateless DHCPv6 Server

Example 10-5의 라우터 R1을 사용해서 "**show ipv6 dhcp**" 명령과 "**show ipv6 dhcp interface**" 명령은 DHCPv6 서비스를 시험하는 데 사용될 수 있다. "**show ipv6 dhcp**" 명령은 라우터의 DUID를 보여준다. "**show ipv6 dhcp interface**" 명령은 인터페이스의 DHCP 정보를 출력하는 데 사용되며, 이 결과에는 DHCP pools과 rapid-commit 옵션이 사용되는지도 포함된다.

Example 10-5 *Verifying DHCPv6 Services on R1*

```
R1# show ipv6 dhcp
This device's DHCPv6 unique identifier(DUID):
0003000158AC7893DA00
R1#

R1# show ipv6 dhcp interface gigabitethernet 0/0
GigabitEthernet0/0 is in server mode
  Using pool: STATELESS-DHCPv6
  Preference value: 0
  Hint from client: ignored
  Rapid-Commit: disabled
R1#
```

DHCPv6 Options

stateless와 stateful DHCPv6는 다음 두 가지의 옵션을 가지고 있다.

- **rapid-commit:** 이 옵션은 DHCPv6의 메시지 숫자를 4개에서 2개로 줄여준다.
- **relay agent:** 이 옵션은 타 네트워크상에 있는 DHCPv6 서비스에 대한 접근을 가능케 한다.

rapid-commit Option

클라이언트와 서버 사이에서 주고받는 기본적인 DHCPv6 메시지는 4가지이다.(SOLICIT, ADVERTISE, REQUEST, REPLY). rapid-commit 옵션은 4개의 메시지를 2개로 줄여준다.

rapid-commit 동작은 초기 클라이언트 측에서 요청하는 rapid-commit 옵션의 DHCPv6 SOLICIT 메시지로 시작한다. 이것은 Figure 10-3에 설명한 것처럼, DHCPv6 서버에 4개의 메시지 교환을 2개로 줄이기를 원한다는 것을 알린다. 서버에 rapid-commit 옵션이 활성화되어 있으면 rapid-commit 옵션에 할당된 주소를 포함하여 REPLY로 응답한다. 그래서 일반적인 4개 메시지(SOLICIT, ADVERTISE, REQUEST, REPLY) 대신 두 개의 메시지만(SOLICIT, REPLY) 주고받았다.

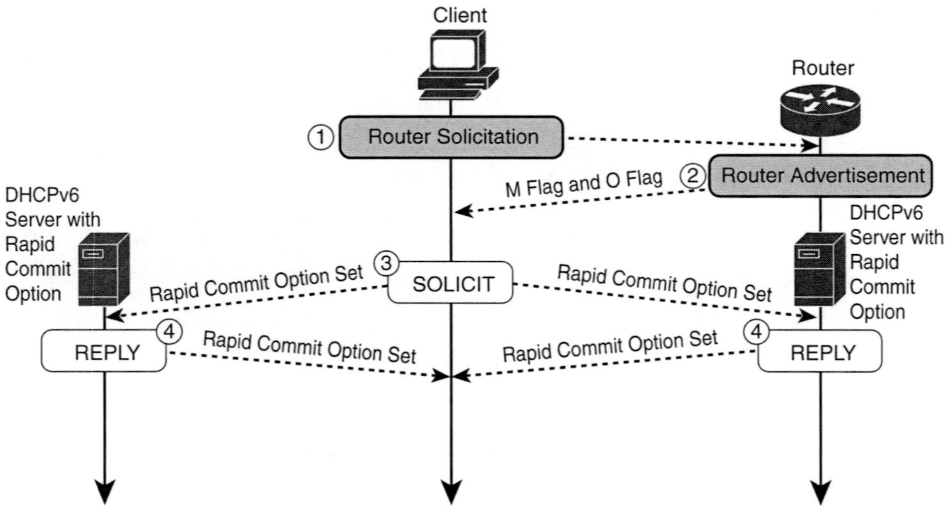

Figure 10-3 *DHCPv6 with Rapid-Commit Option*

rapid-commit 옵션이 사용될 때 서버는 REPLY 메시지를 수신한 클라이언트로부터 더 이상의 수신 확인(confirmation) 메시지를 기다리지 않는다. 그러므로 2대 이상의 서버가 rapid-commit 옵션이 포함된 SOLICIT 메시지에 응답했을 때, 모든 서버는 하나씩의 commit 주소를 제외하게 되며 선택될 하나의 주소를 제외하고 클라이언트에서 결국 사용되지 않을 것이다. 하나의 DHCPv6 서버만 rapid-commit 옵션을 사용하도록 설정하면 미사용 주소의 문제를 최소화할 수 있다. rapid-commit 옵션을 사용하여 SOLICIT 메시지를 보낸 클라이언트는 서버로부터의 응답 메시지 중 rapid-commit 옵션이 설정된 메시지를 선호한다. 만약 클라이언트가 rapid-commit 옵션이 설정된 REPLY 메시지를 받지 못하면, 서버의 ADVERTISE 메시지를 받아서 일반적인 4개 메시지 교환을 진행시킨다.

Configuring the Rapid-Commit Option

"**ipv6 server dhcp server**" 인터페이스 명령에 "**rapid-commit**" 파라미터를 포함하여 라우터에 rapid-option을 활성화할 수 있다. Example 10-6에서 R1 DHCPv6 설정은 rapid-commit를 포함하도록 수정되었다. "**show ipv6 dhcp interface**" 명령으로 이 옵션이 활성화되었는지 확인할 수 있다.

Example 10-6 *Configuring and Verifying the Rapid-Commit Option*

```
R1(config)# interface gigabitethernet 0/0
R1(config-if)# ipv6 dhcp server STATELESS-DHCPv6 rapidcommit
R1(config-if)# end
R1#
R1# show ipv6 dhcp interface gigabitethernet 0/0
GigabitEthernet0/0 is in server mode
  Using pool: STATELESS-DHCPv6
  Preference value: 0
  Hint from client: ignored
  Rapid-Commit: enabled
R1#
```

Example 10-7은 DHCPv6와 기타 관련된 설정을 R1의 running-config를 통해 보여준다.

Example 10-7 *R1's Running Config*

```
R1# show running-config
!
ipv6 unicast-routing
!
ipv6 dhcp pool STATELESS-DHCPv6
 dns-server 2001:DB8:CAFE:1::8888
 domain-name example.com
!
interface GigabitEthernet0/0
 no ip address
 duplex auto
 speed auto
 ipv6 address FE80::1 link-local
 ipv6 address 2001:DB8:CAFE:1::1/64
 ipv6 nd other-config-flag
 ipv6 dhcp server STATELESS-DHCPv6 rapid-commit
!
<output omitted for brevity>
```

Relay Agent Communications

종종 DHCPv6 서버는 클라이언트가 요청하는 주소 및 기타 설정 파라미터와는 다른 네트워크상에 있을 수 있다. 라우터 혹은 relay agent는 서로 다른 네트워크상에 있는 클라이언트와 서버 사이에서 오가는 DHCPv6 메시지를 포워딩하도록 설정될 수 있다. DHCPv4와 시스코 라우터를 다루어 보았다면 DHCPv4에서 사용되는 "ip helper-address" 명령이 친숙할 것이다. 그러나 라우터나 relay agent가 DHCPv6 메시지를 포워딩하는 것은 DHCPv4 메시지를 전달하는 것과는 약간 다르다.

Figure 10-4는 relay agent를 사용하는 DHCPv6 프로세스를 그림으로 그린 것이다. 클라이언트의 관점에서는 아무것도 바뀐 것이 없다. 하나의 라우터만 그렸지만, 클라이언트와 서버 사이 경로상의 relay agent는 하나 이상일 수 있으며 다음 단계에서 보여준다.

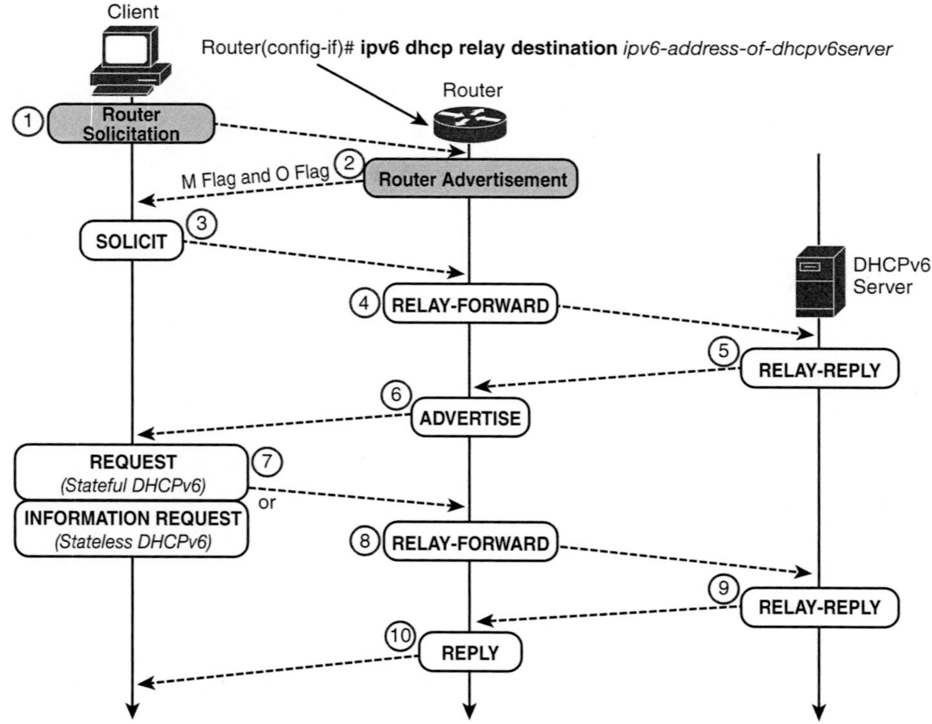

Figure 10-4 *DHCPv6 Relay Agent Communications*

Steps 1-3. 이 단계들(1~3)은 이 전에 설명했던 일반적인 DHCPv6 통신 프로세스와 동일하다. 클라이언트의 SOLICIT 메시지는 명칭이 뜻하는 바대로 DHCPv6 서버와 relay agent를 포함하는 multicast 주소 "ff02::1:2(all-dhcp-relay-agent and servers)"를 향해 보내진다.

Step 4. relay agent는 원본 "SOLICIT"메시지를 포함한 "RELAY-FORWARD" 메시지를 생성하고 "ff05::1:3(all-DHCP-servers, site-local-scope)" 주소를 사용하여 서버로 전달한다. relay agent는 DHCPv6 서버로 패킷을 전달할 때 unicast 주소를 사용하도록 설정될 수 있다.

Step 5. 서버는 "ADVERTISE"를 포함한(encapsulation) "RELAY-REPLY" 메시지로 relay agent에 응답하여 최종 relay agent가 단말에 메시지를 전달할 수 있도록 한다. (rapid-commit 옵션이 사용되면, "RELAY-REPLY" 메시지는 주소와 기타 설정 정보들을 가진 "REPLY" 메시지를 포함한다.)

Step 6. 클라이언트 대향 relay agent(경로상에 하나 이상의 relay agent가 있을 수 있다)가 "RELAY-REPLY"를 수신한다. relay agent는 메시지의 캡슐화를 해제한 후에 클라이언트에 "ADVERTISE"를 전달한다.

Step 7. 클라이언트는 stateful 혹은 stateless DHCPv6 여부에 따라 "REQUEST(stateful)"나 "INFORMATION-REQUEST(stateless)" 메시지를 서버에 보낸다. 이것은 앞 장에서 설명한 것과 같은 프로세스이다.

Step 8. relay agent는 또 하나의 "RELAY-FORWARD" 메시지를 생성하는데 이번에는 "REQUEST"나 "INFORMATION-REQUEST"를 서버에 전달하기 위한 것이다.

Step 9. 서버는 relay agent에 REPLY 메시지가 포함된 "RELAY-REPLY" 메시지로 응답한다.

Step 10. relay-agent는 "RELAY-REPLY"를 수신한다. 마지막 클라이언트 대향 relay agent는 이 메시지의 캡슐화를 해제하여 "REPLY" 메시지로 클라이언트에 전달한다.

DHCPv6 Relay Agent Configuration Commands

라우터를 DHCPv6 relay agent로 설정하기 위해 "**ipv6 dhcp relay destination**" 명령어가 클라이언트 대향 인터페이스에 사용된다. relay 서비스가 인터페이스에 활성화되면 해당 인터페이스에서 유입되는 DHCPv6 메시지는 relay 목적지로 포워딩된다. 수신되는 DHCPv6 메시지는 인터페이스에 수용된 클라이언트에서 온 것이거나, 또 다른 relay agent에서 릴레이 된 것일 수도 있다. Table 10-3은 라우터를 DHCPv6 relay agent로 활성화하는 명령을 보여준다.

Table 10-3 *DHCPv6 Relay Agent Commands*

Command	Description
Router(config)# **interface** *type number*	Specifies an interface type and number and places the router in interface configuration mode. This is the DHCPv6 client-facing interface.
Router(config-if)# **ipv6 dhcp relay destination** *ipv6-address* [*interface-type interface-number*]	Specifies a destination address to which client packets are forwarded and enables DHCPv6 relay service on the interface. The *ipv6-address* parameter defines the relay destination address. There are two types of relay destination address: ■ Link-scoped unicast or multicast IPv6 address. A user must specify an output interface for this kind of address. ■ Global or site-scoped unicast or multicast IPv6 address.

"**ipv6 dhcp relay destination**" 명령에 출력 인터페이스가 지정되지 않으면 IPv6 라우팅 테이블이 출력 인터페이스를 결정한다.

Configuring a Unicast DHCPv6 Relay Agent

Figure 10-5는 DHCPv6 클라이언트인 WinPC와 DHCPv6 서버가 떨어진 네트워크상에 있음을 보여준다.

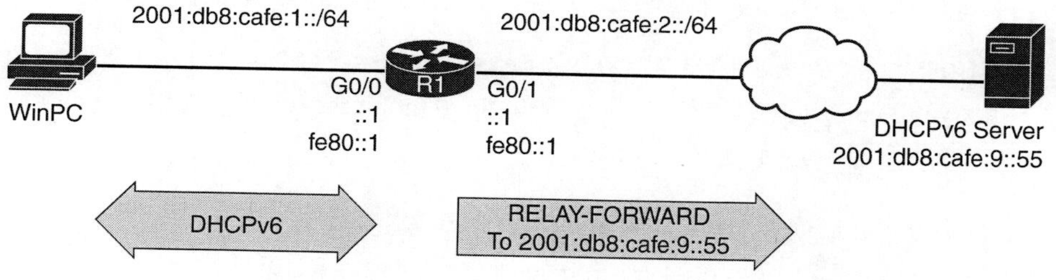

Figure 10-5 *Forwarding DHCPv6 Messages*

Example 10-8은 라우터 R1에 unicast 주소를 사용하여 DHCPv6 relay agent를 설정하는 예를 보여준다. 사전에 "**no ipv6 dhcp server STATELESS-DHCPv6 rapid-commit**" 명령을 써서 R1이 DHCPv6 서버로 동작하지 않도록 비활성화했다. 그렇게 하지 않으면 IOS는 "% Interface in DHCP server mode" 경고 메시지를 보여줄 것이다.

Example 10-8 *Configuring R1 as a DHCPv6 Relay Agent*

```
R1(config)# interface gigabitethernet 0/0
R1(config-if)# no ipv6 dhcp server STATELESS-DHCPv6 rapid-commit
R1(config-if)# ipv6 dhcp relay destination 2001:db8:cafe:9::55
R1(config-if)# end

R1# show ipv6 dhcp interface gigabitethernet 0/0
GigabitEthernet0/0 is in relay mode
  Relay destinations:
    2001:DB8:CAFE:9::55
R1#
```

Example 10-8에서 "**show ipv6 dhcp interface gigabitethernet0/0**" 명령으로 인터페이스가 relay mode로 동작함과 DHCPv6 서버의 주소를 확인할 수 있다.

DHCPv6 서버의 IPv6 주소가 link-local 주소라면 목적지 주소 다음에 출력 인터페이스가 옵션으로 요구된다. link-local 주소들은 라우터의 라우팅 테이블에 없으며 서버는 라우터의 인터페이스상 어느 곳이든 있을 수 있다. 예를 들면:

```
R1(config-if)# ipv6 dhcp relay destination fe80::55 gigabitethernet 0/1
```

Configuring a DHCPv6 Relay Agent Using a Multicast Address

앞의 예제는 DHCPv6 서버의 특정 unicast 주소를 사용하는 relay agent 설정 방법을 보여준다. unicast 주소를 사용하는 대신 relay agent는 "all-DHCPv6-server multicast" 주소를 사용하여 설정될 수 있다. multicast 주소는 다음 둘 중 하나가 될 것이다.

- **ff02::1:2**—*link-local scope* "All-DHCPv6 Server multicast" 주소이다. DHCPv6 메시지는 링크 너머로 라우팅 되지 않는다. 그러므로 DHCPv6 서버는 동일 세그먼트 내에 위치해야 한다.
- **ff05::1:3**—*site-local scope* "All-DHCPv6 Server" multicast 주소이다. 이 경우에 DHCPv6 메시지는 링크 바깥으로 라우팅 될 수 있다. 그러나 "**ipv6 multicast-routing**" 명령을 사용하여 IPv6 multicast 라우팅이 활성화되어 있어야 한다.

multicast 주소의 4번째 16진수 값은 "scope"를 나타낸다. "2"는 link-local scope이고, "5"는 site-local scope이다. Example 10-9는 site-local scope multicast 주소를 사용하여 DHCPv6 relay agent로 동작시키는 R1의 설정을 보여준다.

Example 10-9 *Configuring R1 as a DHCPv6 Relay Agent Using Multicast*

```
R1(config)# ipv6 multicast-routing
R1(config)# interface gigabitethernet 0/0
R1(config-if)# ipv6 dhcp relay destination ff05::1:3
R1(config-if)# end

R1# show ipv6 dhcp interface gigabitethernet 0/0
GigabitEthernet0/0 is in relay mode
  Relay destinations:
    FF05::1:3
R1#
```

Note 이 장의 범위 밖인 보안에 대한 고려(예를 들면 DHCPv6 spoofing 등)와 클라이언트/서버 옵션 설정을 포함한 DHCPv6에 관한 내용이 있다. 이 장의 끝부분에 있는 참조 문서 목록은 몇몇 RFC들과 DHCPv6 관련된 기타 리소스들이다. DHCPv6 설정 또는 프로토콜 자체에 대해 더 많이 알고 싶다면 도움이 될 것이다.

Summary

이 장에서는 동적 주소할당에 사용되는 세 가지 방법 중 하나인 stateless DHCPv6에 집중하여 설명하였다. 다른 두 가지 방법은 SLAAC 및 stateful DHCPv6이다. 9장에서 SLAAC에 대해 배웠던 모든 내용은 stateless DHCPv6를 사용하는 SLAAC에도 적용이 된다.

stateless DHCPv6를 적용하려면 라우터 RA 메시지의 "O" 플래그(Other Configuration flag)를 "1"로 설정하는 것과 stateless DHCPv6 서버 설정이 필요하다.

"O" 플래그를 "1"로 설정하여 stateless DHCPv6 서버에서 여타 다른 설정 정보를 받을 수 있음을 디바이스들에 알린다. "A" 플래그(Address Autoconfiguration flag)는 설정의 기본값인 "1"을 유지하므로 수신 디바이스들은 계속 SLAAC를 사용하여 GUA 주소를 생성한다. "M" 플래그(Managed Address Configuration flag)는 stateful DHCPv6가 필요 없음을 나타내는 "0"으로 설정된 값을 유지한다.

시스코 라우터를 stateless DHCPv6 서버로 설정할 수도 있다. "**ipv6 dhcp pool** *poolname*" 명령으로 DHCPv6 pool을 생성하고 DHCPv6 pool config 모드로 진입한다. "**dns-server** *ipv6-address*"와 "**domain-name** *domain*" 명령은 각기 DNS 서버 목록과 도메인 네임을 설정하는 데 사용된다. 인터페이스 명령 "**ipv6 dhcp server** *poolname*"은 해당 인터페이스에 DHCPv6 서비스를 활성화하기 위해 사용된다.

클라이언트는 SLAAC를 사용하여 global unicast 주소를 생성하고, 디폴트 게이트웨이 주소를 알아내며, MTU 및 on-link 프리픽스 같은 기타 링크 상의 파라미터를 알아낸다. 클라이언트는 stateless DHCPv6를 사용하여 DNS 서버와 도메인 네임과 같은 기타 설정 정보를 받을 수 있다. 클라이언트는 디바이스를 식별하는 단일 DUID(DHCP Unique Identifier, DHCP 고유 식별자)를 갖고 있다. 각 인터페이스는 디바이스의 특정 인터페이스를 구분하는 IAID(Interface Association Identifier)를 가진다.

stateless 및 stateful DHCPv6에는 rapid-commit 옵션과 DHCPv6 릴레이 에이전트의 두 가지 옵션이 있다. rapid-commit 옵션은 DHCPv6 메시지 수를 4개에서 2개로 줄일 수 있게 한다. "**ipv6 server dhcp server**" 인터페이스 명령에 "**rapid-commit**" 명령행 설정을 추가하여 해당 기능을 사용한다.

DHCPv6 클라이언트와 서버가 서로 다른 네트워크에 있는 경우 라우터는 DHCPv6 realy-agent 동작을 할 수 있다. 클라이언트 대향 인터페이스에 "**ipv6 dhcp relay destination**" 명령을 사용하여 클라이언트의 모든 DHCPv6 메시지를 DHCPv6 서버로 포워딩할 수 있다. 목적지 주소는 특정 서버의 unicast 주소 혹은 multicast 주소가 될 수 있다. "all-DHCPv6 servers multicast address"의 link-local scope 주소는 "ff02::1:2"이고, site-local scope이면 "ff05::1:3"이 될 수 있다. site-local scope 주소를 사용하려면 "**ipv6 multicast-routing**" 명령으로 IPv6 multicast를 활성화해야 한다.

Review Questions

1. stateless DHCPv6를 사용하는 SLAAC라면 RA 메시지에는 어떤 플래그를 "1"로 설정해야 하는가?
   a. A 플래그와 M 플래그
   b. A 플래그와 O 플래그
   c. O 플래그와 M 플래그
   d. A 플래그 단독
   e. O 플래그 단독
   f. M 플래그 단독
2. 기본값으로 "1"로 설정되는 RA의 플래그는 무엇인가?
   a. A 플래그와 M 플래그
   b. A 플래그와 O 플래그
   c. O 플래그와 M 플래그
   d. A 플래그 단독
   e. O 플래그 단독
   f. M 플래그 단독
3. "O" 플래그를 "1"로 설정하는 인터페이스 명령은 무엇인가?
4. 다음 중 stateless DHCPv6 서버에서 받을 수 있는 정보는 무엇인가? (2개를 골라라)
   a. Global unicast 주소
   b. 디폴트 게이트웨이 주소
   c. DNS 서버 주소
   d. 도메인 네임
5. 모든 DHCPv6 클라이언트와 서버를 유일하게 식별하는 시스템 식별자는 무엇인가?
6. 특정한 DHCPv6 인터페이스를 식별하는 시스템 식별자는 무엇인가?

7. rapid-commit 옵션을 사용할 때 클라이언트와 서버 간에는 어떠한 DHCPv6 메시지가 보내지는가? (2개를 골라라)
   a. ADVERTISE
   b. REPLY
   c. REQUEST
   d. SOLCIT
8. 어떨 때 라우터를 DHCPv6 릴레이 에이전트로 설정하는가?
9. DHCPv6 서버에 link-local 주소를 사용할 때 DHCPv6 릴레이 에이전트의 설정에 필요한 것은 무엇인가?
10. "**ipv6 dhcp relay destination**" 명령에서 사용할 수 있는 2개의 "all-DHCPv6 server multicast addresses" 주소는 무엇인가?

References

RFCs

RFC 3315, *Dynamic Host Configuration Protocol for IPv6 (DHCPv6)*, R. Droms, Cisco Systems, www.ietf.org/rfc/rfc3315, July 2003.

RFC 3736, *Stateless Dynamic Host Configuration Protocol (DHCP) Service for IPv6*, R. Droms, Cisco Systems, www.ietf.org/rfc/rfc3736, April 2004.

Websites

Cisco IPv6 Access Services: DHCPv6 Relay Agent, www.cisco.com/c/en/us/td/docs/ios-xml/ios/ipaddr_dhcp/configuration/xe-3s/dhcp-xe-3s-book/ip6-dhcp-rel-agent-xe.pdf.

IPv6 Implementation Guide, Cisco IOS Release 15.2M&T, www.cisco.com/c/en/us/td/docs/ios-xml/ios/ipv6/configuration/15-2mt/ipv6-15-2mt-book/ip6-dhcp.html#GUID-DB359FCB-5AEB-44AD-B2BD-3527A2148872.

Cisco IOS IPv6 Command Reference, www.cisco.com/c/en/us/td/docs/ios-xml/ios/ipv6/command/ipv6-cr-book.html.

Chapter 11

앞선 장에서 동적 IPv6 주소할당의 기본과 주소 정보를 동적으로 할당하는 처음 두 가지 방법, 즉 SLAAC과 stateless DHCPv6에 관해 설명했다. 이번 장에서는 세 번째 방법인 stateful DHCPv6에 중점을 두고 설명을 하겠다. 다시 한번 말하지만, 주소를 할당하는 데에는 세 가지 방법이 있다.

- **Method 1:** Stateless Address Autoconfiguration(SLAAC)
- **Method 2:** SLAAC와 Stateless DHCPv6 서버
- **Method 3:** Stateful DHCPv6 서버

처음 두 가지 방법과는 달리 stateful DHCPv6에서는 SLAAC을 사용하여 global unicast 주소를 생성하지 않는다.[1] stateful DHCPv6는 IPv4에서 사용하는 DHCP 서비스와 유사하다. stateful DHCPv6 서버는 클라이언트에 IPv6 GUA 주소를 할당하고 어느 디바이스에 어떤 IPv6 주소를 할당했는지(즉, 상태 정보를 유지함) 추적(keep track)한다.

Note 드문 일이긴 하지만, stateful DHCPv6 서버가 ULA 주소를 클라이언트에 할당하는 용도로 사용될 수도 있다.

stateful DHCPv6와 DHCPv4 사이에 가장 중요한 차이점은 디폴트 게이트웨이의 광고 여부이다. IPv4에서 DHCPv4 서버는 보통 디폴트 게이트웨이 주소를 제공한다. IPv6에서는 라우터가 보내는 ICMPv6 RA 메시지가 디폴트 게이트웨이의 주소를 동적으로 제공한다. DHCPv6에서는 디폴트 게이트웨이 정보를 단말에 알려주는 옵션이 아예 없다. 더구나 라우터가 제공하는 디폴트 게이트웨이 주소 정보보다 더 정확한 방법이 있을 수 없다.

Note DHCPv6은 RFC 3315 "*Dynamic Host Configuration Protocol for IPv6 (DHCPv6)*"에서 정의되었다.

---

1 추가로 생성할 수는 있다.-옮긴 이

DHCPv6의 프리픽스 위임 옵션(DHCPv6-PD)은 ISP가 전세계적으로 라우팅 가능한 IPv6 프리픽스를 고객 디바이스에 위임하는 방법을 제공한다. 대부분 IPv4 고객 네트워크는 IPv4 주소의 제한된 숫자 때문에 NAT에 의존하고 있다. DHCPv6-PD는 NAT가 필요하지 않을 만큼 충분한 global unicast 주소 공간을 제공한다. 고객은 어디서건 10억부터 43억 개까지의 /64 서브넷을 부여받을 수 있다. 이 장에서는 DHCPv6 프리픽스 위임 프로세스에 관해 설명하고 ISP와 고객 라우터의 예제 구성을 배워 볼 것이다.

Stateful DHCPv6 Messages and Process

8장 "Basics of Dynamic Addressing in IPv6"에서 stateful 및 stateless DHCPv6 메시지에 관해 설명했다. Figure 11-1은 stateful DHCPv6 메시지에 관한 개요와 이 프로세스에서 사용되는 단계를 설명한다.

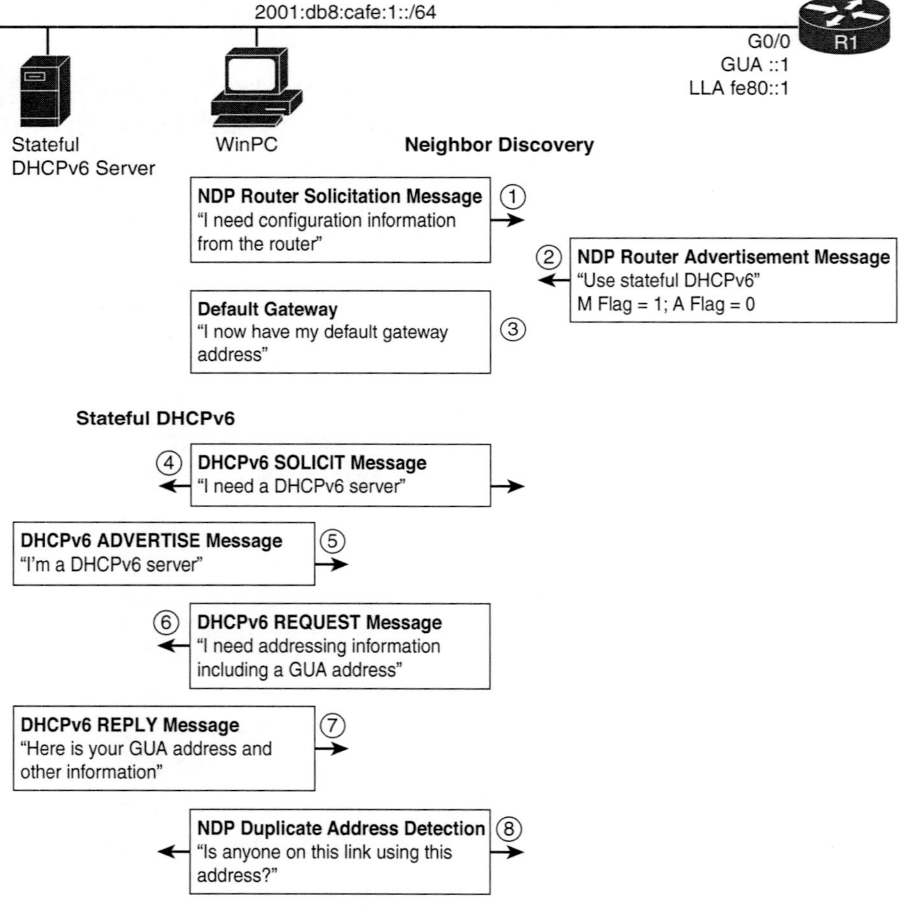

Figure 11-1 *Stateful DHCPv6 Operations*

Figure 11-1에 그려진, stateful DHCPv6를 사용하는 단계에 관해 설명한다.

Step 1. WinPC는 라우터의 Router Advertisement 메시지를 요청하는 ICMPv6 Router Solicitation 메시지를 보낸다.

Step 2. 라우터 R1은 Router Advertisement 메시지의 "M" 플래그(Managed Address Configuration flag)를 "1"로 설정하여 송신한다. 이것은 호스트에게 주소 정보와 기타 설정 정보를 받기 위해 stateful DHCPv6를 사용하라고 권고한다. "A" 플래그(Address Autoconfiguration flag)는 "0"으로 설정되어 SLAAC가 필요하지 않음을 호스트에 알린다. (이 장의 뒷부분에서 "A" 플래그를 "0"으로 설정하는 것의 중요성에 관해 설명할 것이다.)

"O" 플래그(Other Configuration flag)는 기본값 "0"으로 설정되며, 이는 "M" 플래그가 "1"로 설정되면 무효가 된다. (RA 메시지의 내용은 다음 절에서 Wireshark를 사용하여 설명한다)

Step 3. RA를 받으면 WinPC는 IPv6 패킷의 송신 주소인 "fe80::1"을 디폴트 게이트웨이로 사용한다. "A" 플래그가 "0"이기 때문에 WinPC는 SLAAC를 수행하지 않는다.

Step 4. RA 메시지의 "M" 플래그가 "1"일 때 주소와 기타 정보를 stateful DHCPv6 서버로부터 받아야 한다고 알려주는 것이다. WinPC는 DHCPv6 SOLICIT 메시지를 "ff02::1:2(all-DHCPv6-server multicast 주소)"로 보내어 DHCPv6 서비스를 찾는다.

Step 5. 하나 이상의 DHCPv6 서버가 자신이 DHCPv6 서비스가 가능하다고 알리는 DHCPv6 ADVERTISE 메시지로 응답한다.

Step 6. WinPC는 선택된 서버에 주소와 기타 설정 정보를 요청하는 REQUEST 메시지를 보내어 응답한다.

Step 7. stateful DHCPv6 서버는 global unicast 주소와 기타 설정 정보를 담은 REPLY 메시지로 응답한다.

Step 8. WinPC는 stateful DHCPv6 서버에서 받은 주소에 대해 DAD를 수행하여 이 주소가 유일한지 확인한다.

Note DHCPv6 메시지에 관한 상세한 내용은 8장에서 설명한다.

Implementing Stateful DHCPv6

이 절에서 stateful DHCPv6를 수행하는 프로세스와 설정을 확인한다. stateful DHCPv6를 수행하기 위해서 다음과 같은 것이 필요하다.

- "M" 플래그 "1", "A" 플래그 "0"으로 라우터의 RA 메시지를 설정
- stateful DHCPv6 서버를 설정

다음 절에서 Figure 10-2의 토폴로지를 사용하여 stateless DHCPv6 서버로 라우터 R1을 설정하는 것을 포함한 두 개의 설정을 보여준다.

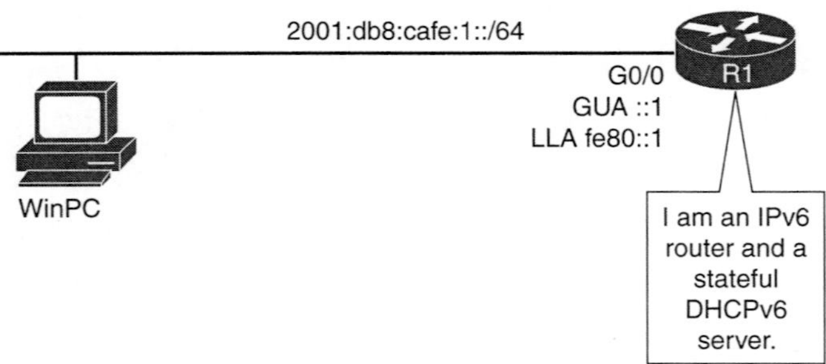

Figure 11-2 *Topology for Stateful DHCPv6 Configuration*

Configuring the RA Message M Flag and A Flag

"M" 플래그(Managed Address Configuration flag)의 기본값은 "0"이다. "M" 플래그를 "1"로 설정하려면 다음 인터페이스 명령어를 사용한다.

```
Router(config-if)# ipv6 nd managed-config-flag
```

"M" 플래그는 RA를 수신하는 호스트에 stateful DHCPv6 서비스 사용을 권고한다. 이 명령의 "**no**" 옵션을 사용하여 디폴트 값인 "0"으로 플래그를 되돌릴 수 있다.

Setting the M Flag to 1 with an A Flag Set to 1

"A" 플래그를 "0"으로 설정하기 전에 만약 "M" 플래그가 "1"이고, "A" 플래그가 디폴트 값인 "1"로 그대로 두면 어떤 결과가 나올지 알아보자.

"M" 플래그가 "1"이더라도 "A" 플래그가 "1"로 설정되어 있을 때 몇몇 OS(Windows, Ubuntu Linux 등)는 stateful DHCPv6를 통해 GUA 주소를 할당받는 동시에 SLAAC를 사용하여 추가적인 주소를 생성한다. 이것은 호스트가 적어도 두 개의 global unicast 주소를 가지고 있게 된다는 것을 의미한다. 하나는 stateful DHCPv6 서버로부터 받은 것이고 또 다른 하나는 SLAAC를 사용해서 자체적으로 생성한 것이다. 라우터 R1에 stateful DHCPv6 서버를 설정하였다고 가정하면 Example 11-1의 WinPC는 3개의 global unicast 주소를 갖게 된다.

- **2001:db8:cafe:1:d0f8:9ff6:4201:7086**—GUA 주소가 SLAAC를 통해서 생성되었다. 이것은 *public* 주소이다.
- **2001:db8:cafe:1:deed:3b2f:a6bc:ef77**—stateful DHCPv6 서버를 통해 할당받은 GUA 주소이다.
- **2001:db8:cafe:1:f8b6:2536:ce2c:c53a**—GUA 주소가 SLAAC를 통해서 하나 더 생성된다. 이 주소는 WinPC가 SLAAC privacy 확장을 수행하므로 생성된 *temporary* 주소이다.

Example 11-1 *WinPC with GUA Addresses from SLAAC and Stateful DHCPv6*

```
WinPC> ipconfig
Ethernet adapter Local Area Connection:
   Connection-specific DNS Suffix  . :
   IPv6 Address. . . . . . . . . . . : 2001:db8:cafe:1:d0f8:9ff6:4201:7086
   IPv6 Address. . . . . . . . . . . : 2001:db8:cafe:1:deed:3b2f:a6bc:ef77
   Temporary IPv6 Address. . . . . . : 2001:db8:cafe:1:f8b6:2536:ce2c:c53a
   Link-local IPv6 Address . . . . . : fe80::d0f8:9ff6:4201:7086%11
   Default Gateway . . . . . . . . . : fe80::1
<output omitted for brevity>
```

전부는 아니더라도 stateful DHCPv6를 채택한 많은 환경에서 단말들이 stateful DHCPv6에서만 주소를 할당받도록 하는 주소 할당 정책을 시행하고 있다. 이들 네트워크에서는 네트워크상의 IP 주소를 추적하고 관리하기 위해 stateful DHCP 서버의 서비스를 사용하는 것이 일반적이다. 이런 경우에 네트워크 관리자들은 단말들이 임의로 IP 주소를 생성하기를 원하지 않는다. 그래서 "A" 플래그를 "0"으로 설정하여 SLAAC 프로세스를 제거하기를 원한다.

인터페이스에서 송신되는 RA 메시지를 라우터가 송신하지 못하게 하거나, RA 메시지 속의 프리픽스를 제거하면 호스트가 SLAAC를 사용하지 못하리라 생각할 수도 있다. 정말 그렇게 되긴 하지만, 그렇게 하면 의도하지 않았던 결과가 나올 수 있다.

Note "A" 플래그가 "1"로 설정되면 호스트는 SLAAC를 사용하여 추가적인 GUA 주소를 생성한다. DAD는 이들 주소가 유일한지 확인하기 위해 실행된다.

Consequences of Disabling the RA Message or Omitting the Prefix

Example 11-1에서 WinPC는 stateful DHCPv6 서버로부터 주소를 할당받고도 자체적인 SLAAC를 사용하여 두 개의 추가적인 GUA 주소를 생성했다. 디바이스가 SLAAC를 통한 추가적인 GUA를 생성하지 않도록 하려면 가장 좋은 방법은 "A" 플래그를 "0"으로 설정하는 것이다. 어떻게 그렇게 하는지 곧 알게 될 것이다.

왜 단순히 라우터 R1의 G0/0에서 송신하는 RA를 막지 않는가? RA 메시지는 디바이스를 위한 2가지 중요한 정보를 제공하고 이 정보는 DHCPv6 서버로부터 동적으로 받을 수 없다는 사실을 상기하라.

- **Default gateway address:** 이 주소는 또 다른 링크 혹은 서브넷(off-link)상의 목적지 IPv6 주소로 패킷을 포워딩하는 데 사용되는 주소이다. 이 정보가 없다면, 디바이스는 원격 네트워크의 디바이스들과 통신할 수 없다.
- **On-link 프리픽스:** "L" 플래그(On-Link flag)는 특정한 프리픽스가 이 링크 혹은 서브넷상에 있는 것임을 알려준다. 이 정보가 없으면 모든 패킷이 디폴트 게이트웨이로 보내진다.

위에서 알아본 대로, RA 메시지를 비활성화하는 것은 바람직하지 않은 결과를 낳는다. RA 메시지는 그대로 송신하지만, RA 메시지 속의 프리픽스를 생략하면, 디바이스가 디폴트 게이트웨이는 이상 없이 확인하고 SLAAC는 동작하지 않지 않을까?

RA 메시지는 보내면서 프리픽스를 생략하는 방법도 프리픽스와 "L" 플래그 사이의 관계 때문에 문제를 유발한다. 만약 그렇게 한다면 디바이스는 on-link 프리픽스 정보를 받을 수 없어 모든 패킷이 디폴트 게이트웨이로 향하는 결과가 나온다. RA 메시지의 프리픽스가 기본값인 "L" 플래그 "1"로 설정된 채 송신될 때 디바이스에 이 프리픽스가 "on-link" 즉 "로컬 서브넷"이라고 알려주는 것이다. 이 프리픽스를 사용하는 다른 디바이스와의 통신은 라우터(디폴트 게이트웨이)를 통하지 않고 직접 이루어진다.

"L" 플래그와 함께 프리픽스가 생략된다면 단말은 모든 패킷을 라우터로 보낸다. 라우터가 수신해서 동일한 인터페이스로 되돌려 보내는 모든 패킷에 대해(송신 호스트와 수신 호스트가 같은 링크에 있는 경우, 프리픽스와 L 플래그가 생략된 결과) 라우터는 송신 주소로 호스트가 수신 주소와 직접 통신을 할 수 있음을 알리는 "redirect" 메시지를 보낸다. 이렇게 되면 네트워크상의 라우터가 많은 양의 redirect 메시지를 생성해야 하는 추가적인 부작용이 생긴다.

간단하게 말해서 특별한 사유가 있고 그 결과를 명확하게 알고 있지 않은 한 인터페이스상에서 송신되는 RA 메시지를 비활성화하거나 광고되는 프리픽스를 생략해서는 안 된다.

Note 9장에서 L 플래그 및 RA 메시지 억제를 더 자세히 설명한다.

Setting the M Flag to 1 and Modifying the A Flag to 0

앞서 언급한 것처럼 stateful DHCPv6를 사용할 때 가장 좋은 방법은(적어도 일반적인 방법은) "M" 플래그를 "1"로, "A" 플래그를 "0"으로 설정하는 것이다.

호스트가 stateful DHCPv6 서버의 서비스를 사용할 것을 권고하는 "M" 플래그를 "1"로 설정하는 방법에 대해 앞서 보았었다. "A" 플래그(Address Autoconfiguration flag)를 "0"으로 설정하는 명령은 다음과 같다.

```
Router(config-if)#  ipv6 nd prefix ipv6-prefix/prefix-length no-autoconfig
```

Example 11-2는 "M" 플래그를 "1"로, "A" 플래그를 "0"로 설정한 R1의 G0/0 인터페이스 설정을 보여준다. "**show ipv6 interface gigbabitethernet 0/0**" 명령은 RA 메시지가 변경된 것을 확인하는 데 사용된다.

Example 11-2 *Configuring R1's G0/0 Interface M Flag to 1 and A Flag to 0*

```
R1(config)# interface gigabitethernet 0/0
R1(config-if)# ipv6 nd managed-config-flag
R1(config-if)# ipv6 nd prefix 2001:db8:cafe:1::/64 noautoconfig
R1# show ipv6 interface gigabitethernet 0/0
GigabitEthernet0/0 is up, line protocol is up
  IPv6 is enabled, link-local address is FE80::1
  No Virtual link-local address(es):
 Global unicast address(es):
   2001:DB8:CAFE:1::1, subnet is 2001:DB8:CAFE:1::/64
 Joined group address(es):
```

```
      FF02::1
      FF02::2
      FF02::D
      FF02::16
      FF02::FB
      FF02::1:2
      FF02::1:FF00:1
      FF05::1:3
  MTU is 1500 bytes
  ICMP error messages limited to one every 100 milliseconds
  ICMP redirects are enabled
  ICMP unreachables are sent
  Output features: MFIB Adjacency
  ND DAD is enabled, number of DAD attempts: 1
  ND reachable time is 30000 milliseconds (using 30000)
  ND advertised reachable time is 0 (unspecified)
  ND advertised retransmit interval is 0 (unspecified)
  ND router advertisements are sent every 200 seconds
  ND router advertisements live for 1800 seconds
  ND advertised default router preference is Medium
  Hosts use DHCP to obtain routable addresses.
R1#
```

"**show ipv6 interface gigabitethernet 0/0**" 명령의 출력 행은 호스트가 어떻게 주소 정보를 얻는지 표시한다.

```
Hosts use DHCP to obtain routable addresses.
```

위의 결과는 "M" 플래그가 "1"임을 표시하고 수신 단말이 GUA와 기타 설정 정보를 위해 stateful DHCPv6 서버의 서비스를 사용하라고 알려주는 것이다.

R1의 "debug ipv6 nd" 명령 결과를 Example 11-3에서 보여준다. "M" 플래그와 "A" 플래그를 확인할 수 있다. 강조 표시된 "Managed address"로 "M" 플래그가 활성화("1"로 설정)되었음을 알 수 있다. 출력에서 "A" 플래그("[A]")는 없으므로 비활성화되었음("0"으로 설정)을 알 수 있다.

Example 11-3 *Output from R1's* ***debug ipv6 nd*** *Command*

```
R1# debug ipv6 nd
  ICMP Neighbor Discovery events debugging is on
*Dec 28 20:02:35.490: ICMPv6-ND: (GigabitEthernet0/0,FE80::1) send RA to FF02::1
*Dec 28 20:02:35.490: ICMPv6-ND:   Managed address
*Dec 28 20:02:35.490: ICMPv6-ND: (GigabitEthernet0/0,FE80::1) Sending RA (1800/M) to
                                 FF02::1
*Dec 28 20:02:35.490: ICMPv6-ND:   MTU = 1500
*Dec 28 20:02:35.490: ICMPv6-ND:   prefix 2001:DB8:CAFE:1::/64 [L]
                                   2592000/604800
R1# undebug all
```

Wireshark Analysis of Router Advertisement: Stateful DHCPv6

Example 11-4의 R1 ICMPv6 Router Advertisement 메시지에 대한 Wireshark 분석으로 앞서 debug 출력 결과를 다시 확인할 수 있다. 이것은 이전의 장에서 보여준 RA 메시지와 유사하다. 예제에서 강조 표시된 "1"로 설정된 "M" 플래그와 "0"으로 설정된 "A" 플래그를 주목하라.

또 Example 11-4의 RA 메시지에 프리픽스 "2001:db8:cafe:1::"가 포함되어 있고, on-link(L) 플래그가 "1"인 것도 확인하라.

ICMPv6 Router Advertisement 메시지는 IPv6 헤더에 캡슐화된다.(Example 11-4에는 표시되지 않았다):

- **Source Address:** fe80::1 (이것은 R1의 Link-Local 주소이다.)
- **Destination Address:** ff02::1 (이것은 all-IPv6 devices multicast group이거나 solicited unicast가 될 수도 있다.)
- **Next Header:** 0x3a (Next Header는 ICMPv6 header이며, 10진수로 58이다.)

Example 11-4 *Wireshark Analysis of R1's Router Advertisement*

```
Internet Control Message Protocol v6
    Type: Router Advertisement (134)
    Code: 0
    Checksum: 0x796a [correct]
    Cur hop limit: 64
    Flags: 0xc0
        1... .... = Managed address configuration: Set
        .0.. .... = Other configuration: Not set
        ..0. .... = Home Agent: Not set
        ...0 0... = Prf (Default Router Preference): Medium (0)
        .... .0.. = Proxy: Not set
        .... ..0. = Reserved: 0
   Router lifetime (s): 1800
   Reachable time (ms): 0
   Retrans timer (ms): 0
   ICMPv6 Option (Source link-layer address : 58:ac:78:93:da:00)
        Type: Source link-layer address (1)
        Length: 1 (8 bytes)
        Link-layer address: 58:ac:78:93:da:00 (58:ac:78:93:da:00)
    ICMPv6 Option (MTU : 1500)
        Type MTU (5)
        Length: 1 (8 bytes)
        Reserved
        MTU: 1500
    ICMPv6 Option (Prefix information : 2001:db8:cafe:1::/64)
        Type: Prefix information (3)
        Length: 4 (32 bytes)
        Prefix Length: 64
        Flag: 0xc0
```

```
        1... .... = On-link flag(L): Set
        .0.. .... = Autonomous address-configuration flag(A): Not set
        ..0. .... = Router address flag(R): Not set
        ...0 0000 = Reserved: 0        Valid Lifetime: 2592000
    Preferred Lifetime: 604800
    Reserved
    Prefix: 2001:db8:cafe:1:: (2001:db8:cafe:1::)
```

Configuring a Router as a Stateful DHCPv6 Server

시스코 IOS 라우터에 stateful DHCPv6 서버를 설정하는 절차는 stateless DHCPv6 서버를 설정하는 절차와 유사하다.

Step 1. 설정 파라미터로 DHCPv6 서버 pool 명을 설정한다.

Step 2. 인터페이스에 DHCPv6 서버 pool을 활성화한다.

Table 11-1은 첫 번째 단계로 DHCPv6 pool을 생성하는 명령을 보여주며 가능한 몇 가지 설정 파라미터를 지정한다. stateless와 stateful 설정 차이는 "**address prefix**" 명령이 추가된다는 것이다. 이 명령은 이 절의 다음 부분에서 좀 더 자세히 확인하겠다.

Table 11-1 *Stateless DHCPv6 Configuration Pool Commands*

Command	Description
Router(config)# **ipv6 dhcp pool** *poolname*	Creates a DHCPv6 pool and enters DHCPv6 pool configuration mode.
Router(config-dhcp)# **address prefix** *ipv6-prefix/prefix-length [* **lifetime** *{ valid-lifetime preferred-lifetime |* **infinite** *}]*	Specifies the IPv6 prefix that will be used to allocate IPv6 addresses. **lifetime** (optional) specifies a time interval (in seconds) that an IPv6 address prefix remains in the valid state. If the **infinite** keyword is specified, the time interval does not expire.
Router(config-dhcp)# **dns-server** *ipv6-address*	Specifies the IPv6 DNS servers available to a DHCPv6 client.
Router(config-dhcp)# **domain-name** *domain*	Configures a domain name for a DHCPv6 client.

Note 전체 DHCPv6 설정 옵션 및 명령은 "www.cisco.com/c/en/us/td/docs/ios-xml/ios/ipv6/configuration/15-2mt/ipv6-15-2mt-book/ip6-dhcp.html"의 "*시스코 IPv6 구현 가이드* Implementing DHCP for IPv6" 장을 참고하라.

두 번째 단계에서 "**ipv6 dhcp server**" 인터페이스 명령을 사용하여 인터페이스에 DHCPv6 서비스를 활성화한다. 이것은 10장 "Stateless DHCPv6"에서 stateless DHCPv6를 위해 사용한 명령어와 동일하다. Table 11-2에서 DHCPv6 pool과 인터페이스를 서비스를 지정하기 위해 사용하는 명령을 보여준다.

Table 11-2 *Associating the DHCPv6 Pool with an Interface*

Command	Description
Router(config)# **interface** *type number*	Specifies an interface type and number and places the router in interface configuration mode.
Router(config-if)# **ipv6 dhcp server** *poolname* [**rapid-commit**]	Enables DHCPv6 service on an interface. *poolname* (optional) is a user-defined name for the local prefix pool. The pool name can be a symbolic string (such as Engineering) or an integer (such as 0). **rapid-commit** (optional) allows the two-message exchange method for prefix delegation.

라우터 R1을 stateful DHCPv6 서버로 동작시키기 위한 설정은 Example 11-5에서 *poolname*을 강조해 보여준다. 우리는 DHCPv6 서비스의 유형을 기술하는 *poolname*을 사용했다는 것을 주목하라.

Example 11-5 *Stateful DHCPv6 Configuration on R1*

```
! Configure the stateful DHCPv6 server pool
R1(config)# ipv6 dhcp pool STATEFUL-DHCPv6
R1(config-dhcpv6)# address prefix 2001:db8:cafe:1:deed::/80
R1(config-dhcpv6)# dns-server 2001:db8:cafe:1::8888
R1(config-dhcpv6)# domain-name example.com
R1(config-dhcpv6)# exit

! Set the M flag to 1, the A flag to 0 and enable DHCPv6 service on the interface
R1(config)# interface gigabitethernet 0/0
R1(config-if)# ipv6 nd managed-config-flag
R1(config-if)# ipv6 nd prefix 2001:db8:cafe:1::/64 noautoconfig
R1(config-if)# ipv6 dhcp server STATEFUL-DHCPv6
R1(config-if)#
```

"**ipv6 dhcp pool STATEFUL-DHCPv6**" 명령으로 DHCPv6 pool "STATEFUL-DHCPv6"를 생성하고 DHCPv6 pool config 모드로 진입한다. *poolname*은 단지 명칭일 뿐이며, 라우터가 stateful 혹은 stateless 서버로 동작할지 결정하는 것은 아니다. "**address prefix**" 명령이 라우터가 stateful DHCPv6 서버로 동작하게 하고 IPv6 주소를 할당하게 하는 명령이다. 이 명령은 다음 절에서 다룬다. 이 예에서 "**address prefix**" 명령으로 /80 프리픽스 길이를 사용했다는 데에 주목하라. 프리픽스 길이는 pool 내에서 사용할 수 있는 주소의 수를 지시한다. 이것도 다음 절에서 다룬다.

"**dns-server 2001:Db8:cafe:1::8888**" 명령으로 DNS 서버의 주소를 지정하고 DHCPv6 클라이언트를 위한 도메인 네임을 **example.com**으로 설정했다.

"**ipv6 dhcp pool STATELESS-DHCPv6**" 인터페이스 명령은 클라이언트가 수용된 인터페이스에 DHCPv6 서비스를 활성화하고 pool "STATELESS-DHCPv6"을 연결한다. M 플래그를 "1"로, A 플래그를 "0"으로 설정하였다.

The Address Prefix Command

시스코 라우터에서 IPv4 DHCP 서버를 설정하는 데 익숙하다면 IOS는 IPv4 프리픽스를 따로 지정하지 않는다는 것을 기억할 것이다. IOS의 DHCPv4 구현에서 라우터의 인터페이스에 설정된 주소의 프리픽스를 할당할 주소의 프리픽스로 사용한다. 대역 내 IP 주소를 할당에서 제외하고자 한다면, "**ip dhcp excluded-address** *start-IPv4-address end-IPv4-address*" 명령을 사용한다. 이렇게 해서 서버나 프린터 등의 디바이스에 수동 설정된 주소를 라우터가 할당하지 않도록 한다.

시스코 IOS를 DHCPv6 서버로 사용할 때는 약간 다르게 동작한다. "**address prefix** *ipv6-prefix/prefix-length*" 명령이 라우터 상에 stateful DHCPv6 서비스를 실행하기 위해 사용된다. "*ipv6-prefix/prefix-length*" 옵션은 할당에 사용되는 프리픽스를 상세 정의한다. 서버는 "*prefix-length*" 뒤의 남아있는 bit를 사용해 동적으로 주소를 할당한다.

예를 들면, 다음 명령어를 보라.

```
R1(config-dhcpv6)# address prefix 2001:db8:cafe:1::/64
```

이 예에서 라우터 R1은 2001:db8:cafe:1::/64 프리픽스로 시작하는 주소를 할당한다. DHCPv6 서버로 동작하는 IOS에 의해 남아있는 64bit가 할당에 사용된다.

DHCPv4와는 다르게 DHCPv6는 할당에서 제외할 주소를 명시적으로 지시하는 메커니즘이 없다. 대신 "**address prefix**" 명령으로 사용할 프리픽스를 지정해야 한다. 이것을 이렇게 정리할 수 있다.

- IOS 라우터를 DHCPv4 서버로 사용할 때 *제외*할 주소를 지정할 수 있고 다른 모든 주소는 *할당*에 사용된다.
- IOS 라우터를 DHCPv6 서버로 사용할 때 *할당*에 사용할 주소를 지정할 수 있고 다른 모든 주소는 *제외*된다.

"**address prefix 2001:db8:cafe:1::/64**" 명령을 사용할 때, 수동 설정된 주소와 충돌될 가능성이 있을까? /64 프리픽스로 18 quintillion(1,800경) 개의 주소를 할당할 수 있다. 그래서 실제적으로 충돌의 가능성은 거의 없다. DAD(Duplicate Address Detection)는 주소의 유일함을 확인하기 위해 unicast 주소에 대해 실행된다. 이것은 어떤 잠재적인 문제를 피하고 동시에 stateful DHCPv6 서버에 의해 할당되는 주소를 쉽게 식별하기 위해 여전히 최고의 방법이다.

Example 11-5에서 /80 프리픽스를 사용했음을 확인하라.

```
R1(config-dhcpv6)# address prefix 2001:db8:cafe:1:deed::/80
```

이 명령은 주로 DHCPv6 서버로부터 할당받을 주소를 쉽게 구분하고 동시에 주소가 충돌할 미세한 가능성을 피하고자 수행된다. /80 프리픽스를 사용해서 "2001:db8:cafe:1:deed"의 처음 80bit에 해당하는 IP를 할당한다. 남은 48bit로 "2001:db8:cafe:1:deed:0:0:0"에서 "2001:db8:cafe:1:deed:fff:fff:ffff"까지 동적으로 할당된다.

Note 인터페이스에 설정된 프리픽스 길이는 여전히 /64이다. /80은 사용할 수 있는 주소 pool을 지시하는 것이다.

위에서 알 수 있듯이 DHCPv6에서는 인터페이스 ID의 선행 bit를 포함하는 프리픽스를 구체적으로 설정할 수 있다. 다음 절에서 클라이언트 주소를 확인하는 방법을 알게 될 것이다.

Verifying Stateful DHCPv6 on a Windows Client

Example 11-6에서 "**ipconfig /all**" 명령을 실행해서 WinPC의 주소와 기타 설정 정보를 보여준다. Example 11-5의 /80 설정으로 프리픽스의 선행 80bit가 "2001:db8:cafe:1:deed"인 IPv6 global unicast 주소 하나를 할당받았음을 확인하라. 출력 결과에는 주소 대여가 시작된 때와 만료될 때의 정보도 포함된다. "A" 플래그가 "0"이므로 WinPC는 SLAAC를 통해 어떤 주소도 생성하지 않는다.

기타 IPv6 DNS 서버 주소 "2001:db8:cafe:1::8888"과 DNS 서픽스(suffix, 즉 domain name)인 example.com 정보도 표시되어 있다. DHCPv6 IAID와 DUID도 표시되었고, 10장에서 설명했다.

Example 11-6 *WinPC* ***ipconfig /all*** *Command*

```
WinPC> ipconfig /all
<output omitted for brevity>
Ethernet adapter Local Area Connection:

   Connection-specific DNS Suffix  . :
   Description . . . . . . . . . . . : Intel(R) PRO/1000 MT Network Connection
   Physical Address. . . . . . . . . : 00-50-56-AF-97-68
   DHCP Enabled. . . . . . . . . . . : Yes
   Autoconfiguration Enabled . . . . : Yes
   IPv6 Address. . . . . . . . . . . : 2001:db8:cafe:1:deed:3b2f:a6bc:ef77
                                       <Preferred>
   Lease Obtained  . . . . . . . . . : Wednesday, December 28, 2016, 2:00:38 PM
   Lease Expires . . . . . . . . . . : Friday, December 30, 2016, 9:57:16 AM
   Link-local IPv6 Address . . . . . : fe80::d0f8:9ff6:4201:7086%11<Preferred>
   Default Gateway . . . . . . . . . : fe80::1%11
   DHCPv6 IAID . . . . . . . . . . . : 234901590
   DHCPv6 Client DUID. . . . . . . . : 00-01-00-01-1A-5F-DA-B3-00-50-56-8C-C0-45
   DNS Servers . . . . . . . . . . . : 2001:db8:cafe:1::8888
   Connection-specific DNS Suffix Search List : example.com
```

Verifying the Router as a Stateful DHCPv6 Server

Example 11-7에서 "**show ipv6 dhcp**"와 "**show ipv6 dhcp interface**" 명령으로 라우터 R1의 DHCPv6 서비스를 확인한다. "**show ipv6 dhcp**" 명령은 라우터의 DUID를 보여준다. "**show ipv6 dhcp interface**" 명령으로 인터페이스의 DHCPv6 정보를 출력할 수 있으며, 관련된 DHCPv6 pool 정보와 rapid-commit 옵션이 사용되었는지도 확인할 수 있다.

Example 11-7 *Verifying DHCPv6 Services on R1*

```
R1# show ipv6 dhcp
This device's DHCPv6 unique identifier(DUID): 0003000158AC7893DA00
R1#

R1# show ipv6 dhcp interface gigabitethernet 0/0
GigabitEthernet0/0 is in server mode
  Using pool: STATEFUL-DHCPv6
  Preference value: 0
  Hint from client: ignored
  Rapid-Commit: disabled
R1#
```

Example 11-8에서 "**show ipv6 dhcp pool**" 명령으로 DHCPv6 서버로 동작하는 라우터에 의해 제공되는 정보를 출력했다. 이 정보에는 DHCPv6 프리픽스와 프리픽스 길이, IP를 할당받아간 클라이언트의 숫자가 포함되어 있다. 켜져 있는 하나의 클라이언트는 WinPC이다. DNS 서버의 정보와 도메인 네임 역시 확인할 수 있다.

Example 11-8 ***show ipv6 dhcp pool*** *Command*

```
R1# show ipv6 dhcp pool
DHCPv6 pool: STATEFUL-DHCPv6
  Address allocation prefix: 2001:DB8:CAFE:1:DEED::/80 valid 172800 preferred 86400
    (1 in use, 0 conflicts)
  DNS server: 2001:DB8:CAFE:1::8888
  Domain name: example.com
  Active clients: 1
R1#
```

Example 11-9에서 "**show ipv6 dhcp binding**" 명령은 DHCPv6 서버 binding 테이블 상의 클라이언트 binding을 보여준다. 이 DHCPv6 client 정보는 다음과 같은 항목을 포함하고 있다.

- **Client: fe80::d0f8:9ff6:4201:7086**—DHCPv6 클라이언트의 link-local 주소이다. fe80::d0f8:9ff6:4201:7086은 Example 11-6에서 **ipconfig /all** 명령으로 표시된 WinPC의 link-local 주소이다.
- **DUID: 000100011A5FDAB30050568CC045**—클라이언트의 DHCP Unique Identifier이며, 클라이언트를 유일하게 구분하는 데 사용된다. 000100011A5FDAB30050568CC045는 WinPC의 DUID이며, Example 11-6의 **ipconfig /all** 명령으로 표시된다.
- **Address: 2001:db8:cafe:1:deed:3b24:a6bc:ef77**—DHCPv6 클라이언트에 할당된 주소이다. 2001:db8:cafe:1:deed:3b24:a6bc:ef77은 WinPC의 GUA 주소이며, Example 11-6의 **ipconfig /all** 명령으로 표시된다.

Example 11-9 ***show ipv6 dhcp binding*** *Command*

```
R1# show ipv6 dhcp binding
Client: FE80::D0F8:9FF6:4201:7086
  DUID: 000100011A5FDAB30050568CC045
  Username : unassigned
  VRF : default
  IA NA: IA ID 0x0E005056, T1 0, T2 0
    Address: 2001:DB8:CAFE:1:DEED:3B24:A6BC:EF77
            preferred lifetime 86400, valid lifetime 172800
            expires at Dec 30 2016 03:59 PM (154342 seconds)
R1#
```

DHCPv6 Options

stateless DHCPv6와 똑같이 stateful DHCPv6는 다음 두 가지의 옵션을 가지고 있다.

- **rapid-commit:** 이 옵션은 DHCPv6의 메시지 숫자를 4개에서 2개로 줄여준다. 클라이언트와 서버 사이에서 주고받는 DHCPv6 메시지는 기본적으로 4개가 필요하다(SOLICIT, ADVERTISE, REQUEST, REPLY). rapid-commit 옵션은 이 4개의 메시지를 2개로 줄여준다(SOLICIT, REPLY). 클라이언트는 SOLICIT를 "all-DHCP relay agent/server multicast" 주소로 보내어 주소할당과 기타 설정 정보를 요청한다. 이 메시지는 서버로부터 REPLY 메시지를 받아서, 할당받은 주소를 즉시 적용하고자 하는 클라이언트의 의도를 서버에게 알린다. 이것은 **"ipv6 dhcp server"** 인터페이스 명령에 **rapid-commit** 옵션을 추가하여 수행된다.
- **relay agent:** 이 옵션은 타 네트워크상에 있는 DHCPv6 서비스에 대한 접근을 가능케 한다. DHCPv4에서 사용하는 "**ip helper**" 명령과 마찬가지로, "**ipv6 dhcp relay destination**" 명령이 클라이언트가 수용된 인터페이스와 외부 네트워크 DHCPv6 서버와의 사이에서 DHCPv6 메시지를 전달해 주는 데 필요하다.

rapid-commit 옵션과 relay agent 옵션은 모두 10장에서 설명했다.

Note IPv6 환경에서 DHCPv6 서버와 호스트로 설정하는 방법에 관한 자세한 내용은 Tim의 유명 Cisco Press LiveLessons 비디오 시리즈 "*IPv6 Design and Deployment LiveLessons*(Martin, www.ciscopress.com/store/ipv6-design-and-deployment-livelessons-9780134655512)"를 추천한다.

IPv6 Prefix Delegation Options for DHCPv6

IPv4 세계에서 대부분 내부 네트워크는 내부 디바이스를 위해 사설 IPv4 주소 공간을 사용했다. 그리고 경계 라우터에서 주소를 공인 IPv4 주소로 변환했다. 이것은 대부분 홈네트워크에서 일반적인 메커니즘이고, 그렇게 해서 오랫동안 IPv4를 여전히 사용 중이다(그렇게 하지 않았다면 벌써 IPv6로 전환되었을 것이다). Figure 11-3에 홈네트워크의 일반적인 NAT 사용 예를 그렸다.

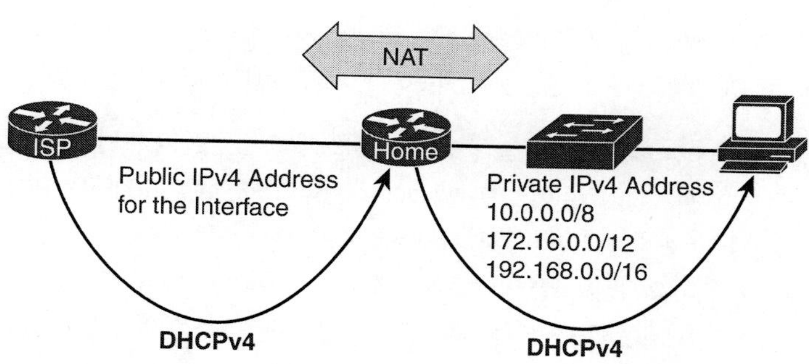

Figure 11-3 *NAT and Private IPv4 Address Space on a Home Network*

복잡함과 주소변환의 문제점을 피할 의도로 IPv6는 다른 기술을 쓴다. 그 방법의 하나로 IPv6는 DHCPv6와 함께 프리픽스 위임 옵션을 사용한다(종종 DHCPv6-PD 나 DHCPv6 Prefix Delegation이라고 언급된다.) 이 방법을 통해 ISP의 라우터에서 DHCPv6를 사용하는 고객 측의 라우터로 public IPv6 프리픽스를 자동 위임하는 메커니즘[1]을 제공한다. DHCPv6-PD는 RFC 3633 "*IPv6 Prefix Options for Dynamic Host Configuration Protocol(DHCP) Version 6*"에서 기술되었다.

Figure 11-4를 보면 이 프로세스에 관련되는 두 개의 라우터가 있다.

- **Requesting Router (RR):** 이 라우터는 DHCPv6 클라이언트로 동작하는 라우터이다. 프리픽스 할당을 요청한다.
- **Delegating Router (DR):** 이 라우터는 DHCPv6 서버로 동작하는 라우터이다. requesting 라우터의 IPv6 프리픽스 request에 대해 응답한다.

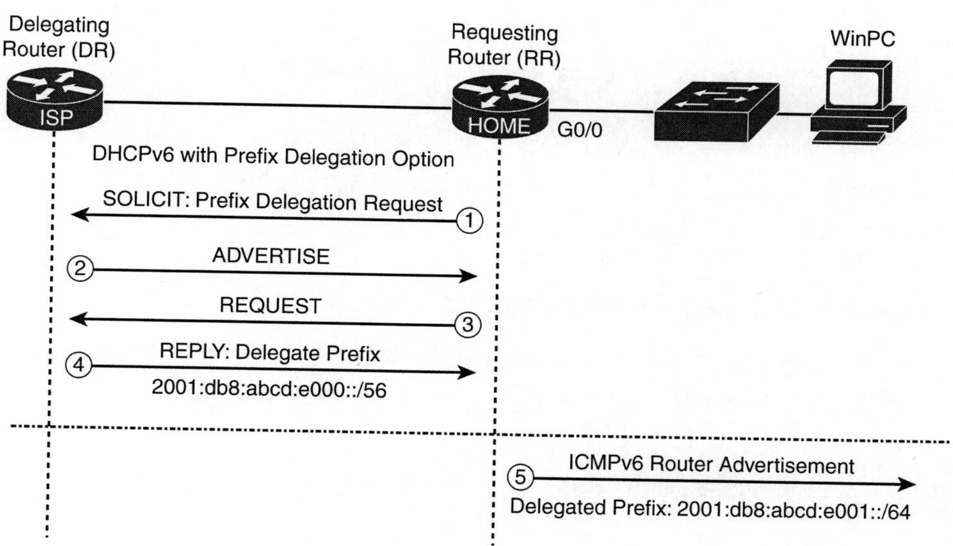

Figure 11-4 *DHCPv6 with Prefix Delegation Option*

1 이 책의 서두에서 언급되었지만, IPv6의 기본 개념은 전체 단말이 public 주소를 사용하는 것이다. 그러므로 IPv4에서 사용하던 공유기와 같은 NAT 장비도 이젠 Layer 3 장비로서 하위 단말에 대해 public IPv6 주소를 할당하는 것이 기본이 되어야 한다.-옮긴 이

Figure 11-4는 Requesting Router와 Delegation Router 사이에서 오가는 DHCPv6 메시지를 보여준다. 기존 stateful DHCPv6 메시지 송수신과 비슷하지만, SOLICIT와 REPLY 메시지에서 차이가 있다.

HOME 라우터인 Requesting 라우터는 IPv6 프리픽스에 대한 요청이 포함된 SOLICIT 메시지로 DHCPv6-PD를 시작한다. ISP 라우터인 Delegation 라우터의 REPLY 메시지에는 IPv6 프리픽스가 들어가 있다. 이것은 Requesting 라우터가 자신의 내부 네트워크를 위해 사용할 수 있는 프리픽스이다-프리픽스는 Home 라우터가 자신의 클라이언트에게 주소를 할당하는 데 사용할 수 있다. DR로부터 /64보다 길이가 짧은 프리픽스를 할당받았을 경우 RR은 위임된 프리픽스를 이용해 여러 개의 서브넷을 할당할 수 있다.

Figure 11-4에서 RR 라우터는 자신의 초기 DHCPv6 SOLICIT 메시지에 프리픽스 위임 옵션을 포함했다. DR은 2001:db8:abcd:e000::/56 프리픽스를 REPLY에 담아 RR에 응답했다. 이 프리픽스는 RR이 자신의 내부 네트워크에 사용할 용도이다. 프리픽스 위임이 /56으로 이루어졌기 때문에 8bit 서브넷 ID가 가능하며 RR은 256개의 개별 /64 서브넷을 생성할 수 있다. 이것은 Figure 11-5에서 보여준다. 개별적인 /64 프리픽스는 HOME 라우터의 클라이언트 대향 인터페이스에서 Router Advertisement 메시지로 광고된다. 이 예에서 HOME 라우터는 인터페이스 G0/0을 통해 2001:db8:abcd:e001::/64 프리픽스를 광고하는 RA 메시지를 보낸다.

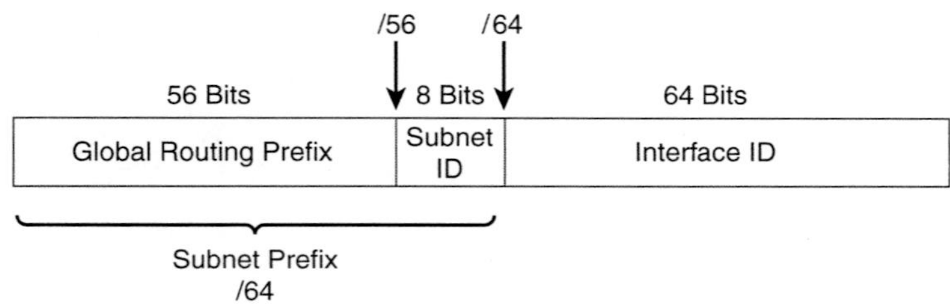

Figure 11-5 */56 Global Routing Prefix and /64 Subnet Prefix*

RFC 6177 "*IPv6 Address Assignment to End Sites*"는 HOME 네트워크를 포함한 많은 end 사이트에 대해 /56 프리픽스를 할당하라고 권고한다. Figure 11-5에서 보았듯이 /56 프리픽스는 종단 사이트에 8bit 서브넷 ID를 제공하며 이것은 256개의 /64 서브넷을 허용한다.

Sample Configuration: Prefix Delegation with DHCPv6

이 절에서 Requesting Router(HOME) 및 Delegating Router(ISP) 둘 다에 대한 예제 설정을 확인한다. 먼저 두 라우터가 주소지정 정보를 분배하는 데 사용하는 프로세스를 살펴보자.

Note Requesting Router에 stateful DHCPv6를 사용하여 하위 클라이언트에 주소를 할당할 수도 있다.

DHCPv6-PD Process

Figure 11-6은 DHCPv6-PD의 예제 설정에 사용된 토폴로지이다. 그림은 DHCPv6-PD, SLAAC, stateless DHCPv6를 사용하여 주소 정보를 할당하는 순서를 설명한다.

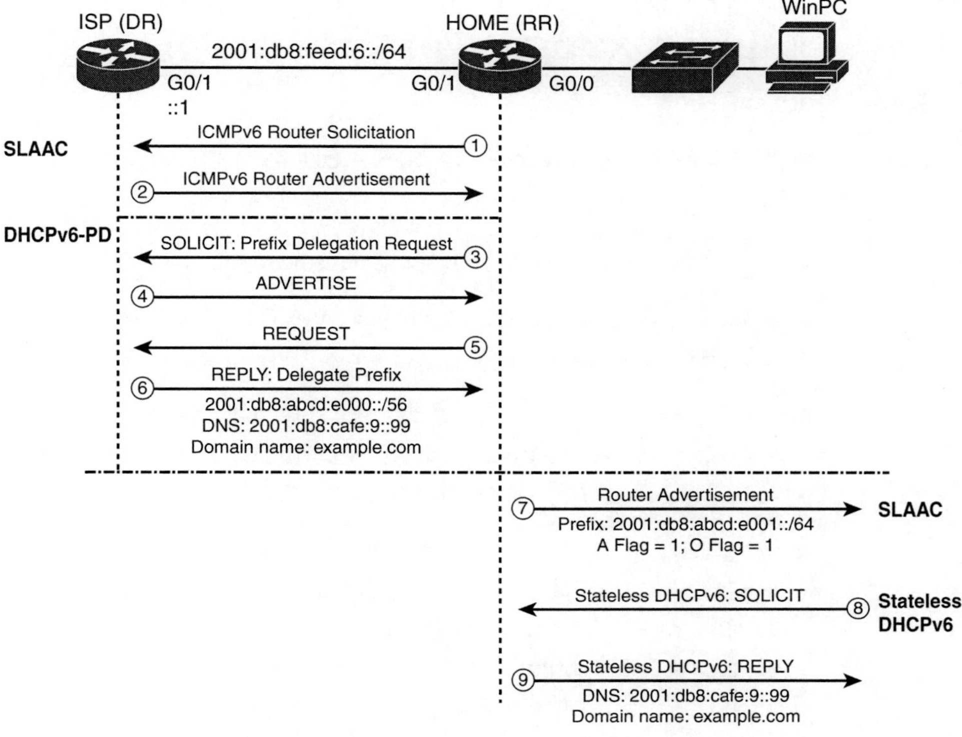

Figure 11-6 *Sequence of Addressing Information Using DHCPv6-PD, SLAAC, and Stateless DHCPv6*

아래 내용은 예제 설정을 사용한 주소 정보 할당 프로세스에 대한 설명이다.

SLAAC (HOME Router)

Step 1. HOME 라우터는 ICMPv6 Router Solicitation 메시지를 ISP 라우터에 보낸다.

Step 2. ISP 라우터는 ICMPv6 Router Advertisement 메시지로 응답한다. HOME 라우터는 RA 메시지를 수신하고 ISP 대향 G0/1 인터페이스에 SLAAC와 EUI-64를 통해 "2001:db8:feed:6:5aac:78ff:fe93:da01"을 할당했다. Example 11-12에서 "**show ipv6 interface brief**" 명령으로 주소를 보여준다.

DHCPv6 with Prefix Delegation Option

Step 3. HOME 라우터는 DHCPv6-PD를 요청하도록 설정되어 있고, prefix delegation 옵션이 설정된 DHCPv6 SOLICIT 메시지를 보낸다.

Steps 4 and 5. ISP 및 HOME 라우터는 ADVERTISE, REQUEST 메시지를 교환한다.

Step 6. ISP 라우터가 REPLY 메시지를 보내며 여기에는 위임될 "2001:db8:abcd:e000::/56" 프리픽스를 포함하고 있다. 이 프리픽스는 HOME 라우터가 자신의 내부 네트워크에 주소를 할당하는 데 사용할 것이다. DNS 주소 "2001:db8:cafe:9::99"와 도메인 네임 example.com

도 REPLY 메시지에 포함되어 있다. HOME 라우터는 클라이언트에 stateless DHCPv6 서비스를 하기 위해 이 정보를 사용하며 step 9에서 설명한다.

SLAAC (HOME LAN)

Step 7. 위임된 프리픽스 "2001:db8:abcd:e000::/56"을 수신한 후 HOME 라우터는 다음과 같이 동작한다.

- "2001:db8:abcd:e001::/64"를 자신의 GigabitEthernet 0/0 LAN에 사용한다.
- HOME 라우터는 "2001:db8:abcd:e001::1/64" IPv6 GUA 주소를 GigabitEthernet 0/0 인터페이스에 할당한다.
- HOME 라우터는 프리픽스 "2001:db8:abcd:e001::/64" 프리픽스를 포함하는 ICMPv6 RA 메시지를 GigabitEthernet 0/0 인터페이스를 통해 보낸다. "A(Address Autoconfiguration flag)" 및 "O(Other Configuration flag)" 플래그는 둘 다 "1"이다.
- "A" 플래그가 "1"이기 때문에, WinPC는 "2001:db8:abcd:e001/64" 프리픽스와 random 식별자를 사용하여 GUA 주소 "2001:db8:abcd:e001:d0f8:9ff6:4201:7086"를 생성했다. WinPC는 privacy 확장이 활성화된 상태이므로, 동일한 프리픽스를 사용해서 "2001:db8:abcd:e001:7541:2c5c:13a4:2d2d"인 Temporary 주소도 생성한다. 다음 절의 Example 11-15에서 이들 주소를 확인해 볼 수 있을 것이다.
- WinPC는 RA 메시지의 송신 IPv6 주소 "fe80::5aac:78ff:fe93:da00"을 디폴트 게이트웨이로 사용하며 Example 11-5에서 이를 확인할 수 있다.

Stateless DHCPv6 (WinPC)

Step 8. HOME 라우터가 송신해서 WinPC에서 수신하는 RA 메시지의 "O" 플래그는 "1"이다. WinPC는 DHCPv6 서버를 찾는 DHCPv6 SOLICIT 메시지를 보낸다.

Note ADVERTISE와 INFORMATION REQUEST 메시지는 표시하지 않았다.

Step 9. HOME 라우터는 stateless DHCPv6 서버로 설정되어 WinPC에 DHCPv6 REPLY 메시지로 응답한다. REPLY에는 DNS 주소 "2001:db8:cafe:9::99"와 도메인 네임 "example.com"이 포함되어 있고, 이후에 Example 11-15에서 이를 확인할 것이다. 이 정보는 HOME 라우터가 step 6에서 DHCPv6-PD를 통해 ISP로부터 받은 것이다.

HOME Router (Requesting Router) Configuration and Verification

Example 11-10은 RR인 HOME 라우터의 설정을 보여준다. HOME 라우터는 ISP 대향 인터페이스인 G0/1이 SLAAC를 사용하여 IPv6 주소를 할당받는 것으로 시작한다. 그런 다음 자신의 랜 대향 인터페이스인 G0/0에 사용할 프리픽스와 기타 설정 정보를 받기 위해 DHCPv6-PD를 구동한다. HOME 라우터는 내부 랜 네트워크에 대해 stateless DHCPv6 서버로 설정된다.

Example 11-10 *HOME Router, Requesting Router Configuration*

```
HOME(config)# ipv6 unicast-routing
HOME(config)# interface gigabitethernet 0/1
HOME(config-if)# ipv6 address autoconfig default
HOME(config-if)# ipv6 dhcp client pd DHCPV6-PREFIX-FROM-ISP
HOME(config-if)# exit

HOME(config)# interface gigabitethernet 0/0
HOME(config-if)# ipv6 address DHCPV6-PREFIX-FROM-ISP 0:0:0:1::1/64
HOME(config-if)# ipv6 nd other-config-flag
HOME(config-if)# ipv6 dhcp server IPV6-STATELESS
HOME(config-if)# exit

HOME(config)# ipv6 dhcp pool IPV6-STATELESS
HOME(config-dhcpv6)# import dns-server
HOME(config-dhcpv6)# import domain-name
```

아래는 Example 11-10의 HOME 라우터 설정 명령에 관한 설명이다.

Global Configuration Mode

- **ipv6 unicast-routing:** IPv6 unicast 패킷의 전달과 ICMPv6 RA 메시지의 송신을 활성화한다.

GigabitEthernet 0/1 Interface

- **interface gigabitethernet 0/1:** GigabitEthernet 0/1 인터페이스를 설정하기 위해 인터페이스 설정 모드로 진입한다. G0/1은 ISP 대향 인터페이스이다.

- **ipv6 address autoconfig default:** Gi0/1 인터페이스상에서 SLAAC를 사용하는 IPv6 주소 자동 설정을 활성화한다. "**default**" 키워드는 HOME 라우터에 ISP 라우터로 패킷을 포워딩하기 위한 디폴트 라우팅을 설정한다. HOME 라우터의 IPv6 라우팅 테이블은 Example 11-11에서 보여준다.

  HOME 라우터는 ISP 라우터가 보내는 RA 메시지 내 프리픽스를 사용하여 ISP 대향 인터페이스 G0/1에 GUA 주소를 생성한다. HOME 라우터는 RA의 "2001:db8:feed:6::/64 프리픽스와 EUI-64를 사용하여 G0/1 인터페이스에 "2001:db8:feed:6:5aac:78ff:fe93:da01" 주소를 생성하며 이를 Example 11-12에서 보여준다.

- **ipv6 dhcp client pd DHCPV6-PREFIX-FROM-ISP:** DHCPv6 클라이언트 프로세스를 활성화하고, 이 인터페이스를 통해 프리픽스 위임을 요청하도록 한다. 이 명령은 HOME과 ISP 라우터 사이 DHCPv6 프리픽스 위임 프로세스를 시작하도록 한다. 또한, 위임 라우터(Delegating Router, ISP)로부터 수신한 프리픽스를 사용하여 로컬 인터페이스에 주소를 생성한다. "DHCPV6-PREFIX-FROM-ISP" pool과 연결된 프리픽스는 랜 대향 G0/0 인터페이스에서 사용된다. **rapid-commit** 옵션 파라미터는 메시지의 숫자를 4개에서 2개로 줄이기 위해 사용될 수 있다.

GigabitEthernet 0/0 Interface

- **interface gigabitethernet 0/0:** GigabitEthernet 0/0 인터페이스를 설정하고 인터페이스 설정 모드로 진입한다. G0/0은 랜 대향 인터페이스이다.
- **ipv6 address DHCPV6-PREFIX-FROM-ISP 0:0:0:1::1/64:** 인터페이스 G0/0에 DHCPV6-PD를 통해 알게 된 general 프리픽스로 IPv6 주소를 설정한다. 이것은 "**ipv6 dhcp client pd DHCPV6-PREFIX-FROM-ISP**" 명령어로 받은 정보와 연결되는 정보이다. ISP는 HOME 라우터에서 내부 네트워크용으로 사용할 "2001:db8:abcd:e000::/56" 프리픽스를 위임한다. "2001:db8:abcd:e001::1/64" 주소가 G0/0에 할당되며 Example 11-2에서 이를 보여준다. Figure 11-7은 어떻게 이 general 프리픽스가 G0/0 인터페이스에 주소를 할당하는 데 사용되는지 설명했다.

```
HOME(config)# interface gigabitethernet 0/1
HOME(config-if)# ipv6 dhcp client pd DHCPV6-PREFIX-FROM-ISP

HOME(config)# interface gigabitethernet 0/0
HOME(config-if)# ipv6 address DHCPV6-PREFIX-FROM-ISP 0:0:0:1::1/64
```

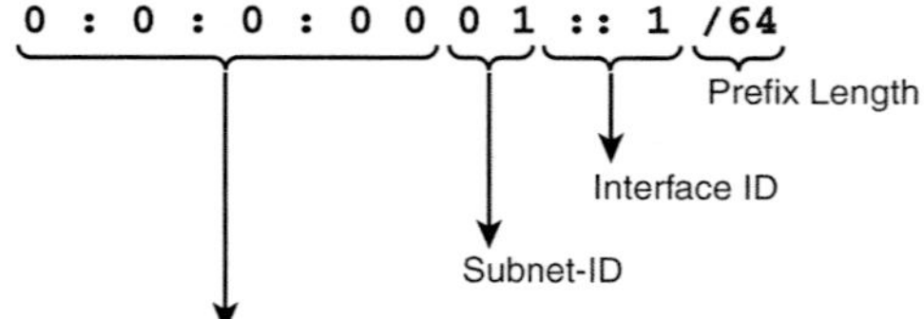

First 56 bits are from the prefix delegated by ISP: **2001:db8:abcd:e000::/56**

G0/0 interface address: **2001:db8:abcd:e001::1/64**

Figure 11-7 ***ipv6 address*** *General Prefix Command*

- **ipv6 nd other-config-flag:** ICMPv6 Router Advertisement 메시지 내 "O" 플래그(Other Configuration 플래그)를 "1"로 설정하여 stateless DHCPv6 서비스를 권고한다.
- **ipv6 dhcp server IPV6-STATELESS:** 인터페이스에 IPV6-STATELESS pool 정보를 사용하는 DHCPv6 서비스를 활성화한다.

DHCPv6 Pool: IPV6-STATELESS

- **ipv6 dhcp pool IPV6-STATELESS:** DHCPv6 서버 정보 pool을 설정하고 DHCPv6 pool 설정 모드로 진입한다. 이것은 HOME 라우터가 G0/0 LAN에 대한 stateless DHCPv6 서비스에 사용할 정보이다.
- **import dns-server:** DHCPv6 클라이언트에 주는 DNS recursive 네임 서버 정보를 가져온다. DNS 서버 주소는 DHCPv6-PD 프로세스를 통해 수신된다.
- **import domain-name:** 클라이언트들에 주는 도메인 네임 정보를 가져온다. 도메인 네임은 DHCPv6-PD 프로세스를 통해 수신된다.

Example 11-11 *HOME IPv6 Routing Table*

```
HOME# show ipv6 route
IPv6 Routing Table - default - 7 entries
Codes: C - Connected, L - Local, S - Static, U - Peruser Static route
       B - BGP, R - RIP, I1 - ISIS L1, I2 - ISIS L2
       IA - ISIS interarea, IS - ISIS summary, D - EIGRP, EX - EIGRP external
       ND - ND Default, NDp - ND Prefix, DCE - Destination, NDr - Redirect
       O - OSPF Intra, OI - OSPF Inter, OE1 - OSPF ext 1, OE2 - OSPF ext 2
       ON1 - OSPF NSSA ext 1, ON2 - OSPF NSSA ext 2, a - Application
ND  ::/0 [2/0]
     via FE80::FEED:1, GigabitEthernet0/1
S   2001:DB8:ABCD:E000::/56 [1/0]
     via Null0, directly connected
C   2001:DB8:ABCD:E001::/64 [0/0]
     via GigabitEthernet0/0, directly connected
L   2001:DB8:ABCD:E001::1/128 [0/0]
     via GigabitEthernet0/0, receive
NDp 2001:DB8:FEED:6::/64 [2/0]
     via GigabitEthernet0/1, directly connected
L   2001:DB8:FEED:6:5AAC:78FF:FE93:DA01/128 [0/0]
     via GigabitEthernet0/1, receive
L   FF00::/8 [0/0]
     via Null0, receive
HOME#
```

Example 11-11은 HOME 라우터의 IPv6 라우팅 테이블에서 프리픽스 "2001:db8:feed:6::/64"에 대한 NDp(Neighbor Discovery prefix) 엔트리를 보여준다. 이 프리픽스는 SLAAC를 통해서 ISP로부터 받은 것으로, HOME 라우터가 G0/1상의 GUA 주소를 생성하는 데 사용된다. 주소는 Example 11-12에서 HOME 라우터 상에서 "**show ipv6 interface brief**" 명령을 사용해서 표시된다.

Example 11-12 *HOME Interface IPv6 Addresses*

```
HOME# show ipv6 interface brief
GigabitEthernet0/0      [up/up]
    FE80::5AAC:78FF:FE93:DA00
    2001:DB8:ABCD:E001::1
GigabitEthernet0/1      [up/up]
    FE80::5AAC:78FF:FE93:DA01
    2001:DB8:FEED:6:5AAC:78FF:FE93:DA01
HOME#
```

ISP Router (Delegating Router) Configuration and Verification

Example 11-13에서 ISP의 Delegating 라우터 설정을 보여준다. ISP 라우터는 HOME 라우터 대향의 인터페이스를 통해 RA 메시지를 보내 HOME 라우터가 SLAAC를 수행할 때 필요한 정보를 제공한다. ISP 라우터는 또 DHCPv6-PD 위임 라우터이며 HOME 라우터의 내부 랜 네트워크를 위한 프리픽스와 기타 설정 정보를 제공한다.

Example 11-13 *ISP Delegating Router Configuration*

```
ISP(config)# ipv6 unicast-routing
ISP(config)# interface gigabitethernet 0/1
ISP(config-if)# ipv6 address 2001:db8:feed:6::1/64
ISP(config-if)# ipv6 address fe80::feed:1 link-local
ISP(config-if)# ipv6 dhcp server DHCPV6-CLIENT-ADDRESS
ISP(config-if)# exit

ISP(config)# ipv6 dhcp pool DHCPV6-CLIENT-ADDRESS
ISP(config-dhcpv6)# prefix-delegation pool DHCPV6-PD-POOL
ISP(config-dhcpv6)# dns-server 2001:db8:cafe:9::99
ISP(config-dhcpv6)# domain-name example.com
ISP(config-dhcpv6)# exit

ISP(config)# ipv6 local pool DHCPV6-PD-POOL 2001:db8:abcd:e000::/52 56
```

다음에서 Example 11-13의 ISP 라우터 설정 명령들을 설명한다.

Global Configuration Mode

- **ipv6 unicast-routing:** IPv6 unicast 패킷의 포워딩과 ICMPv6 Router Advertisement 메시지 송신을 활성화한다.

GigabitEthernet 0/1 Interface

- **interface gigabitethernet 0/1:** GigabitEthernet 0/1 인터페이스를 설정하고 인터페이스 설정 모드로 진입한다. Gi0/1은 Home 라우터 대향 인터페이스이다.
- **ipv6 address 2001:db8:feed:6::1/64:** 인터페이스상에 global unicast 주소를 설정한다.
- **ipv6 address fe80::feed:1 link-local:** 인터페이스상에 link-local 주소를 설정한다.
- **ipv6 dhcp server DHCPV6-CLIENT-ADDRESS:** pool DHCPV6-CLIENT-ADDRESS의 정보를 이용하여 인터페이스에 DHCPv6 서비스를 활성화한다.

DHCPv6 Pool: DHCPV6-CLIENT-ADDRESS

- **ipv6 dhcp pool DHCPV6-CLIENT-ADDRESS:** DHCPv6 pool 설정 모드로 진입하여 DHCPv6 서버 정보 pool을 설정한다. 이 pool에는 ISP 라우터가 HOME 라우터에 대한 DHCPv6 서비스에 사용할 정보가 포함되어 있다.
- **prefix-delegation pool DHCPV6-PD-POOL:** DHCPv6 클라이언트에 위임될 프리픽스를 로컬 프리픽스 pool 명으로 지정한다. 위임 프리픽스를 정의하는 "**ipv6 local pool DHCPv6-PD-POOL**"로 만들어진 프리픽스 위임 pool을 이 명령으로 참조한다.
- **dns-server 2001:db8:cafe:9::99:** DHCPv6 서버로 동작하는 ISP 라우터에서 광고하는 DNS 서버주소를 지정한다.

- **domain-name example.com:** DHCPv6 서버로 동작하는 ISP 라우터에서 광고하는 도메인 네임을 지정한다.

Prefix Delegation Pool: DHCPV6-PD-POOL

- **ipv6 local pool DHCPV6-PD-POOL 2001:db8:abcd:e000::/52 56:** 로컬 프리픽스 pool을 설정한다. ISP는 /52인 **2001:db8:abcd:e**000**/52**의 프리픽스를 이 명령으로 지정하고 여기에서 DHCPv6-PD 클라이언트에 /56 프리픽스를 할당한다. 할당 범위는 **2001:db8:abcd:e0**00::/56부터 **2001:db8:abcd:ef**00::/56이다. HOME 라우터는 이 pool로부터 /56 프리픽스 중의 하나인 2001:db8:abcd:e000/56을 받는다. 이 프로세스를 Figure 11-8에 그렸다.

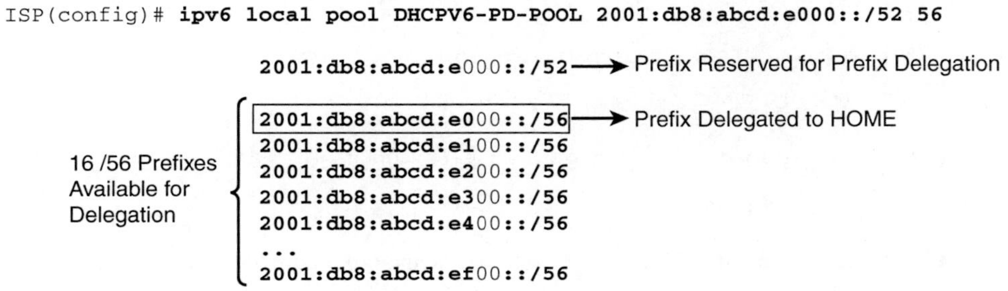

```
ISP(config)# ipv6 local pool DHCPV6-PD-POOL 2001:db8:abcd:e000::/52 56
```

```
                       2001:db8:abcd:e000::/52 ──► Prefix Reserved for Prefix Delegation

                     ┌ 2001:db8:abcd:e000::/56 ──► Prefix Delegated to HOME
16 /56 Prefixes      │ 2001:db8:abcd:e100::/56
Available for        │ 2001:db8:abcd:e200::/56
Delegation           │ 2001:db8:abcd:e300::/56
                     │ 2001:db8:abcd:e400::/56
                     │ ...
                     └ 2001:db8:abcd:ef00::/56
```

Figure 11-8 *ISP's Local Prefix Pool*

Example 11-14의 "**show ipv6 local pool**"과 "**show ipv6 local pool DHCPV6-PD-POOL**" 명령으로 ISP가 고객에 할당할 수 있는 모두 16개의 /56 프리픽스를 확인할 수 있다.[1](15개는 미사용 중이고 1개가 사용 중이다.)

Example 11-14 *Verification of Address Pool on ISP*

```
ISP# show ipv6 local pool
Pool                Prefix                         Free  In use
DHCPV6-PD-POOL      2001:DB8:ABCD:E000::/52          15       1
ISP#

ISP# show ipv6 local pool DHCPV6-PD-POOL
Prefix is 2001:DB8:ABCD:E000::/52 assign /56 prefix
1 entries in use, 15 available, 0 rejected
0 entries cached, 1000 maximum
User                Prefix                          Interface
0003000158AC7893DA0000040001
                    2001:DB8:ABCD:E000::/56

ISP#
```

1 DR 라우터의 IPv6 라우팅 테이블에 대한 내용과 RR 라우터의 G0/1 인터페이스에 관한 라우팅 테이블에 대한 설명은 지면에 없다. 그렇지만 예제를 통해 충분히 이해할 수는 있을 것이다. 또한, Prefix Delegation의 실제 구현은 이외에도 다양한 조합이 가능하다.-옮긴 이

Verifying Prefix Delegation with DHCPv6 on WinPC

Example 11-15에서 WinPC의 "**ipconfig /all**" 명령을 사용하여 주소할당 정보를 확인함으로써 마지막 검증을 할 수 있다. 현재 WinPC는 예제에서 강조 표시된 다음과 같은 정보로 설정된다.

- **IPv6 Address 2001:db8:abcd:e001:d0f8:9ff6:4201:7086**—SLAAC를 통해서 생성된 public IPv6 주소이다. /64 프리픽스는 DHCPv6-PD를 사용해 ISP 라우터에서 HOME 라우터로 분배된 /56 프리픽스 일부분이다. HOME 라우터는 RA 메시지로 2001:db8:abcd:e001::/64 프리픽스를 광고한다.
- **Temporary IPv6 Address 2001:db8:abcd:e001:7541:2c5c:13a4:2d2d**—SLAAC를 통해 생성된 temporary IPv6 주소이다. WinPC의 public IPv6 주소와 같은 프리픽스를 사용한다.
- **Default Gateway fe80::5aac:78ff:fe93:da00**—HOME 라우터의 RA 메시지 내 송신 IPv6 주소로부터 얻어진 디폴트 게이트웨이 주소이다.
- **DNS Servers 2001:db8:cafe:9::99**—stateless DHCPv6 서버로 동작하는 HOME 라우터로부터 받은 DNS 서버 주소이다.
- **Connection-specific DNS Suffix Search List example.com**—stateless DHCPv6 서버로 동작하는 HOME 라우터로부터 받은 도메인 네임이다.

Example 11-15 *WinPC* ***ipconfig /all*** *Command*

```
WinPC> ipconfig /all
<output omitted for brevity>
Ethernet adapter Local Area Connection:

   Connection-specific DNS Suffix  . : example.com
   Description . . . . . . . . . . . : Intel(R) PRO/1000 MT Network Connection
   Physical Address. . . . . . . . . : 00-50-56-AF-97-68
   DHCP Enabled. . . . . . . . . . . : Yes
   Autoconfiguration Enabled . . . . : Yes
   IPv6 Address. . . . . . . . . . . : 2001:db8:abcd:e001:d0f8:9ff6:4201:7086
                                       (Preferred)
   Temporary IPv6 Address. . . . . . : 2001:db8:abcd:e001:7541:2c5c:13a4:2d2d
                                       (Preferred)
   Link-local IPv6 Address . . . . . : fe80::d0f8:9ff6:4201:7086%11(Preferred)
   Default Gateway . . . . . . . . . : fe80::5aac:78ff:fe93:da00%11
   DHCPv6 IAID . . . . . . . . . . . : 234901590
   DHCPv6 Client DUID. . . . . . . . : 00-01-00-01-1A-5F-DA-B3-00-50-56-8C-C0-45
   DNS Servers . . . . . . . . . . . : 2001:db8:cafe:9::99
   Connection-specific DNS Suffix Search List : example.com
```

> **Note** DHCPv6 프리픽스 위임에 관해서 더 많은 정보가 필요하면 Popoviciu, Levy-Abegnoli, Grossetete 등이 쓴 Cisco Press의 〈*Deploying IPv6 Networks*〉를 참고하라. IPv6 환경에서 DHCPv6 서버와 호스트로 설정하는 방법에 관한 자세한 내용은 Tim의 유명한 Cisco Press LiveLessons 비디오 시리즈 "*IPv6 Design and Deployment LiveLessons*(www.ciscopress.com/store/ipv6-design-and-deployment-livelessons-9780134655512)"를 강력하게 추천한다.

Summary

이 장에서는 IPv4의 DHCP와 비슷한 방법인 stateful DHCPv6에 대해 중점을 두고 설명했다. 또한, ISP가 고객에 IPv6 주소 정보를 할당할 때 사용할 수 있는 DHCPv6 프리픽스 위임 옵션에 관해서도 설명하였다.

이 장에서는 stateful DHCPv6에 사용되는 프로세스와 메시지에 관해 확인해 보았다. 라우터는 M 플래그(Managed Address Configuration flag)가 "1"로 설정된 ICMPv6 Router Advertisement 메시지를 보낸다. 이렇게 하면 global unicast 주소 및 기타 설정 정보를 stateful DHCPv6에서 받을 수 있음을 호스트에 알려준다. M 플래그는 다음의 인터페이스 명령을 사용하여 "1"로 설정할 수 있다.

```
Router(config-if)# ipv6 nd managed-config-flag
```

그러나 IPv4 DHCP와는 달리 DHCPv6에서는 디폴트 게이트웨이 주소를 제공하지 않는다. 해당 주소는 RA 메시지의 송신 IPv6 주소를 통해서만 동적으로 알 수 있다.

많은 stateful DHCPv6 환경의 주소 정책은 *stateful* DHCPv6에서만 IPv6 주소를 받아오는 것이다. 이렇게 하면 네트워크상에서 IPv6 주소를 쉽게 관리하고 추적할 수 있다. 이런 경우에 디바이스가 SLAAC를 사용하여 추가적인 주소를 생성하지 않도록 하는 것이 중요하다. 이것은 다음의 인터페이스 명령을 사용하여 Router Advertisement의 A 플래그(Autonomous Address Configuration flag)를 "0"으로 설정하여서 할 수 있다.

```
Router(config-if)#  ipv6 nd prefix ipv6-prefix/prefix-length no-autoconfig
```

이 장에서는 RA 메시지의 프리픽스를 생략하거나 RA 메시지 자체를 전혀 보내지 않는 방법을 포함하여 디바이스가 SLAAC를 사용하지 못하도록 하는 옵션에 관해서 설명했다. 그러나 이렇게 하면 의도치 않은 결과가 발생할 수 있다. 앞서 언급했듯이 디바이스는 Router Advertisement를 통해서만 디폴트 게이트웨이 정보를 알 수 있으므로 RA 메시지의 송신을 차단하게 되면 호스트가 외부 네트워크에 접근하는 것이 불가능해진다.

RA에서 프리픽스를 생략하면 디바이스에 로컬 링크나 서브넷을 알려주는 "L" 플래그(On-Link flag)도 생략되는 결과가 된다. 이렇게 되면 호스트가 모든 패킷을 라우터로 송신하게 된다. 라우터는 ICMPv6 리다이렉션 메시지와 함께 서브넷 상으로 패킷을 다시 전달한다. 이로 인해 네트워크에는 원치 않는 숫자의 리다이렉션 메시지가 유발된다.

Cisco IOS 라우터를 stateful DHCPv6 서버로 설정하는 것은 stateless DHCPv6 서버로 설정하는 것과 유사하다. 차이점은 DHCPv6 pool 설정 모드에서 "**address prefix**" 명령을 추가한다는 것이다. 이 명령은 IOS 상에서 나머지 다른 정보와 함께 주소를 동적으로 생성할 때 사용할 프리픽스를 지정한다.

서비스 프로바이더는 DHCPv6 Prefix Delegation(DHCPv6-PD) 옵션을 사용하여 IPv6 프리픽스 및 기타의 설정 정보를 고객 라우터에 할당할 수 있다. 이 프로세스에는 결국 2대의 라우터가 관여한다.

- **Requesting Router (RR, 요청 라우터):** DHCPv6 클라이언트 역할을 하는 라우터이며 자신이 할당할 프리픽스를 요청한다.
- **Delegating Router (DR, 위임 라우터):** DHCPv6 서버로 동작하는 라우터이며 requesting 라우터의 IPv6 프리픽스 요청에 응답한다.

DHCPv6-PD 프로세스는 Requesting Router인 클라이언트에 의해 시작된다. Delegating Router는 Requesting Router가 자신의 내부 네트워크에서 Router Advertisement 메시지로 사용할 수 있는 프리픽스를 제공한다. /56과 같이 /64보다 큰 프리픽스를 할당받으면 Requesting Router는 프리픽스를 서브넷팅하여 여러 개의 내부 네트워크에서 서로 다른 /64 프리픽스를 사용할 수 있다.

라우터는 DNS 서버 주소 또는 도메인 네임과 같이 Router Advertisement에서 제공되지 않는 정보에 대해 stateless DHCPv6 서버 역할로 동작할 수도 있다.

Review Questions

1. stateful DHCPv6를 사용하는 클라이언트가 SLAAC를 사용하여 추가적인 주소를 생성하지 않도록 권고하기 위해 라우터 RA 플래그의 기본 설정값에서 어느 부분을 수정해야 하는가?
   a. A flag and M flag
   b. A flag an O flag
   c. O flag and M flag
   d. A flag only
   e. O flag only
   f. M flag only
2. "M" 플래그를 "1"로 설정하는 인터페이스 명령은 무엇인가?
3. "A" 플래그를 "1"로 설정하는 인터페이스 명령은 무엇인가?
4. Router Advertisement 메시지에서 프리픽스를 생략하면 어떤 추가적인 효과가 발생하는가?
5. 다음의 DHCPv6 서버 pool 명령 중 라우터가 2001:db8:face:b00c:1eaf::/80의 처음 80bit 주소를 제공하는 데 사용하는 명령은 무엇인가?
   a. 주소 2001:db8:face:b00c:1eaf::/80
   b. 주소 프리픽스 2001:db8:face:b00c:1eaf::/80
   c. ipv6 주소 2001:db8:face:b00c:1eaf::/80
   d. ipv6 dhcp 주소 2001:db8:face:b00c:1eaf::/80
6. 다음 중 stateful DHCPv6에 관한 설명으로 옳지 않은 것은? (2개를 골라라)

a. IOS 라우터를 DHCPv4 서버로 사용할 때 *제외*할 주소를 지정할 수 있고 다른 모든 주소는 *할당*에 사용된다.

b. IOS 라우터를 DHCPv6 서버로 사용할 때 *할당*에 사용할 주소를 지정할 수 있고 다른 모든 주소는 *제외*된다.

c. IOS 라우터를 DHCPv4 서버로 사용할 때 *할당*에 사용할 주소를 지정할 수 있고 다른 모든 주소는 *제외*된다.

d. IOS 라우터를 DHCPv4 서버로 사용할 때 *제외*할 주소를 지정할 수 있고 다른 모든 주소는 *할당*에 사용된다.

7. DHCPv6-PD에서 어떤 라우터가 DHCPv6 클라이언트 역할을 하여 할당할 프리픽스를 요청하는가?

   a. Delegating Router(위임 라우터)

   b. Designated Router(지정 라우터)

   c. Prefix-Delegating Router(프리픽스 위임 라우터)

   d. Requesting Router(요청 라우터)

8. DHCPv6-PD에서 어떤 라우터가 요청 라우터(Requesting Router)의 IPv6 프리픽스 요청에 응답하여 DHCPv6 서버 역할을 하는가?

   a. Delegating Router(위임 라우터)

   b. Designated Router(지정 라우터)

   c. Prefix-Delegating Router(프리픽스 위임 라우터)

   d. Requesting Router(요청 라우터)

9. 인터페이스 명령 "**ipv6 address MY-PREFIX 0:0:0:99::99/64**"이 설정된 요청 라우터(Requesting Router)가 2001:db8:beef::/48 프리픽스를 할당받았을 때 라우터의 IPv6 주소는 어떤 것이 될까?

   a. 2001:db8:beef:99::1/48

   b. 2001:db8:beef:99::1/64

   c. 2001:db8:beef:99::99/48

   d. 2001:db8:beef:99::99/64

10. 위임 라우터(Delegating Router)에 로컬 프리픽스 pool 명령 "**ipv6 local pool DHCPV6-PD-POOL 2001:db8:ab00::/40 48**"가 설정되어 있으면 몇 개의 프리픽스를 할당할 수 있는가? 할당하는 프리픽스의 프리픽스 길이는 얼마인가?

    a. 16 /40 prefixes (16개의 /40 프리픽스)

    b. 16 /48 prefixes (16개의 /48 프리픽스)

    c. 16 /64 prefixes (16개의 /64 프리픽스)

    d. 256 /40 prefixes (256개의 /40 프리픽스)

    e. 256 /48 prefixes (256개의 /48 프리픽스)

    f. 256 /64 prefixes (256개의 /64 프리픽스)

    DR이 할당할 수 있는 256개의 프리픽스는 2001:db8:ab00::/48에서 2001:db8:abff::/48까지이다.

References

RFCs

RFC 3315, *Dynamic Host Configuration Protocol for IPv6 (DHCPv6)*, R. Droms, Cisco Systems, www.ietf.org/rfc/rfc3315, July 2003.

RFC 3633, *IPv6 Prefix Options for Dynamic Host Configuration Protocol (DHCP) version 6*, O. Troan, Cisco systems, www.ietf.org/rfc/rfc3633, December 2003.

RFC 3736, *Stateless Dynamic Host Configuration Protocol (DHCP) Service for IPv6*, R. Droms, Cisco Systems, www.ietf.org/rfc/rfc3736, April 2004.

RFC 6177, *IPv6 Address Assignment to End Sites*, T. Narten, IBM, tools.ietf.org/html/rfc6177, March 2011.

Websites

DHCPv6 Using the Prefix Delegation Feature Configuration Example, www.cisco.com/c/en/us/support/docs/ip/ip-version-6-ipv6/113141-DHCPv6-00.html.

IP Addressing: DHCP Configuration Guide, Cisco IOS XE Release 3S, Chapter: IPv6 Access Services: DHCPv6 Prefix Delegation, www.cisco.com/c/en/us/td/docs/ios-xml/ios/ipaddr_dhcp/configuration/xe-3s/dhcp-xe-3s-book/ip6-dhcp-prefix-xe.html.

Cisco IOS IPv6 Command Reference, www.cisco.com/c/en/us/td/docs/ios-xml/ios/ipv6/command/ipv6-cr-book.html.

Cisco Press LiveLessons: IPv6 Design and Deployment, by Tim Martin, www.ciscopress.com/store/ipv6-design-and-deployment-livelessons-9780134655512.

Part IV

ICMPv6 and ICMPv6 Neighbor Discovery

Chapter 12

IPv4의 ICMP에 익숙하다면 ICMPv6도 매우 유사하다는 것을 알게 될 것이다. 그러나 ICMPv6는 IPv6를 위한, ICMP 이상의 프로토콜이다. ICMPv6는 더 탄탄한 프로토콜이며, 새로운 특징과 ICMPv4와 유사한 기능에 대해 개선사항을 포함하고 있다. ICMPv6에 대한 개선사항들은 ICMPv6 Neighbor Discovery 프로토콜의 일부이며 13장 "ICMPv6 Neighbor Discovery"에서 다룬다.

이 장에서는 ICMPv4와 대비되는 ICMPv6 프로토콜의 특징에 대해 다룬다. ICMPv6는 RFC 4443 "*Internet Control Message Protocol(ICMPv6) for the Internet Protocol Version 6(IPv6) Specification*"에서 기술된다.

ICMP는 TCP/IP 프로토콜 suite에서 핵심이 되는 프로토콜의 하나이다. 운영 체제는 디바이스들 사이에서 정보 혹은 에러 메시지를 보내기 위해 ICMP를 사용한다. 또한, ping과 traceroute 같은 다양한 프로그램에서 두 디바이스 사이의 네트워크 연결을 시험하기 위해서 ICMP를 사용한다.

이 장에서는 ICMPv6의 일반적인 메시지 포맷을 자세히 알아볼 것이다. 타입과 코드 필드는 ICMPv4의 것들과 유사하게 사용된다. 이 장에서 두 가지 타입의 ICMPv6 메시지(에러, 정보)에 대해 상세하게 알아볼 것이다.

아래 ICMPv6 에러 메시지는 ICMPv4 에러 메시지와 유사하다.

- Destination Unreachable
- Packet Too Big
- Time Exceeded
- Parameter Problem

아래 ping에 의해 사용되는 ICMPv6 information(정보) 메시지는 ICMPv4의 것들과 유사하다.

- Echo Request
- Echo Reply

7장 “Multicast Address”에서 설명했던 Multicast Listener Discovery에 사용되는 3종의 ICMPv6 information 메시지가 있다.(RFC 2710과 RFC 3810을 보라)

- Multicast Listener Query
- Multicast Listener Report
- Multicast Listener Done

13장에서 IPv4의 주소 결정(address resolution) 기능(IPv4에서 ARP와 비슷)을 하는 ICMPv6 Neighbor Discovery, DAD(Duplicate Address Detection)와 NUD(Neighbor Unreachability Detection)에 대해 논의한다. Neighbor Discovery는 다음의 ICMPv6 information 메시지를 사용한다(RFC 4861을 보라).

- Router Solicitation
- Router Advertisement
- Neighbor Solicitation
- Neighbor Advertisement
- Redirect

General Message Format

모든 ICMPv6 메시지는 동일한 공통 포맷을 사용하고, 일반적인 ICMPv6 메시지는 ICMPv4 메시지의 포맷과 비슷하다. Figure 12-1에서 확인할 수 있듯이 IPv6의 헤더의 Next Header 값이 “58”이면 페이로드로 ICMPv6가 온다. (IPv4에서 ICMPv4 메시지를 가리키는 프로토콜 필드의 값은 “1”이다.) 선행하는 헤더가 기본 IPv6 헤더여야 할 필요는 없다. IPv6 extension header 다음에 ICMPv6 메시지가 올 수도 있다.

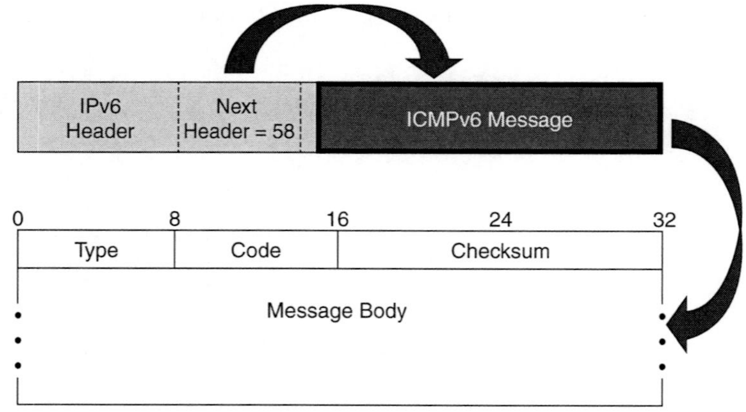

Figure 12-1 *General Format of an ICMPv6 Message*

Figure 12-1은 메시지 내의 3개 필드를 보여준다.

- **Type (8 bits):** ICMPv6 메시지의 유형을 지시한다. Echo Request/Destination Unreachable이나 Packet Too Big과 같은 것들이다.
- **Code (8 bits):** Type 필드와 조합하여 메시지를 좀 더 세분화한다. 메시지 유형(Type)에 따라 의미가 상이하다. 예를 들면 메시지 유형이 "Destination Unreachable"이면 Code 필드는 패킷이 왜 목적지에 도달할 수 없었는지(예를 들면 라우터에 목적지 라우팅 테이블이 없었다든가 하는)에 관한 특정한 사유를 알려준다.
- **Checksum (16 bits):** ICMPv6 메시지와 IPv6 헤더 부분 데이터가 깨졌는지 검사하는 데 사용한다.

Type 필드에 따라 ICMPv6 메시지를 두 가지의 범주(class)의 그룹으로 나눌 수 있다.

- **Error messages:** Type = 0 ~ 127
- **Informational messages:** Type = 128 ~ 255

에러 메시지는 메시지 유형 필드의 최상위 bit가 "0"(0xxxxxxx)인 것으로 식별한다. 결국은 에러 메시지의 유형 값은 0에서 127 사이의 값이 된다. 그리고 information 메시지의 최상위 bit는 "1"이며 128에서 255 사이의 값을 가진다.

ICMPv6 에러 메시지는 왜 패킷이 전달될 수 없었는지를 디바이스에 알린다. 예를 들면 홉 수가 0까지 감소하여 제한에 도달했을 때이다. 그리고 패킷은 라우터에 의해 폐기된다.

ICMPv6 정보(informational) 메시지는 에러를 보고하기 위해서 사용되는 것이 아니고 다양한 테스트, 진단, 기능 지원을 위한 정보를 제공한다. IPv4와 IPv6의 ICMP에서 사용하는 두 가지 공통 informational 메시지는 **ping** 명령에 따라 사용되는 Echo Request와 Echo Reply 메시지이다.

Table 12-1은 다양한 유형의 ICMPv6 error 메시지에 관한 개요를 제공하고, Table 12-2는 다양한 유형의 ICMPv6 Informational 메시지에 관한 개요를 제공한다.

Table 12-1 *ICMPv6 Error Messages*

Type	Type Description	Code and Code Description
1	Destination Unreachable	0: No route to destination
		1: Communication with destination administratively prohibited
		2: Beyond scope of source address
		3: Address unreachable
		4: Port unreachable
		5: Source address failed ingress/egress policy
		6: Reject route to destination
2	Packet Too Big	0: Ignored by receiver
3	Time Exceeded	0: Hop limit exceeded in transit
		1: Fragment reassembly time exceeded

Type	Type Description	Code and Code Description
4	Parameter Problem	0: Erroneous header field encountered 1: Unrecognized Next Header type encountered 2: Unrecognized IPv6 option encountered
101	Private Experimentation	
107	Private Experimentation	
127	Reserved for expansion of ICMPv6 error messages	

Table 12-2 *ICMPv6 Informational Messages*

Type	Type Description	Code and Code Description
Used by the **ping** *command (RFC 4443)*		
128	Echo Request	0: Ignored by receiver
129	Echo Reply	0: Ignored by receiver
Used for Multicast Listener Discovery (RFC 2710)		
130	Multicast Listener Query	0: Ignored by receiver
131	Multicast Listener Report	0: Ignored by receiver
132	Multicast Listener Done	0: Ignored by receiver
Used by Neighbor Discovery (RFC 4861)		
133	Router Solicitation	0: Ignored by receiver
134	Router Advertisement	0: Ignored by receiver
135	Neighbor Solicitation	0: Ignored by receiver
136	Neighbor Advertisement	0: Ignored by receiver
137	Redirect message	0: Ignored by receiver

Table 12-3에는 이 책의 범위는 벗어나지만, ICMPv6 사용 방법을 더 잘 이해할 수 있도록 전체 ICMPv6 informational 메시지를 표시했다.

Table 12-3 *Additional ICMPv6 Informational Messages*

Type	Description
Type 138 Router Renumbering	Used for router renumbering, the mechanisms for informing a set of routers of renumbering operations they are to perform. (RFC 2894)
Type 139 Node Information Query **Type 140** Node Information Reply	Requests an IPv6 node to supply certain network information, such as its host name or fully qualified domain name. (RFC 4620)

Type	Description
Type 141 Inverse Neighbor Discovery Solicitation message **Type 142** Inverse Neighbor Discovery Advertisement message	Allows a node to determine and advertise an IPv6 address corresponding to a given link layer address—similar to IPv4 Inverse ARP used with Frame Relay. (RFC 3122)
Type 143 Version 2 Multicast Listener Report message	MLDv2 adds the ability for a node to report interest in listening to packets with a particular multicast address only from specific source addresses or from all sources except for specific source addresses. (RFC 3810)
Type 144 ICMP Home Agent Address Discovery Request message **Type 145** ICMP Home Agent Address Discovery Reply message **Type 146** ICMP Mobile Prefix Solicitation message **Type 147** ICMP Mobile Prefix Advertisement message	Supports mobile IPv6. (RFC 3775)
Type 148 Certification Path Solicitation message **Type 149** Certification Path Advertisement message	Provides security mechanisms for Neighbor Discovery Protocol.
Type 151 Advertisement Packet **Type 152** Solicitation Packet **Type 153** Termination Packet	Allows the discovery of multicast routers. (RFC 4286)
Type 200 **Type 201**	Used for private experimentation. (RFC 4443)

ICMP Error Messages

호스트와 라우터 같은 Layer 3 디바이스는 패킷이 전달될 수 없는 이유를 송신 측에 알려주기 위해 ICMPv6 error 메시지를 사용한다. Table 12-2에서 볼 수 있듯이 4가지 유형의 에러 메시지가 있다.

- Destination Unreachable
- Packet Too Big
- Time Exceeded
- Parameter Problem

Note ICMPv6 에러 메시지는 앞선 ICMPv6 에러 메시지의 전달 결과로 보내서는 안 된다.[1] 그렇게 하면 혼란과 절대 끝나지 않는 에러 메시지의 반복이 일어날 수 있다.

Destination Unreachable

ICMPv6 Destination Unreachable 메시지는 혼잡(congestion)이 아닌 다른 이유로 패킷이 목적지에 전달되지 못할 때 송신된다. 패킷이 왜 목적지에 도달 못 했는지 알지 못한 채 송신 측이 패킷을 단순 재전송하는 대신에, 송신 측에 도달 불가 사유에 대해 유용한 정보를 제공하도록 이들 피드백 메시지가 사용된다. 통상 라우터 및 방화벽이 이 Destination Unreachable 메시지를 생성한다.

Note 방화벽 또는 기타 보안장비는 Destination Unreachable 메시지를 보내지 않아야 한다는 의견도 있다.

Figure 12-2는 Destination Unreachable 메시지의 포맷을 보여준다. Type 필드가 "1"임을 확인하라.

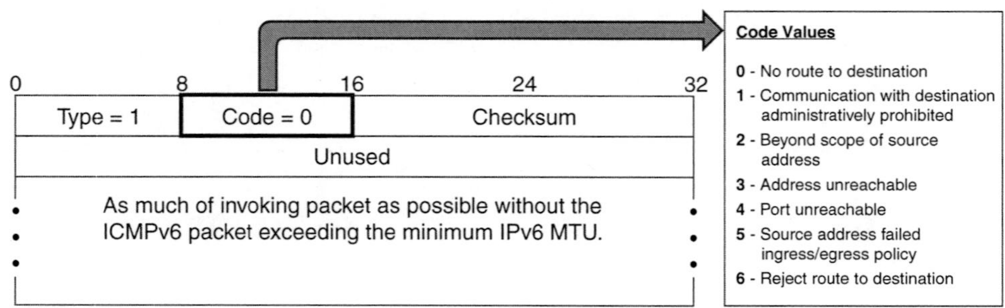

Figure 12-2 *ICMPv6 Destination Unreachable Message*

목적지에 패킷이 도달하지 못하는 이유는 몇 가지가 있을 수 있다. Code 필드는 패킷이 목적지에 도달하지 못하는 사유에 관한 좀 더 자세한 정보를 제공하는 데 사용된다. 7개의 코드가 있다.

1 에러 메시지가 목적지(송신 측)에 도달하지 못할 때 또다시 역방향으로 에러 메시지를 보내진 않는다는 뜻이다.-옮긴 이

- **Code = 0, No route to destination:** 라우터가 이 목적지에 대한 경로를 갖고 있지 않기 때문에 패킷은 전달될 수 없다. 이런 일은 라우터의 라우팅 테이블에 디폴트 라우팅이 없을 때만 일어날 수 있다. 이 메시지는 ICMPv4의 Network Unreachable 메시지와 동등하다.
- **Code = 1, Communication with destination administratively prohibited:** ACL(access control list)이나 패킷 필터 때문에 패킷이 차단되었다.
- **Code = 2, Beyond scope of source address:** 송신 주소가 link-local 주소이고 목적지 주소가 global unicast 주소일 때 이 메시지가 생성된다.
- **Code = 3, Address unreachable:** 이 에러 메시지는 목적지 주소로 지정된 호스트에 도달할 수 없어서 패킷을 전달하는 데 문제가 있음을 나타낸다. 목적지 주소에 해당하는 데이터 링크 주소(LAN의 MAC 주소)를 결정할 수 없거나 잘못된 목적지 주소일 경우 이 문제가 발생할 수 있다. 이 메시지는 ICMPv4에서 Host Unreachable 메시지와 동등하다.
- **Code = 4, Port unreachable:** 이 에러 메시지는 TCP 혹은 UDP 헤더에 지정된 대상 포트가 없거나, 수신 측에서 해당 포트를 서비스하지 않을(not listen) 때 발생한다. 예를 들면 패킷의 목적지 TCP 포트가 80인데 수신 호스트는 HTTP 웹서비스를 구동하지 않았을 때 Port Unreachable 메시지가 송신된다.
- **Code = 5, Source address failed ingress/egress policy:** ACL(access control list)이나 기타 패킷 필터에 의해 패킷의 송신 주소가 차단되었음을 알려주는 에러 메시지이다. Code 5는 Code 1의 서브 셋이다.
- **Code = 6, Reject route to destination:** 특정한 프리픽스의 패킷이 ACL(access control list)이나 패킷 필터에 의해 차단되었을 때 이 에러 메시지가 발생한다. Code 6은 Code 1의 서브 셋이다.

Example 12-1은 ICMPv6의 Destination Unreachable 메시지의 Wireshark 캡처를 보여준다. “2a03:2880:f122:face:b00c::1”에 대해 **ping** 시도가 실패하여 발생하는 에러 메시지이다. Example 12-1은 ICMPv6 Destination Unreachable 메시지만 간략하게 보여준다. 그러나 수신 에러 메시지의 DATA 필드는 송신된 ICMPv6 Echo Request 메시지의 IPv6 헤더와 ICMPv6 메시지를 담고 있다는 데 유의하라.

Example 12-1 *Wireshark Capture of an ICMPv6 Destination Unreachable Message*

```
C:\> ping -6 2a03:2880:f122:face:b00c::1
Destination host unreachable.

<Wireshark capture: ICMPv6 Message>

Internet Control Message Protocol v6
    Type: Destination Unreachable (1)
    Code: 3 (Address unreachable)
    Checksum: 0xfec5 [correct]
    Reserved: 00000000
    Data:
    Internet Protocol Version 6,
```

```
        Version: 6
        Traffic class: 0x00000000
          Differentiated Services Field: Default (0x00000000)
          ECN-Capable Transport (ECT): Not set
          ECN-CE: Not set
        Flowlabel: 0x00000000
        Payload length: 40
        Next header: ICMPv6 (58)
        Hop limit: 119
        Source: 2601:648:cd01:a683:8cd3:96f5:3ff9:3b48
        Destination: 2a03:2880:f122:face:b00c::1
    Internet Control Message Protocol v6
        Type: Echo (ping) request (128)
        Code: 0
        Checksum: 0xa795 [correct]
        Identifier: 0x0001
        Sequence: 9
        Data (32 bytes)

C:\ >
```

Packet Too Big

IPv6에서는 패킷의 단편화 및 재조립과 관련해 중요한 변화가 있었다. IPv4에서 출력 인터페이스의 MTU 값이 패킷의 크기보다 작을 때 라우터는 패킷을 단편화할 수 있다. 최종 수신 디바이스가 단편화된 패킷을 재조립하는 역할을 한다.

필요할 때 패킷을 라우터가 단편화하는 것이 편리함은 있으나, 패킷의 단편화에 라우터가 관여하는 것은 비효율적이다. IPv6는 패킷의 송신 측에서만 단편화를 수행할 수 있도록 해서 라우터의 부담을 제거했다. IPv6 라우터가 출력 인터페이스의 MTU보다 큰 패킷을 수신했을 때 라우터는 패킷을 폐기하고 "ICMPv6 Packet Too Big" 메시지를 송신 측으로 보낸다. "ICMPv6 Packet Too Big" 메시지에는 링크의 MTU 크기를 byte 단위의 값으로 포함해 송신 측에서 패킷 크기를 조정 후 재송신할 수 있도록 한다.

Note 자신이 패킷의 송신자일 때 라우터도 IPv6 패킷을 단편화할 수 있다. 확장 헤더 44(Fragment) 사용을 포함한 IPv6 패킷 단편화(Fragmentation)는 3장 "Comparing IPv4 and IPv6"에서 설명했다.

Figure 12-3에서 볼 수 있듯이 ICMPv6 Packet Too Big 메시지는 Type 값은 "2"이고 Code는 "0"이다. MTU는 next-hop 링크의 maximum transmission unit 값이다. ICMPv6 에러 메시지는 Path MTU Discovery에서도 사용된다.

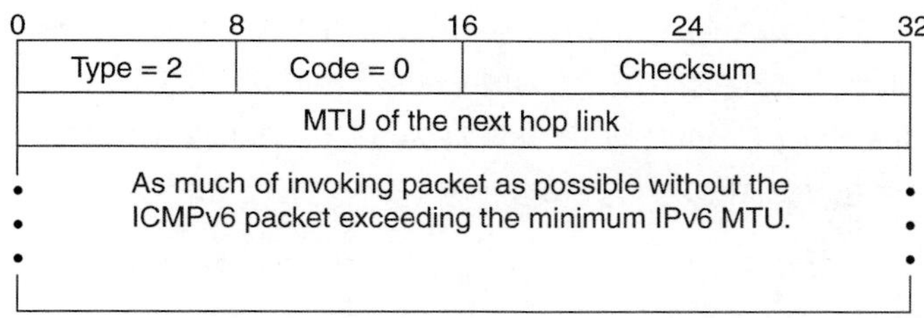

Figure 12-3 *ICMPv6 Packet Too Big Message*

Path MTU Discovery

Path MTU Discovery는 RFC 1981 "*Path MTU Discovery for IP version 6*"에서 정의되었다. 디바이스에 보내야 할 많은 수의 패킷이 있을 때 가능하면 큰 패킷으로 보내는 것이 적은 수의 패킷을 송신해도 되기 때문에 선호된다. 이 경우 목적지 방향 경로상의 최소 MTU(the smallest MTU)를 송신 측에서 알아야 할 필요가 있다. 그러면 송신 측은 경로상의 라우터가 패킷을 폐기할 위험 없이 가능한 최대 크기의 패킷을 보낼 수 있게 된다. 이 패킷의 크기를 *Path MTU(PMTU)*라고 한다.

Note IPv6는 인터넷상의 모든 링크가 최소 1280byte 이상의 MTU이어야 한다고 요구하며, IPv4의 68byte와 대비된다. 이것은 Payload와 header length의 비율을 개선해 송신 측에서 단편화할 필요성을 줄여준다.

Path MTU Discovery 프로세스는 Figure 12-4에 그림으로 그렸으며 각 단계를 다음에 설명한다.

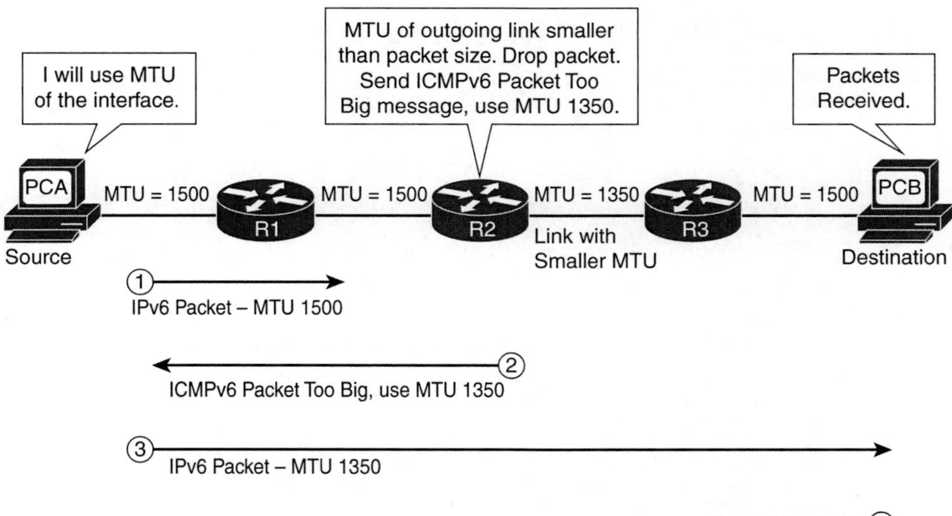

Figure 12-4 *Path MTU Discovery*

Step 1. 송신 디바이스는 첫 번째(first-hop) 라우터와 연결된 링크의 MTU가 패킷의 Path MTU(PMTU) 크기와 동일하다고 가정한다. Figure 12-4에서 PC-A는 PMTU를 이더넷 링크의 MTU인 1500byte로 설정한다.

Step 2. 라우터의 next-hop 링크 MTU보다 패킷의 크기가 크면 패킷은 폐기된다. 그리고 ICMPv6 Packet Too Big 메시지를 송신자에 돌려보낸다. 메시지 안에는 next-hop 링크의 MTU 값이 포함된다. Figure 12-4에서 라우터 R2는 패킷을 폐기하고 MTU 1350 값을 가진 Packet Too Big 메시지를 PC-A로 돌려보낸다.

Step 3. 송신 디바이스는 Packet Too Big 메시지의 정보를 이용해 메시지 내 포함된 MTU 값과 일치하도록 패킷의 크기를 줄인다. 송신 디바이스는 이 더 작은 MTU 값을 사용하여 이후의 패킷을 전송한다. Figure 12-4의 PC-A는 새로운 MTU 1350으로 이후의 패킷을 보낸다. MTU 크기는 IPv6의 최소 링크 MTU인 1280byte보다 작은 값을 사용할 수 없다. (Figure 12-4에서 PC-A는 1500byte 원래 패킷을 확장 헤더 44[fragment]를 사용하는 두 개의 1350byte 크기로 재송신한다.)

Step 4. 경로상의 라우터가 ICMPv6 Packet Too Big 메시지를 보내고 송신 단말이 패킷 크기를 줄여서 보내는 프로세스는 패킷이 목적지에 도달할 때까지 반복된다. Figure 12-4에서 새로운 MTU 값은 목적지 PC-B까지 패킷을 보내기 위한 최적값이다.

특정한 송신 주소와 주어진 목적지 주소 사이의 경로는 변할 수 있으므로 PMTU도 변할 수 있다. 그래서 송신 단말은 패킷의 PMTU 크기를 동적으로 수정할 수 있어야 할 것이다. 디바이스가 Path MTU를 수행해야 한다고 요구하진 않지만(not required) RFC 4443에서 그렇게 하도록 권고했다(recommended). Path MTU Discovery는 unicast뿐만 아니라 multicast도 지원한다.

Time Exceeded

라우팅 루프나 또 다른 문제로 패킷이 네트워크상에서 끝없이 전달될 가능성을 없애기 위한 예방 메커니즘이 IPv4와 IPv6에 필요하다.

IPv6 패킷을 전달하기 전에 라우터는 패킷의 Hop Limit를 1만큼 감소시킨다. Hop Limit가 "0"인 패킷을 수신받거나 라우터가 이 값을 "0"으로 감소시켰을 때, 라우터는 이 패킷을 폐기하고 ICMPv6 Time Exceeded 메시지를 패킷의 송신 측으로 보낸다. 이것은 라우팅 루프가 발생했거나, 초기의 Hop Limit 값이 너무 작았음을 알려준다. Time exceeded 필드는 IPv4의 TTL 필드와 동일한데 이제 실제 기능을 명칭에 반영했다.

Figure 12-5에서 볼 수 있듯이 ICMPv6 Time Exceeded 메시지는 Type 값이 "3"이고, Code 값이 "0"이다.

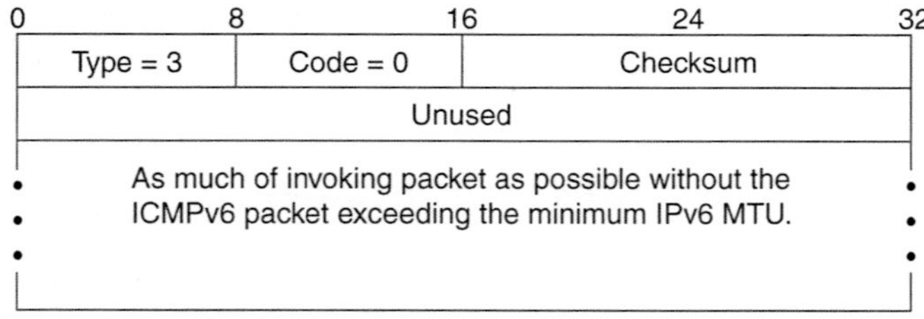

Figure 12-5 *ICMPv6 Time Exceeded Message*

traceroute 유틸리티는 목적지로 가는 경로를 알아내기 위해 Time Exceeded 메시지를 사용한다. traceroute 유틸리티의 첫 번째 단계에서 프로그램은 일련의 ICMPv6 Echo Request 메시지를 Hop Limit "1"로 해서 보낸다. 송신 측에서 ICMPv6 Time Exceeded 메시지를 수신하면 패킷의 송신(라우터의 주소) 주소를 화면에 표시하고, Hop Limit를 1만큼 증가시켜 또 다른 Echo Request를 보낸다. 이것은 목적지에 도달할 때까지 반복된다.

Example 12-2에서 Windows 상의 traceroute(**tracert** 명령) 사용 예를 보여준다. "**-6**" 파라미터는 IPv4의 ICMPv4 대신에 IPv6의 ICMPv6를 사용하도록 한다. 일부 주소의 16진수를 창의적으로[1] 사용함을 볼 수 있다(2a03:2880:f122:83:*face:b00c:0:25de* 및 *2620:0:1cff:dead:beef*::1019). 리눅스/Mac OS에 대해서는 IPv6 옵션을 위해 "**traceroute6**" 명령을 사용한다.

Example 12-2 *Windows* ***traceroute*** *Using IPv6 and ICMPv6*

```
C:\> tracert -6 www.facebook.com

Tracing route to star-mini.c10r.facebook.com [2a03:2880:f122:83:face:b00c:0:25de]
over a maximum of 30 hops:

  1     6 ms     4 ms     4 ms  2601:647:cd00:a683:481d:70ff:fe6f:9503
  2    12 ms    16 ms    13 ms  2001:558:4000:94::1
  3    14 ms    14 ms    14 ms  te-0-7-0-6-sur04.scotts.ca.sfba.comcast.net
                                  [2001:558:82:172::1]
  4    18 ms    15 ms    18 ms  be-321-ar01.hayward.ca.sfba.comcast.net
                                  [2001:558:80:45a::1]
  5    20 ms    22 ms    16 ms  hu-0-0-0-0-ar01.santaclara.ca.sfba.comcast.net
                                  [2001:558:80:38::1]
  6    15 ms    17 ms    19 ms  be-33651-cr01.sunnyvale.ca.ibone.comcast.net
                                  [2001:558:0:f697::1]
  7    59 ms    24 ms    20 ms  be-10925-cr01.9greatoaks.ca.ibone.comcast.net
                                  [2001:558:0:f5e7::2]
  8    21 ms    18 ms    20 ms  hu-0-13-0-1-pe03.11greatoaks.ca.ibone.comcast.net
                                  [2001:558:0:f8e2::2]
  9    25 ms    24 ms    18 ms  as32934-2-c.11greatoaks.ca.ibone.comcast.net
                                  [2001:559::136]
 10    19 ms    19 ms    25 ms  po131.asw04.sjc1.tfbnw.net
                                  [2620:0:1cff:dead:beef::11fa]
 11    24 ms    19 ms    20 ms  po241.psw03.sjc2.tfbnw.net
                                  [2620:0:1cff:dead:beef::1019]
 12    17 ms    29 ms    24 ms  po3.msw1aj.01.sjc2.tfbnw.net
                                  [2a03:2880:f022:ffff::7b]
 13    26 ms    19 ms    18 ms  edge-star-mini6-shv-01-sjc2.facebook.com
                                  [2a03:2880:f122:83:face:b00c:0:25 de]
Trace complete.
C:\ >
```

1 사이트명을 표시, 이렇게 사용하는 것을 Hexspeak라고도 한다.-옮긴 이

Cisco IOS **traceroute** 명령은 목적지 포트 번호 33434인 초기값을 쓰거나 extended **traceroute** 명령으로 포트를 지정한 UDP 세그먼트[1]를 사용한다. 첫번째 패킷의 IPv6 hop limit는 "1"이다. 송신 측에서 ICMP Time Exceeded 메시지를 수신하면 이 사이클은 hop limit와 목적지 포트 번호를 증가시키면서 반복된다. 송신 측이 ICMPv6 Port Unreachable 메시지를 받으면 목적지에 도달되었음을 알 수 있다.

> **Note** RFC 1393 "*Traceroute Using an IP Option*"은 traceroute를 수행하는 좀 더 효율적인 방법을 정의한다. 송신 디바이스는 특수한 traceroute IP 옵션을 가진 하나의 패킷을 목적지로 보낸다. 경로상의 각 라우터는 옵션을 테스트 메시지로 인식하여 ICMP Traceroute 메시지로 패킷의 송신 측에 응답한다.

IPv4와 IPv6 상에서 동일한 **traceroute** 명령이 목적지 IP 주소로 가는 경로를 추적하기 위해 사용될 수 있다. 목적지 주소가 hostname(도메인 네임)이라면 IOS가 **IPv6**를 선택하도록 **traceroute** 명령과 함께 옵션 ipv6 파라미터를 사용하라.

```
Router# traceroute ipv6 hostname
```

Figure 12-6의 토폴로지로 Example 12-3은 IPv6 주소와 호스트 네임을 사용했을 때 IOS **traceroute** 명령을 보여준다. IPv4에서 "**ip host**" 명령을 사용한 것처럼 IPv6에서도 "**ipv6 host**" 명령을 사용하여 IPv6 주소와 hostname을 매핑할 수 있다.

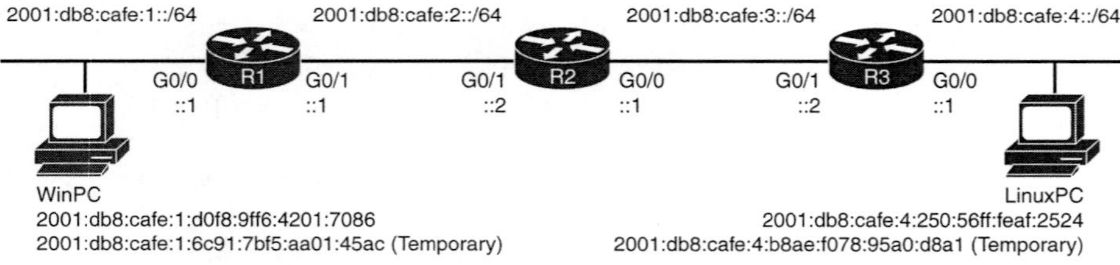

Figure 12-6 *Topology for ICMPv6 Messages*

Figure 12-6에서 WinPC와 LinuxPC는 2개의 global unicast 주소를 가지고 있음을 보여준다. 9장 "Stateless Address Autoconfiguration(SLAAC)"에서 설명한 대로 Windows와 Ubuntu 리눅스 운영 체제는 SLAAC를 사용한 GUA 주소 생성 시 privacy 확장을 사용할 수 있다. 첫 번째 주소는 public 주소이고 두 번째 주소는 temporary 주소이다. temporary 주소는 짧은 lifetime을 가지고 있으며, 호스트가 통신을 시작할 때 송신 주소로 사용한다.

Example 12-3 *Cisco IOS* ***traceroute*** *Using IPv6 and ICMPv6*

```
R1# traceroute 2001:db8:cafe:4:250:56ff:feaf:2524
Type escape sequence to abort.
Tracing the route to LinuxPC (2001:DB8:CAFE:4:250:56FF:FEAF:2524)
```

1 일반적으로 traceroute 명령은 UDP, tracert 명령은 ICMP를 사용한다. traceroute의 실제 구현은 OS/제조사마다 약간씩 다를 수 있다.-옮긴 이

```
1 2001:DB8:CAFE:2::2 0 msec 0 msec 0 msec
2 2001:DB8:CAFE:3::2 0 msec 0 msec 4 msec
3 LinuxPC (2001:DB8:CAFE:4:250:56FF:FEAF:2524) 0 msec 0 msec 0 msec
R1#

R1# config t
R1(config)# ipv6 host LinuxPC 2001:db8:cafe:4:250:56ff:feaf:2524
R1(config)# end
R1# traceroute ipv6 LinuxPC
Type escape sequence to abort.
Tracing the route to LinuxPC  (2001:DB8:CAFE:4:250:56FF:FEAF:2524)

1 2001:DB8:CAFE:2::2 4 msec 0 msec 0 msec
2 2001:DB8:CAFE:3::2 0 msec 0 msec 0 msec
3 LinuxPC (2001:DB8:CAFE:4:250:56FF:FEAF:2524) 8 msec 0 msec 0 msec
R1#
```

Note Example 12-3은 IPv6 주소만 사용하므로 **traceroute LinuxPC** 명령을 사용하여 같은 결과를 얻을 수 있다. dual-stack 환경에서는 "**ip host**" 및 "**ipv6 host**" 명령 모두에 동일한 *호스트 이름*을 사용할 수 있으므로, 이 경우 IPv6를 시험하고자 한다면 "**traceroute ipv6** *hostname*" 명령을 사용할 필요가 있다. dual-stack 환경에서 프로토콜을 트러블슈팅하려면 적절한 IP 프로토콜을 지정해야 한다.

ICMPv6 타입 "3"의 코드 "1"은 단편화된 본래의 패킷을 재조립하는 과정에서 모든 단편화된 패킷을 수신하지 못했을 때 수신 디바이스가 돌려보내는 메시지이다. 첫 번째 단편화 패킷을 받은 후에 무한정 기다리지 않고 모든 단편에 대해 특정한 양의 시간이 할당되어 타이머가 설정된다. 만약 적절한 시간 내에 모든 패킷이 도착하지 않았을 경우 ICMPv6 Time Exceed 메시지가 송신 측으로 보내진다.

Parameter Problem

디바이스가 IPv6 패킷을 처리하는 과정에서 기본 헤더 또는 확장 헤더 필드와 관련한 문제를 발견했을 때 ICMPv6 Parameter Problem 에러 메시지가 생성된다. 이것은 수신 디바이스가 IPv6 헤더 내 정보를 이해하지 못한다는 것을 의미하고 패킷은 폐기된다. Figure 12-7에서 Next 헤더 필드가 비정상적인 값인 패킷을 보여준다. 수신 단말은 Code "1"인 ICMPv6 Parameter Problem 메시지(Figure 12-8을 보라)를 생성한다. 이것은 확장 헤더의 인수가 잘못되었거나 해당 확장 헤더를 디바이스가 지원하지 않을 경우 발생한다.

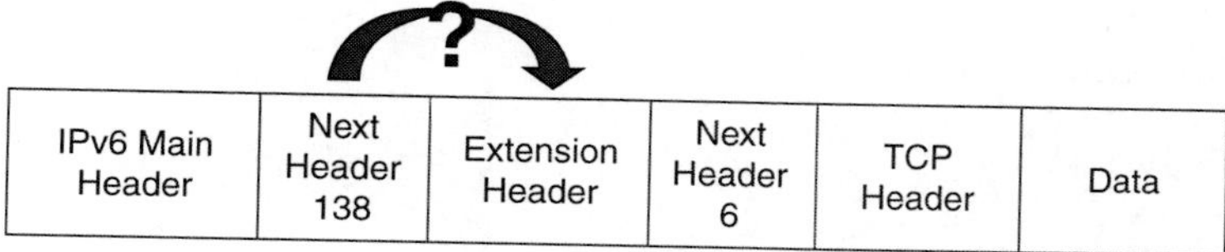

Figure 12-7 *Packet with Unrecognized Next Header Value*

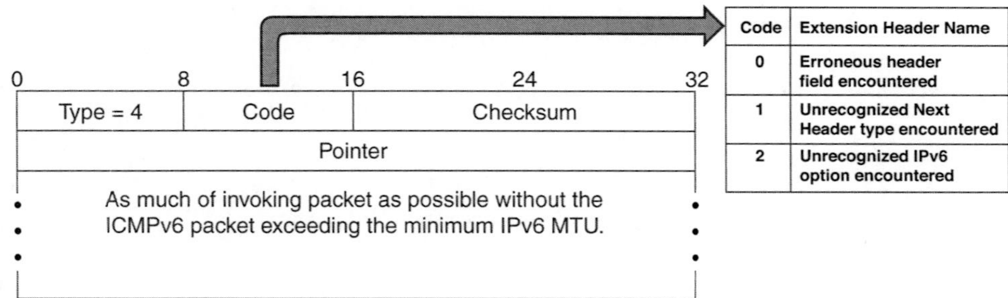

Figure 12-8 *ICMPv6 Parameter Problem Message*

ICMP Informational Messages

이전에 보았듯이 디바이스는 왜 패킷이 전달될 수 없었는가에 대해 송신 측에 알려 주기 위해 ICMPv6 에러 메시지를 사용한다. ICMPv6 information 메시지는 디바이스들이 서로를 찾아내고 정보를 공유할 수 있게 돕는 데 사용된다. Table 12-2와 다음에서 열거하듯이 information 메시지는 몇 가지 유형이 있다.

- ICMPv6 informational messages used by ping(ping 명령에 사용되는 ICMPv6 information 메시지):
  - Echo Request
  - Echo Reply
- ICMPv6 informational messages used for Multicast Listener Discovery(MLD에 사용되는 ICMPv6 informational 메시지,7장 참고):
  - Multicast Listener Query
  - Multicast Listener Report
  - Multicast Listener Done
- ICMPv6 informational messages used by Neighbor Discovery(RFC 4861)(ND에 사용되는 ICMPv6 information 메시지, 13장 참고):
  - Router Solicitation 메시지
  - Router Advertisement 메시지
  - Neighbor Solicitation 메시지
  - Neighbor Advertisement 메시지
  - Redirect 메시지

Echo Request and Echo Reply

Echo Request와 Echo Reply는 주요한 모든 시스템/네트워크 관리자에 의해 사용되며, 매우 일반적 TCP/IP 유틸리티인 "ping"에서 사용하는 두 가지 ICMP 메시지이다. "**ping**" 명령은 일반적으로 두 개의 디바이스 간 네트워크 계층 연결성을 테스트하는 데 사용된다. 프로그램의 이름은 소리의 펄스를 보낸 다음 반향을 기다리는 active sonar(능동 소나) 용어로부터 유래되었다.

디바이스는 Echo Request를 보내고 수신 쪽에서 되돌려 보내는 Echo Reply를 받아서 네트워크 계층의 연결을 확인한다. 송신자가 상응하는 Echo Reply를 받지 못했더라도 반드시 목적지 네트워크와의 통신에 문제가 생긴 것은 아니다. 경로상의 인터넷 디바이스들이 Echo Request와 Reply 메시지를 (다른 이유로) 폐기하는 것이 가능하기 때문이다. 또 목적지 디바이스 자체가 Echo Request를 차단하거나 응답을 하지 않도록 설정되었을 가능성도 있다.

Figure 12-8은 ICMP Echo Request와 Echo Reply 메시지의 포맷을 보여준다. Echo Request와 Reply 메시지 구조는 Type 필드의 값만 제외하고 동일하다. Echo Request의 Type 필드는 "128"이고, Echo Reply의 Type 필드는 "129"이다. Code 필드는 항상 "0"이다. 나머지 다른 필드는 Figure 12-9에서 보여준다.

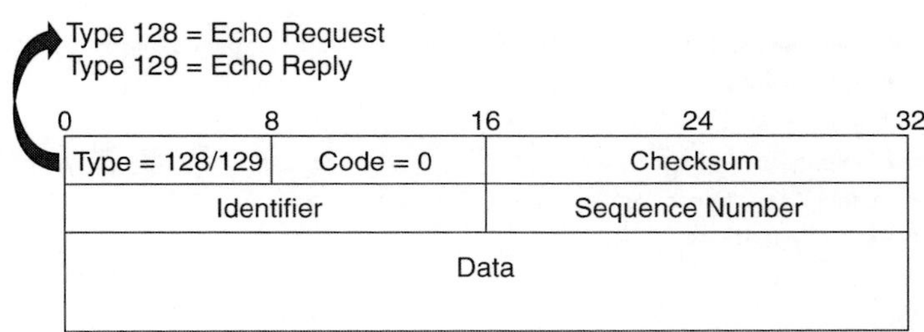

Figure 12-9 *ICMPv6 Echo Request and Echo Reply Messages*

Pinging a Global Unicast Address

Example 12-4는 WinPC 상에서 라우터 R1의 global unicast 주소로 **ping** 명령을 사용하는 것을 보여준다. IPv6 주소라는 것을 제외하면 IPv4에서 ping 시험을 하는 것과 동일하다.

Example 12-4 *Global Unicast Address* ***ping*** *from WinPC to R1*

```
WinPC> ping 2001:db8:cafe:1::1

Pinging 2001:db8:cafe:1::1 with 32 bytes of data:
Reply from 2001:db8:cafe:1::1: time=1ms
Reply from 2001:db8:cafe:1::1: time<1ms
Reply from 2001:db8:cafe:1::1: time<1ms
Reply from 2001:db8:cafe:1::1: time<1ms
Ping statistics for 2001:db8:cafe:1::1:

    Packets: Sent = 4, Received = 4, Lost = 0 (0% loss),
Approximate round trip times in milli-seconds:
    Minimum = 0ms, Maximum = 1ms, Average = 0ms

WinPC>
```

“**ping -6** *target-name*” 명령은 듀얼 스택 Windows 디바이스에서 IPv4가 아닌 IPv6를 사용한 시험을 하는 데 사용될 수 있다. Linux와 Mac OS에서는 IPv6 주소에 대해 “**ping6**” 명령을 사용해야 한다.

Example 12-5는 WinPC에서 라우터 R1으로 보낸 ICMPv6 Echo Request를 보여준다.

Example 12-5 *Echo Request from WinPC to R1*

```
Ethernet II, Src: 00:50:56:af:97:68, Dst:58:ac:78:93:da:00

Internet Protocol Version 6
    0110 .... = Version: 6
    .... 0000 0000 .... .... .... .... .... = Traffic class: 0x00000000
    .... .... .... 0000 0000 0000 0000 0000 = Flowlabel: 0x00000000
    Payload length: 40
    Next header: ICMPv6 (58)
    Hop limit: 128
    Source: 2001:db8:cafe:1:6c91:7bf5:aa01:45ac
    Destination: 2001:db8:cafe:1::1

Internet Control Message Protocol v6
    Type: 128 (Echo (ping) request)
    Code: 0 (Should always be zero)
    Checksum: 0x0b48 [correct]
    ID: 0x0001
    Sequence: 0
    Data (32 bytes)
```

Echo Request의 송신 IPv6 주소를 확인하라. **ping** 명령의 목적지 주소는 global unicast 주소이다. 그래서 송신 주소도 global unicast 주소가 된다. 앞서 언급한 것처럼 Windows는 SLAAC를 통해 주소를 생성할 때 privacy 확장을 사용한다. 이 예제에서 WinPC가 R1을 향해 ping을 했기 때문에, 송신 IPv6 주소로 temporary 주소를 사용한다.

Example 12-6은 응답 ICMPv6 Echo Reply 메시지에 대해 유사한 정보를 보여준다. 라우터 R1은 Echo Reply 메시지의 목적지 주소로 Echo Request의 송신 주소를 사용한다.

Note 기본 송신 주소 선택은 9장에서 설명했다.

두 IPv6 패킷에서 Next Header 필드의 값은 10진수 58로, IPv6 헤더 뒤에 ICMPv6 헤더가 후행함을 나타낸다. 일부 버전의 Wireshark는 ICMPv6에 대해 “0x3a” 와 같은 16진수 값을 사용한다.

Example 12-6 *Echo Reply from R1 to WinPC*

```
Ethernet II, Src: 58:ac:78:93:da:00, Dst:
00:50:56:af:97:68

Internet Protocol Version 6
    0110 .... = Version: 6
```

```
    .... 0000 0000 .... .... .... .... .... = Traffic class: 0x00000000
    .... .... .... 0000 0000 0000 0000 0000 = Flowlabel: 0x00000000
    Payload length: 40
    Next header: ICMPv6 (58)
    Hop limit: 64
    Source: 2001:db8:cafe:1::1
    Destination: 2001:db8:cafe:1:6c91:7bf5:aa01:45ac

Internet Control Message Protocol v6
    Type: 129 (Echo (ping) reply)
    Code: 0 (Should always be zero)
    Checksum: 0x0a48 [correct]
    ID: 0x0001
    Sequence: 0
    Data (32 bytes)
```

위의 두 예제 Examples 12-5와 12-6의 ICMPv6 헤더를 확인해 보면 이 메시지에 대한 더 깊은 이해를 할 수 있을 것이다.

- **Type:** Echo Request에서 "128"이고 Echo Reply는 "129"이다.
- **Code:** 수신 측에서 무시한다. Echo Request와 Echo Reply에 대해 Code는 항상 "0이다.
- **Checksum:** 체크섬은 ICMPv6 헤더의 유효성을 확인한다.
- **Identifier:** 이 필드는 일련의 Echo Request 메시지와 Echo Reply 메시지를 대응시키는 데 사용된다. Echo Request와 Echo Replay가 같은 값임을 확인하라. 이 값은 **ping** 명령의 인스턴스에 의해 생성된 일련의 전체 Echo Request와 Reply 메시지에 대해 상수값(동일한 값)이다. 이 예제에서는 identifier는 일련의 ICMPv6 메시지에 대해 "1"로 설정되었다.
- **Sequence:** 이 필드는 각 Echo Request와 Reply 메시지를 대응시키는 데 사용된다. 시퀀스 필드는 각각의 Echo Replay 메시지를 특정한 Echo Request 메시지와 대응시켜 세분화를 제공한다.[1] 특정 시퀀스 값을 가진 Echo Request에 응답하는 Echo Replay 메시지는 동일한 시퀀스 값을 갖는다. 다음의 Echo Request 시퀀스 번호는 1씩 증가하고, 수신측은 같은 값을 사용하는 Echo Reply로 응답한다. Example 12-5와 12-6에서 Sequence number는 "0"이다. 동일한 **ping** 명령의 이다음 Echo Request와 Echo Reply 메시지는 증가한 값인 "1"을 갖게 될 것이다.
- **Data:** Echo Request에는 임의의 데이터로 채워진 일정한 byte(zero 혹은 more)가 Data 부분으로 추가된다. 수신 디바이스는 Echo Request의 이 데이터를 그대로 복사한 Echo Reply로 응답한다.

Pinging a Link-Local Address

Example 12-7에서 또 다른 ping 시험을 했다. 이번엔 라우터 R1에서 WinPC의 link-local 주소로 ping 시험한 것이다. link-local 주소는 해당 서브넷(link)상에서 유일하고 링크 바깥으로 라우팅 될 수 없다는 것을 상기하라. (이 절의 예제는 6장 "Link-Local Unicast Address"의 내용과 같은 정보를 사용했다.)

1 즉, 1:1 확인을 한다는 것-옮긴 이

Example 12-7 *Pinging Link-Local Address from R1 to WinPC*

```
R1# ping fe80::d0f8:9ff6:4201:7086
Output Interface: g 0/0
% Invalid interface. Use full interface name without spaces (e.g. Serial0/1)
Output Interface: gigabitethernet0/0
Type escape sequence to abort.
Sending 5, 100-byte ICMP Echos to FE80::D0F8:9FF6:4201:7086, timeout is 2 seconds:
Packet sent with a source address of FE80::1%GigabitEthernet0/0
!!!!!
Success rate is 100 percent (5/5), round-trip min/avg/max = 1/1/1 ms
R1#
```

Example 12-8에서 라우터의 *출력(exit 혹은 output) 인터페이스*를 먼저 지정하지 않으면 WinPC의 link-local 주소로 ping 시험을 할 수 없다. 이것은 link-local 주소가 라우터의 라우팅 테이블에 포함되지 않기 때문이며, 그래서 라우터는 어느 출력 인터페이스를 사용해야 하는지 알 수 없다. 첫 번째 link-local 주소를 향한 **ping** 명령이 실패한 것에서 알 수 있듯이, 시스코 IOS는 공백 없이 완전한 인터페이스 명(full interface name)으로 출력 인터페이스를 지정해야 한다.

Example 12-8과 12-9에서 link-local 주소를 사용한 Echo Request와 Echo Reply 패킷을 보여준다.

Example 12-8 *Echo Request to a Link-Local Address from R1 to WinPC*

```
Ethernet II, Src: 58:ac:78:93:da:00, Dst: 00:50:56:af:97:68

Internet Protocol Version 6
    0110 .... = Version: 6
    .... 0000 0000 .... .... .... .... .... = Traffic class: 0x00000000
    .... .... .... 0000 0000 0000 0000 0000 = Flowlabel: 0x00000000
    Payload length: 60
    Next header: ICMPv6 (58)
   Hop limit: 64
     Source: fe80::1
     Destination: fe80::d0f8:9ff6:4201:7086

Internet Control Message Protocol v6
    Type: 128 (Echo (ping) request)
    Code: 0 (Should always be zero)
    Checksum: 0xb9b3 [correct]
    ID: 0x18b5
    Sequence: 0
    Data (52 bytes)
```

Example 12-9 *Echo Reply to a Link-Local Address from WinPC to R1*

```
Ethernet II, Src: 00:50:56:af:97:68, Dst: 58:ac:78:93:da:00

Internet Protocol Version 6
    0110 .... = Version: 6
    .... 0000 0000 .... .... .... .... .... = Traffic class: 0x00000000
    .... .... .... 0000 0000 0000 0000 0000 = Flowlabel: 0x00000000
    Payload length: 60
    Next header: ICMPv6 (58)
    Hop limit: 64
      Source: fe80::d0f8:9ff6:4201:7086
      Destination: fe80::1

Internet Control Message Protocol v6
    Type: 129 (Echo (ping) reply)
    Code: 0 (Should always be zero)
    Checksum: 0xb8b3 [correct]
    ID: 0x18b5
    Sequence: 0
    Data (52 bytes)
```

두 디바이스에서 IPv6 송신 주소로 link-local 주소가 사용되었다는 것을 확인하라. ICMPv6 메시지의 나머지 부분은 앞의 ICMPv6 메시지와 비슷하다. 다시 말하지만, Link-Local 주소는 해당 링크 내로 범위가 제한된다. 그러므로 WinPC에서 타 네트워크 혹은 링크 상에 있는 LinuxPC의 link-local 주소로 이 시험을 할 수 없다.

Windows에서 link-local 주소로 ping 시험을 해야 하는 경우, WinPC에 하나의 인터페이스만 있다면 Example 12-10과 같이 출력 인터페이스를 지정할 필요가 없다.

Example 12-10 *Pinging a Link-Local Address from WinPC to R1*

```
WinPC> ping fe80::1

Pinging fe80::1 with 32 bytes of data:

Reply from fe80::1: time<1ms
Reply from fe80::1: time<1ms
Reply from fe80::1: time<1ms
Reply from fe80::1: time<1ms
 Ping statistics for fe80::1:
    Packets: Sent = 4, Received = 4, Lost = 0 (0% loss),
Approximate round trip times in milli-seconds:
    Minimum = 0ms, Maximum = 0ms, Average = 0ms
WinPC>
```

Windows 디바이스에 여러 개의 인터페이스가 있으면 "Zone ID"가 필요하다. Example 12-11은 Zone ID를 확인하는 방법과 Zone ID를 사용해 **ping** 시험하는 예제를 보여준다.

Example 12-11 *IPv6 Configuration on WinPC and Pinging with Zone ID*

```
WinPC> ipconfig
Ethernet adapter Local Area Connection:
   Connection-specific DNS Suffix  . :
   IPv6 Address. . . . . . . . . . . : 2001:db8:cafe:1:d0f8:9ff6:4201:7086
   Temporary IPv6 Address. . . . . . : 2001:db8:cafe:1:6c91:7bf5:aa01:45ac
   Link-local IPv6 Address . . . . . : fe80::d0f8:9ff6:4201:7086%11
   Default Gateway . . . . . . . . . : fe80::1%11
<output omitted for brevity>

WinPC> ping fe80::1%11

Pinging fe80::1 with 32 bytes of data:

Reply from fe80::1: time<1ms
Reply from fe80::1: time<1ms
<output omitted for brevity>
```

Linux와 Mac OS 상에서 **ping6** 명령과 출력 인터페이스는 반드시 함께 사용되어야 한다. Example 12-12는 "**ping6**" 명령어를 사용해 link-local 주소로 ping을 하면서 주소의 끝에 *%interface*를 쓰거나 **-I** *interface* 파라미터를 사용하는 2가지 옵션을 보여준다.

Example 12-12 *Pinging a Link-Local Address from Linux OS*

```
LinuxPC$ ping6 fe80::3
Connect: Invalid argument

LinuxPC$ ping6 fe80::3%eth0
PING fe80::3%eth0(fe80::3) 56 data bytes
64 bytes from fe80::3: icmp_seq=0 ttl=64 time=0.552 ms
64 bytes from fe80::3: icmp_seq=1 ttl=64 time=0.429 ms
<output omitted for brevity>

LinuxPC$ ping6 –I eth0 fe80::3
PING fe80::3%eth0(fe80::3) 56 data bytes
64 bytes from fe80::3: icmp_seq=0 ttl=64 time=0.552 ms
64 bytes from fe80::3: icmp_seq=1 ttl=64 time=0.551 ms
<output omitted for brevity>
```

Summary

이 장에서는 ICMPv6에 관해 설명했다. ICMPv6는 ICMPv4와 많이 유사하지만, 새로운 기능과 많은 개선사항이 포함된 강력한 프로토콜이다.

두 가지 유형 ICMPv6 메시지인 error 메시지와 informational 메시지를 소개했다.

이 장에서 ICMPv6 error 메시지에 관해서 설명했다.

- **Destination Unreachable:** 이 메시지는 혼잡이 아닌 이유로 패킷을 목적지 주소로 전달할 수 없을 때 보내진다.
- **Packet Too Big:** IPv6 라우터는 출력 인터페이스의 MTU보다 큰 패킷이 수신될 때 "ICMPv6 Packet Too Big" 메시지를 송신 측으로 보낸다. 라우터는 해당 패킷을 폐기한다. 이 메시지는 Path MTU Discovery에도 사용된다.
- **Time Exceeded:** 라우터는 IPv6 패킷을 포워딩하기 전에 IPv4에서 TTL 필드로 그랬던 것처럼 Hop Limit를 "1"씩 감소시킨다. Hop Limit가 "0"이 되면 패킷을 폐기하고 ICMPv6 Time Exceeded 메시지를 송신 측으로 되돌려보낸다.
- **Parameter Problem:** 패킷을 처리하는 디바이스가 IPv6 헤더 또는 확장 헤더의 필드에서 문제를 발견하고 패킷을 폐기해야 할 때 이 메시지가 생성된다.

이 장에서는 **ping** 명령에서 일반적으로 사용되는 다음의 두 메시지를 포함하여 ICMPv6 정보 메시지도 설명했다.

- **Echo Request:** 디바이스는 Echo Request를 보내고 수신(destination) 측의 Echo Reply를 유도하여 네트워크 계층의 연결을 확인한다.
- **Echo Reply:** Echo Request에 대한 응답으로 Echo Reply가 송신된다.

Review Questions

1. 각 ICMPv6 메시지를 error 나 informational 메시지로 분류하라.
   a. Multicast Listener Query
   b. Time Exceeded
   c. Echo Request
   d. Multicast Listener Done
   e. Destination Unreachable
   f. Packet Too Big
   g. Echo Reply
   h. Multicast Listener Report
2. 혼잡이 아닌 이유로 패킷을 목적지까지 포워딩할 수 없을 때 보내는 ICMPv6 메시지는?
   a. Time Exceeded
   b. Packet Too Big
   c. Echo Reply
   d. Echo Request
   e. Parameter Problem
   f. Destination Unreachable

3. 라우터는 패킷이 포워딩되어야 할 인터페이스의 MTU보다 큰 패킷을 수신하면 어떻게 하는가?
    a. 패킷을 단편화하여 포워딩하고 "ICMPv6 Too Big message" 메시지를 송신 측으로 되돌려보낸다.
    b. 패킷을 단편화하여 포워딩하고 "ICMPv6 Too Big message" 메시지를 이전 홉 라우터로 보낸다.
    c. 패킷을 폐기하고 "ICMPv6 Too Big message" 메시지를 송신 측으로 되돌려보낸다.
    d. 패킷을 폐기하고 "ICMPv6 Too Big message" 메시지를 이전 홉 라우터로 보낸다.
4. 송신 측으로 보내어 라우팅 루프 혹은 너무 작은 초기 Hop Limit 값을 나타내는 ICMPv6 메시지는 무엇인가?
    a. Time Exceeded
    b. Packet Too Big
    c. Echo Reply
    d. Echo Request
    e. Parameter Problem
    f. Destination Unreachable
5. 패킷을 처리하는 디바이스가 기본 IPv6 헤더 또는 확장 헤더의 필드에서 문제를 발견할 때 송신 측으로 되돌려 보내는 ICMPv6 메시지는 무엇인가?
    a. Time Exceeded
    b. Packet Too Big
    c. Echo Reply
    d. Echo Request
    e. Parameter Problem
    f. Destination Unreachable
6. privacy 확장을 구현한 디바이스가 SLAAC를 사용하여 2개의 global unicast 주소를 생성했다. 다른 디바이스의 공인 GUA 주소로 ping 할 때 송신 IPv6 주소로 무엇을 사용하는가?
7. 다른 디바이스의 link-local 주소로 ping을 보낼 때 디바이스가 송신 IPv6 주소로 사용하는 주소는 무엇인가?
8. 시스코 라우터에서 link-local 주소로 ping을 보낼 때 목적지 IPv6 주소 외에 필요한 것은 무엇인가?
    a. The source IPv6 address (IPv6 주소의 송신 주소)
    b. The outgoing interface (출력 인터페이스)
    c. The zone Identifier (Zone ID)
    d. Echo Request
9. 개개의 Echo Request를 Echo Reply 메시지와 연관시키는 데 사용되는 필드는 무엇인가?
    a. Type
    b. Code
    c. Identifier
    d. Sequence

10. 일련의 Echo Request를 해당하는 Echo Reply 메시지와 연관시키면서 전체 메시지에 대해 일정 한 값을 가지는 필드는 무엇인가?
    a. Type
    b. Code
    c. Identifier
    d. Sequence
11. link-local 주소로 ping 시험을 할 때 운영 체제상에서 출력 인터페이스가 필요한 이유는 무엇인가?

References

RFCs

RFC 1393, *Traceroute Using an IP Option*, G. Malkin, Xylogics, Inc., www.ietf.org/rfc/rfc1393.txt, January 1963.

RFC 1981, *Path MTU Discovery for IP Version 6*, J. McCann, DEC, www.ietf.org/rfc/rfc1981.txt, August 1996.

RFC 2464, *Transmission of IPv6 Packets over Ethernet Networks*, M. Crawford, Fermilab, www.ietf.org/rfc/rfc2464.txt, December 1998.

RFC 2711, *IPv6 Router Alert Option*, C. Partridge, BBN, www.ietf.org/rfc/rfc2711.txt, October 1999.

RFC 4443, *Internet Control Message Protocol (ICMPv6) for the Internet Protocol Version 6 (IPv6) Specification*, A. Conta, Transwitch, www.ietf.org/rfc/rfc4443.txt, March 2006.

Chapter 13

12장 "ICMPv6"에서 말했듯이 ICMPv6는 ICMPv4에 그 기초를 두고 있다. ICMPv6 information과 error 메시지는 ICMPv4의 해당 메시지와 매우 비슷하다. 그러나 ICMPv6 ND(Neighbor Discovery) 프로토콜의 추가로 ICMPv6는 더 탄탄한 프로토콜이 되었으며, ICMPv4에서는 없었던 새로운 특징과 기능상의 개선을 포함하고 있다.

ICMPv6 ND(Neighbor Discovery)는 RFC 4861 "*Neighbor Discovery for IP Version 6(IPv6)*"에서 정의되었다. Neighbor Discovery는 IPv4의 비슷한 프로세스(예를 들면 address resolution, router discovery, redirect)를 포함하고 있으나, 중요한 차이점도 갖고 있다. 또 ICMPv6 ND는 새로운 기능(예를 들면 Prefix Discovery, Duplicate Address Detection(DAD), Neighbor Unreachability Detection(NUD)도 포함한다.

Neighbor Discovery는 다음 다섯 가지 ICMPv6 메시지를 사용한다.

- 자동 주소할당에 사용하는 Router ~ Device 간 메시지:
  - Router Solicitation (RS) 메시지
  - Router Advertisement (RA) 메시지
- 주소 결정에 사용하는 Device ~ Device 간 메시지:
  - Neighbor Solicitation (NS) 메시지
  - Neighbor Advertisement (NA) 메시지
- first-hop 선택에 사용하는 Router ~ Device 간 메시지
  - Redirect 메시지

앞의 네 개 메시지는 ICMPv6에서 새로 만들어진 것이다. Redirect 메시지는 IPv4에서도 똑같은 역할을 하는 메시지가 있다.

IPv6 디바이스는 라우터나 노드 혹은 둘 다일 수도 있다. (노드는 종종 *디바이스*로 언급된다.) Router Solicitation과 Router Advertisement 메시지는 라우터와 디바이스의 링크 상(on-link) 통신과 관련이

있다. Neighbor Solicitation과 Neighbor Advertisement는 라우터를 포함하는 임의의 두 디바이스 사이에서 on-link 통신에 사용된다.

라우터를 포함한 전체 디바이스는 다음에 대해 ICMPv6 Neighbor Discovery를 사용한다.

- **Router and prefix discovery:** Router Solicitation과 Router Advertisement 메시지는 디바이스가 자신의 네트워크 프리픽스, 디폴트 게이트웨이, 기타 설정 정보를 자동 결정하는 데 도움을 주며, 이를 SLAAC(Stateless Address Autoconfiguration)라고 한다. stateful DHCPv6 서버로부터 주소 정보를 받는 디바이스도 디폴트 게이트웨이 정보를 위해 RA 메시지를 사용해야 한다. 호스트는 RS와 RA를 사용하여 라우터나 라우터로 가는 경로에 장애가 발생했을 경우 능동적으로 대체 경로를 찾는다.
- **Address resolution:** Neighbor Solicitation과 Neighbor Advertisement 메시지는 디바이스가 동일 링크 상의, IPv6 주소를 알고 있는 또 다른 디바이스의 Layer 2 데이터 링크 주소(일반적으로 이더넷)를 알아내고자 할 때 사용된다.
- **Duplicate Address Detection (DAD):** Neighbor Solicitation과 Neighbor Advertisement 메시지는 수동 혹은 자동 설정된 unicast 주소가 다른 디바이스에 의해 이미 사용되고 있는지 알아내기 위해 사용된다.
- **Neighbor Unreachability Detection (NUD):** Neighbor Solicitation과 Neighbor Advertisement 메시지는 디바이스의 관점에서 neighbor가 도달 가능한지 확인하는 데 사용된다.
- **Redirection:** 라우터는 더 나은 first-hop 혹은 next-hop 라우터로 패킷의 송신자를 재지향시키기 위해 Redirect 메시지를 보낸다. Redirect 메시지는 목적지가 동일 서브넷에 있고 패킷을 직접 수신 주소로 보낼 수 있다는 것을 송신자에게 알리기 위해서도 사용된다.

Note 이 장의 일부 내용은 이전 장에서 설명되었으며 이해하기 쉽도록 이 장에서도 다시 설명하고 있다.

Neighbor Discovery Options

다섯 가지의 ICMPv6 Neighbor Discovery 메시지는 하나 이상의 옵션을 가질 수 있으며, 이들 중 몇 가지는 동일 메시지 상에 여러 번 나타날 수도 있다. 이 옵션들은 Neighbor Discovery와 연관된 다양한 목적을 위해 정보를 제공하는 데 도움이 된다. 5가지 ICMPv6 Neighbor Discovery 옵션이 있다.

- **Type 1—Source Link-Layer Address:** 이 옵션은 패킷 송신 Layer 2 주소(전형적으로 이더넷)를 포함한다. Neighbor Solicitation, Router Solicitation, Router Advertisement에 사용된다.
- **Type 2—Target Link-Layer Address:** 이 옵션은 찾고자 하는 대상 Layer 2 주소(전형적으로 이더넷)를 포함한다. Neighbor Advertisement와 Redirect 메시지에 사용된다.
- **Type 3—Prefix Information:** 이 프리픽스 information 옵션은 호스트에 SLAAC를 위한 프리픽스와 기타 정보를 제공한다. 프리픽스 Information 옵션은 Router Advertisement 메시지에 나타난다.

- **Type 4—Redirect Header:** 이 옵션은 Redirect 메시지에 사용되며, Redirect 되어야 하는 패킷 전부 혹은 일부를 포함하고 있다.
- **Type 5—MTU:** MTU 옵션은 Router Advertisement 메시지에 사용되며 링크 상의 모든 디바이스가 동일한 MTU를 사용하도록 한다.

이 장 전체를 통해 이 Neighbor Discovery 옵션들이 ICMPv6 메시지로 구현되는 방법을 확인할 수 있을 것이다.

Default Router and Prefix Determination

동적 주소할당과 함께 Router Solicitation과 Router Advertisement 메시지는 앞에서, 특히 9장 "Stateless Address Autoconfiguration(SLAAC)"에서 설명했었다. 앞에서 설명한 것처럼 IPv6는 ICMPv6 Router Advertisement 메시지를 사용하여 IPv6 주소 정보를 동적으로 가져오는 방법을 디바이스에 알려준다. Router Advertisement 메시지는 라우터에서 주기적으로 송신되거나 Router Solicitation Message를 수신했을 때 송신된다. (17장 "Deploying IPv6 in the Network"에서 RS와 RA 메시지를 사용한 투명한 디폴트 게이트웨이 장애 복구에 관해 설명할 것이다.)

이 장에서는 RS 및 RA 메시지 포맷에 중점을 두고 설명을 하겠다.

Router Solicitation Message

호스트는 주소 정보를 동적으로 얻는 방법을 알아야 할 필요가 있을 때 Router Solicitation 메시지를 보낸다. 대개 호스트가 시작될 때(부팅될 때) 이 일이 일어나고, 대부분 운영 체제의 기본값이다.

Figure 13-1에서 WinPC는 Router Advertisement 메시지를 요청하는 Router Solicitation 메시지를 보낸다.

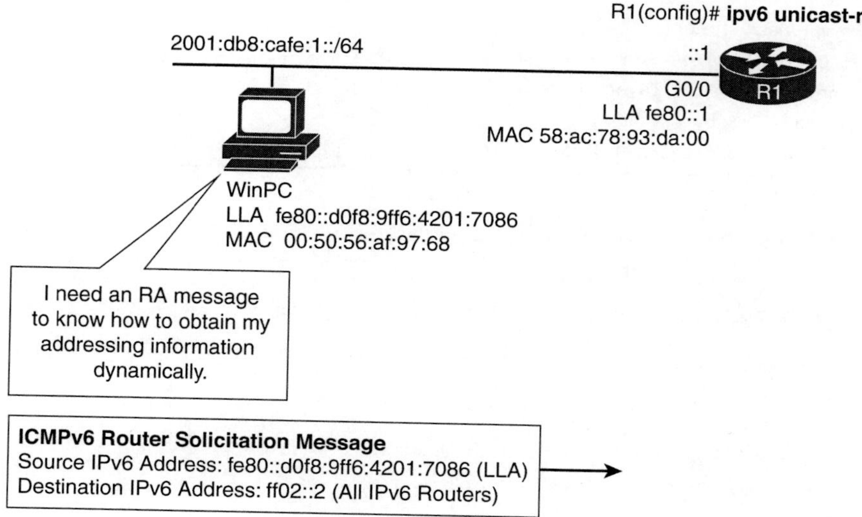

Figure 13-1 *Router Solicitation Message from WinPC*

Figure 13-2는 Router Solicitation 메시지의 포맷이다. Example 13-1에서는 PC에서 보내는 RS 메시지를 Wireshark로 분석해서 보여준다.

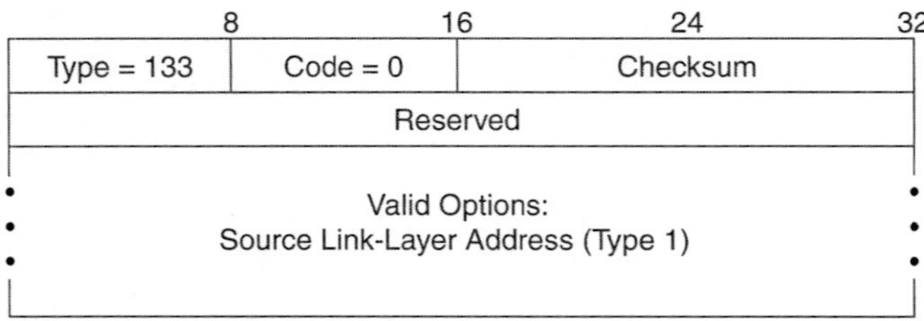

Figure 13-2 *ICMPv6 ND Router Solicitation Message*

Example 13-1 *Router Solicitation from PC1*

```
Ethernet II
  Destination: 33:33:00:00:00:02 (IPv6mcast)
  Source: 00:50:56:af:97:68
Internet Protocol Version 6
    0110 .... = Version: 6
    .... 0000 0000 .... .... .... .... .... = Traffic class: 0x00000000
    .... .... .... 0000 0000 0000 0000 0000 = Flowlabel: 0x00000000
    Payload length: 16
    Next header: ICMPv6 (58)
    Hop limit: 255
    Source: fe80::d0f8:9ff6:4201:7086
    Destination: ff02::2

Internet Control Message Protocol v6
    Type: 133 (Router solicitation)
    Code: 0
    Checksum: 0x3277 [correct]
    ICMPv6 Option (Source link-layer address)
        Type: Source link-layer address (1)
        Length: 1 (8 bytes)
        Link-layer address: 00:50:56:af:97:68
```

WinPC는 동적으로 주소 정보를 받는 것이 기본 설정값이다. WinPC는 Router Solicitation 메시지를 all-router multicast 주소인 "ff02::2"로 보내어, 링크 상의 모든 라우터에 Router Advertisement 메시지를 요청한다. RS 메시지는 ICMPv6 Source Link-Layer 주소 옵션에 WinPC 자신의 이더넷 MAC 주소를 포함하고 있다. 라우터는 이 Layer 2 주소를 Router Advertisement 메시지로 WinPC에 응답할 때 사용한다.

다음 설명은 Example 13-1의 WinPC Router Solicitation 메시지에 관한 설명이다. 이더넷 및 IPv6, ICMPv6 헤더에 관해서 설명한다.

- Ethernet 헤더:
  - **Destination MAC address (33:33:00:00:00:02):** 이것은 이더넷 multicast 주소이다. "33:33"은 IPv6를 위한 이더넷 multicast 주소이다. 하위 32bit인 "00:00:00:02"는 목적지(destination) IPv6 multicast 주소인 "ff02::2"로부터 매핑된다.
  - **Source MAC address (00:50:56:af:97:68):** WinPC의 source(송신) MAC 주소이다.
  - **Type field (0x86dd)—Example 13-1의 출력에는 표시되지 않음:** 0x86dd는 이더넷 frame의 payload가 IPv6 패킷이라는 것을 가리킨다.
- IPv6 header (주요 필드만 표시하였다):
  - **Next Header (58):** 58인 Next Header 값은 IPv6 패킷의 Data 부분(payload)이 ICMPv6 메시지라고 알려준다.
  - **Hop Limit (255):** Hop Limit 값은 항상 255로 설정되며, 라우터는 이 패킷을 포워딩할 수 없다는 것을 의미한다. 라우터는 Hop Limit가 255가 아닌 RS 메시지는 폐기한다.
  - **Source IPv6 address (fe80::d0f8:9ff6:4201:7086):** IPv6 송신 주소는 해당 인터페이스에 할당된 IPv6 주소이거나, 주소가 아직 할당되지 않았다면 unspecified 주소이다. 이 주소는 보통 host의 link-local 주소이다.
  - **Destination IPv6 address (ff02::2):** 목적지 주소는 "all-routers multicast 주소"인 "ff02::2"이다. IPv6 multicast 주소의 끝(rightmost) 32bit는 이더넷 MAC 주소의 오른쪽(rightmost) 32bit에 매핑되며 "33:33"이 이 주소 앞에 추가된다.
- ICMPv6 header:
  - **Type (133):** Type 필드는 "133"으로 설정되며 이 메시지가 Router Solicitation 메시지임을 알려준다.
  - **Code (0):** Code는 "0"으로 설정되고 수신자에 의해 무시된다.
  - **Checksum (0x3277):** ICMPv6 헤더의 유효성을 검사한다.
  - **Reserved—Example 13-1의 출력에는 표시되지 않음:** 이 필드는 사용되지 않는다.
- Option Type: Source Link-Layer 주소
  - **Type (1):** Type 필드는 "1"이며, Source Link-Layer Address 옵션임을 지시한다.
  - **Length (1):** Type과 Length 필드를 포함한 Option의 길이이다. 8byte(octets) 단위로 표시된다. Source Link-Layer 옵션은 1(8 bytes)이다.
  - **Source Link Layer Address (00:50:56:af:97:68):** 송신 측의 Layer 2 Link-Layer 주소이다. 수신 측에서는 이 메시지에 응답할 때 이 주소를 사용한다. 이 옵션은 송신 IPv6 주소가 unspecified 주소일 때는 사용되지 않는다.

Router Advertisement Message

시스코 라우터는 Router Advertisement 메시지를 기본값으로 200초마다 보내며, Router Solicitation 메시지의 응답으로도 보낸다. RA 메시지는 링크 상의 디바이스들에 주소 정보를 동적으로 받는 방법을 알려준다. RA 메시지 속에는 프리픽스, 디폴트 라우터, 그리고 기타 정보가 들어있다. RA 메시지는 "all-IPv6 devices multicast(ff02::1)" 주소로 송신된다. Router Solicitation 메시지에 대한 응답 Router Advertisement 메시지를 multicast가 아닌 unicast로 송신하도록 라우터를 설정할 수도 있다.

라우터가 "**ipv6 unicast-routing**" 명령을 사용하여 IPv6 라우터로 설정되면 RA 메시지를 보내기 시작한다. (이 명령은 라우터에서 IPv6 dynamic routing protocol과 IPv6 패킷 포워딩 기능을 활성화한다.)

Figure 13-3에서 라우터 R1은 Router Advertisement를 보낸다.

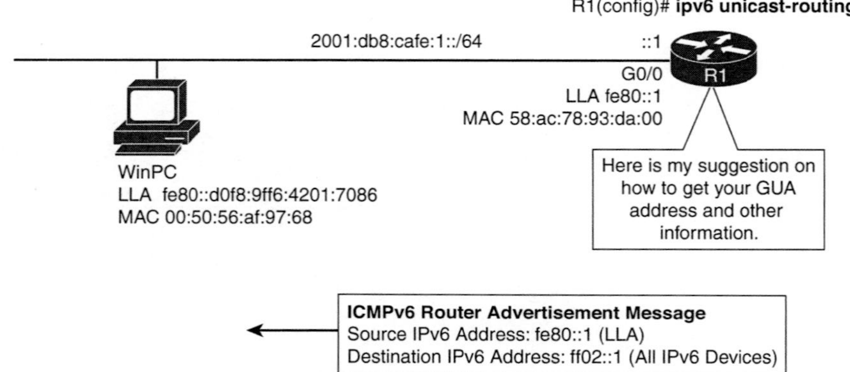

Figure 13-3 *Router Advertisement Message from R1*

Figure 13-4는 Router Advertisement의 포맷을 보여주며 Example 13-2는 라우터 R10이 보내는 RA 메시지에 대한 Wireshark 분석이다.

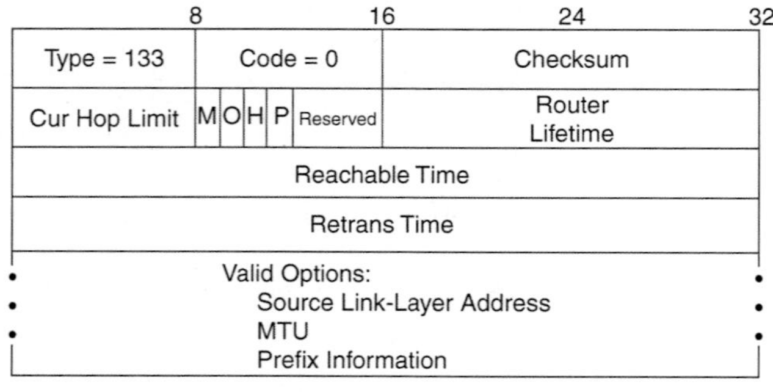

Figure 13-4 *ICMPv6 ND Router Advertisement Message*

Example 13-2 *ND Router Advertisement from Router R1*

```
Ethernet II
  Destination: 33:33:00:00:00:01 (IPv6mcast)
  Source: 58:ac:78:93:da:00


Internet Protocol Version 6
    0110 .... = Version: 6
    .... 1110 0000 .... .... .... .... .... = Traffic class: 0x000000e0
    .... .... .... 0000 0000 0000 0000 0000 = Flowlabel: 0x00000000
    Payload length: 64
    Next header: ICMPv6 (58)
    Hop limit: 255
    Source: fe80::1
    Destination: ff02::1

Internet Control Message Protocol v6
    Type: 134 (Router advertisement)
    Code: 0
    Checksum: 0x79aa [correct]
    Cur hop limit: 64
    Flags: 0x00
        0... .... = Managed address configuration: Not set
        .0.. .... = Other configuration: Not set
        ..0. .... = Home Agent: Not set
        ...0 0... = Prf (Default Router Preference): Medium (0)
        .... .0.. = Proxy: Not set
        .... ..0. = Reserved: 0
    Router lifetime (s): 1800     Reachable time (ms): 0
    Retrans timer (ms): 0
    ICMPv6 Option (Source link-layer address : 58:ac:78:93:da:00)
        Type: Source link-layer address (1)
        Length: 1 (8 bytes)
        Link-layer address: 58:ac:78:93:da:00 (58:ac:78:93:da:00)
    ICMPv6 Option (MTU : 1500)
        Type MTU (5)
        Length: 1 (8 bytes)
        Reserved
        MTU: 1500
    ICMPv6 Option (Prefix information : 2001:db8:cafe:1::/64)
        Type: Prefix information (3)
        Length: 4 (32 bytes)
        Prefix Length: 64
        Flag: 0xc0
            1... .... = On-link flag(L): Set
            .1.. .... = Autonomous address-configuration flag(A): Set
            ..0. .... = Router address flag(R): Not set
            ...0 0000 = Reserved: 0
        Valid Lifetime: 2592000
        Preferred Lifetime: 604800
        Reserved
        Prefix: 2001:db8:cafe:1:: (2001:db8:cafe:1::)
```

라우터 R1은 WinPC의 Router Solicitation 메시지에 대해 Router Advertisement 메시지로 응답을 보낸다. RA 메시지는 "all-IPv6 devices(ff02::1)"로 송신된다. RA 메시지는 WinPC에 IPv6 주소 정보를 받을 방법을 알려주는 3가지 플래그를 포함한다.

- **Address Autoconfiguration flag (A flag):** 기본값인 "1"이면 이 플래그는 수신 호스트가 global unicast 주소를 생성할 때 SLAAC를 사용하라고 알리는 것이다. SLAAC는 호스트가 RA 메시지에 포함된 프리픽스와 자체적으로 만들어낸 인터페이스 ID를 합쳐서 GUA 주소를 생성하도록 한다. 호스트가 자신의 인터페이스 ID를 생성하는 데 사용하는 방법은 운영 체제에 의존한다. 인터페이스 ID를 생성하는 2가지 옵션은 아래와 같다.
  - EUI-64 프로세스
  - Random 64-bit 값
- **Other Configuration flag (O flag):** RA의 이 값이 "1(on)"이면, 호스트에 global unicast 주소가 아닌 기타 주소 정보(DNS 서버 정보 등)를 stateless DHCPv6 서버로부터 받으라고 알리는 것이다. 이 정보에는 DNS 서버 주소 및 도메인 이름이 포함될 수 있다. 기본값은 "0(off)"이다.
- **Managed Address Configuration flag (M flag):** RA의 이 값이 "1(on)"일 때, 이 플래그는 호스트가 global unicast 주소와 다른 주소 정보들을 stateful DHCPv6 서버를 사용해 받으라고 알려주는 것이다. 이것은 IPv4의 DHCP와 유사하다. 이 경우 호스트는 RA 메시지에서 사용하는 유일한 정보는 RA의 송신 주소이며, 자신의 디폴트 게이트웨이 주소로 사용한다. 기본값은 "0(off)"이다.

Note 이 플래그들은 SLAAC, stateless DHCPv6 및 stateful DHCPv6와 함께 9장 "Stateless Address Autoconfiguration (SLAAC)", 10장 "Stateless DHCPv6", 11장 "Stateful DHCPv6"에서 설명하였다.

우리의 예제에서 3개의 플래그는 모두 기본값이었다. 그러므로 WinPC는 SLAAC를 사용해 global unicast 주소를 생성할 때 RA 메시지 내의 프리픽스를 사용한다. WinPC는 stateful 혹은 stateless DHCPv6 서버의 서비스를 사용하지 않는다.

WinPC는 RA의 송신 IPv6 주소인 "fe80::1"을 자신의 Default Router 리스트에 추가하며, 이후 디폴트 게이트 주소로 사용한다. 이것은 RA의 라우터 Lifetime 필드가 "0"보다 큰 값일 때 일어난다. (Router Lifetime의 기본값은 1800초이다.) Default Router 리스트는 해당 라우터를 통해 타 네트워크의 디바이스와 연결할 수 있음을 나타내는 목록이다.

다음은 이더넷 헤더, IPv6 헤더 및 ICMPv6 Router Advertisement 메시지를 포함하는 Example 13-2의 정보에 관한 설명이다. 예제의 RA 메시지에는 송신 link-layer 주소, MTU 및 프리픽스 정보 옵션의 세 가지 옵션이 포함되어 있다.

- Ethernet 헤더:
  - **Destination MAC address (33:33:00:00:00:01):** 목적지 MAC 주소는 unicast이거나 multicast 주소이다. RA 메시지가 RS 메시지에 응답한 것이고 라우터가 RS 메시지에 대해 unicast로 응답하도록 설정되어 있다면, RA의 목적지 MAC 주소는 RS 메시지의 송신 MAC 주소가 될 것이다. (9장에서 solicited unicast Router Advertisement를 보내는 경우에 관해 설명했다.)

그렇지 않다면 목적지 MAC 주소는 Example 13-2처럼 multicast 주소가 된다. “33:33”은 이 주소가 IPv6에 대한 이더넷 multicast 주소임을 암시한다. 하위 32-bit인 “00:00:00:01”은 목적지 IPv6 multicast 주소인 “ff02::1”을 매핑한 것이다.

- **Source MAC address (58:ac:78:93:da:00):** 라우터 R1의 송신 MAC 주소이다.
- **Type field (0x86dd)—Example 13-2의 출력에는 표시되지 않음:** 0x86dd는 이더넷 frame의 payload가 IPv6 패킷이라는 것을 가리킨다.

- IPv6 header (주요 필드만 표시하였다):
  - **Next Header (58):** 58인 Next Header 값은 IPv6 패킷의 Data 부분(payload)이 ICMPv6 메시지라고 알려준다.
  - **Hop Limit (255):** Hop Limit 값은 항상 255로 설정되며, 라우터가 이 패킷을 포워딩할 수 없음을 의미한다. 라우터는 Hop Limit가 255가 아닌 RA 메시지는 폐기한다.
  - **Source IPv6 address (fe80::1):** 라우터 출력 인터페이스의 link-local 주소이다. 디바이스는 이 주소를 자신의 default router 주소 목록에 동적으로 추가한다. WinPC는 이 주소를 디폴트 게이트웨이로 사용한다.
  - **Destination IPv6 address (ff02::1):** 목적지 주소는 “all-devices multicast(ff02::1)” 주소이거나, Router Solicitation 메시지를 보낸 디바이스의 Source IPv6 주소가 될 수도 있다. (9장에서 solicited unicast Router Advertisement를 보내는 경우에 관해 설명했다.) 이 예제에서는 라우터 R1이 multicast 주소를 사용하여 RA 메시지를 보냈다. 이 IPv6 multicast 주소의 끝 32bit는 이더넷 목적지 MAC 주소의 오른쪽 끝 32bit에 매핑되고 33:33이 주소 앞에 추가된다.
- ICMPv6 header:

Note ICMPv6 헤더 필드 중 일부는 9장에서 설명했으나 완결성을 위해 여기에서 다시 설명한다.

  - **Type (134):** 타입 필드는 134이며, 이 메시지가 Router Advertisement 메시지임을 지시한다.
  - **Code (0):** Code는 “0”으로 설정되고 수신자에 의해 무시된다.
  - **Checksum (0x79aa):** 이 필드는 ICMPv6 헤더의 유효성을 검사할 때 사용된다.
  - **Cur Hop Limit (64):** Cur Hop Limit는 네트워크상의 호스트에게 IPv6 패킷의 Hop Limit 필드 값으로 사용하기를 라우터가 권장하는 값이다. 이 값이 “0”이면 라우터는 hop limit로 아무 값도 권고하지 않으며, 호스트 운영 체제가 자신의 값을 결정해야 한다. 기본값은 64이다.
  - **Managed Address Configuration flag (M flag) (0):** 이 값이 “1”이면, 호스트에 stateful 설정(DHCPv6)을 사용하라고 알려주는 것이다. 기본값은 “0”이다.
  - **Other Configuration flag (O flag) (0):** 이 값이 “1”이면, DHCPv6 서버로부터 추가적인 정보(도메인 네임과 DNS 관련 정보)가 사용 가능하다는 것을 알려주는 것이다. 기본값은 “0”이다.

Note M 및 O 플래그가 모두 "0"으로 설정되었을 때는 DHCPv6 서버로부터 사용할 수 있는 정보가 없음을 나타낸다.

- **Home Agent (0):** 설정되지 않았다. Home Agent(H bit)의 값이 설정되면, Router Advertisement는 라우터가 이 링크 상에서 Mobile IPv6 Home Agent로 동작한다는 것을 알려주는 것이다.
- **Default Router Preference (medium):** 여러 개의 라우터로부터 RA를 수신할 경우, 어느 라우터를 디폴트 게이트웨이로 사용할지 결정하기 위해 DRP(Default Router Preference)를 사용한다. Preference 값은 High(01), Medium(00), Low(11), Reserved(10)가 있다. DRP 값이 같으면 호스트는 먼저 수신한 RA 메시지의 송신 주소를 디폴트 게이트웨이로 사용한다. 기본값은 Medium이다.
- **Reserved (0):** 사용하지 않음.
- **Router Lifetime (1800):** 라우터가 디폴트 게이트웨이로 사용되어야 할 기간을 초 단위로 알려준다. lifetime이 "0"이면 라우터는 디폴트 게이트웨이가 아님을 알리는 것이다. 라우터 lifetime은 오로지 디폴트 게이트웨이로서의 라우터 기능에만 적용된다. 다른 메시지 필드 내 있는 여타 정보나 프리픽스 및 프리픽스 길이와 같은 옵션에는 이 값이 적용되지 않는다. 호스트는 Router Advertisement를 받을 때마다 자신의 타이머를 초기화한다. 기본값은 1,800 초이다.

Note 라우터가 아닌 디바이스는 *default router list*를 유지한다. 디바이스가 Router Advertisement를 수신하면 패킷의 link-local 송신 주소를 디폴트 게이트웨이로 사용할 수 있는 라우터 중 하나로 추가한다. 각 엔트리에는 Router Advertisement 메시지에서 가져오는 무효화 타이머인 "라우터 수명(Router Lifetime)"이 있으며, 더는 광고되지 않는 엔트리를 삭제하는 데 사용된다.

- **Reachable Time (0):** 도달 가능 여부(reachability) 확인을 받은 이후 네이버가 도달 가능하다고 호스트가 판단하는 시간을 millisecond 단위로 알려준다. 이 정보는 Neighbor Unreachability Detection(NUD)에 의해 사용된다. 값이 "0"이면 라우터가 이 값을 지정하지 않는 것이다.
- **Retrans Timer (0):** 이 값은 Neighbor Solicitation 메시지를 보낸 이후 재송신하기 전에 기다려야 하는 시간을 millisecond 단위로 호스트에 알려준다. 이 값은 주소 결정(address resolution)과 NUD(Neighbor Unreachability Detection)에 의해 사용된다.

- ICMPv6 Source Link-Layer Address option:
  - **Type (1):** "1"일 때 Source Link-Layer Address(주소) 옵션이다.
  - **Length (1):** Type과 Length 필드를 포함한 Option의 길이이다. 8byte(octets) 단위로 표시된다. Source Link-Layer 옵션은 1단위(8byte)라는 것을 의미한다.
  - **Source Link Layer Address (58:ac:78:93:da:00):** 송신 측의 Layer 2 주소이다. Example

13-2에서 이것은 라우터 R1의 이더넷 MAC 주소가 된다.

- ICMPv6 MTU 옵션:
  - **Type (5):** 1byte 값으로 Type 필드가 "5" 이면 MTU 옵션임을 지시한다.
  - **Length (1):** Type과 Length 필드를 포함한 Option의 길이이다. 8byte(octets) 단위로 표시된다. MTU 옵션은 1단위(8byte)이다.
  - **MTU (1500):** 네트워크에 대한 MTU 값을 호스트에 알린다. 호스트는 이 정보를 IPv6 패킷의 최대 길이값으로 사용한다.
- ICMPv6 프리픽스 정보 옵션:
  - **Type (3):** 1byte 값으로 "3" 이면 프리픽스 정보 옵션(Prefix Information option)임을 나타낸다.
  - **Length (4):** Type과 Length 필드를 포함한 Option의 길이이다. 8 bytes(octets) 단위로 표시된다. 프리픽스 정보 옵션 길이가 4단위(32byte)라는 것을 의미한다.
  - **Prefix Length (64):** 이 필드는 prefix information 옵션의 On-link 플래그와 함께 on-link 결정을 위해 필요한 정보를 담고 있다. on-link 프리픽스 결정을 위한 프리픽스 길이를 나타낸다.
  - **On-Link flag (L flag) (1):** 이 값이 "1" 일 때, 프리픽스는 on-link 결정에 사용될 수 있다는 것을 알려주며, RA로 광고되는 프리픽스는 이 링크(subnet)에서 사용한다. 설정하지 않으면 프리픽스가 on-link 인지 off-link 인지 정보를 주지 않는다는 것을 의미한다. 기본값은 "1"이다.
  - **Autonomous Address Configuration flag (A flag):** "1(on)"이면 이 플래그는 호스트가 SLAAC를 사용하여 global unicast 주소를 생성하라고 알려주는 것이다. 기본값은 "1"이다.
  - **Valid Lifetime (2592000):** 주소가 valid 상태로 유지되는 시간이다. Valid Lifetime은 Preferred Lifetime보다 크거나 같아야 한다. Valid Lifetime이 만료되면 주소는 invalid 상태가 된다. 기본값은 2,592,000초(30일)이다.
  - **Preferred Lifetime (604800):** valid 주소가 deprecated 상태가 될 때까지의 시간이다. Preferred Lifetime이 만료되면 주소는 deprecated 상태가 된다. 기본값은 604,800초(7일)이다.
  - **Prefix (2001:db8:cafe:1::):** 이 값은 Stateless Address Autoconfiguration에 사용될 프리픽스이다.

Note Preferred Lifetime 및 Valid Lifetime의 사용에 대해서는 9장 "Stateless Address Autoconfiguration (SLAAC)"에서 설명했다.

Address Resolution

Neighbor Solicitation(NS)과 Neighbor Advertisement(NA)는 2개의 ICMPv6 Neighbor Discovery(Device to Device) 메시지이다. 이 메시지는 다음과 같이 사용된다.

- **Address resolution:** IPv6에서 address resolution(주소 결정)은 IPv4에서 ARP와 유사하다. 목적지 IPv6 주소를 알지만, Layer 2 주소(전형적으로 이더넷 주소)는 알아내야 할 때 디바이스는 Neighbor Solicitation 메시지를 보낸다. 이것은 IPv4의 ARP request와 비슷하다. Neighbor Solicitation 메시지에 대한 응답으로 대상 디바이스는 Neighbor Advertisement 메시지를 보내는데, 이는 ARP Reply와 비슷하다.

  address resolution은 링크 상 주소의 유일성을 확인하는 **DAD(Duplicate Address Detection)**를 포함하고 있다. DAD는 IPv4에서 gratuitous ARP와 매우 유사하다. 디바이스는 링크 상에서 다른 디바이스가 자신과 같은 주소를 사용하고 있는지 알아내기 위해 자신의 IPv6 주소에 대해 Neighbor Solicitation 메시지를 보낸다. Neighbor Advertisement 메시지로 응답이 없으면, 디바이스는 자신의 주소가 링크 상에서 유일하다고 판단한다.

- **Neighbor Cache and Neighbor Unreachability Detection (NUD):** IPv6 디바이스는 NS 메시지와 NA 메시지를 사용하여 Neighbor Cache를 구성한다. Neighbor Cache는 IPv4의 ARP cache와 유사한 IPv6 주소와 이더넷 MAC 주소의 매핑이다.

  Neighbor Unreachability Detection(NUD)은 NS와 NA 메시지로 디바이스가 링크 상에서 도달 가능한지 아닌지 찾아낸다.

address resolution, DAD, NUD는 목적은 다르지만, 비슷한 프로세스이다. 3가지 모두 Neighbor Solicitation과 Neighbor Advertisement 메시지가 address resolution에 어떻게 사용되는지에 관한 해석을 담고 있다.

The Address Resolution Process

Figure 13-5에서 라우터 R1에는 WinPC로 보낼 IPv6 패킷이 있다. 목적지 IPv6 주소는 "2001:db8:cafe:1:d0f8:9ff6:4201:7086"이다. "2001:db8:cafe:1::/64"는 직접 연결된(on-link) 네트워크이기 때문에, R1은 패킷을 이더넷 프레임에 캡슐화했고 WinPC로 직접 보냈다.

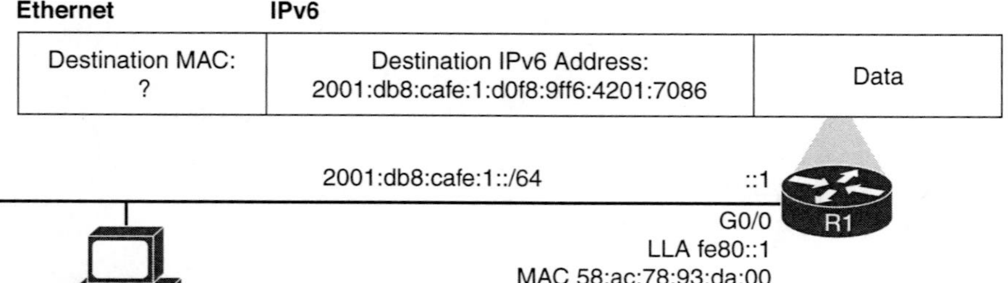

Figure 13-5 *Known IPv6 Address but Unknown Ethernet MAC Address*

R1은 패킷을 보내기 전에, 목적지 IPv6 주소로 WinPC의 이더넷 MAC 주소인 Layer 2 주소를 결정해야 (resolve) 한다. R1은 패킷의 송신을 잠시 보류시키고, 다음과 같은 단계로 주소 결정을 실행한다.

Step 1. R1은 IPv6 주소 "2001:db8:cafe:1:d0f8:9ff6:4201:7086"에 대한 MAC 주소가 엔트리에 있는지 Neighbor Cache(혹은 Neighbor Table)를 확인한다. ARP cache와 비슷하게, Neighbor cache는 IPv6-to-Ethernet MAC 주소 매핑 목록을 가지고 있다. 이 예에서 R1은 Neighbor Cache에 이 IPv6 주소에 대한 엔트리를 가지고 있지 않았다. 그래서 NS(Neighbor Solicitation) 메시지를 보낼 필요가 있었고 이 IPv6 주소를 사용하는 디바이스에게 MAC 주소를 요청했다. Figure 13-6을 보라.

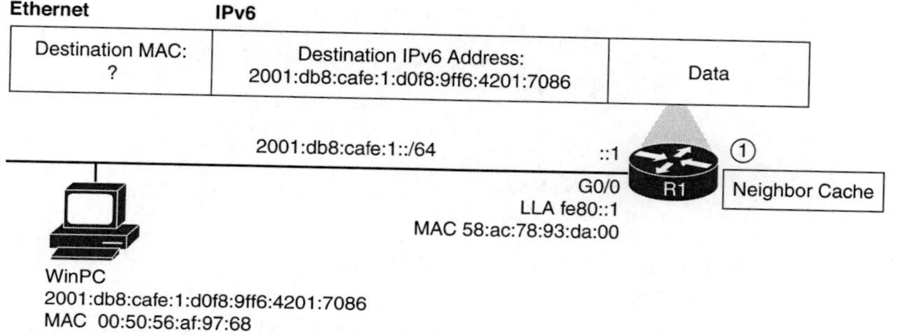

Figure 13-6 *R1 Checks Its Neighbor Cache*

Step 2. R1은 Neighbor Solicitation 메시지를 G0/0 인터페이스를 통해서 보낸다. 목적지 IPv6 주소는 ICMPv6 메시지의 대상 주소로부터 얻어진 solicited-node multicast 주소이다. NS 메시지의 목적지 주소는 패킷의 IPv6 대상 주소인 "2001:db8:cafe:1:d0f8:9ff6:4201:7086"이다. solicited-node multicast 주소는 대상 주소의 하위 24bit를 사용해서 "ff02::1:ff01:7086"가 된다. IPv6 solicited-node 주소는 이더넷 MAC 주소에 매핑된다. "33:33"은 solicited-node multicast 주소의 하위 32bit 앞에 덧붙여진다. 결과적으로 이더넷 multicast 주소는 "33:33:ff:01:70:86"이다. (이 매핑은 이 장의 후반부에 좀 더 자세하게 이야기하겠다. 그리고 IPv4의 ARP request 브로드캐스트 주소에 대비한 이더넷 multicast의 장점에 관해 확인하게 될 것이다.)

NS 메시지는 해당 IPv6 주소를 가진 단말에 대해 이더넷 MAC 주소를 포함하는 reply를 요청한다. Figure 13-7에서 확인하라.

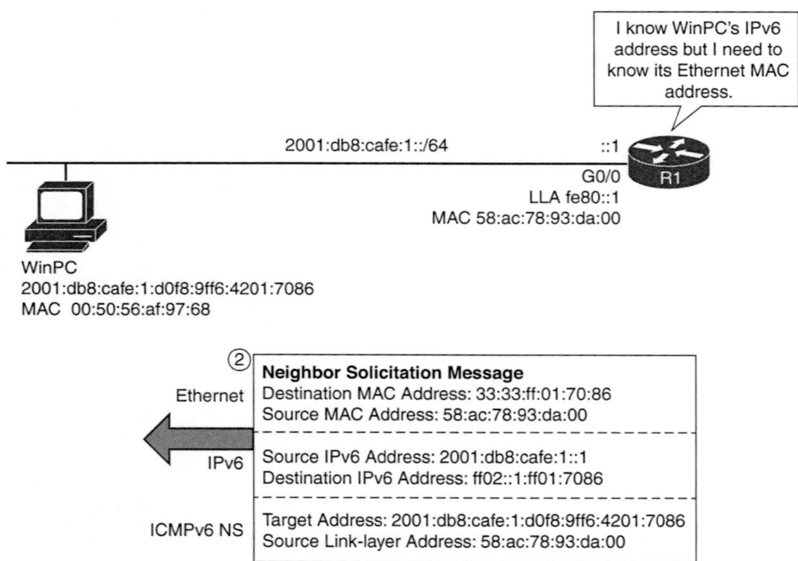

Figure 13-7 *R1 Sends an ICMPv6 Neighbor Solicitation Message*

Step 3. WinPC는 Neighbor Solicitation 메시지를 수신한 후 메시지의 대상(target)이 자신인지 확인한다. NS 메시지로부터 IPv6 헤더의 송신 주소인 "2001:db8:caef:1::1"과 Link-Layer 주소 "58:ac:78:93:da:00"을 자신의 Neighbor Cache에 추가한다. 그리고 이 정보를 사용해 R1으로 Neighbor Advertisement 메시지를 보낸다. Figure 13-8에서 확인하라.

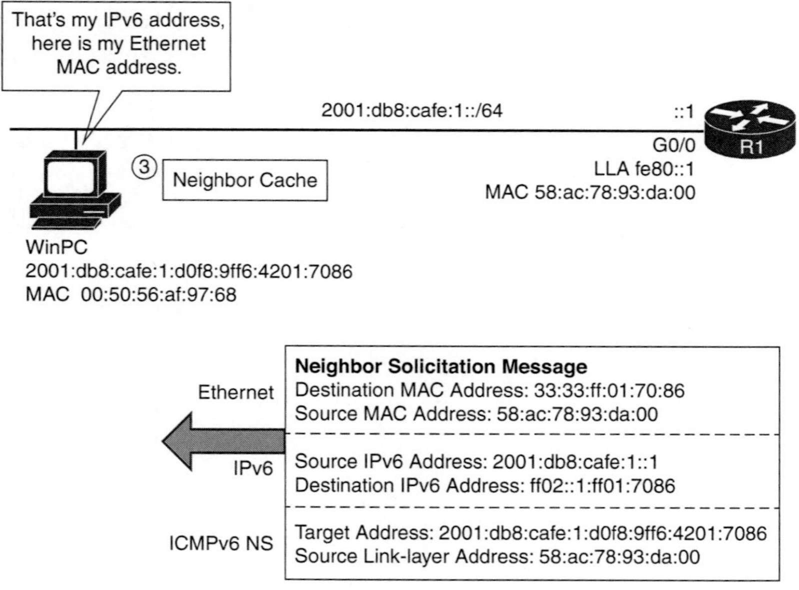

Figure 13-8 *WinPC Is the Target of the NS Message*

Step 4. WinPC는 Neighbor Advertisement 메시지로 응답한다. NA 메시지는 WinPC의 IPv6 주소, IPv6 대상 주소인 "2001:db8:cafe:1:d0f8:9ff6:4201:7086", 이더넷 MAC 주소

"00:50:56:af:97:68"을 포함하고 있다. Neighbor Advertisement는 unicast로 R1에게 송신된다. Figure 13-9에서 확인하라.

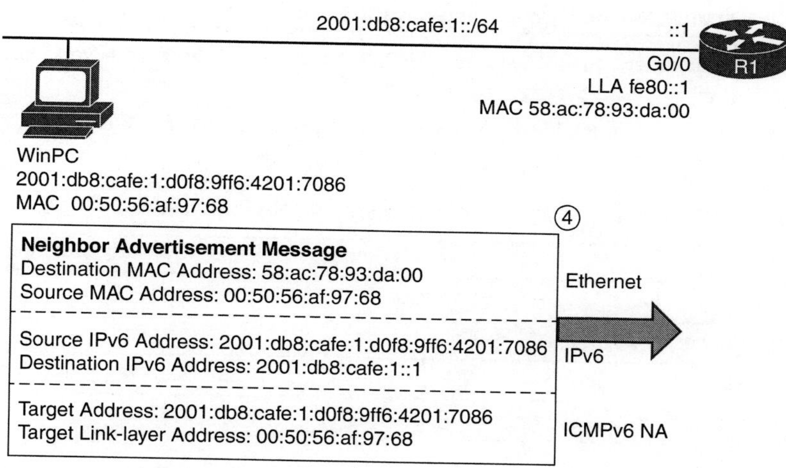

Figure 13-9 *WinPC Responds with an ICMPv6 Neighbor Advertisement Message*

Step 5. R1은 Neighbor Advertisement 메시지를 WinPC로부터 수신한다. R1은 이제 WinPC의 MAC 주소인 "00:50:56:af:97:68"와 IPv6 주소인 "2001:db8:cafe:1:d0f8:9ff6:4201:7086"를 자신의 Neighbor Cache에 추가한다. "00:50:56:af:97:68"은 이제 이더넷 헤더의 목적지 MAC 주소로써 사용되며, R1은 WinPC에 이더넷 프레임을 포워딩할 수 있다. Figure 13-10에서 확인하라.

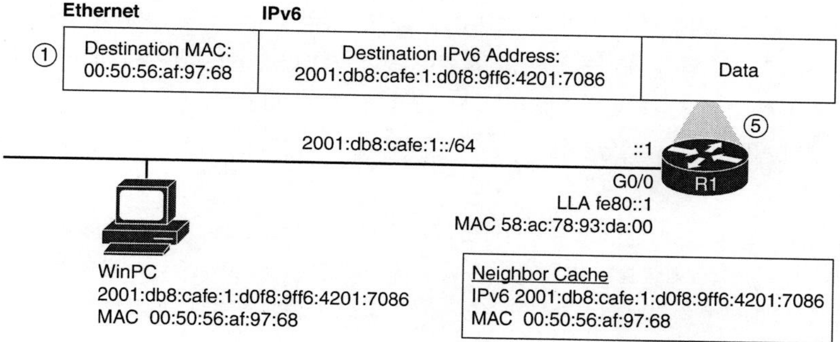

Figure 13-10 *R1 Updates Its Neighbor Cache and Forwards the Frame*[1]

Characteristics of the Neighbor Solicitation Message

이 장의 앞에서 언급한 것처럼 Neighbor Solicitation은 IPv4의 ARP Request와 비슷하다. 두 프로토콜은 같은 목적이지만, 중요한 차이가 있음을 알 수 있다. 이것을 Figure 13-11에서 그림으로 설명했고 Table 13-1으로 비교했다.

1 Errata: 그림에서 MAC 주소 왼쪽의 번호는 ①이 아니고 ⑤이다.

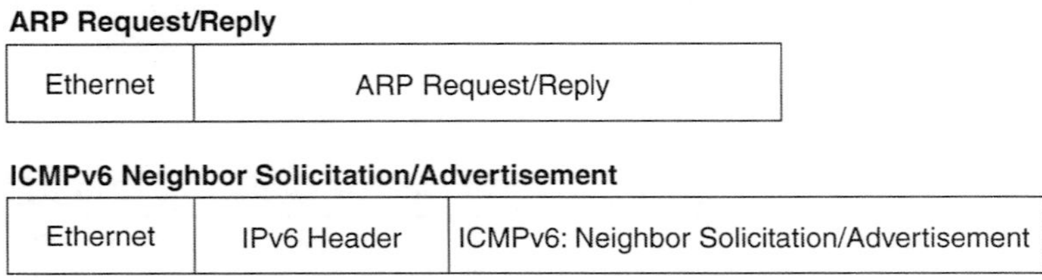

Figure 13-11 *IPv4 ARP and ICMPv6 Address Resolution*

Table 13-1 *Comparing an IPv4 ARP Request and an IPv6 Neighbor Solicitation Message*

	IPv4 ARP Request	IPv6 Neighbor Solicitation
Destination MAC	Broadcast	Multicast
Encapsulated over IP	No	Yes (IPv6)
Destination IP	N/A	Solicited-Node Multicast
Address Resolution Protocol	ARP	ICMPv6

Figure 13-11에서 IPv4를 위한 ARP는 이더넷을 통해 전달되나, ICMPv6 NS/NA 메시지는 IPv6로 전달되고 다시 이더넷 프레임에 캡슐화된다는 데 주목하라. IPv6 헤더를 사용함으로써 생기는 장점은 Neighbor Solicitation 메시지가 이더넷 브로드캐스트 대신에 이더넷 multicast 주소를 사용할 수 있다는 것이다. 이더넷 NIC은 자신의 unicast MAC(*burned-in* 주소)에 대해 수신 대기(listen)할 뿐만 아니라 상위 프로토콜과 관련된 multicast MAC 주소에 대해서도 수신 대기한다.

ARP Request는 이더넷 브로드캐스트 프레임이다. 이것은 서브넷의 모든 디바이스가 수신하고, 메시지를 처리해야 한다는 것을 의미한다. 이더넷 NIC은 목적지 MAC이 브로드캐스트이면 프레임을 수신하여 ARP 프로세스로 데이터를 전달한다. 모든 디바이스의 ARP 프로세스는 ARP Request의 "Target IPv4" 주소가 자신의 주소와 일치하는지 확인해야 한다. ARP Request는 하나의 디바이스를 찾아내고자 하는 것인데, 결국 서브넷상의 모든 디바이스가 ARP를 처리해야 한다. ARP Request의 찾으려는 대상 디바이스만이 ARP Reply로 응답한다.

Note 과도한 수의 브로드캐스트 패킷은 네트워크에 악영향을 끼친다. 브로드캐스트 폭풍(storm)은 광범위한 장애를 유발하고 네트워크를 동작 불가 상태로 만들 수 있다. Kevin Wallace는 broadcast storm과 이를 방지하는 방법을 잘 설명한 YouTube 동영상을 올려놓았다. Kevin Wallace의 YouTube 채널을 참고하라.

multicast를 사용하면 메시지가 찾으려는 대상이 자신인지 상위 계층의 프로토콜이 판단할 필요 없이 디바이스의 이더넷 NIC이, 혹은 필요하다면 IP 프로세스가 결정할 수 있게 된다.

ICMPv6 Neighbor Solicitation 메시지는 IPv6 헤더에 캡슐화되고 목적지 IPv6 주소로 solicited-node multicast 주소를 사용한다. solicited-node multicast 주소는 이더넷 multicast MAC 주소에 매핑되며 수신 이더넷 NIC이 자신에 필요 없는 프레임을 필터 처리하는 것을 가능하게 한다. Figure 13-12는 이 프로세스를 다음의 단계로 설명한다.

Step 1. ICMPv6 Neighbor Solicitation 메시지의 IPv6 대상 주소는 패킷의 목적지 IPv6 주소 "2001:db8:cafe:1:d0f8:9ff6:4201:7086"이다. 이 주소는 라우터 R1이 이더넷 MAC 주소

를 알아내고자 하는 대상 호스트의 주소이다.

Step 2. 대상 주소의 하위 24bit가 solicited-node multicast 주소로 복사되며, 앞에는 프리픽스 "ff02::1:ff00:0000/104"가 붙는다. solicited-node multicast 주소 "ff02::1:ff01:7086"이 NS 메시지의 IPv6 헤더 목적지 IPv6 주소로 사용된다.

Step 3. 여기에서 IPv6 multicast 주소를 사용하여 얻는 장점을 알 수 있다. 목적지 IPv6 주소의 하위 32bit(Solicited-node multicast 주소)가 이더넷 헤더 목적지 MAC 주소의 하위 32bit로 복사된다. 이더넷은 IPv6 multicast용으로 예약된 16bit "33:33"을 앞에 추가한다. "33:33:ff:01:70:86" 주소가 NS 메시지의 목적지 MAC 주소로 사용된다.

> **Note** solicited-node multicast 주소는 7장 "Multicast Addresses"에서 다루었다.

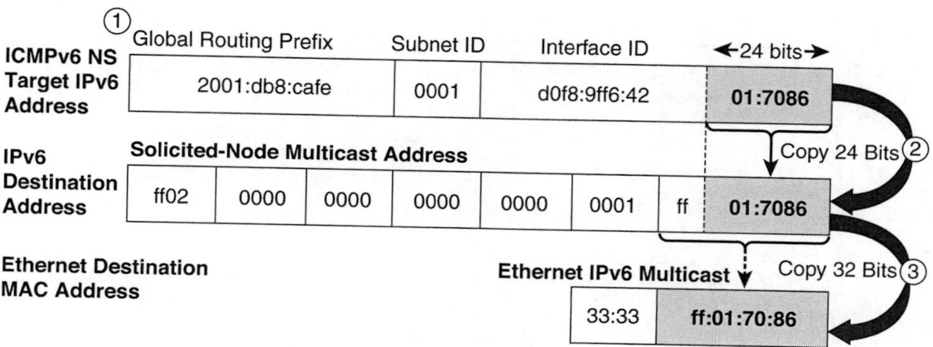

Figure 13-12 *Mapping Unicast Address to Multicast Addresses*

이더넷 multicast 주소를 사용하여 NIC은 캡슐화된 데이터를 IPv6 프로세스로 전달할지 아니면 폐기해야 할지를 결정할 수 있게 된다. Figure 13-13에서 그려진 것처럼 이더넷 브로드캐스트는 모든 NIC이 수신해서 상위 계층 프로토콜로 전달되어야 한다. 이더넷 multicast를 사용함으로써 NIC은 자신의 solicited-node multicast와 대응된 MAC 주소의 이더넷 프레임만을 선별적으로 처리할 수 있게 된다.

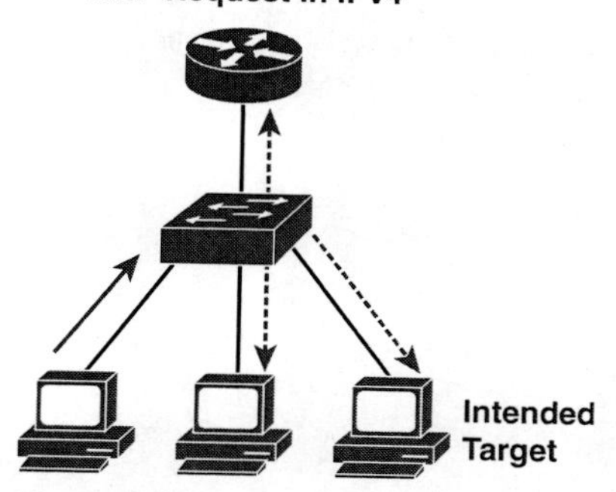

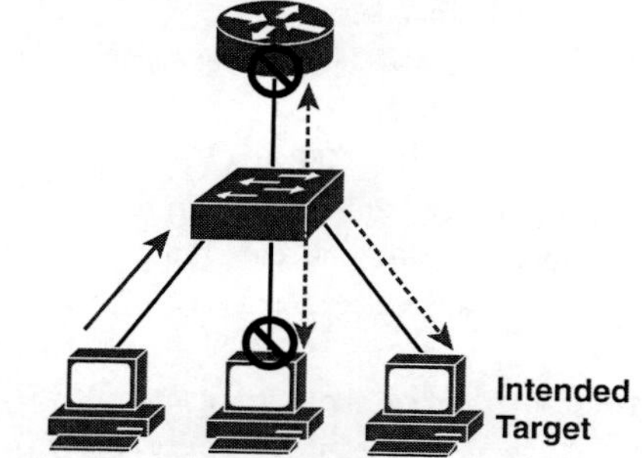

Figure 13-13 *ARP Request Versus ICMPv6 Neighbor Solicitation Message*

Note 모든 IPv6 unicast 주소에는 대응하는 solicited-node multicast 주소가 있다. multicast 주소는 7장에서 설명했다.

Note 7장에서 언급했듯이 둘 이상의 디바이스가 같은 solicited-node multicast 주소를 갖게 될 수 있다. 이것은 이 디바이스들의 NIC이 같은 이더넷 multicast 주소와 대응된다는 것을 의미한다. 그러나 ICMPv6 메시지의 대상 IPv6 주소와 일치하는 IPv6 주소를 가진 디바이스만이 Neighbor Advertisement로 응답한다.

Format of the Neighbor Solicitation Message

Neighbor Solicitation 메시지의 포맷은 Figure 13-14에서 보여준다. Figure 13-7의 예를 사용하여 라우터 R1의 NS 메시지에 대한 Wireshark 분석을 Example 13-3에서 보여준다.

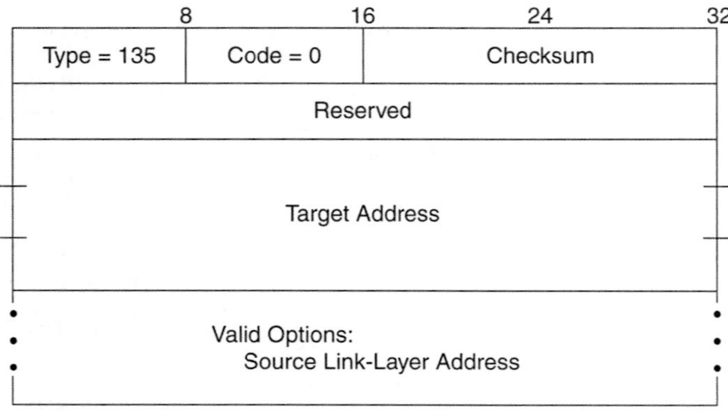

Figure 13-14 *ICMPv6 Neighbor Solicitation Message*

Example 13-3 *ND Neighbor Solicitation from Router R1*

```
Ethernet II   Destination: 33:33:ff:01:70:86 (IPv6mcast)
  Source: 58:ac:78:93:da:00
Internet Protocol Version 6
    0110 .... = Version: 6
    .... 0000 0000 .... .... .... .... .... = Traffic class: 0x00000000
    .... .... .... 0000 0000 0000 0000 0000 = Flowlabel: 0x00000000
    Payload length: 32
    Next header: ICMPv6 (58)
    Hop limit: 255
    Source: 2001:db8:cafe:1::1
    Destination: ff02::1:ff01:7086

Internet Control Message Protocol v6
    Type: 135 (Neighbor solicitation)
    Code: 0
    Checksum: 0x48ed [correct]
    Reserved: 0 (Should always be zero)
    Target: 2001:db8:cafe:1:d0f8:9ff6:4201:7086
```

```
ICMPv6 Option (Source link-layer address)
    Type: Source link-layer address (1)
    Length: 8 (64 bytes)
    Link-layer address: 58:ac:78:93:da:00
```

다음은 Neighbor Solicitation 메시지의 이더넷과 IPv6 및 ICMPv6 헤더에 있는 주요 필드에 관한 설명이다.

Note ICMPv6 NS 메시지에는 Source Link-Layer 주소 옵션이 포함되어 있다.

- Ethernet 헤더:
    - **Destination MAC address (33:33:ff:01:70:86):** 이것은 이더넷 multicast 주소로 "33:33"은 IPv6를 위한 이더넷 multicast 주소이다. 하위 32bit인 "ff:01:70:86"는 목적지 IPv6 multicast 주소(ff02::1:ff01:7086)의 하위 32bit로부터 매핑된다.
    - **Source MAC address (58:ac:78:93:da:00):** 라우터 R1의 송신 MAC 주소이다.
    - **Type field (0x86dd)—Example 13-2의 출력에는 표시되지 않음:** 0x86dd는 이더넷 frame의 payload가 IPv6 패킷임을 가리킨다.
- IPv6 header (주요 필드만 표시하였다):
    - **Next Header (58):** Next Header 58은 IPv6 패킷의 Data 부분(payload)이 ICMPv6 메시지임을 가리킨다.
    - **Hop Limit (255):** Hop Limit 값은 항상 255로 설정되며, 라우터가 이 패킷을 포워딩할 수 없다는 것을 의미한다. 라우터는 Hop Limit가 255가 아닌 RS 메시지는 폐기한다.
    - **Source IPv6 address (2001:db8:cafe:1::1):** 이 주소는 R1 G0/0 인터페이스의 global unicast 주소이다. (R1은 link-local 주소 대신에 GUA 주소를 사용했다. NS의 대상(Target) 주소가 GUA 주소이기 때문이다.) 이 주소에 대해 DAD가 진행 중이라면 unspecified 주소가 사용된다.
    - **Destination address (ff02::1:ff01:7086):** 이 주소는 solicited-node multicast 주소이거나 대상 주소 자체가 될 수도 있다. (NS 메시지는 Neighbor Unreachability Detection(NUD) 프로세스 동안 unicast로 송신된다. NUD는 이 장의 뒷부분에서 설명한다.) solicited-node multicast 주소의 장점은 이더넷 multicast 주소로 매핑 될 수 있다는 점이다. Example 13-3에서 WinPC는 solicited-node multicast 주소로 NS 메시지를 보내고 있다. 앞에서 보았듯이 이 주소는 이더넷 목적지 MAC 주소로 매핑된다.
- ICMPv6 header:
    - **Type (135):** 135는 이 메시지가 Neighbor Solicitation 메시지임을 알려준다.
    - **Code (0):** Code는 "0"으로 설정되고 수신자 측에서 무시된다.
    - **Checksum (0x48ed):** ICMPv6 헤더의 유효성을 검사한다.

- **Reserved:** 이 필드는 사용되지 않는다.
- **Target Address (2001:db8:cafe:1:d0f8:9ff6:4201:7086):** solicitation의 대상 IPv6 주소이다. 송신자는 IPv6 주소는 알지만, Layer 2 이더넷 주소는 알지 못한다. 이 주소는 multicast 주소가 될 수 없다. 이 주소는 IPv6 목적지 주소인 solicited-node multicast 주소에 매핑된다.

- Source Link-Layer Address option:
  - **Type (1):** "1"일 때 Source Link-Layer Address 옵션임을 지시한다.
  - **Length (1):** Type과 Length 필드를 포함한 Option의 길이이다. 8byte(octets) 단위로 표시된다. Source Link-Layer 옵션은 1단위(8byte)라는 것을 의미한다.
  - **Source Link Layer Address (58:ac:78:93:da:00):** 송신 측의 Layer 2 주소이다. 수신 측에서 이 메시지에 응답할 때 이 주소를 사용한다. 이 옵션은 송신 IPv6 주소가 unspecified 주소일 때는 사용되지 않는다.

Format of the Neighbor Advertisement Message

Figure 13-5에서 Neighbor Advertisement 메시지의 포맷이다. Figure 13-7의 예제를 사용하여 라우터 R1의 NA 메시지에 대한 Wireshark 분석을 Example 13-4에서 보여준다.

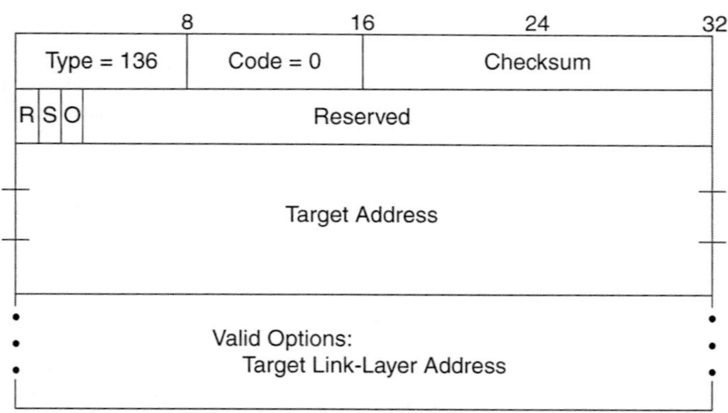

Figure 13-15 *ICMPv6 Neighbor Advertisement Message*

Example 13-4 *ICMPv6 Neighbor Advertisement Message from WinPC*

```
Ethernet II
  Destination: 58:ac:78:93:da:00
  Source: 00:50:56:af:97:68
Internet Protocol Version 6
    0110 .... = Version: 6
    .... 0000 0000 .... .... .... .... .... = Traffic class: 0x00000000
    .... .... .... 0000 0000 0000 0000 0000 = Flowlabel: 0x00000000
    Payload length: 32
    Next header: ICMPv6 (58)
    Hop limit: 255
```

```
    Source: 2001:db8:cafe:1:d0f8:9ff6:4201:7086
    Destination: 2001:db8:cafe:1::1

Internet Control Message Protocol v6
    Type: 136 (Neighbor advertisement)
    Code: 0
    Checksum: 0xf621 [correct]
    Flags: 0x60000000
     0... .... .... .... .... .... .... ....= Router: Not set
     .1.. .... .... .... .... .... .... ....= Solicited: Set
     ..1. .... .... .... .... .... .... ....= Override: Set
     ...0 0000 0000 0000 0000 0000 0000 0000= Reserved: 0
    Target: 2001:db8:cafe:1:d0f8:9ff6:4201:7086
    ICMPv6 Option (Target link-layer address)
        Type: Target link-layer address (2)
        Length: 1 (8 bytes)
        Link-layer address: 00:50:56:af:97:68
```

다음은 Neighbor Advertisement 메시지의 이더넷, IPv6 및 ICMPv6 헤더에 있는 주요 필드에 대한 설명이다. The ICMPv6 NA 메시지는 Target Link-Layer 주소 옵션을 포함하고 있다.

- Ethernet 헤더:
  - **Destination MAC address** (58:ac:78:93:da:00): 목적지 MAC 주소는 라우터 R1의 주소이다—NA 메시지는 NS 메시지의 송신자에게 보내진다.
  - **Source MAC address** (00:50:56:af:97:68): WinPC의 송신 MAC 주소이다.
  - **Type field** (0x86dd)—**Example 13-4의 출력에는 표시되지 않음:** 0x86dd는 이더넷 frame의 payload가 IPv6 패킷이라는 것을 가리킨다.
- IPv6 header (주요 필드만 표시하였다):
  - **Next Header** (58): 58인 Next Header 값은 IPv6 패킷의 Data 부분(payload)이 ICMPv6 메시지라고 알려준다.
  - **Hop limit** (255): Hop Limit 값은 항상 255로 설정되며, 라우터는 이 패킷을 포워딩할 수 없다는 의미이다. 라우터는 Hop Limit가 255가 아닌 RS 메시지는 폐기한다.
  - **Source IPv6 address** (2001:db8:cafe:1:d0f8:9ff6:4201:7086): 이것은 패킷을 송신하는 인터페이스의 IPv6 주소이다. ICMPv6 대상 주소가 global unicast 주소이므로 WinPC는 link-local 주소 대신 GUA 주소를 사용한다.
  - **Destination address** (2001:db8:cafe:1::1): 목적지 IPv6 주소는 이 NA 메시지를 요청한, R1에서 보낸 NS 메시지의 송신 주소이다. 만약 Neighbor Solicitation 메시지의 상응하는 송신 주소가 unspecified unicast 주소였다면, NA 메시지의 목적지 주소는 "all-nodes" multicast(ff02::1)"이 된다.

- ICMPv6 header:
  - **Type (136):** Type 필드는 136으로 설정되어 Neighbor Advertisement 메시지임을 지시한다.
  - **Code (0):** Code는 "0"으로 설정되고 수신자에 의해 무시된다.
  - **Checksum (0xf621):** ICMPv6 헤더의 유효성을 검사한다.
  - **Router flag (0):** 라우터 플래그(R bit)가 "1"이면, 패킷의 송신자가 라우터라는 것을 지시한다. 위 예에서 NA 메시지는 라우터가 아닌 WinPC에서 보낸 것이라서 "R" bit가 설정되지 않았다. "R" bit는 라우터가 호스트의 변경을 탐지하기 위한 NUD(Neighbor Unreachability Detection)에 사용된다.
  - **Solicited flag (1):** Solicited 플래그("S" bit)가 "1"이면, Neighbor Advertisement 메시지는 앞선 Neighbor Solicitation 메시지에 대한 응답이라는 것을 지시한다. 우리의 예제에서 WinPC는 라우터 R1이 보낸 RS 메시지에 응답해서 이 RA 메시지를 보냈다. "S" bit는 NUD(Neighbor Unreachability Detection) 수행 중에 도달 확인용(reachability confirmation)으로 사용된다.
  - **Override flag (1):** Override 플래그("O" bit)가 "1"이면, 이 Neighbor Advertisement 메시지의 정보로 현재의 neighbor cache 엔트리(IPv4의 ARP와 동등)를 덮어써야 한다는 것을 알려서, 결과적으로 IPv6 주소에 대한 Layer 2 주소를 업데이트하도록 한다. 이 값이 설정되지 않으면 NA의 정보로 link layer 주소 cache를 갱신하지 않고, 엔트리에 없을 때 추가만 한다. 우리의 예제에서 라우터 R1은 NA를 수신하여 neighbor cache를 갱신한다.
  - **Reserved (0):** 이 필드는 사용되지 않는다.
  - **Target Address (2001:db8:cafe:1:d0f8:9ff6:4201:7086):** Neighbor Solicitation에 대한 응답으로 Neighbor Advertisement를 보낼 때 Target Address는 NS의 Target 주소 필드에 있는 IPv6 주소이다. 달리 말하면 이 NA를 보내는 디바이스의 IPv6 주소가 된다. Unsolicited Advertisement에서 Target 주소는 link-layer 주소가 변경된 단말의 IPv6 주소가 된다. 우리 예제에서 WinPC의 Advertisement는 자신의 IPv6 주소(R1 입장에서 IPv6 주소는 알지만, 관련된 MAC 주소를 몰랐던)를 포함하고 있다.
- Target Link-Layer Address option:
  - **Type (2):** Type 필드의 값은 "2"이며 Target Link-Layer 주소 옵션이다.
  - **Length (1):** Type과 Length 필드를 포함한 Option의 길이이다. 8byte(octets) 단위로 표시된다. Target Link-Layer 옵션은 1단위(8byte)라는 것을 의미한다.
  - **Target Link-Layer Address (00:50:56:af:97:68):** 이것은 Neighbor Solicitation 메시지가 알아내고자 하는 대상(target) Layer 2 이더넷 주소이다. 이 주소는 R1의 NS 메시지가 요청하는 이더넷 MAC 주소이다. 우리의 예제에서는 WinPC가 알아내고자 하는 대상이며, MAC 주소는 "00:50:56:af:97:68"이다.[1]

---

1 원서 Example 13-4 내 오타로 판단하여 이 MAC 주소로 수정하였다-옮긴 이

라우터 R1은 ICMPv6 Neighbor Advertisement 메시지의 정보로 IPv6 target 주소 "2001:db8:cafe:1:d0f8:9ff6:4201:7086"와 target link-layer 주소 "00:50:56:af:97:68"를 자신의 Neighbor Cache[1]에 갱신한다.

Neighbor Cache

호스트는 인터페이스별로 2가지 캐시(혹은 테이블)를 유지한다.

- Neighbor Cache
- Destination Cache

*Neighbor Cache*는 IPv4의 ARP Cache(혹은 ARP table)와 동등하다. Neighbor Cache는 최근 트래픽을 송신한 neighbor에 대해 목록을 관리한다. 각 엔트리는 IPv6 unicast 주소와 그와 대응되는 Layer 2 주소를 가지고 있는데 일반적으로 이더넷 MAC 주소이다. 캐시는 neighbor가 라우터인지 호스트인지, 주소의 도달 가능한지에 관한 상태 정보를 가지고 있으며, 주소 결정(address resolution)이 완료될 때까지 큐에 대기하는 패킷이 있는지, 다음 Neighbor Unreachability Detection이 시작될 시간이 언제인지에 관한 정보를 가지고 있다.

디바이스는 Neighbor Advertisement 메시지를 통해 받은 정보를 Neighbor Cache에 유지한다. Neighbor Cache 엔트리는 다섯 단계의 도달 상태(reachability state) 중 하나가 된다. 두 개의 가장 일반적인 상태는 "Reachable"과 "Stale" 상태이다.

"Reachable" 상태는 해당 디바이스로부터 최근에 패킷을 받아서 도달 가능하다는 것을 확인했다는 것을 의미한다. Reachable에서 Stale 상태로 천이는 이 주소로부터 패킷을 받은 이후로 일정한 시간이 지났을 때 일어난다. 시스코 IOS에서 Reachable에서 Stale 상태로 천이 시간은 30초이다.

Example 13-5에서 우리는 라우터 R1의 Neighbor Cache에서 이 천이를 확인할 수 있다. 첫 번째로 "**clear ipv6 neighbors**" 명령으로 Neighbor Cache 테이블에서 모든 엔트리를 삭제한다. Neighbor Cache 확인은 "**show ipv6 neighbors**" 명령을 사용한다. Neighbor Cache를 삭제한 후에 엔트리가 완전히 비워진 것을 볼 수 있다.

다음으로 WinPC의 IPv6 주소 "2001:db8:cafe:1:d0f8:9ff6:4201:7086"으로 ping을 한다. 이제 Neighbor Cache에는 WinPC의 IPv6 주소 엔트리가 생기게 되며 이더넷 MAC 주소는 "0050.56af.9768"이다. 엔트리의 현재 상태는 "Reachable"이다.

"Age" 열은 엔트리가 현재 상태로 유지된 시간(분 단위)을 표시한다. Example 13-5의 이어지는 내용에서 더 이상의 통신이 없다면 30초 후에 이 엔트리는 "Stale" 상태로 천이한다. WinPC가 한 번 더 또 다른 **ping** 명령으로 사용한다면 그때 Neighbor Cache가 "Reachable" 상태로 되돌아갈 것이다.

1 IPv4에서 ARP 프로토콜 내부의 Sender MAC, Sender IP 필드는 항상 패킷을 보내는 호스트의 것이고 Taget MAC, IP는 패킷의 "대상" 호스트가 된다. IPv6에서는 NA "Target"의 의미는 NS를 기준으로 한다.-옮긴 이

Example 13-5 *Displaying the Neighbor Cache*

```
R1# clear ipv6 neighbors

R1# show ipv6 neighbors
IPv6 Address                              Age Link-layer Addr State Interface

R1# ping 2001:db8:cafe:1:d0f8:9ff6:4201:7086
Type escape sequence to abort.
Sending 5, 100-byte ICMP Echos to
2001:DB8:CAFE:1:D0F8:9FF6:4201:7086, timeout is 2   seconds:
!!!!!
Success rate is 100 percent (5/5), round-trip min/avg/max = 1/2/8 ms

R1# show ipv6 neighbors
IPv6 Address                              Age Link-layer Addr State Interface
2001:DB8:CAFE:1:D0F8:9FF6:4201:7086         0 0050.56af.9768   REACH Gi0/0

R1#

<30 seconds later>

R1# show ipv6 neighbors
IPv6 Address                              Age Link-layer Addr State Interface
2001:DB8:CAFE:1:D0F8:9FF6:4201:7086         0 0050.56af.9768   STALE Gi0/0

R1# ping 2001:db8:cafe:1:d0f8:9ff6:4201:7086
Type escape sequence to abort.
Sending 5, 100-byte ICMP Echos to
2001:DB8:CAFE:1:D0F8:9FF6:4201:7086, timeout is 2   seconds:
!!!!!
Success rate is 100 percent (5/5), round-trip min/avg/max = 1/1/1 ms

R1# show ipv6 neighbors
IPv6 Address                              Age Link-layer Addr State Interface
2001:DB8:CAFE:1:D0F8:9FF6:4201:7086         0 0050.56af.9768   REACH Gi0/0 R1#
```

Neighbor Cache에는 다섯 가지 상태가 있으며 Figure 13-16에 그림으로 설명했다.

- **No Entry Exists (혹은 Deleted):** 이것은 Neighbor Cache의 상태는 아니다. Neighbor Cache에 IPv6 주소와 대응하는 MAC 주소 엔트리가 없는 것이다.
- **Incomplete:** 주소 결정이 진행 중이며 링크 계층 주소를 아직 알지 못한다. Neighbor Solicitation 메시지가 대상 IPv6 주소로 MAC 주소를 요청하기 위해 송신된다. 3개의 Neighbor Solicitation 메시지를 송신했는데도 응답 Neighbor Advertisement 메시지가 없다면, 엔트리가 없는 것이므로 Incomplete 엔트리는 삭제된다.
- **Reachable:** 패킷이 최근에 해당 디바이스로부터 수신되어, 디바이스가 도달 가능하다는 것을 확인했다. 앞서 송신한 Neighbor Solicitation에 대한 응답으로 Neighbor Advertisement 메시지가 대상 IPv6에 대한 MAC 주소를 가지고 수신된 상태이다.

- **Stale:** 최종 패킷이 이 주소로부터 수신된 이후로 Reachable time이라고 불리는 특정한 시간이 지났다. Neighbor Cache는 unsolicited Neighbor Advertisement가 수신되었을 때에도 이 상태로 천이된다. 이때는 디바이스에게 요구되는 동작은 없다.

- **Delay:** Neighbor는 (주소) 재결정(re-resolution) 대기 중이고, 트래픽은 이 neighbor로 전달될 수 있다. 디바이스가 패킷을 송신했고 TCP Syn/Ack과 같은 3-way 핸드쉐이킹 응답 패킷을 이용한 확인을 기다리고 있다. 패킷이 5초 내로 수신되면 해당 엔트리는 "Reachable" 상태로 되돌려진다. 그렇지 않으면 Probe 상태로 천이한다.

- **Probe:** Neighbor 재결정(re-resolution)이 진행 중이고, 트래픽은 이 neighbor로 흐를 수 있다. Incomplete 상태와 비슷하게 Neighbor Solicitation이 대상(target) IPv6에 대한 MAC 주소를 요청하기 위해 다시 한번 송신된다. 요청된(solicited) 디바이스가 Neighbor Advertisement로 응답한다면 엔트리는 "Reachable" 상태로 되돌아간다. 3개의 Neighbor Advertisement가 송신되었는데 Neighbor Advertisement로 응답이 없다면 엔트리는 삭제된다.

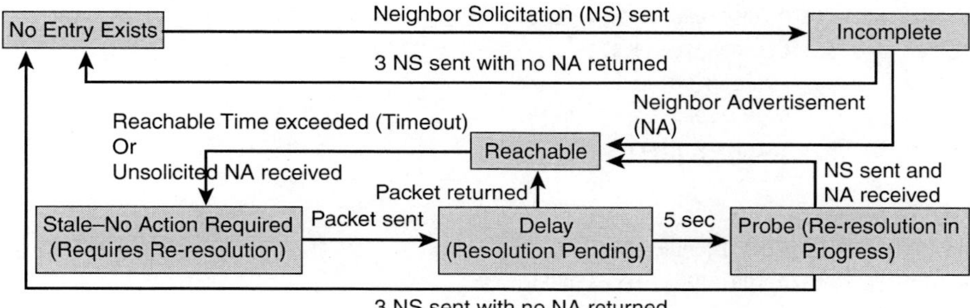

Figure 13-16 *Neighbor Cache States*

"**debug ipv6 nd**" 명령을 사용해서 몇몇 상태 천이를 확인할 수 있다. 똑같은 명령어를 차례대로 사용하여 Example 13-6은 "Deleted -> Incomplete", "Incomplete -> Reachable", "Reachable -> Stale" 천이를 보여준다. 링크 계층(link-layer) 주소(LLA)인 MAC 주소 "0050.56af.9768"도 표시됨을 확인하라. 이것은 ping 시험 시 IPv6 주소 2001:db8:cafe:1:d0f8:9ff6:4201:7086과 대응하는 MAC 주소이다.

Example 13-6 *Displaying the Transition of Neighbor Cache States*

```
R1# clear ipv6 neighbors

R1# show ipv6 neighbors
IPv6 Address                              Age Link-layer Addr State Interface

R1# debug ipv6 nd
  ICMP Neighbor Discovery events debugging is on
R1# ping 2001:db8:cafe:1:d0f8:9ff6:4201:7086
Type escape sequence to abort.
Sending 5, 100-byte ICMP Echos to 2001:DB8:CAFE:1:D0F8:9FF6:4201:7086, timeout is 2
  seconds:
!!!!!
Success rate is 100 percent (5/5), round-trip min/avg/max = 1/2/8 ms
```

```
 *Jan 28 04:38:36.421: ICMPv6-ND:
(GigabitEthernet0/0,2001:DB8:CAFE:1:D0F8:
  9FF6:4201:7086) Resolution request
*Jan 28 04:38:36.421: ICMPv6-ND:
(GigabitEthernet0/0,2001:DB8:CAFE:1:D0F8:
  9FF6:4201:7086) DELETE -> INCMP
*Jan 28 04:38:36.421: ICMPv6-ND:
(GigabitEthernet0/0,2001:DB8:CAFE:1:D0F8:
  9FF6:4201:7086) Sending NS
*Jan 28 04:38:36.421: ICMPv6-ND:
(GigabitEthernet0/0,2001:DB8:CAFE:1:D0F8:
  9FF6:4201:7086) Queued data for resolution
*Jan 28 04:38:36.429: ICMPv6-ND:
(GigabitEthernet0/0,2001:DB8:CAFE:1:D0F8:
  9FF6:4201:7086) Received NA from
2001:DB8:CAFE:1:D0F8:9FF6:4201:7086
*Jan 28 04:38:36.429: ICMPv6-ND:
(GigabitEthernet0/0,2001:DB8:CAFE:1:D0F8:
  9FF6:4201:7086) LLA 0050.56af.9768
*Jan 28 04:38:36.429: ICMPv6-ND:
(GigabitEthernet0/0,2001:DB8:CAFE:1:D0F8:
  9FF6:4201:7086) INCMP -> REACH

<after 30 seconds>
 *Jan 28 04:39:06.579: ICMPv6-ND:
(GigabitEthernet0/0,2001:DB8:CAFE:1:D0F8:
  9FF6:4201:7086) REACH -> STALE

R1# show ipv6 neighbors
IPv6 Address                              Age Link-layer Addr State Interface
2001:DB8:CAFE:1:D0F8:9FF6:4201:7086         0 0050.56af.9768  STALE Gi0/0

R1# undebug all
```

Windows 호스트에서 Neighbor Cache를 확인하려면 아래의 명령을 사용한다.

```
C:\> netsh interface ipv6 show neighbors
```

Linux 호스트에서 Neighbor Cache를 확인하려면 아래의 명령을 사용한다.

```
Linux# ip -6 neighbor show
```

MacOS 호스트에서 Neighbor Cache를 확인하려면 아래의 명령을 사용한다.

```
MacOS$ ndp -a
```

Example 13-7에서 Figure 13-16의 Neighbor Cache 상태가 어떻게 Stale 상태에서 지워진 상태로 천이되는지 알 수 있다. 이런 경우에 IPv6 주소 "2001:db8:cafe:1:d0f8:9ff6:4201:7086"인 WinPC는 차단되고 더는 도달 불가능하다. 라우터 R1은 WinPC로 또 다른 ping 시험을 시도한다.

상태가 "Stale"로부터 주소를 재결정을 기다리는 "Delay"로 변함을 확인하라. 5초 후에 Probe 상태로 변하고 이 IPv6 주소를 결정하기 위해 3개의 Neighbor Solicitation 메시지가 송신된다. R1이 응답 Neighbor Advertisement 메시지를 받지 못하여 Neighbor Cache에서 엔트리를 삭제한다. "**show ipv6 neighbors**" 명령으로 이 주소가 더는 도달 가능하지 않음을 확인한다.

Example 13-7 *Displaying the Deletion of a Neighbor Cache Entry*

```
<WinPC, 2001:db8:cafe:1:d0f8:9ff6:4201:7086, has been shut down>

R1# show ipv6 neighbors
IPv6 Address                              Age Link-layer Addr State Interface
2001:DB8:CAFE:1:D0F8:9FF6:4201:7086         3 0050.56af.9768  STALE Gi0/0

R1# ping 2001:db8:cafe:1:d0f8:9ff6:4201:7086
Type escape sequence to abort.
Sending 5, 100-byte ICMP Echos to 2001:DB8:CAFE:1:D0F8:9FF6:4201:7086, timeout is 2
  seconds:

*Jan 28 15:36:09.791: ICMPv6-ND: (GigabitEthernet0/0, 2001:DB8:CAFE:1:D0F8:
  9FF6:4201:7086)
STALE -> DELAY
*Jan 28 15:36:14.855: ICMPv6-ND: (GigabitEthernet0/0, 2001:DB8:CAFE:1:D0F8:
  9FF6:4201:7086)
DELAY -> PROBE
*Jan 28 15:36:14.855: ICMPv6-ND: (GigabitEthernet0/0, 2001:DB8:CAFE:1:D0F8:
  9FF6:4201:7086)
Sending NS
*Jan 28 15:36:15.943: ICMPv6-ND: (GigabitEthernet0/0, 2001:DB8:CAFE:1:D0F8:
  9FF6:4201:7086)
Sending NS
*Jan 28 15:36:17.031: ICMPv6-ND: (GigabitEthernet0/0, 2001:DB8:CAFE:1:D0F8:
  9FF6:4201:7086)
Sending NS
.....
Success rate is 0 percent (0/5)
*Jan 28 15:36:18.119: ICMPv6-ND: PROBE deleted: 2001:DB8:CAFE:1:D0F8:9FF6:4201:7086
*Jan 28 15:36:18.119: ICMPv6-ND: (GigabitEthernet0/0, 2001:DB8:CAFE:1:D0F8:
  9FF6:4201:7086)
PROBE -> DELETE
* Jan 28 15:36:18.119: ICMPv6-ND:  Remove ND cache entry
R1# undebug all

R1# show ipv6 neighbors
IPv6 Address                              Age Link-layer Addr State Interface

R1#
```

Note 시리얼 인터페이스상에서는 Neighbor Discovery가 수행되지 않는다. 그러므로 시리얼 링크에 대해서는 Neighbor Cache가 없다.

Destination Cache

*Destination Cache*라는 또 하나의 데이터 구조가 있다. Neighbor Cache와 마찬가지로 이 캐시도 최근에 트래픽을 보낸 목적지의 목록을 관리하며, 여기에는 다른 link(혹은 network) 상의 목적지도 포함된다. 그럴 때 엔트리는 next-hop 라우터의 Layer 2 주소가 된다. IPv6 호스트는 off-link 목적지 트래픽에 대해 선택한 라우터를 Default Router List로 유지한다. 목적지에 대해 선택된 라우터는 Destination Cache에 저장된다.

Example 1-38은 WinPC가 off-link 주소(R3 라우터의 인터페이스 주소 중의 하나)로 ping 시험을 하는 것을 보여준다. "**netsh interface ipv6 show destinationcache**" 명령이 Destination Cache를 표시하기 위해 사용되고, 이 테이블로 WinPC가 목적지에 도달하기 위해 사용하는 디폴트 게이트웨이(next-hop 주소)를 확인할 수 있다.

Example 13-8 *Displaying the Destination Cache on WinPC*

```
WinPC> ping 2001:db8:cafe:4::1
Reply from 2001:db8:cafe:4::1 time=13ms
Reply from 2001:db8:cafe:4::1 time<1ms
Reply from 2001:db8:cafe:4::1 time<1ms
Reply from 2001:db8:cafe:4::1 time<1ms
<output omitted for brevity>

WinPC> netsh interface ipv6 show destinationcache

Interface 11: Local Area Connection

PMTU Destination Address                           Next Hop Address
---- --------------------------------------------- ----------------
1500 2001:db8:cafe:4::1                            fe80::1
WinPC>
```

Note Destination Cache는 Redirect 메시지로부터 알게 된 정보로도 업데이트된다. Destination Cache는 Neighbor Cache의 서브셋(부분)이다. 시스코 IOS의 특정 버전에서 "**show ipv6 nd destination**" 명령은 IPv6 host-node Destination Cache 엔트리에 관한 정보를 표시하는 데 사용된다.

Duplicate Address Detection (DAD)

디바이스는 인터페이스에 할당된 주소를 이미 또 다른 디바이스가 사용 중인지 확인하기 위해 ICMPv6 DAD(Duplicate Address Detection)를 사용할 수 있다. 몇 가지 예외는 있지만, RFC 4861은 모든 unicast 주소, link-local 혹은 global 주소에 대해 인터페이스에 할당되기 전에 DAD가 수행되어야 한다고 권고한다. 이것은 SLAAC 혹은 DHCPv6 혹은 수동 설정을 사용해서 주소가 할당되어도 마찬가지다. 이 동작에 대한 몇 가지 예외는 RFC 4429 "*Optimistic Duplicate Address Detection(DAD) for IPv6*"에서 논의되었다.

이 프로세스를 통해 중복 주소가 검출되었다면 해당 주소는 인터페이스에 사용될 수 없다. 중복 주소를 찾아내는 절차는 Neighbor Solicitation과 Neighbor Advertisement 메시지를 사용해서 진행한다. Figure 13-17에 이 프로세스를 그렸다. WinPC는 link-local unicast 주소를 사용하며 아래와 같은 절차를 따른다.[1]

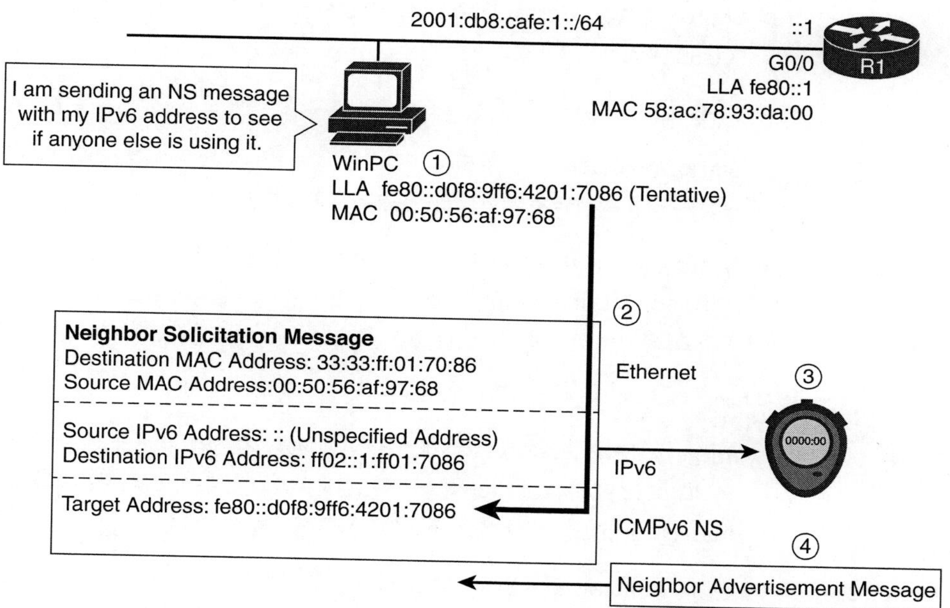

Figure 13-17 *Duplicate Address Detection (DAD)*

Step 1. WinPC는 이더넷 인터페이스상에서 link-local unicast 주소를 자동 생성한다. 프리픽스 "fe80::/10"을 random 64-bit 인터페이스 ID 앞에 덧붙여서 link-local 주소 "fe80::d0f8:9ff6:4201:7086"을 생성한다. WinPC는 link-local 주소를 사용하기 전에 이 주소가 링크 상에서 유일한지 확인해야 한다. link-local 주소는 DAD 절차가 끝날 때까지 "tentative" 상태로 천이된다.

Step 2. WinPC는 이 link-local 주소를 사용하는 다른 누군가가 이미 링크 상에 있는지 확인하기 위

1 Figure 13-17 그림에 Source Link-Layer Address Option 을 사용하는 것으로 되어 있으나 RFC 4861 에는 다음과 같이 정의되어 있다.

Possible options:

Source link-layer address : The link-layer address for the sender. MUST NOT be included when the source IP address is the unspecified address. Otherwise, on link layers that have addresses this option MUST be included in multicast solicitations and SHOULD be included in unicast solicitations.

이 책의 앞부분에서도 언급되었던 내용이다. 즉 DAD 인 경우(Source IPv6 주소가 unspecified)는 이 옵션을 사용할 수 없다. 그 외에는 반드시 사용해야 한다.-옮긴 이

해 Neighbor Solicitation 메시지를 보낸다. Figure 13-17은 Neighbor Solicitation 메시지에 대한 자세한 분석으로 중요 필드를 보여준다.

- Ethernet header:
  - **Destination MAC address:** "33:33"은 IPv6에 대한 이더넷 multicast 주소이다. 나머지 32bit는 IPv6 목적지 solicited-node multicast 주소 "ff02::1:ff01:7086"의 하위 32bit로부터 매핑된다. 그래서 목적지 MAC 주소는 "33:33:ff:01:70:86"이 된다.
  - **Source MAC address (00:50:56:af:97:68):** WinPC의 송신 MAC 주소는 "00:50:56:af:97:68이다.
- IPv6 header:
  - **Source IPv6 address:** IPv6 송신 주소는 "::", 즉 unspecified 주소이다. DAD가 진행 중일 때 송신 주소는 항상 unspecified 주소이다.
  - **Destination IPv6 address:** 목적지 주소는 WinPC의 link-local 주소에 대한 "solicited-node multicast" 주소인 "ff02::1:ff01:7086"이다. 이 주소는 이더넷 목적지 MAC 주소에 매핑된다.
- ICMPv6 header (Neighbor Solicitation 메시지):
  - **Target IPv6 address:** 이것은 WinPC 자신의 link-local 주소인 "fe80::d0f8:9ff6:4201:7086"이다. 또 다른 디바이스가 이 주소를 사용한다면 이 메시지에 Neighbor Advertisement 메시지로 응답을 해야 한다.

Step 3. WinPC는 이 tentative link-local 주소를 사용하는 또 다른 디바이스가 Neighbor Advertisement 메시지로 응답할 시간 여유를 주기 위해 타이머를 설정한다. 이 시간이 만료될 때까지 아무 메시지도 수신되지 않는다면 link-local 주소는 "tentative에서 "assigned" 상태로 천이하게 된다.

Step 4. 링크 상의 또 다른 디바이스가 같은 link-local 주소를 사용한다면 해당 디바이스는 Neighbor Advertisement로 응답한다. NA 메시지의 수신은 WinPC에 이 주소가 이미 사용 중이고 할당될 수 없다는 것을 의미한다. WinPC는 이 주소의 사용은 유예한다.

Note solicited-node multicast 주소 하나가 여러 디바이스(IPv6 unicast 주소에서 하위 24bit가 같은 디바이스)에 매핑되는 경우 수신 디바이스는 ICMPv6 Target 주소를 확인하여 의도한 대상이 맞는지 확인한다. ICMPv6 Target 주소와 일치하는 unicast 주소를 가진 디바이스만이 Neighbor Advertisement 메시지로 응답한다.

Note DAD(Duplicate Address Detection)는 RFC 4861 "*Neighbor Discovery for IP Version 6 (IPv6)*", RFC 4429 "*Optimistic Duplicate Address Detection (DAD) for IPv6*", RFC 7527 "*Enhanced Duplicate Address Detection*"에 정의되어 있다.

Neighbor Unreachability Detection (NUD)

Neighbor Unreachability Detection(NUD)은 RFC 4861 "*Neighbor Discovery for IP Version 6(IPv6)*"에서 정의되었다. 두 IPv6 디바이스 간의 통신은 수많은 이유로 실패할 수 있다. 예를 들면 호스트가 전원이 꺼졌다든가 혹은 cable 문제 등이 있을 수 있다. 디바이스는 패킷을 송신하는 neighbor에 대해서 도달 가능 상태(reachability state)를 능동적으로 추적한다.

reachability의 확인은 다음 2가지 중의 하나로 할 수 있다.

- Neighbor Solicitation에 대한 응답으로 Neighbor Advertisement 메시지가 송신된다.
- 살아있는 TCP 접속에서 Acknowledgment 수신 등의 상위 계층 프로세스로 성공적인 접속을 확인한다.

neighbor로 가는 경로가 실패할 때, 특정한 복구 절차는 neighbor가 어떻게 사용되는지에 달려있다. neighbor가 최종적인 목적지라면, 주소 결정(address resolution)이 재실행되어야 한다. 이것은 Neighbor Solicitation 메시지를 보내고 그에 대한 응답인 Neighbor Advertisement 메시지를 기다리는 것을 말한다. neighbor가 라우터라면 디바이스가 다른 디폴트 게이트웨이를 사용하도록 하는 것이 더 나은 방법이 될 수 있다. Neighbor Unreachability Detection은 unicast 패킷[1]을 보내야 하는 neighbor에게만 수행된다.

이 장에서 이미 Neighbor Cache 상태에 대해 논의했고 Figure 13-16은 다양한 상태와 그 상태 사이에서 일어나는 이벤트에 대해서 그림을 그려 설명했다. Neighbor Unreachability Detection은 neighbor의 도달 불가능을 감지하고 그를 해결하기 위해 동일한 상태와 이벤트를 사용한다.

NUD는 하위에 많은 디바이스를 수용한 first-hop 라우터의 control plane 처리에 큰 영향을 미친다. 라우터에는 커다란 Neighbor Cache 테이블이 있으며, 관련된 상당한 양의 NS 및 NA 트래픽을 라우터의 CPU가 처리해야 한다.

Redirect Message

ICMPv6 리다이렉트(재지향) 메시지는 더 나은 first-hop 라우터가 있음을 디바이스에 알리기 위해 사용한다. IPv4에서처럼, 같은 로컬 링크 상에 목적지에 더 근접한 또 다른 라우터가 있다면 라우터는 IPv6 패킷을 보내는 호스트에 이를 알린다. Figure 13-18은 이 프로세스를 보여준다.

Step 1. PC-A에게는 원격의 네트워크(network X) 디바이스에 보낼 몇 개의 패킷이 있다. PC-A는 디폴트 게이트웨이인 라우터 R1으로 첫 번째 패킷을 보낸다.

Step 2. 라우팅 테이블을 확인한 후 라우터 R1은 이 패킷을 라우터 R2로 포워딩한다.

Step 3. 라우터 R1은 PC-A로부터 수신한 패킷을 같은 인터페이스를 통해 R2로 패킷을 포워딩했다는 것을 알아챘다. R1은 PC-A에 더 나은 first-hop 라우터 R2를 사용하도록 권고하는 ICMPv6 리다이렉트 메시지를 보낸다.

---

1 multicast 수신자에게는 NUD 를 실행하여 확인할 필요가 없다.-옮긴 이

Step 4. PC-A는 리다이렉트 메시지를 수신하고 연속되는 패킷을 R2로 직접 보낸다.

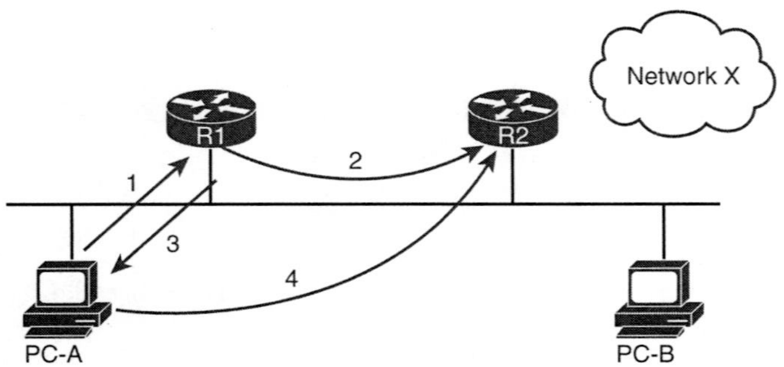

Figure 13-18 *ICMPv6 Redirect Message for an Off-Link Device*

IPv4와 다르게 라우터의 ICMPv6 Redirect 메시지는 목적지 호스트(다른 prefix/network를 사용하는)가 동일 링크 상에 있다면 패킷을 보내는 호스트에 이를 알려줄 수 있다. Figure 13-19는 PC-A의 IPv6 패킷이 같은 링크 상의 디바이스인 PC-B로 향할 때, 이를 리디렉션하는 라우터 R1의 예를 보여준다. 이 프로세스는 방금 설명한 절차와 비슷하다.

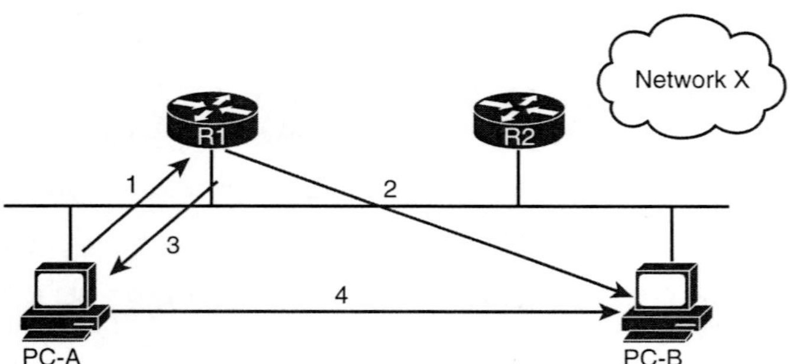

Figure 13-19 *ICMPv6 Redirect Message for an On-Link Device*

Figure 13-20은 ICMPv6 Redirect 메시지의 포맷을 보여준다.

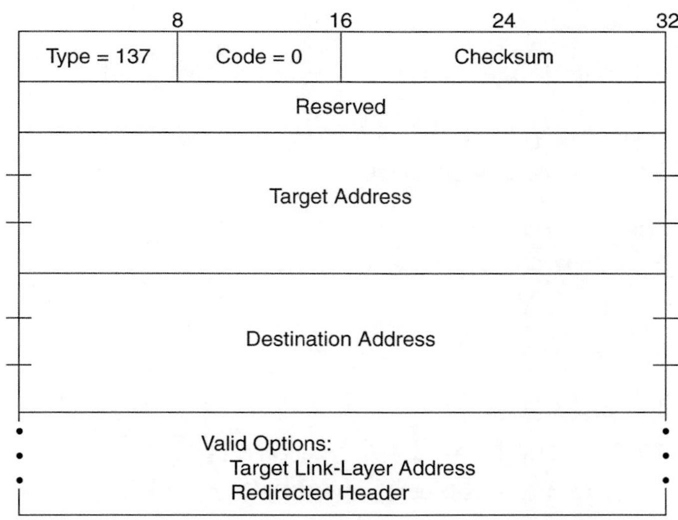

Figure 13-20 *ICMPv6 Redirect Message*

IPv6와 ICMPv6 헤더 내 필드는 다음과 같다.

- IPv6 header(헤더):
  - **Source address:** 인터페이스에 할당되는 link-local 주소이다.
  - **Destination address:** Redirect 메시지의 원인이 되는 패킷 송신 주소이다.
  - **Hop limit:** Hop Limit는 언제나 255이다.
- ICMPv6 header:
  - **Type:** Redirect 메시지임을 나타내는 137이다.
  - **Code (0):** Code는 "0"으로 설정되고, 수신자에 의해 무시된다.
  - **Checksum:** ICMPv6 헤더의 유효성 검증에 사용된다.
  - **Reserved:** 이 필드는 사용되지 않는다.
  - **Target Address:** 사용할 더 나은 first hop의 IPv6 주소이다.
  - **Destination Address:** 대상 주소로 리다이렉트되는 목적지 IPv6 주소이다.
- Target Link-Layer Address option:
  - **Type (2):** 이 필드는 "2"이며 Target Link-Layer Address Option을 의미한다.
  - **Length (1):** Type과 Length 필드를 포함한 Option의 길이이다. 8byte(octet) 단위로 표시된다. Target Link-Layer 옵션은 1단위(8byte)라는 것을 의미한다.
  - **Target Link Layer Address:** 대상 주소의 링크 계층 주소이며 권고된 next-hop 라우터이다. 이것은 호스트가 다른 라우터의 링크 계층 주소를 다시 결정해야 할 필요를 없앤다.

- Redirected Header option:
  - **Type:** Type 필드는 "4"이며 Redirected Header Option을 나타낸다.
  - **Length (4):** Type과 Length 필드를 포함한 Option의 길이이다. 8byte(octet) 단위로 표시된다. Redirected Header 옵션은 1byte이다.
  - **IPv6 Header + Data:** IPv6의 표준에 따라 최소 MTU를 넘지 않는 redirect 메시지의 크기를 보충하기 위해 원래의 패킷을 잘라 포함시킨다.

Summary

ICMPv6 Neighbor Discovery에는 ARP, ICMP Router Discovery 및 Redirect와 같이 IPv4에서 사용되는 프로토콜과 유사한 프로세스들이 있지만, 중요한 차이점들이 있다. ND에는 Duplicate Address Detection(DAD, 중복 주소 검출) 및 Neighbor Unreachability Detection(NUD) 같은 새로운 기능들이 있다.

Neighbor Discovery는 다음 다섯 가지 ICMPv6 메시지를 사용한다.

- **Router Solicitation message:** 호스트는 주소 설정 정보를 동적으로 받는 방법을 알아야 할 때 Router Solicitation 메시지를 보낸다.
- **Router Advertisement message:** Router Advertisement 메시지는 주기적으로 혹은 Router Solicitation 메시지에 대한 응답으로 송신된다. 이 유형의 메시지는 호스트에게 주소 및 기타 설정 정보를 제공한다. SLAAC는 RA의 프리픽스를 사용하여 GUA 주소 및 기타 네트워크 정보를 생성한다. 디폴트 게이트웨이 주소는 RA 메시지의 송신 IPv6 주소를 사용하여 동적으로 얻는다. DHCPv6는 이 정보를 제공하지 않는다.
- **Neighbor Solicitation message:** Neighbor Solicitation 및 Neighbor Advertisement 메시지는 IPv4의 ARP Request 및 ARP Reply와 유사하다. 대상 디바이스의 2계층 주소(일반적으로 이더넷 MAC 주소)를 요청하는 동시에 자신의 2계층 주소를 제공하는 Neighbor Solicitation이 송신된다.
- **Neighbor Advertisement message:** Neighbor Advertisement 메시지는 Neighbor Solicitation에 대한 응답으로 보내지며 IPv6의 2계층 주소(일반적으로 이더넷 MAC 주소)를 알려준다.
- **Redirect message:** ICMPv6 리다이렉션 메시지는 더 나은 첫 번째 홉(first-hop) 라우터가 있음을 디바이스에 알려주는 데 사용된다. IPv4의 리다이렉션 메시지와 동일한 동작을 한다.

이들 ND 메시지는 다음과 같은 테이블과 프로세스에서 사용된다.

- **Neighbor Cache:** IPv4의 ARP Cache와 동일하다. Neighbor Cache는 기본적으로 최근에 트래픽을 송신한 IPv6 주소 및 해당하는 이더넷 MAC 주소 목록을 관리한다.
- **Destination Cache:** Neighbor Cache처럼 Destination Cache는 타 링크 혹은 네트워크의 목적지 주소를 포함하여 최근에 트래픽을 보낸 목적지 목록을 관리한다. IPv6 호스트는 default router list를 유지 관리하며 이 중에서 off-link 목적지 트래픽에 대한 라우터를 선택한다. 목적지에 대해 선택된 라우터는 원격 주소와 next-hop 주소(디폴트 게이트웨이 주소)를 포함해 Destination Cache에 관리된다.

- **Address resolution:** 주소 결정(Address resolution)은 Neighbor Solicitation과 Neighbor Advertisement 메시지를 사용하여 Layer 3 주소에 대응되는 Layer 2 주소를 알아낸다. 이것은 IPv4의 ARP와 유사하다.
- **Duplicate Address Detection (DAD):** 디바이스는 DAD를 사용하여 사용하려는 주소가 또 다른 디바이스에서 이미 사용 중인지 확인한다. DAD는 디바이스 자신의 주소로 Neighbor Solicitation을 보낸다. 어떤 다른 디바이스가 이미 이 주소를 사용하고 있을 때 Neighbor Advertisement 메시지로 응답한다.
- **Neighbor Unreachability Detection (NUD):** 디바이스는 자신이 패킷을 보내고 있는 neighbor에 대한 도달 상태(reachability state)를 능동적으로 추적한다. 디바이스는 이 결정을 내리기 위해 Neighbor Solicitation과 Neighbor Advertisement를 사용한다.

Review Questions

1. 알려진 IPv6 주소의 디바이스 이더넷 MAC 주소를 알아내기 위해 어떤 유형의 메시지를 보내는가?
   a. Router Solicitation
   b. Router Advertisement
   c. Neighbor Solicitation
   d. Neighbor Advertisement
   e. Redirect
2. 주소 정보를 동적으로 설정하기 위한 정보를 요청하기 위해 어떤 유형의 메시지가 사용되는가?
   a. Router Solicitation
   b. Router Advertisement
   c. Neighbor Solicitation
   d. Neighbor Advertisement
   e. Redirect
3. 알려진 IPv6 주소의 디바이스 이더넷 MAC 주소를 알아내기 위해 어떤 유형의 메시지를 보내는가?
   a. Router Solicitation
   b. Router Advertisement
   c. Neighbor Solicitation
   d. Neighbor Advertisement
   e. Redirect
4. 어떤 유형의 메시지로 패킷의 목적지가 더 근접하고 더 나은 next-hop 라우터를 호스트에 알려주는가?
   a. Router Solicitation
   b. Router Advertisement
   c. Neighbor Solicitation
   d. Neighbor Advertisement
   e. Redirect

5. 디바이스가 주소 정보를 동적으로 설정하기 위한 정보를 알려주기 위해 어떤 유형의 메시지가 사용되는가?
   a. Router Solicitation
   b. Router Advertisement
   c. Neighbor Solicitation
   d. Neighbor Advertisement
   e. Redirect

6. Router Solicitation 메시지의 목적지 IPv6 주소는 무엇인가?
   a. Solicited-node multicast address
   b. All-IPv6 devices multicast address (ff02::1)
   c. All-IPv6 routers multicast address (ff02::2)
   d. Link-local address of the destination
   e. Global unicast address of the destination

7. Cisco IOS Router Advertisement 메시지의 목적지 IPv6 주소는 기본값은 무엇인가?
   a. Solicited-node multicast address
   b. All-IPv6 devices multicast address (ff02::1)
   c. All-IPv6 routers multicast address (ff02::2)
   d. Source IPv6 address of the Router Solicitation message

8. 이더넷 multicast 주소에 매핑할 수 있는 Neighbor Solicitation 메시지의 목적지 IPv6 주소는 무엇인가?
   a. Solicited-node multicast address
   b. All-IPv6 devices multicast address (ff02::1)
   c. All-IPv6 routers multicast address (ff02::2)
   d. Target unicast address

9. ICMPv6에서 Neighbor Solicitation 메시지에 사용되어 송신 측 Layer 2 주소를 포함하는 필드는 어느 것인가?
   a. Source Link-Layer Address
   b. Target Link-Layer Address
   c. Prefix Information
   d. Redirect Header
   e. MTU

10. Router Advertisement 메시지에서 사용하는 ICMPv6 옵션은 어느 것인가? (해당하는 것을 모두 골라라)
   a. Source Link-Layer Address
   b. Target Link-Layer Address
   c. Prefix Information

d. Redirect Header

e. MTU

11. 최근에 패킷을 수신했을 때 neighbor cache의 상태는 어느 것인가?

a. Stale

b. On (1)

c. Established

d. Reachable

e. There is no state, but the addresses are displayed in the neighbor cache.

12. 라우터의 neighbor cache에 있는 엔트리인데 30초 동안 해당 주소에서 패킷을 받지 못한 경우 엔트리의 상태는 어떻게 되는가?

a. Stale

b. Off (0)

c. Delayed

d. Reachable

e. There is no state, but the entry is removed from the neighbor cache.

13. IPv6 주소가 인터페이스에 할당되기 전에 서브넷상 유일한지 확인하는 ICMPv6 프로세스는 무엇인가?

a. Unique Neighbor Detection

b. Neighbor Unreachability Detection

c. Duplicate Address Detection

d. Gratuitous Neighbor Solicitation

14. 디바이스는 IPv6 주소가 링크의 다른 디바이스에서 이미 사용 중인지 확인하기 위해 어떤 유형의 메시지를 보내는가?

a. Router Solicitation

b. Router Advertisement

d. Neighbor Solicitation

e. Neighbor Advertisement

f. Redirect

15. ARP Request와 ICMPv6 Neighbor Solicitation 메시지의 수신 MAC에는 차이가 있다. 어떤 차이가 있는가?

References

RFCs

RFC 3122, *Extensions to IPv6 Neighbor Discovery for Inverse Discovery Specification*, A. Conta, Transwitch Corp., www.ietf.org/rfc/rfc3122.txt, June 2001.

RFC 3775, *Mobility Support in IPv6*, D. Johnson, Nokia, www.ietf.org/rfc/rfc3775.txt, June 2004.

RFC 4286, *Multicast Router Discovery*, B. Haberman, JHU APL, www.ietf.org/rfc/rfc4286.txt, December 2005.

RFC 4429, *Optimistic Duplicate Address Detection (DAD) for IPv6*, N. Moore, Monash University CTIE, www.ietf.org/rfc/rfc4429.txt, April 2006.

RFC 4443, *Internet Control Message Protocol (ICMPv6) for the Internet Protocol Version 6 (IPv6) Specification*, A. Conta, Transwitch, www.ietf.org/rfc/rfc4443.txt, March 2006.

RFC 4861, *Neighbor Discovery for IP Version 6 (IPv6)*, T. Narten, IBM, www.ietf.org/rfc/rfc4861.txt, September 2007.

RFC 7527, *Enhanced Duplicate Address Detection*, R. Asati, Cisco Systems, www.ietf.org/rfc/rfc7527.txt, April 2015.

Part V

Routing IPv6

Chapter 14

앞의 장에서 IPv6와 ICMPv6 및 관련 프로토콜인 ICMPv6 Neighbor Discovery에 관해 설명했다. 앞의 장에서는 또 global unicast, link-local 및 multicast 주소를 비롯한 다양한 IPv6 주소 유형에 관해서도 설명했다. 이 장과 다음의 2개 장에서는 정적 라우팅을 포함하여 EIGRP 및 OSPFv3 IPv6 패킷 라우팅을 다룰 것이다.

IPv6 라우팅은 IPv4 라우팅과 매우 유사하다. 프로토콜은 IPv6를 지원하기 위해 간결하게 재설계되거나 확장되었다. 이 장과 다음 2개 장의 목적은 IPv4와 IPv6 라우팅 사이 운용상 차이를 설정 및 확인 명령과 함께 설명하는 것이다. 이들 장은 여러분이 IPv4 라우팅에 대해서 어느 정도의 지식을 가지고 있는 것으로 가정을 한다.

이 장은 IPv6 라우팅과 관련되는 다음 주제에 관한 설명이다.

- IPv6 라우터로 라우터를 설정
- IPv6 라우팅 테이블에 대한 이해
- IPv6 정적 라우팅 설정하고 확인
- IPv6를 위한 Cisco Express Forwarding(CEF)

다음과 같이 IPv6는 오늘날 사용되는 모든 주요 동적 라우팅 프로토콜에 구현되어 있다.

- Routing Information Protocol next generation (RIPng): RFC 2080 "*RIPng for IPv6*"
- IPv6를 위한 Enhanced Interior Gateway Routing Protocol (EIGRP): RFC 7868 "*Cisco's Enhanced Interior Gateway Routing Protocol (EIGRP) for IPv6*"
- Open Shortest Path First version 3 (OSPFv3): RFC 5340 "*OSPF for IPv6*"
- IPv6를 위한 Intermediate System to Intermediate System: RFC 5308 "*Routing IPv6 with IS-IS*"
- IPv6를 위한 Border Gateway Protocol (BGP): RFC 4760 "*Multiprotocol Extensions for BGP-4*"

다음 2개 장에서는 IPv6를 위한 가장 일반적인 두 가지 내부 게이트웨이 프로토콜(IGP)에 관해 설명한다.

- Chapter 15, "EIGRP for IPv6"
- Chapter 16, "OSPFv3"

Note IPv4와 IPv6에 대한 위에 언급된 라우팅 프로토콜과 기타 라우팅 프로토콜(IS-IS 같은)에 관한 내용은 Brad Edgwork, Aaron Foss, Ramiro Rios가 쓴 시스코 Press의 <IP Routing on Cisco IOS, IOS XE, and IOS XR: An Essential Guide to Understanding and Implementing IP Routing Protocols>를 참고하라.

Configuring a Router as an IPv6 Router

라우터에 IPv6 동적 라우팅 프로토콜을 설정하기 전에, 그리고 라우터의 인터페이스 중 하나로 수신되는 IPv6 패킷을 포워딩하기 이전에 라우터는 먼저 *IPv6 라우터*로 설정되어야 한다.

일반적으로 대부분 IPv6 라우터는 동적 라우팅(dynamic routing)과 정적 라우팅(static routing)을 혼용해서 사용할 것이다. IPv6 라우터는 프리픽스, 프리픽스 길이, 디폴트 게이트웨이, 그리고 기타 설정 정보를 ICMPv6 Router Advertisement 메시지를 통해 광고한다. 라우터를 IPv6 라우터로 활성화하기 위해서 인터페이스상에 IPv6 주소가 있다는 것을 확인하고, 다음의 global configuration 명령을 사용하라.

```
Router(config)# ipv6 unicast-routing
```

IPv6 라우터(**ipv6 unicast-routing** 명령이 설정된)는 다음 특징을 가진다.

- "all-IPv6 routers(ff02::2)" multicast 그룹의 멤버가 된다. Example 14-1에 보여준다.
- IPv6 동적 라우팅 프로토콜을 사용할 수 있다.
- 라우터를 통과하는 IPv6 패킷을 포워딩한다.
- 이더넷(그리고 FDDI도 포함해서) 인터페이스를 통해 ICMPv4 Router Advertisement 메시지를 보낸다.

"**ipv6 unicast-routing**" 명령을 아직 설정하지 않았더라도 라우터 인터페이스에 IPv6 주소를 설정하거나 "**ipv6 enable**" 인터페이스 명령을 사용할 수 있다. 이렇게 하면 본질적으로 라우터를 IPv6 호스트로 만드는 것이고, 라우터는 "all-IPv6 nodes(ff02::1)" multicast 그룹의 멤버가 된다. 라우터가 IPv6 라우터로 동작하려면 "**ipv6 unicast-routing**" 명령과 IPv6 주소를 가진 인터페이스가 필요하다. IPv6 라우터는 또한, "all-IPv6 routers(ff02::2)" multicast 그룹의 멤버이다.

Note IPv6 라우터를 통해 전달되는 패킷은 라우터 자체에서 발생한 패킷이 아니다. 즉 이 패킷들은 라우터의 인터페이스 중 하나에서 수신된 것이다. IPv6 라우터로 활성화되지 않은 라우터도 IPv6 정적 경로를 설정할 수는 있으며 자신이 생성한(source인) 패킷인 경우에만 해당하는 패킷을 포워딩할 수 있다.

시스코 IOS에서 IPv4에 대한 "**ip routing**" 명령은 기본으로 활성화된다. 그래서 시스코 IOS에서 비슷한 "**ipv6 unicast-routing**" 명령이 왜 기본값이 되지 않는지 의문이 들 수 있다. 차이는 "**ipv6 unicast-routing**" 명령은 라우터가 이더넷 인터페이스로 Router Advertisement 메시지를 송신하도록 한다는 것이다. 기본적으로 이 RA 메시지를 수신한 대부분 호스트 OS는 SLAAC를 사용해서 GUA를 생성한다. 보안상의 이유로 네트워크 관리자는 이것이 네트워크에 미치는 영향을 알 필요가 있다.

Figure 14-1은 이 장에서 사용할 예제 토폴로지를 보여준다. 이 시점에서 라우터에는 GUA와 link-local unicast 주소가 설정되어 있다. 각 라우터의 두 인터페이스에 단순하게 같은 link-local 주소를 설정했다. static과 dynamic 라우팅은 아직 설정하지 않았다.

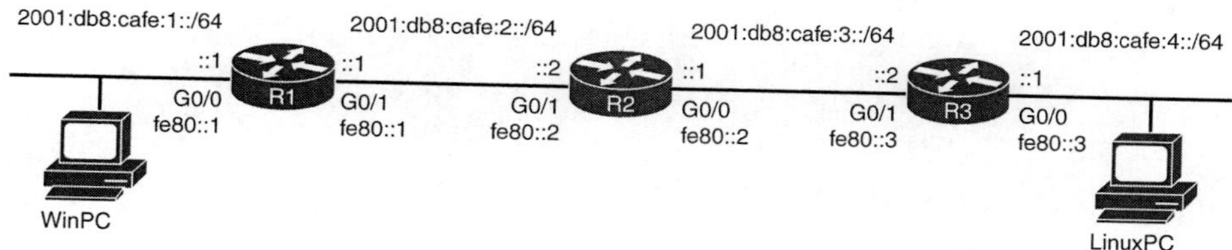

Figure 14-1 *Topology for an IPv6 Routing Table*

> **Note** RFC 7404 "Using Only Link-Local Addressing inside an IPv6 Network"는 인프라 링크에 link-local 주소만 사용해서 라우팅 프로토콜을 동작시키는 문제에 대해 논의한다.

Example 14-1에서 라우터 R1은 "**ipv6 unicast-routing**" 명령을 사용해 IPv6 라우터로 설정되었다. 그리고 "**show ipv6 interface gigabitethernet 0/0**" 명령으로 이를 확인한다.

Example 14-1 *Verification of Router R1 as an IPv6 Router*

```
R1(config)# ipv6 unicast-routing
R1(config)# exit
R1# show ipv6 interface gigabitethernet 0/0
GigabitEthernet0/0 is up, line protocol is up
  IPv6 is enabled, link-local address is FE80::1
  No Virtual link-local address(es):
  Global unicast address(es):
    2001:DB8:CAFE:1::1, subnet is 2001:DB8:CAFE:1::/64
 Joined group address(es):
    FF02::1
    FF02::2
    FF02::FB
    FF02::1:FF00:1
<output omitted for brevity>
```

Example 14-2는 라우터 R2와 R3가 IPv6 라우터로 설정되었음을 보여준다.

Example 14-2 *Enabling IPv6 Routing with the* ***ipv6 unicast-routing*** *Command on R2 and R3*

```
R2(config)# ipv6 unicast-routing
----------------------------------------------------------
R3(config)# ipv6 unicast-routing
```

Understanding the IPv6 Routing Table

시스코 IOS는 IPv4와 IPv6에 대해서 별도의 라우팅 테이블을 유지한다. 많은 측면에서 IPv6 라우팅 테이블은 IPv4의 라우팅 테이블보다 이해하기 쉽다. IPv4 라우팅 테이블은 "classful"한 방법으로 구성된다. class 별 네트워크 주소별로 정리[1]되며 class 별 엔트리 아래에 그 서브넷들이 나열된다. 이제 class 별 네트워크 및 VLSM(Variable Length Subnet Masking)은 IPv6에서 관심 대상이 아니다—즉 IPv6 라우팅 테이블은 좀 더 간단하다. classful 및 classless 주소 정책은 IPv6에서 존재하지 않기 때문에 IPv6 route는 단순히 개별 프리픽스로 표시된다.

"**show ipv6 route**" 명령은 IPv6 라우팅 테이블의 내용을 보여준다. 다음 문법과 같이 "**show ipv6 route**" 명령과 함께 많은 옵션을 사용할 수 있다.

```
Router# show ipv6 route [ipv6-address | ipv6-prefix/prefix-length [ longer-prefixes ] |
[ protocol ] | [ repair] | [ updated [ boot-up ] [ day month ] [ time ] ] | interface
type number | nd | nsf | table table-id | watch ]
```

이 문법에서 가장 일반적인 옵션은 이 절에서 설명한다.

Note 이 구문 옵션들은 "*Cisco IOS IPv6 Command Reference*, www.cisco.com/c/en/us/td/docs/ios-xml/ios/ipv6/command/ipv6-cr-book.html"에 기술되어 있다.

"**show ipv6 route**" 명령 결과는 IPv6에 고유한(IPv6-specific) 정보를 제외하고 IPv4의 "**show ip route**"의 결과와 유사하다.

"*ipv6-address* 혹은 *ipv6-prefix/prefix-length*" 인수를 줄 때 라우팅 테이블에서 "longest match lookup"이 수행된다. 그래서 라우팅 테이블의 자세한 정보와 함께 하나의 주소 혹은 프리픽스의 정보만 출력된다. 라우팅 프로토콜이 인수로 주어질 때 해당 프로토콜의 라우팅 테이블만 출력된다. "**connected, local, mobile, static**" 등의 키워드를 지정하면 해당하는 특정한 코드 라우팅만 출력된다. "**interface**", "*type*", "*number*" 키워드가 지정되면 특정 인터페이스에 대한 라우팅만 출력된다. 이 장을 통해 이 옵션들에 대한 예제를 확인할 수 있을 것이다.

IPv4에서 "**show ip route**" 명령 결과는 각 라우팅에 대한 timestamp(라우팅이 최종 업데이트된 시간, housrs:minutes:seconds)를 포함한다. 기본값으로 IPv6 라우팅 테이블에는 timestamp가 출력되지 않는다. 라우팅이 최종 업데이트된 시간을 "hours:minutes:seconds, day, month, year" 포맷으로 출력하기 위해 "**updated**" 옵션—"**show ipv6 route updated**"—을 사용해야 한다.

---

1 이것은 Cisco IOS 계열들의 특징이다.-옮긴 이

Example 14-3에서 "**show ipv6 route**" 명령은 R1의 IPv6 라우팅 테이블을 표시한다. "**show ipv6 route updated**" 명령의 출력 결과는 라우팅이 갱신된 마지막 시간도 포함한다.

Example 14-3 *Displaying R1's IPv6 Routing Table*

```
R1# show ipv6 route
IPv6 Routing Table - default - 5 entries
Codes: C - Connected, L - Local, S - Static, U - Peruser Static route
       B - BGP, R - RIP, I1 - ISIS L1, I2 - ISIS L2
       IA - ISIS interarea, IS - ISIS summary, D EIGRP, EX - EIGRP external
       ND - ND Default, NDp - ND Prefix, DCE - Destination, NDr - Redirect
       O - OSPF Intra, OI - OSPF Inter, OE1 - OSPF ext 1, OE2 - OSPF ext 2
       ON1 - OSPF NSSA ext 1, ON2 - OSPF NSSA ext 2, a - Application
C   2001:DB8:CAFE:1::/64 [0/0]
     via GigabitEthernet0/0, directly connected
L   2001:DB8:CAFE:1::1/128 [0/0]
     via GigabitEthernet0/0, receive
C   2001:DB8:CAFE:2::/64 [0/0]
     via GigabitEthernet0/1, directly connected
L   2001:DB8:CAFE:2::1/128 [0/0]
     via GigabitEthernet0/1, receive
L   FF00::/8 [0/0]
     via Null0, receive
R1#
R1# show ipv6 route updated
IPv6 Routing Table - default - 5 entries
Codes: C - Connected, L - Local, S - Static, U - Peruser Static route
<output omitted for brevity>
C   2001:DB8:CAFE:1::/64 [0/0]
     via GigabitEthernet0/0, directly connected
      Last updated 16:01:38 05 February 2017
L   2001:DB8:CAFE:1::1/128 [0/0]
     via GigabitEthernet0/0, receive
      Last updated 16:01:39 05 February 2017
<output omitted for brevity>
R1#
```

Example 14-3에서 "**show ipv6 route**" 명령 바로 밑 첫 번째 줄에 라우팅 테이블 엔트리 수가 표시된다.

```
IPv6 Routing Table - default - 5 entries
```

그 밑에는 라우팅을 가져온 프로토콜을 지시하는 코드값이 출력된다. 코드값 다음은 실제 라우팅 테이블의 내용이다. 이 코드 값 대부분은 IPv4 라우팅 테이블의 것과 같다. 이 값들은 해당하는 라우팅 테이블 엔트리를 어디(source)에서 가져오는지 알려준다. "S"는 static route를 의미하고, "D"는 EIGRP를 의미한다.

Note EIGRP를 의미하는 코드가 왜 "E"가 아니고 "D" 인지 궁금할 것이다. BGP 라우팅 프로토콜 이전에 사용했던 프로토콜은 EGP(Exterior Gateway Protocol)였다. 라우팅 테이블은 EGP를 위해 코드 "E"를 이미 사용했다. 그런데 EIGRP 라우팅 테이블에 왜 "D"를 쓸까? EIGRP는 목적지 네트워크에 대한 최단, loop-free 경로 계산을 위해 Diffusing Update Algorithm(DUAL)을 사용한다. 그래서 DUAL의 "D"가 EIGRP에 대해 사용된다.

Codes: NDp and ND

IPv6 라우팅 테이블에는 특수한 두 개의 코드가 있다: NDp와 ND이다. NDp는 Neighbor Discovery Protocol을 통해 알게 된 네트워크 프리픽스임을 지시하고, ND는 Neighbor Discovery를 통해 알게 된 디폴트 라우팅임을 지시한다.

앞의 토폴로지로부터 잠시 벗어나 Figure 14-2는 두 개의 라우터 HQ와 BRANCH를 보여준다. HQ 라우터에는 "**ipv6 unicast-routing**" 명령이 설정되었고, ICMPv6 Router Advertisement 메시지를 G0/0 인터페이스를 통해 보낸다.

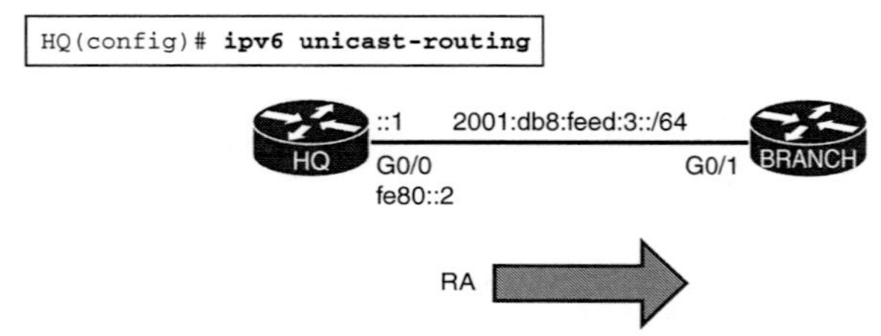

Figure 14-2 *Topology for NDp and ND*

BRANCH 라우터의 G0/1 인터페이스에 다음의 명령을 설정한다.

```
BRANCH(config)# interface gigabitethernet 0/1
BRANCH(config-if)# ipv6 address autoconfig default
```

"**ipv6 address autoconfig**" 명령을 입력하면 BRANCH 라우터는 G0/1 인터페이스에 대해 RA 메시지의 프리픽스와 EUI-64를 사용하여 GUA 주소를 생성한다. "**default**" 옵션은 BRANCH의 IPv6 라우팅 테이블에 HQ 라우터를 경유하는 추가적인 디폴트 라우팅을 생성하는 옵션이다.

Example 14-4 *Displaying BRANCH's IPv6 Routing Table*

```
BRANCH# show ipv6 route
IPv6 Routing Table - default - 6 entries
Codes: C - Connected, L - Local, S - Static, U - Peruser Static route
       B - BGP, R - RIP, I1 - ISIS L1, I2 - ISIS L2
       IA - ISIS interarea, IS - ISIS summary, D - EIGRP, EX - EIGRP external
       ND - ND Default, NDp - ND Prefix, DCE - Destination, NDr - Redirect
       O - OSPF Intra, OI - OSPF Inter, OE1 - OSPF ext 1, OE2 - OSPF ext 2
       ON1 - OSPF NSSA ext 1, ON2 - OSPF NSSA ext 2, a Application
ND  ::/0 [2/0]
     via FE80::2, GigabitEthernet0/1
```

```
NDp 2001:DB8:FEED:3::/64 [2/0]
     via GigabitEthernet0/1, directly connected
L   2001:DB8:FEED:3:662:73FF:FE5E:F901/128 [0/0]
     via GigabitEthernet0/1, receive
BRANCH#
```

Example 14-4는 BRANCH의 IPv6 라우팅 테이블을 보여준다.

- **ND ::/0 [2/0]:** 이것은 HQ를 경유하는 디폴트 경로이며, "**ipv6 address autoconfig**" 명령 내 "**default**" 옵션에 의해 생성된다. 출력 결과의 다음 행은 next-hop 주소 "fe80::2"를 보여준다. 이 주소는 HQ G0/0 인터페이스의 link-local 주소이며 RA 메시지의 송신 IPv6 주소이다. 출력 결과의 두 번째 행 "via GigabitEthernet 0/1"은 이 라우팅 엔트리를 이용하여 패킷을 포워딩할 때 BRANCH 라우터가 사용하는 출력 인터페이스이다.
- **NDp 2001:DB8:FEED:3::/64 [2/0]:** "**ipv6 address autoconfig**" 명령에 따라 생성되는 connected network(다음에 설명한다)와 유사하다. 라우터는 HQ 라우터의 Router Advertisement 메시지로부터 "2001:db8:feed:3::/64" 프리픽스를 알게 되었다. 두 번째 행의 "via GigabitEthernet 0/1" directly connected"는 이 네트워크에 직접 연결된 인터페이스를 가리킨다.
- **L 2001:DB8:FEED:3:662:73FF:FE5E:F901/128 [0/0]:** BRANCH 라우터 G0/1 인터페이스의 global unicast 주소인 로컬 경로이다. GUA 주소는 HQ의 RA 메시지로부터 알게 된 프리픽스로 SLAAC를 수행하고, EUI-64에 의한 인터페이스 ID를 더해서 생성된다. "via GigabitEthernet0/1, receive"는 라우터가 이 주소를 목적지로 하는 패킷을 받아서 처리한다는 것을 의미하며 패킷을 라우팅하지 않음을 나타낸다. 로컬 경로(route)는 조금 후에 설명한다.

Note "NDr-Redirect" 코드는 엔트리를 타 라우터가 보내는 ICMPv6 리다이렉트 메시지로부터 알게 되었다는 것을 의미한다.

Code: Connected

Figure 14-1의 토폴로지와 Example 14-3의 R1 IPv6 라우팅 테이블에서 우리는 다섯 개의 엔트리를 볼 수 있다. R1에는 2개의 인터페이스만 있고 static 혹은 dynamic route도 없는데 라우팅 테이블이 5개라니 약간 이상해 보일 수 있다. 각 인터페이스는 2개의 다른 코드를 가진 2개의 엔트리를 가지고 있다. "C" 엔트리는 connected(혹은 directly connected network)를 의미하고, "L" 엔트리는 로컬(local)임을 의미한다. 5번째 엔트리는 multicast 주소 "ff00::/8"에 대한 로컬 라우팅이며 패킷을 Null 처리한다(forwards packets to Null0).

"C" 코드 필드는 직접 연결된 네트워크(directly connected network)를 의미하며 IPv4의 동일한 코드와 유사하다. IPv6 인터페이스에 global unicast 혹은 unique local unicast 주소가 설정되고 "UP" 상태일 때, 해당하는 인터페이스의 IPv6 프리픽스와 프리픽스 길이는 "Connected route"로 라우팅 테이블에 추가된다. Example 14-3에서 R1의 IPv6 라우팅 테이블 첫 번째 엔트리는 GigabitEthernet0/0 인터페이스의 directly connected network이다.

```
C    2001:DB8:CAFE:1::/64 [0/0]
      via GigabitEthernet0/0, directly connected
```

이 엔트리는 프리픽스와 프리픽스 길이 "2001:db8:cafe:1::/64"를 표시하고 있다. "[0/0]"은 "administrative distance"와 "metric"을 표시한다. "directly connected network"는 distance "0"과 metric "0"이다. 라우팅 테이블의 두 번째 행은 출력 인터페이스와 이 엔트리가 직접 연결된 네트워크라는 것을 알려준다.

Note "administrative distance"[1]는 라우팅 정보원(source of the routing information)에 대한 "*trustworthiness(신뢰성)*"이나 "*preference(선호도)*"의 척도이다. 라우터가 하나 이상의 라우팅 정보원으로부터 네트워크를 알게 되었다면, 라우터는 작은 administrative distance 값을 가진 정보원을 선택한다. administrative distance는 로컬에서만 의미(local significance)가 있으며 라우팅 프로토콜로 광고하지 않는다.

R1의 라우팅 테이블에는 두 개의 connected route가 있는데 각 인터페이스에 설정된 GUA IPv6 주소이다. "**show ipv6 route**" 명령에 "**connected**" 옵션을 사용하여 directly connected network만 표시할 수 있으며 Example 4-5에서 이를 보여준다.

Example 14-5 *Displaying R1's Connected Routes*

```
R1# show ipv6 route connected
IPv6 Routing Table - default - 5 entries
Codes: C - Connected, L - Local, S - Static, U - Peruser Static route
<output omitted for brevity>
C    2001:DB8:CAFE:1::/64 [0/0]
      via GigabitEthernet0/0, directly connected
C    2001:DB8:CAFE:2::/64 [0/0]
      via GigabitEthernet0/1, directly connected
R1#
```

Note link-local 주소만 가진 인터페이스는 link-local 주소를 라우팅에서 사용하지 않기 때문에 라우팅 테이블 상에 표시되지 않는다. link-local 주소는 곧 설명한다.

Code: Local

R1의 라우팅 테이블에 있는 두 개의 connected route 외에, 3개의 코드 "L"인 다른 네트워크가 있다. 첫 번째 떠오르는 생각은 아마도 이들이 link-local 네트워크라는 추정일 것이다. 그러나 그것은 아니다. 이 로컬 경로(local route)는 해당 인터페이스의 IPv6 unicast(GUA 혹은 LUA) 주소이다. 이들은 /128 route이고 본질적으로 라우터의 GUA 혹은 ULA 주소에 대한 호스트 라우팅이며 multicast 프리픽스를 위한 추가적인 local route이다. connected 네트워크이므로 local route 역시 admin distance가 "0"이고, metric도 "0"이다.

---

1 노키아와 주니퍼는 route preference 라는 용어를 더 즐겨 사용한다.-옮긴 이

R1의 GigabitEthernet0/0 인터페이스는 GUA 주소 "2001:db8:cafe:1::1/64"로 수동 설정되었다. local route 엔트리는 아래와 같다.

```
L    2001:DB8:CAFE:1::1/128 [0/0]       via GigabitEthernet0/0, receive
```

local route는 라우터 자체로 오는 패킷으로, 라우팅 할 필요가 없는 경우, 라우터가 좀 더 패킷을 효율적으로 처리할 수 있게 해 준다. 모든 목적지 디바이스와 마찬가지로 라우터는 목적지 IPv6 주소가 자신의 로컬 엔트리에 일치될 경우 패킷을 수신("receive")하여 처리한다.

예를 들면 또 다른 디바이스가 라우터의 인터페이스 주소 중 하나로 ping(ICMPv6 Echo Request) 시험을 시도한다면, 라우터는 패킷을 받아서 패킷의 수신 주소가 자신의 local route와 일치됨을 확인한다. 라우터는 패킷을 포워딩하는 대신에 수신 디바이스로서 패킷을 처리한다. 이 예제에서 라우터는 패킷을 처리한 후 ICMPv6 Echo Reply로 응답한다.

Note "connected network"와는 다르게 로컬 경로(local route)는 라우팅 프로토콜의 "**redistributed connected**" 명령어를 사용해서 전파되지 않는다. "connected network"가 재분배(redistributed)되기 때문에 많은 수의 호스트 route를 광고할 필요가 없다.

로컬 호스트 경로(local host route)는 라우팅 테이블 상에 있으므로 CEF(Cisco Express Forwarding)가 적용된다. IPv6를 위한 CEF(CEFv6)는 이 장의 다음 부분에서 설명한다.

R1에는 2개의 인터페이스가 있으며 둘 다 GUA 주소를 갖고 있다. 이것은 IPv6 라우팅 테이블 상에 3개 중 2개 로컬 route의 원인이다. Example 14-6의 "**show ipv6 route local**" 명령어로 IPv6 라우팅 테이블의 출력을 필터링하여 3개의 로컬 route만 표시한다.

Example 14-6 *Displaying R1's Local Routes*

```
R1# show ipv6 route local
IPv6 Routing Table - default - 5 entries
Codes: C - Connected, L - Local, S - Static, U - Peruser Static route
<output omitted for brevity>
L   2001:DB8:CAFE:1::1/128 [0/0]
     via GigabitEthernet0/0, receive
L   2001:DB8:CAFE:2::1/128 [0/0]
     via GigabitEthernet0/1, receive
L   FF00::/8 [0/0]
     via Null0, receive
R1#
```

R1 IPv6 라우팅 테이블의 3번째 local route는 multicast 주소 "ff00::/8"에 대한 Null0 route이다.

```
L    FF00::/8 [0/0]       via Null0, receive
```

기본값으로 라우터는 multicast 패킷을 포워딩하지 않는다. multicast 패킷을 포워딩하기 위해서는, 다음의 전역 명령어가 설정되어야 한다.

```
Router(config)# ipv6 multicast-routing
```

이 명령은 위의 Null0 route를 제거하지 않으며, 결과적으로 라우터는 IPv6 라우팅 테이블에 명시적으로 열거되지 않는 multicast 패킷을 폐기하도록(discard) 동작한다.

IPv6 인터페이스의 link-local 주소는 어떤가? link-local 주소는 IPv6 라우팅 테이블에 없다. 왜냐하면 링크 밖으로 라우팅 될 필요가 없기 때문이다.

Note 이전의 IOS 버전에서는 IPv6 라우팅 테이블에 추가적인 로컬 엔트리가 있을 수 있다. 출력 인터페이스가 Null0인 "fe80::/10" route이다. 이 라우팅으로 라우터는 목적지가 자신의 link-local 주소가 아닌 패킷은 폐기한다는 것을 표시한다. 현재 IOS 버전에서 더는 이 엔트리를 명시적으로 포함하지 않지만, 라우터는 여전히 link-local 주소가 IPv6 목적지 주소(혹은 송신 주소)인 패킷은 포워딩하지 않는다.

Configuring IPv6 Static Routes

IPv6 정적 경로(static route) 설정은 IPv4에서 설정하는 것과 아주 비슷하다. 이 절은 여러분이 IPv4 static route 설정에 익숙하다고 가정한다.

다음은 이 장에서 사용하는 IPv6 정적(static) route에 대한 기본 문법이다.

```
Router(config)# ipv6 route ipv6-prefix/prefix-length {ipv6-address | interface-type
interface-number} [next-hop-address]
```

다음은 IPv6 정적 route를 설정하기 위한 완전한 문법이다.

```
Router(config)# ipv6 route [vrf vrf-name] ipv6-prefix/prefix-length
{ipv6-address | interface-type interface-number [ipv6-address]}
[nexthop-vrf [vrf-name1 | default]] [administrative-distance]
[administrative-multicast-distance | unicast | multicast]
[next-hop-address] [tag tag] [name name]
```

Note 대부분 "**show ipv6 route**" 명령행 옵션은 이 책의 범위를 벗어나므로 설명하지 않는다. 더 많은 정보를 위해서는 *Cisco IOS IPv6 Command reference* "www.cisco.com/c/en/us/td/docs/ios-xml/ios/ipv6/command/ipv6-cr-book/ipv6-i4.html#wp3033854992" 를 참고하라.

다음 설명은 이 장에서 사용되는 기본적인 **ipv6 route** 명령으로 *Cisco IOS IPv6 Command Reference*에서 가져온 것이다.

- *ipv6-prefix*: static route의 목적지 IPv6 네트워크이다. static host route가 설정된 경우에는 호스트 명일 수도 있다.
- */prefix-length*: IPv6 프리픽스의 길이이다. 상위 연속된 bit (주소의 네트워크 부분) 중 몇 개가 프리픽스를 구성하는지를 나타내는 10진수 값이다. 슬래시는 10진수 값 앞에 사용해야 한다.

- *ipv6-address*: 해당 네트워크에 도달하기 위해 사용되는 next-hop의 IPv6 주소이다. 이 IPv6 주소는 directly connected 네트워크일 필요가 없다. 직 연결된 next-hop의 IPv6 주소를 알아내기 위해 반복(recursion)적인 라우팅 lookup이 수행된다. 인터페이스 type과 인터페이스 number가 지정되었을 때 옵션으로 패킷이 출력될 next-hop의 IPv6 주소를 지정할 수 있다. next-hop으로 link-local 주소를 사용했을 때에는 인터페이스 type과 인터페이스 number가 반드시 함께 사용되어야 한다. (link-local next-hop은 인접 라우터라야 한다.) 이 인수는 RFC 4291에 문서화된 형식이어야 하며, 여기서 주소는 콜론 사이에 16bit 값을 사용하는 16진수로 지정된다.
- *interface-type*: 인터페이스 유형이다. 지원되는 인터페이스 type에 관한 정보가 더 필요하면 명령행에서 "?"를 써서 온라인 도움말 기능을 사용하라. *interface-type* 명령행 인수를 사용해서 point-to-point 인터페이스(시리얼 혹은 터널 인터페이스 같은 것들) 혹은 broadcast 인터페이스(이더넷 인터페이스 같은)에 직접 정적(static) route를 지정할 수 있다. point-to-point 인터페이스에 대해 *interface-type* 인수로 지정했을 때는 next hop IPv6 주소를 지정할 필요가 없다. 브로드캐스트 인터페이스에 *interface-type* 명령행 인수를 사용할 때는 next-hop의 IPv6를 지정하거나, 지정된 프리픽스가 link에 할당되었는지 확인해야 한다. 브로드캐스트 인터페이스의 next-hop으로 link-local 주소가 지정되어야 한다. (next-hop에 global unicast 주소[혹은 unique local 주소] 혹은 link-local 주소를 사용할 수도 있다. 그렇지만 link-local 주소를 사용하는 것이 권고된다.) next-hop 주소는 next-hop 라우터의 적절한 링크 계층(link-layer, MAC) 주소를 확인하기 위해서만 사용된다. 이렇게 해서 라우팅 테이블 내 next-hop 주소에 대한 recursive lookup의 필요성을 없앤다. Link-Local 주소는 보통 출력(egress) 인터페이스와 연결되어 있다.
- *interface-number*: 인터페이스 숫자이다. 지원되는 인터페이스 유형의 번호 규칙에 관한 더 자세한 내용을 보려면, "?" 를 사용해 온라인 도움말 기능을 사용하라.
- *next-hop-address* (optional): 특정한 네트워크에 도달하기 위해 사용되는 next-hop의 주소.

다음 절에서 Figure 14-3 토폴로지의 라우터에 모든 네트워크와 연동되도록 IPv6 static route를 설정하는 방법을 보여준다.

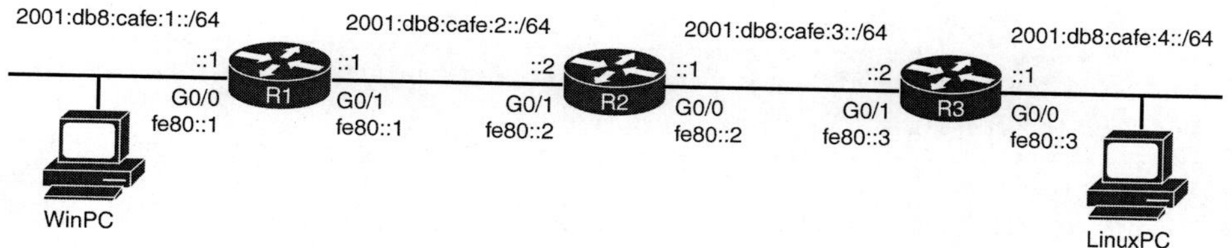

Figure 14-3 *Topology for an IPv6 Static Route*

Static Routes with a GUA Next-Hop Address

일반적 형태의 IPv6 static route는 next-hop 주소로 global unicast 주소(혹은 unique local 주소)를 사용하는 것이다. Example 14-7은 토폴로지의 두 원격 네트워크에 도달하기 위한 R1의 2개 static routes 설정을 보여준다. 두 static routes는 next-hop GUA 주소로 동일한 R2의 G0/1 주소 "2001:db8:cafe:2::2"를 사용한다. Example 14-7에서 "**show ipv6 route static**" 명령으로 R1의 IPv6 라우팅 테이블 상에서 이 2개의 route를 확인한다.

Example 14-7 *Configuration and Verification of a Static Route with a GUA Next-Hop Address*

```
R1(config)# ipv6 route ?
X:X:X:X::X/<0-128>  IPv6 prefix
  static              Configure static route attributes
  vrf                 IPv6 Routing table

R1(config)# ipv6 route 2001:db8:cafe:3::/64 2001:db8:cafe:2::2
R1(config)# ipv6 route 2001:db8:cafe:4::/64 2001:db8:cafe:2::2
R1(config)# end
R1# show ipv6 route static
IPv6 Routing Table - default - 7 entries
Codes: C - Connected, L - Local, S - Static, U - Peruser Static route
<output omitted for brevity>
S   2001:DB8:CAFE:3::/64 [1/0]      via 2001:DB8:CAFE:2::2
S   2001:DB8:CAFE:4::/64 [1/0]      via 2001:DB8:CAFE:2::2
R1#
```

Note R1, R2, R3는 "**ipv6 unicast-routing**" 명령어를 사용해 이 전에 이미 ipv6 라우터로 활성화된 상태이다.

Static Routes with a Link-Local Next-Hop Address

이 절에서 이번에는 인접한 라우터의 link-local 주소를 next-hop 주소로 사용하여 라우터 R2 상에서 static route를 설정하는 방법을 보여준다. next-hop 주소는 일반적으로 공유 네트워크 세그먼트 상의 주소이기 때문에 IPv6에서 link-local 주소를 next-hop으로 사용할 수 있다. link-local 주소는 동일한 링크 상의 디바이스들과 통신할 수 있다는 것을 상기하라.

link-local next-hop 주소로 static route를 설정하려면 next-hop 주소 앞에 추가적인 출력(exit) 인터페이스를 사용해야 한다.

```
Router(config)# ipv6 route ipv6-prefix/prefix-length interface-type interface-num-
ber next-hop-address
```

Example 14-8에서 R2에는 두 개의 IPv6 static route가 설정되어 있다. route 각각에 대해 next-hop 주소가 R1과 R3의 link-local 주소로 설정되어 있다. 출력 인터페이스 지정 없이 link-local 주소를 사용해 static route를 설정하려고 시도하면 에러가 발생함을 확인하라. next-hop 주소로 link-local 주소를 사용할 때 라우터의 링크에 같은 link-local 주소가 존재할 수 있으므로 출력(exit) 인터페이스 설정이 필요하다. (link-local 주소는 해당 링크 내에서 유일해야 한다.)

Example 14-8 *Configuration and Verification of a Static Route with a Link-Local Next-Hop Address*

```
R2(config)# ipv6 route 2001:db8:cafe:1::/64 fe80::1
R2(config)# % Interface has to be specified for a linklocal nexthop
R2(config)# ipv6 route 2001:db8:cafe:1::/64 gigabitethernet0/1 fe80::1
R2(config)# ipv6 route 2001:db8:cafe:4::/64 gigabitethernet0/0 fe80::3
R2(config)# end
R2# show ipv6 route static
IPv6 Routing Table - default - 7 entries
Codes: C - Connected, L - Local, S - Static, U - Peruser Static route
<output omitted for brevity>
S   2001:DB8:CAFE:1::/64 [1/0]
     via FE80::1, GigabitEthernet0/1
S   2001:DB8:CAFE:4::/64 [1/0]
     via FE80::3, GigabitEthernet0/0
R2#
```

R1의 "2001:db8:cafe:1::/64" 네트워크에 대한 static route는 R2의 G0/1를 출력 인터페이스로 사용하고 R1의 link-local 주소 "fe80::1"을 next-hop으로 사용한다. R3의 "2001:db8:cafe:4::/64" 네트워크에 대한 static route는 R2의 G0/0을 출력 인터페이스로 사용하고 R3의 link-local 주소 "fe80::3"을 next-hop으로 사용한다. 동일한 예제에서 "**show ipv6 route static**" 명령으로 R2의 라우팅 테이블 내 2개 엔트리를 확인한다.

Note "출력(exit)" 인터페이스 및 next-hop 주소가 함께 설정된 static route를 "*fully qualified static route*"라고 한다. "fully qualified static route"는 next-hop 주소로 global unicast 주소, unique local 주소, link-local 주소를 사용할 수 있다.

Static Routes with Only an Exit Interface

point-to-point 시리얼 링크 상에서 static route는 종종 출력(exit) 인터페이스만으로 설정한다. 이 방법은 보통 라우터가 next-hop IP 주소에 대해 recursive lookup을 수행하는 것을 피하고자 사용한다. recursive lookup은 라우터가 2번의 라우팅 테이블 lookup을 하도록 요구한다. 첫 번째 lookup은 목적지 IP 주소와 일치되는 프리픽스를 찾기 위한 것이다. 두 번째는 라우팅 테이블 엔트리 상에서 next-hop 주소를 찾기 위한 것이다. 이런 형태의 설정은 대부분 IOS 라우팅 플랫폼에서 CEF가 기본값이 되기 전에 일반적이었다.

Note 이더넷과 같은 broadcast 네트워크에는 next-hop IPv6 주소를 포함하는 IPv6 static route 설정이 필요하다.

CEF(Cisco Express Forwarding)는 IOS 12.0 이후로 기본적인 동작이다. CEF는 효율적인 패킷 포워딩을 위해 "data plane" 속에 저장된 2개의 메인 데이터 구조를 사용하여 최적화된 lookup을 제공한다. 2개의 데이터 구조는 라우팅 테이블의 복사본인 FIB(Forwarding Information Base)과 adjacency table(Layer 2 addressing information)이다. 이 두 테이블의 대응되는 정보는 함께 동작하여 next-hop IP 주소 look-up

을 위한 recursive lookup을 필요 없게 한다. 다시 말하면 next-hop IP를 사용하는 static route는 CEF가 활성화되었을 때, single lookup만 수행한다. point-to-point 네트워크에서 출력(exit) 인터페이스만 사용하는 static route가 일반적이지만, 기본적으로 CEF 포워딩 메커니즘을 사용하면 이 방법이 불필요하게 된다. CEF는 이후 다시 설명한다.

Note 일반적으로 static route는 next-hop 주소와 함께 사용하는 것이 권고된다. 몇몇 환경에서 출력(exit) 인터페이스만 있고 next-hop 주소가 없는 static route로 인해 미결정 route가 생길 수 있으므로 반드시 필요한 경우가 아니면 사용하지 않는 것이 좋겠다.

Example 14-9에서 Router A는 next-hop 주소 없이 시리얼 출력 인터페이스만을 사용하여 static 라우팅을 설정했다. 라우팅 테이블의 출력에서 이 엔트리가 directly connected인 것처럼 보이지만, administrative distance 값은 "1"이다. administrative distance가 "1"인 것은 "**show ipv6 route 2001:db8:feed:3::/64**" 명령으로도 확인할 수 있다. 코드 "C"인 directly connected 네트워크만 administrative distance가 "0"이 된다.

Example 14-9 *Configuration and Verification of a Static Route with an Exit Interface on a Serial Interface*

```
RouterA(config)# ipv6 route 2001:db8:feed:3::/64 serial0/0/0
RouterA(config)# end
RouterA#
RouterA# ping 2001:db8:feed:3::1
<output omitted for brevity>
!!!!!
RouterA# show ipv6 route static
IPv6 Routing Table - default - 4 entries
Codes: C - Connected, L - Local, S - Static, U - Peruser Static route
<output omitted for brevity>
S   2001:DB8:FEED:3::/64 [1/0]
     via Serial0/0/0, directly connected
RouterA# show ipv6 route 2001:db8:feed:3::/64
Routing entry for 2001:DB8:FEED:3::/64
  Known via "static", distance 1, metric 0
  Route count is 1/1, share count 0
  Routing paths:
    directly connected via Serial0/0/0
      Last updated 00:01:30 ago

RouterA#
```

Note administrative distance 값이 "0"인 경우에 대해 일반적으로 잘못 이해되고 있는 것이 있다. IPv4에서 directly connected network, IPv6에서 directly connected network 나 local 인터페이스인 경우만 administrative distance 값이 "0"이 될 수 있다. 출력(exit) 인터페이스가 설정된 static route는 administrative distance 값이 "0"이 될 수 없다. static이나 동적으로 알게 된 route는 결코 administrative distance 값이 "0"이 아니다. "show" 명령으로 확인 시 출력 인터페이스가 설정된 IPv4 혹은 IPv6 static route에 "directly connected"라는 문구가 설사 보인다고 해도 static route의 administrative distance 기본값은 "1"이다.

Default Static Routes with Link-Local Next-Hop Addresses

IPv6 default static route는 IPv4에서 "all-0" 프리픽스와 /0 프리픽스 길이를 사용해 default static route를 설정하는 것과 비슷하다. IPv4 default route는 0.0.0.0 0.0.0.0을 사용하여 프리픽스 길이가 /0인 all-0s 프리픽스를 나타내고, IPv6는 ::/0을 사용한다.

다음은 IPv6 default route를 위한 명령문법이다.

```
Router(config)# ipv6 route ::/0 {ipv6-address | interface-type interface-number}
[next-hop-address]
```

Example 14-10은 R3의 default static route 설정을 보여준다. default route는 출력 인터페이스 G0/1과 R2의 link-local 주소 "fe80::2"를 next-hop 주소로 사용하도록 설정된다. R3의 IPv6 라우팅 테이블에서 static route는 "**show ipv6 route static**" 명령을 사용하여 확인한다.

Example 14-10 *Configuration and Verification of a Default Static Route*

```
R3(config)# ipv6 route ::/0 gigabitethernet0/1 fe80::2
R3(config)# end
R3# show ipv6 route static
IPv6 Routing Table - default - 6 entries
Codes: C - Connected, L - Local, S - Static, U - Peruser Static route
<output omitted for brevity?>
S   ::/0 [1/0]
     via FE80::2, GigabitEthernet0/1
R3#
```

Verifying IPv6 Static Routes

static route가 설정된 라우터 R1, R2, R3는 Figure 14-1 토폴로지의 모든 네트워크에 대해 완전한 경로를 제공한다. 앞의 예에서 "**show ipv6 route static**" 명령으로 각각의 라우터 라우팅 테이블 내 static route를 확인할 수 있었다.

"**show ipv6 route summary**" 명령은 IPv6 라우팅 테이블의 요약 정보를 표시한다. Example 14-11은 R1에 대해 "**show ipv6 route**"와 "**show ipv6 route summary**"의 결과를 보여준다. 이 두 명령 결과를 모두 표시하였으므로 "**show ipv6 route summary**"로 통해 경로 정보를 요약하여 확인할 수 있다.

Example 14-11 ***show ipv6 route*** *and* ***show ipv6 route summary*** *Commands*

```
R1# show ipv6 route
IPv6 Routing Table - default - 7 entries
Codes: C - Connected, L - Local, S - Static, U - Peruser Static route
<output omitted for brevity>
C   2001:DB8:CAFE:1::/64 [0/0]
     via GigabitEthernet0/0, directly connected
L   2001:DB8:CAFE:1::1/128 [0/0]
     via GigabitEthernet0/0, receive
C   2001:DB8:CAFE:2::/64 [0/0]
     via GigabitEthernet0/1, directly connected
L   2001:DB8:CAFE:2::1/128 [0/0]
     via GigabitEthernet0/1, receive
S   2001:DB8:CAFE:3::/64 [1/0]
     via 2001:DB8:CAFE:2::2
S   2001:DB8:CAFE:4::/64 [1/0]
     via 2001:DB8:CAFE:2::2
L   FF00::/8 [0/0]
     via Null0, receive
R1# show ipv6 route summary
IPv6 routing table name is default(0) global scope - 7 entries
IPv6 routing table default maximum-paths is 16

R1# show ipv6 route summary
IPv6 routing table name is default(0) global scope - 7 entries
IPv6 routing table default maximum-paths is 16
Route Source    Networks    Overhead    Memory (bytes)
connected       2           224         264
local           3           336         396
application     0           0           0
ND              0           0           0
  Default: 0  Prefix: 0  Destination: 0  Redirect: 0
static          2           224         264
  Static: 2  Per-user static: 0
Total           7           784         924
  Number of prefixes:
    /8: 1, /64: 4, /128 2
R1#
```

Example 14-12에서 3대의 라우터 각각에 대해 "**show running-config**" 명령 결과를 보여준다. 출력 결과는 앞선 static route 설정에 관한 것이다. "**| include ipv6 route**" 옵션이 running-config에서 "ipv6 route"를 포함한 행만을 표시하기 위해 사용되었다.

Example 14-12 *Verification Using* ***show running-config***

```
R1# show running-config | include ipv6 route
ipv6 route 2001:DB8:CAFE:3::/64 2001:DB8:CAFE:2::2
ipv6 route 2001:DB8:CAFE:4::/64 2001:DB8:CAFE:2::2
R1#
---------------------------------------------------------
R2# show running-config | include ipv6 route
ipv6 route 2001:DB8:CAFE:1::/64 GigabitEthernet0/1 FE80::1
ipv6 route 2001:DB8:CAFE:4::/64 GigabitEthernet0/0 FE80::3
R2#
---------------------------------------------------------
R3# show running-config | include ipv6 route
ipv6 route ::/0 GigabitEthernet0/1 FE80::2
R3#
```

Example 14-13에서 "**show ipv6 static**"과 "**show ipv6 static detail**" 명령이 앞의 running-config 예제에서 확인한 것과 비슷하지만, 좀 더 자세한 내용을 보여준다. 두 명령의 결과는 administrative distance 및 code를 표시한다. "**detail**" 옵션으로 경로의 숫자와 각 route에 해당하는 출력 인터페이스 정보를 포함하여 표시한다.

Example 14-13 ***show ipv6 static*** *and* ***show ipv6 static detail*** *Commands*

```
R1# show ipv6 static
IPv6 Static routes Table - default
Codes: * - installed in RIB, u/m - Unicast/Multicast only
       U - Per-user Static route
       N - ND Static route
       M - MIP Static route
       P - DHCP-PD Static route
       R - RHI Static route
*   2001:DB8:CAFE:3::/64 via 2001:DB8:CAFE:2::2,distance 1
*   2001:DB8:CAFE:4::/64 via 2001:DB8:CAFE:2::2,distance 1
R1# show ipv6 static detail
IPv6 Static routes Table - default
Codes: * - installed in RIB, u/m - Unicast/Multicast only
       U - Per-user Static route
       N - ND Static route
       M - MIP Static route
       P - DHCP-PD Static route
       R - RHI Static route
*   2001:DB8:CAFE:3::/64 via 2001:DB8:CAFE:2::2,distance 1
     Resolves to 1 paths (max depth 1)
     via GigabitEthernet0/1
*   2001:DB8:CAFE:4::/64 via 2001:DB8:CAFE:2::2,distance 1
     Resolves to 1 paths (max depth 1)
     via GigabitEthernet0/1 R1#
```

ping 명령은 네트워크의 도달 가능 여부를 시험하는 데 유용한 도구이다. Example 14-14에서 R1의 두 인터페이스에서 네트워크를 시험하기 위해 2개의 **ping** 명령을 사용하였다. 첫 번째 명령 "**ping 2001:db8:cafe:4::1**"은 R1의 G0/1 인터페이스를 통해서 ping 시험을 한 것이다. Gi0/1은 이 목적지 네트워크에 대한 R1의 라우팅 테이블 내 출력 인터페이스이다. 두 번째 **ping** 명령 "**ping 2001:db8:cafe:4::1 source gigabitethernet0/0**"은 패킷의 송신 IPv6 주소를 G0/0 인터페이스(2001:db8:cafe:1::1)로 바꿔서 시험한 것이다. G0/0의 송신 주소를 사용하여 성공적인 ping 시험이 된 것은 목적지 R3가 R1의 "2001:db8:cafe:1::/64" 네트워크에 도달 가능함을 확인한 것이다.

Example 14-14 *Verifying Reachability Using* ***ping***

```
R1# ping 2001:db8:cafe:4::1
Type escape sequence to abort.
Sending 5, 100-byte ICMP Echos to 2001:DB8:CAFE:4::1, timeout is 2 seconds:
!!!!!
Success rate is 100 percent (5/5), round-trip min/avg/max = 1/3/12 ms
R1# ping 2001:db8:cafe:4::1 source gigabitethernet0/0
Type escape sequence to abort.
Sending 5, 100-byte ICMP Echos to 2001:DB8:CAFE:4::1, timeout is 2 seconds:
Packet sent with a source address of 2001:DB8:CAFE:1::1
!!!!!
Success rate is 100 percent (5/5), round-trip min/avg/max = 1/1/4 ms
R1#
```

Note 출력 인터페이스를 "**source gigabitethernet0/0**"과 같이 지정하는 대신에 실제 IPv6 주소를 "**source 2001:db8:cafe:1::1**"과 같이 사용하는 것도 가능하다.

마지막 확인 명령은 **traceroute** 명령을 사용한 것이다. Example 14-15는 R1으로부터 R3 G0/0 인터페이스의 "2001:db8:cafe:4::1"로 traceroute 시험을 해서 성공했음을 보여준다.

Example 14-15 *Verifying Reachability Using the* ***traceroute*** *Command*

```
R1# traceroute 2001:db8:cafe:4::1
Type escape sequence to abort.
Tracing the route to 2001:DB8:CAFE:4::1

  1 2001:DB8:CAFE:2::2 0 msec 0 msec 0 msec
  2 2001:DB8:CAFE:3::2 0 msec 0 msec 0 msec
R1#
```

Summarizing IPv6 Routes

라우팅 테이블을 작게 유지하면 읽기 쉽고 분석하기 쉽다. 또한, 더 빠르고 좀 더 효율적인 라우팅 테이블 lookup[1]이 가능하다. IPv6 route 축약 방법은 IPv4에 대한 라우팅 축약 방법과 비슷하다.

이 절에서 다음 5개의 네트워크는 하나의 네트워크로 축약(summarization)된다.

- 2001:db8:feed:1::/64
- 2001:db8:feed:2::/64
- 2001:db8:feed:3::/64
- 2001:db8:feed:4::/64
- 2001:db8:feed:5::/64

5개의 IPv6 네트워크를 한 개의 IPv6 네트워크와 프리픽스 길이로 축약하기 위해 아래와 같은 단계를 거친다.

Step 1. IPv6 네트워크를 나열하고, 적어도 하나의 네트워크와 차이가 생기는 첫 번째 hextet의 위치를 파악한다. 차이가 생기는 hextet을 2진수로 변환한다. Figure 14-4는 5개의 네트워크의 처음 3개 hextet "2001:db8:feed"가 공통적임을 보여준다. 4번째 hextet에 차이가 발생하고 이를 2진수로 변환시켰다.

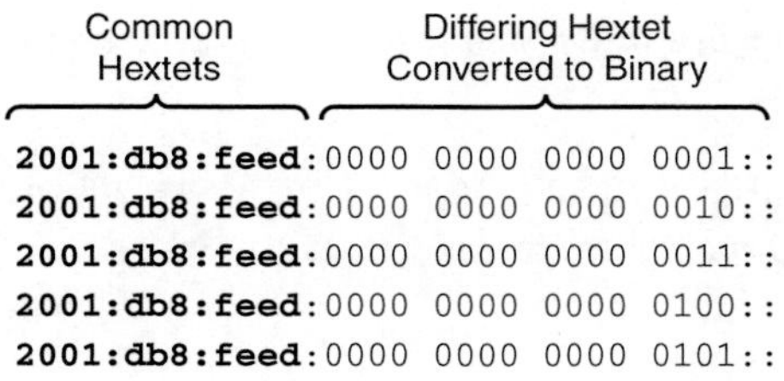

```
    Common              Differing Hextet
   Hextets             Converted to Binary
2001:db8:feed:0000 0000 0000 0001::
2001:db8:feed:0000 0000 0000 0010::
2001:db8:feed:0000 0000 0000 0011::
2001:db8:feed:0000 0000 0000 0100::
2001:db8:feed:0000 0000 0000 0101::
```

Figure 14-4 *Step 1: Converting the Different Hextet to Binary*

Step 2. 왼쪽 bit에서 시작하여 5개의 주소에서 가장 마지막까지 일치되는 bit를 찾는다. 라우팅 축약을 위한 프리픽스의 길이를 결정하기 위해 일치되는 bit의 숫자를 센다. Figure 14-5는 모두 61bit가 일치되었고 /61 프리픽스 길이임을 보여준다.

1 최근의 대형 라우터들에선 라우팅 테이블이 크다고 라우팅 테이블 lookup이 느려지진 않는다. 그렇지만 라우팅 테이블을 가능하면 작게 유지하는 것이 메모리의 절약을 위해서 필요하다.-옮긴 이

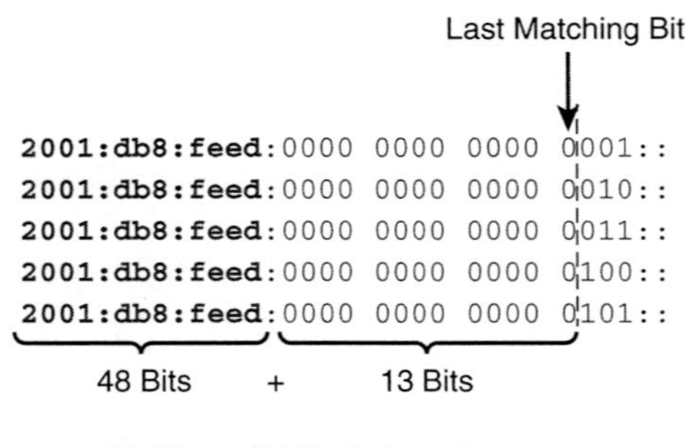

Figure 14-5 *Step 2: Counting the Matching Bits for the Prefix Length*

Step 3. 축약된 네트워크 주소(Prefix)를 결정하기 위해 일치되는 bit들을 복사하고 나머지 부분은 "0"으로 채운다. 그리고 2진수 부분을 16진수로 변환한다. Figure 14-6은 주소의 나머지 부분에 추가된 모든 "0"인 bit와 앞서 일치했던 bit를 보여준다. 이진 부분을 16진수로 변환하면 주소 "2001:db8:feed::" 가 된다. step 2에서 알아낸 프리픽스 길이 /61을 추가하면 축약된 주소 "2001:db8:feed::/61"이 생성된다.

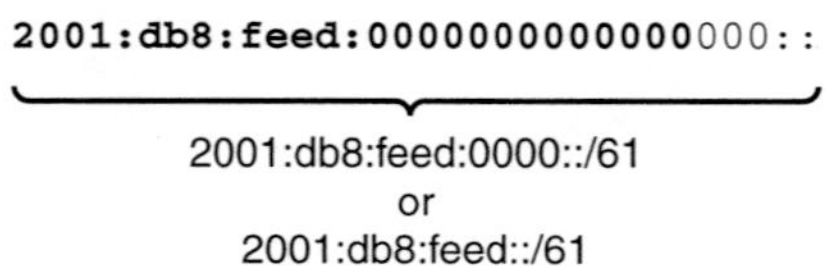

Figure 14-6 *Step 3: Determining the Prefix*

Note 축약된 프리픽스 "2001:db8:feed::/61"은 2001:db8:feed:1::/64 ~ 2001:db8:feed:5::/64 사이의 프리픽스뿐만 아니라 2001:db8:feed::/64, 2001:db8:feed:6::/64, 2001:db8:feed:7::/64 도 포함한다.

IPv6 Summary Static Route

Figure 14-7에서 R1에 연결된 5개의 개별 IPv6 네트워크를 앞의 단계에 따라 축약했다.

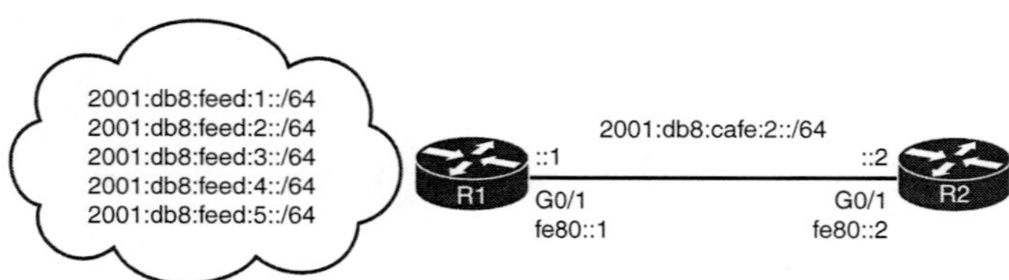

Figure 14-7 *R1 Networks*

Example 14-16은 하나의 IPv6 summary static route 설정을 보여준다. 프리픽스와 프리픽스 길이는 2001:db8:feed::/61이다. Example 14-16에서 "**ping**" 명령으로 5개의 프리픽스 중 하나의 도달 가능 여부를 시험한다.

Example 14-16 *Summary Static Route Configuration and Verification*

```
R2(config)# ipv6 route 2001:db8:feed::/61 gigabitethernet0/1 fe80::1
R2(config)# end
R2# ping 2001:db8:feed:4::1
Type escape sequence to abort.
Sending 5, 100-byte ICMP Echos to 2001:DB8:FEED:4::1, timeout is 2 seconds:
!!!!!
Success rate is 100 percent (5/5), round-trip
min/avg/max = 1/2/8 ms R2#
```

CEF for IPv6

CEF는 시스코 라우터와 멀티 레이어 스위치를 위해 디자인된 IPv4 Layer 3 스위칭 기술이며, CEFv6로 IPv6에서도 사용할 수 있다. CEF는 빠른 패킷 포워딩을 위해 라우팅 lookup을 최적화하는 스위칭 기술을 사용한다. 이를 위해 CEF는 두 개의 테이블을 사용한다.

- **Forwarding Information Base (FIB):** FIB은 라우팅 테이블과 유사하다. 이것은 라우팅 테이블 내 각각의 IPv6 프리픽스/프리픽스 길이에 대해, 혹은 IPv4일 경우 각 IPv4 네트워크/서브넷에 대해 상세 라우팅을 우선으로 정렬된 목록이다. FIB은 IP 라우팅 테이블에 포함된 포워딩 정보(Forwarding Information)의 거울 이미지(mirror image)이다. 라우팅이나 토폴로지 변경이 네트워크상에서 일어날 때 IP 라우팅 테이블은 갱신되고, 이 변경사항들은 FIB에 반영된다. FIB은 IP 라우팅 테이블의 정보에 기반해서 next-hop 주소 정보를 유지한다.
- **Adjacency table:** FIB은 Layer 3 네트워크와 next-hop 정보를 담고 있다. 패킷 포워딩을 간소화하기 위해 FIB에 대응하는 next-hop 엔트리에 대한 Layer 2 정보는 adjacency 테이블이라고 불리는 테이블로 유지된다. adjacency 테이블은 IPv6 Neighbor Cache(ARP Cache for IPv4)로부터 만들어지고 Layer3-to-Layer2 주소 매핑을 가지고 있다. adjacency 테이블은 라우터와 호스트 같은 next-hop 노드에 대한 MAC 정보를 포함하고 있다. 라우터가 IPv6 Neighbor Cache를 갱신할 때마다 adjacency 테이블도 갱신된다.

Note CEF는 이 책의 범위 밖이다. 더 많은 정보가 필요하면 Cisco Press가 출간한 Nakia Stringfield의 〈*Cisco Express Forwarding*〉을 참고하라.

CEFv6는 시스코 IOS Release 12.2(13)T와 그 이후, 12.2(9)S와 그 이후 버전부터 사용할 수 있다. 대부분 플랫폼에서 IPv4에 대한 CEF는 기본 활성화되어 있으나 CEFv6는 기본값으로 비활성화되어 있다. IOS 15.0부터 "**ipv6 unicast-routing**" 명령으로 IPv6 라우팅을 활성화할 때 CEFv6도 자동으로 활성화된다. 이 명령어로 CEFv6가 자동 동작하지 않는다면, "**ipv6 unicast-routing**" 명령에 "**ipv6 cef**" 명령을 추가로 사용하라.

Note IPv4에 대한 CEF가 IPv6에 대한 CEF보다 먼저 활성화되어 있어야 한다. IPv4에 대한 CEF는 "**ip cef**" 전역 설정 명령으로 활성화한다.

Example 14-17은 라우터 R3 상에서 CEFv6를 활성화하고 시험하는 일련의 명령어를 보여준다. 처음 "**show running-config**" 명령 결과는 IPv4에 대한 CEF가 활성화(**ip cef**)되었고, CEFv6는 비활성화(**no ipv6 cef**)된 상태라는 것을 보여준다. "**show ipv6 cef**" 명령으로 CEFv6가 동작 상태가 아니라는 것을 확인할 수 있다. R3를 "**ipv6 unicast-routing**" 명령어로 IPv6 라우터로 활성화한 후, running-config 결과는 CEFv6가 활성화(**ipv6 cef**)되었다는 것을 보여준다. "**show ipv6 cef**" 명령으로 R3 상에 CEFv6가 동작 중이라는 것을 다시 한번 확인한다.

Example 14-17 *Summary Static Route Configuration and Verification*

```
R3# show running-config
<output omitted for brevity>
!
no ip domain lookup
ip cef
no ipv6 cef

R3# show ipv6 cef
%IPv6 CEF not running

R3# conf t
R3(config)# ipv6 unicast-routing
R3(config)# exit
R3# show running-config
!
no ip domain lookup
ip cef
ipv6 unicast-routing
ipv6 cef
multilink bundle-name authenticated !

R3# show ipv6 cef
::/0
  nexthop FE80::2 GigabitEthernet0/1
::/127
  discard
2001:DB8:CAFE:3::/64
  attached to GigabitEthernet0/1
2001:DB8:CAFE:3::2/128
  receive for GigabitEthernet0/1
2001:DB8:CAFE:4::/64
  attached to GigabitEthernet0/0
2001:DB8:CAFE:4::1/128
  receive for GigabitEthernet0/0
FE80::/10
  receive for Null0
FF00::/8
  multicast
R3#
```

Summary

이장에서 IPv6 라우팅과 관련되는 다음 주제에 관해서 설명했다.

- IPv6 라우터로 라우터를 설정
- IPv6 라우팅 테이블에 대한 이해
- IPv6 정적 라우팅 설정하고 확인
- IPv6를 위한 CEF

IPv6 라우터가 되려면 시스코 라우터는 "**ipv6-unicast routing**" 명령이 설정되어야 한다. 이 명령으로 다음과 같은 일이 일어난다.

- 라우터를 "all-IPv6 routers multicast" 그룹인 ff02::2의 멤버로 활성화한다.
- 라우터에 IPv6 동적 라우팅 프로토콜 설정이 가능해진다.
- 라우터를 통과해 가야 하는 IPv6 패킷을 포워딩할 수 있도록 한다.
- 라우터가 이더넷(및 FDDI) 인터페이스상에서 ICMPv6 Router Advertisements 메시지를 보낼 수 있도록 기능을 활성화한다.

Cisco IOS는 IPv6 및 IPv4에 대해 별도의 라우팅 테이블을 유지한다. IPv6 라우팅 테이블의 내용은 "**show ipv6 route**" 명령을 사용하여 확인할 수 있다. 많은 라우팅 테이블 코드는 IPv4 라우팅 테이블 코드와 유사하며 다음과 같다.

- "C(connected)"는 직접 연결된 네트워크(프리픽스)를 의미한다.
- "L(local route)"는 추가된 multicast 프리픽스와 함께 인터페이스의 IPv6 unicast(GUA 혹은 ULA) 주소이다.

다음 2개의 라우팅 테이블 코드는 IPv6에만 해당하는 내용이다.

- "NDp(Neighbor Discovery prefix)"는 이 네트워크 프리픽스가 Neighbor Discovery 프로토콜을 사용해 알게 된 것임을 나타낸다.
- "ND (Neighbor Discovery)"는 Neighbor Discovery 프로토콜을 통해 알게 된 디폴트 라우팅임을 나타낸다.

IPv6에서 static 라우팅 설정은 IPv4에 대한 설정과 유사하다. 다음과 같은 기본 문법이다.

```
Router(config)# ipv6 route ipv6-prefix/prefix-length {ipv6-address | interface-type
interface-number} [next-hop-address]
```

IPv6 static route는 global unicast 주소 또는 unique local 주소를 next-hop 주소로 사용하여 설정할 수 있다. static route는 link-local next-hop 주소를 사용하여 설정할 수도 있지만, 그 경우에는 출력 인

터페이스를 포함하는 fully qualified 경로여야 한다. IPv6 default static route는 *ipv6-prefix/prefix-length* "::/0"을 사용하여 설정한다.

라우팅 축약은 라우팅 테이블을 작게 유지하고 라우팅 테이블 lookup을 더욱 효율적으로 동작하게 한다. 여러 IPv6 네트워크를 하나의 프리픽스 및 프리픽스 길이로 축약하는 것은 IPv4에서와 IPv6에서 거의 같으며 다음과 같은 단계를 포함한다.

Step 1: IPv6 네트워크를 나열하고 적어도 하나의 네트워크에서 차이가 생기는 첫 번째 hextet의 위치를 파악하라. 차이가 생기는 hextet을 2진수로 변환하라.

Step 2: 가장 좌측 bit부터 시작하여 모든 주소에 대해 마지막까지 일치하는 bit를 찾는다. 일치되는 bit의 숫자를 세어 라우팅 축약(summary)을 위한 프리픽스의 길이를 결정한다.

Step 3: 축약된 네트워크 주소(prefix)를 결정하기 위해 일치하는 bit를 복사하고 주소의 나머지 부분은 "0"을 추가한다. 이진수 부분을 다시 16진수로 변환한다.

Cisco Express Forwarding(CEF)는 시스코 라우터와 멀티 레이어 스위치를 위해 디자인된 IPv4 Layer 3 스위칭 기술이며 IPv6에서도 사용할 수 있다(CEFv6). CEF는 빠른 패킷 포워딩을 위해 라우팅 lookup을 최적화하는 스위칭 기술을 사용한다.

CEFv6는 "**ipv6 unicast-routing**" 명령이 설정될 때 자동으로 활성화된다. 이 명령어로 CEFv6가 자동 동작하지 않는다면, "**ipv6 unicast-routing**" 명령에 "**ipv6 cef**" 명령을 추가적으로 사용하라. IPv4를 위한 CEF(기본값으로 활성화됨)는 CEFv6를 설정하기 전에 활성화되어 있어야 한다.

Review Questions

1. 다음 중 "**ipv6 unicast-routing**" 명령을 사용할 때 활성화되는 것은 무엇인가? (해당하는 것을 모두 골라라)
   a. 인터페이스들에 IPv6 주소가 설정될 수 있다.
   b. IPv6 static routes가 설정될 수 있다.
   c. 동적 라우팅 프로토콜이 설정될 수 있다.
   d. Router Advertisement 메시지가 이더넷 인터페이스로 보내진다.
   e. 라우터는 라우터를 통과하는 패킷을 포워딩한다.
2. Neighbor Discovery를 통해 프리픽스를 알게 되었음을 나타내는 IPv6 라우팅 테이블 코드는 무엇인가?
3. 라우터 인터페이스에 직접 연결된 프리픽스임을 표시하는 IPv6 라우팅 테이블 코드는 무엇인가?
4. IPv6 라우팅 테이블에 link-local unicast 주소가 표시되는가? 왜 그런가 또는 왜 아닌가?
5. 다음 IPv6 라우팅 테이블 엔트리는 무엇을 나타내는가?

```
L   FF00::/8 [0/0]
      via Null0, receive
```

6. 다음 중 link-local 주소를 next-hop 주소로 사용하여 IPv6 static route를 설정할 때 필요한 것은 무엇인가?
   a. 출력 인터페이스의 link-local 주소
   b. next-hop 라우터의 인터페이스 type과 number
   c. 출력 인터페이스의 인터페이스 type과 number
   d. next-hop 주소 다음에 들어가는 **link-local** 키워드
7. 다음 라우팅 테이블 엔트리의 administrative distance 값은 무엇인가?

```
S    2001:DB8:CAFE:2::/64 [1/0]
       via GigabitEthernet0/1, directly connected
```

   a. 0
   b. 1
   c. 64
   d. 255
8. IPv6의 default static route의 프리픽스와 프리픽스 길이는 얼마인가?
   a. ::/0
   b. 0.0.0.0/0
   c. 0/0
   d. 0::0/0
9. 라우터에 각각 IPv6 GUA 주소가 설정된 4개의 인터페이스가 있다. 4개의 인터페이스는 모두 "up"이다. 라우터에는 같은 출력 인터페이스와 next-hop 주소를 사용하는 두 개의 IPv6 static route가 설정되어 있다. IPv6 라우팅 테이블에는 몇 개의 엔트리가 있겠는가?
10. 다음 4개의 주소를 하나의 프리픽스와 프리픽스 길이로 축약하라.
    2001:db8:face:11a0::/64
    2001:db8:face:11b0::/64
    2001:db8:face:11c0::/64
    2001:db8:face:11d0::/64
11. 대부분 플랫폼에서 CEFv6를 자동으로 활성화하는 데 사용되는 명령은 무엇인가?
    a. **ipv6-unicast routing**
    b. **ipv6-unicast routing** and **ipv6 cef**
    c. **ipv6 cef**
    d. No command is needed.

References

RFCs

RFC 2080, *RIPng for IPv6*, G. Malkin, Xylogics, www.ietf.org/rfc/rfc2080.txt, January 1997.

RFC 4291, *IP Version 6 Addressing Architecture*, R. Hinden, Nokia, www.ietf.org/rfc/rfc4291.txt, February 2006.

RFC 4760, *Multiprotocol Extensions for BGP-4*, T. Bates, Cisco Systems, www.ietf.org/rfc/rfc4760.txt, January 2007.

RFC 5308, *Routing IPv6 with IS-IS*, C. Hoppa, Cisco Systems, www.ietf.org/rfc/rfc5308.txt, October 2008.

RFC 7868, *Cisco's Enhanced Interior Gateway Routing Protocol (EIGRP) for IPv6*, D. Savage, Cisco Systems, www.ietf.org/rfc/rfc7868.txt, May 2016.

Websites

Cisco IOS IPv6 Command Reference, www.cisco.com/c/en/us/td/docs/ios-xml/ios/ipv6/command/ipv6-cr-book.html.

Implementing Static Routes for IPv6, www.cisco.com/c/en/us/td/docs/ios-xml/ios/ipv6/configuration/15-2mt/ipv6-15-2mt-book/ip6-stat-routes.pdf.

Books

IP Routing on Cisco IOS, IOS XE, and IOS XR: An Essential Guide to Understanding and Implementing IP Routing Protocols, by Brad Edgework, Aaron Foss, and Ramiro Rios, Cisco Press.

Cisco Express Forwarding, by Nakia Stringfield, Cisco Press.

Chapter 15

Enhanced Interior Gateway Routing Protocol(EIGRP)은 IOS 9.21과 함께 1992년에 소개되었으며, 시스코가 만든 distance-vector, classless 라우팅 프로토콜이다. 이름에서 짐작하겠지만 EIGRP는 시스코의 Interior Gateway Routing Protocol(IGRP)의 개선판이다. EIGRP를 개발한 시스코의 주요 목적은 IGRP의 classless 버전을 만드는 것이었다. EIGRP는 IGRP와 Routing Information Protocol(RIP)과 같은 다른 distance-vector 라우팅 프로토콜에서 일반적으로 찾을 수 없는 몇 가지 특징을 포함하고 있다.

시스코는 EIGRP의 기본 기능을 RFC 7868 "*Cisco's Enhanced Interior Gateway Routing Protocol (EIGRP)*"을 통해 개방 표준으로 공개했다. 다른 장비 제조사도 시스코 혹은 또 다른 제조사의 EIGRP를 올린 장비와 연동하기 위해 EIGRP를 구현할 수 있다. 그러나 EIGRP의 향상된 기능(DMVPN 구현을 위해 필요한 EIGRP stub 같은)은 IETF에 공개되지 않았다. RFC 7868은 정보 RFC[1]이므로 시스코는 EIGRP에 대한 통제를 계속 유지할 것이다.

Note 종종 EIGRP를 지칭하기 위해 "*hybrid routing protocol*"이라는 용어가 쓰인다. 그러나 EIGRP는 distance-vector와 link-state 사이의 hybrid 프로토콜이 아니므로 이 용어는 틀린 것이다. EIGRP는 오로지 distance-vector 라우팅 프로토콜이다. 그러므로 시스코는 EIGRP를 지칭하기 위해 이 용어를 쓰지 않는다. 대신에 EIGRP는 종종 "advanced distance-vector 라우팅 프로토콜"이라고 불린다.

EIGRP의 특이한 점은 EIGRP 패킷의 신뢰성 있는 혹은 비 신뢰 전송을 위해 RTP를 사용한다는 것이다. 추가로 EIGRP는 직접 연결된 EIGRP neighbor와 관계(relationship)를 맺는다. neighbor relationship은 이 neighbor의 상태를 추적하기 위해 사용된다. RTP와 neighbor adjacency 추적은 EIGRP의 핵심인 확산 업데이트 알고리즘(Diffusing Update Algorithm, DUAL)의 토대이다.

EIGRP를 구동하는 컴퓨팅 엔진으로서 DUAL은 라우팅 프로토콜의 핵심이다. DUAL은 loop-free 경로와 backup 경로를 보장하고 빠른 수렴(fast convergence)을 제공한다. DUAL은 "successor"라 불리는 라우팅 테이블에 올릴 기본 route를 선택하고, "feasible successor"라고 불리는 loop-free 백업 route의 목록을 유지한다. 두 successor와 feasible successor는 EIGRP의 토폴로지 테이블에 유지된다.

---

1 RFC의 전문에 다음과 같이 언급하고 있다.-"This document is not an Internet Standards Track specification; it is published for informational purposes."-옮긴 이

IPv6를 위한 EIGRP는 IPv6 프리픽스를 라우팅하는 데 있어서 EIGRP IPv4와 동일하다. EIGRP IPv4는 IPv4 네트워크 계층에서 구동되며 IPv4 neighbor와 서로 통신하고 IPv4 라우팅만 광고한다. EIGRP IPv6는 EIGRP IPv4와 기능적으로 같지만, IPv6 네트워크 계층을 사용하며 IPv6 neighbor와 서로 통신하고 IPv6 라우팅을 광고한다.

IPv6를 위한 EIGRP의 동작 및 기능은 IPv4용 EIGRP의 동작 및 기능과 유사하다. 다음 절에서 이 프로토콜들을 비교하여 볼 수 있을 것이다.

Note 이 장은 여러분이 EIGRP IPv4에 대해 사전 지식이 있다고 가정하고 EIGRP IPv6의 설정에 대해 집중하여 설명한다. 그러나 EIGRP의 개념에 대해 간단하게나마 요약을 하므로, EIGRP에 대해 몰랐었더라도 이 장이 도움이 됨을 알 수 있을 것이다. EIGRP를 처음 접하거나 좀 더 자세히 알기를 원한다면 이 장 끝에 제공되는 추천 정보들을 참고하라.

이 장에서는 IPv6 EIGRP를 설정하기 위한 두 가지 방법을 설명한다.

- Classic EIGRP for IPv6 (고전적 방식)
- EIGRP named mode (네임드 모드)

Note 시스코는 EIGRP의 IPv4 버전을 단순히 "EIGRP" 혹은 가끔 "EIGRP for IPv4"라고 부른다. EIGRP의 IPv6 버전은 ""EIGRP for IPv6"라고 부른다. 편의상 이 장에서는 이 프로토콜들을 각각 "EIGRPv4", "EIGRPv6"라고 지칭하겠다.

Comparing EIGRPv4 and EIGRPv6

IPv6 EIGRP는 시스코 IOS 12.4(6)T와 그 이후부터 사용할 수 있다. EIGRPv4와 EIGRPv6는 2개의 별도 라우팅 프로토콜이다. 그러나 EIGRPv4와 EIGRPv6의 설정은 유사하다. 두 프로토콜은 프로세스와 동작 기능들의 많은 부분이 동일하다. EIGRP는 IPv6를 지원하기 위해 간결하게 재설계되고 확장되었다.

Table 15-1에서 EIGRP에 관한 개요와 EIGRPv4와 EIGRPv6를 비교한 결과를 보여준다.

Table 15-1 *Comparing EIGRPv4 and EIGRPv6*

	EIGRP for IPv4	EIGRP for IPv6
Advertised routes	IPv4 prefixes	IPv6 prefixes
Distance vector?	Yes	Yes
Computational algorithm	DUAL	DUAL
Default metric:	Bandwidth and delay	Bandwidth and delay
Optional metric:	Reliability and load	Reliability and load
Classic EIGRP metric calculation	32-bit composite metric	32-bit composite metric
EIGRP named mode metric calculation	64-bit wide metric	64-bit wide metric

	EIGRP for IPv4	EIGRP for IPv6
Transport protocol	RTP	RTP
Update messages	Partial and bounded updates	Partial and bounded updates
Neighbor discovery	Hello packets	Hello packets
Message source address:	IPv4 address	IPv6 link-local address
Message destination address:	224.0.0.10 (multicast)	ff02::a (multicast)
Authentication	Plain text and MD5	MD5 and SHA with named EIGRP
EIGRP Router ID	32-bit Router ID	32-bit Router ID
Automatic summarization	At classful boundaries	N/A

Table 15-1에서 알 수 있듯이 두 개의 프로토콜은 기능상 같다. 그러나 차이점도 존재한다. EIGRPv4는 IPv4 multicast 주소인 "224.0.0.10(EIGRP router's multicast group 주소)"로 메시지를 보낸다. 이 메시지들의 송신 주소는 출력 인터페이스의 IPv4 주소이다. EIGRPv6는 IPv6 multicast 주소 "ff02::a(all-EIGRP-routers multicast group, link-local scope)"로 메시지를 보내며 송신 주소는 출력 인터페이스의 link-local 주소이다. IPv6를 위한 EIGRP 메시지는 출력 인터페이스의 link-local 주소를 송신 주소로 사용한다.

EIGRPv4와 EIGRPv6 둘 다 32-bit의 라우터 ID를 사용한다. 32-bit 라우터 ID는 dotted-decimal(점으로 나눈 십진수 표기)로 표기하며 인터페이스의 IPv4 주소를 사용할 수 있다. 그렇지만 라우터 ID가 32-bit 값인 것이지 이것이 곧 IPv4 주소는 아니다.

라우터 ID를 결정하는 프로세스는 EIGRPv4와 EIGRPv6에서 동일하다. 가장 자주 사용하는 방법은 "**router-id**" 명령을 사용하여 수동 설정하는 것이다. 이 명령을 사용하지 않았다면 EIGRP는 loopback 인터페이스의 주소 중 가장 큰 IPv4 주소를 사용한다. loopback 인터페이스가 하나도 설정된 것이 없다면 EIGRP는 사용 중인 인터페이스의 가장 큰 IPv4 주소를 사용한다. 32-bit 라우터 ID를 선정하는 프로세스는 IPv6에서도 동일하다. 라우터가 dual-stack이 아니라면,[1] EIGRPv6는 EIGRP "**router-id**" 명령을 사용하는 32-bit Router-ID 수동 설정을 필요로 한다.

Note *dual-stack*의 의미는 라우터가 IPv4 및 IPv6 주소 둘 다 설정된 인터페이스를 가지고 있다는 것을 의미한다.

EIGRP를 설정하는 고전적인 방법은 다양한 파라미터를 인터페이스와 EIGRP config mode 상에서 설정하는 것이고, 이 방법을 classic EIGRP라고 한다. classic한 방법으로 EIGRP IPv4와 IPv6를 설정하기 위해서는 별도의 EIGRP 인스턴스를 설정해야 한다. EIGRP named 모드에서는 EIGRP config 모드 하위 단일 위치에서 IPv4 및 IPv6를 모두 설정할 수 있다.

IOS에서 classic EIGRP는 다섯 개의 "K" 값을 사용한 복합 메트릭 계산식(composite metric formula)의 결과로 나온 32-bit 메트릭을 사용한다. IOS의 IPv4 및 IPv6 EIGRP named 모드에서는 1 gigabit이상 4.2 terabit까지의 대역폭을 가진 인터페이스를 수용하여 EIGRP가 경로 선택을 수행할 수 있도록 복합 메트

1 IPv4 주소가 하나도 없다면-옮긴 이

릭 계산식이 수정되었다. 수정된 메트릭을 "EIGRP wide metric"이라고 한다. 이것은 64-bit 메트릭이고 향후 사용하기 위한 6번째 K값을 포함하고 있다. delay는 수십 마이크로 세컨드로 측정되던 것에서 이제는 피코 세컨드(pico second) 단위로 측정된다. 그 결과로 classic EIGRP와 EIGRP named 모드는 동일 경로에 대해 상이한 메트릭을 보여준다.

Note "EIGRP wide metric"은 이 책의 범위 밖이다. 더 많은 정보가 필요하다면 *Cisco IP Routing: EIGRP Configuration Guide*(www.cisco.com/c/en/us/td/docs/ios-xml/ios/iproute_eigrp/configuration/xe-3s/ire-xe-3s-book.htm)를 참고하라.

EIGRP는 IPv4와 IPv6에 대해 별도의 EIGRP neighbor 테이블과 EIGRP 토폴로지 테이블을 유지한다. Figure 15-1에서 이 개념을 두 프로토콜 모두에 대해 EIGRP를 구동하는 두 대의 dual-stack 라우터로 그려놓았다. 두 대의 라우터는 분리된 IPv4와 IPv6 라우팅 테이블을 유지한다.

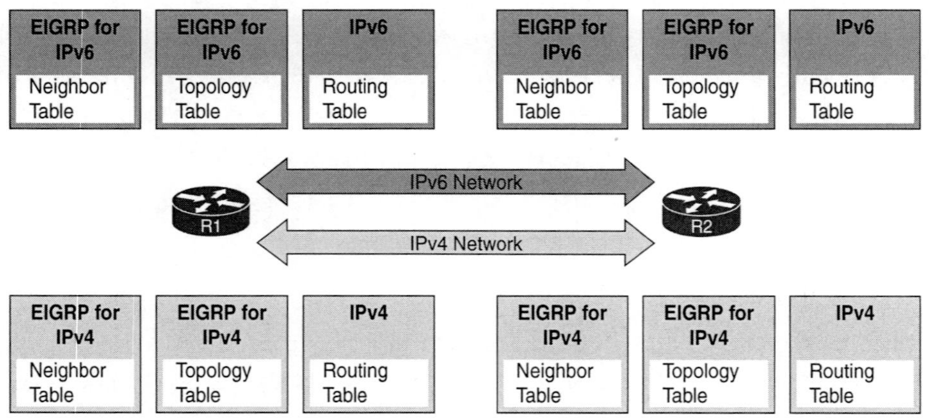

Figure 15-1 *Separate EIGRP Tables and Routing Tables for IPv4 and IPv6*

Classic EIGRP for IPv6

IPv6 classic EIGRP 설정은 기존 IPv4 EIGRP 설정 방법에 뿌리를 두고 있다. Figure 15-2는 이 절에서 IPv6 classic EIGRP 설정에 사용할 토폴로지를 보여준다. 전체 라우터에 대해 각 인터페이스에 같은 link-local 주소가 설정되어 있다는 것을 확인하라. 이렇게 해서 EIGRP 메시지의 송신 주소를 쉽게 인지할 수 있다. 17장 "Deploying IPv6 in the Network"에서 보았듯이 단말이 수용된 LAN 인터페이스에 이 방법을 사용하는 것은 권장하지 않는다.

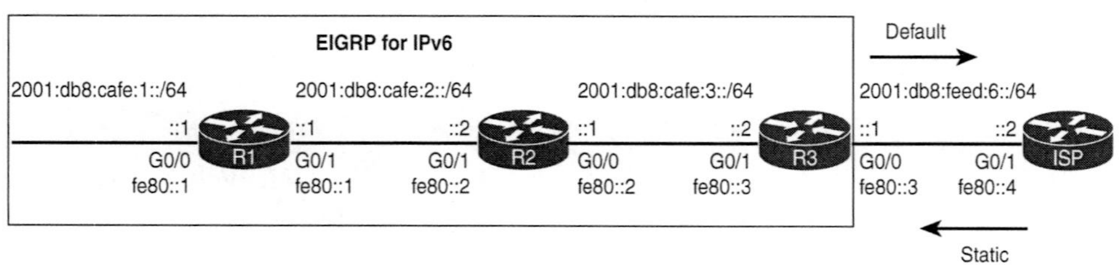

Figure 15-2 *Topology for Configuring Classic EIGRP for IPv6*

Note 라우터 R2의 인터페이스에 global unicast 주소 없이 link-local 주소만 설정할 수도 있다. 이것은 R2에 단말이 직접 수용되는 인터페이스가 없기 때문이다. RFC 7404 "Using Only Link-Local Addressing inside an IPv6 Network"는 인프라 링크에 link-local 주소만 사용해서 라우팅 프로토콜을 동작시키는 문제에 대해 논의한다.

Configuring Classic EIGRP for IPv6

이 절은 EIGRPv6 라우팅 도메인 "2001:db8:cafe::/48" 내의 R1, R2, R3에 라우팅 정보를 공유하도록 설정하는 방법을 보여준다. R3에는 ISP 라우터를 경유하도록 디폴트 라우팅을 설정하여 EIGRP 도메인 내 타 라우터들에 디폴트 경로를 전파한다.

ISP 라우터는 Example 15-1에서 보여준 것처럼 "2001:db8:cafe::/48"에 대해 static 경로를 설정한다.

Example 15-1 *Configuring Static Routes on ISP*

```
ISP(config)# ipv6 route 2001:db8:cafe::/48 g0/1 fe80::3
```

Example 15-2는 라우터 R1에 대한 classic EIGRPv6 설정을 보여준다. "**ipv6 router eigrp 1**" 설정을 먼저 하면, "**% IPv6 routing not enabled**" 에러가 표시된다. EIGRPv6를 포함한 IPv6 라우팅 프로토콜을 활성화하기 전에 먼저 "**ipv6 unicast-routing**" 명령으로 IPv6 라우팅을 활성화해야 한다.

Example 15-2 *Configuring EIGRP for IPv6 on R1*

```
R1(config)# ipv6 router eigrp 1
% IPv6 routing not enabled
R1(config)# ipv6 unicast-routing
R1(config)# ipv6 router eigrp 1
R1(config-rtr)# eigrp router-id 1.1.1.1
R1(config-rtr)# passive-interface gigabitethernet0/0
R1(config-rtr)# exit
R1(config)# interface gigabitethernet 0/0
R1(config-if)# ipv6 eigrp 1
R1(config-if)# exit
R1(config)# interface gigabitethernet 0/1
R1(config-if)# ipv6 eigrp 1
R1(config-if)#
```

다음은 Example 15-2에서 사용된 명령어에 관한 간략한 설명이다.

- R1(config)# **ipv6 router eigrp 1**

  이 명령으로 autonomous system number 1인 EIGRP 라우팅 프로세스가 생성된다. EIGRPv4와 마찬가지로 EIGRPv6도 라우팅 도메인 내의 모든 라우터에서 autonomous system이 일치해야 한다. autonomous system number는 EIGRP 도메인 내에서만 의미가 있으며 BGP(Border Gateway Protocol)가 사용하고 공식적으로 등록해야 하는 AS 번호와 관련은 없다.

- R1(config-rtr)# **eigrp router-id 1.1.1.1**

  "**eigrp router-id**" 명령으로 EIGRP 라우터 ID를 설정한다. IPv4 주소가 설정된 loopback 혹은 살아있는 물리 인터페이스가 없다면 이 명령이 필요하다.

- R1(config-rtr)# **passive-interface gigabitethernet0/0**

  R1의 G0/0 인터페이스는 이 인터페이스상에 EIGRP neighbor가 없으므로 passive 인터페이스로 설정되었다. 이 명령을 설정하면 해당 인터페이스로 EIGRP hello 메시지와 라우팅 업데이트를 보내지 않는다.

- R1(config-if)# **ipv6 eigrp 1**

  EIGRPv6는 "**ipv6 eigrp** *as-number*" 인터페이스 명령을 사용하여 인터페이스상에 직접적으로 활성화된다. "as-number"는 "**ipv6 router eigrp**" 명령으로 EIGRP 라우팅 프로세스를 설정할 때 사용한 autonomous system number와 일치해야 한다. 인터페이스에 EIGRP가 활성화될 때, 라우터는 인접 라우터와 neighbor adjacency를 맺으려 시도하며 라우팅 업데이트에 인터페이스의 프리픽스를 포함시킨다.

Note 이전 버전의 IOS는 EIGRP router 설정 모드에서 "**no shutdown**" 명령을 사용해야 했었다. 이 명령은 이제 더는 필요 없다.

Example 15-3은 라우터 R2의 classic EIGRP IPv6 설정을 보여준다. R1과 EIGRP adjacency를 맺기 위해서 R2에 대해서도 같은 autonomous system number인 "1"이 사용되어야 한다. R2의 G0/1 인터페이스에 EIGRPv6가 활성화된 직후에 이웃한 R1과 EIGRP adjacency를 맺는 것을 확인하라. EIGRP 메시지는 공유 링크 상의 link-local 주소를 송신 주소로 사용한다. R2의 G0/1 인터페이스는 "new adjacency" 메시지로 R1의 "fe80::/1" 주소와 adjacency를 맺는다.

Example 15-3 *Configuring EIGRP for IPv6 on R2*

```
R2(config)# ipv6 unicast-routing
R2(config)# ipv6 router eigrp 1
R2(config-rtr)# eigrp router-id 2.2.2.2
R2(config-rtr)# exit
R2(config)# interface gigabitethernet 0/0
R2(config-if)# ipv6 eigrp 1
R2(config-if)# exit
R2(config)# interface gigabitethernet 0/1
R2(config-if)# ipv6 eigrp 1
R2(config-if)#
*Feb 12 21:14:24.242: %DUAL-5-NBRCHANGE: EIGRP-IPv6 1: Neighbor FE80::1
   (GigabitEthernet0/1) is up: new adjacency
R2(config-if)#
```

Example 15-4는 R1과 R2에서 사용했던 것과 비슷한 명령어를 사용하는 라우터 R3의 classic EIGRP IPv6 설정을 보여준다. R3에서는 G0/1 인터페이스만 EIGRPv6의 라우팅 도메인 내에 있고 EIGRPv6

활성화가 필요하다. R3에는 IPv6 디폴트 라우팅을 위해 "**ipv6 route ::/0 gigabitethernet0/0 fe80::4**" 명령을 설정한다. static route 명령은 R3의 G0/0을 출력 인터페이스로 사용하고, ISP의 link-local 주소인 "fe80::4" 를 next-hop 주소로 사용한다. R3의 G0/1 인터페이스에 "**ipv6 summary-address eigrp 1 ::/0**" 명령을 설정했다. 이 축약 경로(summary route) "::/0"는 EIGRP 라우팅 도메인 내부로 디폴트 라우팅을 전파하게 된다.

Note EIGRP는 디폴트 라우팅을 EIGRP 도메인 내로 전파하는 다른 방법도 사용할 수 있다.

Example 15-4 *Configuring EIGRP for IPv6 on R3*

```
R3(config)# ipv6 unicast-routing
R3(config)# ipv6 route ::/0 gigabitethernet0/0 fe80::4
R3(config)# ipv6 router eigrp 1
R3(config-rtr)# eigrp router-id 3.3.3.3
R3(config-rtr)# exit
R3(config)# interface gigabitethernet 0/1
R3(config-if)# ipv6 eigrp 1
*Feb 12 22:07:02.014: %DUAL-5-NBRCHANGE: EIGRP-IPv6 1: Neighbor FE80::2
  (GigabitEthernet0/1) is up: new adjacency
R3(config-if)# ipv6 summary-address eigrp 1 ::/0
*Feb 12 22:07:14.234: %DUAL-5-NBRCHANGE: EIGRP-IPv6 1: Neighbor FE80::2
  (GigabitEthernet0/1) is resync: summary configured
R3(config-if)#
```

Verifying Classic EIGRP for IPv6

이번 절에서는 IPv6 EIGRP를 확인하는 데 사용되는 다음 명령어들에 관해 설명한다.

- **show ipv6 eigrp neighbors**
- **show ipv6 eigrp topology**
- **show ipv6 route eigrp**
- **show ipv6 protocols**
- **show ipv6 eigrp traffic**
- **show ipv6 eigrp interfaces**
- **show ipv6 interface**
- **ping**
- **show running-config**

R2의 EIGRP neighbor adjacency는 "**show ipv6 eigrp neighbors**" 명령으로 확인할 수 있으며, Example 15-5가 그 예이다. 출력 결과에서 강조 표시된 것은 adjacency를 맺는 neighbor의 IPv6 link-local 주소이다. 이 주소는 adjacency를 맺기 위해 EIGRPv6 hello 메시지를 보낸 이웃 라우터의 메시지 송신 주소이다. link-local 주소로 라우터들을 더욱 쉽게 구분할 수 있는데, 수동으로 라우터의 link-local 주소를 설정한 이유이다. 이렇게 해서 "fe80::3" 이 R3의 link-local 주소이고, "fe80::1"이 R1의 link-local 주소임을 분명하게 알 수 있다.

Example 15-5 ***show ipv6 eigrp neighbors*** *Command on R2*

```
R2# show ipv6 eigrp neighbors
EIGRP-IPv6 Neighbors for AS(1)
H   Address                 Interface     Hold Uptime   SRTT   RTO  Q   Seq
                                          (sec)         (ms)        Cnt Num
1   Link-local address:     Gi0/0           10 03:20:37    2   100  0   5
    FE80::3
0   Link-local address:     Gi0/1           12 04:08:26    3   100  0   4
    FE80::1
R2#
```

Example 15-6에서 "**show ipv6 eigrp topology**" 명령을 사용하여 EIGRPv6 토폴로지 테이블을 표시했다. 이 명령에 따라 나오는 정보는 EIGRPv4에서 동등한 명령어를 사용했을 때와 비슷하다. 단 한 가지 차이는 next-hop 주소가 EIGRPv6 메시지의 송신 주소인 IPv6 link-local 주소라는 것이다. Example 15-6에서 강조 표시된 프리픽스 "2001:db8:cafe:3::/64"는 feasible distance(FD) 값이 3072이고 next-hop 주소는 "fe80::2"이며 G0/1이 출력 인터페이스이다.

Example 15-6 *show ipv6 eigrp topology Command on R1*

```
R1# show ipv6 eigrp topology
EIGRP-IPv6 Topology Table for AS(1)/ID(1.1.1.1)
Codes: P - Passive, A - Active, U - Update, Q - Query, R - Reply,
       r - reply Status, s - sia Status

P 2001:DB8:CAFE:3::/64, 1 successors, FD is 3072
        via FE80::2 (3072/2816), GigabitEthernet0/1
P 2001:DB8:CAFE:2::/64, 1 successors, FD is 2816
        via Connected, GigabitEthernet0/1
P ::/0, 1 successors, FD is 3328
        via FE80::2 (3328/3072), GigabitEthernet0/1
P 2001:DB8:CAFE:1::/64, 1 successors, FD is 2816
        via Connected, GigabitEthernet0/0

R1#
```

Example 15-7에서 "**show ipv6 route eigrp**" 명령으로 R1의 IPv6 라우팅 테이블 내 EIGRPv6 route를 표시했다. 첫 번째 엔트리는 R3에 의해 광고된 축약(디폴트) 경로이다. 두 번째 엔트리는 "2001:db8:cafe:3::/64"이다. 두 개 엔트리의 정보는 Example 15-6의 EIGRPv6 토폴로지 테이블에 있는 개별 엔트리와 일치한다. 예를 들면 라우팅 테이블과 토폴로지 테이블에 있는 "2001:db8:cafe:3::/64"에 대한 정보는 메트릭 값(feasible distance)이 3072이며, next-hop은 fe80::2이고, G0/1이 출력 인터페이스이다.

Example 15-7 *show ipv6 route eigrp Command on R1*

```
R1# show ipv6 route eigrp
IPv6 Routing Table - default - 7 entries
Codes: C - Connected, L - Local, S - Static, U - Peruser Static route
       B - BGP, R - RIP, I1 - ISIS L1, I2 - ISIS L2
       IA - ISIS interarea, IS - ISIS summary, D - EIGRP, EX - EIGRP external
<output omitted for brevity>
D   ::/0 [90/3328]
     via FE80::2, GigabitEthernet0/1
D   2001:DB8:CAFE:3::/64 [90/3072]
     via FE80::2, GigabitEthernet0/1
R1#
```

Example 15-8은 R3에 "**show ipv6 protocols**" 명령을 내린 결과를 보여준다. 이 명령은 IPv6 EIGRP를 포함한, 살아있는 모든 IPv6 라우팅 프로토콜 프로세스의 파라미터와 현재 상태를 표시한다. 이 정보는 IPv4 EIGRP에서 동등한 명령어를 수행하여 얻는 정보와 비슷하다. Example 15-8에서 강조 표시된 것은 "::0" 축약 경로(summary route)로 administrative distance는 internal route에 대해 90이고 external route에 대해 170이다. 두 프로토콜 EIGRPv4와 EIGRPv6에 대해 internal/external administrative distance 값은 동일하다. 명령 결과로 라우터 ID와 기타 EIGRP 프로세스와 관련된 정보를 보여준다.

Example 15-8 ***show ipv6 protocols*** *Command on R3*

```
R3# show ipv6 protocols
IPv6 Routing Protocol is "connected"
IPv6 Routing Protocol is "application"
IPv6 Routing Protocol is "ND"
IPv6 Routing Protocol is "static"
IPv6 Routing Protocol is "eigrp 1"
EIGRP-IPv6 Protocol for AS(1)
  Metric weight K1=1, K2=0, K3=1, K4=0, K5=0
  NSF-aware route hold timer is 240
  Router-ID: 3.3.3.3
  Topology : 0 (base)
    Active Timer: 3 min
    Distance: internal 90 external 170
    Maximum path: 16
    Maximum hopcount 100
    Maximum metric variance 1

  Interfaces:
    GigabitEthernet0/1
  Redistribution:
    None
  Address Summarization:
    ::/0 for Gi0/1
      Summarizing 3 components with metric 2816
R3#
```

Example 15-9의 "**show ipv6 eigrp traffic**" 명령은 R1에서 주고받은 EIGRPv6 패킷의 수를 보여준다. EIGRPv4에서 사용하는 메시지들과 동일한 유형(hello, update, query, reply, acknowledgment)이다.

Example 15-9 *show ipv6 eigrp traffic Command on R1*

```
R1# show ipv6 eigrp traffic
EIGRP-IPv6 Traffic Statistics for AS(1)
  Hellos sent/received: 3211/1043   Updates sent/received: 5/4
  Queries sent/received: 0/0
  Replies sent/received: 0/0
  Acks sent/received: 4/3
  SIA-Queries sent/received: 0/0
  SIA-Replies sent/received: 0/0
  Hello Process ID: 221
  PDM Process ID: 188
  Socket Queue: 0/10000/1/0 (current/max/highest/drops)
  Input Queue: 0/2000/1/0 (current/max/highest/drops)
R1#
```

Example 15-10에서 "**show ipv6 eigrp interfaces**" 명령을 사용해 R1의 IPv6 EIGRP가 활성화된 인터페이스의 목록을 보여준다.

Example 15-10 *show ipv6 eigrp interfaces Command on R1*

```
R1# show ipv6 eigrp interfaces
EIGRP-IPv6 Interfaces for AS(1)
                  Xmit Queue   PeerQ        Mean   Pacing Time   Multicast    Pending
Interface  Peers  Un/Reliable  Un/Reliable  SRTT   Un/Reliable   Flow Timer   Routes
Gi0/0      0      0/0          0/0          0      0/0           0            0
Gi0/1      1      0/0          0/0          2      0/0           50           0
R1#
```

Example 15-11에서 R1의 "**show ipv6 interface gigabitethernet 0/1**" 명령을 사용해 이제 G0/0 인터페이스가 EIGRPv6 multicast 그룹(ff02::a)의 멤버임을 확인할 수 있다. EIGRPv6는 Update 메시지의 목적지 주소로 "ff02::a"를 사용한다.

Example 15-11 *show ipv6 interface gigabitethernet 0/1 Command on R1*

```
R1# show ipv6 interface gigabitethernet 0/1
GigabitEthernet0/1 is up, line protocol is up
  IPv6 is enabled, link-local address is FE80::1
  No Virtual link-local address(es):
  Global unicast address(es):
    2001:DB8:CAFE:2::1, subnet is 2001:DB8:CAFE:2::/64
  Joined group address(es):
    FF02::1
    FF02::2
    FF02::A
    FF02::FB
    FF02::1:FF00:1
  MTU is 1500 bytes
  ICMP error messages limited to one every 100 milliseconds
  ICMP redirects are enabled
  ICMP unreachables are sent
  ND DAD is enabled, number of DAD attempts: 1
  ND reachable time is 30000 milliseconds (using 30000)
  ND advertised reachable time is 0 (unspecified)
  ND advertised retransmit interval is 0 (unspecified)
  ND router advertisements are sent every 200 seconds
  ND router advertisements live for 1800 seconds
  ND advertised default router preference is Medium
  Hosts use stateless autoconfig for addresses.
R1#
```

Example 15-12에서 네트워크가 도달 가능함을 확인하기 위해 **ping** 명령을 사용했다. 이 예제에서 라우터 R2, R3와 ISP 라우터 인터페이스를 향한 ping 시험은 모두 성공했다.

Example 15-12 *ping Command on R1*

```
R1# ping 2001:db8:cafe:2::2
Type escape sequence to abort.
Sending 5, 100-byte ICMP Echos to 2001:DB8:CAFE:2::2, timeout is 2 seconds:
!!!!!
Success rate is 100 percent (5/5), round-trip min/avg/max = 1/2/4 ms
R1# ping 2001:db8:cafe:3::2
Type escape sequence to abort.
Sending 5, 100-byte ICMP Echos to 2001:DB8:CAFE:3::2, timeout is 2 seconds:
!!!!!
Success rate is 100 percent (5/5), round-trip min/avg/max = 1/2/8 ms
R1# ping 2001:db8:feed:6::2
Type escape sequence to abort.
Sending 5, 100-byte ICMP Echos to 2001:DB8:FEED:6::2, timeout is 2 seconds:
!!!!!
Success rate is 100 percent (5/5), round-trip min/avg/max = 1/1/4 ms
R1#
```

각 라우터 상에서 running config를 확인하는 것은 이 장에서 classic EIGRPv6를 설정하는 데 사용한 명령어를 재확인하는 좋은 방법이다. Example 15-13은 라우터 3대의 running config에 대해 선택된 출력 부분을 보여준다. 각 라우터의 EIGRPv6 또는 static 라우팅에 사용되는 명령은 강조 표시했다.

Example 15-13 *show running-config Command on R1, R2, and R3*

```
R1# show running-config
!
ip cef
ipv6 unicast-routing
ipv6 cef
! interface GigabitEthernet0/0
 no ip address
 ipv6 address FE80::1 link-local
 ipv6 address 2001:DB8:CAFE:1::1/64
 ipv6 eigrp 1
!
interface GigabitEthernet0/1
 no ip address
 ipv6 address FE80::1 link-local
 ipv6 address 2001:DB8:CAFE:2::1/64
 ipv6 eigrp 1
!
ipv6 router eigrp 1
 passive-interface GigabitEthernet0/0
 eigrp router-id 1.1.1.1
!
R1#
----------------------------------------------------------
R2# show running-config
!
ip cef
ipv6 unicast-routing
ipv6 cef
!
interface GigabitEthernet0/0
 no ip address
 ipv6 address FE80::2 link-local
 ipv6 address 2001:DB8:CAFE:3::1/64
 ipv6 eigrp 1
!
interface GigabitEthernet0/1
 no ip address
 ipv6 address FE80::2 link-local
 ipv6 address 2001:DB8:CAFE:2::2/64
 ipv6 eigrp 1
!
ipv6 router eigrp 1
 eigrp router-id 2.2.2.2
!
R2#
```

```
----------------------------------------------------------
R3# show running-config
!
ip cef
ipv6 unicast-routing
ipv6 cef
!
interface GigabitEthernet0/0
 no ip address
 ipv6 address FE80::3 link-local
 ipv6 address 2001:DB8:FEED:6::1/64
!
interface GigabitEthernet0/1
 no ip address
 ipv6 address FE80::3 link-local
 ipv6 address 2001:DB8:CAFE:3::2/64
 ipv6 eigrp 1
 ipv6 summary-address eigrp 1 ::/0
!
ipv6 route ::/0 GigabitEthernet0/0 FE80::4
ipv6 router eigrp 1
 eigrp router-id 3.3.3.3
!
R3#
```

EIGRP Named Mode for IPv6

EIGRP를 설정하는 클래식(classic) 혹은 고전적인(traditional) 방법은 인터페이스와 EIGRP configuration 모드 하위에서 다양한 파라미터를 설정하는 것이다. EIGRPv4와 EIGRPv6를 설정하려면 프로토콜별로 별도 EIGRP 인스턴스(혹은 프로세스) 설정이 필요하다.

EIGRP named 모드에서는 위의 모든 사항들을 하나의 위치(EIGRP named configuration 모드)에서 설정할 수 있다. EIGRP named 모드는 동일한 인스턴스 하위에서 EIGRPv4와 EIGRPv6를 통합 설정하기 위해 address family를 사용한다. 또 named 모드는 EIGRP IPv6 라우팅을 "virtual 라우팅 및 포워딩(vrf)"과 함께 사용할 때 필요하다.

Note 이 절의 뒷부분에서 IPv4 및 IPv6 모두에 대해 EIGRP named 모드를 사용해 설정된 dual-stack 라우터의 예제 running config를 볼 수 있다. 예제는 EIGRP가 동일한 프로세스 하에서 두 프로토콜에 대해 어떻게 설정되는지 보여준다.

Figure 15-3은 IPv6 EIGRP named 모드를 설정하기 위해 이 절에서 사용하는 토폴로지를 보여준다. 앞의 토폴로지와 비슷하게 각각의 라우터는 자신의 인터페이스에 같은 link-local 주소를 사용한다.

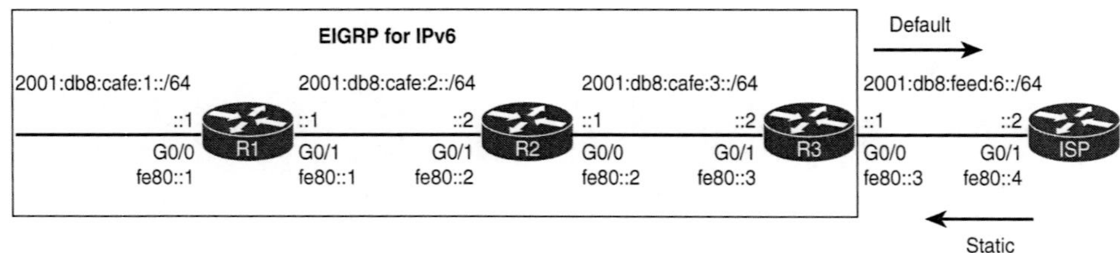

Figure 15-3 *Topology for Configuring EIGRP Named Mode for IPv6*

Note 라우터 R2의 인터페이스에 global unicast 주소 없이 link-local 주소만 설정할 수도 있다. 이것은 R2에 단말이 직접 수용되는 인터페이스가 없기 때문이다. RFC 7404 "Using Only Link-Local Addressing inside an IPv6 Network"는 인프라 링크에 link-local 주소만 사용해서 라우팅 프로토콜을 동작시키는 문제에 대해 논의한다.

Configuring EIGRP Named Mode for IPv6

이 절은 EIGRPv6 라우팅 도메인 "2001:db8:cafe::/48" 내의 R1, R2, R3에 동적 라우팅을 설정하는 방법을 보여준다—그러나 이번에는 EIGRPv6 named mode를 사용한 것이다. 다시 한번, R3에는 ISP 라우터를 경유하도록 디폴트 라우팅을 설정하고 EIGRP 도메인 내 타 라우터로 디폴트 경로를 전파한다.

ISP 라우터는 Example 15-14에서처럼 "2001:db8:cafe::/48" 네트워크를 static 설정한다.

Example 15-14 *Configuring Static Routes on ISP*

```
ISP(config)# ipv6 route 2001:db8:cafe::/48 g0/1 fe80::3
```

Example 15-15는 라우터 R1의 EIGRP named 모드 설정을 보여준다. EIGRPv6 named 모드를 설정하기 전에 "**ipv6 unicast-routing**" 명령을 사용하여 IPv6 라우팅을 활성화해야 한다.

Example 15-15 *Configuring EIGRP Named Mode for IPv6 on R1*

```
R1(config)# ipv6 unicast-routing
R1(config)# router eigrp CAFE-DOMAIN
R1(config-router)# address-family ?
  ipv4  Address family IPv4
  ipv6  Address family IPv6

R1(config-router)# address-family ipv6 unicast autonomous-system 1
R1(config-router-af)# ?
Address Family configuration commands:
  af-interface         Enter Address Family interface configuration
  default              Set a command to its defaults
  eigrp                EIGRP Address Family specific commands
  exit-address-family  Exit Address Family configuration mode
  help                 Description of the interactive help system
  maximum-prefix       Maximum number of prefixes acceptable in aggregate
  metric               Modify metrics and parameters for address advertisement
```

```
  neighbor              Specify an IPv6 neighbor router
  no                    Negate a command or set its defaults
  shutdown              Shutdown address family
  timers                Adjust peering based timers
  topology              Topology configuration mode

R1(config-router-af)# eigrp router-id 1.1.1.1
R1(config-router-af)# af-interface gigabitethernet 0/0
R1(config-router-af-interface)# ?
Address Family Interfaces configuration commands:
  add-paths             Advertise add paths
  authentication        authentication subcommands
  bandwidth-percent     Set percentage of bandwidth percentage limit
  bfd                   Enable Bidirectional Forwarding Detection
  dampening-change      Percent interface metric must change to cause update
  dampening-interval    Time in seconds to check interface metrics
  default               Set a command to its defaults
  exit-af-interface     Exit from Address Family Interface configuration mode
  hello-interval        Configures hello interval
  hold-time             Configures hold time
  next-hop-self         Configures EIGRP next-hop-self
  no                    Negate a command or set its defaults
  passive-interface     Suppress address updates on an interface
  shutdown              Disable Address-Family on interface
  split-horizon         Perform split horizon
  summary-address       Perform address summarization

R1(config-router-af-interface)# passive-interface
R1(config-router-af-interface)# exit-af-interface
R1(config-router-af)# exit-address-family
R1(config-router)#
```

EIGRP named 모드는 설정의 대부분이 가능한 4개의 모드를 가지고 있다.

- Named configuration mode: (config-router)#
- Address-family configuration mode: (config-router-af)#
- Address-family interface configuration mode: (config-router-af-interface)#
- Address-family topology configuration mode: (config-router-af-topology)#

Note 다양한 configuration 모드의 명칭은 길기도 하거니와 처음에는 혼란스럽게 보일 수 있다. 이 절의 뒷부분에서 라우터 R2 및 R3의 설정에 대한 간결한 설명을 확인할 수 있으며 이 모드들이 좀 더 명확하게 이해될 것이다.

Example 15-15에서 R1의 EIGRPv6 named 모드 설정을 위해 다음 명령어들을 사용하였다.

- R1(config)# **router eigrp CAFE-DOMAIN**

  이 명령어로 EIGRP 가상 인스턴스 CAFE-DOMAIN의 명칭을 설정하고 EIGRPv6 named 설정 모드[(config-router)#]로 진입한다. classic EIGRP와는 다르게 이 명령어는 EIGRP 프로세스를 생성하거나 시작하지 않는다. 이 명령은 단순히 가상 인스턴스의 명칭을 선언한다. 가상 인스턴스 명은 도메인 내의 다른 라우터의 가상 인스턴스 명과 일치될 필요가 없다. 인스턴스가 IPv4를 위한 것인지 IPv6를 위한 것인지 정의하지 않는다는 것을 확인하라. 다음에 보겠지만, "**address-family**" 명령어가 하나 혹은 그 이상의 인스턴스와 프로토콜을 정의하는 데 사용된다.

- R1(config-router)# **address-family ?**

  "**?**"를 쳐서 help를 사용해 보면, 2개의 address-family[IPv4와 IPv6]가 사용 가능하다는 것을 알 수 있다.

- R1(config-router)# **address-family ipv6 unicast autonomous-system 1**

  address-family 명령어는 EIGRP 인스턴스를 생성하고 특정한 프로토콜(EIGRPv4 혹은 EIGRPv6)을 위한 address-family configuration 모드로 진입한다. address-family는 3계층 프로토콜인 IPv4와 IPv6를 사용할 수 있다.

  "**address-family ipv6 unicast autonomous-system 1**" 명령어로 IPv6 address family를 위한 autonomous system "1"인 EIGRP 인스턴스를 설정한다. autonomous system은 도메인 내 모든 라우터에서 일치해야 한다. 이 명령을 사용해 address-family configuration 모드["(config-router-af)#"]로 진입한다.

- R1(config-router-af)# **?**

  "**?**"를 쳐서 help를 사용해 보면, address-family configuration 모드에서 사용할 수 있는 명령어를 확인할 수 있다. **af-interface, eigrp, exit-address-family, shutdown** 등이며 이 절의 다음 부분에서 사용해 볼 것이다.

- R1(config-router-af)# **eigrp router-id 1.1.1.1**

  "**eigrp router-id 1.1.1.1**" AF configuration 모드 명령어로 R1에서 IPv6 address family를 위한 32-bit EIGRP 라우터 ID를 설정한다. IPv4 AF에 대해서는 이와 다른 라우터 ID를 사용할 수도 있다. IPv4 주소가 설정된 loopback 혹은 살아있는 물리 인터페이스가 없다면 EIGRPv6를 위해 이 명령이 필요하다. EIGRPv6 프로세스는 EIGRP 라우터 ID가 없으면 시작되지 않는다.

- R1(config-router-af)# **af-interface gigabitethernet 0/0**

  AF configuration 모드에서 "**af-interface**" 명령을 사용하면 G0/0 인터페이스에 대한 address-family interface configuration 모드[(config-router-af-interface)#]로 진입할 수 있다.

- R1(config-router-af-interface)# **?**

  "**?**"를 쳐서 help를 사용해 보면, 이 절에서 설명한 **passive-interface, shutdown, summary-address** 등 AF interface config 모드에서 사용할 수 있는 명령어를 확인할 수 있다. 이 모드에는 authentication, hello interval, hold-time interval 등을 설정하기 위한 명령어도 있다.

- R1(config-router-af-interface)# **passive-interface**

  "G0/0" 인터페이스로 다른 라우터가 연결되지 않기 때문에 인터페이스를 통해 EIGRP 메시지를 주고받지 않도록 이 모드에서 **passive-interface** 명령을 사용한다.

- R1(config-router-af-interface)# **exit-af-interface**

  "**exit-af-interface**" 명령어(혹은 더 짧은 형태인 **exit**)는 address-family interface configuration 모드에서 빠져나가서 address-family config 모드["(config-router-af)#"]로 돌아가는 데 사용된다.

- R1(config-router-af)# **exit-address-family**

  "**exit-address-family**" 명령어(혹은 더 짧은 형태인 **exit**)는 address-family configuration 모드에서 named configuration 모드["(config-router)#"]로 돌아가는 데 사용된다. "**exit**" 명령은 global configuration 모드["(config)#"]로 다시 돌아가는데 사용될 수 있다.

Important 인터페이스상에서 EIGRPv6 named 모드를 설정하기 위한 어떤 명령어도 없다. EIGRP named 모드는 모든 살아있는 IPv6 인터페이스상에 자동 활성화된다. 이것은 라우터 R2에서 EIGRPv6 named 모드를 설정할 때 확인할 수 있을 것이다.

Example 15-16은 라우터 R2 상에서 EIGRPv6 named 모드의 설정을 보여준다. help 명령을 사용하지 않고도 간략화된 출력 결과로 EIGRP의 named 모드의 명령을 더 쉽게 이해할 수 있다. R2는 R1에서 사용된 것과 동일한 autonomous system 번호 "1"을 사용한다.

Example 15-16 *Configuring EIGRP Named Mode for IPv6 on R2*

```
R2(config)# ipv6 unicast-routing
R2(config)# router eigrp CAFE-DOMAIN
R2(config-router)# address-family ipv6 unicast autonomous-system 1
R2(config-router-af)# eigrp router-id 2.2.2.2
*Feb 13 20:39:12.646: %DUAL-5-NBRCHANGE: EIGRP-IPv6 1: Neighbor FE80::1 (GigabitEth-
  ernet0/1) is up: new adjacency
R2(config-router-af)# exit-address-family
R2(config-router)# exit
R2(config)#
```

Example 15-16은 "**eigrp router-id 2.2.2.2**"를 R2에 입력한 직후에 EIGRPv6 프로세스가 시작되어 R1과 EIGRP neighbor adjacency를 맺는 것을 보여준다. EIGRPv6 named 모드에서는 모든 살아있는 IPv6 인터페이스에 대해 기본값으로 (EIGRP가) 활성화되기 때문에, R2는 별도의 수동 설정 없이 G0/1 인터페이스를 통해 R1의 fe80::1과 neighbor를 맺는다.

Example 15-17은 R3의 EIGRPv6 named 모드 설정을 보여준다. R2에서 이미 본 것과 비슷하게 라우터 ID가 설정된 직후 R3는 R2와 G0/1 인터페이스를 통해 자동으로 adjacency를 맺는다.

Example 15-17 *Configuring EIGRP Named Mode for IPv6 on R3*

```
R3(config)# ipv6 unicast-routing
R3(config)# ipv6 route ::/0 gigabitethernet0/0 fe80::4
R3(config)# router eigrp CAFE-DOMAIN
R3(config-router)# address-family ipv6 unicast autonomous-system 1
R3(config-router-af)# eigrp router-id 3.3.3.3
*Feb 13 21:15:01.038: %DUAL-5-NBRCHANGE: EIGRP-IPv6 1: Neighbor FE80::2
  (GigabitEthernet0/1) is up: new adjacency
R3(config-router-af)# exit
R3(config-router)#
```

디폴트 경로(default route)는 아직 EIGRPv6 라우팅 도메인 내부로 전파되지 않는다. 그렇게 하기 전에 Example 15-18의 R1에서 라우팅 테이블을 확인해 보자.

Example 15-18 ***show ipv6 route eigrp*** *Command on R1*

```
R1# show ipv6 route eigrp
IPv6 Routing Table - default - 7 entries
Codes: C - Connected, L - Local, S - Static, U - Peruser Static route
       B - BGP, R - RIP, I1 - ISIS L1, I2 - ISIS L2
       IA - ISIS interarea, IS - ISIS summary, D - EIGRP, EX - EIGRP external
<output omitted for brevity>
D   2001:DB8:CAFE:3::/64 [90/15360]
     via FE80::2, GigabitEthernet0/1
D   2001:DB8:FEED:6::/64 [90/112640]
     via FE80::2, GigabitEthernet0/1
R1#
```

Example 15-18에서 R1의 라우팅 테이블에 R3의 프리픽스 "2001:db8:feed:6::/64" 엔트리가 있다는 것을 확인하라. EIGRPv6를 named 모드로 설정한 후 자동으로 모든 R3의 IPv6 인터페이스에 프로토콜이 활성화됨에 따라 R3는 이 프리픽스를 광고했다. Example 15-19에서 "**show ipv6 eigrp interface**" 명령을 사용해 R3의 G0/0 인터페이스에 EIGRPv6가 활성화되었음을 확인할 수 있다.

Example 15-19 *show ipv6 eigrp interfaces Command on R3*

```
R3# show ipv6 eigrp interfaces
EIGRP-IPv6 VR(CAFE-DOMAIN) Address-Family Interfaces for AS(1)
                   Xmit Queue   PeerQ        Mean   Pacing Time   Multicast    Pending
Interface   Peers  Un/Reliable  Un/Reliable  SRTT   Un/Rel iable   Flow Timer   Routes
Gi0/0       0      0/0          0/0          0      0/0            0            0
Gi0/1       1      0/0          0/0          2      0/0            50           0
R3#
```

Example 15-20의 "**shutdown**" address-family 인터페이스 명령으로 특정 인터페이스상의 EIGRPv6 named 모드를 비활성화한다. 이 명령은 "**show ipv6 interface brief**" 결과로 알 수 있듯이 물리 인

터페이스를 shut down시키는 명령이 아니다. "**show ipv6 eigrp interface**" 명령으로 EIGRP가 G0/0 인터페이스에서 비활성화되었음을 확인하라.

Note 이 절에 있는 대부분 설정 예제는 **router eigrp CAFE-DOMAIN** 명령으로 시작하여 global configuration 명령 프롬프트로 빠져나가는 것으로 끝난다. 이것은 이 명령들의 계층 구조에 익숙해지는 데 도움을 준다.

Example 15-20 *Disabling EIGRP for IPv6 on an Interface*

```
R3(config)# router eigrp CAFE-DOMAIN
R3(config-router)# address-family ipv6 unicast autonomous-system 1
R3(config-router-af)# af-interface gigabitethernet 0/0
R3(config-router-af-interface)# shutdown
R3(config-router-af-interface)# exit-af-interface
R3(config-router-af)# end
R3# show ipv6 interface brief
GigabitEthernet0/0     [up/up]
    FE80::3
    2001:DB8:FEED:6::1
GigabitEthernet0/1     [up/up]
    FE80::3
    2001:DB8:CAFE:3::2
R3# show ipv6 eigrp interfaces
EIGRP-IPv6 VR(CAFE-DOMAIN) Address-Family Interfaces for AS(1)
                  Xmit Queue   PeerQ        Mean   Pacing Time  Multicast   Pending
Interface  Peers  Un/Reliable  Un/Reliable  SRTT   Un/Rel iable  Flow Timer  Routes
Gi0/1      1      0/0          0/0          1      0/0           50          0 R3#
```

R3의 G0/0 인터페이스가 EIGRPv6 인터페이스로서 비활성화되었기 때문에 R3는 이제 2001:db8:feed:6::/64 프리픽스를 광고하지 않는다. Example 15-21에서 R1의 IPv6 라우팅 테이블을 확인해 보면 알 수 있다. R1의 IPv6 라우팅 테이블에는 이제 이 프리픽스가 포함되어 있지 않다.

Example 15-21 *show ipv6 route eigrp Command on R1*

```
R1# show ipv6 route eigrp
IPv6 Routing Table - default - 6 entries
Codes: C - Connected, L - Local, S - Static, U - Peruser Static route
       B - BGP, R - RIP, I1 - ISIS L1, I2 - ISIS L2
       IA - ISIS interarea, IS - ISIS summary, D - EIGRP, EX - EIGRP external
<output omitted for brevity>
D   2001:DB8:CAFE:3::/64 [90/15360]
     via FE80::2, GigabitEthernet0/1
R1#
```

classic EIGRPv6와 비슷하게 "**summary-address**" address family interface 명령을 사용해 축약 경로인 "::/0"을 EIGRPv6 도메인 내부로 전파하도록 할 수 있다. Example 15-22는 R3의 G0/1 AF 인터페이스상에 사용된 "**summary-address ::/0**" 명령을 보여준다. Example 15-22는 축약 주소(Summary Route) "::/0" 를 EIGRPv6 도메인 내부로 전파한다.

Example 15-22 *Advertising a ::/0 Summary Route Within the EIGRPv6 Domain*

```
R3(config)# router eigrp CAFE-DOMAIN
R3(config-router)# address-family ipv6 unicast autonomous-system 1
R3(config-router-af)# af-interface gigabitethernet 0/1
R3(config-router-af-interface)# summary-address ::/0
*Feb 13 22:12:48.185: %DUAL-5-NBRCHANGE: EIGRP-IPv6 1: Neighbor FE80::2
  (GigabitEthernet0/1) is resync: summary configured
R3(config-router-af-interface)# exit-af-interface
R3(config-router-af)# exit
R3(config-router)#
```

Example 15-23은 R1의 IPv6 라우팅 테이블을 표시한다. EIGRPv6를 통해 알게 된 축약 경로[summary (default) route]를 확인하라.

Example 15-23 *show ipv6 route eigrp Command on R1*

```
R1# show ipv6 route eigrp
IPv6 Routing Table - default - 7 entries
Codes: C - Connected, L - Local, S - Static, U - Peruser Static route
       B - BGP, R - RIP, I1 - ISIS L1, I2 - ISIS L2
       IA - ISIS interarea, IS - ISIS summary, D - EIGRP, EX - EIGRP external
       ND - ND Default, NDp - ND Prefix, DCE - Destination, NDr - Redirect
       O - OSPF Intra, OI - OSPF Inter, OE1 - OSPF ext 1, OE2 - OSPF ext 2
       ON1 - OSPF NSSA ext 1, ON2 - OSPF NSSA ext 2, a - Application
D   ::/0 [90/20480]
     via FE80::2, GigabitEthernet0/1
D   2001:DB8:CAFE:3::/64 [90/15360]
     via FE80::2, GigabitEthernet0/1
R1#
```

Note 위에서 "**shutdown**" address-family 인터페이스 명령이 R3의 G0/0상에서 EIGRP를 비활성화하는 데 사용되고, "2001:db8:feed:6::/64" 프리픽스는 EIGRPv6 라우팅 도메인으로 전파되지 않는 것을 알았다. G0/1상에서 "**summary-address ::/0**" address-family 인터페이스 명령은 R3가 이 "2001:db8:feed:6::/64" 프리픽스를 EIGRPv6 도메인 안으로 전파하지 않게 하는 동일한 효과가 있다. 왜냐하면 "::/0" 축약 경로가 위의 프리픽스를 축약하고 있기 때문이다. "**summary-address**" 명령은 결국 "**shutdown**" 명령을 사용해 R3의 인터페이스에서 EIGRPv6를 비활성화지 않고 같은 효과를 본 셈이다. **summary-address** 명령은 설정된 프리픽스를 전파하지 않으나 link 상의 peer와 neighbor는 유지한다. "**shutdown**" 명령어를 "G0/1"에 사용하는 것이 R3에서 ISP로 EIGRP 메시지를 보내지 않도록 하는 더 나은 방법이다.

Verifying EIGRP Named Mode for IPv6

이전에 classic EIGRPv6에 대해 사용되었던 확인 명령어와 동일한 명령어가 EIGRPv6 named 모드를 확인하기 위해 사용될 수 있다. 이 절은 EIGRPv6 named 모드에서 사용하는 다음 3가지 명령어 결과가 classic EIGRPv6의 결과와는 살짝 다르다는 것을 보여준다.

- **show ipv6 route eigrp**
- **show ipv6 protocols**
- **show running-config**

Example 15-24는 R1에 "**show ipv6 route eigrp**" 명령을 내린 결과이다. 이 결과를 Example 15-7의 classic EIGRPv6에 같은 명령어가 사용되었던 결과와 비교해 보라. 강조 표시된 메트릭에서 차이가 있음을 확인하라. EIGRPv6 named 모드는 64-bit-wide 메트릭을 사용하기에 classic EIGRPv6에서 사용되는 32-bit traditional composite 메트릭과 비교할 때 같은 값이 될 수 없다.

Example 15-24 *show ipv6 route eigrp Command on R1 Using EIGRPv6 Named Mode*

```
R1# show ipv6 route eigrp
IPv6 Routing Table - default - 7 entries
Codes: C - Connected, L - Local, S - Static, U - Peruser Static route
       B - BGP, R - RIP, I1 - ISIS L1, I2 - ISIS L2
       IA - ISIS interarea, IS - ISIS summary, D - EIGRP, EX - EIGRP external
       ND - ND Default, NDp - ND Prefix, DCE - Destination, NDr - Redirect
       O - OSPF Intra, OI - OSPF Inter, OE1 - OSPF ext 1, OE2 - OSPF ext 2
       ON1 - OSPF NSSA ext 1, ON2 - OSPF NSSA ext 2, a - Application
D   ::/0 [90/20480]
     via FE80::2, GigabitEthernet0/1
D   2001:DB8:CAFE:3::/64 [90/15360]
     via FE80::2, GigabitEthernet0/1
R1#
```

R3에서 "**show ipv6 router eigrp**" 명령 결과를 Example 15-25에 보여준다. 이 예제의 명령어 결과에 classic EIGRPv6에 동일한 명령을 내린 결과(Example 15-8을 참고하라)와의 차이점을 강조 표시했다. Example 15-25에서 강조 표시된 부분은 IPv6 EIGRP가 "Address-Family Protocol for AS(1)"을 사용하고 있음을 보여준다. 추가적인 "K6" 메트릭 가중치(metric weight)가 표시되었고 EIGRPv6 named 모드가 64-bit 메트릭을 사용함을 알 수 있다.

Example 15-25 *show ipv6 protocols Command on R3 Using EIGRPv6 Named Mode*

```
R3# show ipv6 protocols
IPv6 Routing Protocol is "connected"
IPv6 Routing Protocol is "application"
IPv6 Routing Protocol is "ND"
IPv6 Routing Protocol is "static"
IPv6 Routing Protocol is "eigrp 1"
EIGRP-IPv6 VR(CAFE-DOMAIN) Address-Family Protocol for AS(1)
  Metric weight K1=1, K2=0, K3=1, K4=0, K5=0 K6=0
  Metric rib-scale 128
  Metric version 64bit
  NSF-aware route hold timer is 240
  Router-ID: 3.3.3.3
  Topology : 0 (base)
```

```
    Active Timer: 3 min
    Distance: internal 90 external 170
    Maximum path: 16
    Maximum hopcount 100
    Maximum metric variance 1
    Total Prefix Count: 4
    Total Redist Count: 0

  Interfaces:
    GigabitEthernet0/1
  Redistribution:
    None
  Address Summarization:
    ::/0 for Gi0/1
      Summarizing 3 components with metric 1310720
R3#
```

Example 15-26은 라우터 R1, R2, R3에 대한 running config에서 일부를 추려서 보여준다. 3대의 라우터에서 EIGRPv6 named 모드 명령과 R3의 static route를 설정하는 데 사용된 명령이 강조 표시되었다. EIGRPv6 named와 classic EIGRPv6 모드 간 차이점을 알려면 이 결과와 Example 15-13의 동일한 라우터에 대한 running config를 비교하라.

Example 15-26 *show running-config Command on R1, R2, and R3*

```
R1# show running-config
!
ip cef
ipv6 unicast-routing
ipv6 cef
!
interface GigabitEthernet0/0
 no ip address  ipv6 address FE80::1 link-local
 ipv6 address 2001:DB8:CAFE:1::1/64
!
interface GigabitEthernet0/1
 no ip address  ipv6 address FE80::1 link-local
 ipv6 address 2001:DB8:CAFE:2::1/64
!
router eigrp CAFE-DOMAIN
 !
 address-family ipv6 unicast autonomous-system 1
  !
  af-interface GigabitEthernet0/0
   passive-interface
  exit-af-interface
  !
  topology base   exit-af-topology
  eigrp router-id 1.1.1.1
```

```
 exit-address-family
!
R1#
-------------------------------------------------------
-
R2# show running-config
!
ip cef
ipv6 unicast-routing
ipv6 cef
!
interface GigabitEthernet0/0
 no ip address
 ipv6 address FE80::2 link-local
 ipv6 address 2001:DB8:CAFE:3::1/64
!
interface GigabitEthernet0/1
 no ip address  ipv6 address FE80::2 link-local
 ipv6 address 2001:DB8:CAFE:2::2/64
!
router eigrp CAFE-DOMAIN
 !
 address-family ipv6 unicast autonomous-system 1
  !
  topology base
  exit-af-topology
  eigrp router-id 2.2.2.2
 exit-address-family
!
R2#
-------------------------------------------------------
R3# show running-config
!
ip cef
ipv6 unicast-routing
ipv6 cef
!
interface GigabitEthernet0/0
 no ip address
 ipv6 address FE80::3 link-local
 ipv6 address 2001:DB8:FEED:6::1/64
!
interface GigabitEthernet0/1
 no ip address
 ipv6 address FE80::3 link-local
 ipv6 address 2001:DB8:CAFE:3::2/64
!
router eigrp CAFE-DOMAIN
 !
```

```
 address-family ipv6 unicast autonomous-system 1
  !
  af-interface GigabitEthernet0/1
   summary-address ::/0
  exit-af-interface
  !
  af-interface GigabitEthernet0/0
   shutdown
  exit-af-interface
  !
  topology base
  exit-af-topology
  eigrp router-id 3.3.3.3
 exit-address-family
!
ipv6 route ::/0 GigabitEthernet0/0 FE80::4
!
R3#
```

Comparing EIGRP Named Mode for IPv4 and IPv6

classic EIGRP는 각 프로토콜별 설정을 IPv4와 IPv6에 대해 별도로 해야 한다. classic EIGRPv4에서 설정은 다음과 같이 한다.

```
R1(config)# router eigrp 1
R1(config-router)# <EIGRPv4 commands>
```

그리고 classic EIGRPv6의 설정은 다음과 같다.

```
R1(config)# ipv6 router eigrp 2
R1(config-rtr)# <EIGRPv6 commands>
```

EIGRP named 모드는 한 곳에서 IPv4와 IPv6 address family를 둘 다 설정할 수 있도록 하는 장점이 있다. 이 장점을 이해하기 위해 IPv4와 IPv6 address family 둘 다 설정된 running-config를 확인하면 도움이 될 것이다.

Example 15-27은 R1의 IPv4 address family에 대한 EIGRP named 모드 설정을 보여준다. autonomous system number는 IPv6 AF에서 사용되는 autonomous system number와 같을 필요가 없다. 그러나 동일 도메인 내에서 EIGRPv4를 구동한 타 라우터와는 autonomous system number가 같아야 한다.

"**eigrp router-id**" 명령은 EIGRPv4에서 필수적인 명령은 아니다. 왜냐하면 가장 높은 loopback 주소나 물리 인터페이스의 IPv4 주소로부터 라우터 ID를 가져와서 사용할 수 있기 때문이다. 또한, IPv4 AF 라우터 ID가 IPv6 라우터 ID와 일치할 필요도 없다.

IPv4에서 EIGRP를 설정하는 오랜 방법과 비슷하게 AF-configuration 모드에서도 "**network**" 명령이 인터페이스를 지정하여 EIGRPv4를 활성화하는 데 사용된다. EIGRPv6 named 모드와 다르게 EIGRPv4 named 모드에서 인터페이스에 EIGRPv4가 자동 활성화되지 않는다.

Example 15-27 *Configuring EIGRP Named Mode for IPv4 on R1*

```
R1(config)# router eigrp CAFE-DOMAIN
R1(config-router)# address-family ipv4 unicast autonomous-system 4
R1(config-router-af)# eigrp router-id 1.1.1.1
R1(config-router-af)# network 192.168.1.0 0.0.0.255
R1(config-router-af)# network 192.168.2.0 0.0.0.255
R1(config-router-af)# exit-address-family
R1(config-router)# exit
R1(config)#
```

Example 15-28에서 "**show running-config | section router eigrp**" 명령[1]은 R1의 EIGRP 가상 인스턴스 CAFE-DOWN에 대한 출력을 선택하여 보여준다. IPv4와 IPv6에 대한 address-family 섹션은 강조 표시되었다.

Example 15-28 *Displaying R1's EIGRP Named Mode Configuration for IPv6 and IPv4 AF*

```
R1# show running-config | section router eigrp
router eigrp CAFE-DOMAIN
 !
 address-family ipv6 unicast autonomous-system 1
  !
  af-interface GigabitEthernet0/0
   passive-interface
  exit-af-interface
  !
  topology base
  exit-af-topology
  eigrp router-id 1.1.1.1
 exit-address-family
 !
 address-family ipv4 unicast autonomous-system 4
  !
  topology base
  exit-af-topology
  network 192.168.1.0
  network 192.168.2.0
  eigrp router-id 1.1.1.1
 exit-address-family
R1#
```

1 IOS 버전에 따라 section 옵션 사용이 안 될 수 있다.-옮긴 이

Note EIGRPv4 및 EIGRPv6의 classic 및 named 모드에 관한 자세한 내용은 이 장의 마지막 부분에 있는 reference 절을 참고하라.

Summary

이 장에서는 EIGRPv4와 EIGRPv6의 유사점과 차이점에 관해 설명했다. 또한, classic EIGRPv6와 EIGRPv6 named 모드에서의 설정과 확인에 대해서 다루었다.

EIGRPv4와 EIGRPv6는 프로세스와 기능 동작에서 많은 부분이 동일하다. EIGRP는 IPv6를 지원하기 위해 간결하게 재설계되고 확장되었다. 다음 내용은 두 라우팅 프로토콜 모두에 해당이 된다.

- 둘 다 distance-vector 라우팅 프로토콜이다.
- 두 프로토콜 다 DUAL 알고리즘을 사용한다.
- 둘 다 메트릭의 기본값으로 대역폭(bandwidth)과 지연(delay)을 사용한다.
- 둘 다 RTP를 transport 프로토콜로 사용한다.
- 둘 다 32-bit EIGRP 라우터 ID를 사용한다.

그러나 다음과 같은 몇 가지 차이가 있다.

- EIGRPv4는 IPv4 프리픽스를 광고하지만, EIGRPv6는 IPv6 프리픽스를 광고한다.
- EIGRPv4 메시지는 인터페이스의 IPv4 주소를 송신 주소로 사용하는 반면 EIGRPv6 메시지는 인터페이스의 IPv6 link-local 주소를 송신 주소로 사용한다.
- EIGRPv4는 224.0.0.10 multicast 주소를 사용해서 라우팅 업데이트를 보내지만, EIGRPv6는 fe80::a multicast 주소를 사용해서 업데이트를 보낸다.

classic EIGRPv6의 설정은 구 EIGRPv4 프로토콜 설정 방법에 뿌리를 둔 것이다. 다음 명령은 이 장의 classic EIGRPv6 명령에서 사용하는 명령문법이다.

- Router(config)# **ipv6 router eigrp** *autonomous-system-number*

  이 명령은 라우팅 도메인 내에 공통인 autonomous system 번호를 사용하여 EIGRPv6 라우팅 프로세스를 생성한다.

- Router(config-rtr)# **eigrp router-id** *router-id*

  이 명령으로 EIGRP 라우터 ID를 설정하며 IPv4 주소가 설정된 루프백이나 살아있는 물리 인터페이스가 없다면 이 명령 설정이 필수적이다.

- Router(config-rtr)# **passive-interface** *interface-type interface-number*

  이 명령을 설정하면 해당 인터페이스로 EIGRP hello 메시지와 라우팅 업데이트를 보내지 않는다.

- Router(config-if)# **ipv6 eigrp** *autonomous-system-number*

이 명령은 인터페이스에 대해 직접적으로 EIGRPv6를 활성화한다.

- Router(config-if)# **ipv6 summary-address eigrp** *autonomous-system-number prefix/prefix-length*

  이 명령으로 축약된 경로를 EIGRP 라우팅 도메인 내부로 광고한다.

EIGRP named 모드는 EIGRP named 설정 모드 하위에서 모든 것을 설정할 수 있게 한다. EIGRP named 모드는 동일한 인스턴스 하위에서 EIGRPv4와 EIGRPv6를 통합 설정하기 위해 address family를 사용한다.

EIGRP named 모드는 4개의 모드로 대부분 설정이 가능하다.

- Named configuration mode: (config-router)#
- Address-family configuration mode: (config-router-af)#
- Address-family interface configuration mode: (config-router-af-interface)#
- Address-family topology configuration mode: (config-router-af-topology)#

이 장에서 EIGRP named 모드 명령은 다음의 문법을 사용한다.

- Router(config)# **router eigrp** *virtual-instance-name*

  이 명령으로 가상 인스턴스 명을 설정한다.

- Router(config-router)# **address-family** *address-family* **unicast autonomous-system** *autonomous-system-number*

  이 명령으로 EIGRP 인스턴스를 생성하고 특정 프로토콜(IPv4 혹은 IPv6)에 대한 address-family 설정 모드로 진입한다.

- Router(config-router-af)# **eigrp router-id** *router-id*

  이 명령으로 32-bit EIGRP 라우터 ID를 설정한다.

- Router(config-router-af)# **af-interface** *interface-type interface-number*

  이 명령으로 address-family 인터페이스 설정 모드 내에서 특정 인터페이스로 진입한다.

- Router(config-router-af-interface)# **passive-interface**

  이 명령으로 해당 인터페이스를 통한 EIGRP 메시지 송신을 차단한다.

- Router(config-router-af-interface)# **shutdown**

  이 명령으로 물리 인터페이스를 막지(shut down) 않고 해당 인터페이스상에서 EIGRPv6를 비활성화한다.[1]

---

1 트래픽을 우회시킨다-옮긴 이

인터페이스상에서는 EIGRPv6 named 모드를 설정하기 위한 어떤 명령어도 없다. EIGRP named 모드는 모든 살아있는 IPv6 인터페이스상에 자동 활성화된다.

EIGRPv6를 확인하기 위해 사용하는 명령들은 다음과 같다.

- **show ipv6 eigrp neighbors**
- **show ipv6 eigrp topology**
- **show ipv6 route eigrp**
- **show ipv6 protocols**
- **show ipv6 eigrp traffic**
- **show ipv6 eigrp interfaces**
- **show ipv6 interface**
- **ping**
- **show running-config**

Review Questions

1. 32-bit 라우터 ID를 사용하는 EIGRP 프로토콜은 어느 것인가?
   a. EIGRPv4
   b. EIGRPv6
   c. EIGRPv4와 EIGRPv6 둘 다
2. 64-bit 메트릭을 사용하는 EIGRP 라우팅 프로토콜은 어느 것인가?
   a. Classic EIGRPv4
   b. EIGRPv4 named 모드와 EIGRPv6 named 모두 둘 다
   c. classic EIGRPv4와 EIGRPv6 named 모두 둘 다
3. DUAL(Diffusing Update Algorithm)을 알고리즘으로 사용하는 EIGRP 라우팅 프로토콜은 어느 것인가?
   a. EIGRPv4
   b. EIGRPv6
   c. EIGRPv4와 EIGRPv6 둘 다
4. link-local 주소를 사용하여 EIGRP 메시지를 보내는 EIGRP 라우팅 프로토콜은 어느 것인가?
   a. EIGRPv4
   b. EIGRPv6
   c. EIGRPv4와 EIGRPv6 둘 다
5. 224.0.0.10 multicast 주소로 EIGRP 메시지를 보내는 EIGRP 라우팅 프로토콜은 어느 것인가?

a. EIGRPv4
b. EIGRPv6
c. EIGRPv4와 EIGRPv6 둘 다

6. classic EIGRPv6에서는 인터페이스상에 라우팅 프로토콜을 어떻게 활성화하는가?
7. classic EIGRPv6를 사용하여 EIGRPv6 라우팅 프로세스를 생성하는 명령은 무엇인가?
8. 각 프로토콜을 따로 설정해야 하는 EIGRP 라우팅 프로토콜은 무엇인가?
   a. Classic EIGRPv4 only
   b. Classic EIGRPv6 only
   c. classic EIGRPv4와 classic EIGRPv6 둘 다
9. EIGRP named 모드에 대해 라우터 프롬프트와 적절한 설정 명령을 짝지워 보라.

   Router(config-router)#

   Router(config-router-af)#

   Router(config-router-af-interface)#

   Router(config-router-af-topology)#

   a. Address-family interface configuration 모드
   b. Address-family topology configuration 모드
   c. Address-family configuration 모드
   d. Named configuration 모드
10. EIGRPv4 또는 EIGRPv6를 설정하기 위해 EIGRP named 모드에서 어떤 명령이 사용되는가?
11. EIGRPv6 named 모드에서 특정 IPv6 인터페이스상 라우팅 프로토콜을 어떻게 활성화하는가?

References

RFC

RFC 7868, *Cisco's Enhanced Interior Gateway Routing Protocol (EIGRP)*, D. Savage, Cisco Systems, tools.ietf.org/html/rfc7868, May 2016.

Websites

IPv6 Design and Deployment LiveLessons, http://www.ciscopress.com/store/ipv6-design-and-deployment-livelessons-9780134655512.

Cisco IOS IPv6 Command Reference, www.cisco.com/c/en/us/td/docs/ios-xml/ios/ipv6/command/ipv6-cr-book.html.

IP Routing: EIGRP Configuration Guide, www.cisco.com/c/en/us/td/docs/ios-xml/ios/iproute_eigrp/configuration/xe-3s/ire-xe-3s-book.html.

Configure EIGRP Named Mode, www.cisco.com/c/en/us/support/docs/ip/enhanced-interior-gateway-routing-protocol-eigrp/200156-Configure-EIGRP-Named-Mode.html.

Books

Implementing Cisco IP Routing (ROUTE) Foundation Learning Guide (CCNP ROUTE 300-101), by Diane Teare, Cisco Press.

IP Routing on Cisco IOS, IOS XE, and IOS XR: An Essential Guide to Understanding and Implementing IP Routing Protocols, by Brad Edgework, Aaron Foss, and Ramiro Rios, Cisco Press.

Routing TCP/IP, by Jeff Doyle, Cisco Press.

Chapter 16

Open Shortest Path First(OSPF)는 디스턴스 벡터 라우팅 프로토콜인 Routing Information Protocol(RIP)을 대체하기 위해 개발된 link-state 라우팅 프로토콜이다. RIP는 네트워킹 초기부터 사용 가능한 라우팅 프로토콜이었지만, 최적 경로 선택을 위한 유일한 메트릭으로 제한된 수의 hop을 사용하는 문제로 더욱 강력한 라우팅 솔루션이 필요한 대규모 네트워크에서 빠르게 도태되었다. OSPF는 확장성(scalability)을 위해 area 개념을 사용하는 classless 라우팅 프로토콜이다.

1989년에 OSPFv1이 RFC 1131 "*The OSPF Specification*"으로 표준화되었다. 1991년에 John Moy가 OSPFv2를 RFC 1247 "OSPF Version 2"로 소개하였다. OSPFv2는 OSPFv1에 비해서 중요한 기술적 진보를 이루었다. OSPFv1과 OSPFv2는 둘 다 IPv4 프리픽스를 전파하는 link-state 라우팅 프로토콜이다. 1998년에 OSPFv2 규격은 RFC 2328 "*OSPF Version 2*"로 갱신되었고, 이 RFC가 OSPFv2를 위한 현행 RFC이다. RFC 2328은 "*cost*"라 불리는 임의의 값으로 OSPF 메트릭을 정의했다. 시스코 IOS는 대역폭을 OSPF cost 메트릭으로 사용한다.

1999년에 IPv6를 위한 OSPFv3가 RFC 2740 "*OSPF for IPv6*"으로 John Moy, Rob coltun, Dennis Ferguson에 의해 발표되었다. OSPFv3는 후에 RFC 5340 "*OSPF for IPv6*"로 개정되었다.

2010년에 OSPFv3는 RFC 5838 "*Support of Address Families in OSPFv3*"에서 address family에 대한 지원을 추가했다. OSPFv3의 최초 구현은 IPv6만 지원했다. AF(Address Families)를 지원하는 OSPFv3의 도입으로 이제 OSPFv3는 하나의 프로세스 안에서 IPv4와 IPv6 둘 다 지원할 수 있게 되었다.[1]

> **Note** OSPF의 개발은 흥미로운 주제이며 John Moy의 책 〈*OSPF: Anatomy of an Internet Routing Protocol*〉에서 다루고 있다.

> **Note** 이 장은 OSPFv3 설정에 중점을 두고 설명하며, 여러분이 OSPF에 대해 어느 정도 알고 있다고 가정한다. 그러나 이 장은 많은 OSPF 개념을 소개하므로, OSPF를 처음 접할 때에도 도움이 될 것이다. OSPF를 처음 접하거나 좀 더 알기를 원하면 이 장의 마지막 부분인 reference 절의 추천 사항을 참조하라.

---

1 Junos 는 Rel 9.2 이후 버전부터 지원한다-옮긴 이

이 장은 OSPFv3를 설정하는 두 가지 방법을 설명한다.

- Traditional(고전적) OSPFv3
- address family를 사용한 OSPFv3

Comparing OSPFv2 and OSPFv3

OSPFv2와 OSPFv3는 핵심 기능과 동작에 있어서 같은 특징을 공유한다. 그러나 OSPFv3에는 몇 가지 중요한 변화가 있다. OSPFv3는 IPv6를 위한 OSPF의 새로운 프로토콜 구현일 뿐만 아니라 프로토콜 내부 주요한 부분을 재작성한 것이다. 그러나 이 절에서 OSPFv2와 OSPFv3에 동일한 link-state 개념과 계층 구조 설계가 적용되었다는 것을 알게 될 것이다.

Note 이 장에서 OSPF는 OSPFv2, OSPFv3 및 address family를 사용하는 OSPFv3를 지칭하는 것이다.

Table 16-1에서 OSPF에 대한 요약과 OSPFv2, OSPFv3, address family(AF)를 사용한 OSPFv3를 비교했다.

Table 16-1 *Comparing OSPFv2, Traditional OSPFv3, and OSPFv3 with AF*

	OSPFv2	**Traditional OSPFv3**	**OSPFv3 with AF**
OSPF version	OSPFv2	OSPFv3	OSPFv3
Advertised routes	IPv4 prefixes	IPv6 prefixes	IPv4 and IPv6 prefixes
Link state?	Yes	Yes	Yes
Metric	Cost Cisco: bandwidth	Cost Cisco: bandwidth	Cost Cisco: bandwidth
Multi-area support?	Yes	Yes	Yes
Router ID	32-bit	32-bit	32-bit
DR and BDR?	Yes	Yes	Yes
Layer 3 encapsulation	IPv4	IPv6	IPv6 for both IPv4 and IPv6 AF
Source address	IPv4 address	IPv6 link-local address	IPv6 link-local address
Destination address, AllSPFRouters	224.0.0.5	ff02::5	ff02::5
Destination address, AllDRouters	224.0.0.6	ff02::6	ff02::6
IPv6 unicast routing	N/A	Required	Required, even if only IPv4 AF is configured
Authentication	Plain text and MD5	IPsec	IPsec, HMAC SHA-1, SHA-224, SHA-256, SHA-384, and SHA-512

Table 16-1에서 알 수 있듯이 OSPFv2와 OSPFv3의 두 가지 타입 모두 같은 기본 동작과 기능을 한다. 두 프로토콜은 동일한 기본 개념과 동작 프로세스(LSA distribution, multi-access 네트워크의 DR/BDR, OSPF 메트릭 등)를 가지고 있다.

또 다른 유사성은 link-state 데이터베이스의 에이징(aging)과 조기 에이징(premature aging) 프로세스를 통한 라우팅 도메인 내 LSA의 flush(혹은 플러딩)가 있다. 시스코 라우터는 OSPFv2 혹은 OSPFv3 link-state를 30분마다 정기적으로 플러딩하며, 60분이 지나면 LSA를 지운다.

두 프로토콜 OSPFv2와 OSPFv3에 대한 RFC 들은 인터페이스를 통해 나가는 패킷의 cost로서 메트릭을 정의한다. 시스코의 구현에서 메트릭은 기준 대역폭을 목적지까지 각 경로 인터페이스들의 실 대역폭으로 나눈 값(10^8 / bandwidth in bps)의 전체 합이다.[1] 기준(reference) 대역폭(10^8)은 OSPFv2와 OSPFv3에서 "**auto-cost reference-bandwidth** *ref-bw*" 명령어로 변경할 수 있다. 두 가지 경우에 *ref-bw*(reference bandwidth) 파라미터는 megabits per second 단위[2]이다. "**auto-cost reference-bandwidth** *ref-bw*" 명령은 router config 모드에서 사용하므로 해당하는 OSPF 프로토콜의 메트릭에만 영향을 미친다. 예를 들면 이 명령이 OSPFv3 하위에 설정되면 OSPFv2 라우팅 메트릭에는 영향을 미치지 않는다.

Note 잠재적인 라우팅 문제를 피하려면 "**auto-cost reference-bandwidth** *ref-bw*" 명령어는 도메인 내의 모든 라우터에 같게 설정되어야 한다.

OSPFv3에서 다중 area의 개념은 OSPFv2의 개념과 같다.-link-state 플러딩을 최소화하고 OSPF 도메인 내의 안정성을 제공하기 위한 것이다. 부가적으로 stub, totally stubby, NSSA(not so-stubby area) area 타입은 link-state 데이터베이스를 최소화하고, area 내부 라우터(internal routers)들의 라우팅 테이블 크기를 줄이기 위해 설계되었다. OSPFv2에서 사용되는 동일한 area 타입이 OSPFv3에서도 사용된다.

OSPFv2와 OSPFv3에서 라우터 ID는 32-bit 값을 사용하고 dotted-decimal 형식으로 표기한다. 라우터에 IPv4 주소가 설정되지 않았다면 OSPF "**router-id**" 명령으로 라우터 ID를 설정해야 한다. 32-bit 라우터 ID를 결정하는 프로세스는 두 프로토콜에서 동일하다. OSPF 라우터 ID를 설정하기 위해 "**router-id**" 명령을 사용하는 것이 권장된다. 만약 이 명령이 사용하지 않았다면, OSPF는 루프백 인터페이스의 가장 큰 IPv4 주소를 사용한다. 루프백 인터페이스가 없다면 OSPF는 살아있는 인터페이스 중에서 가장 큰 IPv4 주소를 사용한다.

OSPFv3는 OSPFv2와 같은 다섯 종의 기본 패킷 타입을 사용한다.

- Hello
- Database Description (DBD)
- Link-State Request (LSR)
- Link-State Update (LSU)
- Link-State Acknowledgment (LSAck)

---

1 연속되는 인터페이스들의 링크 속도에 대한 메트릭 값들의 누적이다.-옮긴 이

2 기본값으로 둔다면 100M 이상의 대역폭을 가진 인터페이스이면 metric 차이가 없게 된다.-옮긴 이

그러나 약간의 차이가 있다. OSPFv2, "traditional OSPFv3", "OSPFv3 with address family" 사이에서 주요한 차이점은 광고하는 IP 프리픽스에 대한 지원과 관련 있다. OSPFv2는 오직 IPv4만 광고하고 "traditional OSPFv3"는 IPv6만 광고하는 데 반해, "OSPFv3 with address family"는 IPv4와 IPv6 프리픽스 둘 다 광고할 수 있다.

OSPFv3에서 "AllSPFRouters(all SPF routers) multicast" 주소는 "ff02::5"이고, OSPFv2의 "224.0.0.5"와 동등하다. OSPFv3에서 "AllDRRouters(all DR routers) multicast" 주소는 "ff02::6"이고, OSPFv2의 "224.0.0.6"과 동등하다. 두 OSPFv3 multicast 주소는 link-local scope이다.

OSPFv2 메시지는 출력 인터페이스의 IPv4 주소를 송신 주소로 사용한다. OSPFv3에서는 출력 인터페이스의 IPv6 link-local 주소를 송신 주소로 사용한다.

OSPFv3에서는 라우팅 프로세스가 OSPFv2에서 그랬던 것처럼 명시적으로 생성될 필요가 없다. 인터페이스상에서 OSPFv3를 활성화하면 OSPFv3 프로세스를 자동으로 생성한다.

IPv6에서는 한 인터페이스에 여러 개의 주소 프리픽스를 설정할 수 있다. OSPFv3는 인터페이스의 모든 주소 프리픽스를 기본적으로 포함한다. 특정한 프리픽스만 OSPFv3 프로세스로 불러올 수는 없다. (인터페이스에 설정된 모든 프리픽스를 가져오거나, 프리픽스를 모두 가져오지 않거나 둘 중 하나만 할 수 있다.)

여러분은 OSPFv2 Link-State Updates와 여러 종류의 Link-State Advertisement(LSA)에 이미 익숙할 것이다. OSPFv3에서는 두 종류의 새로운 LSA가 추가되었다(Link-LSA: Type 8, Intra-Area-Prefix-LSA: Type 9). 몇 종의 LSA 타입은 재 명명되었다. Table 16-2는 OSPFv2와 OSPFv3의 LSA 타입을 보여준다. (LSA 유형에 관한 내용은 이 책의 범위 밖이다. 더 많은 정보는 RFC 5340 "*OSPF for IPv6*"와 이 장의 끝부분에 열거된 자료들을 참고하라.)

Table 16-2 *Comparing LSAs for OSPFv2 and OSPFv3*

OSPFv2 LSAs		**OSPFv3 LSAs**	
Type	**Name**	**LS Type Code**	**Name**
1	Router LSA	0x2001	Router LSA
2	Network LSA	0x2002	Network LSA
3	Network Summary LSA	0x2003	Inter-Area Prefix LSA
4	ASBR Summary LSA	0x2004	Inter-Area Router LSA
5	AS-External LSA	0x4005	AS-External LSA
6	Group Membership LSA	0x2006	Group Membership LSA (This LSA was defined for Multicast extensions to OSPF [MOSPF], which has since been deprecated.)
7	NSSA-External LSA	0x2007	Type-7 LSA
		0x0008	Link LSA
		0x2009	Intra-Area Prefix LSA

Note OSPFv3 LS 타입 코드는 보통 마지막 숫자로 언급된다(1에서 9). LS 타입 코드 0x4005와 0x0008의 첫 번째 16진수 값은 패킷의 flooding scope 때문에 다른 것이다. RFC 5340의 A.4.2.1에서 더 많은 정보를 찾아보라.

Traditional OSPFv3

OSPFv2는 IPv4 프리픽스만 지원하며, 반면에 OSPFv3는 IPv6 프리픽스만 지원한다. 두 개의 프로토콜을 dual-stack 환경에서 동작시킬 때, OSPFv2와 traditional OSPFv3는 프로토콜별로 분리된 neighbor 테이블과 link-state database(LSDB)를 유지한다. Figure 16-1에 이를 보여준다. 이 장 뒷부분의 "address family OSPFv3"에서는 이 부분이 달라진다는 것을 알게 될 것이다. 그때는 IPv4와 IPv6 라우팅에 대해서 동일한 neighbor 테이블과 LSDB를 사용한다.

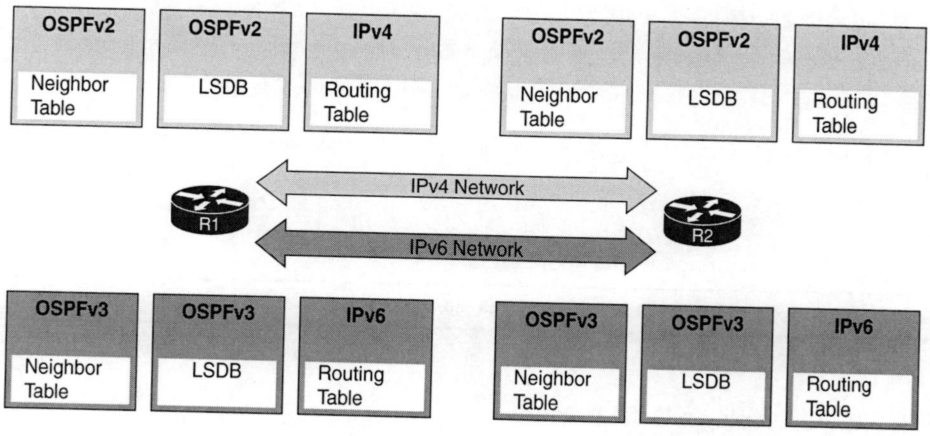

Figure 16-1 *Separate Neighbor Tables and LSDBs for OSPFv2 and OSPFv3*

"traditional OSPFv3" 설정은 OSPFv2의 설정과 유사하다. Figure 16-2는 이 절에서 사용할 토폴로지를 보여준다. 각 라우터의 전체 인터페이스에 같은 link-local 주소가 설정되었다. 이것은 15장 "EIGRP for IPv6"에서 그랬던 것처럼 OSPFv3 메시지의 송신 주소로 라우터를 구별하기 쉽게 한다. 그림에서 multi-area OSPFv3 라우팅 도메인은 두 개의 area로 구성된다: 백본 area "0"과 totally stubby area "51"이다.

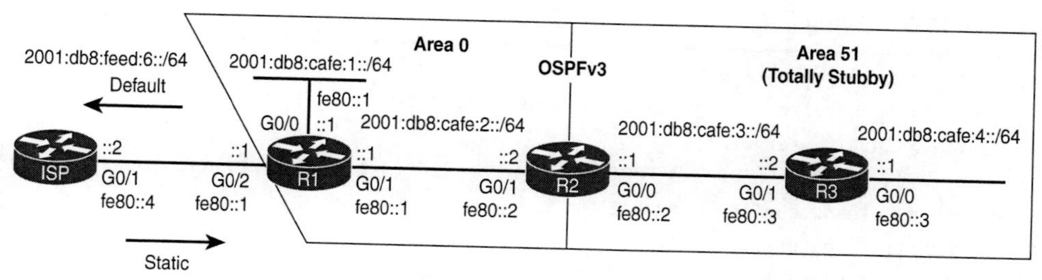

Figure 16-2 *Topology for Traditional OSPFv3*

라우터 R1은 ISP 라우터와 연결되는 외부(external) 인터페이스를 가진 OSPF ASBR(Autonomous system boundary router)이다. 라우터 R1은 area "0"에 두 개의 인터페이스를 갖고 있다.

라우터 R2는 area “0” 내 인터페이스와 area “51” 내 인터페이스를 갖는 ABR(area border router)이다. area 51은 totally stubby area이며, 이 말은 이 area 내부 라우터는 ABR에서 수신하는 디폴트 라우팅 외에는 타 area로부터 어떤 프리픽스도 받지 않는다는 것을 의미한다. 라우터 R3는 totally stubby area 51의 내부 라우터(internal router)이다.

Note 라우터 R2의 인터페이스에 global unicast 주소 없이 link-local 주소만 설정할 수도 있다. 이것은 R2에 고객 단말이 직접 수용되는 인터페이스가 없기 때문이다. RFC 7404 “Using Only Link-Local Addressing inside an IPv6 Network”는 인프라 링크에 link-local 주소만 사용해서 라우팅 프로토콜을 동작시키는 문제에 대해 논의한다.

Configuring Traditional OSPFv3

이 절에서 multi-area OSPFv3 라우팅 도메인 “2001:db8:cafe::/48” 내의 라우팅 정보를 공유하기 위해 R1, R2, R3 라우터를 설정하는 방법을 보여준다. ASBR인 R1에는 ISP 라우터를 경유하는 디폴트 경로가 설정되고, OSPFv3 도메인 내 타 라우터들에 default route를 전파하도록 설정된다.

Example 16-1에서 보여준 것처럼 ISP 라우터에는 “2001:db8:cafe::/48” 네트워크에 대해 static route가 설정된다.

Example 16-1 *Configuring a Static Route on ISP*

```
ISP(config)# ipv6 route 2001:db8:cafe::/48 g0/1 fe80::1
```

ASBR and Advertising a Default Route

Example 16-2는 라우터 R1에 “traditional OSPFv3”를 설정하는 것을 보여준다. R1은 자신의 OSPFv3 도메인을 ISP와 연동하는 ASBR이다. R1에 default static route를 설정하고 이를 OSPFv3 도메인 내부로 광고한다.

Example 16-2는 모든 동적 IPv6 라우팅 프로토콜이 활성화되려면 “**ipv6 unicast-routing**” 명령이 설정되어야 함을 보여준다. R1에는 ISP를 향한 IPv6 default static route도 설정한다.

Example 16-2 *Configuring OSPFv3 on R1*

```
R1(config)# ipv6 unicast-routing
R1(config)# ipv6 route ::/0 gigabitethernet0/2 fe80::4
R1(config)# ipv6 router ospf 1
*Feb 16 21:53:33.902: %OSPFv3-4-NORTRID: Process OSPFv3-1-IPv6 could not pick a
  router-id, please configure manually
R1(config-rtr)# router-id 1.1.1.1
R1(config-rtr)# passive-interface gigabitethernet 0/0
R1(config-rtr)# default-information originate
R1(config-rtr)# exit
R1(config)# interface gigabitethernet 0/0
R1(config-if)# ipv6 ospf 1 area 0
R1(config-if)# exit
```

```
R1(config)# interface gigabitethernet 0/1
R1(config-if)# ipv6 ospf 1 area 0
R1(config-if)# exit
R1(config)#
```

다음은 Example 16-2의 R1 상에서 “traditional OSPFv3”를 설정하는 데 사용된 명령에 관한 간단한 설명이다.

- R1(config)# **ipv6 router ospf 1**

  “**ipv6 router ospf** *process-id*” 명령은 프로세스 ID “1”을 사용하여 OSPFv3 라우팅 프로세스를 활성화한다. 프로세스 ID는 라우터 내부에서만 의미가 있으며 OSPFv3 라우팅 도메인 내의 다른 라우터와 일치시킬 필요는 없다. 그러나 일반적으로 도메인 내의 모든 라우터에서 동일한 프로세스 ID를 사용한다.

  IPv4 루프백 주소나 인터페이스 주소 없이 OSPFv3 프로세스를 활성화할 경우는 아래와 같은 메시지가 표시될 수 있다.

  ```
  *Feb 16 21:53:33.902: %OSPFv3-4-NORTRID: Process OSPFv3-1-IPv6 could not pick a router-
  id, please configure manually
  ```

  IPv4 주소가 전체 인터페이스에 걸쳐 하나도 설정되지 않았다면 OSPF 라우터 ID를 수동 설정해야 한다는 것을 유념하라.

- R1(config-rtr)# **router-id 1.1.1.1**

  “**router-id** *router-id*” 명령은 OSPFv3 라우터 ID를 설정한다. IPv4 주소가 설정된 loopback 혹은 살아있는 물리 인터페이스가 없다면 이 명령이 필요하다.

- R1(config-rtr)# **passive-interface gigabitethernet 0/0**

  “**passive-interface** *interface-type interface-number interface*” 인터페이스 명령은 OSPFv3 hello와 기타 OSPF 메시지가 인터페이스로 송신되지 않도록 막는다. R1의 G0/0 인터페이스는 이 인터페이스를 통한 OSPFv3 neighbor가 없으므로 passive 인터페이스로 설정한다.

- R1(config-rtr)# **default-information originate**

  R1은 ISP를 경유하는 디폴트 정적 경로(default static route)를 사용한다. R1은 default route를 OSPFv3 도메인 내의 라우터들에 전파하기 위해 “**default-information originate**” 명령을 사용한다. 이 절의 다음 부분에서 좀 더 자세히 설명할 것이다.

- R1(config-if)# **ipv6 ospf 1 area 0**

  다른 IGP(interior gateway protocol)처럼 인터페이스의 프리픽스를 광고하고 해당 인터페이스를 통해 다른 라우터와 neighbor adjacency를 맺기 위해서 인터페이스에 OSPFv3를 활성화해야 한다. “**ipv6 ospf 1 area 0**” 명령은 인터페이스상에서 OSPFv3를 직접 활성화하기 위해 인터페이스 모드에서 사용되는 명령이다.

OSPFv3는 "**ipv6 ospf** *process-id* **area** *area-id*" 인터페이스 명령을 사용하여 인터페이스상에서 직접적으로 활성화된다. *프로세스 ID* 파라미터는 특정한 라우팅 프로세스를 구분하며 "**ipv6 router ospf** *process-id*" 명령으로 라우팅 프로세스를 생성하는 데 사용한 프로세스 ID와 같아야 한다. *area-id* 파라미터는 OSPFv3 인터페이스가 속한 area이다.

R1의 두 OSPFv3 인터페이스가 백본 area인 area "0"에 위치한다. GI0/2 인터페이스상에는 OSPFv3가 활성화되지 않았는데, ISP 라우터가 OSPFv3 neighbor가 아니기 때문이며 이 프리픽스를 OSPFv3 라우팅 도메인 내부로 광고하지 않는다.

Area Border Router with Totally Stubby Area

Example 16-3은 ABR인 R2의 OSPFv3 설정을 보여준다. 일치될 필요는 없지만, R1에 설정되어 사용 중인 동일한 *프로세스 ID* "1"이 사용되었다. 이 예제에서 볼 수 있듯이 R2의 Gi0/1 인터페이스에 OSPFv3를 활성화한 이후에 R2는 이웃한 R1과 neighbor를 맺는다.

R2는 G0/1 인터페이스가 area "0"이고, G0/0 인터페이스는 area "51"인 ABR이다. area "51"은 totally stubby area이기 때문에 ABR 은 다른 area로부터 알게 된 프리픽스를 area 51로 광고하지 않는다. ABR인 라우터 R2는 totally stubby area 내부로 default route만 전파할 수 있다. totally stubby area를 설정하기 위해서 "**area** *area-id* **stub no-summary**" 명령을 OSPFv3 라우터 프로세스 하에 설정한다. "**no-summary**" 옵션은 라우터에 이 area가 축약 경로[summary(inter-area) route]와 external route를 받지 않는다는 것을 알려주는 것이며, 결과적으로 "stub area"가 아닌 "totally stubby area"가 된다.

Note area를 stub area로 설정하기 위해서 "**area** *area-id* **stub**" 명령어를 OSPFv3 라우터 설정 모드에서 사용한다. stub area는 다른 area로부터 프리픽스를 전달받지만, external route는 차단한다. ABR은 stub area 내부로 디폴트 경로(route)를 전파한다.

라우터 R2에는 서로 다른 area에 속하는 두 개의 인터페이스가 있다. Example 16-3 "**ipv6 ospf**" 인터페이스 명령의 *area-id*는 각 인터페이스의 area를 정한다. R2의 G0/1 인터페이스는 백본 area인 area "0"에 속한다. G0/0 인터페이스는 area "51"에 속해 있으며 "totally stubby area"로 설정되었다.

Example 16-3 *Configuring OSPFv3 on R2*

```
R2(config)# ipv6 unicast-routing
R2(config)# ipv6 router ospf 1
*Feb 16 22:09:33.992: %OSPFv3-4-NORTRID: Process OSPFv3-1-IPv6 could not pick a
  router-id, please configure manually
R2(config-rtr)# router-id 2.2.2.2
R2(config-rtr)# area 51 stub no-summary
R2(config-rtr)# exit
R2(config)# interface gigabitethernet 0/1
R2(config-if)# ipv6 ospf 1 area 0
*Feb 16 22:10:55.144: %OSPFv3-5-ADJCHG: Process 1, Nbr 1.1.1.1 on GigabitEthernet0/1
  from LOADING to FULL, Loading Done
R2(config-if)# exit
R2(config)# interface gigabitethernet 0/0
```

```
R2(config-if)# ipv6 ospf 1 area 51
R2(config-if)# exit
R2(config)#
```

Internal Router: Totally Stubby Area

R3는 totally stubby area 안의 내부 라우터(internal router)이며 라우터의 G0/0과 G0/1 인터페이스 둘 다 area 51이다. OSPF internal 라우터는 자신의 모든 인터페이스가 동일한 area에 속해 있는 라우터를 말한다. totally stubby area 안의 internal 라우터는 internal stub 라우터와 마찬가지로 "**area** *area-id* **stub**" 라우터 모드 명령을 사용해 설정한다. "**no-summary**" 파라미터는 생략된다. ABR만 "**area** *area-id* **stub**" 인터페이스 명령 내에 "**no-summary**" 파라미터를 사용하여 설정할 필요가 있다. Example 16-4는 totally stubby area 51안의 내부 라우터(internal router)인 라우터 R3의 설정을 보여준다.

Example 16-4 *Configuring OSPFv3 on R3*

```
R3(config)# ipv6 unicast-routing
R3(config)# ipv6 router ospf 1
*Feb 16 23:05:42.483: %OSPFv3-4-NORTRID: Process OSPFv3-1-IPv6 could not pick a
  router-id, please configure manually
R3(config-rtr)# router-id 3.3.3.3
R3(config-rtr)# area 51 stub
R3(config-rtr)# exit
R3(config)# interface gigabitethernet 0/0
R3(config-if)# ipv6 ospf 1 area 51
R3(config-if)# exit
R3(config)# interface gigabitethernet 0/1
R3(config-if)# ipv6 ospf 1 area 51
*Feb 16 23:14:25.955: %OSPFv3-5-ADJCHG: Process 1, Nbr 2.2.2.2 on GigabitEthernet0/1
  from LOADING to FULL, Loading Done
R3(config-if)# exit
R3(config)#
```

Advertising a Default Route

ASBR 은 OSPF 도메인과 또 다른 라우팅 도메인이나 때로는 ISP 같은 외부 네트워크(external networks)와 연동한다. ASBR 은 OSPF 도메인 외부로 나가는 경로를 제공한다. Example 16-5에서 ASBR인 R1에 앞서 설정되었던 IPv6 static default route 설정과 OSPFv3 "**default-information originate**" 명령을 보여준다.

Example 16-5 *Advertising a Default Route Using OSPFv2*

```
R1(config)# ipv6 route ::/0 gigabitethernet0/2 fe80::4
R1(config)# ipv6 router ospf 1
R1(config-rtr)# router-id 1.1.1.1
R1(config-rtr)# passive-interface gigabitethernet 0/0
R1(config-rtr)# default-information originate
```

"**default-information originate**" 명령을 위한 완전한 문법은 아래와 같다.

```
Router(config-rtr)# default-information originate [always | metric metric-value |
metric-type type-value | route-map map-name]
```

이 명령은 OSPFv3 라우팅 도메인 내부에 디폴트 external route를 생성한다. 파라미터는 다음과 같다.

- **always (optional):** 항상 디폴트 경로(route)를 전파한다. 라우터에 디폴트 경로가 있든지 없는지 상관없다.
- **metric** *metric-value* **(optional):** 디폴트 경로를 생성할 때 사용된다. default metric 라우터 설정 명령을 사용해서 값을 지정하지 않고, 생략하면 디폴트 메트릭 값이 "1"이 된다. 디폴트 메트릭 값의 범위는 "0 ~ 16777214"이다.
- **metric-type** *type-value* **(optional):** OSPF IPv6 라우팅 도메인 내부로 디폴트 경로가 광고될 때 해당 라우팅의 external link type이다. 다음의 값 중 하나가 될 수 있다.
  - **1:** Type 1 external route
  - **2:** Type 2 external route

  기본값은 "Type 2 external"이다. Type 2 route의 cost는 해당 경로에 대한 OSPF 도메인 내부 cost인 interior cost와 상관없이 항상 external cost를 유지한다. Type 1 cost는 "external" cost와 해당 경로에 대한 "internal" cost의 합이 된다.
- **route-map** *map-name* **(optional):** 라우팅 프로세스는 route map이 일치되면 디폴트 route를 생성할 것이다.

Verifying Traditional OSPFv3

이 절에서는 traditional OSPFv3를 확인하는 데 사용하는 다음 명령에 관해서 설명할 것이다.

- **show ipv6 route ospf**
- **show ipv6 ospf database**
- **show ipv6 protocols**
- **show ipv6 interface**
- **show ipv6 ospf neighbor**
- **show ipv6 ospf interface**
- **ping**
- **show running-config**

OSPFv3 도메인이 완전히 수렴되었는지 확인하기 위해 R1의 IPv6 라우팅 테이블을 확인한다. Example 16-6은 "**show ipv6 router ospf**" 명령으로 OSPFv3를 통해 알게 된 프리픽스와 R1에 의해 OSPFv3

도메인 내부로 전파되는 디폴트 경로를 보여준다. 라우팅 테이블 엔트리에서 OSPFv3의 route에 대한 administrative distance 값 “110”은 OSPFv2와 같다는 것을 확인하라.

Example 16-6 *show ipv6 route ospf Command on R2*

```
R2# show ipv6 route ospf
IPv6 Routing Table - default - 8 entries
Codes: C - Connected, L - Local, S - Static, U - Peruser Static route
<output omitted for brevity>
       O - OSPF Intra, OI - OSPF Inter, OE1 - OSPF ext 1, OE2 - OSPF ext 2
       ON1 - OSPF NSSA ext 1, ON2 - OSPF NSSA ext 2, a -Application
OE2 ::/0 [110/1], tag 1
     via FE80::1, GigabitEthernet0/1
O   2001:DB8:CAFE:1::/64 [110/2]
     via FE80::1, GigabitEthernet0/1
O   2001:DB8:CAFE:4::/64 [110/2]
     via FE80::3, GigabitEthernet0/0
R2#
```

Example 16-7에서 “show ipv6 ospf database” 명령은 R2의 OSPF LSDB로부터 IPv6 LSA 정보를 보여준다. 예제에서 강조 표시된 부분은 Table 16-2에서 표시되었던 IPv6 LSA이며, 라우터 ID는 각 LSA와 연관되어 있다. OSPF LSA 및 “show ipv6 ospf database” 명령에 관한 자세한 내용은 이 장의 끝부분에 나열된 reference를 참고하라.

Example 16-7 *show ipv6 ospf database Command on R2*

```
R2# show ipv6 ospf database

            OSPFv3 Router with ID (2.2.2.2) (Process ID 1)

                Router Link States (Area 0)

ADV Router        Age          Seq#         Fragment ID  Link count  Bits
 1.1.1.1          315          0x80000002   0            1           E
 2.2.2.2          314          0x80000001   0            1           B

                Net Link States (Area 0)

ADV Router        Age          Seq#         Link ID    Rtr count
 1.1.1.1          315          0x80000001   4          2

                Inter Area Prefix Link States (Area 0)

ADV Router        Age          Seq#         Prefix
 2.2.2.2          305          0x80000002   2001:DB8:CAFE:3::/64
 2.2.2.2          219          0x80000001   2001:DB8:CAFE:4::/64

              Link (Type-8) Link States (Area 0)
```

```
ADV Router      Age         Seq#        Link ID     Interface
 1.1.1.1        422         0x80000001  4           Gi0/1
 2.2.2.2        315         0x80000001  4           Gi0/1

                Intra Area Prefix Link States (Area 0)

ADV Router      Age         Seq#        Link ID     Reflstype  Ref-LSID
 1.1.1.1        315         0x80000003  0           0x2001     0
 1.1.1.1        315         0x80000001  4096        0x2002     4

                Router Link States (Area 51)

ADV Router      Age         Seq#        Fragment ID  Link count  Bits
 2.2.2.2        224         0x80000003  0            1           B
 3.3.3.3        225         0x80000002  0            1           None

                 Net Link States (Area 51)

ADV Router      Age         Seq#        Link ID     Rtr count
 2.2.2.2        224         0x80000001  3           2

                 Inter Area Prefix Link States (Area 51)

ADV Router      Age         Seq#        Prefix
 2.2.2.2        315         0x80000001  ::/0

                 Link (Type-8) Link States (Area 51)

ADV Router      Age         Seq#        Link ID     Interface
 2.2.2.2        346         0x80000001  3           Gi0/0
 3.3.3.3        225         0x80000001  4           Gi0/0

                 Intra Area Prefix Link States (Area 51)

ADV Router      Age         Seq#        Link ID     Reflstype  Ref-LSID
 2.2.2.2        224         0x80000001  3072        0x2002      3
 3.3.3.3        220         0x80000003  0           0x2001      0

                 Type-5 AS External Link States

ADV Router      Age         Seq#        Prefix
 1.1.1.1        437         0x80000001  ::/0
R2#
```

Example 16-8의 R3 라우팅 테이블에서 OSPFv3 route를 확인하고, OSPFv3 route가 default route 하나만 있음을 확인하라. 이것은 ASBR인 라우터 R1에 의해서 전파된 default route가 아니다. 이 route는 ABR인 R2에 의해 totally stubby area로 전파된 default route이다. totally stubby area 내의 internal 라우터들은 라우팅 테이블에 area 내부 프리픽스에 대한 route와 ABR에 의해 전파된 default route만 가지고 있다.

Example 16-8 *show ipv6 route ospf Command on R3*

```
R3# show ipv6 route ospf
IPv6 Routing Table - default - 6 entries
Codes: C - Connected, L - Local, S - Static, U - Peruser Static route
<output omitted for brevity>
       O - OSPF Intra, OI - OSPF Inter, OE1 - OSPF ext 1, OE2 - OSPF ext 2
       ON1 - OSPF NSSA ext 1, ON2 - OSPF NSSA ext 2, a -Application
OI  ::/0 [110/2]
     via FE80::2, GigabitEthernet0/1
R3#
```

Example 16-9는 ABR인 R2 에서 "**show ipv6 protocols**" 명령을 내린 결과를 보여준다. OSPFv3 라우팅 프로세스의 출력은 다음을 포함하고 있다.

- OSPF process ID 1
- Router ID 2.2.2.2
- 라우터가 normal area "0"과 하나의 stub area "51"(totally stubby area) 사이에 자리한 ABR(area border router)임을 표시
- 인터페이스 G0/1은 area "0"에 속하고, 인터페이스 G0/0은 area "51"에 속함을 표시

Example 16-9 *show ipv6 protocols Command on R2*

```
R2# show ipv6 protocols
IPv6 Routing Protocol is "connected"
IPv6 Routing Protocol is "application"
IPv6 Routing Protocol is "ND"
IPv6 Routing Protocol is "ospf 1"
  Router ID 2.2.2.2
  Area border router
  Number of areas: 1 normal, 1 stub, 0 nssa
  Interfaces (Area 0):
    GigabitEthernet0/1
  Interfaces (Area 51):
    GigabitEthernet0/0
  Redistribution:
    None
R2#
```

Example 16-10은 R3 상에서 "**show ipv6 interface gigabitethernet 0/0**" 명령을 내린 결과를 보여준다. 이 명령으로 R3의 G0/0 인터페이스가 "ff02::5(all SPF routers multicast group)"와 "ff02::6(all DR routers multicast group)" multicast 그룹의 멤버임을 확인할 수 있다. R1은 이 목적지 주소로 향하는 OSPFv3 메시지를 처리한다.

Example 16-10 *show ipv6 interface gigabitethernet 0/0 Command on R3*

```
R3# show ipv6 interface gigabitethernet 0/0
GigabitEthernet0/0 is up, line protocol is up
  IPv6 is enabled, link-local address is FE80::3
  No Virtual link-local address(es):
  Global unicast address(es):
    2001:DB8:CAFE:4::1, subnet is 2001:DB8:CAFE:4::/64
  Joined group address(es):
    FF02::1
    FF02::2
    FF02::5
    FF02::6
    FF02::FB
    FF02::1:FF00:1
    FF02::1:FF00:3
<output omitted for brevity>
R3#
```

Example 16-11에서 R2의 OSPFv3 neighbor adjacency를 "**show ipv6 neighbor**" 명령으로 확인한다. 각 neighbor의 neighbor ID가 타 라우터의 32-bit OSPFv3 라우터 ID임을 확인하라.

Example 16-11 *show ipv6 ospf neighbor Command on R2*

```
R2# show ipv6 ospf neighbor
            OSPFv3 Router with ID (2.2.2.2) (Process ID 1)
Neighbor ID     Pri   State           Dead Time   Interface ID    Interface
1.1.1.1           1   FULL/DR         00:00:33    4               GigabitEthernet0/1
3.3.3.3           1   FULL/BDR        00:00:30    4               GigabitEthernet0/0
R2#
```

Example 16-12는 R2의 "**show ipv6 ospf interface gigabitethernet 0/0**" 명령 결과를 보여준다. 이것은 OSPFv2의 명령어 결과와 비슷하다. OSPFv3의 차이는 R2 인터페이스의 link-local 주소 fe80::2에서 패킷이 생성된다는 것이다. 이것은 DB, BDR의 로컬 주소에도 해당이 된다. link-local 주소를 수동 설정하면 메시지를 보내는 라우터들을 구분하기 쉽게 된다. OSPFv2에서 이들 패킷은 인터페이스의 IPv4 주소를 송신 주소로 해서 보낸다.

Example 16-12 *show ipv6 ospf interface gigabitethernet 0/0 Command on R2*

```
R2# show ipv6 ospf interface gigabitethernet 0/0
GigabitEthernet0/0 is up, line protocol is up
  Link Local Address FE80::2, Interface ID 3
  Area 51, Process ID 1, Instance ID 0, Router ID 2.2.2.2
  Network Type BROADCAST, Cost: 1
  Transmit Delay is 1 sec, State DR, Priority 1
  Designated Router (ID) 2.2.2.2, local address FE80::2
  Backup Designated router (ID) 3.3.3.3, local address FE80::3
  Timer intervals configured, Hello 10, Dead 40, Wait 40, Retransmit 5
    Hello due in 00:00:00
  Graceful restart helper support enabled
  Index 1/1/2, flood queue length 0
  Next 0x0(0)/0x0(0)/0x0(0)
  Last flood scan length is 1, maximum is 4
  Last flood scan time is 0 msec, maximum is 0 msec
  Neighbor Count is 1, Adjacent neighbor count is 1
    Adjacent with neighbor 3.3.3.3  (Backup Designated Router)
  Suppress hello for 0 neighbor(s)
R2#
```

Example 16-13은 네트워크의 도달성을 확인하는 ping 명령을 보여준다. R3 상에서 R2, R1, ISP 라우터의 인터페이스로 한 **ping** 시험이 성공적인 것을 보여주고 있다.

Example 16-13 *Using ping to Verify Reachability*

```
R3# ping 2001:db8:cafe:2::2
Type escape sequence to abort.
Sending 5, 100-byte ICMP Echos to 2001:DB8:CAFE:2::2, timeout is 2 seconds:
!!!!!
Success rate is 100 percent (5/5), round-trip min/avg/max = 1/2/8 ms
R3# ping 2001:db8:cafe:1::1
Type escape sequence to abort.
Sending 5, 100-byte ICMP Echos to 2001:DB8:CAFE:1::1, timeout is 2 seconds:
!!!!!
Success rate is 100 percent (5/5), round-trip min/avg/max = 1/1/1 ms
R3# ping 2001:db8:feed:6::2
Type escape sequence to abort.
Sending 5, 100-byte ICMP Echos to 2001:DB8:FEED:6::2, timeout is 2 seconds:
!!!!!
Success rate is 100 percent (5/5), round-trip min/avg/max = 1/1/1 ms
R3#
```

각 라우터에서 running-config를 확인하여 이 장에서 "traditional OSPFv3"를 설정하는 데 사용된 명령어를 요약해 볼 것이다. Example 16-14는 라우터 3대 각각의 running-config 출력 결과에서 일부를 추려서 보여준다. 각 라우터에 대해 이 절에서 사용된 명령어는 강조 표시하였다.

Example 16-14 *show running-config Command on R1, R2, and R3*

```
R1# show running-config
!
ip cef
ipv6 unicast-routing
ipv6 cef
!
interface GigabitEthernet0/0
 no ip address
 ipv6 address FE80::1 link-local
 ipv6 address 2001:DB8:CAFE:1::1/64
 ipv6 ospf 1 area 0
!
interface GigabitEthernet0/1
 no ip address
 ipv6 address FE80::1 link-local
 ipv6 address 2001:DB8:CAFE:2::1/64
 ipv6 ospf 1 area 0
!
interface GigabitEthernet0/2
 no ip address
 ipv6 address FE80::1 link-local
 ipv6 address 2001:DB8:FEED:6::1/64
!
ipv6 route ::/0 GigabitEthernet0/2 FE80::4
ipv6 router ospf 1
 router-id 1.1.1.1
 default-information originate
 passive-interface GigabitEthernet0/0
!
R1#
----------------------------------------------------------
R2# show running-config
!
ip cef
ipv6 unicast-routing
ipv6 cef
!
interface GigabitEthernet0/0
 no ip address
 ipv6 address FE80::2 link-local
 ipv6 address 2001:DB8:CAFE:3::1/64
 ipv6 ospf 1 area 51
!
interface GigabitEthernet0/1
 no ip address
 ipv6 address FE80::2 link-local
 ipv6 address 2001:DB8:CAFE:2::2/64
 ipv6 ospf 1 area 0
!
```

```
ipv6 router ospf 1
 router-id 2.2.2.2
 area 51 stub no-summary
!
R2#
---------------------------------------------------------
R3# show running-config
!
ip cef
ipv6 unicast-routing
ipv6 cef
!
interface GigabitEthernet0/0
 no ip address
 ipv6 address FE80::3 link-local
 ipv6 address 2001:DB8:CAFE:4::1/64
 ipv6 ospf 1 area 51
!
interface GigabitEthernet0/1
 no ip address
 ipv6 address FE80::3 link-local
 ipv6 address 2001:DB8:CAFE:3::2/64
 ipv6 ospf 1 area 51
!
ipv6 router ospf 1
 router-id 3.3.3.3
 area 51 stub
!
R3#
```

OSPFv3 with Address Families

OSPFv2는 IPv4만 지원한다. 반면에 OSPFv3의 최초 구현(traditional OSPFv3)은 IPv6만 지원한다. address family(AF)를 지원하는 OSPFv3의 도입으로 OSPFv3는 이제 IPv4와 IPv6 address family를 같이 지원할 수 있게 되었다. 개념적으로 OSPFv3 address family는 RIP(Routing Information Protocol), IS-IS(Intermediate System-to-Intermediate System), EIGRP(Enhanced Gateway Routing Protocol), BGP(Border Gateway Protocol)에 의해 사용되는 address family와 비슷하다.

"traditional OSPFv3"와 다른 중요한 차이점은 "OSPFv3 with AF"가 IPv4와 IPv6에 대해 동일한 neighbor 테이블과 LSDB를 사용한다는 것이고, Figure 16-3에서 이를 보여준다.

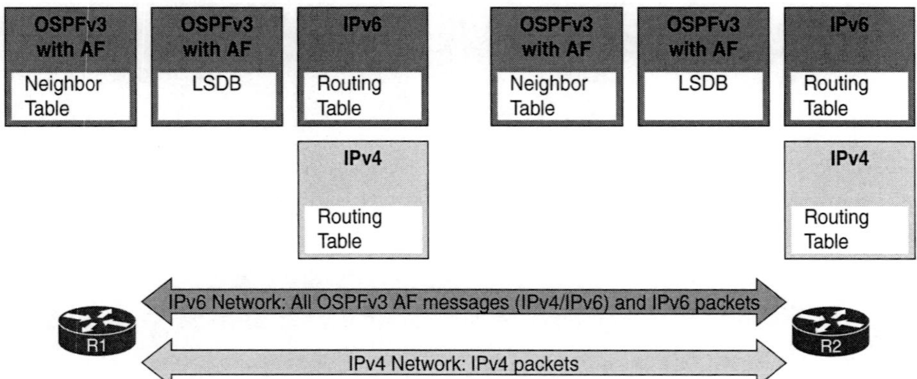

Figure 16-3 *OSPFv3 with AF Uses the Same Neighbor Table and LSDB for IPv4 and IPv6*

"OSPFv3 with AF"는 두 IPv4와 IPv6 address family를 위한 OSPF 메시지를 보낼 때 IPv6를 사용한다. 따라서 "OSPFv3 with AF"에서는 IPv4 AF에 대한 라우팅만 사용해도 IPv6 link-local 주소와 "**ipv6 unicast-routing**" 명령을 설정해야 한다.

15장의 EIGRP named 모드와 유사하게 "OSPFv3 with AF"는 IPv4 및 IPv6 address-family를 한 곳에 설정한다.

Figure 16-4는 "OSPFv3 with AF" 를 설정하기 위해 이 절에서 사용한 토폴로지를 보여준다. 이 토폴로지는 IPv4와 IPv6 프리픽스를 포함하고 있다.

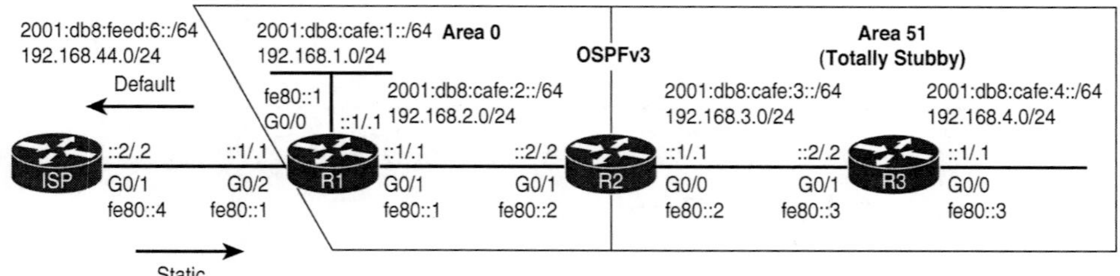

Figure 16-4 *Topology for OSPFv3 with AF*

Note R2 인터페이스의 IPv6 주소는 global unicast 주소 없이 link-local 주소만 설정할 수도 있다. 이것은 R2에 고객 단말이 직접 수용되는 인터페이스가 없기 때문이다. RFC 7404 "Using Only Link-Local Addressing inside an IPv6 Network"는 인프라 링크에 link-local 주소만 사용해서 라우팅 프로토콜을 동작시키는 문제에 대해 논의한다.

Configuring OSPFv3 with AF

이 절은 OSPFv3 address family를 사용하여 IPv4와 IPv6를 설정하는 방법을 보여준다. address family로 두 프로토콜을 설정하는 것은 neighbor 테이블 및 LSDB 공유에 관한 이해와 다음 절에서 설명할 OSPFv3를 시험하는 명령에 관한 이해에 도움이 된다.

이 절에서 라우터 R1, R2, R3는 "OSPFv3 with AF"를 사용하여 라우팅 도메인 내부에서 라우팅 정보를 전파하도록 설정된다. ISP 라우터는 이 OSPFv3 도메인에 대해 IPv4 및 IPv6 static route를 사용하며 Example 16-15에서 이를 보여준다.

Example 16-15 *Configuring Static Routes on ISP*

```
ISP(config)# ip route 192.168.4.0 255.255.248.0 192.168.44.1
ISP(config)# ipv6 route 2001:db8:cafe::/48 g0/1 fe80::1
```

ASBR and Advertising a Default Route

Example 16-16은 라우터 R1의 "OSPFv3 with AF" 설정을 보여준다. R1은 ASBR이며 OSPFv3 도메인을 상위 ISP 라우터와 연동한다. 예제는 R1을 IPv6 라우터로 활성화하는 "**ipv6 unicast-routing**" 명령어로 시작한다. 이 명령은 OSPFv3를 IPv6 및 IPv4 address family로 설정하는 데 필요하다. R1에는 또 ISP를 향한 IPv6와 IPv4 디폴트 static 라우팅이 설정된다.

Example 16-16 *Configuring OSPFv3 IPv6 and IPv4 AFs on R1*

```
R1(config)# ipv6 unicast-routing
R1(config)# ipv6 route ::/0 gigabitethernet0/2 192.168.44.2
R1(config)# ip route 0.0.0.0 0.0.0.0 gigabitethernet0/2 fe80::4
R1(config)# router ospfv3 1
R1(config-router)# address-family ?
  ipv4    Address family
  ipv6    Address family

R1(config-router)# address-family ipv6 unicast
R1(config-router-af)# ?
Router Address Family configuration commands:
  area                     OSPF area parameters
  auto-cost                Calculate OSPF interface cost according to bandwidth
  compatible               Compatibility list
  default                  Set a command to its defaults
  default-information      Distribution of default information
  default-metric           Set metric of redistributed routes
  discard-route            Enable or disable discard-route installation
  distance                 Administrative distance
  distribute-list          Filter networks in routing updates
  event-log                Event Logging
  exit-address-family      Exit from Address Family configuration mode
  graceful-restart         Graceful-restart options
  help                     Description of the interactive help system
```

```
  interface-id           Source of the interface ID
  limit                  Limit a specific OSPF feature
  log-adjacency-changes  Log changes in adjacency state
  max-lsa                Maximum number of non selfgenerated LSAs to accept
  max-metric             Set maximum metric
  maximum-paths          Forward packets over multiple paths
  no                     Negate a command or set its defaults
  passive-interface      Suppress routing updates on an interface
  prefix-suppression     Enable prefix suppression
  queue-depth            Hello/Router process queue depth
  redistribute           Redistribute IPv6 prefixes from another routing
                         protocol
  router-id              router-id for this OSPF process
  shutdown               Shutdown the router process
  snmp                   Modify snmp parameters
  summary-prefix         Configure IPv6 summary prefix
  table-map              Map external entry attributes into routing table
  timers                 Adjust routing timers
R1(config-router-af)# router-id 1.1.1.6
R1(config-router-af)# passive-interface gigabitethernet 0/0
R1(config-router-af)# default-information originate
R1(config-router-af)# exit-address-family
R1(config-router)# address-family ipv4 unicast
R1(config-router-af)# router-id 1.1.1.4
R1(config-router-af)# passive-interface gigabitethernet 0/0
R1(config-router-af)# default-information originate
R1(config-router-af)# exit-address-family
R1(config-router)# exit
R1(config)#
```

"OSPFv3 with AF"는 두 개의 configuration 모드를 가지고 있다.

- **Router configuration mode (config-router):** 어느 address family를 설정할지 결정하는 데 사용된다.
- **Address-family configuration mode (config-router-af):** OSPFv3의 특정 AF(IPv4 혹은 IPv6)를 설정하는 데 사용한다.

Example 16-16의 R1에서 다음의 명령은 "OSPFv3 with AF" 를 설정하는 데 사용되었다.

- R1(config)# **router ospfv3 1**

  "**router ospfv3** *process-id*" 명령으로 라우터 configuration 모드로 진입한다. 프로세스 ID는 이 라우터 내에서만 의미가 있으며(locally significant), 다른 라우터의 프로세스 ID와 일치시킬 필요는 없다.

- R1(config-router)# **address-family ?**

  "**?**"를 쳐서 help를 사용해 보면, 두 개의 address family(IPv4와 IPv6)가 사용 가능하다는 것을 알 수 있다.

- R1(config-router)# **address-family ipv6 unicast**

  이 명령으로 OSPFv3 IPv6 address-family configuration 모드로 진입한다. IPv4 주소가 설정된 loopback 혹은 물리 인터페이스가 없다면 라우터 ID가 수동 설정될 필요가 있다는 다음 IOS 메시지를 받게 될 것이다.

```
*Feb 17 17:01:22.887: %OSPFv3-4-NORTRID: Process OSPFv3-1-IPv6 could not pick a
router-id, please configure manually
```

- R1(config-router-af)# **?**

  "**?**"를 쳐서 help를 사용해 보면, address-family configuration 모드에서 사용할 수 있는 명령을 확인할 수 있는 데 "**area**", "**default-information**", "**exit-address-family**", "**passive-interface**", "**router-id**" 등이 있다. 다음 절에서 시험해 볼 것이다.

- R1(config-router-af)# **router-id 1.1.1.6**

  R1에서 "**router-id 1.1.1.6**" address family configuration 모드 명령으로 IPv6 address-family에 대해 32-bit 라우터 ID를 설정한다. 같거나 혹은 다른 라우터 ID를 IPv4 AF에 대해 설정할 수 있다.

Note IPv6와 IPv4 address family를 구분하기 쉽도록 IPv6 라우터 ID는 6으로, IPv6 라우터 ID는 4로 끝나게 했다.

- R1(config-router-af)# **passive-interface gigabitethernet 0/0**

  이 모드에서 "**passive-interface** *interface-type interface-number*" 명령은 해당 인터페이스를 통해 OSPF hello 및 다른 OSPF 메시지가 송신되지 않도록 한다. R1의 G0/0 인터페이스에는 neighbor가 연결되지 않으므로 이 명령이 인터페이스를 passive로 설정하는 데 사용되었다.

- R1(config-router-af)# **default-information originate**

  "**default-information originate**" 명령은 디폴트 route를 라우팅 도메인 내부로 전파한다. 앞서 traditional OSPFv3에서도 동일한 명령어에 대해서 설명했다.

- R1(config-router-af)# **exit-address-family**

  "**exit-address-family**" 명령어(혹은 **exit**)를 address-family config 모드에서 named config 모드인 "(config-router)#"로 돌아가는 데 사용한다.

Example 16-16은 R1에서 IPv4 address family를 설정하는 데 사용하는 OSPFv3 명령어를 보여준다. 꼭 그래야 하는 것은 아니지만, IPv4 AF에는 IPv6 AF에서 사용한 것과는 다른 라우터 ID를 사용했다.

OSPFv3는 IPv4와 IPv6 AF를 인터페이스에 직접 "**ospfv3** *process-id* [**ipv4** | **ipv6**] **area** *area-id*" 인터페이스 명령어를 사용하여 설정하며, Example 16-17에 이를 보여준다.

Example 16-17 *Enabling OSPFv3 with AF Directly on the Interfaces*

```
R1(config)# interface gigabitethernet 0/0
R1(config-if)# ospfv3 1 ?
  cost                  Route cost of this interface
  database-filter       Filter OSPF LSA during synchronization and flooding
  dead-interval         Interval after which a neighbor is declared dead
  demand-circuit        OSPF demand circuit
  flood-reduction       OSPF Flood Reduction
  hello-interval        Time between HELLO packets
  ipv4                  Specify parameters for IPv4
  ipv6                  Specify parameters for IPv6
  mtu-ignore            Ignores the MTU in DBD packets
  neighbor              OSPF neighbor
  network               Network type
  prefix-suppression    OSPF prefix suppression priority Router priority
  retransmit-interval   Time between retransmitting lost link state
                        advertisements

  shutdown              Shut down the interface in OSPFv3
  transmit-delay        Link state transmit delay

R1(config-if)# ospfv3 1 ipv6 area 0
R1(config-if)# ospfv3 1 ipv4 area 0
R1(config-if)# exit
R1(config)# interface gigabitethernet 0/1
R1(config-if)# ospfv3 1 ipv6 area 0
R1(config-if)# ospfv3 1 ipv4 area 0
R1(config-if)# exit
R1(config)#
```

ABR with Totally Stubby Area

Example 16-18은 R2의 “OSPFv3 with AF” 설정을 보여준다. 이 예제에서는 help 명령 “**?**”를 사용하지 않고 진행한 전체 설정을 보여준다.

R2는 area “0”인 G0/1 인터페이스와 area “51”인 G0/0 인터페이스를 갖는 ABR이다. area 51은 totally stubby area이며, R2는 default route 하나만 area 51로 전파한다. R2는 totally stubby area 내부로 다른 area로부터 알게 된 프리픽스나 external 프리픽스를 광고하지 않는다. 두 address family 설정에서 라우터 config 모드에서 사용한 “**area 51 stub no-summary**” 명령이 area 51을 totally stubby area로 만든다. (**no-summary** 옵션이 생략되면 area는 stub area가 된다.)

Example 16-18 *Configuring OSPFv3 IPv6 and IPv4 AFs on R2*

```
R2(config)# ipv6 unicast-routing
R2(config)# router ospfv3 1
R2(config-router)# address-family ipv6 unicast
R2(config-router-af)# router-id 2.2.2.6
R2(config-router-af)# area 51 stub no-summary
R2(config-router-af)# exit-address-family
```

```
R2(config-router)# address-family ipv4 unicast
R2(config-router-af)# router-id 2.2.2.4
R2(config-router-af)# area 51 stub no-summary
R2(config-router-af)# exit-address-family
R2(config-router)# exit
R2(config)# interface gigabitethernet 0/1
R2(config-if)# ospfv3 1 ipv6 area 0
R2(config-if)# ospfv3 1 ipv4 area 0
R2(config-if)# exit
R2(config)# interface gigabitethernet 0/0
R2(config-if)# ospfv3 1 ipv6 area 51
R2(config-if)# ospfv3 1 ipv4 area 51
R2(config-if)# exit
R2(config)#
```

Internal Router: Totally Stubby Area

R3는 두 개의 인터페이스가 모두 area 51에 속한 totally stubby area의 내부(internal) 라우터이다. Example 16-19는 라우터 R3의 "OSPFv3 with AF"를 사용한 IPv4 및 IPv6 address family 설정을 보여준다. "**area 51 stub**" 명령은 "**no summary**" 파라미터는 제외한 채 두 AF에 사용된다. R3가 totally stubby area 내의 internal 라우터이기 때문이다. G0/0 인터페이스에는 neighbor가 연결되어 있지 않으므로 G0/0은 passive 인터페이스로 설정된다.

Example 16-19 *Configuring OSPFv3 IPv6 and IPv4 AFs on R3*

```
R3(config)# ipv6 unicast-routing
R3(config)# router ospfv3 1
R3(config-router)# address-family ipv6 unicast
R3(config-router-af)# router-id 3.3.3.6
R3(config-router-af)# area 51 stub
R3(config-router-af)# passive-interface gigabitethernet 0/0
R3(config-router-af)# exit-address-family
R3(config-router)# address-family ipv4 unicast
R3(config-router-af)# router-id 3.3.3.4
R3(config-router-af)# area 51 stub
R3(config-router-af)# passive-interface gigabitethernet 0/0
R3(config-router-af)# exit-address-family
R3(config-router)# exit
R3(config)# interface gigabitethernet 0/0
R3(config-if)# ospfv3 1 ipv6 area 51
R3(config-if)# ospfv3 1 ipv4 area 51
R3(config-if)# exit
R3(config)# interface gigabitethernet 0/1
R3(config-if)# ospfv3 1 ipv6 area 51
R3(config-if)# ospfv3 1 ipv4 area 51
R3(config-if)# exit
R3(config)#
```

Verifying OSPFv3 with AF

이 절에서는 IPv4와 IPv6 address family에 대한 OSPFv3 정보를 확인하고 표시하는 방법을 보여준다. "OSPFv3 with AF"에서 "**show**" 명령은 처음에 약간 혼란스럽다. 이것은 "traditional OSPFv3"에서는 잘 동작하던 "**show**" 명령을 "OSPFv3 with AF"에 대해서 사용할 때, IPv6 AF 정보만을 표시하기 때문이다. IPv4와 IPv6 address family 둘 다에 대한 정보를 표시하려면 다른 일련의 "**show**" 명령이 필요하다. 왜 이런지 이해하기 위해서 OSPF가 어떻게 설정되는지 한 번 보기로 하자.

다양한 OSPF configuration 방법이 IPv4 나 IPv6 혹은 둘 다에 대한 프리픽스를 광고하도록 한다.

- **OSPFv2:** IPv4 프리픽스만을 광고한다.
- **Traditional OSPFv3:** IPv6 프리픽스만을 광고한다.
- **OSPFv3 with AF:** IPv4와 IPv6 프리픽스 둘 다 광고한다.

세 종류의 OSPF 설정 방법은 각각 다른 OSPF 확인 명령이 필요하다. IPv4 프리픽스를 설정하는 데 "OSPFv3 with AF"를 사용했다면 OSPFv2에 사용했던 명령과는 다른 확인 명령어가 필요하다.

OSPF를 확인하기 위한 특정한 명령어를 알아보기 전에 라우팅 테이블을 확인해 보자. IOS는 IPv4와 IPv6에 대해서 별도의 라우팅 테이블을 유지하고 Figure 16-3은 이를 보여준다. 그러므로 각 테이블을 확인하기 위해 다른 명령어가 필요하다.

Example 16-20에서 "**show ip route ospf**" 명령이 사용되었다. 그렇지만 출력 결과는 없다. OSPF를 통해 알게 된 IPv4 프리픽스가 표시되기를 기대했을 것이다. 그러나 "**ip**" 파라미터는 IPv4를 의미하고, "**ospf**" 파라미터는 OSPFv2(OSPFv3가 아니다)를 의미한다. "**ospf**" 파라미터를 사용한 이 명령은 OSPFv2를 통해 알게 된 IPv4 route를 표시하기 위해 사용한다. 예제는 IPv4 address family를 설정하기 위해 OSPFv3를 사용했다.

"**show ip route ospfv3**" 명령이 OSPFv3를 통해 알게 된 IPv4 프리픽스를 확인하는 데 사용된다. "**ip**" 파라미터는 IPv4를 의미하고, **OSPFv3** 파라미터는 OSPFv3를 통해 알게 된 라우팅을 참조하기 위한 파라미터이다.

Example 16-20 *Displaying OSPFv3 Routing Table Entries on R2*

```
R2# show ip route ospf
<no output>
R2# show ip route ospfv3
Codes: L - local, C - connected, S - static, R - RIP, M - mobile, B - BGP
       D - EIGRP, EX - EIGRP external, O - OSPF, IA - OSPF inter area
<Output omitted for brevity>
 Gateway of last resort is 192.168.2.1 to network 0.0.0.0

O*E2  0.0.0.0/0 [110/1] via 192.168.2.1, 00:00:37, GigabitEthernet0/1
O     192.168.1.0/24 [110/2] via 192.168.2.1, 02:16:34, GigabitEthernet0/1
O     192.168.4.0/24 [110/2] via 192.168.3.2, 02:13:26, GigabitEthernet0/0
R2#
R2# show ipv6 route ospfv3
Translating "ospfv3"
                      ^

% Invalid input detected at '^' marker.

R2# show ipv6 route ospf
IPv6 Routing Table - default - 8 entries
Codes: C - Connected, L - Local, S - Static, U - Peruser Static route
<Output omitted for brevity>
       O - OSPF Intra, OI - OSPF Inter, OE1 - OSPF ext 1, OE2 - OSPF ext 2
       ON1 - OSPF NSSA ext 1, ON2 - OSPF NSSA ext 2, a - Application
OE2 ::/0 [110/1], tag 1
     via FE80::1, GigabitEthernet0/1
O   2001:DB8:CAFE:1::/64 [110/2]
     via FE80::1, GigabitEthernet0/1
O   2001:DB8:CAFE:4::/64 [110/2]
     via FE80::3, GigabitEthernet0/0
R2#
```

Example 16-20의 명령어에 계속해서, "**show ipv6 route ospfv3**" 명령어가 OSPFv3를 통해 알게 된 IPv6 프리픽스를 표시하기 위한 것이라 기대할 수 있을 것이다. 그러나 실제 명령은 traditional OSPFv3와 같이 "**show ipv6 route ospf**" 명령이다.

Example 16-21은 세 가지 OSPF 설정 방법에 따른 OSPF 표시 명령어의 차이를 확인한 것이다. 첫 번째 명령 "**show ip ospf neighbor**"는 결과로 아무것도 출력하지 않는다. 이것은 "**ip ospf**"가 OSPFv3가 아닌 IPv4의 OSPF(OSPFv2)를 참조하기 때문이다.

다음 명령은 "**show ipv6 ospf neighbor**"이다. 이 명령어는 정보를 출력하지만, IPv6를 위한 OSPF 정보만 출력하고 IPv4는 출력하지 않는다. (라우터 ID가 "6"으로 끝난다는 것을 확인하라.) "**ipv6 ospf**" 파라미터는 IPv6를 위한 ospf만 "traditional OSPFv3" 혹은 "OSPFv3 with AF"에서 참조한다.

마지막 명령 "**show ospfv3 neighbors**"은 IPv4 및 IPv6에 둘 다에 대해 OSPFv3 정보를 표시한다. 이 명령이 IPv4 및 IPv6 둘 다에 대한 OSPF 정보를 확인하기 위한 명령이다. 두 address family에 대해서 OSPF 정보가 표시된다는 것을 확인하라. Figure 16-3에서 볼 수 있듯이, "OSPFv3 with AF"는 두 address family에 대해 동일한 neighbor 테이블을 사용한다.

Example 16-21 *Displaying OSPFv3 Neighbor Table Information on R2*

```
R2# show ip ospf neighbor
<no output>
R2# show ipv6 ospf neighbor
            OSPFv3 Router with ID (2.2.2.6) (Process ID 1)
Neighbor ID     Pri   State           Dead Time   Interface ID    Interface
1.1.1.6           1   FULL/BDR        00:00:37    4               GigabitEthernet0/1
3.3.3.6           1   FULL/DR         00:00:35    4               GigabitEthernet0/0
R2#
R2# show ospfv3 neighbor

          OSPFv3 1 address-family ipv4 (router-id 2.2.2.4)
Neighbor ID     Pri   State           Dead Time   Interface ID    Interface
1.1.1.4           1   FULL/BDR        00:00:37    4               GigabitEthernet0/1
3.3.3.4           1   FULL/DR         00:00:36    4               GigabitEthernet0/0

          OSPFv3 1 address-family ipv6 (router-id 2.2.2.6)
Neighbor ID     Pri   State           Dead Time   Interface ID    Interface
1.1.1.6           1   FULL/BDR        00:00:36    4               GigabitEthernet0/1
3.3.3.6           1   FULL/DR         00:00:34    4               GigabitEthernet0/0
R2#
```

세 그룹의 "**show**" 명령 파라미터는 다음과 같이 요약된다.

- **ip ospf:** OSPFv2에 의해 알게 된 IPv4 정보를 조회
- **ipv6 ospf:** traditional OSPFv3와 OSPFv3 with AF를 통해 알게 된 IPv6 정보를 조회
- **ospfv3:** OSPFv3 with AF를 통해 알게 된 IPv4와 IPv6 정보를 조회

이것은 각 설정 방법이 서로 다른 파라미터를 사용하는 연유와 원하는 정보를 볼 수 있거나 보지 못하는 이유를 이해하는 데 도움이 된다.

Note OSPFv2, "traditional OSPFv3" 및 "OSPFv3 with AF"를 인터페이스에 활성화하기 위해 사용하는 파라미터는 동일하다.

Example 16-22는 OSPF link-state database의 요약 정보를 표시하기 위해 이 3가지 파라미터를 사용하는 또 다른 예이다. 첫 번째 명령인 "**show ip ospf database**"는 아무런 결과가 없다. 다시 한번 말하지만, "**ip ospf**"는 OSPFv3가 아닌 OSPFv2만을 위한 파라미터이기 때문이다.

다음으로 "**show ipv6 ospf database**" 명령은 정보를 표시하지만, IPv4 address family가 아닌 LSDB 내의 IPv6 LSA에 대한 정보만 표시한다.

Example 16-22의 마지막 "**show ospfv3 database**" 명령은 IPv4 및 IPv6에 대한 OSPFv3 LSDB의 요약 정보를 표시하는 데 필요한 명령이다. 두 IPv4와 IPv6 address family에 대한 라우터 ID를 확인하라. Figure 16-3에서 그려진 것처럼 "OSPFv3 with AFs"는 두 address family에 대해 동일한 LSDB를 사용한다.

Example 16-22 *Displaying OSPFv3 LSDB Summary Information on R3*

```
R3# show ip ospf database
<no output>

R3# show ipv6 ospf database
             OSPFv3 Router with ID (3.3.3.6) (Process ID 1)

                Router Link States (Area 51)
 ADV Router       Age         Seq#         Fragment ID  Link count  Bits
 2.2.2.6          1876        0x8000014D  0             1           B
 3.3.3.6          862         0x8000014E  0             1           None

                Net Link States (Area 51)
ADV Router        Age         Seq#         Link ID     Rtr count
 3.3.3.6          862         0x8000014C  4           2

                Inter Area Prefix Link States (Area 51)

ADV Router        Age         Seq#         Prefix
 2.2.2.6          1876        0x8000014B  ::/0

                Link (Type-8) Link States (Area 51)
ADV Router        Age         Seq#         Link ID     Interface
 2.2.2.6          1876        0x8000014C  3           Gi0/1
 3.3.3.6          862         0x8000014D  4           Gi0/1
 3.3.3.6          862         0x8000014D  3           Gi0/0

                Intra Area Prefix Link States (Area 51)

ADV Router        Age         Seq#         Link ID     Reflstype   Ref-LSID
 3.3.3.6          862         0x80000150  0           0x2001      0
 3.3.3.6          862         0x8000014C  4096        0x2002      4
R3#
R3# show ospfv3 database

          OSPFv3 1 address-family ipv4 (router-id 3.3.3.4)

                Router Link States (Area 51)

ADV Router        Age         Seq#         Fragment ID  Link count  Bits
 2.2.2.4          428         0x8000014E  0             1           B
 3.3.3.4          1700        0x8000014D  0             1           None

                Net Link States (Area 51)

ADV Router        Age         Seq#         Link ID     Rtr count
 3.3.3.4          1700        0x8000014B  4           2

                Inter Area Prefix Link States (Area 51)
```

```
ADV Router       Age         Seq#        Prefix
 2.2.2.4         428         0x8000014C  0.0.0.0/0

                 Link (Type-8) Link States (Area 51)

ADV Router       Age         Seq#        Link ID    Interface
 2.2.2.4         428         0x8000014D  3          Gi0/1
 3.3.3.4         1700        0x8000014B  4          Gi0/1
 3.3.3.4         1700        0x8000014C  3          Gi0/0


                 Intra Area Prefix Link States (Area 51)

ADV Router       Age         Seq#        Link ID    Ref-lstype  Ref-LSID
 3.3.3.4         1700        0x8000014F  0          0x2001      0
 3.3.3.4         1700        0x8000014B  4096       0x2002      4

           OSPFv3 1 address-family ipv6 (router-id 3.3.3.6)

                 Router Link States (Area 51)

ADV Router       Age         Seq#        Fragment ID  Link count  Bits
 2.2.2.6         373         0x8000014E  0            1           B
 3.3.3.6         1384        0x8000014E  0            1           None

                 Net Link States (Area 51)

ADV Router       Age         Seq#        Link ID    Rtr count
 3.3.3.6         1384        0x8000014C  4          2

                 Inter Area Prefix Link States (Area 51)

ADV Router       Age         Seq#        Prefix
 2.2.2.6         373         0x8000014C  ::/0

                  Link (Type-8) Link States (Area 51)

ADV Router       Age         Seq#        Link ID    Interface
 2.2.2.6         373         0x8000014D  3          Gi0/1
 3.3.3.6         1384        0x8000014D  4          Gi0/1
 3.3.3.6         1384        0x8000014D  3          Gi0/0

                 Intra Area Prefix Link States (Area 51)

ADV Router       Age         Seq#        Link ID    Ref-lstype  Ref-LSID
 3.3.3.6         1384        0x80000150  0          0x2001      0
 3.3.3.6         1384        0x8000014C  4096       0x2002      4
R3#
```

마지막 방법은 각 라우터에서 running-config를 확인하는 것이다. Example 16-23은 라우터 R1, R2, R3에 대해서 running-config의 선택된 부분을 보여준다. 몇몇 명령은 설정을 알아보기 쉽도록 강조 표시를 했다.

Example 16-23 *show running-config for R1, R2, and R3*

```
R1# show running-config
!
ip cef
ipv6 unicast-routing
ipv6 cef
!
interface GigabitEthernet0/0
 ip address 192.168.1.1 255.255.255.0
 ipv6 address FE80::1 link-local
 ipv6 address 2001:DB8:CAFE:1::1/64
 ospfv3 1 ipv4 area 0
 ospfv3 1 ipv6 area 0
!
interface GigabitEthernet0/1
 ip address 192.168.2.1 255.255.255.0
 ipv6 address FE80::1 link-local
 ipv6 address 2001:DB8:CAFE:2::1/64
 ospfv3 1 ipv4 area 0
 ospfv3 1 ipv6 area 0
!
interface GigabitEthernet0/2
 ip address 192.168.44.1 255.255.255.0
 ipv6 address FE80::1 link-local
 ipv6 address 2001:DB8:FEED:6::1/64
!
router ospfv3 1
 !
 address-family ipv4 unicast
  passive-interface GigabitEthernet0/0
  default-information originate
  router-id 1.1.1.4
 exit-address-family
 !
 address-family ipv6 unicast
  passive-interface GigabitEthernet0/0
  default-information originate
  router-id 1.1.1.6
  exit-address-family
 !
ip route 0.0.0.0 0.0.0.0 GigabitEthernet0/2 192.168.44.2
!
ipv6 route ::/0 GigabitEthernet0/2 FE80::4
!
R1#
```

```
-------------------------------------------------------
R2# show running-config
!
ip cef
ipv6 unicast-routing
ipv6 cef
!
interface GigabitEthernet0/0
 ip address 192.168.3.1 255.255.255.0
 ipv6 address FE80::2 link-local
 ipv6 address 2001:DB8:CAFE:3::1/64
 ospfv3 1 ipv4 area 51
 ospfv3 1 ipv6 area 51
!
interface GigabitEthernet0/1
 ip address 192.168.2.2 255.255.255.0
 ipv6 address FE80::2 link-local
 ipv6 address 2001:DB8:CAFE:2::2/64
 ospfv3 1 ipv4 area 0
 ospfv3 1 ipv6 area 0
!
router ospfv3 1
 !
 address-family ipv4 unicast
  router-id 2.2.2.4
  area 51 stub no-summary
 exit-address-family
 !
 address-family ipv6 unicast
  router-id 2.2.2.6
  area 51 stub no-summary
 exit-address-family
!
R2#
-------------------------------------------------------
R3# show running-config
!
ip cef
ipv6 unicast-routing
ipv6 cef
!
interface GigabitEthernet0/0
 ip address 192.168.4.1 255.255.255.0
 ipv6 address FE80::3 link-local
 ipv6 address 2001:DB8:CAFE:4::1/64
 ospfv3 1 ipv4 area 51
 ospfv3 1 ipv6 area 51
!
interface GigabitEthernet0/1
```

```
 ip address 192.168.3.2 255.255.255.0
 ipv6 address FE80::3 link-local
 ipv6 address 2001:DB8:CAFE:3::2/64
 ospfv3 1 ipv4 area 51
 ospfv3 1 ipv6 area 51
!
router ospfv3 1
 !
 address-family ipv4 unicast
  passive-interface GigabitEthernet0/0
  router-id 3.3.3.4
  area 51 stub
 exit-address-family
 !
 address-family ipv6 unicast
  passive-interface GigabitEthernet0/0
  router-id 3.3.3.6
  area 51 stub
 exit-address-family
!
R3#
```

Configuring OSPFv3 for an IPv4 Island

두 address family에 대해 IPv6를 통해 OSPF 메시지를 보낼 때, IPv4 프리픽스만 광고할 필요가 있는 라우터를 여기에 그림으로 그렸다. Figure 16-5에서 라우터 RZ는 "IPv4-only island"이다. 이 말은 라우터가 IPv4 프리픽스만 라우팅할 필요가 있다는 것을 의미한다. 라우터 RZ에 수용된 사용자의 디바이스는 IPv4-only 단말이다. RZ는 외부의 IPv4 프리픽스를 알아야 할 필요성이 있으며 자신의 IPv4 프리픽스를 광고해야 한다.

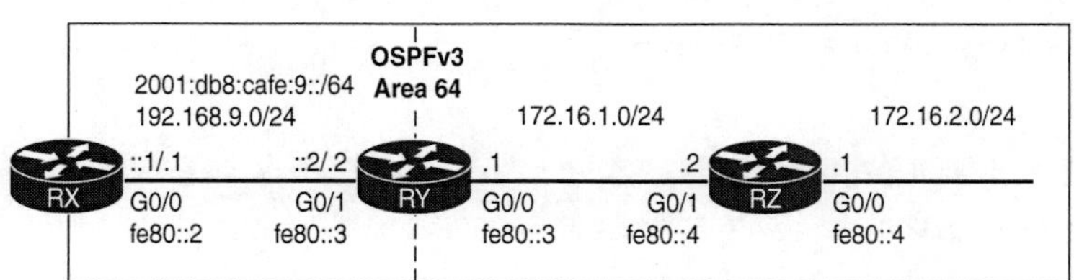

Figure 16-5 *OSPFv3 Topology with an IPv4 Island*

"OSPFv3 with AF"는 IPv4 address family를 위한 것이든 IPv6 address family를 위한 것이든 상관없이 OSPF 메시지를 보내는 데 IPv6를 사용한다. 그러므로 RZ가 IPv4만 라우팅하고 수용된 단말들이 전부 IPv4 단말이라고 해도, 라우터의 인터페이스는 IPv4 주소와 IPv6 link-local 주소 둘 다 가지고 있을 필요가 있다.

Example 16-24는 라우터 RZ의 설정을 보여준다. RZ는 "OSPFv3 with AF"를 설정하기 위해 IPv6 라우터로 활성화되어야 한다. OSPFv3 라우터 configuration 모드를 사용해서 IPv4 address family만 라우터 RZ에 설정된다.

Example 16-24를 보면, G0/1 인터페이스에 OSPFv3를 설정하기 위한 시도 중 "**ospfv3 1 ipv4 area 64**" 명령어가 인터페이스상에 IPv6가 활성화되지 않는 이유로 거부되었다. 이 명령을 사용하기 전에 IPv6 link-local 주소가 인터페이스에 설정되어야 한다. 같은 명령어가 라우터 RZ의 G0/0 인터페이스에 설정된다.

Example 16-24 *Configuring OSPFv3 with the IPv4 Address Family on RZ*

```
RZ(config)# router ospfv3 1
%OSPFv3: IPv6 routing not enabled
RZ(config)# ipv6 unicast-routing
RZ(config)# router ospfv3 1
RZ(config-router)# address-family ipv4 unicast
RZ(config-router-af)# router-id 4.4.4.4
RZ(config-router-af)# exit-address-family
RZ(config-router)# exit
RZ(config)# interface gigabitethernet 0/1
RZ(config-if)# ip address 172.16.1.2 255.255.255.0
RZ(config-if)# ospfv3 1 ipv4 area 64
% OSPFv3: IPv6 is not enabled on this interface
RZ(config-if)# ipv6 address fe80::4 link-local
RZ(config-if)# ospfv3 1 ipv4 area 64
RZ(config-if)# no shutdown
RZ(config-if)# exit
RZ(config)# interface gigabitethernet 0/0
RZ(config-if)# ip address 172.16.2.1 255.255.255.0
RZ(config-if)# ipv6 address fe80::4 link-local
RZ(config-if)# ospfv3 1 ipv4 area 64
RZ(config-if)# no shutdown
RZ(config-if)#
```

Note 라우터 RY의 G0/0 인터페이스도 RZ의 G0/0 인터페이스와 동일한 설정을 한다. RY의 G0/0 인터페이스는 IPv4 주소와 IPv6 link-local 주소가 필요하다.

RY의 G0/0 인터페이스가 이미 설정된 상태이면 RZ는 full OSPF adjacency를 G0/1 인터페이스를 통해 RY와 맺는다. hello 메시지와 LSA를 포함하는 모든 OSPFv3 메시지는 IPv6 패킷에 캡슐화된다. 예를 들면 RZ에서 오는 SPF hello 메시지는 "ff02::5(All-SPF Router) multicast" 주소로 송신되며, IPv6 link-local 주소인 "fe80::4"가 송신 주소이다.

RZ와 RY 사이에서 주고받는, 예를 들면 RZ의 랜 인터페이스에 연결된 디바이스가 보내고 RZ가 포워딩해야 하는 모든 다른 패킷은 IPv4로 주고받는다. Example 16-25는 "**show ip route ospfv3**" 명령을 사용해서 RZ의 IPv4 라우팅 테이블을 보여준다.

Example 16-25 *show ip route ospfv3 on RZ*

```
RZ# show ip route ospfv3
Codes: L - local, C - connected, S - static, R - RIP, M - mobile, B - BGP
       D - EIGRP, EX - EIGRP external, O - OSPF, IA - OSPF
<output omitted for brevity>
 O     192.168.9.0/24 [110/2] via 172.16.1.1, 03:04:09, GigabitEthernet0/1
RZ#
```

Summary

이 장에서는 "OSPFv2", "전통 방식(traditional) OSPFv3", "OSPFv3 with AF" 설정 방식 간의 유사한 점과 차이점에 관해 설명하였다. OSPFv3에 대한 2가지 방식 모두에 대해 설정과 확인 방법을 설명했다.

동일한 프로세스와 운용 기능, 동일한 링크 상태 개념 및 계층 디자인이 두 OSPFv2와 OSPFv3에 적용된다. 다음 내용은 "OSPFv2" 및 "traditional OSPFv3" 및 "OSPFv3 with AF"에 똑같이 적용된다.

- 모두 link-state 라우팅 프로토콜이다.
- Cisco IOS는 대역폭을 이용해 계산한 cost 값을 메트릭으로 사용한다.
- 32-bit OSPF 라우터 ID를 사용한다.
- 다중 area에 대한 지원을 포함한다.

그러나 다음과 같은 몇 가지 차이가 있다.

- OSPFv2는 IPv4 프리픽스를 광고하는 반면 "traditional OSPFv3"는 IPv6 프리픽스를 광고하며, "OSPFv3 with AF" 설정 방식은 IPv4 프리픽스와 IPv6 프리픽스 모두를 광고할 수 있다.
- OSPFv2 메시지는 인터페이스의 IPv4 주소를 사용하여 송신되지만, OSPFv3 메시지는 인터페이스의 IPv6 link-local 주소를 사용하여 송신된다.
- OSPFv2 메시지는 224.0.0.5(all SPF routers)와 224.0.0.6(all DR routers) multicast 주소를 사용하여 라우팅 업데이트를 보내지만, OSPFv3는 ff02::5(all SPF routers)와 ff02::6(all DR routers) multicast 주소를 사용하여 업데이트를 보낸다.

"traditional OSPFv3" 설정은 OSPFv2 설정과 유사하다. 다음 명령은 이 장에서 사용했던 traditional OSPFv3[1] 명령이다.

- R1(config)# **ipv6 router ospf** *process-id*

  이 명령은 OSPFv3 라우팅 프로세스를 생성하고 활성화한다. 프로세스 ID는 라우터 내부에서만 의미가 있으며 OSPFv3 라우팅 도메인 내의 다른 라우터와 일치시킬 필요는 없다.

---

1 원서에 OSPFv2 라고 되어 있으나 OSPFv3로 판단되어 수정하였다.-옮긴 이

- Router(config-rtr)# **router-id** *router-id*

  이 명령은 OSPFv3 라우터 ID를 설정한다. IPv4 주소가 설정된 loopback 혹은 살아있는 물리 인터페이스가 없다면 이 명령이 필요하다.

- Router(config-rtr)# **passive-interface** *interface-type interface-number*

  이 명령은 OSPF Hello 메시지 및 기타의 OSPF 메시지가 해당 인터페이스를 통해 나가는 것을 막는다.

- Router(config-rtr)# **default-information originate**

  이 명령은 디폴트 라우팅을 OSPFv3 도메인 내 다른 라우터로 전파하게 한다.

- Router(config-rtr)# **area** area-id **stub [no-summary]**

  이 명령어로 해당 area를 stub area로 설정한다. ABR 상에서 **no-summary** 명령을 추가하면 해당 area를 "totally stubby area"로 만든다.

- Router(config-if)# **ipv6 ospf** *process-id* **area** *area-id*

  이 인터페이스 명령은 인터페이스상에서 직접적으로 OSPFv3를 활성화하는 명령어이다. "process-id"는 해당 라우터의 특정한 라우팅 프로세스를 식별하며 "**ipv6 router ospf** *process-id*" 명령으로 라우팅 프로세스를 생성할 때 사용된 프로세스 ID와 같아야 한다.

OSPFv2는 IPv4만 지원하는 반면 OSPFv3(traditional OSPFv3)의 초기 구현은 IPv6만 지원한다. AF를 사용하는 OSPFv3가 도입되면서 OSPFv3는 IPv4와 IPv6 address family를 모두 지원하게 되었다.

다양한 OSPF configuration 방법을 사용해 IPv4 나 IPv6 혹은 둘 다에 대한 프리픽스를 광고할 수 있다.

- **OSPFv2:** IPv4 프리픽스만을 광고한다.
- **Traditional OSPFv3:** IPv6 프리픽스만을 광고한다.
- **OSPFv3 with AF:** IPv4와 IPv6 프리픽스 둘 다 광고한다.

"OSPFv3 with AF"는 두 개의 configuration 모드를 가지고 있다.

- **Router configuration mode (config-router):** 어느 address family를 설정할지 결정하는 데 사용된다.
- **Address-family configuration mode (config-router-af):** OSPFv3의 특정 AF(IPv4 혹은 IPv6)를 설정하는 데 사용한다.

다음의 명령은 AF를 사용한 OSPFv3의 설정 문법을 보여준다.

- Router(config)# **router ospfv3** *process-id*

  이 명령으로 OSPFv3의 라우터 설정 모드로 진입한다.

- Router(config-router)# **address-family** [**IPv4** | **IPv6**] **unicast**

  이 명령으로 특정 프로토콜(IPv4 혹은 IPv6)에 대한 address-family 설정 모드로 진입한다.

- Router(config-router-af)# **router-id** *router-id*

  이 명령으로 32-bit OSPFv3 라우터 ID를 설정한다.

- Router(config-router-af)# **passive-interface** *interface-type interface-number*

  이 명령으로 특정 인터페이스에 대해 OSPF Hello 메시지가 나가는 것을 막는다.

- Router(config-router-af)# **default-information originate**

  이 명령으로 라우팅 도메인 내부로 디폴트 static 라우팅을 광고하게 한다.

- Router(config-router-af)# **area** *area-id* **stub** [**no-summary**]

  이 명령어로 해당 area를 stub area로 설정한다. "**no-summary**"를 추가하여 area를 "totally stubby area"로 선언할 수 있다.

- Router(config-if)# **ospfv3** *process-id* [**ipv4** | **ipv6**] **area** *area-id*

  이 인터페이스 명령으로 인터페이스에서 직접적으로 OSPFv3를 활성화한다.

세 그룹의 "**show**" 명령 파라미터는 다음과 같이 요약할 수 있다.

- **ip ospf:** OSPFv2에 의해 알게 된 IPv4 정보를 조회
- **ipv6 ospf:** traditional OSPFv3와 OSPFv3 with AF를 통해 알게 된 IPv6 정보를 조회
- **ospfv3:** OSPFv3 with AF를 통해 알게 된 IPv4와 IPv6 정보를 조회

다음의 명령은 traditional OSPFv3 설정을 확인하기 위해 사용된다.

- **show ipv6 route ospf**
- **show ipv6 ospf database**
- **show ipv6 protocols**
- **show ipv6 interface**
- **show ipv6 ospf neighbor**
- **show ipv6 ospf interface**
- **ping**
- **show running-config**

다음 명령은 "OSPFv3 with AF" 설정을 확인하기 위해 사용된다.

- **show ip route ospfv3**
- **show ipv6 route ospf**
- **show ospfv3 neighbor**
- **show ospfv3 database**
- **show running-config**

Review Questions

1. 어느 OSPF 라우팅 프로토콜이 IPv4 프리픽스를 광고하는가? (해당하는 것을 모두 골라라)
   a. OSPFv2
   b. Traditional OSPFv3
   c. OSPFv3 with AF
2. 어느 OSPF 라우팅 프로토콜이 IPv6 프리픽스를 광고하는가? (해당하는 것을 모두 골라라)
   a. OSPFv2
   b. Traditional OSPFv3
   c. OSPFv3 with AF
3. IPv4 OSPF 메시지를 보낼 때 IPv6 multicast 주소를 사용하는 OSPF 라우팅 프로토콜은 어느 것인가? (해당하는 것을 모두 골라라)
   a. OSPFv2
   b. Traditional OSPFv3
   c. OSPFv3 with AF
4. "**ipv6 unicast-routing**" 명령으로 라우터를 설정해야 하는 OSPF 라우팅 프로토콜은 어느 것인가? (해당하는 것을 모두 골라라)
   a. OSPFv2
   b. Traditional OSPFv3
   c. OSPFv3 with AF
5. IPv4 OSPF 메시지를 보낼 때 IPv4 multicast 주소를 사용하는 OSPF 라우팅 프로토콜은 어느 것인가? (해당하는 것을 모두 골라라)
   a. OSPFv2
   b. Traditional OSPFv3
   c. OSPFv3 with AF
6. "**show ipv6 ospf neighbor**" 명령을 사용하여 IPv6 neighbor 테이블을 표시하는 OSPF 라우팅 프로토콜은 어느 것인가? (해당하는 것을 모두 골라라)
   a. OSPFv2
   b. Traditional OSPFv3
   c. OSPFv3 with AF

7. traditional OSPFv3를 통해 학습된 IPv6 route를 표시하는 명령은 무엇인가?
   a. **show ip route ospf**
   b. **show ip route ospfv3**
   c. **show ipv6 route ospfv3**
   d. **show ipv6 route ospf**

8. address family를 사용한 OSPFv3를 통해 학습된 IPv6 route를 표시하는 명령은 무엇인가?
   a. **show ip route ospf**
   b. **show ip route ospfv3**
   c. **show ipv6 route ospfv3**
   d. **show ipv6 route ospf**

9. OSPFv2를 통해 학습된 IPv4 route를 표시하는 명령은 무엇인가?
   a. **show ip route ospf**
   b. **show ip route ospfv3**
   c. **show ipv6 route ospfv3**
   d. **show ipv6 route ospf**

10. "OSPFv3 with AF"를 통해 학습된 IPv4 route를 표시하는 명령은 무엇인가?
    a. **show ip route ospf**
    b. **show ip route ospfv3**
    c. **show ipv6 route ospfv3**
    d. **show ipv6 route ospf**

References

RFCs

RFC 2328, *OSPF Version 2*, J. Moy, Ascend Communications, www.ietf.org/rfc/rfc2328, April 1998.

RFC 5340, *OSPF for IPv6*, R. Coltun, Acoustra Productions, tools.ietf.org/html/rfc5340, July 2008.

RFC 5838, *Support of Address Families in OSPFv3*, A. Lindem, Ericsson, tools.ietf.org/html/rfc5838, April 2010.

Websites

IPv6 Design and Deployment LiveLessons, http://www.ciscopress.com/store/ipv6-design-and-deployment-livelessons-9780134655512

Cisco IOS IPv6 Command Reference, www.cisco.com/c/en/us/td/docs/ios-xml/ios/ipv6/command/ipv6-cr-book.html.

OSPFv3 Support for Address Families, www.cisco.com/en/US/prod/collateral/iosswrel/ps6537/ps6554/ps6599/ps6629/whitepaper_c11-668030.html.

Books

IP Routing on Cisco IOS, IOS XE, and IOS XR: An Essential Guide to Understanding and Implementing IP Routing Protocols, by Brad Edgework, Aaron Foss, and Ramiro Rios, Cisco Press.

Routing TCP/IP, by Jeff Doyle, Cisco Press.

Implementing Cisco IP Routing (ROUTE) Foundation Learning Guide (CCNP ROUTE 300-101), by Diane Teare, Cisco Press.

OSPF: Anatomy of an Internet Routing Protocol, by John Moy, Addison-Wesley.

Part VI

Implementing IPv6

Chapter 17

IPv6를 적용하는 것은 광범위한 주제이며 네트워크와 사용자의 필요에 달려있어 다양한 많은 것들을 의미할 수 있다. 이 장의 목적은 여러분들이 네트워크에 IPv6를 적용할 때 고려할 만한 몇 가지 주제를 소개하여 적절한 결론으로 인도하기 위한 것이다.

이 장은 많은 실제 적용상의 공통적인 다음 주제에 대해 논한다.

- IPv6 주소 계획 고려사항
- IPv6 VLAN 설정
- IPv6를 위한 first-hop redundancy protocol 선택
- Dual stack
- IPv6 DNS
- ACLs
- 변환 protocol과 터널링

이 책 이후에 추천할 만한 IPv6 적용에 대한 가이드는 Tim Martin의 Cisco Press video series "*IPv6 Design and Deployment LiveLessions*"이다. 이 비디오 시리즈는 네트워크에 IPv6를 적용하는 데 관한 전체적이고 깊은 이해를 제공한다. 다음은 IPv6를 구현할 때 고려해야 할 주제에 대한 멋진 통찰을 제공하는 비디오 시리즈의 전체적인 요약이다.

- **Design Considerations:** 인프라 제공자가 어떻게 IPv6를 적용할지와 IPv6 확대에 대한 국가적인 전략에 대해 논하고, "bring-your-own-device" 시대의 충격과 IoT(Internet of Things)의 충격을 이해한다.
- **IPv6 Protocol:** IPv6 기초에 대한 개요를 제공한다.
- **General Design Principles:** IPv6 프로젝트 계획에 대비하는 것과 IPv6 주소 계획에 대비하는 것을 포함한 많은 디자인 원칙을 고찰한다.

- **Host Role in IPv6:** Windows, Mac OS X, Linux, 크롬북, 모바일 OS, Consumer Device 등을 포함한 host OS(Operating Systems)에서 IPv6가 어떻게 수행될지에 대해 논의한다.
- **IPv6 Network Services:** DHCPv6와 DNS, IPv6 multicast를 적용하고, IPv6 제로 설정[1]을 이해하는지 검토한다.
- **Campus Design Considerations:** First-Hop Redundancy Protocols(FHRP)를 실행하고 보호하는 것과, EIGRP for IPv6와 OSPFv3를 보호하는 것, 무선 환경에서 IPv6를 실행하는 것에 대해 논한다.
- **Data Center:** 데이터 센터의 IPv6에 대해 검토한다. Storage access network(SANs), Neighbor Cache scaling, verification of server readiness, application migration, cloud service에 관한 논의이다.
- **Wide Area Networking:** WAN에서 IPv6에 관해 설명한다. remote branch design, DMVPN consideration, MACsec, MPLS, segment routing, remote access VPN가 주제이다.
- **Translation Techniques:** NAT64, 서버 로드밸런싱, 프록시 서비스, Web Cache Control Protocol, 네트워크 프리픽스 변환 주제에 관한 것이다.
- **The Internet Edge:** 디자인 시나리오, BGP 멀티호밍, Location Identification Separation Protocol, mitigating risk with security에 관해 검토한다.

Note CCIE #2020인 Tim Martin과 CCIE #5275인 Jim Bailey는 이 책의 기술 편집자이기도 하다. Tim과 Jim은 모두 시스코 시스템즈의 수석 IPv6 엔지니어이며 전 세계 Cisco Live 이벤트에서 IPv6에 관련된 저명한 인사이다. 둘에 대한 자세한 정보는 이 책의 시작 부분에 있는 "About the Technical Reviewers" 절을 참조하라.

IPv6 Address Plan Considerations

IPv6는 IPv4보다 엄청나게 많은 주소 공간을 제공하고, 네트워크를 관리하기 위한 요구사항을 충족시키는 주소 정책을 수립할 수 있게 한다. 많은 IPv4 주소 정책은 기본적으로 IPv4 주소 공간의 효율적인 사용을 위해 설계되었고, 실제적이고 논리적인 주소 관리는 사후 문제였다.

IPv6 주소를 사용하고 있는 대부분 기관은 적어도 /48 프리픽스를 할당받았다. 이것은 65,536개의 /64 서브넷을 제공하는 거대한 주소 공간이다. 이 주소 공간의 크기는 효율적인 네트워크 관리, 손쉬운 보안 정책의 구현과 더 나은 네트워크 확장성을 위해 주소를 효율적이고 논리적으로 그룹화할 수 있게 한다. 어쩌면 비정상적으로 많은 서브넷이라고 생각할 수 있다. 그러나 이 절의 다음 부분에서 이렇게 하여 서브넷 ID 들을 계층적인 방법으로 구성할 수 있게 된다는 것을 알게 될 것이다.

주소 정책을 수립하는 데 몇 가지의 방법론이 있다. 그리고 어느 것을 선택할지는 조직의 요구사항과 네트워크 정책에 적합한지 여부에 달려있다. 다음은 주소 정책을 수행할 때 고려해야 할 몇 가지 사항이다.

---

1 IPv6 의 주소 자동 설정 기능을 말하는 것이다. -옮긴 이

- **Keep it simple:** 시스코의 Live Conference의 IPv6 address plan 프레젠테이션에서 Veronika Mckillop과 Wim Verrydt는 다음과 같이 언급했다. "주소 정책은 간략하게 유지하라. 주소 정책을 설명하는 데 몇 주를 소비할 필요가 없다!" 그때는 이것이 어려운 얘기처럼 들렸다. 여러분이 주소 정책을 수립해 보았다면 이것이 쉽게 시작해서 시간이 갈수록 필요 이상으로 복잡해진다는 것을 알고 있을 것이다. 설계할 당시에는 명확해 보이던 것이, 누군가 네트워크 문제로 트러블슈팅을 해야 할 한밤중에는 쉽지 않다.

- **Use an existing IP address schema or create a new one:** 어떤 경우에 현재 IPv4 주소 스키마(schema)를 IPv6에 대해서도 그대로 사용하기를 원할 수 있다. 이것은 현재의 IPv4 서브넷과 VLAN 수를 IPv6 서브넷 ID로 그대로 변환하는 것을 포함한다. 많은 경우 이것은 IPv6 주소 스키마를 생성하는 쉽고 빠른 방법이다. 그러나 이것은 단기간의 해법으로 후에 스키마 재설계를 유발할 것이다. (물론 나중으로 일을 미루는 것은 그런 일이 결국 일어나지 않는 것으로 귀결될 수도 있다.) IPv4 주소 정책이 IPv6 주소 정책에 영향을 주는 것은 피하는 것이 최선이다. IPv6를 적용하는 것은 다르게 생각할 수 있는 기회이며 IPv6 주소 정책을 세울 때는 새로운 고려를 하라.

  IPv6 주소 스키마를 원점에서 설계한다면 관리의 용이성과 네트워크 정책에 따라 네트워크의 규모가 커지는 것과 확장성을 고려하면서 주소를 할당할 수 있다. 재설계된 스키마는 확장성과 더 쉬운 네트워크 트러블슈팅을 제공하면서도 네트워크의 동작과 서비스 제공을 간단하게 한다.

- **Embed information to help operations:** 네트워크의 동작과 트러블 슈팅이 쉽도록 위치, VLAN 혹은 기능과 같은 정보를 서브넷 ID에 집어넣을 수 있다. 이 정보는 global unicast 혹은 link-local unicast 주소로 전달될 수 있다. "over-engineer"가 되지 않도록 주의하라.[1] 첫 번째 원칙(Keep it simple)을 명심하라.

- **Think about the address plan structure and subnetting:** IPv6를 서브넷으로 나누는 것은 원한다면 간단할 수도 있고 복잡해질 수도 있다. 5장 "Global Unicast Address"에서 IPv6 서브넷 작업의 기초를 보았다. 서브넷팅 스키마에 상관없이 대부분 서브넷팅은 nibble(16진수) 경계에서 하기를 권고한다. 계층적인 주소 스키마로 설계하는 것이 좋은 방법이며 확장성을 위해서도 중요하다. 16-bit 서브넷 ID로 65,536 서브넷을 사용할 수 있으며, 계층적이고 집합적으로 구성하는 것은 IGP 라우팅 프로토콜의 확장성을 위해 중요하다. VLSM은 IPv6에서 고려되지 않지만, 서브넷을 나누는 개념은 여전히 존재한다. 예를 들면 "2001:db8:cafe::/48"은 16개의 /52 서브넷으로 나눠질 수 있다.

  2001:db8:cafe:0000::/52

  2001:db8:cafe:1000::/52

  2001:db8:cafe:2000::/52

  2001:db8:cafe:3000::/52

  2001:db8:cafe:4000::/52

  2001:db8:cafe:5000::/52

---

1 과도하지는 않아야 한다는 의미-옮긴 이

2001:db8:cafe:6000::/52

2001:db8:cafe:7000::/52

2001:db8:cafe:8000::/52

2001:db8:cafe:9000::/52

2001:db8:cafe:a000::/52

2001:db8:cafe:b000::/52

2001:db8:cafe:c000::/52

2001:db8:cafe:d000::/52

2001:db8:cafe:e000::/52

2001:db8:cafe:f000::/52

다른 15개의 /52 서브넷에 영향을 주지 않고 “2001:db8:cafe:f000::/52” 서브넷(앞 목록의 마지막 서브넷) 한 개가 또다시 16개의 /56 서브넷으로 나눠질 수 있다.

2001:db8:cafe:f000::/56

2001:db8:cafe:f100::/56

2001:db8:cafe:f200::/56

2001:db8:cafe:f300::/56

2001:db8:cafe:f400::/56

2001:db8:cafe:f500::/56

2001:db8:cafe:f600::/56

2001:db8:cafe:f700::/56

2001:db8:cafe:f800::/56

2001:db8:cafe:f900::/56

2001:db8:cafe:fa00::/56

2001:db8:cafe:fb00::/56

2001:db8:cafe:fc00::/56

2001:db8:cafe:fd00::/56

2001:db8:cafe:fe00::/56

2001:db8:cafe:ff00::/56

물론 이들 /56 서브넷들도 각각 더 작은 서브넷으로 나눠질 수 있다. 중요한 점은 IPv4에서 했던 것처럼 IPv6에서도 서브넷팅할 수 있다는 점이다.

Note IPv6에서의 주소 정책과 서브넷팅에 대한 전체적인 이해를 위해서는 Tom Coffeen(O'Reilly)가 쓴 〈*IPv6 Address Planning: Designing an Address Plan for the Future*〉를 보라.

- **Consider prefix size and aggregation:** /64 프리픽스는 대부분의 네트워크 세그먼트에서 권고되며, 일반적인 LAN 인터페이스에는 /64 프리픽스를 사용해야 한다. /64가 아닌 프리픽스를 사용하려 한다면 다음 사항을 고려해야 한다. /64가 아닌 프리픽스는 SLAAC, Secure Neighbor Discovery(SEND), privacy 확장, 일부 모바일 IPv6, Protocol Independent Multicast(PIM), IPv6 Intermediation에 의한 사이트 멀티호밍[1] 등과 관련된 특정한 동작에 문제를 일으킬 것이다.

  IPv4에서 /31 프리픽스를 사용했던 것처럼 /127 프리픽스가 라우터 간(inter-router) 링크에 사용될 수 있다. IPv4에서 /31은 주소 절약을 위해서 사용했지만, IPv6에서 /127을 사용하게 된 동기는 보안 문제 때문이다. 5장에서 보안 위협을 감소시키기 위해 /127 프리픽스를 point-to-point 링크에 사용하는 것에 관해서 설명했다.

  프리픽스 축약(aggregation)은 라우팅 테이블의 크기를 줄이고 좀 더 효율적인 동적 라우팅을 위한 주소 정책의 중요 부분이다. 적절한 프리픽스 축약은 확장성과 안정성을 보장한다. RFC 7381 "*Enterprise IPv6 Deployment*"에서 다음과 같이 언급한다.

  > *네트워크의 모든 계층에서 계획을 세워 축약하라. IPv6에서는 VLSM(variable length subnet mask, RFC 1817)이 필요하지 않으며, 주소 절약에 기반한 주소 계획은 근시안적이다. 네트워크 세그먼트에서 /64보다 긴 프리픽스를 사용하면 SLAAC[RFC 4862]와 같은 일반적인 IPv6 기능이 동작하지 않는다. 여러 개의 VLAN 혹은 기타 2계층 도메인이 수렴하는 경우 확장을 위해 일정 공간 여유를 두라. 네트워크가 너무 커진 이후 주소 공간을 재배치하는 것은 어려운 일이므로 사전에 여유를 두어야 한다. 일반적으로 현재 크기의 약 2배 정도를 수용할 수 있도록 계획하라.*

- **Plan for network growth and flexibility:** RFC 7381에서 언급된 것처럼 확장을 위한 계획은 필수적이다. 향후 네트워크 확장과 병합, 새로운 할당, 재구성, 예상하지 못한 요구와 새로운 기술에 대비하여 내부 IPv6 주소 공간의 여유를 남겨야 한다. ISP로부터 충분한 양의 주소를 할당받는 것이 유연함과 확장성을 위해 필수적이다.

Encoding Information in the Subnet ID

IPv6 주소 스키마 계획을 세워보면 IPv6 global unicast 혹은 unique local 주소에 대해 서브넷 ID를 구분하는 것에 대한 장점을 알 수 있을 것이다. 서브넷 ID는 계층적 구조와 위치와 VLAN 같은 정보를 제공하는 데 사용될 수 있다.

---

1 RFC 5533 "Shim6: Level 3 Multihoming Shim Protocol for IPv6"

Figure 17-1에서 /48 글로벌 라우팅 프리픽스를 16-bit 서브넷 ID로 나누어 /64 프리픽스를 할당하는 예를 보여준다. 16-bit 서브넷 ID는 처음엔 너무 많아 보이기도 하는 65,536개의 서브넷을 제공한다. 그러나 개별적인 16진수 값을 확인해 보면 이 필드가 네트워크 정보를 표시하는 데 사용될 수 있다는 것을 알게 될 것이다. 거대한 IPv6 주소 공간의 장점은 IP 네트워크를 관리하고 구조화하는 데 더 나은 방법을 가능하게 한다는 것이다. 서브넷의 숫자는 필수적인 것은 아니지만, 이 공간을 네트워크를 더욱 효율적으로 관리하는 데 사용할 수 있다.

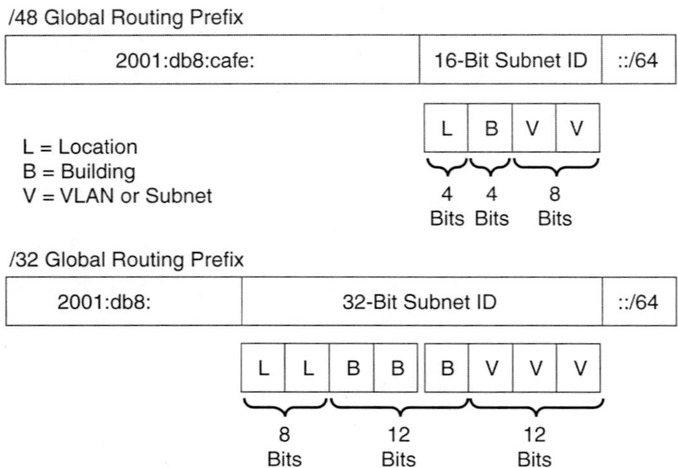

Figure 17-1 *Encoding Information in the Subnet ID*

Figure 17-1의 위쪽 그림으로 다음 내용을 생각해 보라.

- **Location (4 bits):** location이나 site를 표시한다. 기업의 사무실, 지사의 사무실, 주 캠퍼스 등등이 될 수 있다. 4 비트를 할당하여 16개의 다른 장소를 표시할 수 있다.
- **Building (4 bits):** location 내의 빌딩을 표시한다. 역시 4bit를 할당하여 장소(location)당 16개의 다른 빌딩을 표시할 수 있다.
- **VLAN or Subnet (8 bits):** 10진수 혹은 16진수로 VLAN ID를 표시한다. VLAN ID에 8bit를 할당하여 16진수를 사용하면 빌딩당 255개의 VLAN을 표기할 수 있고, 10진수 값으로만 사용한다면 99 VLAN을 표기할 수 있다. (VLAN 0은 priority tagged 프레임을 위해 예약된다.)

조직의 크기와 필요에 따라 서브넷 ID 안에 숫자를 사용하는 다양한 방법이 있을 수 있다. 예를 들면 단일한 site는 4bit의 subnet ID로 location을 표기하고, 12bit를 VLAN을 표기하는 데 사용할 수도 있다.

왜 특정 조직이 /48보다 짧은 /32 프리픽스를 요청할 수 있는지에 대한 이유를 알았다. 프리픽스가 짧을수록 서브넷 ID에 더 많은 16진수 숫자를 할당할 수 있고, 서브넷/VLAN을 구성할 때 훨씬 더 유연성이 생긴다. /32 프리픽스는 32-bit 서브넷 ID 부여가 가능하다. (이것은 공인 IPv4 주소의 숫자와 같은 IPv6 서브넷 숫자이다!!!) 32-bit 서브넷 ID는 각 4bit인 8개의 16진수 값으로 표기된다. 이렇게 되면 각 위치(location), 건물(building), 역할(function), IPv6 주소 스키마에 상관없이 충분한 숫자의 서브넷을 할당하는 것이 용이하게 된다. location, building, VLAN 포맷을 사용해서 가능한 32-bit 서브넷 ID는 "LLBB BVVV"이며 Figure 17-1의 그림 아래쪽 반에서 이를 보여준다.

Note 이 장의 뒷부분에서 설명할 주소 계획(address plan)에서 서브넷 ID 내에 정보를 인코딩하기 위한 다양한 옵션을 제공한다.

VLAN-Mapped Subnet ID

따로 요구하지 않아도 많은 네트워크 관리자는 VLAN ID를 IP 주소와 매핑 시킨다. IPv6는 이런 실무를 쉽게 하고 일반적으로 많은 숫자의 VLAN 들을 수용할 수 있다.

IPv6 서브넷 ID로 이렇게 하는 가장 쉬운 방법은 단순히 VLAN의 십진수 값을 사용하는 것이다. Figure 17-1에서 보여주는 포맷을 사용하여 서브넷 ID의 가장 오른쪽(rightmost) 2개 16진수 값은 VLAN 1부터 99까지의 값(VLAN 0은 예약)을 표시하는 데 사용할 수 있다. 다음의 예에서 location 값은 "1", building number는 "7", 그리고 마지막 두 개의 숫자(굵은 글씨)는 VLAN의 십진수 값을 나타낸다.

VLAN 1: 2001:db8:cafe:17**01**::/64

VLAN 2: 2001:db8:cafe:17**02**::/64

VLAN 10: 2001:db8:cafe:17**10**::/64

VLAN 25: 2001:db8:cafe:17**25**::/64

VLAN 50: 2001:db8:cafe:17**50**::/64

VLAN 99: 2001:db8:cafe:17**99**::/64

서브넷 ID를 이용한 십진수 VLAN 표기의 장점은 인식하기 쉽다는 것이다. 이 방법의 단점은 16진수 값으로 표기하는 것보다 0-9까지의 십진수로 표시하므로 표기할 수 있는 VLAN의 숫자가 줄어든다는 것이다. VLAN을 16진수로 변환하면 8bit 전체를 사용해서 VLAN을 표기할 수 있다.(물론 VLAN 0은 예약이다.) 다음 예는 위와 똑같은 VLAN을 이제 16진수로 표기하면서 추가적인 99 이상의 VLAN도 표기할 수 있음을 보인 것이다.

VLAN 1: 2001:db8:cafe:17**01**::/64

VLAN 2: 2001:db8:cafe:17**02**::/64

VLAN 10: 2001:db8:cafe:17**0a**::/64

VLAN 25: 2001:db8:cafe:17**19**::/64

VLAN 50: 2001:db8:cafe:17**32**::/64

VLAN 99: 2001:db8:cafe:17**63**::/64

VLAN 125: 2001:db8:cafe:17**7d**::/64

VLAN 197: 2001:db8:cafe:17**c5**::/64

VLAN 255: 2001:db8:cafe:17**ff**::/64

Note VLAN을 위해 서브넷 ID 중 3개의 16진수 값을 할당하면 4096개의 VLAN을 표기(16진수로 표기 시)할 수 있다. 이 값은 IEEE 802.1Q 표준에 따라 12bit를 VLAN ID에 할당하므로 최대값과 일치된다. 802.1Q 헤더는 이더넷 프레임의 송신 MAC 주소와 EtherType/Length 필드 사이에 위치하는 32-bit 필드이다. 802.1Q 헤더에서 처음 16bit는 Tag Protocol Identifier(TPID)이고, 그다음 3bit는 Priority Code Point(PCP), 그다음 bit는 Drop Eligible Indicator이며, 마지막 12bit가 VLAN identifier(VID)이다.

IPv6 Address Plans

네트워크를 위한 IPv6 주소 계획을 세울 때 쓸데없이 시간을 낭비할 필요가 전혀 없다. 수많은 IPv6 주소 계획 가이드를 여러 출처에서 참고할 수 있다. 어떤 것은 일반적인 개요만 제공하고 어떤 것은 상당히 자세하게 예를 들어 설명되어 있다. 다음 목록은 사용 가능한 IPv6 주소 계획의 일부이다.

- *IPv6 Design and Deployment LiveLessons*, Lesson 3.4: "Building an Address Plan," by Tim Martin, www.ciscopress.com/store/ipv6-design-and-deployment-livelessons-9780134655512
- *Preparing an IPv6 Address Plan*, IPv6 Forum, www.ipv6forum.com/dl/presentations/IPv6-addressing-plan-howto.pdf
- *IPv6 Address Planning: Designing an Address Plan for the Future*, by Tom Coffeen, O'Reilly Media
- *IPv6 Addressing Guide, Cisco Smart Business Architecture Guides*, Cisco Systems, www.cisco.com/c/dam/en/us/td/docs/solutions/Enterprise/Borderless_Networks/Smart_Business_Architecture/February2012/SBA_Ent_BN_IPv6AddressingGuide-February2012.pdf
- *IPv6 Addressing White Paper*, Cisco Systems, www.cisco.com/c/dam/en_us/solutions/industries/docs/gov/IPv6_WP.pdf
- *IPv6 Addressing Plan Basics*, Infoblox, https://www.infoblox.com/wp-content/uploads/2016/04/infoblox-whitepaper-ipv6-addressing-plan-basics_1.pdf
- *IPv6 Address Planning: Guidelines for IPv6 Address Allocation*, Internet Society (ISOC), www.internetsociety.org/deploy360/resources/ipv6-address-planning-guidelines-for-ipv6-address-allocation/

Note 시스코 라이브에 계정이 있다면 Wim Verrydt의 "*How to Write an IPv6 Addressing Plan*(BRKRST-2667)" 세션을 추천한다.

IPv6 VLANs

Layer 3 스위치에 IPv6 VLAN을 설정하는 것은 IPv4 VLAN 정보를 설정하는 것과 아주 비슷하다. 그러나 약간의 차이는 있다. VLAN 인터페이스는 일반적으로 VLAN 상에서 디폴트 게이트웨이로 동작한다. IPv4 VLAN에서는 IPv4 주소를 VLAN에 설정하며, 이 주소가 종단 디바이스에 디폴트 게이트웨이로 사용된다.

IPv6 VLAN 인터페이스는 같은 기능을 하지만, 일반적인 라우터의 IPv6 인터페이스와 마찬가지로 VLAN 상에서 ICMPv6 Router Advertisement 메시지를 보내는 추가적인 목적도 갖고 있다. 종단 디바이스는 디폴트 게이트웨이 주소와 동적 주소 결정을 위해서 RA 메시지가 필요하다.

Figure 17-2는 멀티 레이어 스위치 Switch1의 VLAN 5에 연결된 WinPC를 보여준다. 토폴로지는 "2001:db8:cafe::/48"의 일부이고, Figure 17-1에서 보여준 것처럼 16-bit 서브넷 ID 포맷 LBVV를 사용한다. 두 VLAN 5와 10은 location 1, building 7에 있다. VLAN 5는 서브넷 ID 1705이고, VLAN 10은 서브넷 ID 170a이다.(10진수 10은 16진수 0xa와 동등하다)

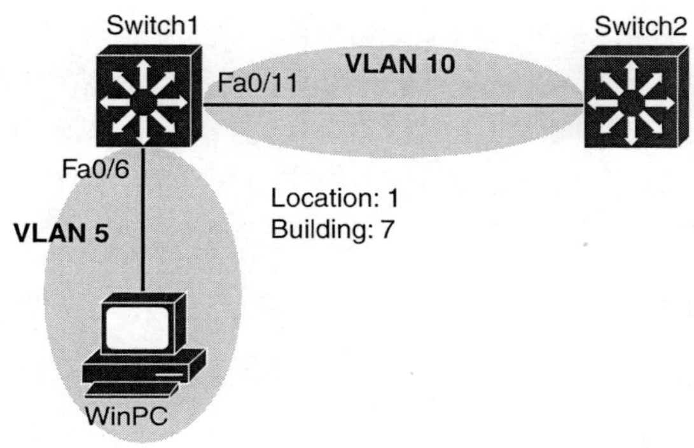

Figure 17-2 *Topology for Configuring IPv6 VLANs*

Example 17-1은 Switch1 내 인터페이스 VLAN 5의 설정을 보여준다. GUA 주소는 서브넷 ID "1705"를 사용하고 인터페이스 ID는 "::1"이다. 앞에는 프리픽스 "2001:db8:cafe::48"이 붙는다.

Example 17-1 *Configuring IPv6 Addresses on VLAN 5*

```
Switch1(config)# interface vlan 5
Switch1(config-if)# ipv6 address 2001:db8:cafe:1705::1/64
Switch1(config-if)# ipv6 address fe80::5:1 link-local
Switch1(config-if)# ipv6 nd ?
  advertisement-interval  Send an advertisement interval option in RA's
  autoconfig              Automatic Configuration
  cache                   Cache entry
  dad                     Duplicate Address Detection
  managed-config-flag     Hosts should use DHCP for address config
  na                      Neighbor Advertisement control
  ns-interval             Set advertised NS retransmission interval
  nud                     Neighbor Unreachability Detection
  other-config-flag       Hosts should use DHCP for nonaddress config
  prefix                  Configure IPv6 Routing Prefix Advertisement
  ra                      Router Advertisement control
  reachable-time          Set advertised reachability time
  router-preference       Set default router preference value
```

```
Switch1(config-if)# exit
Switch1(config)# interface fastethernet 0/6
Switch1(config-if)# switchport access vlan 5
Switch1(config-if)# switchport mode access
Switch1(config-if)# end
Switch1# show ipv6 interface brief | section Vlan5
Vlan5                        [up/up]
    FE80::5:1
    2001:DB8:CAFE:1705::1
Switch1#
```

계속해서 Example 17-1에서 Switch1의 link-local 주소를 VLAN ID를 사용한 인터페이스 ID로 설정한다. 앞 장에서는 라우터의 모든 인터페이스에 동일한 link-local 주소를 설정했었다. 단순하고 알아보기 쉽게 하기 위해서였고 라우터 간의 링크에 잘 작동한다. link-local 주소의 일부분으로 VLAN ID를 사용하면 논리적 주소 구조가 일관성 있게 되며 트러블슈팅도 쉬워진다. 각 VLAN 인터페이스는 VLAN과 연관되는 link-local 주소를 가진다. 예를 들면 10진수 VLAN ID를 16진수로 변환한다면 이들은 여러 VLAN의 link-local 주소에 대한 값이 될 수 있다.

- VLAN 1에 대해 fe80::1:1
- VLAN 2에 대해 fe80::2:1
- VLAN 10에 대해 fe80::a:1
- VLAN 50에 대해 fe80::32:1

이들은 link-local 주소에 VLAN ID를 포함하는 한 가지 예일뿐이다. 또 다른 방법은 10진수를 그대로 사용하거나, VLAN ID를 ":1"을 생략한 채 인터페이스 ID로 사용하는 방법[1]이 있다. 예를 들어 이 두 방법을 결합한다면 VLAN 10에 대한 link-local 주소는 "fe80::10"이 되고, VLAN 50에 대한 주소는 "fe80::50"이 된다.

Example 17-1에서 "**ipv6 nd ?**" 명령은 앞 장의 라우터 인터페이스상에서 보여준 것과 같은 옵션을 표시한다. 간단하게 말해 VLAN 인터페이스는 라우터 인터페이스에 동일한 설정 옵션을 적용했을 때와 똑같이 RA 메시지를 보낸다.

Example 17-1에서 마지막 명령어 셋은 FastEthernet0/6 인터페이스가 VLAN 5에 액세스 포트로 할당된 것과 VLAN 5에 대해 "**show ipv6 interface brief**" 명령을 사용해 확인한 IPv6 주소를 보여준다.

Example 17-2는 Switch1 상에서 Router Advertisement 송신을 활성화하는 방법을 보여준다. 라우터와 유사하게 "**ipv6 unicast-routing**" 명령이 Switch1을 IPv6 라우터로 동작 시키는 데 필요하다. "**show ipv6 interface vlan 5**" 명령으로 "VLAN 5"가 "ff02::1(All-IPv6 디바이스)과 "ff02::2(all IPv6 router)" multicast 그룹의 멤버임을 확인한다. 출력 결과로 인터페이스가 "VLAN 5"의 멤버이며, 200초마다 "A" 플래그가 "1"인 RA 메시지를 보내서 SLAAC("M"과 "O" 플래그는 "0")를 활성화한다는 것을 확인할 수 있다. 이런 것들은 앞서 보았던 일반적인 IPv6 라우터의 기본 동작과 같다.

---

1 link-local 주소이고 각 vlan도 논리적인 별도의 link(혹은 subnet)이므로 이렇게 사용할 수 있다.-옮긴 이

Example 17-2 *Enabling Switch1 as an IPv6 Router*

```
Switch1(config)# ipv6 unicast-routing
Switch1(config)# exit
Switch1# show ipv6 interface vlan 5
Vlan5 is up, line protocol is up
  IPv6 is enabled, link-local address is FE80::5:1
  No Virtual link-local address(es):
  Global unicast address(es):
    2001:DB8:CAFE:1705::1, subnet is 2001:DB8:CAFE:1705::/64
  Joined group address(es):
    FF02::1
    FF02::2
    FF02::1:FF00:1
    FF02::1:FF05:1
  MTU is 1500 bytes
  ICMP error messages limited to one every 100 milliseconds
  ICMP redirects are enabled
  ICMP unreachables are sent
  Output features: Check hwidb
  ND DAD is enabled, number of DAD attempts: 1
  ND reachable time is 30000 milliseconds (using 30000)
  ND advertised reachable time is 0 (unspecified)
  ND advertised retransmit interval is 0 (unspecified)
  ND router advertisements are sent every 200 seconds
  ND router advertisements live for 1800 seconds
  ND advertised default router preference is Medium
  Hosts use stateless autoconfig for addresses.
Switch1#
```

Example 17-3의 Switch1에서 "**debug ipv6 nd**" 명령을 사용해 VLAN 5에 대한 Router Advertisement 송신을 확인할 수 있다. link-local 주소인 "f80::5:1"이 RA 메시지의 IPv6 송신 주소이고, 프리픽스 "2001:db8:cafe:1705::/64"를 광고한다.

Example 17-3 *debug ipv6 nd Command on Switch1*

```
Switch1# debug ipv6 nd
ICMP Neighbor Discovery events debugging is on
Switch1#
*Mar  1 01:12:09.930: ICMPv6-ND: Request to send RA for FE80::5:1
*Mar  1 01:12:09.930: ICMPv6-ND: Setup RA from FE80::5:1 to FF02::1 on Vlan5
*Mar  1 01:12:09.930: ICMPv6-ND:  MTU = 1500
*Mar  1 01:12:09.930: ICMPv6-ND:     prefix = 2001:DB8:CAFE:1705::/64 onlink
  autoconfig
*Mar  1 01:12:09.930: ICMPv6-ND:             2592000/604800 (valid/preferred)
Switch1# undebug all
```

Example 17-4의 "**ipconfig**" 명령은 WinPC의 IPv6 주소 정보를 보여준다. RA 메시지에 SLAAC를 권고하는 플래그가 설정되어 있으므로 WinPC는 RA 메시지에 포함된 프리픽스를 사용하여 GUA 주소를 생성하고 디폴트 게이트웨이로 RA의 송신 주소를 사용한다.

Example 17-4 ***ipconfig*** *Command on WinPC*

```
WinPC> ipconfig
Ethernet adapter Local Area Connection:
   Connection-specific DNS Suffix  . :
   IPv6 Address . . . . . . . . . . . : 2001:db8:cafe:1705:ddbd:6053:612e:77ab
   Temporary IPv6 Address. . . . . . : 2001:db8:cafe:1705:4c4c:7708:4b83:7b85
   Link-local IPv6 Address . . . . . : fe80::ddbd:6053:612e:77ab%11
   Autoconfiguration IPv4 Address  . : 169.254.119.171
   Subnet Mask . . . . . . . . . . . : 255.255.0.0
   Default Gateway . . . . . . . . . : fe80::5:1%11
```

Layer 3 스위치의 포트를 routed 포트로 설정할 수도 있다. routed 포트는 라우터의 물리 인터페이스와 비슷하다. "**no switchport**" 인터페이스 명령은 인터페이스를 "Layer-3-capable"로 만든다.

Example 17-5는 FastEthernet 0/11 인터페이스를 routed 포트로 설정하는 예이다. 이 인터페이스는 routed 포트로 설정되었기 때문에 실제적으로 어떤 VLAN과도 관련이 없다. 우리의 주소 스키마에 따라 서브넷 ID의 VLAN 부분에 대해 VLAN 10을 사용하고 있다. Switch1의 Fa0/11 인터페이스는 이제 서브넷 ID "170a" 를 사용한 GUA 주소 "2001:db8:cafe:170a::1/64"(0xa는 10진수 10을 16진수로 변환한 값이다)로 설정되었다. link-local 주소는 VLAN 5 인터페이스에 대해 사용되는 것과 동일한 포맷을 사용한다. "**show ipv6 interface brief**" 명령으로 두 주소를 확인할 수 있다.

Example 17-5 *Configuring a Routed Port*

```
Switch1(config)# interface fastethernet 0/11
Switch1(config-if)# no switchport
Switch1(config-if)# ipv6 address 2001:db8:cafe:170a::1/64
Switch1(config-if)# ipv6 address fe80::a:1 link-local
Switch1(config-if)# end
Switch1# show ipv6 interface brief
Vlan1                      [up/up]
    unassigned
Vlan5                      [up/up]
    FE80::5:1
    2001:DB8:CAFE:1705::1
FastEthernet0/1            [down/down]
    unassigned
...
FastEthernet0/11           [up/up]
    FE80::A:1
    2001:DB8:CAFE:170A::1
<output omitted for brevity>
Switch1#
```

IPv6 First Hop Redundancy Protocols

IPv4에서 디폴트 게이트웨이가 하나만 있다면 디폴트 게이트웨이가 장애일 때 호스트는 패킷을 자신의 네트워크 바깥으로 보낼 수 없다. 세그먼트 내에 또 다른 IPv4 라우터가 있다 하더라도 호스트 운영 체제가 새로운 디폴트 게이트웨이를 자동으로 결정하는 방법은 없다.

IP routing redundancy는 first-hop 라우터의 투명한 장애복구를 위해서 설계되었다. First Hop Redundancy Protocol(FHRP)을 사용하면 한 세트의 라우터나 Layer 3 스위치들은 함께 동작하여 랜 상의 호스트들에게 하나의 가상 디폴트 게이트웨이(라우터)가 있는 것처럼 보인다. 이 프로토콜로 두 대 혹은 그 이상의 물리적인 라우터가 IP 주소와 하나의 가상 라우터처럼 동작하는 가상(Virtual) MAC[1]을 공유한다. FHRP는 IPv4와 IPv6 둘 다에서 사용할 수 있다.

시스코 IOS는 세 종의 FHRP 프로토콜을 제공한다.

- Hot Standby Router Protocol (HSRP)
- Virtual Router Redundancy Protocol (VRRP)
- Gateway Load Balancing Protocol (GLBP)

Note FHRP 프로토콜의 자세한 사항과 설정은 이 책의 범위를 벗어난다. 각 FHRP 프로토콜에 대해 이 장의 참고 절에서 더 많은 정보를 위해 찾아볼 만한 곳을 제공한다.

FHRP 프로토콜은 IPv4와 IPv6 둘 다에서 사용할 수 있다. 그러나 IPv6에서는 고유의 또 다른 옵션(ICMPv6 Neighbor Discovery)이 있다. ICMPv6 Neighbor Discovery는 RA(Router Advertisement) 메시지의 형태로 동적 디폴트 게이트웨이 정보를 제공한다. ICMPv6 ND와 FHRP 각각의 옵션은 다음에 설명한다.

ICMPv6 Neighbor Discovery

IPv6 라우터는 ICMPv6 Router Advertisement 메시지를 200초마다 보내거나 Router Solicitation 메시지를 수신했을 때 응답으로 보낸다. 라우터는 RA를 보내서 세그먼트 상의 디바이스가 주소 정보를 동적으로 받는 방법을 전달해 주고, 자신의 link-local 주소를 디폴트 게이트웨이로 사용할 수 있도록 한다.

Figure 17-3은 여러 대의 라우터가 ICMPv6 RA 메시지를 보내는 상황에서 장애복구가 어떻게 일어나는지 보여준다.

1 Virtual IP, Virtual MAC을 사용한다는 점이 중요하다. 구현에 따라서 실제 장비의 MAC을 그대로 사용하는 경우도 있었는데 이것은 투명한 구현도 아니며, 상대 장비 입장에서 Spoofing과 구분할 수 없다.-옮긴 이

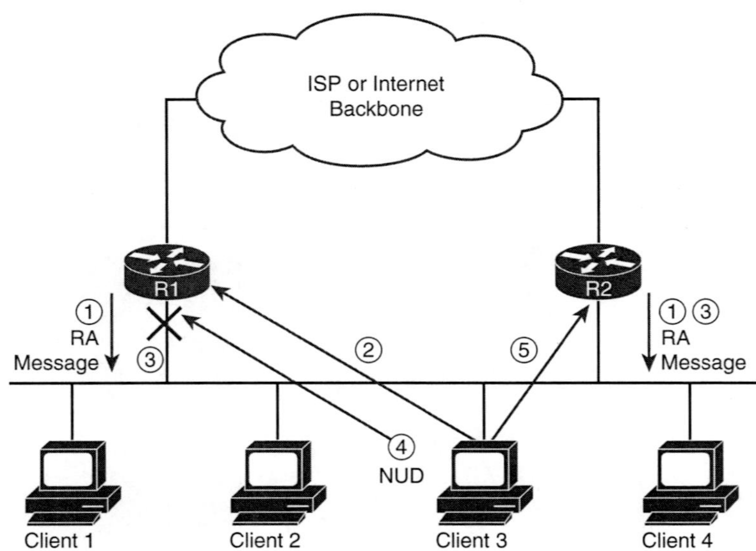

Figure 17-3 *Failover with ICMPv6 Neighbor Discovery*

Figure 17-3에는 두 대의 라우터 R1, R2가 있고 다음 단계를 표시한다.

Step 1. 라우터 R1, R2는 RA 메시지를 보내어 네트워크상에서 자신들이 디폴트 라우터라고 알린다.

Step 2. Client3은 두 라우터로부터 RA 메시지를 수신하고 자신의 default router list에 R1, R2를 추가한다. Client3은 R1의 RA 메시지를 먼저 수신했고, 이를 자신의 디폴트 게이트웨이로 선택한다. (RA 메시지 내 Default Router Preference 같은 여러 옵션이 이 선택에 영향을 끼친다.) RA 메시지는 라우터가 디폴트 게이트웨이로 사용되는 시간을 Router Lifetime 필드로 가지고 있고 초 단위이다. 기본값은 1800초(30분)이다. 호스트는 라우터로부터 RA 메시지를 받을 때마다 라우터가 유효한 디폴트 게이트웨이임을 지시하는 타이머를 연장한다(refresh).

Step 3. 몇 가지 이유로 라우터 R1이 이제 더는 사용 가능하지 않고 더는 RA 메시지를 보내지 않는다.

Step 4. Client3에게는 외부 네트워크로 보내야 할 패킷이 있다. Client3은 R1에 장애가 발생한 이후에도 R1의 lifetime인 30분(Router Lifetime) 동안 R1을 여전히 디폴트 게이트웨이로 간주한다. Client3이 이제 R1으로부터 RA를 받지 못하더라도, R1은 여전히 디폴트 라우터 리스트(Default Router List)에서 Primary 라우터이다. Client3은 R1의 MAC 주소를 알아내기 위해 자신의 Neighbor Cache를 확인한다. 이 엔트리가 Reachable 혹은 Stale 상태이든 ICMPv6 Neighbor Unreachability Detection(NUD)으로 R1이 더는 사용 가능하지 않다고 판단한다. Client3은 디폴트 게이트웨이인 R1의 MAC 주소를 확인하기 위해 3개의 ICMPv6 Neighbor Solicitation 메시지를 보낸다. R1으로부터 응답 Neighbor Advertisement 메시지를 받지 못하므로 Client3은 R1이 더는 접근 가능하지 않다고 판단한다.

Step 5. Client3은 디폴트 라우터 리스트(Default Router List)에 있는 다음 라우터 R2로 NS 메시지를 보내어 주소 결정을 시도한다. R2로부터의 NA를 수신하면, Client3은 Neighbor Cache를 갱신하고, R3를 새로운 디폴트 게이트웨이로 사용한다. (다시 한번 말하지만, 이것은 Client의 운영 체제에 따라 다를 수 있다.)

> **Note** Neighbor Cache와 Neighbor Unreachability Detection 은 13장 ICMPv6 Neighbor Discovery에서 설명했다.

ICMPv6 Neighbor Discovery는 일종의 디폴트 게이트웨이 redundancy를 제공하지만, 약간의 결점이 있다. 라우터의 Lifetime이 만료되지 않았다면, Primary 디폴트 게이트웨이가 장애인지 확인하는 것은 클라이언트에 달려있다는 점이다. 클라이언트가 NUD를 사용하여 Primary 게이트웨이가 장애인지 확인하기 위해서는 약 40초가 걸린다.

두 타이머를 수정하여 더 빠른 장애복구가 가능하다. RA 메시지는 200초마다 인터페이스를 통해 송신되며 디폴트 라우터 Lifetime은 1800초이다. Example 17-6은 이 두 타이머를 1초로 각각 수정하는 것을 보여준다.

Example 17-6 *Configuring the RA Interval and Router Lifetime*

```
R1(config-if)# ipv6 nd ra interval ?
  <4-1800>  RA Interval (sec)
  msec      Interval in milliseconds

R1(config-if)# ipv6 nd ra interval 1
R1(config-if)# ipv6 nd ra lifetime ?
  <0-9000>  RA Lifetime (seconds)

R1(config-if)# ipv6 nd ra lifetime 1
R1(config-if)#
```

> **Note** "**ipv6 nd ra interval**"과 "**ipv6 nd ra lifetime**" 둘 다 9장 "Stateless Address Autoconfiguration(SLAAC)"에서 설명했다.

Neighbor Discovery를 first hop failover 방법으로 선택하기 전에 다음과 같은 내용을 고려해야 한다.

- **Client behavior:** 앞서 언급했듯이 라우터의 Lifetime 타이머가 만료되었을 때 어떻게 동작할지는 클라이언트의 운영 체제에 달려있다.
- **CPU processing:** RA interval을 줄이는 것은 네트워크상의 모든 디바이스가 RA 메시지를 좀 더 자주 처리하기를 요구하는 것이다. Example 17-6의 수정 사항으로 인해 클라이언트는 이제 200초마다 처리하던 RA 메시지를 1초마다 처리해야 한다. 이것은 수천 대의 VM(Virtual Machines)들이 있는 데이터 센터에서 문제가 될 수 있다. 또한, 라우터도 RA 메시지를 생성하고 아마도 더 많은 RS 메시지를 처리해야 함에 따라 문제가 될 수 있다. 다수의 인터페이스를 가진 라우터는 CPU 프로세싱의 양이 늘어 부하가 증가할 수 있다.
- **Load balancing:** 클라이언트가 자신의 디폴트 게이트웨이로 어느 라우터를 선택할지는 전형적으로 어느 라우터에서 RA 메시지를 먼저 받느냐에 달려있다. Neighbor Discovery는 부하 분산을 제공하지 않기 때문에 이렇게 되면 하나의 라우터가 대부분 패킷을 네트워크로 전달하게 된다.

Note 장애복구 기술로서의 Neighbor Discovery에 관한 두 가지 훌륭한 글이 있다: Jeremy Stretch의 "Can IPv6 Neighbor Discovery Provide High Availability?"이 "packetlife.net/blog/2011/apr/18/ipv6-neighbor-discovery-high-availability"에서 확인할 수 있고 Ivan Pepelnjak의 "Do We Need FHRP (HSRP or VRRP) for IPv6?"을 "blog.ipspace.net/2012/12/do-we-need-fhrp-hsrp-or-vrrp-for-ipv6.html"에서 읽어 볼 수 있다.

HSRP and VRRP

Hot Standby Router Protocol(HSRP)과 Virtual Router Redundancy Protocol(VRRP)은 둘 혹은 더 많은 장비가 그룹을 지어 동일한 하나의 IP(*Virtual IP*)를 공유하면서 함께 동작하도록 한다. 가상 IP는 랜 상에서 종단 디바이스가 디폴트 게이트웨이로 사용하는 주소이다. HSRP 나 VRRP 그룹에서 라우터 하나가 가상 IP로 송신되는 모든 트래픽을 처리하도록 선택된다.

HSRP에서 디폴트 게이트웨이로 송신되는 트래픽을 처리하는 라우터를 "active 라우터"라고 한다. 한 개의 HSRP 그룹은 하나의 *active 라우터*와 하나의 standby 라우터로 구성된다. active 라우터가 장애이면 standby 라우터가 active 라우터의 역할을 이어받는다. HSRP는 시스코사 소유의 프로토콜이며 RFC 2281 "*Cisco Hot Standby Router Protocol(HSRP)*"에서 정의되었다. HSRP version 2는 IPv6를 위한 것이다.

VRRP는 IETF의 표준 프로토콜이며 기능적으로 HSRP와 비슷하다. 용어와 동작에 약간의 차이점이 있을 뿐이다. VRRP 그룹은 하나의 master 라우터(HSRP의 active 라우터와 동등)와 하나 혹은 그 이상의 backup 라우터(HSRP standby 라우터)로 구성된다. VRRP는 RFC 4793 "*Virtual Router Redundancy Protocol(VRRP) Version 3 for IPv4 and IPv6*"에서 정의되었다. VRRP version 3이 IPv6용이다.

Figure 17-4는 3대의 라우터(virtual 라우터와 물리 라우터 R1, R2)를 보여준다. virtual 라우터는 물리적으로 존재하지 않는다. IPv6 주소(link-local 주소[1])와 virtual 라우터의 virtual MAC 주소가 호스트에서 디폴트 게이트웨이 정보로 사용된다. 토폴로지에서 R1은 active 라우터이고 virtual 라우터의 IPv6 주소로 송신되는 모든 요청을 처리한다.

---

1 물론 Virtual link-local 주소가 된다.-옮긴 이

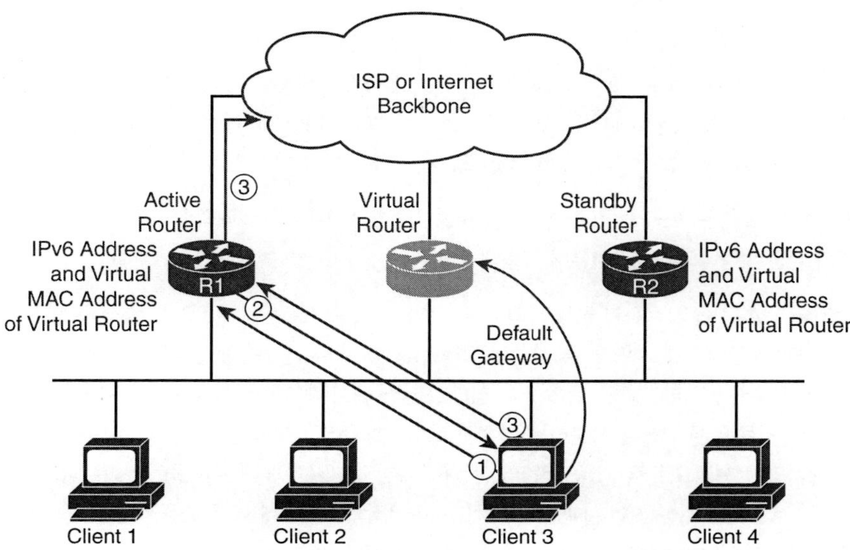

Figure 17-4 *Client Using Active Router in HSRP Topology*

다음 절차는 Client3이 디폴트 게이트웨이로 패킷을 보내는 절차이다.(Figure 17-4를 참고하라)

Step 1. Client3에게 외부 네트워크의 디바이스로 보낼 패킷이 있다. 클라이언트는 virtual 라우터의 IPv6 주소인 디폴트 게이트웨이의 MAC을 찾기 위해 Neighbor Cache를 확인한다. 해당 엔트리는 Client3의 Neighbor Cache에 없다. 그래서 IPv6 주소에 대한 MAC을 결정하기 위해 Neighbor Solicitation 메시지를 관련된(associated) multicast 주소(Solicited-Node Multicast)로 보낸다.

Step 2. active 라우터로 동작하는 R1은 virtual 라우터의 Virtual MAC 주소를 사용한 Neighbor Advertisement 메시지로 응답한다.

Step 3. 클라이언트는 virtual MAC 주소를 L2 목적지 주소로 사용한 이더넷 프레임에 패킷을 캡슐화해서 virtual 라우터로 보낸다. R1은 패킷을 받아서 목적지로 포워딩한다.

active 라우터 R1에 장애가 발생하면 R2가 active 라우터의 역할을 넘겨받는다. 클라이언트의 디폴트 게이트 정보는 그대로 유지된다. 클라이언트의 관점에서 디폴트 게이트웨이의 상태는 변동이 없으며 패킷 포워딩은 정상적으로 계속된다.

Note 또한, active 라우터는 자신의 IPv6 주소로 오는 모든 메시지에 응답한다.

Note HSRP 및 VRRP에 관한 더욱 자세한 사항은 "*First Hop Redundancy Protocols Configuration Guide*" (www.cisco.com/c/en/us/td/docs/ios-xml/ios/ipapp_fhrp/configuration/15-mt/fhp-15-mt-book.html)를 참고하라.

GLBP

Gateway Load Balancing Protocol(GLBP)은 이더넷 랜 상에서 단일한 디폴트 게이트웨이를 설정한 IPv6 호스트에 대해 자동 라우터 백업을 제공한다. 랜에 존재하는 여러 대의 first hop 라우터는 단일한 가상 first-hop IPv6 라우터로 묶이고 IPv6 패킷 포워딩 부하를 분산 처리한다.

GLBP는 HSRP 혹은 VRRP와 비슷한 기능을 수행한다. GLBP에서 여러 대의 물리 라우터는 가상의 IPv6 주소가 설정된 하나의 GLBP 라우터 그룹에 참여한다.

HSRP 혹은 VRRP를 사용하면 하나의 라우터가 active 라우터로 선택되어 가상 IPv6 주소로 수신되는 패킷을 포워딩한다. 그룹 내의 다른 라우터 하나는 active 라우터가 장애일 때까지 백업으로 동작한다. standby 라우터는 대부분 시간 동안 유휴 상태로 남게 되고 대역폭을 사용하지 않는다. 동일한 라우터의 세트에 서로 다른 그룹을 사용하는 다수의 active 라우터가 설정될 수 있지만, 이는 추가적인 설정이 필요하다. 전형적으로 각 active 라우터는 하나 이상의 VLAN에 대해 디폴트 게이트웨이가 된다. 각 VLAN의 호스트는 자신의 VLAN에 대한 active 라우터의 virtual IPv6 주소를 사용한다. 이렇게 하여 per-VLAN load balancing(VLAN 별 부하 분산)을 수행한다.

GLBP의 장점은 원래부터 단일한 가상 IPv6 주소와 여러 개의 가상 MAC 주소를 사용하여 여러 대의 라우터(gateway)를 걸쳐서 부하 분산(load balancing)을 제공한다는 것이다. GLBP에서는 다른 라우터가 유휴 상태로 있고 하나의 라우터에 의해 트래픽이 처리되는 것이 아니고, GLBP 그룹 내의 모든 라우터가 트래픽을 분산 처리한다. 각 호스트에는 가상 IPv6 게이트웨이 주소를 동일하게 설정하고, 가상 라우터 그룹 내 모든 라우터는 패킷을 포워딩하는 데 참여한다.

GLBP는 그룹 내에서 라우터 한 대를 AVG(active virtual gateway)로 선출한다. 그룹 내 다른 라우터들은 AVF(active virtual forwarder)들이 되며, AVG에 대한 백업도 제공한다. 각 AVF 들은 자신의 가상 MAC 주소를 가지고 있고 랜 상에서 디폴트 게이트웨이로 동작한다. AVG도 하나의 AVF이다. AVG는 AVF에 할당된 가상 MAC 주소를 관리하고, 어느 AVF가 랜 상의 클라이언트에 대해 패킷을 포워딩할 것인지 결정한다.

랜 상의 모든 클라이언트는 같은 가상 IPv6 주소(하나의 link-local 주소)를 디폴트 게이트웨이로 사용한다. AVG는 단말에서 오는 모든 NS(Neighbor Solicitation)에 대해 가상 IPv6 주소를 게이트웨이로 하여 응답한다. AVG는 NA(Neighbor Advertisement)에 AVF 중 하나의 가상 MAC 주소를 할당한다. load-balancing 알고리즘은 AVG가 가상 MAC 주소를 할당하는 방법을 결정한다. GLBP는 몇 가지 load-balancing 옵션을 제공한다.

Figure 17-5는 AVG와 AVF가 패킷을 포워딩하는 것을 보여준다. 라우터 R1, R2, R3는 각기 패킷을 수신받아 원격지로 패킷을 포워딩한다.

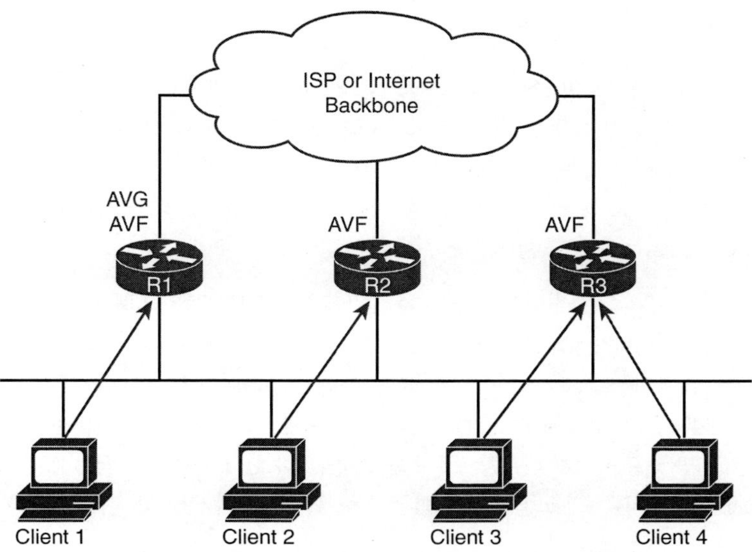

Figure 17-5 *GLBP Topology*

Note GLBP에 관한 자세한 사항은 "*First Hop Redundancy Protocols Configuration Guide*" (www.cisco.com/c/en/us/td/docs/ios-xml/ios/ipapp_fhrp/configuration/15-mt/fhp-15-mt-book.html)를 참고하라.

Selecting an FHRP

이 절에서 first-hop IPv6 라우터에 투명한 장애복구를 이루는 4가지 방법(ICMPv6 이용, HSRP, VRRP, GLBP)을 소개했다. ICMPv6 Neighbor Discovery 메시지에 기반한 방법보다는 FHRP 프로토콜을 사용하는 것이 권고된다. 앞서 설명한 대로 ICMPv6 메시지를 사용한 장애복구는 수렴(convergence)이 느리고 상세한 튜닝은 또 다른 문제를 유발할 수 있다.

그래서 문제는 어떤 FHRP를 사용할 것인가로 귀결된다. 운영하는 네트워크의 요구사항과 필요한 특징을 종합하면 어떤 FHRP가 여러분의 환경에 맞는 최선의 솔루션인지 결정할 수 있을 것이다. 일반적으로 GLBP는 프로토콜 자체로 부하 분산을 제공한다. Per-VLAN 부하 분산은 HSRP와 VRRP를 통해서도 달성할 수 있지만, 수동으로 설정해야 한다. 그러나 GLBP는 시스코 고유의 프로토콜이며 시스코 장비가 아닐 경우 호환되지 않는다.

만약 네트워크에 완전한 형태의 로드밸런싱이 필요하지 않지만, 장애복구는 필요하다면 선택은 HSRP나 VRRP이다. (HSRP와 VRRP는 VLAN 단위(per-VLAN)의 로드밸런싱을 지원하도록 설정할 수 있다.) VRRP와 HSRP 중에서 더 나은 선택은 무엇일까? 흔히 말하듯이 HSRP와 VRRP는 동일한데 다를 뿐이다(HSRP and VRRP are the same, only different). 앞서 본 것과 같이 두 프로토콜 사이에 그다지 차이점이 없다. VRRP는 표준이고, HSRP는 Cisco-proprietary이다. 일반적으로 표준을 적용하는 것이 최선이므로 VRRP가 권고 솔루션이다.

Dual Stack

Dual-Stack(듀얼 스택) 디바이스는 IPv4와 IPv6 둘 다를 완전하게 지원하는 디바이스를 말한다. 두 프로토콜을 지원하도록 설정되는 호스트, 프린터, 서버, 라우터 등 어떤 디바이스도 될 수 있다. IPv4 세계에서 듀얼 스택 디바이스는 IPv4 주소 지원은 물론이고 ARP, ICMPv4를 지원해야 한다. IPv4 라우터는 IPv4 정적 경로(static route)와 IPv4 라우팅 프로토콜(EIGRP, OSPFv2 등)을 지원한다. IPv4 라우터는 NAT(network address translation)를 지원해야 할 수도 있다.

IPv6 영역에서 "지원한다(support)"는 말은 단순히 긴 주소를 가진 네트워크 헤더만을 의미하는 것이 아니다. 듀얼 스택 디바이스는 하나 이상의 IPv6 GUA(Global Unicast Address)와 link-local(링크 로컬) 주소, SLAAC(Stateless Address Autoconfiguration)와 DAD(Duplicate Address Detection)를 포함하는 ICMPv6의 동작을 지원해야 한다. IPv6 라우터는 static 라우팅을 통한 IPv6 패킷 라우팅 처리는 물론이고 EIGRP for IPv6, OSPFv3 같은 IPv6 라우팅 프로토콜도 지원해야 한다. IPv6 라우터는 ICMPv6 RA(Router Advertisement) 메시지를 보내고 터널링 및 변환 서비스를 지원해야 한다.

이 책 전체에 걸쳐 설명했듯이 IPv6는 단순하게 128-bit 송신과 수신 주소를 가진 프로토콜에 국한된 것이 아니다. IPv6에 대한 지원은 ICMPv6 Neighbor Discovery와 같은 새로운 프로토콜과 프로세스 구현을 포함한다. Windows, Mac OS 및 Linux와 같은 대부분 호스트 운영 체제에 관한 IPv6 지원은 이미 몇 년 전에 구현되었다. 시스코는 2000년에 Cisco IOS Release 12.2(2)T와 함께 IPv6를 지원하기 시작했다.

듀얼 스택의 개념을 가진 디바이스는 IPv6에서 처음으로 나온 것이 아니다. IPv4가 지배적인 네트워크 프로토콜이 되기 전에 많은 기업/기관들이 IPX, AppleTalk, DECnet, SNA를 IPv4와 함께 사용하고 있었다.

디바이스가 IPv4 디바이스와 통신할 때 듀얼 스택 디바이스는 마치 IPv4-only 디바이스처럼 동작한다. 디바이스가 IPv6 디바이스와 통신할 때 듀얼 스택 디바이스는 마치 IPv6-only 디바이스처럼 동작한다. Figure 17-6에 트랜스포트 계층(transport layer)의 포트 번호로 서비스가 구분되는 IPv4-only 응용 프로그램을 그렸다. TCP/UDP 세그먼트는 IPv4 패킷에 캡슐화되고 데이터(페이로드)는 IPv4 프로토콜 필드의 값으로 구분된다. IPv4 패킷은 이더넷 프레임에 캡슐화되며, EtherType 필드가 0x0800인 것으로 페이로드가 IPv4 패킷임을 알 수 있다.

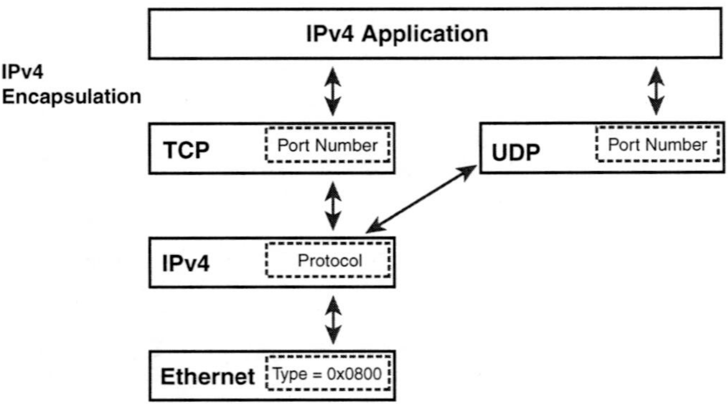

Figure 17-6 *IPv4 Application Using the IPv4 Stack*

듀얼 스택 디바이스에서 응용 프로그램은 IPv4와 IPv6 프로토콜 양쪽을 모두 지원하며, 프로세스는 Figure 17-7처럼 거의 동일하다. TCP/UDP 포트 번호는 응용 프로그램을 식별한다. IPv6 스택이 선택되었을 때 IPv6 패킷의 “Next Header” 필드가 transport 프로토콜을 식별하게 해 준다. IPv6 패킷이 이더넷 프레임에 캡슐화되었을 때 EtherType 필드는 “0x86dd”가 된다. 이더넷은 Layer 2임을 상기하는 것이 중요하다. 이더넷 프레임 내 EtherType 필드를 달리하여 IPv6 패킷을 전달하고 있지만, 스위치는 이더넷 프레임을 달리 취급하지 않는다. 전형적인 2계층 액세스 스위치(Layer 2 access switch)가 IPv6를 지원하지 않는다고 할 때 이것은 ACL과 QoS 등의 관리적인 목적의 Layer 3 기능을 지원하지 않는다는 것이다.[1] 스위치는 페이로드가 IPv4이든 IPv6이든 상관없이 여전히 이더넷 프레임을 포워딩한다.

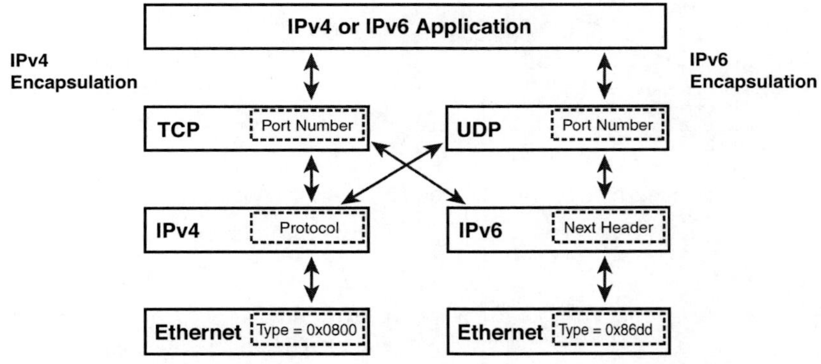

Figure 17-7 *Application Using Both IPv4 and IPv6 Stacks*

응용 프로그램이 IPv4와 IPv6 양쪽을 지원한다고 하더라도 디바이스는 임의로 어느 프로토콜을 사용할지 선택하지 않는다. Figure 17-8은 듀얼 스택 호스트의 예를 보여준다. 응용 프로그램이 IPv4와 IPv6 프로토콜 스택 둘 다 지원할 경우, 응용 프로그램은 DNS 서버에게 fully qualified domain name(FQDN) 형식으로 사용 가능한 모든 주소를 요청한다. DNS 서버는 사용 가능한 모든 주소를 응답하며 IPv4와 IPv6 주소가 응답에 같이 포함될 수 있다. DNS 서버가 IPv4 및 IPv6 주소를 모두 응답하면 운영 체제가 사용할 프로토콜을 선택한다. 대부분 응용 프로그램은 기본적으로 IPv6 주소를 사용하지만, 이것은 운영 체제가 결정한다. 이제 디바이스는 선택된 IP 프로토콜 스택을 사용해 목적지 주소에 접속한다.

Figure 17-8의 Step1에서 듀얼 스택 호스트 X는 www.example.com에 대해 quad-A(AAAA) 레코드 DNS 쿼리를 보낸다. Step2에서 DNS 서버는 www.example.com에 관한 quad-A와 A 레코드 둘 다 포함하는 DNS 쿼리 응답(query response)을 돌려보낸다. Step3에서 호스트 X는 www.example.com 서버에 접속하기 위해 quad-A 레코드를 사용한다. (DNS는 이 장의 뒤에서 설명한다.)

1 그러나 현재의 네트워크에서 2계층 스위치가 ACL, QoS 및 멀티캐스트 관련한 MLD snoop등을 지원하지 않는다면 커다란 문제를 유발할 수 있다.-옮긴 이

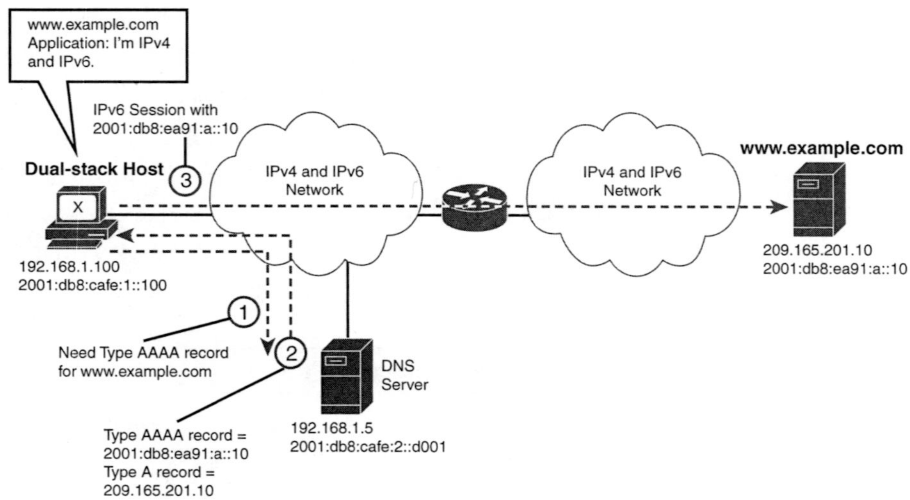

Figure 17-8 *An IPv4- and IPv6-Aware Application*

Note IPv6를 위한 응용 프로그램 프로그래밍 인터페이스(API)의 세부 사항과 DNS 관련 운영 이슈에 관심이 있다면 RFC 3493 "*Basic Socket Interface Extensions for IPv6*"과 RFC 4472 "*Operational Considerations and Issues with IPv6 DNS*"를 참고하라. 다시 말하지만, 일반적으로 transport 계층을 결정하는 것은 하위의 운영 체제에 달려있다.

IPv6 Address Format in URL Syntax

주소창에 도메인 네임 대신에 IP 주소를 사용할 때 응용 프로그램은 특정 IP 주소와 관련된 프로토콜 스택을 사용한다. 사용자가 IPv4 주소를 입력하면 응용 프로그램은 IPv4를 사용한다. 사용자가 IPv6 주소를 입력하면 응용 프로그램은 IPv6 주소를 선택한다. 웹 브라우저를 사용할 때 대부분 주소는 "http://www.example.com"과 같은 URL(Uniform resource locator)을 사용한다. IP 주소가 대신해 사용될 수도 있지만, 도메인 네임을 사용하게 된 원래의 아이디어가 기억하기 어려운 IP 주소 사용을 피하기 위한 것이다. (현재는 콘텐츠 제공 네트워크 및 기타 서비스에서 브라우저에 도메인 이름 대신 IP 주소를 사용하는 것이 쉬운 일이 아니다.) 그러나 브라우저에 URL 대신에 IP 주소를 사용할 필요가 있는 경우(예를 들면 디버깅이나 디바이스를 설정하기 위해 브라우저 인터페이스를 사용하는 경우)가 여전히 존재한다. 예를 들어 IPv4로 **http://192.168.1.1**을 입력하여 많은 홈 라우터에 접속하여 설정을 진행할 수 있다.

그런 경우 브라우저에서 IPv6 주소를 어떻게 입력할 것인가? IPv6 주소는 내부에서 사용하는 ":(콜론)" 때문에 직접적으로 URL에 사용할 수는 없다. 브라우저는 ":" 뒤에 오는 숫자를 포트 번호로 간주한다. 예를 들면 홈 라우터(공유기) 포트 5000번에 접속한다면 "**http://192.168.1.1:5000**"과 같이 사용한다. RFC 3986 "*Uniform Resource Identifier (URI): Generic Syntax*"에서 URL 상에서 IPv6 주소를 사용하는 문법을 정의했다. 아이디어는 단순히 IPv6 주소를 브라우저의 주소창에 복사해서 붙여넣기로 사용하는 것이다. 추가적인 URL 문법으로 IPv6 주소는 대괄호에 싸인 채 URL 자리에 사용될 수 있다. Table 17-1은 RFC 3986에 기술된 URL 구문을 사용하는 문자 그대로 IPv6 주소의 예를 보여준다.

Table 17-1 *Literal IPv6 Address Format in URL Syntax*

Literal IPv6 Address	URL
fedc:ba98:7654:3210:fedc:ba98:7654:3210	http://[fedc:ba98:7654:3210:fedc:ba98:7654:3210]:80/index.html
1080:0:0:0:8:800:200c:4171	http://[1080:0:0:0:8:800:200c:417a]/index.html
3ffe:2a00:100:7031::1	http://[3ffe:2a00:100:7031::1]
1080::8:800:200C:417A	http://[1080::8:800:200C:417A]/foo
2010:836B:4179::836B:4179	http://[2010:836B:4179::836B:4179]

듀얼 스택 네트워크를 설정한다는 것은 디바이스를 IPv4와 IPv6 양쪽에 대해 설정한다는 것을 의미한다. 디바이스는 호스트, 라우터, 멀티 레이어 스위치, 프린터를 포함하는 IP 주소를 가질 수 있는 어떤 것도 될 수 있다. IP에 관한 한 두 네트워크는 같은 “space”를 공유하기는 하지만, 두 개의 완전히 별개 네트워크이다. 둘은 *마치 서로를 제대로 보지도 인지하지도 못하거나 “어둠 속의 배”처럼 서로를 지나치는 룸메이트*와 같다.[1]

15장 “EIGRP for IPv6”와 16장 “OSPFv3”에서 IPv4와 IPv6 라우팅을 지원하는 듀얼 스택에 관해 설명한다.

DNS

DNS는 IPv4 및 IPv6 모두에서 이름과 주소(name-to-address) 매핑에 사용된다. IPv4와 마찬가지로 IPv6도 DNS 네임에 대한 IPv6 주소의 reverse 매핑을 지원한다. 길어진 IPv6 주소 때문에 IPv6 세계에서 DNS의 필요성은 훨씬 더 커졌다.

네임 서버 또는 DNS 서버는 “host name-to-address” 매핑 데이터베이스를 가지고 있으며 도메인 네임과 관련된 정보를 추적하는 데 사용된다. 각 도메인 네임은 하나 이상의 IPv4 주소, IPv6 주소 혹은 두 주소 유형 모두에 매핑 될 수 있다. IPv4와 마찬가지로 각 호스트 네임은 DNS 서버에 두 개의 DNS 레코드인 resource 레코드(또는 address 레코드)와 reverse mapping pointer 레코드로 표시된다.

IPv4를 사용할 때 DNS A resource 레코드가 IPv4 주소에 대한 도메인 네임을 매핑한다. 비슷하게 IPv6에서는 AAAA(quad-A) resource 레코드가 IPv6 주소에 대한 도메인 네임을 매핑한다. AAAA-type 레코드는 RFC 3596 “*DNS Extensions to Support IP Version 6*”에 기술되어 있다. AAAA(4개의 A)라는 명칭은 IPv6 주소가 IPv4 주소의 4배 길이임을 나타낸다. AAAA record는 A 레코드와 유사한 방식으로 구성되지만, 주소 길이가 더 길다. IPv4 또는 IPv6 둘 다 두 레코드 유형을 전달하는 데 사용될 수 있다.

Table 17-2는 “www.test.org” 또는 “mail.example.com” 과 같은 DNS 계위에서 정확한 위치를 지정하는 FQDN(fully qualified domain name)을 사용한 두 유형의 레코드를 보여준다.

---

1 물리 HW를 공유하지만 서로를 인식하지 못함을 비유적으로 표현한 것이다.-옮긴 이

Table 17-2 *DNS Resource Records for IPv4 and IPv6*

Protocol	Resource Record	DNS Mapping
IPv4	A record	www.test.org A 209.165.200.225
IPv6	AAAA record	www.test.org AAAA 2001:db8:cafe:1234:0:0:0:a1

reverse DNS를 조회할 경우 IPv6 주소는 특수 도메인 ip6.arpa를 사용한다. IPv4의 PTR(pointer record)에 해당하는 IPv6 pointer record는 IPv6 주소를 호스트 네임에 매핑한다. IPv6 pointer record는 마침표(.)로 구분되어 일련의 nibble(16진수 값)이 있는 역순 네임으로 도메인을 매핑한다. Table 17-3에서는 www.test.org의 IPv4 및 IPv6 주소에 대한 IPv6 pointer record를 보여준다.

Table 17-3 *DNS Pointer Records for IPv4 and IPv6*

Protocol	Pointer Record Format
IPv4	225.200.165.209 www.test.org
IPv6	1.a.0.0.0.0.0.0.0.0.0.0.0.0.0.0.4.3.2.1.e.f.a.c.8.b.d.0.1.0.0.2.ip6.arpa. www.test.org

BIND(Berkeley Internet Name Domain)는 인터넷상에서 가장 널리 사용되는 DNS 소프트웨어이다. BIND는 인터넷 DNS 프로토콜을 구현한 오픈 소스 소프트웨어이다. BIND는 버전 9 이후부터 IPv6에 대한 DNS를 지원한다.

DNS resolver는 도메인 네임을 IP 주소로 변환하기 위해 서버에 대한 질의(query)를 시작하는 DNS 클라이언트이다. IPv6 AAAA 레코드를 지원하는 DNS 서버에 반드시 IPv6를 통해 질의할 필요는 없다. IPv4를 사용해도 이 요청에 응답할 수 있다. 그러나 IPv6를 통해 DNS 서버에 접근하는 것이 강력히 권고된다.

IPv4와 마찬가지로 IPv6 주소에 대해 정적 호스트 네임을 구성할 수 있다. **ipv6 host** 명령은 IPv6용이라는 점만 제외하고 IPv4에 사용되는 **ip host** 명령과 유사하다. 호스트 네임 캐시에 정적 호스트 "name-to-address" 맵핑을 정의하는 **ipv6 host** 명령의 구문은 다음과 같다.

```
Router(config)# ipv6 host name [port] ipv6-address1 [ipv6-address2...ipv6-address4]
```

이 명령 시퀀스에는 다음과 같은 용어가 사용된다.

- *name*: IPv6 호스트의 네임이다. 첫 번째 문자로 문자 또는 숫자를 사용할 수 있다. 숫자를 사용하면 수행할 수 있는 동작이 제한된다.
- *port* **(optional):** IPv6 주소와 관련된 기본 텔넷 포트이다. (텔넷 대신 SSH를 사용하도록 강력히 권고된다.)
- *ipv6-address1*: 매핑되는 IPv6 주소
- *ipv6-address2...ipv6-address4* **(optional):** 추가로 매핑되는 IPv6 주소로 호스트 네임당 4개의 주소를 매핑할 수 있다.

Example 17-7에서는 **ipv6 host** 명령을 R1에 설정하여 라우터 R2 및 R3의 IPv6 인터페이스 주소를 매핑한다. IPv6에서 호스트 네임을 주소에 매핑하는 것은 IPv4에서 그랬던 것보다 훨씬 도움이 될 수 있다. 길어진 IPv6 주소 때문에 DNS 서버 또는 **ipv6 host** 명령을 사용한 정적 매핑을 이용하는 것이 더 매력적인 옵션이 된다. 단순 **ping** 또는 **telnet/ssh**를 하고자 할 때에도 IPv4보다 IPv6 주소에서 더 번거롭고 입력 오류가 발생하기 쉽다. Example 17-7처럼 호스트 이름을 사용하는 것이 훨씬 쉽다. 물론 이름(name)을 기억하기 쉽도록 조직에 명명 체계(naming scheme)를 두는 것도 도움이 된다. 호스트 네임은 대소문자를 구분하지 않는다.

Example 17-7 *Static Host Name-to-IPv6 Mappings on R1*

```
R1(config)# ipv6 host WinPC 2001:db8:cafe:1705:ddbd:6053:612e:77ab
R1(config)# ipv6 host R2-G00 2001:db8:cafe:3::1
R1(config)# ipv6 host R3-ANY 2001:db8:cafe:4::1 2001:db8:cafe:4::2
R1(config)# end

R1# ping r2-g00

Type escape sequence to abort.
Sending 5, 100-byte ICMP Echos to 2001:DB8:CAFE:3::1, timeout is 2 seconds:
!!!!!
Success rate is 100 percent (5/5), round-trip min/avg/max = 1/2/8 ms
R1#

R1# ssh -l admin r3-any

Password:
R3#
```

Example 17-8에 보인 것처럼 "**show hosts**" 명령을 사용하여 설정을 확인한다. "**show hosts**" 명령은 기본 도메인 네임, name lookup 서비스의 스타일, 네임 서버 호스트 목록, 캐시된 호스트 네임 및 주소 목록을 표시하는 데 사용된다.

Example 17-8 *show hosts Command*

```
R1# show hosts
Default domain is not set
Name/address lookup uses domain service
Name servers are 255.255.255.255

Codes: UN - unknown, EX - expired, OK - OK, ?? revalidate
       temp - temporary, perm - permanent
       NA - Not Applicable None - Not defined

Host                      Port  Flags      Age Type   Address(es)
WinPC                     None  (perm, OK)  7  IPv6   2001:db8:cafe:1705:ddbd:6053:
                                                      612e:77ab
R2-G00                    None  (perm, OK)  0  IPv6   2001:DB8:CAFE:3::1
R3-ANY                    None  (perm, OK)  0  IPv6   2001:DB8:CAFE:4::1
                                                      2001:DB8:CAFE:4::2
R1#
```

제한된 수의 호스트 네임과 IPv6 주소 매핑은 "**ipv6 host**" 명령을 사용하는 것이 편리하다. 그러나 매핑의 수가 많으면 DNS 서버를 사용하는 것이 더 바람직할 수 있다. Cisco IOS의 DNS resolver는 네임 서버에서 IPv4 주소 및/또는 IPv6 주소를 얻을 수 있다. 네임에 대한 주소 확인에 사용할 하나 이상의 DNS 서버 주소를 지정하는 "**ip name-server**" 명령은 IPv4에서 사용되는 명령과 동일하다. 이 명령에 대한 문법은 다음과 같다.

```
Router(config)# ip name-server server-address1 [server-address2...server-address6]
```

이 명령 시퀀스에는 다음과 같은 용어가 사용된다.

- *server-address1*: 네임 서버의 IPv4 혹은 IPv6 주소
- *server-address2...server-address6* **(optional):** 추가적인 네임 서버의 IP 주소(최대 6개의 네임 서버가 가능)

Note 여러 개의 DNS 서버가 설정된 경우 라우터는 일반적으로 목록의 첫 번째 서버를 사용한다. 그러나 네트워크 동작 레벨에 따라 라우터는 설정에 열거된 여러 대 DNS 서버에 질의(query)할 수 있다.

Example 17-9에서 "**ip name-server**" 명령이 R1에 설정된다. IPv6 및 IPv4 주소가 모두 지정되었음을 확인하라.

Example 17-9 *Specifying the Address of a Name Server*

```
R1(config)# ip name-server 2001:db8:cafe:2::77 192.168.2.77
R1(config)#
```

DNS Query and Response

IPv6 세계에서 도메인 네임에 대한 주소를 알아내는(resolving) 것은 IPv4와 차이가 없다. 예를 들면 사용자가 IPv6 클라이언트에서 "**www.facebook.com**"이라고 브라우저 주소창에 입력했다고 치자. 웹 브라우저는 네임에 대해 요청을 인식하고 이름을 주소와 연결하고자 클라이언트의 local resolver를 호출한다. DNS 서버로 query를 보내기 전에 클라이언트의 resolver는 먼저 자신의 네임 캐시와 로컬 호스트 테이블을 확인한다. 이 두 곳에서 네임을 찾지 못하면 resolver는 클라이언트 내에 동적 혹은 정적으로 설정된 local DNS 서버의 주소로 요청 패킷을 보낸다.

이제 클라이언트를 위해 이 네임을 결정하는(resolving) 것은 local DNS 서버의 역할이다. 이것은 local DNS 서버와 루트, TLD(top-level domain), 책임서버(authoritative) 사이에서 몇번의 재귀(recursive) 질의와 응답 프로세스가 있어야 한다. local DNS 서버는 domain name 질의에 대한 IPv6 주소 응답을 받아서 최초 요청한 클라이언트로 응답을 보낸다. 클라이언트는 이제 패킷의 목적지 IPv6 주소를 알게 되었다.

Example 17-10에서는 "www.facebook.com" 예제를 사용해 클라이언트에서 DNS 서버로 도메인 네임에 대한 DNS 질의를 보냈다. DNS 서버가 답을 가지고 있을 때 서버는 클라이언트에게 "www.facebook.com"의 IPv6 주소 "2a23:2880:f122:83:face:b00c:0:25de"로 응답을 준다. Example 17-11은 DNS 서버의 응답을 보여준다.

Example 17-10 *DNS Query for www.facebook.com*

```
Domain Name System (query)
    Flags: 0x0100 Standard query
        0... .... .... .... = Response: Message is a query
        .000 0... .... .... = Opcode: Standard query (0)
        .... ..0. .... .... = Truncated: Message is not truncated
        .... ...1 .... .... = Recursion desired: Do query recursively
        .... .... .0.. .... = Z: reserved (0)
        .... .... ...0 .... = Non-authenticated data:
Unacceptable
    Questions: 1
    Answer RRs: 0
    Authority RRs: 0
   Additional RRs: 0     Queries
        www.facebook.com: type AAAA, class IN
        Name: www.facebook.com
        [Name Length: 16]
        [Label Count: 3]
        Type: AAAA (IPv6 Address) (28)
        Class: IN (0x0001)
```

Example 17-11 *DNS Response for www.facebook.com*

```
Domain Name System (response)
    Transaction ID: 0xf520
    Flags: 0x8180 Standard query response, No error
        1... .... .... .... = Response: Message is a response
        .000 0... .... .... = Opcode: Standard query (0)
        .... .0.. .... .... = Authoritative: Server is not an authority for domain
        .... ..0. .... .... = Truncated: Message is not truncated
        .... ...1 .... .... = Recursion desired: Do query recursively
        .... .... 1... .... = Recursion available: Server can do recursive queries
        .... .... .0.. .... = Z: reserved (0)
        .... .... ..0. .... = Answer authenticated: Answer/authority portion was not
                              authenticated by the server
        .... .... ...0 .... = Non-authenticated data: Unacceptable
        .... .... .... 0000 = Reply code: No error (0)
    Questions: 1
    Answer RRs: 2
    Authority RRs: 0
    Additional RRs: 0     Queries
        www.facebook.com: type AAAA, class IN
            Name: www.facebook.com
            [Name Length: 16]
            [Label Count: 3]
            Type: AAAA (IPv6 Address) (28)
            Class: IN (0x0001)
  Answers
        www.facebook.com: type CNAME, class IN, cname star-mini.c10r.facebook.com
```

```
            Name: www.facebook.com
            Type: CNAME (Canonical NAME for an alias) (5)
            Class: IN (0x0001)
            Time to live: 1018
            Data length: 17
            CNAME: star-mini.c10r.facebook.com
        star-mini.c10r.facebook.com: type AAAA, class IN, addr 2a03:2880:f122:83:
        face:b00c:0:25de
            Name: star-mini.c10r.facebook.com
            Type: AAAA (IPv6 Address) (28)
            Class: IN (0x0001)
            Time to live: 43
            Data length: 16
                 AAAA Address: 2a03:2880:f122:83:face:b00c:0:25de
```

DNS 서버로 질의를 보내는 "**nslookup**" 명령을 사용하여 Example 17-12에서 보여주는 것처럼 "name-to-address" 매핑을 확인할 수 있다.

Example 17-12 *Resolving a Domain Name with the nslookup Command*

```
PC> nslookup
Default Server:  cdns01.comcast.net
Address:  2001:558:feed::1

> set type=AAAA
> www.facebook.com
Server:  cdns01.comcast.net
Address:  2001:558:feed::1

Non-authoritative answer:
Name:    star-mini.c10r.facebook.com
Address: 2a03:2880:f122:83:face:b00c:0:25de
Aliases: www.facebook.com

> exit
PC>
```

IPv6 DNS에 관한 더 많은 자료가 필요하다면 RFC 3596 "*DNS Extensions to Support IP Version 6*"를 참고하라.

Happy Eyeballs

IPv6 주소 사용에 급격한 증가가 있었지만, 인터넷의 많은 부분은 여전히 IPv4-only이다. 듀얼 스택 디바이스의 응용 프로그램은 IPv6를 통한 서버 접속 시도가 실패한 후 IPv4를 통해 똑같이 시도를 하는 과정에서 눈에 띄는 지연을 경험할 수 있다.

응용 프로그램은 Happy Eyeballs(Fast Fallback이라고도 불린다) 알고리즘을 사용하여 IPv6와 IPv4에 동시에, 그러나 IPv6를 선호하는 적극적인(공격적인) 접속을 시도한다. Happy Eyeballs는 RFC 6555 "*Happy Eyeballs: Success with Dual-Stack Hosts*"에서 표준화된 알고리즘이다.

듀얼 스택 디바이스가 IPv4와 IPv6 목적지 주소를 알게 되었을 때, Happy Eyeballs 알고리즘은 IPv6가 short head start로 동작할 수 있도록 지원한다.[1] 크롬 혹은 파이어폭스 같은 애플리케이션은 먼저 IPv6로 접속을 시도한다. 접속이 300 ms이내에 완료되지 않으면 디바이스는 IPv4를 통해 접속을 시도한다. 연결에 성공한 첫 번째 접속이 이후 사용되는 단일 접속이 된다. 궁극적으로는 이런 동작은 호스트 운영 체제와 애플리케이션이 이를 처리하는 방법에 달려있다.

IPv6 Access Control Lists

IPv6 access control list(ACL) 설정은 IPv4 ACL 설정과 비슷하다. 그러나 역시 몇 가지 눈에 띄는 차이점이 있다. 이 절은 여러분이 IPv4 ACL에 익숙하다고 가정한다.

IPv4에서는 Standard와 Extended, 두 종류의 기본 형식 ACL이 있다. standard ACL은 송신 주소에 기반하여 트래픽을 허용하거나 차단할 수 있다. extended ACL은 더 세부적인 제어가 가능하고 송신 주소와 수신 주소 둘 다와 프로토콜, 서비스(TCP /UDP 포트 번호)에 기반하여 트래픽을 허용하거나 차단할 수 있다. IPv6는 IPv4의 extended named ACL과 동등한 named ACL만 지원한다(numbered는 지원하지 않음). 동일한 ACL 명을 IPv4 ACL과 IPv6 ACL에서 중복으로 사용할 수 없다.

IPv4에서는 각 access-list의 끝에 암묵적인(implicit) "**deny any any**" 문이 있다. IPv6 access control list에도 비슷한 "**deny ipv6 any any**" 문이 있으나 여기에는 기본값으로 두 줄이 더 추가된다.

- **permit icmp any any nd-na**
- **permit icmp any any nd-ns**

IPv6 Neighbor Discovery(ND) 프로세스는 IPv6 네트워크 계층 서비스를 사용해야 한다. 그러므로 기본적으로 IPv6 ACL은 IPv6 Neighbor Discovery 패킷이 인터페이스를 통해 송수신되도록 암묵적으로 허용해야 한다. 이는 링크 상에서 두 Neighbor Discovery와 Neighbor Solicitation 메시지를 허용해야 한다는 것을 의미한다. IPv4에서는 ARP(Address resolution Protocol)가 IPv6 Neighbor Discovery 프로세스와 동등한 역할을 하지만, IPv4 프로토콜을 통해 송신되는 것이 아니다. 그러나 IPv6 Neighbor Discovery는 IPv6의 서비스를 사용하므로 IPv6 ACL 내에 암묵적으로 허용되어야 한다.

Configuring IPv6 ACLs

IPv6 ACL 설정은 IPv4 extended named ACL 설정과 비슷하다. Figure 17-9의 토폴로지를 사용하여 R4의 LAN인 "2001:db8:cafe:4::/64" 네트워크로부터 "2001:db8:cafe:1::/64" 네트워크로 가는 트래픽을 차단하는 것에 대해 얘기해 보자. R2 라우터로부터 오는 트래픽을 R1 라우터에서 차단하는 IPv6 ACL을 설정할 수 있다.

1 IPv6로 짧은 시간 먼저 접속 시도를 한다는 의미-옮긴 이

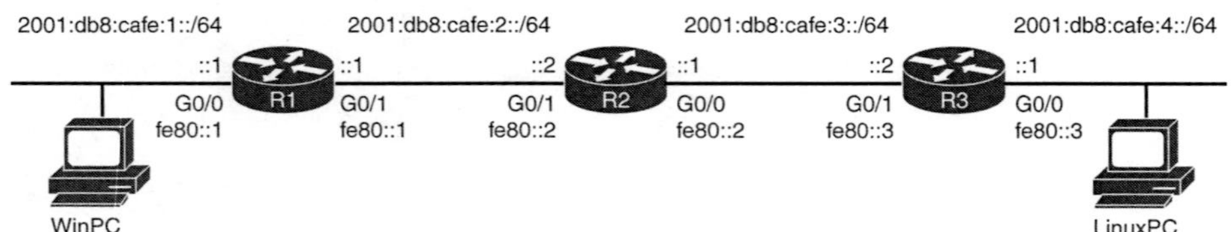

Figure 17-9 *IPv6 Topology for ACLs*

먼저 R1에서 IPv6용이라는 점 외에는 "**ip access-list**" 명령과 유사한 "**ipv6 access-list**" 명령을 사용하여 시작한다. 이 명령에 대한 문법은 다음과 같다.

```
Router(config)# ipv6 access-list access-list-name
```

Example 17-13에서 R1에 "NO-ACCESS-R3-LAN" access-list를 설정한다. ACL configuration 모드에서 permit과 deny 문을 사용한다. IPv4 ACL과는 다르게 IPv6 ACL은 wildcard(와일드카드) 마스크를 사용하지 않는다. 대신에 얼마나 큰 IPv6 송신 및 수신 주소가 매칭되어야 하는지 지시하는 데 프리픽스 길이를 사용한다.

다시 한번 말하자면 이들 명령은 IPv4의 명령과 비슷하다. 그러나 IPv6에 특징적인 옵션을 가진다. ACL 명령 "**deny 2001:db8:cafe:4::/64 any**"는 "**2001:db8:cafe:4::/64**" 프리픽스가 송신 IPv6 주소인 모든 패킷을 R1이 차단하도록 한다. 그다음 명령 "permit ipv6 any any"는 다른 모든 IPv6 패킷을 허용한다.

Example 17-13 *Configuring an IPv6 ACL on R1*

```
R1(config)# ipv6 access-list NO-ACCESS-R3-LAN
R1(config-ipv6-acl)# deny 2001:db8:cafe:4::/64 ?
  X:X:X:X::X/<0-128>  IPv6 destination prefix x:x::y/<z>
  any                 Any destination prefix
  host                A single destination host

R1(config-ipv6-acl)# deny 2001:db8:cafe:4::/64 any ?
  auth                     Match on authentication header
  dest-option              Destination Option header (all types)
  dscp                     Match packets with given dscp value
  flow-label               Flow label
  fragments                Check non-initial fragments
  hbh                      Match on hop-by-hop option
  log                      Log matches against this entry
  log-input                Log matches against this entry, including input
  mobility                 Mobility header (all types)
  mobility-type            Mobility header with type
  routing                  Routing header (all types)
  routing-type             Routing header with type
  sequence                 Sequence number for this entry
  time-range               Specify a time-range
  undetermined-transport   Transport cannot be determined or is missing
 <cr>
```

```
R1(config-ipv6-acl)# deny 2001:db8:cafe:4::/64 any
R1(config-ipv6-acl)# permit ipv6 any any
R1(config-ipv6-acl)# exit
R1(config)# interface gigabitethernet 0/1
R1(config-if)# ipv6 traffic-filter NO-ACCESS-R3-LAN in
R1(config-if)#
```

ACL을 인터페이스에 적용하기 위해서 IPv4에서 "**ip access-group**" 명령을 사용하는 것과 달리 IPv6는 "**ipv6 traffic-filter**" 명령을 사용한다. "**ipv6 traffic-filter**" 명령은 라우터가 자체적으로 발생시킨 것 이외의 트래픽이 포워딩 되는 것을 차단한다. 인터페이스상에서 IPv6 트래픽의 송수신을 차단하기 위해서 인터페이스 config 모드에서 "**ipv6 traffic-filter**" 명령을 사용하라.

```
Router(config-if)# ipv6 traffic-filter access-list-name {in | out}
```

IPv6 프리픽스 "2001:db8:cafe:4::/48"인 패킷을 차단하기 위해 "**ipv6 traffic-filter NO-ACCESS-R3-LAN in**" 명령이 R1의 R2 라우터 대향 G0/1 인터페이스에 설정되며, Example 17-13에서 이를 보여준다.

Example 17-14에서 "**ping**" 명령을 사용하여 ACL이 R3의 LAN에서 오는 트래픽을 차단하는지 확인한다. 첫 번째 ping 명령은 ping의 송신 주소가 R3의 G0/1 "2001:db8:cafe:3::2" 주소이기 때문에 성공한다. 두 번째 ping은 R3의 LAN "2001:db8:cafe:4::1"이 송신 주소가 되어 실패한다. 물론 R1의 ACL에 의해 차단되기 때문이다.

Example 17-14 *Applying an ACL to an Interface*

```
R3# ping 2001:db8:cafe:1::1
Type escape sequence to abort.
Sending 5, 100-byte ICMP Echos to 2001:DB8:CAFE:1::1, timeout is 2 seconds:
!!!!!
Success rate is 100 percent (5/5), round-trip min/avg/max = 1/1/4 ms
R3# ping 2001:db8:cafe:1::1 source 2001:db8:cafe:4::1
Type escape sequence to abort.
Sending 5, 100-byte ICMP Echos to 2001:DB8:CAFE:1::1, timeout is 2 seconds:
Packet sent with a source address of 2001:DB8:CAFE:4::1
SSSSS
Success rate is 0 percent (0/5)
R3#
```

R3 상에서 IPv6 테스트 문자는 모두 "S"로 이 패킷들의 송신 주소 때문에 시험이 실패했음을 나타내며, 이것은 보통 access-list에 의해 차단된 결과이다.[1]

---

1 다양한 테스트 문자가 있을 수 있다. 정상적인 성공을 의미하는 "!" 이외에도 IPv6 ping 결과 출력문자는 ., ?, @, A, B, H, N, P, R, S, T, U, X 등이 가능하다. 자세한 내용은 https://www.cisco.com/c/en/us/td/docs/ios/ipv6/command/reference/ipv6_book/ipv6_10.html#wp2654545 를 참고하라.-옮긴 이

Example 17-15에서 "**show ipv6 access-list**" 명령을 사용하여 ACL 설정을 확인한다. 각 문에 매겨지는 기본 일련번호(sequence number)를 확인하라. "**show running-config**" 명령은 ACL의 설정을 확인하는 데 사용된다.

Example 17-15 *Verifying R3's ACL*

```
R1# show ipv6 access-list
IPv6 access list NO-ACCESS-R3-LAN
    deny ipv6 2001:DB8:CAFE:4::/64 any (10 matches) sequence 10
    permit ipv6 any any (206 matches) sequence 20
R1# show running-config
<partial output>
interface GigabitEthernet0/1
 ipv6 address FE80::1 link-local
 ipv6 address 2001:DB8:CAFE:2::1/64
 ipv6 traffic-filter NO-ACCESS-R3-LAN in
!
!
ipv6 access-list NO-ACCESS-R3-LAN
 deny ipv6 2001:DB8:CAFE:4::/64 any
 permit ipv6 any any
!
```

Example 17-16은 R1의 LAN에서 "2001:db8:cafe:4::/64"로 향하는 FTP 트래픽을 차단하기 위해 R1에 설정된 IPv6 ACL을 보여준다. FTP 데이터[data(20)] 포트와 제어[control(21)] 포트 둘 다 차단될 필요가 있다. 필터가 R1 G0/0 인터페이스의 입력(inbound) 방향으로 적용되기 때문에 "2001:db8:cafe:1::/64" 네트워크로부터 오는 FTP 트래픽만 차단된다.

Example 17-16 *IPv6 ACL Denying FTP Traffic to R3's LAN*

```
R1(config)# ipv6 access-list NO-FTP-TO-R3-LAN
R1(config-ipv6-acl)# deny tcp any 2001:db8:cafe:4::/64 eq ftp
R1(config-ipv6-acl)# deny tcp any 2001:db8:cafe:4::/64 eq ftp-data
R1(config-ipv6-acl)# permit ipv6 any any
R1(config-ipv6-acl)# exit
R1(config)# interface gigabitethernet 0/0
R1(config-if)# ipv6 traffic-filter NO-FTP-TO-R3-LAN in
R1(config-if)#
```

Note IPv6 ACL을 사용하여 IPv6 헤더와 확장 헤더 내의 정보에 대한 필터 적용이 가능하다. 이것은 플랫폼 의존적(platform-dependent)이고 이 책의 범위 밖이라 별도 설명을 하지 않는다.

Note IPv6는 reflective, time-based, zone-based ACL과 같은 다양한 형태의 ACL도 지원한다. 이 내용은 이 책의 범위 밖이다. 이 다양한 형태의 IPv6 ACL에 관한 더 많은 정보가 필요하면, *Cisco IOS configuration Guide* "http://www.cisco.com/c/en/us/td/docs/ios-xml/ios/ipv6/configuration/15-2mt/ipv6-15-2mt-book/ipv6-sec-trfltr-fw.html"의 "Implementing Traffic Filters and Firewalls for IPv6 Security" 부분을 참고하라.

Transition Technologies

가까운 미래에 IPv4와 IPv6의 세계는 공존할 것이다. 어떻게, 언제 각 기관, 단체들이 IPv6로 전환할 것인가는 각자의 상황에 달려있다. 많은 서비스 프로바이더와 대형 기업 네트워크는 IPv6에 대해 "얼리 어답터"였다. 그들은 자신들의 계획과 교육, 그리고 전환 전략을 수년 전에 시작했다. IPv4 주소 공간의 부족 때문에 이동통신사를 포함하여 현재와 미래 전체 고객에게 접근 가능한, 전 세계적인 인터넷 입지를 원하는 많은 조직이 능동적으로 IPv6 채택을 시작했다.

Note 시스코는 IPv6 "6lab.cisco.com/stats"에서 IPv6 채택(adoption) 통계를 제공한다. 구글도 IPv6 채택 통계를 "www.google.com/intl/en/ipv6/statistics"에서 제공한다.

이상적으로 IPv6는 IPv6 네트워크를 통해 상호 간 직접 통신하는 IPv6 디바이스를 통해, 가능한 어디서건 기본 운용되어야 한다. 그러나 IPv4에서 IPv6로의 전환은 점진적으로 일어날 것이다. IETF(The Internet Engineering Task Force)는 듀얼 스택(dual stack), 변환, 터널링을 포함한 다양한 IPv4-to-IPv6 전환 시나리오를 만족하는 몇 가지 전환 기술을 개발했다. 듀얼 스택은 앞 장에 설명했었고, 변환 기술은 이 절에서, 터널링(tunneling)은 이 장의 다음 부분에서 다루겠다.

이 절은 기타 변환 방법에 관한 간략한 설명과 함께 NAT64에 초점을 맞춘다. Appendix A "Configuring NAT64 and IPv6 Tunnels"에 설정 예제를 포함한 NAT64에 관한 추가 정보를 포함시켰다.

이 장의 뒤에 나오는 "Tunneling IPv6" 절은 터널링의 개요와 IPv6를 위한 다양한 형태의 터널에 대해 다룬다. Appendix A는 manual, 6to4, ISATAP 터널에 관한 자세한 정보를 포함한다. Appendix A는 이들 터널링 방법 각각에 관한 설정 예제도 포함한다.

Note NAT64 및 다양한 터널링 방법에 관한 설정 예제도 Appendix A에 제공된다. 이 장에서 우리는 너무 깊이 들어가지 않으면서도 전환 기술에 집중하는 방식으로 정보를 제공한다. 상세한 내용 및 설정 예제에 관한 자세한 내용은 Appendix A를 참고하라.

Translation with NAT64

Network Address Translation(NAT)은 일반적으로 사설(RFC 1918) 주소와 공인 주소 공간 중간에서 패킷을 변환하는 데 사용되는 친숙한 방법이다. Address Family Translation(AFT) 혹은 간단하게 Translation(변환)은 IPv6-only 및 IPv4-only 호스트와 네트워크 간 통신을 지원한다. AFT는 이들 두 개의 네트워크 계층 프로토콜 사이에서 IP 헤더와 주소 변환을 수행한다. 다른 전환(transition) 방법들과 마찬가지로 변환은 장기간의 전략(strategy)은 아니며, 궁극적인 목표는 IPv6로의 완전한 이행이 되어야 한다. 그러나 지금으로서는 변환이 필요하며, 이 방법은 터널링과 비교할 때 2가지 중요한 장점을 제공한다.

- 변환은 IPv6로의 점진적이고 매끄러운 전환을 위한 수단을 제공한다.
- 콘텐츠 프로바이더가 IPv6 인터넷 사용자에게도 투명하게 서비스를 제공할 수 있다.

Note IPv6 터널링에 대해서는 다음 절에서 설명한다.

NAT64는 IPv6-only와 IPv4-only 네트워크 간 접근을 투명하게 지원한다. NAT64는 이제는 폐지된 Network Address Translation-Protocol Translation(NAT-PT, RFC 6144 "*Framework for IPv4/IPv6 Translation*"에서 문서화되었다)를 대체한다. NAT-PT는 사설(RFC 1918) IPv4 주소를 공인 IPv4 주소로 혹은 그 역으로 변환하는데 사용되는 IPv4의 NAT 메커니즘과 유사하다. NAT-PT는 RFC 2766 "*Network Address Translation-Protocol Translation(NAT-PT)*"에서 정의되었고 RFC 4966 "*Reasons to Move the Network Address Translator-Protocol Translator(NAT-PT) to Historic Status*"에 의해 폐지되었다. 시스코는 NAT-PT를 사용하지 말라고 강력하게 권한다.

NAT-PT는 까다로운 DNS 결합과 전반적인 주소변환 제한 때문에 IETF에 의해 폐지되어 사라지게 될 예정이다. 이 사유는 RFC 4966에 문서화되어 있다. IETF는 NAT64를 NAT-PT의 대체 프로토콜로 추천한다.

NAT64는 IPv4-to-IPv6 전환(transition)과 IPv4/IPv6 병존(coexistence)을 위한 메커니즘이다. Figure 7-10에서 보여준 것처럼 DNS64와 함께 사용하는 NAT64의 기본 목적은 IPv6-only 클라이언트가 IPv4-only 서버와 통신할 수 있게 하는 것이다. 또한, NAT64는 IPv4-only 클라이언트가 IPv6-only 서버와 정적(static) 혹은 수동(manual) 바인딩(binding)을 사용해 통신하는 데 사용될 수 있다.

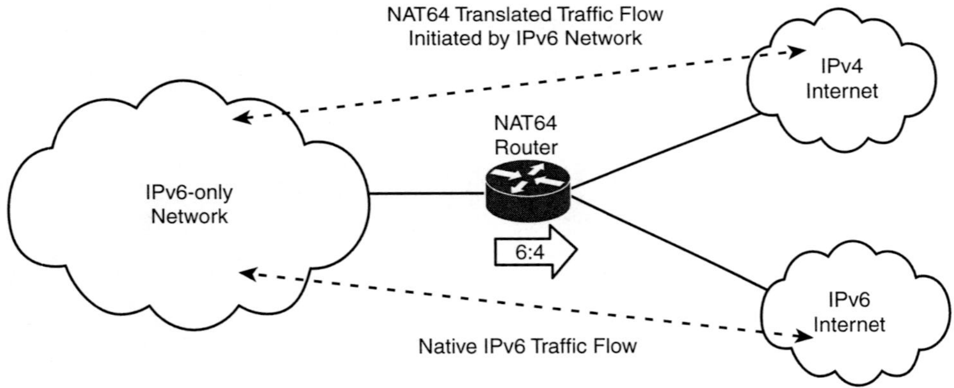

Figure 17-10 *IPv6-Only Network Accessing IPv4 and IPv6 Internet*

NAT64는 RFC 6166 "*Stateful NAT64: Network Address and Protocol Translation from IPv6 Clients to IPv4 Servers*"에 기술되었다. IPv4에서 사용되는 stateful NAT와 유사하게 stateful NAT64도 IPv6와 IPv4 사이에서 변환을 수행되는 동안 바인딩을 생성하거나 조정한다.[1] NAT64는 IPv6와 IPv4 사이에서 다음과 같이 동작하여 변환을 수행한다.

- RFC 6145 "*IP/ICMP Translation Algorithm*"에 정의된 알고리즘을 사용한 두 프로토콜 간의 IP 헤더 변환

1 변환 테이블을 관리한다는 뜻이다.-옮긴 이

- RFC 6052 "*IPv6 Addressing of IPv4/IPv6 Translators*"에 정의된 알고리즘을 사용한 두 프로토콜 간 IP 주소 변환

Note stateless NAT64도 또 하나의 옵션이다. stateful NAT64와는 다르게, stateless NAT64는 변환을 수행할 동안 어떤 종류의 바인딩(binding)이나 세션도 유지하지 않는다. 이 장에서는 stateful NAT64만 다룬다.

NAT64에는 3가지 구성 요소가 있다.

- **NAT64 prefix:** IPv6-only 네트워크를 통해 패킷을 보내기 위해 IPv4 주소를 변환하는 데 사용되는 /32, /40, /48, /56, /64 혹은 /96 프리픽스이다. network-specific 프리픽스(NSP) 나 well-known(WKP) 프리픽스를 NAT64 프리픽스로 사용할 수 있다. NSP는 조직에 의해 할당되며 보통 조직의 IPv6 프리픽스 중 일부 서브넷이 된다. NAT64 WKP 프리픽스는 "64:ff9b::/96"이다. NSP가 지정되지 않았거나 설정되지 않았다면 NAT64는 변환된 IPv4 주소 앞에 WKP를 사용한다. NAT64 프리픽스는 종종 "Pref64::/n"이라 불린다.
- **DNS64 server:** DNS64 서버는 IPv6 "AAAA" 레코드에 대해서 일반적인 DNS서버로 동작한다. 그러나 "AAAA" 레코드를 사용할 수 없을 때 IPv4 "A" 레코드를 찾으려 시도한다. 만약 "A" 레코드가 있으면, DNS64는 IPv4 "A" 레코드를 NAT64 프리픽스를 사용하여 IPv6 "AAAA" 레코드로 변환한다. 이렇게 하면 IPv6-only 호스트는 IPv6를 사용하는 서버와 통신할 수 있다고 판단하게 된다.
- **NAT64 router:** NAT64 라우터는 NAT64 프리픽스를 IPv6 네트워크로 광고하고 IPv6-only와 IPv4-only 네트워크 사이에서 변환을 수행한다.

Traffic Initiated from IPv6-Only Clients to IPv4-Only Servers

Figure 17-11은 IPv6-only 네트워크 2001:db8:cafe::/48 내 클라이언트가 NAT64를 사용하여 IPv4-only 서버와 통신하는 시나리오를 보여준다. 이것은 NAT64 사용에 관한 가장 일반적인 시나리오이다. 다음의 단계는 이 프로세스를 설명한다.

Step 1. Host A는 서버 www.example.com과 통신하고자 하는 IPv6-only 호스트이다. 이 호스트가 DNS64 서버로 DNS 쿼리(AAAA: www.example.com)를 시작한다. DNS64는 이 프로세스의 필수 요소이다. DNS64 서버는 두 프로토콜 IPv4와 IPv6에 대해 DNS 서버로 동작한다. DNS64는 클라이언트가 IPv6 주소를 사용해서 IPv4 서버에 접근할 수 있는 것처럼 착각하게 한다. Figure 17-12에 DNS64의 동작을 1에서 7까지의 단계로 자세하게 그렸다. Figure 17-12의 단계는 Figure 17-11의 단계와 동일하다. 두 그림으로 DNS64 프로세스를 좀 더 이해할 수 있을 것이다.

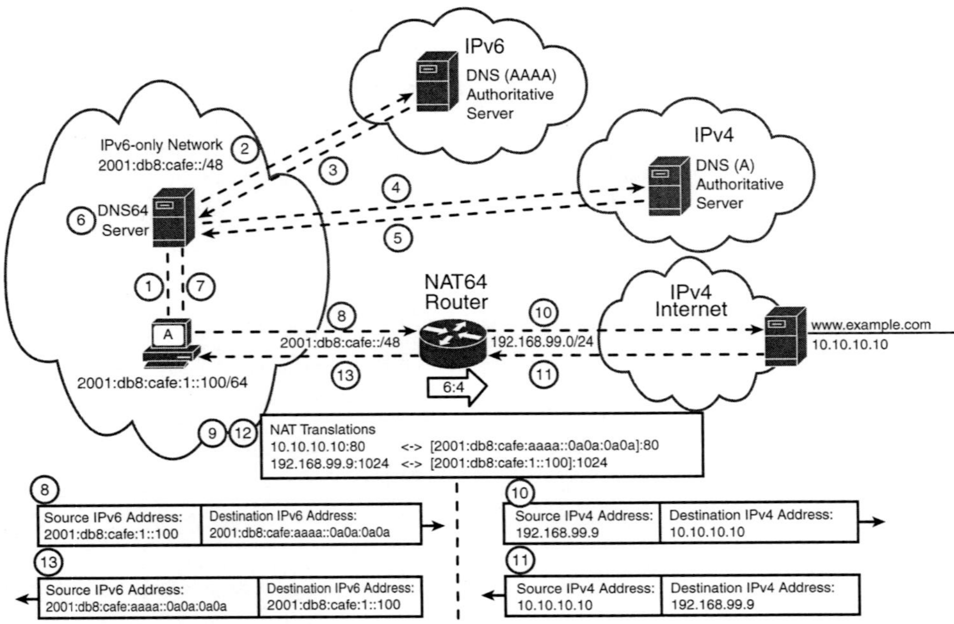

Figure 17-11 *NAT64 Router Translating IPv6 Traffic to IPv4 and Returning Traffic*

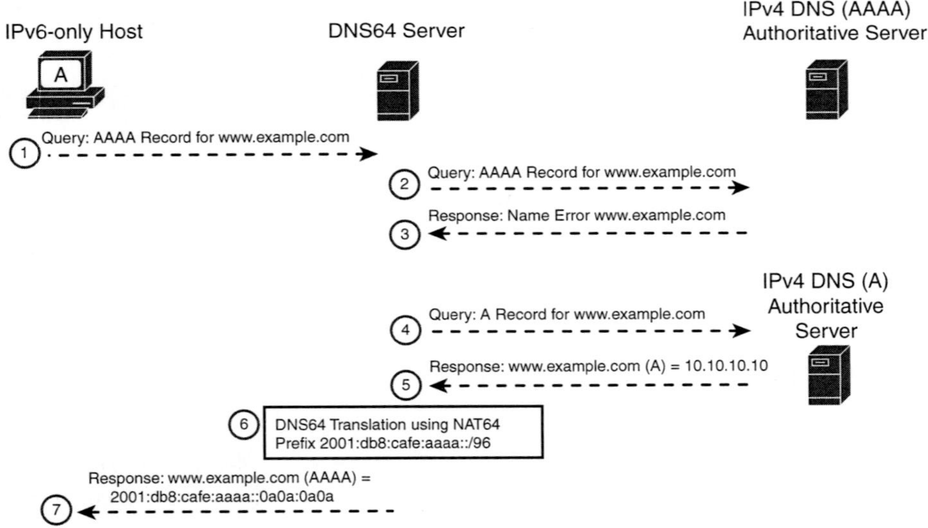

Figure 17-12 *DNS64 Operation*

host A는 DNS 질의(AAAA: www.example.com)를 DNS64 서버로 보낸다. host A에 관한 이 질의는 IPv6 서버로 향하는 일반적인 DNS AAAA 질의다.

Step 2. DNS64 서버는 host A로부터 DNS AAAA 질의를 수신한다. 도메인 네임을 결정하려는 시도로 DNS64 서버는 DNS AAAA 책임 서버로 www.example.com에 대한 질의를 보낸다.

Step 3. IPv6 DNS AAAA 책임 서버는 자신은 www.example.com에 대한 AAAA 리소스 레코드를 갖고 있지 않다고 응답을 돌려보낸다.

Step 4. AAAA 질의에 대한 빈 응답(name error)을 받고 난 후 DNS64 서버는 A 질의(A: www.example.com)를 IPv4 DNS A 책임 서버로 보낸다.

Step 5. IPv4 DNS A 책임 서버는 www.example.com에 대한 A 리소스 레코드를 갖고 있어서 www.example.com 서버에 대한 IPv4 주소(A: www.example.com 10.10.10.10)로 응답을 돌려보낸다.

Step 6. DNS64 서버는 DNS A 책임 서버로부터 IPv4 주소를 수신해서 IPv4 주소를 16진수 "0a0a:0a0a"로 변환한 후 자신의 NAT64 프리픽스 "2001:db8:cafe:aaaa::/96"을 IPv4 주소 앞에 붙여서 AAAA 레코드로 합친다.

Figure 17-13에 IPv4 A 레코드를 IPv6 AAAA 레코드로 만드는 DNS64 Synthesis(합성) 과정을 그렸다. DNS64 서버는 www.example.com에 대한 IPv4 A 레코드 "10.10.10.10"을 수신한다. 32-bit IPv4 주소는 동등한 16진수인 "0a0a:0a0a"로 변환된다. DNS64 서버는 프리픽스 "2001:db8:cafe:aaaa::/96"을 주소 앞에 붙여서, 결과로 www.example.com에 대한 DNS64-synthesized AAAA 리소스 레코드 "2001:db8:cafe:aaaa::0a0a:0a0a"를 만든다. 이 주소는 host A가 www.example.com 서버와 통신하기 위한 목적지 IPv6로 사용된다.

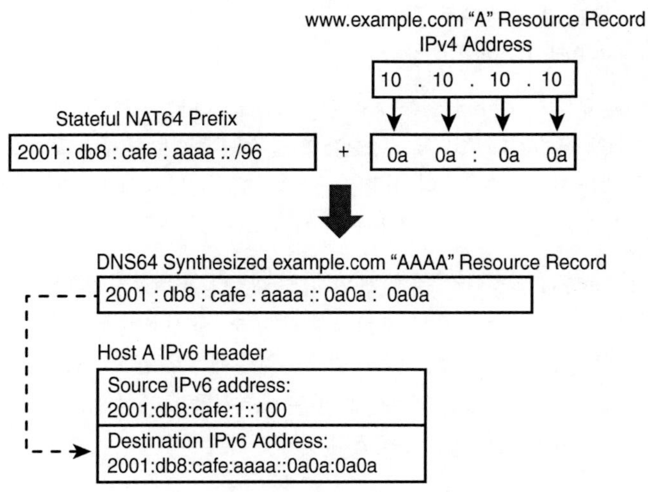

Figure 17-13 *DNS64 Synthesis of an A Record into an AAAA Record*

Note DNS 서버는 DNS64 서비스를 자동 수행하지 않는다. DNS 서버가 DNS64 동작을 하기 위해서는 소프트웨어가 지원해야 하고 특별히 추가 설정되어야 한다.

Note network-specific 프리픽스(NSP)나 well-known(WKP) 프리픽스를 NAT64 프리픽스로 사용할 수 있다.

Step 7. DNS64 서버는 www.example.com에 대한 주소 "2001:db8:cafe:aaaa::0a0a:0a0a"를 AAAA 응답으로 host A에게 보낸다.

Step 8. 합성된 AAAA 레코드는 host A에게 완전히 투명하다.[1] host A에게는 www.example.com이 IPv6 네트워크와 인터넷을 통해 통신할 수 있는 것처럼 보인다. host A는 이제 www.example.com에 IPv6 패킷을 송신하는 데 필요한 주소 정보를 다음과 같이 갖게 되었다.

- **IPv6 목적지 주소:** 2001:db8:cafe:aaaa::0a0a:0a0a
- **IPv6 송신 주소:** 2001:db8:cafe:1::100

Step 9. NAT64 라우터는 호스트 A가 보내는 IPv6 패킷을 NAT-64가 활성화된(NAT64-enabled) 인터페이스를 통해 수신한다. NAT64 라우터는 stateful NAT64 프리픽스 "2001:db8:cafe:aaaa::/96"가 설정되어 있다. 라우터는 이 IPv6 패킷을 포워딩하기 위한 시도를 한다. 첫 번째 96bit가 설정된 stateful NAT64 프리픽스와 일치하지 않으면 패킷은 변환되지 않은 채 일반적인 IPv6 라우팅을 사용해 포워딩된다. 패킷의 목적지 주소가 stateful NAT64 프리픽스와 일치할 때 패킷은 다음의 변환과정을 거친다.

- IPv6 헤더는 IPv4 헤더로 변환된다.
- IPv6 목적지 주소는 IPv6 stateful NAT64 프리픽스 "2001:db8:cafe:aaaa::96"을 제거하고 IPv4 주소로 변환된다. IPv6 주소 뒤쪽 32bit "0a0a:0a0a"는 32bit dotted decimal "10.10.10.10"으로 표시된다.
- IPv6 송신 주소를 설정된 IPv4 주소 풀(pool)을 사용하여 IPv4 주소로 변환한다. NAT64 설정에 따라 1:1 주소변환이 될 수도 있고 IPv4 주소 오버 로딩(NAT의 PAT와 동일)을 사용할 수도 있다. 이것은 IPv4의 NAT와 비슷하다. 이 시나리오에서 host A의 송신 IPv4 주소는 "192.168.99.9" IPv4 주소로 변환된다.
- stateful NAT64 IP 주소 변환 상태는 Figure 17-11의 NAT64 라우터 하단 NAT 변환 테이블에서 보여주는 것처럼 송신 및 수신 주소 둘 다에 대해 생성된다. 이 상태 테이블들은 패킷에 대해 첫번째로 변환이 일어날 때 생성된다. 이 상태 테이블(결국 NAT64 테이블)은 플로우 내 연속되는 패킷을 위해 유지된다. 이 상태 테이블은 트래픽과 상태 유지 타이머가 만료될 때 사라진다.

Note 위의 시나리오는 사설 주소 공간을 사용했다. 그러나 실세계에서는 공인 주소가 네트워크상의 도달성을 보장하기 위해 필수적이다. 그래서 만약 제한된 공인 IPv4 주소 pool만 있다면 이 방법은 최적의 해결책이 될 수 없다.

Step 10. NAT64 변환 이후 변환된 IPv4 패킷이 일반적인 IPv4 route lookup 프로세스를 사용하여 포워딩된다. 이 시나리오에서 IPv4 목적지 주소 10.10.10.10이 패킷을 포워딩하는 데 사용된다.

Step 11. 10.10.10.10의 주소를 가진 www.example.com 서버에서 응답하고 그 응답은 결국 NAT64 라우터에서 수신한다.

1 host A는 원래부터 AAAA 레코드인 것으로 생각한다는 뜻-옮긴 이

Step 12. NAT64 라우터는 NAT64 활성(NAT64-enabled) 인터페이스 중 하나를 통해 www.example.com 서버에서 보내는 IPv4 패킷을 수신한다. 라우터는 목적지 IPv4 패킷에 대한 NAT64 변환 상태 테이블이 존재하는지 확인하기 위해 IPv4 패킷을 검사한다. 변환 상태 테이블이 없으면 패킷은 폐기된다. IPv4 목적지 주소에 대한 변환 상태 테이블이 있으면 NAT64 라우터는 다음의 단계를 수행한다.

- IPv4 헤더를 IPv6 헤더로 변환한다.
- IPv4 송신 주소를 기존의 NAT64 변환 상태 테이블을 사용하여 IPv6 송신 주소로 변환한다. 이 시나리오에서 송신 주소는 10.10.10.10인 IPv4 주소에서 "2001:db8:cafe:aaaa:0a0a:0a0a"인 IPv6 주소로 변환된다. 목적지 주소는 "192.168.99.9"에서 IPv6 주소 "2001:db8:cafe:1::100"로 변환된다.

Step 13. 변환이 완료된 후 IPv6 패킷은 일반적인 IPv6 route lookup 프로세스를 사용해서 포워딩된다.

DNS64 서버는 NAT64 라우터와 함께 사용되어 IPv4 서버와 통신해야 하는 IPv6-only 클라이언트를 위한 투명한 환경을 만든다. DNS64 서버는 IPv6 호스트가 IPv4 목적지를 IPv6 주소로 인식하게 만든다. DNS64 서버는 전형적인 IPv6 DNS 서버 동작 기능이 있으며/혹은 NAT64 프리픽스를 사용하는 DNS64 translator(변환기)로 동작하는 기능을 하고 있다.

Traffic Initiated from IPv4-Only Clients to IPv6-Only Servers

Figure 17-14는 IPv4-only 네트워크 내 클라이언트가 NAT64를 사용해서 IPv6-only 서버와 통신하는 시나리오를 보여주며, 1단계에서 9단계까지 자세히 설명한다. 목표는 IPv4 클라이언트에 대한 투명하게 IPv6 서비스에 대한 액세스를 제공하는 것이다. 이 시나리오에서 DNS64 서버는 필요 없다. IPv6와 IPv4 주소 사이의 정적 매핑이 NAT64 라우터에 설정된다.

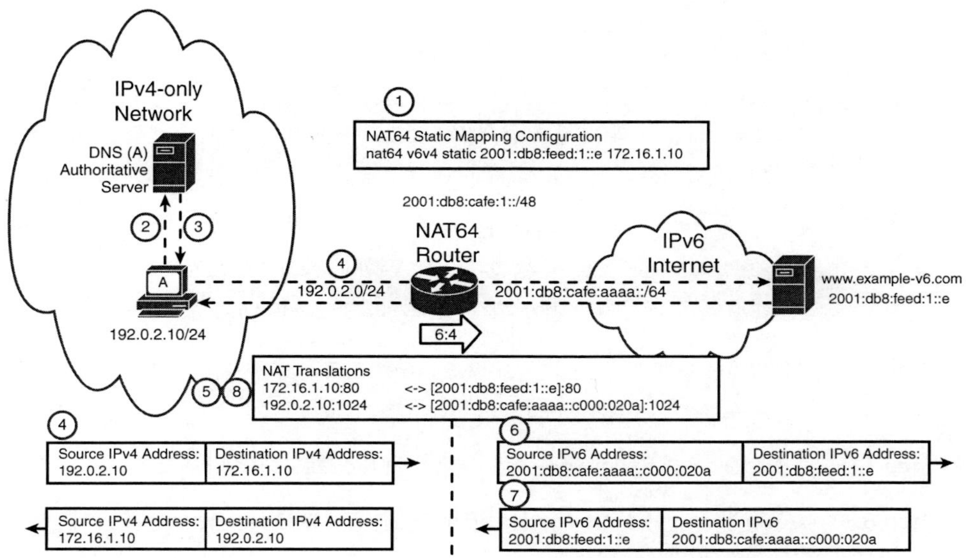

Figure 17-14 *NAT64 Router Translating IPv4 Traffic to IPv6 and Returning Traffic*

> **Note** 이 시나리오는 미래에 보기 힘들 것이다. IPv6가 활성화된 대부분 서버는 IPv4도 마찬가지로 서비스(IPv4-capable)할 수 있다. IPv6 서버는 한동안 듀얼 스택으로 운용될 것이다. IPv6-only 서버는 IPv6만 운용하는(즉 하나의 미래 프로토콜 스택만 지원하는) 대형 회사에서 먼저 일반화될 것이다.

Figure 17-14는 그다음 단계를 보여준다.

Step 1. 첫 번째 단계는 IPv4 주소 172.16.1.10으로 IPv6 서버 "2001:db8:feed:1::e"에 대한 접근을 제공하고자 IPv6-to-IPv4 정적 매핑을 설정하는 것이다. 또한, IPv4 주소 172.16.1.10은 DNS 서버에 www.example-v6.com에 대한 리소스 레코드로 등록될 필요가 있다. 정적 NAT64 매핑은 다음 명령으로 설정한다.

```
NAT64-Router(config)# nat64 v6v4 static 2001:db8:feed:1::e 172.16.1.10
```

Step 2. host A는 www.example-v6.com과 통신하기를 원하는 IPv4-only 호스트이다. 이 호스트가 먼저 자신의 IPv4 authoritative(책임) 서버로 DNS 질의(A: www.example-v6.com)를 보낸다.

Step 3. DNS 서버는 www.example-v6.com에 대한 A 리소스 레코드인 172.16.1.10으로 응답한다.

Step 4. Host A는 이제 www.example-v6.com에 IPv4 패킷을 보내는 데 필요한 주소 정보를 갖게 되었다.

- **IPv4 destination address:** 172.16.1.10
- **IPv4 source address:** 192.0.2.10

Step 5. NAT64 라우터는 자신의 NAT64-enabled 인터페이스에서 IPv4 패킷을 수신하고 다음 단계로 이행한다.

- IPv4 헤더를 IPv6 헤더로 변환한다.
- IPv4 목적지 주소를 "Step 1"에서 정적 설정으로 생성된 기존의 NAT64 변환 상태(translation state) 테이블을 이용해 IPv6 주소로 변환한다. 목적지 IPv4 주소 172.16.1.10은 IPv6 목적지 주소 "2001:db8:feed:1::e"로 변환한다.
- IPv4 송신 주소를 IPv4 주소에 stateful NAT64 프리픽스인 "2001:db8:cafe:aaaa::/96"을 덧붙여 IPv6 주소로 변환한다. 결과적으로 IPv6 송신 주소는 "2001:db8:cafe:aaaa::c000:020a"가 된다. (c000:020a는 192.0.2.10의 16진수 표기이다)

Step 6. 변환 이후에 IPv6 패킷은 일반적인 IPv6 라우팅 프로세스를 사용하여 라우팅 된다. 최종 패킷은 주소가 "2001:db8:feed:1::e"인 www.example-v6.com으로 라우팅된다.

Step 7. www.example-v6.com 서버는 Host A를 향해 패킷으로 응답한다.

Step 8. NAT64 라우터는 NAT64-enabled 인터페이스를 통해 IPv6 서버가 보내는 IPv6 패킷을 수신하며 다음 단계를 수행한다.

- IPv6 헤더를 IPv4 헤더로 변환한다.
- IPv6 송신 주소에서 NAT64 프리픽스인 "2001:db8:feed:1::e"을 제거하고 남은 주소 뒷부분을 dotted-decimal로 표기하여 IPv4 주소 "172.0.2.10"로 변환한다.
- IPv6 목적지 주소에서 IPv6 stateful NAT64 프리픽스 "2001:db8:cafe:aaaa::96"을 제거하고 IPv4 주소로 변환한다. 뒷부분 32bit IPv6 주소 "c000:020a"는 dotted-decimal IPv4 주소 192.168.2.10으로 표기된다.

Step 9. 변환한 이후 NAT64 라우터는 IPv4 라우팅 프로세스를 사용해 192.0.2.10으로 패킷을 포워딩한다.

앞 시나리오와 비슷하게, stateful NAT64를 사용하여 IPv4-only 클라이언트와 IPv6-only 서버 사이의 투명한 통신[1]이 이루어진다. 설정은 "Step 1"에서 설명한 static mapping 명령을 제외하고는 유사하다. IPv6-only 클라이언트 쪽에서 IPv4 서버와 통신을 시작할 때는 DNS64 서버가 결정적인 역할을 한다. 이 시나리오처럼 NAT64 라우터 상에 IPv6-to-IPv4 static mapping과 함께 IPv4에 대한 DNS 리소스 레코드 추가가 필요한 경우와는 다르다.

Note Appendix A에 설정 예제를 포함해서 NAT64를 위한 추가적인 설정 정보가 실려 있다.

Other Translation Techniques

NAT64(Network Address Translation IPv6 to IPv4)는 가장 일반적인 IPv4-to-IPv6 변환 기술의 하나이지만, 이 기술 하나만 있는 것은 아니다. IETF는 IPv6-only 네트워크상의 디바이스가 IPv4-only 네트워크상의 디바이스와 통신할 수 있도록 하는 추가적인 변환 기술을 정의했다. 다음은 사용할 수 있는 기타 변환 기술이다.

- **Mapping of Address and Port (MAP):** MAP은 IPv6 전환 및 연동기술로 주소와 포트 공간의 자연스러운 집선 기능을 활용하여 stateful translator(상태보존형 변환기) 필요 없이 ISP 네트워크상에서 IPv4 주소를 IPv6로 변환하거나 캡슐화를 가능케 한다. MAP은 품질을 보장하는 IPv6 전환 메커니즘으로 ISP가 IPv6-only 프로바이더 네트워크를 적용하는 동안 부족한 IPv4 주소 자원을 공유할 수 있게 해 준다. 오늘날 2종의 MAP이 있다. MAP-T(변환을 사용)와 MAP-E(캡슐화를 사용) 두 가지이다. MAP의 주요 장점은 서비스 프로바이더 라우터를 stateless 방식으로 구현한 것이며, 이렇게 해서 최종 사용자 연결 수 또는 상태의 수를 기반으로 하는 대신 축약된 프리픽스의 수와 트래픽에 비례하여 규모를 확장할 수 있게 되었다. MAP-T는 RFC 7599 "*Mapping of Address and Port Using Translation(MAP-T)*"에, MAP-E는 RFC 7597 "*Mapping of Address and Port Using Encapsulation(MAP-E)*"에 정의되었다.
- **Transport Relay Translation (TRT):** TRT는 NAT-PT와 유사하며, IPv4와 IPv6 도메인 사이에서 트래픽을 릴레이 하기 위해 TRT 시스템을 사용한다. TRT는 IPv6-only 호스트가 IPv4-only 호스

1 클라이언트들은 NAT64 의 존재를 알아채지 못한다는 의미-옮긴 이

트와 TCP와 UDP 패킷을 주고받을 수 있게 한다. TRT는 RFC 3142 "*An IPv6-to-IPv4 Transport Relay Translator*"에서 정의되었다.

- **IPv6 Rapid Deployment (6rd):** 6to4 터널처럼, "6rd"는 IPv4-only 네트워크 인프라로 패킷을 보내기 위해 stateless IPv6-in-IPv4 encapsulation을 사용한다. 6to4 터널과는 다르게 6rd 서비스 프로바이더는 고정된 6to4 프리픽스를 대신해서 프로바이더가 가진 IPv6 프리픽스 중의 하나를 사용한다. "6rd"는 RFC 5569 "*IPv6 Rapid Deployment on IPv4 Infrastructure(6rd)*"에 정의되었다.

- **Dual-Stack Lite (DS-Lite):** Figure 17-15에서 보여주는 것처럼 서비스 프로바이더는 IPv4 인터넷의 사설 IPv4 주소를 사용하는 고객을 연결하는 데 DS-Lite를 사용한다. IPv4 고객과 서비스 프로바이더 사이에는 IPv6 링크가 있다. 고객이 사설(RFC 1918) 송신 주소를 사용하여 IPv4 패킷을 보낼 때, 라우터가 이 패킷을 IPv6 패킷에 캡슐화하여 IPv6 네트워크를 통해 보낸다. 터널의 반대쪽 종단에서 캡슐이 벗겨져 IPv4 패킷으로 원복 된다. 이때 사설 IPv4 송신 주소는 IPv4 NAT를 사용하여 공인 IPv4 주소로 변환된다. DS-Lite와 6rd는 터널링 메커니즘이며 일반적으로 변환 메커니즘과 결합하여 같이 사용된다.

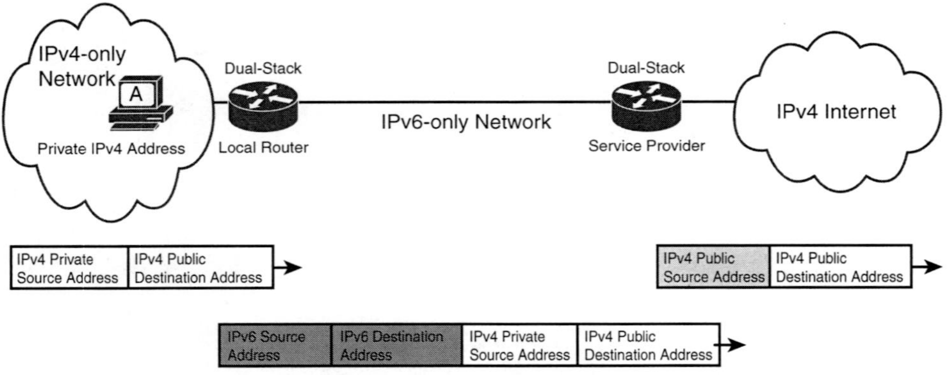

Figure 17-15 *Dual-Stack Lite*

Tunneling IPv6

IPv4-to-IPv6 전환 메커니즘의 또 다른 형태는 터널링이다. 다른 기타 전환(transition) 기술도 그렇지만 터널링은 완전한 IPv6 망이 적용될 때까지의 임시 해결책으로 고려되어야 한다. 터널은 하나의 IP 패킷을 또 다른 패킷 내부에 캡슐화하는 것일 뿐이다. IPv4 패킷 내부에 또 다른 IPv4 패킷을 캡슐화하여 터널을 구성할 수 있으며, 그런 것이라면 어떤 네트워크 계층 프로토콜도 또 다른 네트워크 계층 프로토콜 내부에 캡슐화할 수 있다. 현재의 IPv4 네트워크에 IPv6를 통합하는 데 해결해야 하는 과제 중 하나는 IPv4-only 네트워크를 통해 IPv6 패킷을 전달하는 기능이다. 이것을 가능하게 하는 한 가지 방법은 터널을 사용하는 것이며 Overlay 터널이라고 알려진 것이다. Overlay 터널은 IPv6 패킷을 IPv4 인프라를 통해 전달하기 위해 IPv4 패킷 속에 캡슐화한다.

Figure 17-16에서 IPv4-only 네트워크 내 떨어져 있는 두 개의 IPv6-only 네트워크 또는 "IPv6 islands"의 예를 보여준다.

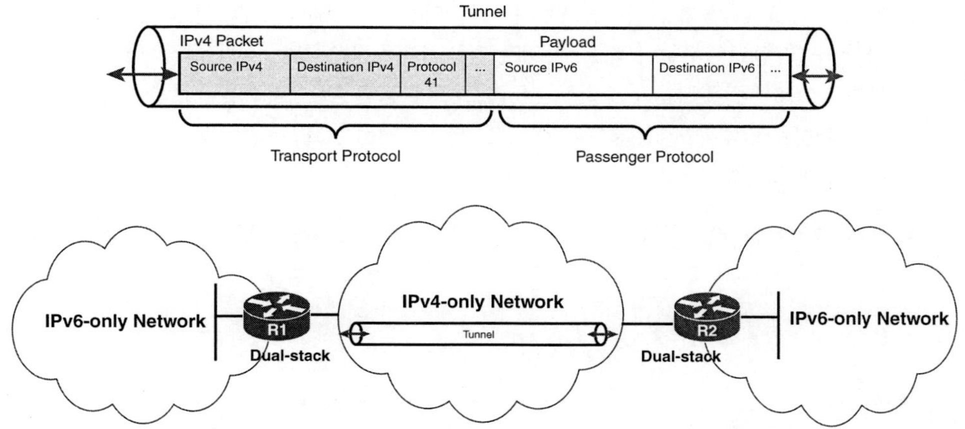

Figure 17-16 *Tunnel Connecting Islands of IPv6 Networks*

터널링은 고립된 IPv6 네트워크의 디바이스가 IPv4 네트워크를 통해 IPv6 패킷을 보낼 수 있도록 하는 기술이다. 터널은 두 가지 프로토콜로 이루어진다: 하나는 transport 프로토콜이고, 하나는 passenger 프로토콜이다. Figure 17-16은 IPv6 Overlay 터널 내 이 두 프로토콜을 그림으로 보여준다.

- **Transport protocol:** IPv4는 터널을 생성하는 transport(전송) 프로토콜이다. IPv4 헤더에서 프로토콜 번호 41은 캡슐화된 데이터 부분이 IPv6 패킷이라는 것을 나타낸다.
- **Passenger protocol:** IPv6는 passenger 프로토콜이며 터널에 캡슐화되어 터널을 통해 운반된다.

터널을 구성하기 위해서는 터널의 종단인 두 대의 장비와 터널을 관리하기 위한 관리(management) 프로토콜이 필요하다. 이것이 터널의 세 가지 구성 요소이다.

- **Tunnel entry point:** 터널 진입(entry) 포인트에서 IPv4(transport protocol) 패킷 내 IPv6 패킷(passenger protocol)의 캡슐화가 이루어진다. 터널 entry 포인트는 IPv6 패킷을 수신하고, IPv4 패킷 내부에 IPv6 패킷을 캡슐화해서 IPv4 네트워크를 통해 전송하기 위해 듀얼 스택 디바이스이어야 한다.
- **Tunnel exit point:** 터널 출구(exit) 포인트는 또 하나의 듀얼 스택 디바이스이며, IPv4 패킷이 수신되는 장비이다. IPv6 네트워크를 통해 패킷이 전달하기 위해 캡슐을 벗겨내어 다시 원래의 IPv6 패킷으로 돌려 놓는다.
- **Tunnel management:** 터널 관리(management)는 진입(entry) 포인트와 출구(exit) 포인트에서 이루어지며, 터널 캡슐화/캡슐 해제, 주소지정, MTU , 단편화, 에러 처리 등을 다룬다.

터널링에서 터널의 종단 포인트(entry와 exit 포인트)로 라우터와 호스트의 어떤 조합도 사용할 수 있다. Figure 17-17은 가능한 3가지 시나리오를 그림으로 그린 것이다.

- **Host-to-host:** 고립된 듀얼 스택 호스트들이 떨어진 IPv4-only 네트워크 내에 있다. 호스트는 터널 종단으로 동작하며 두 호스트 사이 IPv6 패킷을 전달하는 터널을 생성한다.

- **Host-to-router:** 터널 종단이 호스트와 라우터이며 IPv4-only 네트워크를 통해 연결되어 있다. 한쪽 터널의 종단은 듀얼 스택 호스트이며, 다른 한쪽 종단은 듀얼 스택 라우터이다. 라우터는 원래부터 IPv6 패킷을 자신이 연결된 IPv6 네트워크를 통해 송수신하고 있다. 호스트와 통신할 때 IPv6 패킷은 IPv4 패킷에 캡슐화되어 터널을 통해 송신된다. 호스트는 이를 받아서 캡슐을 벗긴 후 IPv6 패킷을 처리한다.
- **Router-to-router:** 양 종단이 듀얼 스택 라우터이다. 듀얼 스택 라우터는 고립된 IPv6 호스트(islands of IPv6 hosts)들을 연동하기 위해 서로 간에 터널을 맺고 있다.

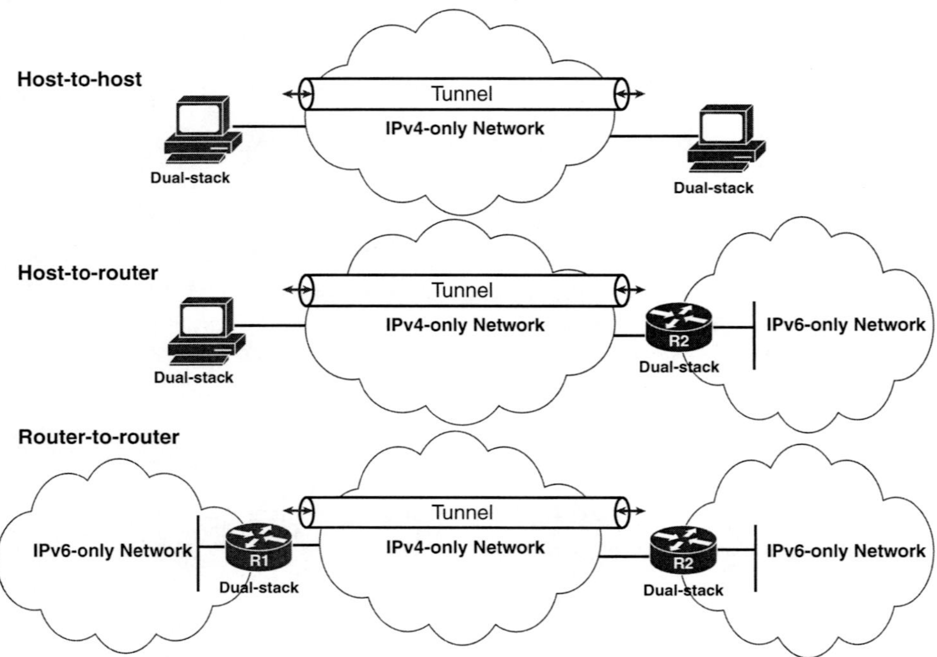

Figure 17-17 *IPv6 Tunnel Endpoints*

IETF는 듀얼 스택 노드 사이에서 터널을 맺는 몇 가지 프로토콜과 기술을 정의했다. 많은 터널링 옵션은 혼란스럽고 때로는 불필요하다. 이 장은 이 다양한 터널들의 유사성과 차이를 더 잘 이해하기 위한 개요를 제공한다. 기본적으로 모든 터널은 같은 일을 한다: 터널의 두 종단 사이에서 IPv4 패킷 내의 IPv6 패킷을 전달하는 것이다. 그 후 선택 사항은 다음과 같다.

- 얼마나 많은 터널을 설정해야 하는가? 몇 개만 있어도 된다면 수동 터널이 좋을 것이다. 그렇지 않다면 자동 터널이 더 나은 옵션이 될 수 있다.
- 특별한 요구사항이 있어서 다른 것보다 더 바람직한 터널 유형이 있는지, 예를 들면 터널이 non-IP 패킷이나 multicast 패킷을 전달할 필요가 있는지?

다음은 IPv6를 위한 몇 가지 터널링 타입이다.

- **Manual tunnel:** 수동 터널은 point-to-point 링크와 동등하다. 주요 용도는 두 에지(edge) 라우터 사이에서(혹은 종단 시스템과 라우터 사이), 혹은 원격 IPv6 네트워크와의 연결에 대해 주기적인 보안 통신을 요구하는 안정적인 연결에 사용한다.

- **6to4 tunnel:** 6to4 나 자동 6to4 터널의 중요한 차이는 터널이 point-to-point가 아니라 point-to-multipoint 터널이라는 것이다. 터널의 목적지 IPv4 주소는 패킷의 목적지 IPv6 주소로 결정된다. 6to4 터널은 IPv6 프리픽스 혹은 네트워크 주소와 IPv4 터널 주소 사이의 연관성을 필요로 한다. IPv6 주소는 IPv4 터널 주소로부터 "2002:*tunnel-IPv4-address::/48*" 포맷을 사용하여 리버스 엔지니어링 된다. ("2002::/16"[1]은 6to4 터널링을 위해 예약된 프리픽스이다.[2])이렇게 해서 여러 개의 목적지를 가진 하나의 터널(a point-to-multipoint 터널) 생성이 가능하다. 6to4는 RFC 3056 "*Connection of IPv6 Domains via IPv4 Clouds*"에서 정의되었다.

- **ISATAP (Intra-Site Automatic Tunnel Addressing Protocol) tunnel:** ISATAP은 완전한 IPv6 인프라가 아직 갖춰지지 않은 site 내에서 IPv6 패킷을 전달하기 위해 설계되었다. 예를 들면 아직 테스트를 위해 드문드문 IPv6 호스트가 설치된 때 같은 경우이다. ISATAP은 RFC 5214 "*Intra-Site Automatic Tunnel Addressing Protocol(ISATAP)*"에서 정의되었다.

Note 수동(manual), 6to4, ISATAP 터널에 대해 더 많은 정보가 필요하면 Appendix A를 참고하라. Appendix A에 각 터널링 방법에 관한 설정 예제를 수록해 놓았다.

- **GRE (Generic Routing Encapsulation) tunnel:** 수동(manual) 터널과 비슷하게 GRE 터널은 두 종단 사이의 보안 통신을 위한 point-to-point 터널이며, IP뿐만 아니라 기타 프로토콜도 전달할 수 있다. GRE 터널에는 IP 이외 그 밖의 프로토콜(예를 IS-IS)도 passenger 프로토콜이 될 수 있다. GRE 터널의 설정은 수동 터널을 설정하는 것과 비슷하다. GRE는 RFC 2784 "*Generic Routing Encapsulation(GRE)*"에서 정의되었다. GRE는 터널링 프로세스에 추가적인 헤더를 더하며, 시스코 IOS "**tunnel mode**" 명령의 기본 터널 타입이다.

- **IPv4-compatible tunnel:** IPv4-compatible 터널은 대형 네트워크에 적합하지 않다. 시스코는 이 터널 유형을 추천하지 않는다.

- **IPv6 Rapid Deployment (6rd) tunnels:** 6rd 터널은 6to4 터널의 확장이다. 6rd는 ISP 나 서비스 프로바이더들이 IPv4 네트워크를 통해 고객에게 IPv6 서비스를 제공할 수 있도록 한다. 6to4와 6rd의 주요 차이점은 다음과 같다.
  - 6rd는 "2002::/16" 프리픽스를 필요로 하지 않는다. 프리픽스는 서비스 프로바이더들이 가진 주소 블록에서 사용할 수 있다.
  - IPv4 목적지 주소 32bit 전체가 IPv6 페이로드 헤더로 전달될 필요가 없다. IPv4 목적지 주소는 페이로드 헤더의 bit 조합과 라우터에 설정된 정보로부터 알아낼 수 있다.

---

1 IPv6 에서도 이런 사전 할당 주소들이 있고 시간이 지남에 따라 추가되거나 삭제될 수 있다. https://en.wikipedia.org/wiki/IPv6_address#Special_addresses 를 참고하라.-옮긴 이

2 결국은 프리픽스를 앞에 추가한다-옮긴 이

Table 17-4 *Types of IPv6 Tunnels*

Tunneling Type	Tunnel Mode Command	Tunnel Source	Tunnel Destination	Interface Prefix or Address	Notes
Manual	**ipv6ip**	An IPv4 address or a reference to an interface on which IPv4 is configured. This can be the IPv4 address of the physical interface or a loopback interface.	An IPv4 address.	An IPv6 address.	Can carry IPv6 packets only.
GRE	**gre ip**		An IPv4 address.	An IPv6 address.	Can carry IPv6, Connectionless Network Service (CLNS), and many other types of packets.
IPv4-compatible	**ipv6ip auto-tunnel**		Not required. These are all point-to-multipoint tunneling types.	Not required. The interface address is generated as ::*tunnel-source*/96.	Note that IPv4-compatible uses the ::/96 prefix. Cisco recommends not using this tunnel type.
6to4	**ipv6ip 6to4**		The IPv4 destination address is calculated on a per-packet basis, using the IPv6 destination address.	An IPv6 address.	Site uses the addresses from the 2002::/16 prefix. Point-to-multipoint tunnels can be used to connect isolated IPv6 sites.
ISATAP	**ipv6ip isatap**		—	An IPv6 prefix in modified EUI-64 format. The IPv6 address is generated from the prefix and the tunnel source IPv4 address.	Point-to-multipoint tunnels can be used to connect systems within a site. Allows individual dual-stacked hosts within a site to communicate. Sites can use any IPv6 unicast addresses.

- "6rd"는 RFC 5569 "*IPv6 Rapid Deployment on IPv4 Infrastructure(6rd)*"에 정의되었다.

- **Teredo (RFC 4380) tunnel:** Teredo는 "shipworm(좀조개)"라고도 불리며, IPv4 NAT 뒷단에 물린 듀얼 스택 디바이스와 외부의 듀얼 스택 디바이스 사이에서 IPv6 트래픽을 보낼 수 있도록 한다. Teredo는 UDP 포트 3544를 Teredo 서버와 통신하는 데 사용하며, Teredo 서버는 Teredo 클라이언트와 릴레이 사이에서 디스패치로 동작한다. Teredo는 Microsoft 사에서 제안했지만, 리눅스 버전 Miredo도 있다. Teredo는 RFC 4380 "Teredo: *Tunneling IPv6 over UDP Through Network Address Translations(NATs)*"에서 정의되었다.

Table 17-4는 이 절에서 설명한 여러 터널링 타입의 개요이다.

GRE, 6rd, Teredo는 모두 이 책의 범위를 밖이다. IPv6 터널링 이식에 관한 더 많은 정보를 필요하면 다음을 읽어보라.

- *Cisco Self-Study: Implementing Cisco IPv6 Networks* by Regis Desmeules
- *Implementing Tunneling for IPv6*, www.cisco.com/c/en/us/td/docs/ios-xml/ios/ipv6/configuration/15-2mt/ipv6-15-2mt-book/ip6-tunnel.html

Conclusion

모든 전환, 주소변환 혹은 터널링 방법은 완전한 IPv6 네트워크가 적용될 때까지 임시적인 해결책이다. ISP의 완전한 IPv6 연결 지원은 늘어나고 있다. 옵션들 중 하나를 동작시키기 전에 먼저 ISP가 완전한 IPv6 서비스를 지원하는지 문의하라. 아직 하고 있지 않다면 언제 서비스 제공할 것인지 문의하고, 지역 내 다른 ISP가 서비스 지원 중인지 알아보라.

ARIN은 IPv6에 대해 다음과 같이 언급한다. "IPv6-only 인터넷 사용자는 그 어느 때보다 많아졌다. IPv6 없이는 그들에게 당신은 보이지 않고,[1] 전체 인터넷에서도 그렇다." 간단한 사실은 IPv4 주소가 고갈되어 간다는 것이다. IPv6는 증가하는 모바일 디바이스, IoT 디바이스 및 전 세계에서 이제 막 인터넷에 연결되기 시작하는 디바이스들의 숫자를 지원하는 데 필요하다.

"인터넷의 아버지"중의 하나인 Vint Cerf는 인터넷 초창기에 이를 인지하고, IPv4에 대해서 "the experimental version"이라고 했고, 우리는 IPv6를 구동하는 인터넷의 "the production version"으로 이행해야 할 필요가 있다고 말한다. 과거를 기억하고 인터넷이 향하는 미래를 내다보고 있는 Vint Cerf는 오랜 시간 동안 IPv6의 추진자(promoter)였고, "Get your v6 in place so that you can run the 21st century version of the internet(v6가 자리를 잡으면 인터넷의 21세기 버전을 사용할 수 있다.)"이라고 언급한다.

1 접근할 수 없다는 뜻-옮긴 이

Summary

이 장에서는 IPv6 적용 시에 공통적인 다음 항목들에 관해 설명했다.

- IPv6 주소 계획 고려사항
- IPv6 VLAN 설정
- IPv6를 위한 first-hop redundancy protocol 선택
- Dual stack
- IPv6 ACL을 위한 DNS
- ACLs
- 변환 protocol과 터널링

이 장에서는 주소 계획을 작성할 때 고려해야 할 몇 가지 사항에 관해 설명했다.

- 간단하게 하라.
- 기존의 IP 주소 스키마를 사용하거나 새로운 스키마를 만들어라.
- 작업에 도움이 되는 정보를 포함하라.
- 주소 계획 구조 및 서브넷팅에 대해 생각하라.
- 프리픽스 크기와 축약을 고려하라.
- 네트워크 성장과 유연성을 고려하라.

주소 스키마 생성 시에는 주소 배정을 계층 구조로 하고 위치, 건물 및 VLAN ID 같은 정보를 서브넷 ID 내에 포함하는 것도 고려하라.

Layer 3 스위치 상에서 IPv6 VLAN을 설정하는 것은 IPv4 VLAN 정보를 설정하는 것과 아주 비슷하다. 그러나 약간의 차이는 있다. VLAN 인터페이스는 일반적으로 VLAN에서 디폴트 게이트웨이 역할을 한다. IPv6 VLAN 인터페이스는 같은 기능을 갖지만, 일반적인 라우터의 IPv6 인터페이스처럼 LAN 상에서 ICMPv6 Router Advertisement 메시지를 보내야 하는 추가적인 역할을 해야 한다. 종단 디바이스는 디폴트 게이트웨이 주소 및 동적 주소 결정을 위해 RA의 정보를 필요로 한다.

Cisco IOS는 IPv4 및 IPv6 둘 다에 대해 first-hop IP 라우터에서 투명한 장애복구를 가능하게 하는 세 가지 FHRP 프로토콜을 제공한다.

- Hot Standby Router Protocol (HSRP)
- Virtual Router Redundancy Protocol (VRRP)
- Gateway Load Balancing Protocol (GLBP)

추가로 ICMPv6 Router Advertisement 메시지를 사용해 장애복구를 지원할 수 있지만, 약간의 단점이 있다.

듀얼 스택(dual-stack) 디바이스는 IPv4와 IPv6를 모두 완벽하게 지원한다. 디바이스가 IPv4 디바이스와 통신할 때 듀얼 스택 디바이스는 마치 IPv4-only 디바이스처럼 동작한다. 디바이스가 IPv6 디바이스와 통신할 경우 듀얼 스택 디바이스는 마치 IPv6-only 디바이스처럼 동작한다. IPv4와 IPv6 프로토콜을 모두 지원하는 애플리케이션이면 프로세스는 듀얼 스택 디바이스에서 거의 동일하다.

DNS는 두 IPv4와 IPv6에서 도메인 네임과 주소를 매핑하기 위해 사용한다. IPv4와 마찬가지로 IPv6도 DNS 네임에 대한 IPv6 주소의 reverse 매핑을 지원한다. IPv4에서 DNS A resource 레코드가 IPv4 주소에 대한 도메인 네임을 매핑한다. 비슷하게 IPv6에서는 AAAA (quad-A) resource 레코드가 IPv6 주소에 대한 도메인 네임을 매핑한다.

Happy Eyeballs[1] 알고리즘을 사용해 애플리케이션은 IPv6와 IPv4에 동시에, 그러나 IPv6를 선호하는 적극적인(공격적인) 접속을 시도한다. 듀얼 스택 디바이스가 IPv6 혹은 IPv4 목적지 주소를 수신하면 Happy Eyeballs 알고리즘은 IPv6의 Short head Start[2] 동작을 지원한다. 크롬 혹은 파이어폭스 같은 애플리케이션은 먼저 IPv6로 접속을 시도한다. 접속이 300ms 이내에 완료되지 않으면 디바이스는 IPv4를 통해 접속을 시도한다. 연결을 맺은 첫 번째 접속이 이후 사용되는 단일 접속이 된다.

이 장의 예제에서 보여준 것처럼 IPv6 ACL 설정은 IPv4 ACL 설정과 매우 유사하다. IPv4와 마찬가지로 IPv6 ACL(access control list)은 각 문의 마지막 부분에 암묵적인 "deny ipv6 any any" 명령이 포함되어 있다. IPv6 Neighbor Discovery 프로세스는 IPv6 네트워크 계층(network layer)을 사용해야 하므로 각 ACL의 끝에 또 다른 2개의 암묵적인 access list 문이 추가된다.

- **permit icmp any any nd-na**
- **permit icmp any any nd-ns**

"**ipv6 access-list**" 명령은 IPv6 관련한 ACL을 설정하는 데 사용된다. IPv6 ACL은 번호를 사용할 수 없다. named access list로만 설정할 수 있다. "**ipv6 traffic-filter**" 인터페이스 명령은 IPv6 ACL을 인터페이스에 적용하는 데 사용된다.

IPv4와 IPv6의 전환과 공존을 위한 몇 가지 메커니즘이 수립되었지만, 완전한 IPv6 인프라가 선호되어야 하며 궁극적인 목표가 되어야 한다. 듀얼 스택 네트워크 및 터널링은 한계를 가지고 있지만, NAT64보다는 훨씬 덜 제한적이다. NAT64는 완전한 IPv6가 아니거나 기타 전환 방법이 불가능할 때만 사용해야 한다.

NAT64는 IPv4에서 IPv6로의 전환 및 IPv4/IPv6 공존을 위해 권장되는 메커니즘이다. DNS64와 NAT64를 함께 사용해서 IPv6-only 클라이언트가 IPv4-only 서버와 통신할 수 있으며, IPv4-only 클라이언트가 정적 혹은 수동 바인딩을 사용하여 IPv6-only 서버와 통신할 수 있게 된다.

DNS64 서버는 IPv6 AAAA 레코드에 대해 일반적인 DNS 서버로 동작한다. DNS64 서버는 quad-A(AAAA) 레코드를 사용할 수 없는 경우에 대신해서 IPv4 레코드를 찾으려 시도한다. 만약 "A" 레코드가 있으면, DNS64는 IPv4 "A" 레코드를 NAT64 프리픽스를 사용하여 IPv6 "AAAA" 레코드로 변환한

1 Fast Fallback 이라고도 불린며, Eyeball 은 최종 사용자를 뜻한다.-옮긴 이

2 IPv6로 짧은 시간 먼저 접속 시도를 한다는 의미-옮긴 이

다. 이렇게 하면 IPv6-only 호스트는 IPv6를 사용하는 서버와 통신할 수 있다고 생각하게 된다. NAT64는 두 프로토콜 간 IP 헤더 변환을 수행한다.

듀얼 스택, 터널링 및 변환 기술들은 네트워크가 IPv6로 전환되기에 이상적인 환경이 아닐 때도 이 전환을 더 쉽게 만들 수 있는 도구이다. IETF는 IPv6로의 전환을 현실화하는 데 도움이 되는 이 기술들과 기타 방법들을 제공한다. 상상할 수 있는 모든 시나리오에서 정말 다양한 네트워크를 아우르는 글로벌 인터넷은 이런 모든 상황에 대해 하나의 수단으로 해결하는 것을 불가능하게 만든다.

이 장에서 IPv4와 IPv6 디바이스가 공존할 수 있도록 하는 터널 및 오버레이 터널들에 관해 설명했다. 터널링을 사용하면 IPv4 패킷 내부에 IPv6 패킷을 캡슐화하여 IPv6 디바이스가 IPv4-only 네트워크를 통해 통신할 수 있다.

가능하다면 어디서나 완전한 IPv6를 사용하는 것이 좋겠지만, 현실적으로 모든 환경에서 그럴 수가 없다. 지금이 네트워크 관리자가 IPv6에 익숙해지기에 이상적인 시기이다. 디바이스(호스트, 라우터 등)를 듀얼 스택으로 설정하는 것은 기존의 IPv4 인프라를 안전하게 유지하면서 IPv6에 익숙해지기 시작하는 완벽한 방법이다.

Review Questions

1. SLAAC를 지원하기 위해 대부분 기존 LAN에 적용하도록 권장되는 프리픽스는 무엇인가?
   a. /32
   b. /48
   c. /64
   d. /127
   e. 권고된 프리픽스가 없다.
2. VLAN ID가 16진수로 표기된 서브넷 ID에서 VLAN의 최대 개수를 사용할 수 있게 하려면 몇 개의 16진수를 사용해야 하는가?
   a. One digit
   b. Two digits
   c. Three digits
   d. Four digits
3. Router Advertisement 메시지를 VLAN 인터페이스상에서 송신하려면 어떤 명령이 필요한가?
   a. **ipv6 unicast-routing**
   b. **no switchport**
   c. **switchport**
   d. **interface vlan**
4. 여러 디폴트 게이트웨이를 동시에 사용할 수 있고 추가적인 설정 없이 부하 분산(load balancing)을 수행하는 FHRP는 무엇인가?
   a. HSRP
   b. VRRP

c. GLBP
d. ICMPv6

5. 하나의 마스터 라우터와 하나 이상의 백업 라우터를 지정하는 업계 표준 프로토콜인 FHRP는 어느 것인가?
   a. HSRP
   b. VRRP
   c. GLBP
   d. ICMPv6

6. IPv6에 대해서만 장애복구를 제공하는 프로토콜은 어느 것인가?
   a. HSRP
   b. VRRP
   c. GLBP
   d. ICMPv6

7. 도메인 네임을 IPv6 주소에 매핑하는 리소스 레코드는 무엇인가?
   a. A record
   b. AA record
   c. AAA record
   d. AAAA record

8. IPv6와 IPv4를 동시에 사용하여 적극적인 접속 시도를 하고 IPv6를 선호하도록 하는 알고리즘은 무엇인가?
   a. DUAL
   b. Happy Eyeballs
   c. DNS64
   d. FastDNS

9. IPv6 Neighbor Discovery 패킷을 인터페이스상에서 송수신할 수 있도록 ACL의 마지막에 암시적으로 추가되는 2개의 IPv6 ACL 명령은 무엇인가?
   a. **permit icmp any any nd-na** and **permit icmp any any nd-ns**
   b. **deny icmp any any nd-na** and **deny icmp any any nd-ns**
   c. **permit icmp any any nd-ra and permit icmp any any nd-rs**
   d. **permit icmp any any nd and permit icmp any any nd**

10. DNS64 서비스를 사용하여 IPv6 전용 네트워크와 IPv4 전용 네트워크 간의 연결을 투명하게 제공하는 전환 기술은 어느 것인가?
   a. NAT-PT
   b. NAT64
   c. Overlay tunnel

11. IPv4 패킷 내에 IPv6 패킷을 캡슐화하면 전환 기술은 어느 것인가?
    a. NAT-PT
    b. NAT64
    c. Overlay tunnel

12. IETF에서 사용 중지시킨 전환 기술은 무엇인가?
    a. NAT-PT
    b. NAT64
    c. Overlay tunnel

References

RFCs

RFC 2766, *Network Address Translation - Protocol Translation (NAT-PT)*, G. Tsirtsis, Campio Communications, www.ietf.org/rfc/rfc2766, February 2000.

RFC 2784, *Generic Routing Encapsulation (GRE)*, D. Farinacci, Procet Networks, www.ietf.org/rfc/rfc2784, March 2000.

RFC 3056, *Connection of IPv6 Domains via IPv4 Clouds (6to4)*, B. Carpenter, www.ietf.org/rfc/rfc3056, February 2001.

RFC 3142, *An IPv6-to-IPv4 Transport Relay Translator*, J. Hagino, IIJ Research Laboratory, www.ietf.org/rfc/rfc3142, June 2001.

RFC 3493, *Basic Socket Interface Extensions for IPv6*, R. Gilligan, Intransa, Inc., www.ietf.org/rfc/rfc3493, February 2003.

RFC 3596, *DNS Extensions to Support IP Version 6*, S. Thomson, Cisco, tools.ietf.org/html/rfc3596, October 2003.

RFC 3986, *Uniform Resource Identifier (URI): Generic Syntax*, T. Berners-Lee, W3C/MIT, www.ietf.org/rfc/rfc3986, January 2005.

RFC 4380, *Teredo: Tunneling IPv6 over UDP through Network Address Translations (NATs)*, C. Huitema, Microsoft, www.ietf.org/rfc/rfc4380, February 2006.

RFC 4472, *Operational Considerations and Issues with IPv6 DNS*, A. Duran, Comcast, www.ietf.org/rfc/rfc4472, April 2006.

RFC 4966, *Reasons to Move the Network Address Translator-Protocol Translator (NAT-PT) to Historic Status*, C. Aoun, Energize Urnet, www.ietf.org/rfc/rfc4966, July 2007.

RFC 5214, *Intra-Site Automatic Tunnel Addressing Protocol (ISATAP)*, F. Templin, Boeing Phantom Works, www.ietf.org/rfc/rfc5214.txt, March 2008.

RFC 5342, *IANA & IETF Use of IEEE 802 Parameters*, D. Eastlake, Eastlake Enterprises, www.ietf.org/rfc/rfc5342.txt, September 2009.

RFC 5569, *IPv6 Rapid Deployment on IPv4 Infrastructures (6rd)*, R. Despres, RD-IPtech, tools.ietf.org/html/rfc5569, January 2010.

RFC 6145, *IP/ICMP Translation Algorithm*, X. Li, CERNET Center/Tsinghua, tools.ietf.org/html/rfc6145, April 2011.

RFC 6146, *Stateful NAT64: Network Address and Protocol Translation*, M. Bagnulo, UC3M, tools.ietf.org/html/rfc6146, April 2011.

RFC 7381, *Enterprise IPv6 Deployment Guidelines*, K. Chittimaneni, Dropbox, Inc., tools.ietf.org/html/rfc7381, October 2014.

RFC 7597, *Mapping of Address and Port with Encapsulation (MAP-E)*, O. Troan, Cisco, tools.ietf.org/html/rfc7597, July 2015.

RFC 7599, *Mapping of Address and Port with Translation (MAP-T)*, X. Li, Tsinghhua University, tools.ietf.org/html/rfc7599, July 2015.

Websites

IPv6 Design and Deployment LiveLessons, by Tim Martin, Cisco Press, www.ciscopress.com/store/ipv6-design-and-deployment-livelessons-9780134655512.

NAT64 Technology: Connecting IPv6 and IPv4 Networks, www.cisco.com/c/en/us/products/collateral/ios-nx-os-software/enterprise-ipv6-solution/white_paper_c11-676278.html.

NAT64—Stateless Versus Stateful, www.cisco.com/c/en/us/products/collateral/ios-nx-os-software/enterprise-ipv6-solution/white_paper_c11-676277.html.

Technical Guide to Mapping of Address and Port (MAP), www.cisco.com/c/en/us/solutions/collateral/ios-nx-os-software/enterprise-ipv6-solution/whitepaper_C11-729800.html.

Implementing Tunneling for IPv6, www.cisco.com/c/en/us/td/docs/ios-xml/ios/ipv6/configuration/15-2mt/ipv6-15-2mt-book/ip6-tunnel.html.

Implementing Traffic Filters and Firewalls for IPv6 Security, www.cisco.com/c/en/us/td/docs/ios-xml/ios/ipv6/configuration/15-2mt/ipv6-15-2mt-book/ip6-sec-trfltr-fw.html.

Cisco IPv6 Command Reference, www.cisco.com/c/en/us/td/docs/ios-xml/ios/ipv6/command/ipv6-cr-book.html.

Cisco FHRP Configuration Guide: HSRP for IPv6, www.cisco.com/c/en/us/td/docs/ios-xml/ios/ipapp_fhrp/configuration/15-mt/fhp-15-mt-book/ip6-fhrp-hsrp.html.

Cisco FHRP Configuration Guide, VRRPv3 Protocol Support, www.cisco.com/c/en/us/td/docs/ios-xml/ios/ipapp_fhrp/configuration/15-mt/fhp-15-mt-book/fhrp-vrrpv3.html.

Cisco FHRP Configuration Guide, FHRP—GLBP Support for IPv6, www.cisco.com/c/en/us/td/docs/ios-xml/ios/ipapp_fhrp/configuration/15-sy/fhp-15-sy-book/GLBP-IPv6.html.

Appendix A

Configuring NAT64

이 절에서는 NAT64를 설정하는 기본적인 명령에 관해 설명한다. 이 명령은 17장 “Deploying IPv6 in the Network”에서 설명했다. NAT64 설정에서 사용할 수 있는 다양한 옵션과 시나리오가 있다.

- IPv6 네트워크에서 IPv4 인터넷으로
- IPv4 인터넷에서 IPv6 네트워크로
- IPv6 인터넷에서 IPv4 네트워크로
- IPv4 네트워크에서 IPv6 인터넷으로
- IPv6 네트워크에서 IPv4 네트워크로
- IPv4 네트워크에서 IPv6 네트워크로
- IPv6 인터넷에서 IPv4 인터넷으로
- IPv4 인터넷에서 IPv6 인터넷으로

Table A-1은 NAT64 라우터를 설정하는 데 사용되는 기본 명령을 보여준다.

Table A-1 *NAT64 Configuration Commands*

Command	Description
Router(config)# **interface** *type number*	Specifies an interface type and number, and places the router in interface configuration mode. This is the interface that faces the IPv6-only network and will be configured with an IPv6 address.
Router(config-if)# **ipv6 address** *ipv6-address/prefix-length*	Specifies the IPv6 address and prefix length to be assigned to the interface.
Router(config-if)# **nat64 enable**	Enables NAT64 translation on the interface.

Command	Description
Router(config)# **interface** *type number*	Specifies an interface type and number, and places the router in interface configuration mode. This is the interface that faces the IPv4-only network and will be configured with an IPv4 address.
Router(config-if)# **ip address** *ipv4-address subnet-mask*	Specifies the IPv4 address and subnet mask to be assigned to the interface.
Router(config-if)# **nat64 enable**	Enables NAT64 translation on the interface.
Router(config)# **nat64 prefix stateful** *ipv6-prefix/prefix-length*	Defines the prefix and a prefix length for stateful NAT64: ■ *ipv6-prefix:* IPv6 network number to include in router advertisements. This argument must be in the form documented in RFC 2373, where the address is specified in hexadecimal using 16-bit values between colons. ■ */prefix-length:* Length of the IPv6 prefix. A decimal value that indicates how many of the high-order contiguous bits of the address comprise the prefix (the network portion of the address). A slash mark must precede the decimal value.
Router(config)# **nat64 v4 pool** *pool-name start-address-range end-address-range*	Enables NAT64 IPv4 configuration: ■ **pool:** Configures an IPv4 address pool. ■ *pool-name:* Name of the IPv4 address pool. ■ *start-address-range:* Starting address of the address pool range. ■ *end-address-range:* Ending address of the address pool range.
Router(config)# **nat64 v6v4 list** *list-name* **pool** *pool-name* [**overload**]	Translates an IPv6 source address to an IPv4 source address and an IPv4 destination address to an IPv6 destination address for NAT64: ■ **list:** Associates an IPv4 pool with the filtering mechanism that decides when to apply an IPv6 address mapping. ■ *list-name:* Name of the IPv6 access list.
	■ **pool:** Specifies the NAT64 pool for dynamic mapping of addresses. ■ *pool-name:* Name of the NAT64 pool. ■ **overload:** (Optional) Enables NAT64 overload address translation.
Router(config)# **ipv6 access-list** *access-list-name*	Defines an IPv6 ACL, and enters IPv6 access list configuration mode. ■ *access-list-name:* This argument specifies the name of the IPv6 ACL.
Router(config-ipv6-acl)# **ipv6 permit** *ipv6-address/ipv6-prefix-length*	Specifies the IPv6 address and prefix length to be translated.

Example A-1은 Figure A-1에 그려진, IPv6 네트워크를 IPv4 인터넷에 연결하는 NAT64 라우터의 설정을 보여준다. (Figure A-1의 단계는 17장 "Deploying IPv6 Networks"에 설명되어 있다) 다음 목록은 설정 명령을 보여준다. 라우팅과 재분배 명령 옵션은 보여주지 않는다.

Example A-1 *Sample NAT64 Configuration*

```
NAT64-Router(config)# interface GigabitEthernet 0/0/1
NAT64-Router(config-if)# description Connected to IPv6 Network
NAT64-Router(config-if)# ipv6 address 2001:db8:cafe:1::1/64
NAT64-Router(config-if)# nat64 enable
NAT64-Router(config-if)# exit
NAT64-Router(config)# interface GigabitEthernet 0/0/2
NAT64-Router(config-if)# description Connected to IPv4 Network
NAT64-Router(config-if)# ip address 192.168.99.1 255.255.255.0
NAT64-Router(config-if)# nat64 enable
NAT64-Router(config-if)# exit

NAT64-Router(config)# nat64 prefix stateful 2001:db8:cafe:aaaa::/96
NAT64-Router(config)# nat64 v4 pool pool1 192.168.99.9 192.168.99.10
NAT64-Router(config)# nat64 v6v4 list mylist pool1 overload
NAT64-Router(config)# ipv6 access-list mylist

NAT64-Router(config-ipv6-acl)# permit ipv6 2001:db8:cafe::/48 any
```

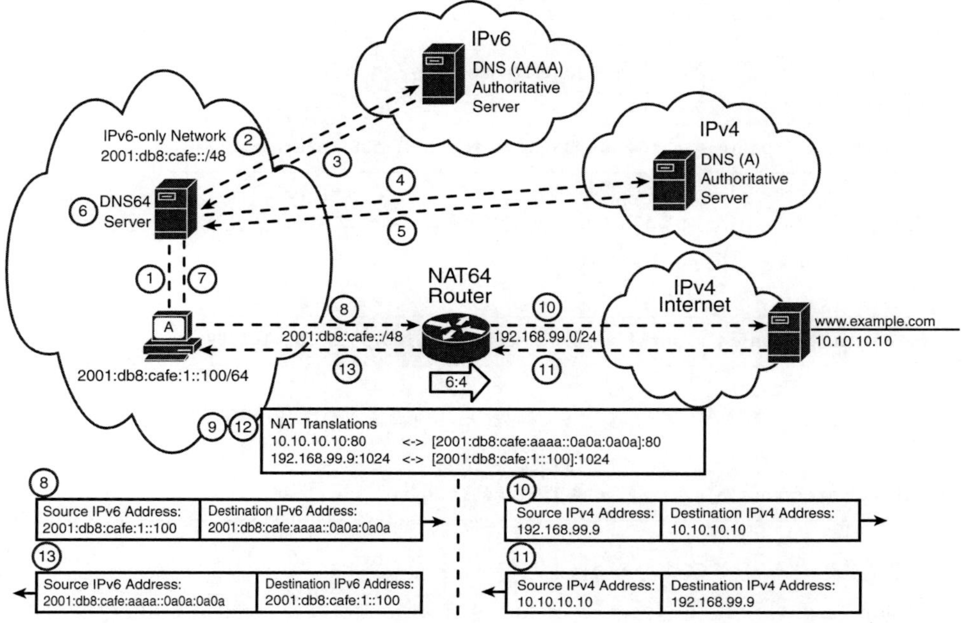

Figure A-1 *NAT64 Router Translating IPv6 Traffic to IPv4 and Returning Traffic*

```
NAT64-Router(config)# interface GigabitEthernet 0/0/1
```

이 인터페이스는 IPv6-only 네트워크에 연결되는 인터페이스이다.

```
NAT64-Router(config-if)# ipv6 address 2001:db8:cafe:1::1/64
```

이 명령으로 인터페이스의 IPv6 global unicast 라우팅 주소를 설정한다.

```
NAT64-Router(config-if)# nat64 enable
```

이 명령으로 IPv6 인터페이스상에 stateless NAT64 변환을 활성화한다.

```
NAT64-Router(config)# interface GigabitEthernet 0/0/2
```

이 인터페이스는 IPv4-only 네트워크에 연결된 인터페이스이다.

```
NAT64-Router(config-if)# ip address 192.168.99.1 255.255.255.0
```

이 명령으로 인터페이스에 IPv4 주소를 설정한다.

```
NAT64-Router(config-if)# nat64 enable
```

이 명령으로 IPv4[1] 인터페이스상에 stateless[2] NAT64 변환을 활성화한다.

```
NAT64-Router(config)# nat64 prefix stateful 2001:db8:cafe:aaaa::/96
```

이 명령으로 NAT64 IPv6-IPv4 주소 매핑을 활성화한다. NAT64 프리픽스 2001:db8:cafe:aaaa::/96은 IPv4 주소가 추가된 상태로 사용된다.

```
NAT64-Router(config)# nat64 v4 pool pool1 192.168.99.9 192.168.99.10
```

이 명령으로 stateful NAT64 주소 pool을 정의한다. 이 주소는 NAT64 변환에 사용되는 IPv4 주소이다.

```
NAT64-Router(config)# nat64 v6v4 list mylist pool1 overload
```

이 명령으로 라우터는 IPv4 송신 주소를 IPv6 송신 주소로 변환하고 IPv6 목적지 주소를 NAT64의 IPv4 목적지 주소로 동적으로 변환한다. "**overload**" 명령은 IPv4에서 NAT 오버 로딩과 비슷한 NAT64 오버 로드 주소변환을 활성화한다.

---

1 원서의 IPv6 를 IPv4 로 수정한다.-옮긴 이

2 nat64 enable 설정까지는 stateless와 stateful을 구분하지 않는다.

```
NAT64-Router(config)# ipv6 access-list mylist
```

이 명령으로 IPv6 access list를 정의하고 IPv6 access- list 설정 모드로 진입한다.

```
NAT64-Router(config-ipv6-acl)# permit ipv6 2001:db8:cafe::/48 any
```

이 명령으로 변환할 IPv6 주소 및 프리픽스 길이를 지정한다.

자세한 내용은 "Stateful Network Address Translation 64", www.cisco.com/en/US/docs/ios-xml/ios/ipaddr_nat/configuration/xe-3s/iadnat-stateful-nat64.pdf를 참고하라. stateless NAT64 설정 정보는 "Stateless Network Address Translation 64", www.cisco.com/en/US/docs/ios-xml/ios/ipaddr_nat/configuration/xe-3s/iadnat-stateless-nat64.pdf를 참고하라.

Configuring IPv6 Tunnels

Manual Tunnels

수동 터널은 양방향이며, IPv4 종단 주소를 수동으로 설정하는 point-to-point 터널이다. 많은 경우 이것은 구현하기 가장 쉬운 터널 기술이다. 수동 터널의 장점은 설정이 매우 직관적이라는 것이다. 반면 수동 터널의 단점은 확장성이 좋지 않다는 것이다. 수동 터널은 point-to-point 터널이다. 수 대의 라우터 사이 터널이 필요한 환경이라면, 2개의 종단 점 혹은 라우터마다 별도의 터널이 필요하다. 그 결과로 전체 종단 라우터에 대해 full-mesh 구조로 터널이 설정되어야 한다. 필요한 터널의 개수는 다음과 같다(n=종단점의 숫자)

Number of tunnels = n(n - 1) / 2

수동 터널은 제한된 수의 라우터들 사이 상호 연결된 터널에 대해서는 적절히 동작하게 할 수 있지만, 수개의 연결을 설정한 이후 많은 수의 터널은 다루기 어렵다. Figure A-2는 두 IPv6 아일랜드, 즉 "Rick's Cafe 네트워크 2001:db8:cafe::/48" 과 "Ace's Surfboards의 2001:db8:ace::/48" 네트워크 사이에 생성된 수동 터널의 토폴로지를 보여준다. 이 두 개의 떨어진 IPv6 네트워크 사이에는 IPv4-only 네트워크가 있다. 라우터 R1과 R2는 IPv4를 통해 IPv6 패킷을 터널링하여 edge 혹은 border 라우터로 동작하는 듀얼 스택 라우터이다. 다시 말하지만, Protocol 41은 데이터 부분에 캡슐화된 것이 IPv6 패킷이라는 것을 나타낸다.

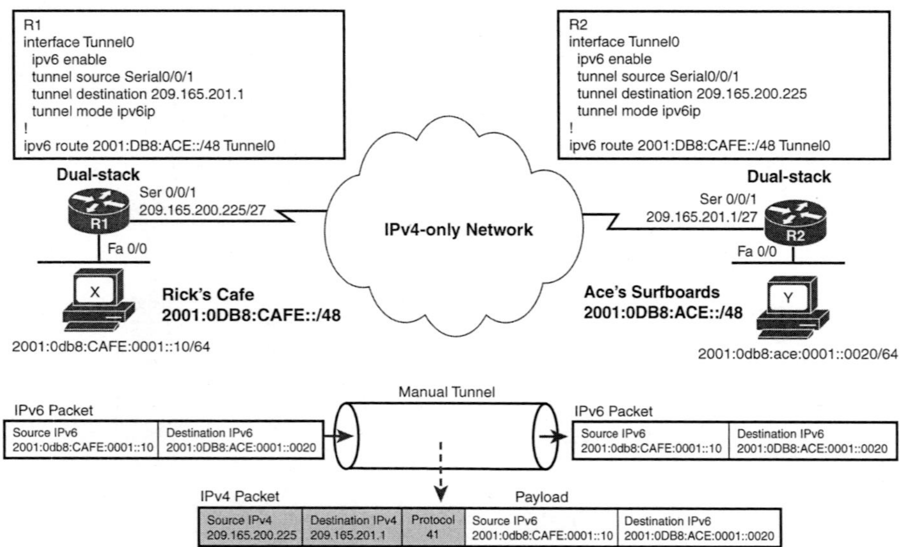

Figure A-2 *Manual Tunnel*

터널은 point-to-point 가상 링크이지만, 2대의 border 라우터 사이 IPv4-only 네트워크가 point-to-point 네트워크일 필요는 없다. 다시 말해 라우터 R1과 R2의 IPv4 인터페이스가 동일 서브넷이어야 할 필요가 없다. 모든 IP 네트워크와 마찬가지로 두 라우터들이 서로 도달 가능하면 된다. R1은 R2의 시리얼 네트워크인 209.165.201.0/27에 도달 가능해야 하고 R2는 R1의 시리얼 인터페이스인 209.165.200.224/24에 도달 가능해야 한다.

수동 터널을 설정하는 데 사용되는 명령은 Table A-2에서 보여준다.

Table A-2 *Configuration Commands for a Manual Tunnel*

Command	Description
Router(config)# **interface tunnel** *tunnel-number*	Specifies a tunnel interface and number, and enters interface configuration mode.
Router(config-if)# **ipv6-address** *ipv6-prefix/ prefix-length* [**eui-64**]	Specifies the IPv6 network assigned to the interface and enables IPv6 processing on the interface. Instead of specifying an IPv6 address, the **ipv6 enable** command can be used to create a link-local address and enable IPv6 on the interface.
Router(config-if)# **tunnel source** {*ip-address* | *interface-type interface number*}	Specifies the source IPv4 address or the source interface type and number for the tunnel interface. The source IPv4 address must be reachable from the other side of the tunnel.
	If an interface is specified, the interface must be configured with an IPv4 address. The address can be a physical or loopback address, but must be reachable from the other end of the tunnel.
Router(config-if)# **tunnel destination** *ip-address*	Specifies the destination IPv4 address or host name for the tunnel interface.

Command	Description
Router(config-if)# **tunnel mode ipv6ip**	Specifies a manual IPv6 tunnel. **Note:** The **tunnel mode ipv6ip** command specifies IPv6 as the passenger protocol and IPv4 as both the encapsulation and transport protocol for the manual IPv6 tunnel.
Router(config)# **ipv6 route** *ipv6-prefix/prefix-length* **tunnel** *tunnel-number*	Configures a static route for the IPv6 prefix using the tunnel number specified in the **interface tunnel** command.

Example A-2에서 수동 터널을 생성하기 위해 R1과 R2에서 사용된 설정 명령을 확인하라.

Example A-2 *Configuring a Manual Tunnel on R1 and R2*

```
R1(config)# interface Serial0/0/1
! The next command establishes the tunnel source for the tunnel from R1 to R2
R1(config-if)# ip address 209.165.200.225 255.255.255.224
R1(config-if)# exit

R1(config)# interface Tunnel 0
R1(config-if)# ipv6 enable
R1(config-if)# tunnel source Serial0/0/1
! The next command specifies the tunnel destination
R1(config-if)# tunnel destination 209.165.201.1
R1(config-if)# tunnel mode ipv6ip
R1(config-if)# exit

R1(config)# ipv6 route 2001:db8:ace::/48 Tunnel 0
------------------------------------------------------
R2(config)# interface Serial0/0/1
! The next command is the tunnel destination
R2(config-if)# ip address 209.165.201.1 255.255.255.224
R2(config-if)# exit

R2(config)# interface Tunnel 0
R2(config-if)# ipv6 enable
R2(config-if)# tunnel source Serial0/0/1
R2(config-if)# tunnel destination 209.165.200.225
R2(config-if)# tunnel mode ipv6ip
R2(config-if)# exit

R1(config)# ipv6 route 2001:db8:cafe::/48 Tunnel 0
```

R1의 설정을 보라.

```
R1(config)# interface Serial0/0/1
R1(config-if)# ip address 209.165.200.225 255.255.255.224
```

이 명령으로 R1의 시리얼 인터페이스에 IPv4 주소를 설정한다.

```
R1(config)# interface Tunnel 0
```

이 명령으로 터널 인터페이스/번호를 지정하고 인터페이스 설정 모드로 진입한다.

```
R1(config-if)# ipv6 enable
```

터널 인터페이스에서 IPv6 주소를 설정하면 인터페이스의 IPv6 처리가 활성화된다. 이것이 도달 가능함을 의미하지 않는다. 그래서 사용할 수 있는 몇 가지 옵션이 있다. "**ipv6 address**" 명령으로 라우터에 loopback 인터페이스에 IPv6 주소를 지정하거나 라우터의 물리 인터페이스 중 하나의 IPv6 주소를 사용하는 "**ipv6 unnumbered**" 명령을 사용하라. 다시 말하지만, IPv6 주소 자체는 중요하지 않다. IPv6 처리를 위해 터널 인터페이스를 활성화할 필요가 있다.

```
R1(config-if)# tunnel source Serial0/0/1
```

"**tunnel source**" 명령으로 터널의 IPv4 주소를 지정한다. 이 주소는 터널의 반대쪽 종단이 위치한 라우터에서 도달 가능해야 한다. 특정 IPv4 주소를 사용하거나 serial 0/0/1을 사용해서 했던 것처럼 물리 인터페이스의 IPv4 주소를 사용할 수 있다. 어떤 방법을 사용해 터널의 IPv4 주소를 설정하든지 간에, 주소는 터널의 반대쪽 종단에서 도달 가능해야 한다. 이 주소가 전송 프로토콜(transport protocol)인 IPv4의 송신 주소가 된다.

```
R1(config-if)# tunnel destination 209.165.201.1
```

"**tunnel destination**" 명령으로 터널 반대편 종단의 IPv4 주소를 지정한다. 이 경우에도 해당 주소는 R1에서 도달 가능해야 한다. 이 주소가 전송 프로토콜(transport protocol)인 IPv4의 목적지 주소가 된다.

```
R1(config-if)# tunnel mode ipv6ip
```

이 명령은 수동 IPv6 터널의 passenger 프로토콜("ipv6ip"에서 "ipv6")을 IPv6로 지정하고 transport 프로토콜("ipv6ip"에서 "ip")을 IPv4로 지정한다.

```
R1(config)# ipv6 route 2001:db8:ace::/48 Tunnel 0
```

R1의 IPv6 라우팅 프로세스는 R2 상의 네트워크인 2001:db8:ace::/48에 어떻게 도달할 수 있는지 알고 있어야 한다. 이것은 "exit(출구)" 인터페이스로 터널을 사용하는 IPv6 정적 라우팅 명령으로 이루어진다.

Example A-2의 예에서 R2의 설정은 R1의 설정과 유사하다. Example A-3에서 출발지, 목적지, 터널의 유형을 포함하는 R1 터널의 설정을 확인한다.

Example A-3 *Verifying Tunnel Configuration*

```
R1# show interface tunnel 0
Tunnel0 is up, line protocol is up
   Hardware is Tunnel
   MTU 1514 bytes, BW 9 Kbit, DLY 500000 usec,
      reliability 255/255, txload 1/255, rxload 1/255
   Encapsulation TUNNEL, loopback not set Keepalive not set
   Tunnel source 209.165.200.225 (Serial0/0/1), destination 209.165.201.1
   Tunnel protocol/transport IPv6/IP
<Rest of output omitted for brevity>
```

Example A-4에서 IPv4에 대한 "**show ip interface brief**" 명령과 IPv6에 대한 "**show ipv6 interface brief**" 명령을 사용하여 "Tunnel 0"의 상태를 확인한다. 두 프로토콜에 대해 상태(status)와 프로토콜(protocol) 정보가 "up" 이고 "Tunnel 0" 인터페이스는 IPv6 주소만 가지고 있음을 확인할 수 있다. "Tunnel 0"의 IPv6 주소는 link-local 주소 "fe80::d1a5:c8e1"이며 이 주소는 터널 인터페이스에 대해서 "**ipv6 enable**" 명령이 내려졌을 때 자동으로 생성된다. IPv6 link-local 주소의 하위 32bit는 IPv4 주소 209.165.200.225(d1=209, a5=165, c8=200[1], e1=225)를 16진수로 표시한 것이다. 터널의 실제 송신 IPv4 주소는 R1 라우터의 serial 0/0/1 인터페이스의 IP이다.

Example A-4 *Verifying Tunnel 0 on R1*

```
R1# show ipv6 interface brief
FastEthernet0/0            [up/up]
    FE80::1
    2001:DB8:CAFE:1::1
Serial0/0/1                [up/up]
Tunnel0                    [up/up]
    FE80::D1A5:C8E1
R1#

R1# show ip interface brief

Interface                  IP-Address      OK? Method Status          Protocol
FastEthernet0/0            unassigned      YES manual up              up
Serial0/0/1                209.165.200.225 YES manual up              up
Tunnel0                    unassigned      YES unset  up              up
R1#
```

예제 A-5는 R2에서 IPv6 주소 대역 Ace's Surfboards의 "2001:db8:ace::/48" 네트워크로 ping을 하여 R1이 도달 가능함을 확인한다. "**debug ip packet detail**" 명령을 사용하여 전송 프로토콜인 IPv4 송/수신 주소를 알 수 있다. 다음으로 R1의 FastEthernet 0/0 인터페이스의 IPv6 주소를 송신 주소로 하는 "**ping 2001:db8:ace:1::1 source fastethernet 0/0**" 명령을 내린다. debug 출력으로 IPv4 송신 주소가 터널의 소스 주소인 209.165.200.225이고 IPv4 수신 주소가 터널의 종단 주소인 209.165.201.1인지 확인할 수 있다.

---

1 원서의 201 을 200 으로 수정한다.-옮긴 이

Example A-5 *Examining the Transport Protocol Header*

```
R1# debug ip packet detail
IP packet debugging is on (detailed)
R1# ping 2001:db8:ace:1::1 source fastethernet 0/0

Type escape sequence to abort.
Sending 5, 100-byte ICMP Echos to 2001:DB8:ACE:1::1, timeout is 2 seconds:
Packet sent with a source address of 2001:DB8:CAFE:1::1
!!!!!

02:08:40: IP: s=209.165.200.225 (Tunnel0), d=209.165.201.1
(Serial0/0/1), len 120, sending, proto=41
02:08:40: IP: s=209.165.201.1 (Serial0/0/1), d=209.165.200.225
(Serial0/0/1), len 120, rcvd 3, proto=41
```

Example A-6에서 예를 든 것처럼 "**debug ipv6 packet**" 명령을 내리고 동일한 **ping** 명령을 사용해서 passenger 프로토콜의 IPv6 송/수신 주소를 확인할 수 있다. IPv6 송신 주소는 **ping** 명령이 내려진 R1 FastEthernet 0/0 인터페이스의 IPv6 주소인 2001:db8:cafe::1이다. debug 출력에서 IPv6 목적지 주소는 **ping** 명령에서 사용한 "2001:db8:ace:1::1"과 일치함을 알 수 있다.

Example A-6 *Examining the Passenger Protocol Header*

```
R1# debug ipv6 packet
IPv6 unicast packet debugging is on

R1# ping 2001:db8:ace:1::1 source fastethernet 0/0

Type escape sequence to abort.
Sending 5, 100-byte ICMP Echos to 2001:DB8:ACE:1::1, timeout is 2 seconds:
Packet sent with a source address of 2001:DB8:CAFE:1::1
!!!!!
Success rate is 100 percent (5/5), round-trip min/avg/max = 64/67/68 ms
R1#
02:24:13: IPv6: SAS picked source 2001:DB8:CAFE:1::1 for 2001:DB8:ACE:1::1
  (FastEthernet0/0)
02:24:13: IPV6: source 2001:DB8:CAFE:1::1 (local)
02:24:13:       dest 2001:DB8:ACE:1::1 (Tunnel0)
02:24:13:       traffic class 0, flow 0x0, len 100+0, prot 58, hops
                64, originating
```

터널을 설정하고 동작 여부를 확인하는 과정에 대해 지금까지 설명했다. 여러분은 실제 라우팅이 어떻게 일어나는지 궁금할 수도 있다. 결국 IPv4 네트워크를 통해 IPv6 패킷을 라우팅하고 있는 것이다. **ping** 명령이 내려졌을 때 Example A-6에서 보여준 것과 같이 IPv6 패킷은 아래와 같은 주소를 사용해 생성된다.

- IPv6 source address: 2001:db8:cafe::1
- IPv6 destination address: 2001:db8:ace:1::1

Example A-7은 터널을 통해 IPv6 패킷을 포워딩하기 위한 R1의 라우팅 프로세스를 그린 것이며, 이후 설명을 추가한다. 오른쪽에 있는 주석에 매겨진 숫자로 설명을 찾아보라.

Example A-7 *Routing Process*

```
R1# show ipv6 route
<Rest of output omitted for brevity>

S   2001:DB8:ACE::/48 [1/0]   ! (1)
     via ::, Tunnel0

R1# show ip route
<Rest of output omitted for brevity>

     209.165.200.0/27 is subnetted, 1 subnets
C       209.165.200.224 is directly connected, Serial0/0/1   ! (3)
     209.165.201.0/27 is subnetted, 1 subnets
S       209.165.201.0 is directly connected, Serial0/0/1  ! (4)
R1#
R1(config)# interface Tunnel 0
R1(config-if)# ipv6 enable
R1(config-if)# tunnel source Serial0/0/1  ! (3)
R1(config-if)# tunnel destination 209.165.201.1  ! (4)
R1(config-if)# tunnel mode ipv6ip         ! (2)
```

Passenger protocol:

1. R1의 IPv6 라우팅 테이블은 패킷의 IPv6 목적지 주소 2001: db8: ace:1::1에 대한 최적 경로를 찾기 위해 검색된다. static route 명령으로 생성된 엔트리를 사용하여 출구(exit) 인터페이스가 "Tunnel 0"으로 선택된다.

2. "Tunnel 0"의 터널링 모드는 IPv6 패킷이 IPv4 패킷에 캡슐화될 것임을 나타낸다. 수동 터널 모드는 IPv4 송신 및 목적지 주소(transport 프로토콜)가 터널 인터페이스 명령 내에 지정됨을 의미한다.

Transport protocol:

3. "**tunnel source**" 명령은 209.165.200.225인 시리얼 0/0/1 인터페이스의 IPv4 주소를 지정한다. 이 주소는 IPv4 transport 프로토콜이 사용할 IPv4 송신 주소가 될 것이다. 송신 주소는 "up" 상태에 있어야 하고 R1의 라우팅 테이블에 존재해야 한다.

4. "**tunnel destination**" 명령으로 터널의 반대편 종단 IPv4 주소인 209.165.201.1을 지정하고 이것이 transport 프로토콜의 IPv4 목적지 주소가 된다. 이 주소는 R1에서 도달 가능해야 한다. 즉 라우팅 테이블 상에 있어야 한다. 터널 목적지 주소 209.165.201.1은 출구(exit) 인터페이스가 시리얼 0/0/1인 IPv4 라우팅 테이블의 static route와 일치된다.

IPv6가 페이로드인 IPv4 패킷이 시리얼 0/0/1 인터페이스로 포워딩된다. R2가 패킷을 수신하면 캡슐화를 해제한 IPv6 패킷을 IPv6 라우팅 테이블을 사용하여 목적지로 포워딩한다.

6to4 Tunnels

수동 터널은 설정하기 쉽다. 그러나 앞에서 말했듯이 많은 수의 터널이 필요할 때 확장성이 없다. 모든 라우터 쌍에 대해 별도의 수동 터널을 설정해야 한다. 또 다른 라우터가 네트워크에 추가될 때마다 기존의 모든 라우터와 새로운 터널을 설정해야 한다. 이것은 네트워크를 연동하기 위해 static route만 사용할 때 발생하는 단점과 비슷하다. 일부 조직에서 적은 수의 수동 터널은 정적으로 설정 관리할 수 있지만, 여타 조직에서는 더욱 확장 가능한 솔루션을 원할 수 있다.

IETF는 설정된 터널 하나를 통해 여러 IPv6 네트워크에 자동으로 연결하는 "6to4"라는 메커니즘을 정의했다. 6to4는 RFC 3056 "*Connection of IPv6 Domains via IPv4 Clouds*"에서 정의되었다. "6to4" 터널은 point-to-multipoint 연결을 한다. 하나의 6to4 터널로 많은 수의 IPv6 네트워크에 연결될 수 있다.-즉 Figure A-3에서 그려진 바와 같이 많은 수의 터널 목적지에 접근할 수 있다. 라우터 R1에 라우터 R2에서 R6까지의 IPv6 네트워크에 접근할 수 있는 단일한 6to4 터널을 설정할 수 있다.

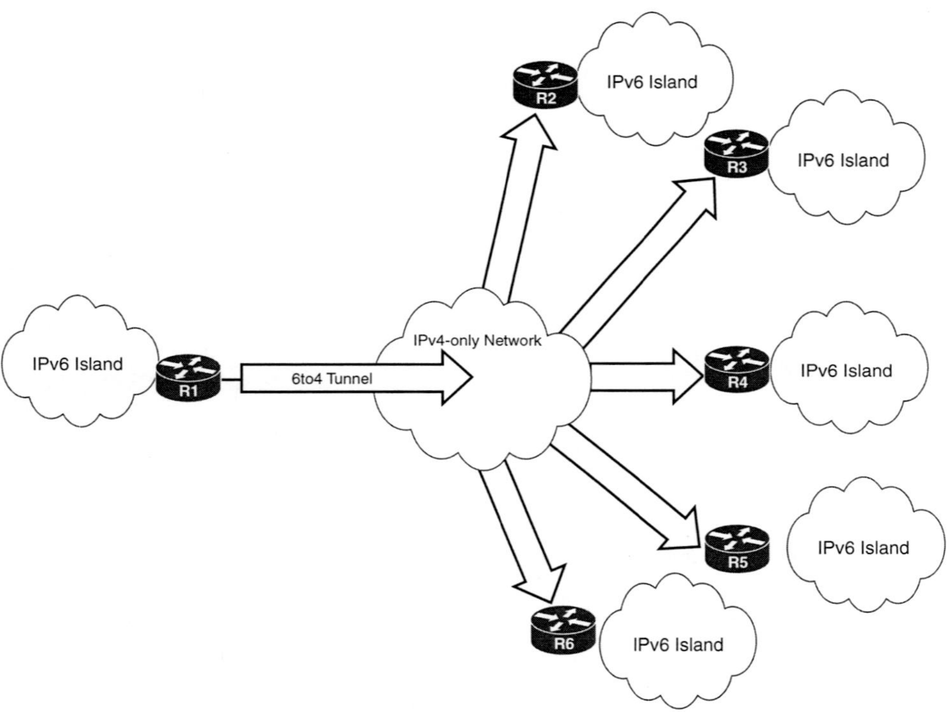

Figure A-3 *6to4 Tunnels*

6to4 터널(자동 6to4 터널이라고도 함)과 수동 터널의 차이는 수동 터널은 터널의 반대쪽 종단인 터널 IPv4 목적지 주소를 정적 설정해야 한다는 것이다. 6to4 터널을 사용하면 터널 IPv4 목적지 주소가 패킷의 IPv6 주소 목적지를 기반으로 자동으로 유추된다(derived). 이것은 두 주소 간에 일종의 연관성이 있어야 한다는 것을 의미한다. IPv6 네트워크 주소는 도달 가능한 IPv4 주소에 RFC 3056에 정의되어 이 목적으로 할당된 특별한 프리픽스를 더하여 만들어진다. The Internet Assigned Numbers Authority(IANA)는 6to4 터널을 사용해 자동으로 접근 가능한 IPv6 네트워크에 사용할 목적으로 2002::/16 프리픽스를 영구 할당했다.

Note 6to4 터널링의 제한은 도메인 외부로 트래픽을 보낼 수 없다는 것이다. 터널의 양 종단에 있는 두 라우터는 모두 6to4 터널링 라우터로 설정되어야 한다. 그렇지 않으면 트래픽은 폐기될 것이다(black holed). 그래서 6to4 터널링은 정적 라우팅(static route)만 지원하고 동적 라우팅은 지원하지 않는다.

IPv4 주소는 32bit를 사용하므로 결과적으로 IPv6 주소는 2002:*ipv4-address*::/48이 된다. 이제 이것이 어떻게 이루어지는지 알아보자.

Figure A-4는 다음의 IPv4 주소로부터 IPv6 주소를 리버스 엔지니어링하는 간단한 3개 단계의 프로세스가 그려져 있다.

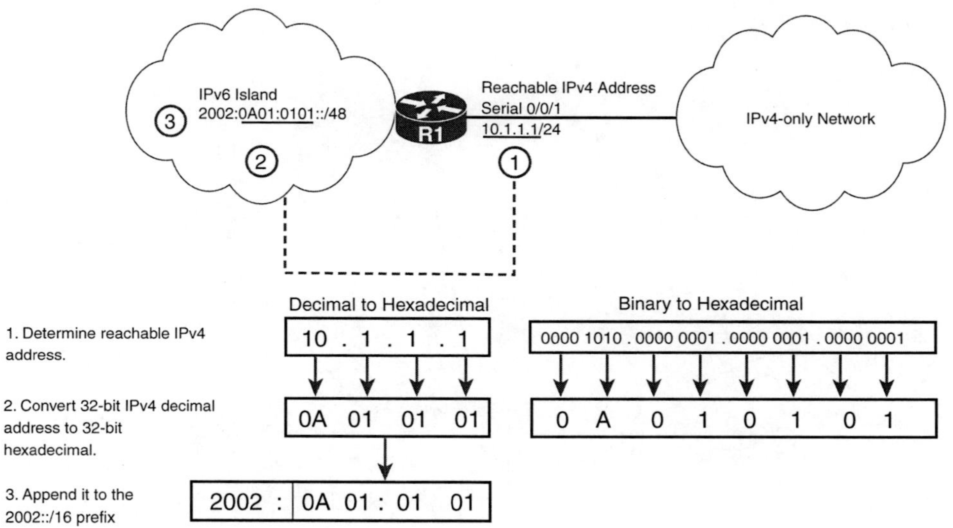

Figure A-4 *6to4 Reverse Engineering of IPv4 Address to Form IPv6 Address*

Step 1. IPv6 주소로 사용하기를 원하는, 도달 가능한 IPv4 주소를 결정한다. 이 예제는 R1의 시리얼 0/0/1 인터페이스의 10.1.1.1/24 주소를 사용했다. 이것은 터널의 반대쪽 종단에 있는 다른 라우터에서 도달 가능한 라우팅 가능한 주소이다.

Note 이 주소는 16진수 변환 시 더 쉽게 알아볼 수 있도록 한 것이고, 실제 인터넷에 연결된 라우터이면 이 예에서 사용된 RFC 1918 주소 대신 공인 IPv4 주소를 사용해야 한다.

Note IPv4 주소는 터널의 반대쪽 종단에 있는 라우터에서 도달할 수 있도록 라우팅 가능한 주소여야 한다. 이 장의 뒷부분에서 물리 인터페이스의 주소 대신 루프백 주소를 사용하는 예를 설명할 것이다.

Step 2. 32-bit IPv4 주소 10.1.1.1의 10진수를 16진수로 변환한다. 결과는 32-bit 16진수 값 0a01:0101이다.

Step 3. 32-bit 16진수 값 0a01:0101을 "IANA-reserved 6to4" 프리픽스인 2002::/16에 추가하여 IPv6 프리픽스 또는 네트워크 주소 2002:0a01:0101::/48을 만든다. R1 IPv6 네트워크의 호스트는 이 프리픽스를 이용한 IPv6 주소를 사용할 것이다. 프리픽스는 서브넷팅 될 수 있고 R1의 IPv6 도메인 내에서 라우팅 될 수 있다.

이 방법을 앞 다이어그램의 다른 라우터들까지 확장하라. 그림 A-5는 서비스 프로바이더 대향 인터페이스의 라우팅 가능한 IPv4 주소를 사용하여(리버스 엔지니어링된) 정해진 각각의 네트워크 IPv6 주소를 보여주고 있다. 10.0.0.0/8 주소는 공인 주소가 아니지만, 이 예제에서 10진수 표기법의 IPv4 주소를 IPv6 주소에 사용된 32-bit 16진수 표기법으로 변환하는 방법을 설명하는 데 사용하였다. Figure A-5에서 모든 IPv6 주소가 2002::/16 프리픽스와 라우팅 가능한 인터페이스의 32-bit IPv4 주소를 변환한 값을 가지고 있음을 확인하라.

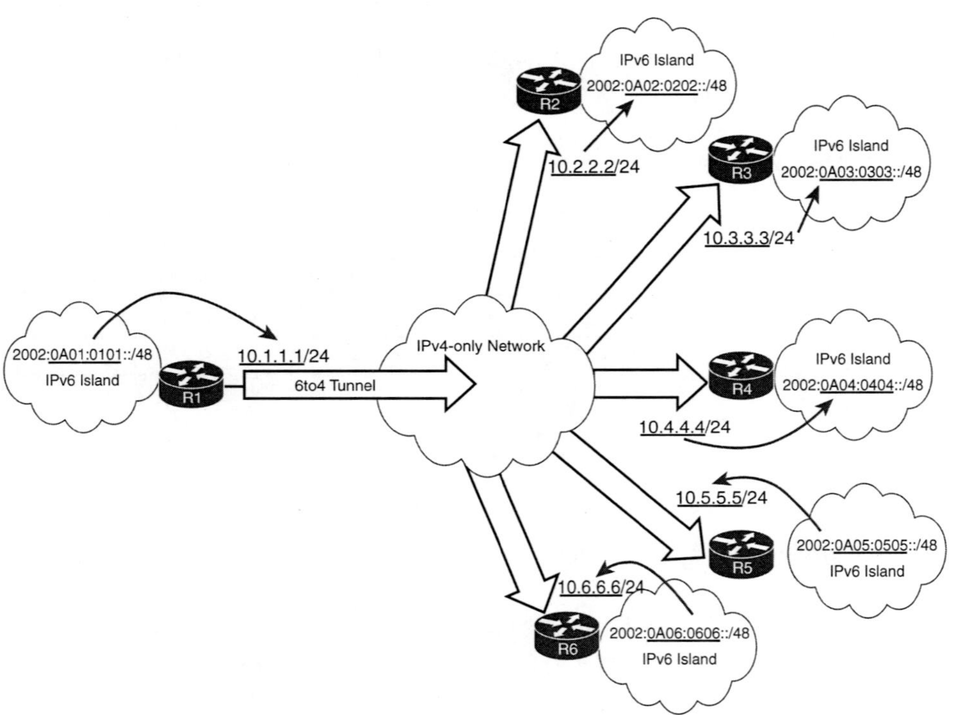

Figure A-5 *Examples of 6to4 Reverse Engineering of IPv4 Address to Form IPv6 Address*

Table A-3에서 6to4 터널을 설정하는 데 필요한 명령을 보여준다. 이 명령들이 수동 터널을 설정하는 데 사용되는 명령과 매우 유사하다는 것에 주목하라. Example A-8에서 6to4 터널의 차이점과 동작을 강조 표시했다.

Table A-3 *Configuration Commands for a 6to4 Tunnel*

Command	Description
Router(config)# **interface tunnel** *tunnel-number*	Specifies a tunnel interface and number, and enters interface configuration mode.
Router(config-if)# **ipv6-address** *ipv6-prefix/prefix-length* [**eui-64**]	Specifies the IPv6 network assigned to the interface and enables IPv6 processing on the interface. Instead of specifying an IPv6 address, the **ipv6 enable** command can be used to create a link-local address and enable IPv6 on the interface. If an IPv6 address is specified, the 32 bits following the initial 2002::/16 prefix must correspond to an IPv4 address assigned to the tunnel source.
Router(config-if)# **tunnel source** {*ip-address* | *interface-type interface-number*}	Specifies the source IPv4 address or the source interface type and number for the tunnel interface. The source IPv4 address must be reachable from the other side of the tunnel. If an interface is specified, the interface must be configured with an IPv4 address. The address can be a physical or loopback address, but must be reachable from the other end of the tunnel.
Router(config-if)# **tunnel mode ipv6ip 6to4**	Specifies an IPv6 tunnel using a 6to4 address. The IPv4 destination address will be determined using the 6to4 technique.
Router(config)# **ipv6 route** *ipv6-prefix/prefix-length* **tunnel** *tunnel-number*	Configures a static route for the IPv6 6to4 prefix 2002::/16 to the specified tunnel interface. The tunnel number specified in the **ipv6 route** command must be the same tunnel number specified in the **interface tunnel** command.

이 모든 것이 어떻게 합쳐지는지 이해하는 가장 좋은 방법은 6to4 터널을 설정해서 어떻게 동작하는지 확인하는 것이다. Figure A-6은 이 시나리오를 보여준다. 라우터 R1과 R2 상에 6to4 터널 설정을 해서 시작해보라. 다른 모든 라우터도 유사한 설정을 한다.

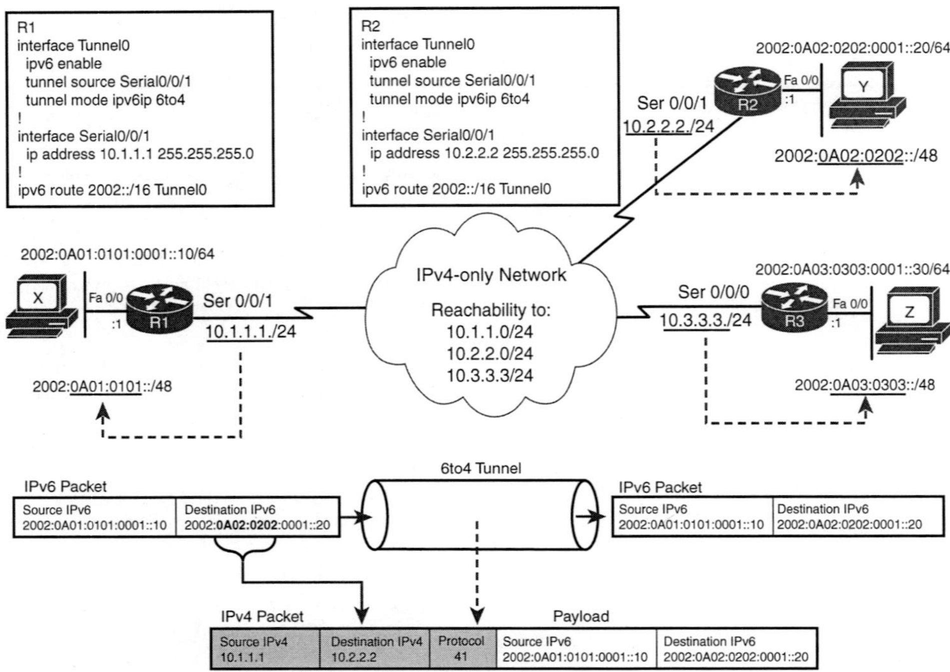

Figure A-6 *6to4 Tunnel Using Serial Interfaces*

Example A-8은 라우터 R1과 R2의 설정을 보여준다. 대부분 설정은 앞서 보였던 수동 터널의 설정과 유사하다. R1과 R2의 FastEthernet 0/0 인터페이스에 설정하는 IPv6 주소가 2002::/16 프리픽스에 시리얼 IPv4 주소를 추가한 것이라는 데 주목하라. 목표는 수동 터널과 동일하다. 우리는 IPv6 패킷(passenger 프로토콜)을 IPv4 패킷(transport 프로토콜) 내부에 캡슐화를 하고 있다. 이렇게 해서 고립된 IPv6 네트워크들이 IPv4 네트워크를 통해 IPv6 패킷을 보낼 수 있게 된다.

Example A-8 *Configuring a 6to4 Tunnel on R1 and R2*

```
R1(config)# interface Serial0/0/1
! IPv4 address matches 32 bits of FastEthernet0/0 IPv6 address
R1(config-if)# ip address 10.1.1.1 255.255.255.0
R1(config-if)# exit

R1(config)# interface FastEthernet0/0
! 32 bits of IPv6 address matches Serial0/0/1 IPv4 address
R1(config-if)# ipv6 address 2002:a01:101:1::1/64
R1(config-if)# exit

R1(config)# interface Tunnel 0
R1(config-if)# ipv6 enable
R1(config-if)# tunnel source Serial0/0/1
! Use 6to4 technique to determine tunnel destination IPv4 address
R1(config-if)# tunnel mode ipv6ip 6to4
R1(config-if)# exit

R1(config)# ipv6 route 2002::/16 Tunnel 0
```

```
R2(config)# interface Serial0/0/1
! IPv4 address matches 32 bits of FastEthernet0/0 IPv6 address
R2(config-if)# ip address 10.2.2.2 255.255.255.0
R2(config-if)# exit

R2(config)# interface FastEthernet0/0
! 32 bits of IPv6 address matches Serial0/0/1 IPv4 address
R2(config-if)# ipv6 address 2002:a02:202:1::1/64
R2(config-if)# exit

R2(config)# interface Tunnel 0
R2(config-if)# ipv6 enable
R2(config-if)# tunnel source Serial0/0/1
! Use 6to4 technique to determine tunnel destination IPv4 address
R2(config-if)# tunnel mode ipv6ip 6to4
R2(config-if)# exit

R2(config)# ipv6 route 2002::/16 Tunnel 0
```

Example A-8의 설정을 계속해 보면 터널 인터페이스 명령은 수동 터널에서 사용된 명령과 유사함을 알게 된다. 그러나 두 가지 예외가 있다:"**tunnel mode ipv6ip 6to4**" 명령에는 "**tunnel destination**" 명령이 없다. "**tunnel mode ipv6ip 6to4**" 명령은 터널 목적지 IPv4 주소(transport 프로토콜)를 결정하기 위해 IPv6 목적지 주소(passenger 프로토콜)를 사용하라고 라우터에 알려 준다. 터널 목적지 주소는 IPv6 패킷에서 자동으로 확인할 수 있으므로 "**tunnel destination**" 명령과 미리 결정된 목적지 주소가 필요하지 않다. 여기가 마법이 일어나는 곳이다. 터널 목적지는 IPv6 패킷의 목적지 IP에 따라 자동으로 결정되므로 이제 2002:*ipv4-address*::/48 형식을 따르는 한 모든 IPv6 네트워크에 연결할 수 있다.

설정의 마지막 부분은 "**ipv6 route 2002::/16 Tunnel 0**" 정적 라우팅이다. 2002::/16 프리픽스가 목적지인 모든 IPv6 패킷은 포워딩을 위해 Tunnel 0 인터페이스로 전달된다. 언급한 대로 "**tunnel mode ipv6ip 6to4**" 명령으로 IPv6 패킷을 IPv4에 캡슐화할 때 사용되는 실제 IPv4 목적지 주소를 결정한다.

Example A-9는 R1에서 IPv6 네트워크상의 R2와 R3로 ping 시험이 성공적임을 보여준다.

Example A-9 *Verifying Connectivity Using the ping Command*

```
R1# ping 2002:0a02:0202:1::1 source fastethernet 0/0

Type escape sequence to abort.
Sending 5, 100-byte ICMP Echos to 2002:A02:202:1::1, timeout is 2 seconds:
Packet sent with a source address of 2002:A01:101:1::1
!!!!!
Success rate is 100 percent (5/5), round-trip min/avg/max = 64/72/92 ms

R1# ping 2002:0a03:0303:1::1 source fastethernet 0/0

 Type escape sequence to abort.
Sending 5, 100-byte ICMP Echos to 2002:A03:303:1::1, timeout is 2 seconds:
Packet sent with a source address of 2002:A01:101:1::1
!!!!!
Success rate is 100 percent (5/5), round-trip min/avg/max = 64/66/68 ms
R1#
```

첫번째 **ping** 명령을 사용해서 R1이 반대편 터널 종단의 IPv4 목적지 주소를 어떻게 정하는지 확인하라. R1에 내려지는 명령은 다음과 같다.

```
R1# ping 2002:0a02:0202:1::1 source fastethernet 0/0
```

IPv6 라우팅 테이블에서 목적지 주소 "2002:0a02:0202:1::1과 최적 일치하는 엔트리는 수동 설정된 정적 경로(static route)이다.

```
R1(config)# ipv6 route 2002::/16 Tunnel 0
```

최종적인 출구 인터페이스(exit interface)는 "Tunnel 0"이 된다. Example A-8의 R1 설정을 보고 이 터널이 IPv6 패킷을 포워딩하기 위해 어떻게 사용되는지 확인하라. passenger 프로토콜인 IPv6 패킷은 transport 프로토콜인 IPv4 패킷 내부에 캡슐화된다. 수동 터널과 유사하게 **터널의 송신** IPv4 주소는 이 경우 serial 0/0/1의 IPv4 주소인 10.1.1.1이 된다.

수동 터널과 다르게 **터널의 목적지**는 정의되지 않았다. "**tunnel mode ipv6ip 6to4**" 명령은 라우터에 터널의 반대쪽 종단의 IPv4 주소를 결정하는 데 IPv6 패킷의 목적지 주소를 사용하도록 지시한다. 2002::/16 프리픽스 다음에 오는 32bit "0a02:0202"는 transport 프로토콜의 목적지 IPv4 주소 10.2.2.2로 사용된다. 이것이 Figure A-6의 하단에 그려진 내용이다.

그러므로 IPv6 주소가 2002:*ipv4-address*::/48 형식을 준수하는 한 어떠한 IPv6 아일랜드라도 하나의 6to4 터널을 사용하여 접근할 수 있다.[1]

6to4 Tunnels and Loopback Interfaces

물리 인터페이스의 IPv4 주소를 사용하는 대신 루프백 주소를 사용하는 것이 대안이 될 수 있다. 루프백 주소는 라우터가 "up"인 한 결코 "down"되지 않는 것을 포함한 몇 가지 장점이 있다. 물리 인터페이스의 IPv4 주소와 마찬가지로 루프백 인터페이스의 IPv4 주소도 터널의 반대쪽 종단에서 도달 가능해야 한다. Figure A-7은 앞서 사용했던 동일한 토폴로지를 보여준다. 그러나 서비스 프로바이더 대향의 물리 인터페이스 대신에 루프백 인터페이스가 네트워크의 IPv6 주소로 사용된다. 루프백 주소는 **터널의 송신** IPv6 주소로 사용된다. Example A-10은 **터널의 송신지**로 루프백 인터페이스를 사용하는 R1과 R2의 설정을 보여준다.

---

1 2002::/16이 아닌 IPv6 네트워크와 통신하기 위해서는 6to4 relay가 필요하며, 공용 6to4 relay 주소로 192.88.99.1(anycast)이 RFC 3068에 의해 할당되었고 RFC 7526으로 폐지되었다. 해당 /24 라우팅은 현재도 전파되고 있으나 언젠가 없어질 것이다. 2016년 이후 MS Windows(win 10 version 1607 이후)는 이제 6to4를 기본값으로 지원하지 않는다.-옮긴 이

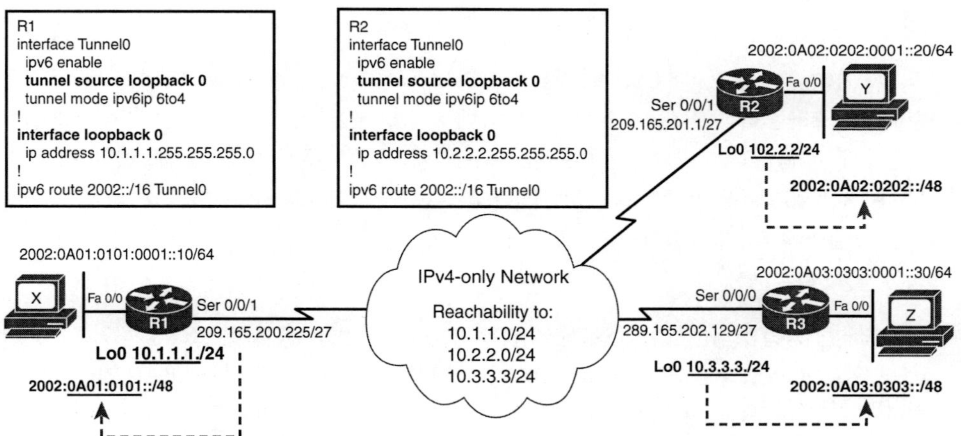

Figure A-7 *6to4 Tunnel Using Loopback Interfaces*

Example A-10 *Configuring a 6to4 Tunnel on R1 and R2 Using Loopback Interfaces*

```
R1(config)# interface Serial0/0/1
R1(config-if)# ip address 209.165.200.225 255.255.255.224
R1(config-if)# exit
R1(config)# interface loopback0
R1(config-if)# ip address 10.1.1.1 255.255.255.0
R1(config)# interface FastEthernet0/0
R1(config-if)# ipv6 address 2002:a01:101:1::1/64
R1(config-if)# exit

R1(config)# interface Tunnel 0
R1(config-if)# ipv6 enable
R1(config-if)# tunnel source loopback0
R1(config-if)# tunnel mode ipv6ip 6to4
R1(config-if)# exit

R1(config)# ipv6 route 2002::/16 Tunnel 0
```

```
R2(config)# interface Serial0/0/1
R2(config-if)# ip address 209.165.201.1 255.255.255.224
R2(config-if)# exit
R2(config)# interface loopback0
R2(config-if)# ip address 10.2.2.2 255.255.255.0
R2(config)# interface FastEthernet0/0
R2(config-if)# ipv6 address 2002:a02:202:1::1/64
R2(config-if)# exit

R2(config)# interface Tunnel 0
R2(config-if)# ipv6 enable
R2(config-if)# tunnel source loopback0
R2(config-if)# tunnel mode ipv6ip 6to4
R2(config-if)# exit

R2(config)# ipv6 route 2002::/16 Tunnel 0
```

ISATAP

ISATAP(사이트 내 자동 터널 주소지정 프로토콜, Intra-Site Automatic Tunnel Addressing Protocol) 터널은 완전한 IPv6 인프라를 아직 사용할 수 없는 사이트 내에서 IPv6 패킷을 전달하기 위해 설계되었다. ISATAP 터널링 메커니즘은 IPv6 6to4 같은 다른 자동 터널링 메커니즘과 유사하지만, 사이트 간이 아닌 사이트 내에서 IPv6 패킷을 전달하도록 설계되었다. ISATAP는 임의의 /64 unicast IPv6 프리픽스와 마지막 32bit에 IPv4 주소를 포함해서 64-bit 인터페이스 ID로 만드는 잘 정의된(well-defined) IPv6 주소 형식을 사용한다.[1]

여타 터널링 방법과 마찬가지로 ISATAP 터널을 사용하면 어떤 형태의 듀얼 스택 디바이스(host-to-router, router-to-host, 혹은 host-to-host) 사이에서도 터널을 맺을 수 있다. 그렇지만 ISATAP 터널의 주요한 특징은 듀얼 스택 호스트가 IPv4-only 네트워크를 통해 IPv6 네트워크에 접근할 수 있도록 하는 것이다. ISATAP은 IPv4 네트워크의 호스트가 IPv6-only 네트워크상의 호스트와 통신할 수 있도록 하는 IPv6 전환 기술이며 이 절의 주제이다.

Note ISATAP는 IPv6 자원에 접근하기 위한 빠르고 임시적인 해결책으로 고려된다. 어느 건물에 IPv6 자원 접근이 필요한 10명의 개발자가 있다고 상상해 보라. 전체 네트워크에 IPv6를 활성화하는 대신에 이 10명의 개발자에게만 IPv6 접근을 제공하는 임시적인 해결책으로 ISATAP을 사용할 수 있다.

ISATAP은 RFC 5214 "*Intra-Site Automatic Tunnel Addressing Protocol*(ISATAP)"에서 정의되었다. Figure A-8의 토폴로지는 듀얼 스택 ISATAP 라우터에 연결된 듀얼 스택 호스트를 그린 것이다. Figure A-8에서 한눈에 ISATAP의 개요를 파악할 수 있도록 많은 정보가 제공된다.

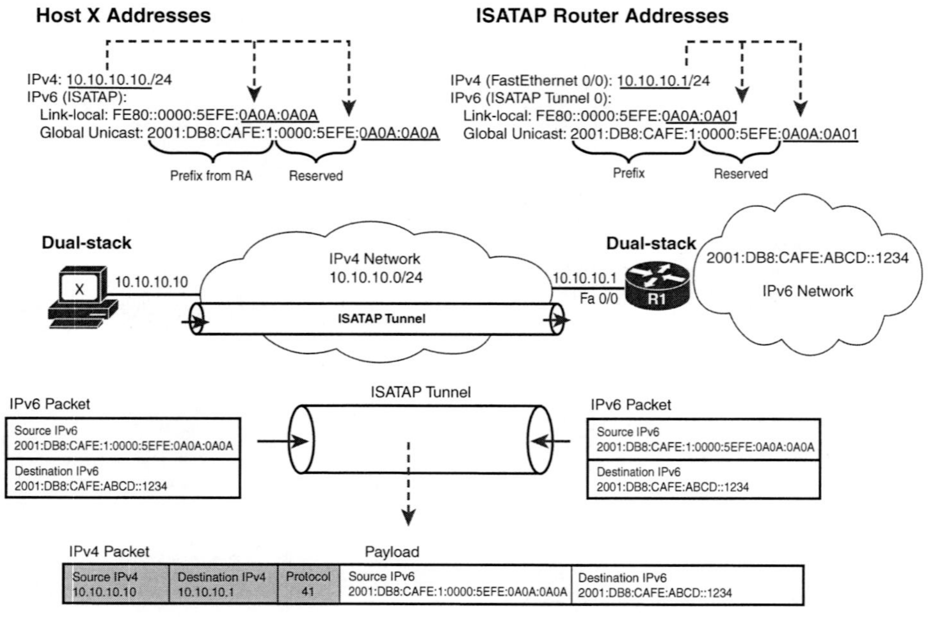

Figure A-8 *ISATAP Tunnel*[2]

---

1 문맥으로 보아 원서의 "32 bits of the IPv6 address"를 "32 bits of the IPv4 address"로 수정했다.-옮긴 이

2 오른쪽의 IPv6 패킷에 대한 화살표는 터널을 빠져나오는 방향으로 고쳐 생각해야 한다.-옮긴 이

라우터 R1은 ISATAP 라우터이고 터널의 반대쪽 종단은 듀얼 스택 디바이스인 호스트 X이다. ISATAP 라우터는 ISATAP 터널을 사용하여 호스트 X가 IPv4 네트워크를 통해 IPv6에 접근할 수 있도록 한다. ISATAP 라우터인 R1은 Router Advertisement를 사용하여 ISATAP 터널을 통한 호스트 네트워크 설정을 지원한다. 이것은 호스트 및 라우터가 일반적인 IPv6 네트워크에 연결될 때 일어나는 Stateless Address Autoconfiguration 프로세스와 동일하다. Figure A-9에서 보여준 ISATAP 주소 형식에 대해 좀 더 자세히 살펴보자.

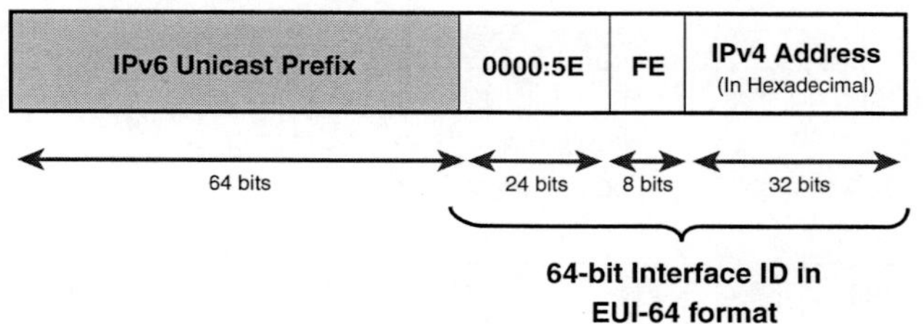

Figure A-9 *ISATAP Address Format*

ISATAP 주소는 다음과 같이 구성된다.

- **Prefix: IPv6 unicast 프리픽스 (64 bits):** 이것은 global routable 프리픽스, unique-local 프리픽스, link-local 프리픽스 그리고 6to4 프리픽스를 포함하는 모든 유효한 unicast 프리픽스가 될 수 있다. 이 프리픽스는 네트워크에 대한 주소 계획의 일부분으로 선정되어야 한다.
- **Interface ID (EUI-64 format):**
  - **00-00-5e (24 bits):** IANA에 의해 예약된 이더넷 OUI (Organizationally Unique Identifier)이다. 이 OUI는 ISATAP을 포함한 몇 가지 프로토콜에서 사용한다. 이 OUI는 IP 주소와 IEEE 802 MAC 주소 사이의 동적 매핑에 사용된다.[1]
  - **fe (8 bits):** 이 값은 이 주소에 IPv4 주소가 포함되어 있음을 나타낸다.
  - **IPv4 address (32 bits):** 마지막 4byte는 16진수로 표현된 IPv4 주소이다.

Note ISATAP에서 사용하는 EUI-64 포맷은 6장 "Link-Local Unicast Address"에서 설명했던 포맷(이더넷 MAC 주소의 중간에 "fffe" 를 추가하고 "U/L" bit를 반전하여 64-bit 인터페이스 ID를 생성한다)과 상이하다. IETF는 RFC 5342 "*IANA Considerations and IETF Protocol Usage for IEEE 802 Parameters*"에서 IANA에 할당된 OUI로부터 생성되는 모든 주소에 대한 EUI-64 포맷을 정의했다.

Table A-4는 라우터 상에서 ISATAP 터널 인터페이스를 설정하는 명령어를 보여준다.

1 이 프로세스도 modified EUI-64이다. 앞에서도 말했지만, 이 책에서 원저자가 IEEE EUI-64라고 언급하지 않으면 modified EUI-64이다. RFC 5214는 ISATAP에서 "U" bit가 고유할 필요가 없다고 기술하며 "0"으로 설정하여 Local로 취급한다. -옮긴 이

Table A-4 *Configuration Commands for an ISATAP Tunnel*

Command	Description
Router(config)# **interface tunnel** *tunnel-number*	Specifies a tunnel interface and number, and enters interface configuration mode.
Router(config-if)# **ipv6-address** *ipv6-prefix/prefix-length* [**eui-64**]	Specifies the IPv6 network assigned to the interface and enables IPv6 processing on the interface. Any IPv6 address will do. Using the **eui-64** option will create an IPv6 address using the ISATAP EUI-64 format.
Router(config-if)# **no ipv6 nd suppress-ra**	The sending of IPv6 Router Advertisements is disabled by default on tunnel interfaces. This command reenables the sending of IPv6 Router Advertisements to allow client autoconfiguration. This command can also be entered as **no ipv6 nd ra suppress**.
Router(config-if)# **tunnel source** {*ip-address* | *interface-type interface number*}	Specifies the source IPv4 address or the source interface type and number for the tunnel interface. The source IPv4 address must be reachable from the other side of the tunnel. If an interface is specified, the interface must be configured with an IPv4 address. The address can be a physical or loopback address, but must be reachable from the other end of the tunnel.
Router(config-if)# **tunnel mode ipv6ip isatap**	Specifies an IPv6 tunnel using an ISATAP address.

Example A-11은 Figure A-8에서 보여준 토폴로지를 사용해서 라우터 R1을 ISATAP 라우터로 설정하는 데 사용되는 명령어를 보여준다.

Example A-11 *ISATAP Router Configuration for R1*

```
R1(config)# interface fastethernet 0/0
R1(config-if)# ip address 10.10.10.1 255.255.255.0
R1(config-if)# exit

R1(config)# interface tunnel 0
R1(config-if)# ipv6 address 2001:db8:cafe:1::/64 eui-64
R1(config-if)# no ipv6 nd suppress-ra
R1(config-if)# tunnel source fastethernet 0/0
R1(config-if)# tunnel mode ipv6ip isatap
R1(config-if)# exit

R1(config)# interface loopback 1
R1(config-if)# ipv6 address 2001:db8:cafe:abcd::1234/64
R1(config-if)#
```

다음은 Example A-11의 설정에 대한 설명이다.

```
R1(config)# interface fastethernet 0/0
R1(config-if)# ip address 10.10.10.1 255.255.255.0
```

이것은 10.10.10.0/24 LAN의 호스트 X및 기타 클라이언트가 DHCP 서버로부터 IP를 할당받을 때 일반적으로 디폴트 게이트웨이 주소로 사용하는 IPv4 주소이다.

```
R1(config)# interface tunnel 0
```

이것은 IPv4를 통해 IPv6 패킷을 포워딩할 때 사용하는 터널 인터페이스이다.

```
R1(config-if)# ipv6 address 2001:db8:cafe:1::/64 eui-64
```

이 명령으로 인터페이스에서 IPv6 처리를 활성화하고 터널에 IPv6 주소를 할당한다. 어떠한 IPv6 주소도 사용할 수 있다. 이번 경우엔 **eui-64** 옵션이 사용되었고 ISATAP 포맷을 사용하여 IPv6 주소를 생성한다.

```
R1(config-if)# no ipv6 nd suppress-ra
```

기본값으로 Cisco IOS는 터널 인터페이스에 ICMPv6 Router Advertisement 메시지 송신을 비활성화한다. 이 명령을 사용하면 RA 메시지가 터널을 거쳐 송신된다. 이 RA 메시지를 통해 호스트는 IPv6 주소를 자동 설정할 수 있고 IPv6 디폴트 게이트웨이 주소를 수신하게 된다.

```
R1(config-if)# tunnel source fastethernet 0/0
```

이 명령으로 FastEthernet 0/0을 터널의 송신 인터페이스로 지정한다. 이 인터페이스에는 IPv4 주소가 설정되어 있어야 한다. 앞서 R1의 FastEthernet 0/0 인터페이스를 10.10.10.1/24로 설정했다.

```
R1(config-if)# tunnel mode ipv6ip isatap
```

이 명령을 사용해서 R1의 Tunnel 0을 ISATAP 터널로 정의한다. 이렇게 해서 IPv4를 통해 IPv6 패킷을 전송할 수 있으며 터널의 IPv6 주소로 ISATAP 주소 형식을 사용한다.

```
R1(config)# interface loopback 1
R1(config-if)# ipv6 address 2001:db8:cafe:abcd::1234/64
```

이 명령으로 R1에 virtual 인터페이스를 생성하고 호스트가 어떻게 원격 IPv6 네트워크에 연결하는지 보여줄 수 있다. 이 명령은 ISATAP의 설정에만 사용되는 것이 아닌 일반 명령어이다.

Example A-12는 R1의 주소 설정을 확인하는 데 사용되는 몇 가지 명령을 보여준다. "**show ip interface brief**" 명령은 FastEthernet 0/0에 IPv4 주소 10.10.10.1이 정적으로 설정되어 있음을 보여준다.

Example A-12 *Verifying R1's Addresses*

```
R1# show ip interface brief
Interface                  IP-Address      OK? Method Status                Protocol
FastEthernet0/0            10.10.10.1      YES manual up                    up
Tunnel0                    unassigned      YES unset  up                    up
R1# show ipv6 interface brief
FastEthernet0/0            [up/up]
Tunnel0                    [up/up]
    FE80::5EFE:A0A:A01
    2001:DB8:CAFE:1:0:5EFE:A0A:A01
R1#

R1# show ipv6 interface tunnel 0
Tunnel0 is up, line protocol is up
  IPv6 is enabled, link-local address is FE80::5EFE:A0A:A01
  No Virtual link-local address(es):
  Global unicast address(es):
    2001:DB8:CAFE:1:0:5EFE:A0A:A01, subnet is 2001:DB8:CAFE:1::/64 [EUI]
  Joined group address(es):
    FF02::1
    FF02::2
    FF02::1:FF0A:A01
  MTU is 1480 bytes
  ICMP error messages limited to one every 100 milliseconds
  ICMP redirects are enabled
  ICMP unreachables are sent
  ND DAD is not supported
  ND reachable time is 30000 milliseconds
  ND advertised reachable time is 0 milliseconds
  ND advertised retransmit interval is 0 milliseconds
  ND router advertisements live for 1800 seconds
  ND advertised default router preference is Medium
  Hosts use stateless autoconfig for addresses.
R1#
```

Example A-12에서 "**show ipv6 interface brief**" 명령은 R1의 Tunnel 0 인터페이스에 설정된 IPv6 주소를 보여준다. IPv6 주소는 ISATAP 형식을 사용한다. Example A-11에서 "**ipv6 address 2001:db8:cafe:1::/64 eui-64**" 명령을 사용하여 Tunnel 0의 global unicast 주소를 설정한다. 이 명령으로 "2001:db8:cafe:1" 프리픽스를 지정한다. **eui-64** 옵션으로 ISATAP 주소의 64bit 인터페이스 ID를 EUI-64 형식으로 생성한다. 앞의 32bit는 ISATAP에서 예약한(ISATAP-reserved) OUI에 "fe"를 추가한 "0000:5efe"이다. 하위 32bit는 IPv4 주소를 16진수 "0a0a:0a01"로 변환한 것이다.

Tunnel 0의 link-local 주소에 대해서도 동일한 프로세스가 일어난다. link-local 주소는 예약된 프리픽스 "fe80::/10"에 global unicast 주소를 위해 생성된 것과 같은 ISATAP EUI-64 인터페이스 ID "0000:5efe:0a0a:0a01"가 붙는다. Tunnel 0에 대한 global unicast와 link-local 주소는 Example A-12처럼 "**show ipv6 interface tunnel 0**" 명령을 사용하여 확인할 수 있다.

Example A-13에서 "**show interface tunnel 0**" 명령을 사용하여 Tunnel 0 인터페이스의 터널 유형이 ISATAP 라는 것을 확인한다.

Example A-13 *Verifying R1's Tunnel Protocol*

```
R1# show interface tunnel 0
Tunnel0 is up, line protocol is up
  Hardware is Tunnel
  MTU 1514 bytes, BW 9 Kbit, DLY 500000 usec,
     reliability 255/255, txload 1/255, rxload 1/255
  Encapsulation TUNNEL, loopback not set
  Keepalive not set
  Tunnel source 10.10.10.1 (FastEthernet0/0), destination UNKNOWN
  Tunnel protocol/transport IPv6 ISATAP
<Rest of output omitted for brevity>
```

이제 R1의 설정을 확인했으므로 호스트 X가 어떻게 ISATAP 터널을 사용하여 IPv6 설정 정보를 수신하는지 알아보자. 6to4 터널링과 비슷하게 ISATAP는 IPv4 주소로부터 IPv6 주소를 자동 생성한다. 그렇지만 추가적으로 Stateless Address Autoconfiguration(SLAAC)을 위한 Router Advertisement의 서비스도 사용한다.

Figure A-10을 사용하여 host X가 IPv6 global unicast 주소, 프리픽스 길이, IPv6 디폴트 게이트웨이 주소를 가져오는 과정을 볼 수 있다.

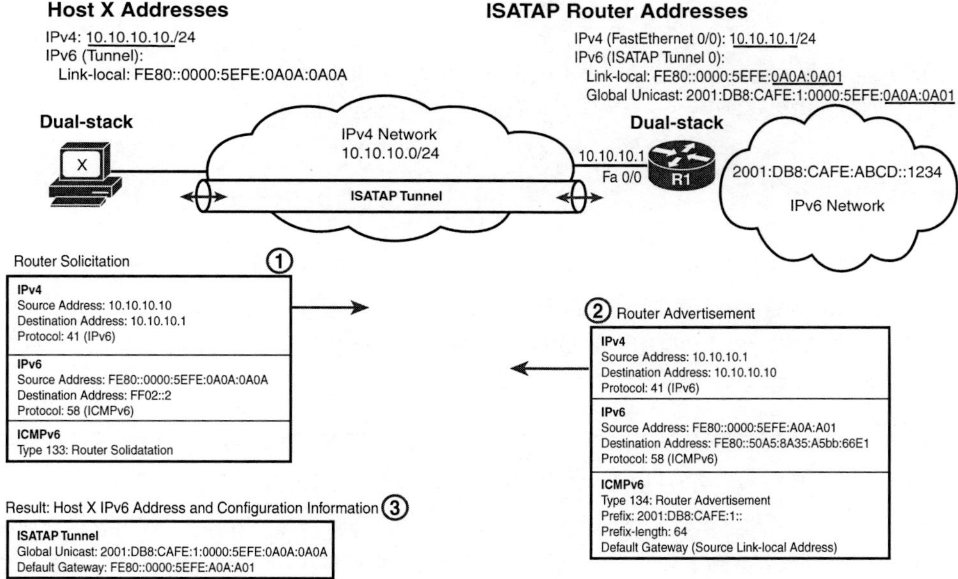

Figure A-10 *Router Solicitations and Router Advertisements over ISATAP*

호스트 X는 IPv4 주소 10.10.10.10/24를 사용하여 정적 혹은 동적으로 설정되었으며 ISATAP이 활성화되어 있다. 윈도우와 리눅스 운영 체제는 ISATAP를 지원하지만, Mac OS는 지원하지 않는다. host X의 ISATAP 터널 설정 일부에는 터널의 반대편 종단의 IPv4 주소도 포함되어 있다. 이 예제에서 라우터 R1

의 IPv4 주소는 10.10.10.10이다. 호스트 X의 인터페이스는 다음 단계와 같이 ISATAP 형식을 사용하여 IPv6 link-local 주소를 자동으로 생성한다.

Step 1. link-local 주소를 사용하여 호스트 X는 ISATAP 터널을 통해 all-router multicast 주소인 ff02::2로 Router Solicitation 메시지를 보낸다. RS 메시지는 IPv4 패킷 내에 캡슐화되고 ISATAP 터널을 통해 라우터 R1으로 송신된다.

Step 2. R1은 IPv6 프리픽스, 프리픽스 길이 및 디폴트 게이트웨이 주소를 포함하는 Router Advertisement 메시지로 응답한다. ICMPv6 Router Advertisement는 IPv4 패킷에 캡슐화되어 호스트 X에 연결되는 터널을 통해 송신된다.

Step 3. 호스트 X는 이제 라우팅 가능한 IPv6 주소를 생성한 상태이고 IPv6 디폴트 게이트웨이와 통신하는 데 필요한 기능을 갖추고 있다. R1의 Router Advertisement에는 프리픽스와 프리픽스 길이 2001:db8:cafe:1::/64가 포함되어 있다. 호스트 X는 ISATAP 포맷을 사용하여 프리픽스에 "0000:5efe"와 IPv4 주소를 16진수로 바꾼 값 "0a0a:0a0a"를 추가하여 64bit 인터페이스 ID를 생성한다. 결과로 호스트 X의 global unicast 주소는 "2001:db8:cafe:1:0000:5efe:0a0a:0a0a/64"가 된다.

호스트 X는 R1 FastEthernet 0/0 인터페이스의 link-local 주소를 디폴트 게이트웨이 주소로 사용한다. 이 주소는 Figure A-10과 같이 R1이 Router Advertisement를 호스트 X로 보낼 때 사용한 link-local 주소이다. 이제 호스트 X는 IPv6 global unicast 주소를 자신의 ISATAP 터널 인터페이스에 갖고 있고 IPv6 디폴트 게이트웨이 주소를 알게 되었다. 호스트 X의 IPv6 네트워크로 향하는 모든 패킷은 라우터 R1과 맺은 터널을 통해 송신된다.

Note 클라이언트 운영 체제에서 ISATAP을 활성화하려면 문서를 확인하거나 인터넷에서 정보를 찾아보는 것이 좋다. 윈도우의 경우에는 명령(DOS) 프롬프트에서 **netsh**를 사용해야 한다. 이 책을 쓰고 있는 현재 애플의 Mac OS는 ISATAP을 지원하지 않는다. 10.7.x(Lion)을 포함한 Mac OS 10.6.4 이후의 프리알파 버전에서 사용할 수 있지만, 아직은 개발 단계이다.

이 시점에 호스트 X에는 IPv4 인프라를 통해 IPv6 디바이스에 접근하는 데 필요한 기능이 있다. 호스트 X는 IPv6 디폴트 게이트웨이 주소를 포함하여 필요한 IPv6 주소지정 정보를 가지고 있다. Figure A-8 하단의 라우터 R1과 연결되는 ISATAP 터널을 통해 "2001:db8:cafe:abcd::1234"로 보내는 IPv6 패킷 캡슐화에 주목하라.

6to4 터널과 비슷하게 ISATAP 터널의 종단은 터널의 반대쪽 종단의 IPv4 주소, 즉 패킷의 목적지 IPv6 주소를 결정한다. IPv4 주소는 IPv6 주소의 마지막 32bit에 인코딩되어 자동 IPv6-in-IPv4 터널링을 활성화한다. IPv6 주소의 하위 32bit에 필요한 IPv4 주소지정 정보가 포함되어 있고 그렇지 않다면 디폴트 게이트웨이가 사용된다. Figure A-8의 하단에서 호스트 X에서 "2001:db8:cafe:abcd::1234"로 가는 패킷 캡슐화를 보여준다.

Appendix B

Cisco IOS Commands

Addressing Commands

Global Unicast Address and Unique Local Unicast Addresses

인터페이스에 global unicast 주소 혹은 unique local unicast 주소를 설정한다:

- Router(config-if)# **ipv6 address** *ipv6-address/prefix-length*

인터페이스 ID를 생성하기 위해 EUI-64를 사용해서 인터페이스에 global unicast 주소 혹은 unique local unicast 주소를 설정한다:

- Router(config-if)# **ipv6 address** *ipv6-prefix/prefix-length* **eui-64**

인터페이스에 별도의 IPv6 주소를 할당하지 않고 인터페이스상 IPv6 프로세싱을 활성화한다:

- Router(config-if)# **ipv6 unnumbered** *interface-type interface-number*

라우터의 인터페이스가 SLAAC로 IPv6 주소를 동적으로 생성할 수 있도록 한다:

- Router(config-if)# **ipv6 address autoconfig**

Link-Local Unicast Address

인터페이스에 link-local 주소를 설정한다:

- Router(config-if)# **ipv6 address** *ipv6-address* **link-local**

global unicast 혹은 unique local unicast 주소 없이 인터페이스에서 link-local unicast 주소를 생성한다:

- Router(config-if)# **ipv6 enable**

General Prefix

general 프리픽스를 정의한다:

- Router# **ipv6 general-prefix** *prefix-name ipv6-prefix/prefix-length*

general 프리픽스 정보를 확인한다:

- Router# **show ipv6 general-prefix**

DNS host commands

IPv6 주소에 대한 정적 호스트 네임을 설정한다:

- Router(config)# **ipv6 host** *name* [*port*] *ipv6-address1* [*ipv6-address2...ipv6-address4*]

네임 및 주소 결정을 위한 하나 이상의 DNS 서버 주소를 지정한다:

- Router(config)# **ip name-server** *server-address1* [*server-address2...server-address6*]

Verifying Address Information

모든 인터페이스의 IPv6 주소 목록을 표시한다.

- Router# **show ipv6 interface brief** [*interface-type interface-number*]

인터페이스에 대한 multicast 그룹 멤버십과 RA 파라미터를 포함하는 자세한 IPv6 주소 정보를 표시한다:

- Router# **show ipv6 interface** *interface-type interface-number*

ICMPv6 Router Advertisement Commands

Enabling ICMPv6 Router Advertisements

이더넷 인터페이스로 ICMPv6 Router Advertisement가 송신되도록 한다:

- Router(config)# **ipv6 unicast-routing**

인터페이스상에서 Router Advertisement 파라미터를 수정한다:

RA 메시지의 송신 간격을 수정한다:

- Router(config-if)# **ipv6 nd ra interval** { *maximum-secs [minimum-secs]* | **msec** *maximum-ms [minimum-ms]* }

solicited unicast RA 메시지의 송신을 활성화한다:

- Router(config-if)# **ipv6 nd ra solicited unicast**

RA 메시지의 송신을 막는다:

- Router(config-if)# **ipv6 nd ra suppress [all]**

RA 메시지에 포함되는 IPv6 프리픽스 정보를 설정한다(전체 문법):

- Router(config-if)# **ipv6 nd prefix** { *ipv6-prefix/prefix-length* | **default** } [**no-advertise** | [*valid-lifetime preferred-lifetime* [**off-link** | **no-rtr-address** | **no-autoconfig** | **no-onlink**]] **at** *valid-date* | *preferred-date* [**off-link** | **no-rtr-address** | **no-autoconfig**]

RA 메시지에 포함되는 Valid Lifetime과 Preferred Lifetime을 설정한다:

- Router(config-if)# **ipv6 nd prefix** *ipv6-prefix/prefix-length* [*valid-lifetime*] [*preferred-lifetime*]

RA의 Address Autoconfiguration 플래그(A flag)를 "0" (기본값은 "1")으로 설정한다. 이 명령은 지정된 프리픽스에 대해 SLAAC를 비활성화시킨다:

- Router(config-if)# **ipv6 nd prefix** *prefix/prefix-length* **no-autoconfig**

RA의 Other Configuration 플래그(O flag)를 "1" (기본값은 "0")으로 설정한다. 이 명령은 Stateless DHCPv6 서버를 사용하도록 권고한다:

- Router(config-if)# **ipv6 nd other-config-flag**

RA의 Managed Address Configuration 플래그(M flag)를 "1" (기본값은 "0")로 설정한다. 이 명령은 상태 보존 DHCPv6 서버를 사용하도록 권고한다:

- Router(config-if)# **ipv6 nd managed-config-flag**

기본 라우터 선호값(Default Router Preference, DRP)을 수정한다:

- Router(config-if)# **ipv6 nd router-preference { high | medium | low }**

RA 메시지 내에 DNS 서버 주소를 포함한다:

- Router(config-if)# **ipv6 nd ra dns server** *ipv6-address seconds*

Verifying Router Advertisements

인터페이스상에서 송신되는 ICMPv6 Router Advertisement 정보를 확인한다:

- Router# **show ipv6 interface** *interface-type interface-number*

RA, RS, 기타 ICMPv6 Neighbor Discovery 메시지 송수신을 디버깅한다:

- Router# **debug ipv6 nd**

Configuring a DHCPv6 Server

Stateless DHCPv6 Configuration Pool Commands

DHCPv6 pool을 생성하고 DHCPv6 pool config 모드로 진입한다:

- Router(config)# **ipv6 dhcp pool** *poolname*

DHCPv6 클라이언트에서 사용할 IPv6 DNS 서버를 지정한다:

- Router(config-dhcp)# **dns-server** *ipv6-address*

DHCPv6 클라이언트를 위한 도메인 네임을 지정한다:

- Router(config-dhcp)# **domain-name** *domain*

Stateful DHCPv6 Configuration Pool Commands

DHCPv6 pool을 생성하고 DHCPv6 pool config 모드로 진입한다:

- Router(config)# **ipv6 dhcp pool** *poolname*

IPv6 주소를 할당하는 데 사용될 IPv6 프리픽스를 지정한다:

- Router(config-dhcp)# **address prefix** *ipv6-prefix/prefix-length* [**lifetime** { *valid-lifetime preferred-lifetime* | **infinite** }]

DHCPv6 클라이언트에서 사용할 IPv6 DNS 서버를 지정한다:

- Router(config-dhcp)# **dns-server** *ipv6-address*

DHCPv6 클라이언트를 위한 도메인 네임을 지정한다:

- Router(config-dhcp)# **domain-name** *domain*

Associating the DHCPv6 Pool to an Interface

인터페이스상에 DHCPv6 서비스를 활성화하는 명령. **rapid-commit** 옵션은 주소할당과 기타 설정을 위한 2개의 메시지 교환 기능의 사용을 활성화한다.

- Router(config-if)# **ipv6 dhcp server** *poolname* [**rapid-commit**]

DHCPv6 Relay

클라이언트 패킷이 포워딩 되는 목적지 주소를 지정하고 인터페이스상에서 DHCPv6 릴레이 서비스를 활성화한다:

- Router(config-if)# **ipv6 dhcp relay destination** *ipv6-address* [*interface-type interface-number*]

Verifying DHCPv6 Information

DHCPv6 DUID를 표시하는 DHCPv6 정보를 확인한다:

- Router# **show ipv6 dhcp**

DHCPv6 poolname과 rapid commit 옵션을 확인한다:

- Router# **show ipv6 dhcp interface** *interface-type interface-number*

IPv6 Access Control Lists

Configuring IPv6 ACLs

IPv6 ACL 명을 지정하고 ACL config 모드로 진입한다:

- Router(config)# **ipv6 access-list** *access-list-name*

인터페이스에 IPv6 ACL을 적용한다:

- Router(config-if)# **ipv6 traffic-filter** *access-list-name* {**in** | **out**}

Note IPv6 주소 설정 모드의 permit및 deny옵션은 다양하며 프로토콜에 따라 변한다.

Verifying IPv6 ACLs

IPv6 ACL 정보를 확인한다:

- Router# **show ipv6 access-list**

Static Routes, Displaying the Routing Table, and CEF for IPv6

Static Routes

라우터를 통과하는 IPv6 패킷 포워딩을 활성화한다:

- Router# **ipv6 unicast-routing**

IPv6 static route를 설정한다:

- Router(config)# **ipv6 route** *ipv6-prefix/prefix-length* {*ipv6-address* | *interface-type interface-number*} [*next-hop-address*]

IPv6 static route를 설정하는 전체 문법:

- **ipv6 route** [**vrf** *vrf-name*] *ipv6-prefix/prefix-length* {*ipv6-address* | *interface-type interface-number* [*ipv6-address*]} [**nexthop-vrf** [*vrf-name1* | **default**]] [*administrative-distance*] [*administrative-multicast-distance* | **unicast** | **multicast**] [*next-hop-address*] [**tag** *tag*] [**name** *name*]

Verifying Static Routes

IPv6 라우팅 테이블을 표시한다:

- Router# **show ipv6 route**

IPv6 라우팅 테이블 내 static route만 표시한다:

- Router# **show ipv6 route static**

IPv6 라우팅 테이블의 요약 정보를 표시한다:

- Router# **show ipv6 route summary**

static route 정보를 표시한다:

- Router# **show ipv6 static** [**detail**]

CEF for IPv6

IPv6에 대한 CEF를 활성화한다:

- Router# **ipv6 unicast-routing**
- Router# **ipv6 cef**

IPv6에 대한 CEF를 확인한다:

- Router# **show ipv6 cef**

EIGRP for IPv6

Classic EIGRP for IPv6

EIGRPv6 라우팅 프로세스를 생성한다:

- Router(config)# **ipv6 router eigrp** *autonomous-system-number*

EIGRPv6 Router ID를 설정한다:

- Router(config-rtr)# **eigrp router-id** *router-id*

EIGRPv6 hello 메시지와 라우팅 업데이트가 인터페이스로 송신되는 것을 차단한다:

- Router(config-rtr)# **passive-interface** *interface-type interface-number*

인터페이스상에 직접적으로 EIGRPv6를 활성화한다:

- Router(config-if)# **ipv6 eigrp** *autonomous-system-number*

EIGRPv6 라우팅 도메인 내부로 축약된 경로를 광고한다:

- Router(config-if)# **ipv6 summary-address eigrp** *autonomous-system-number prefix/prefix-length*

EIGRP Named Mode

EIGRP 가상 인스턴스 명을 설정한다:

- Router(config)# **router eigrp** *virtual-instance-name*

EIGRP 인스턴스를 생성하고 특정 프로토콜(IPv4 또는 IPv6)에 대한 address family 설정 모드로 진입한다:

- Router(config-router)# **address-family** *address-family* **unicast autonomous-system** *autonomous-system-number*

32bit EIGRP 라우터 ID를 설정한다:

- Router(config-router-af)# **eigrp router-id** *router-id*

특정한 인터페이스에 대해 address-family 인터페이스 설정 모드로 진입한다:

- Router(config-router-af)# **af-interface** *interface-type interface-number*

해당 인터페이스에 대해 EIGRP 메시지 송신을 막는다:

- Router(config-router-af-interface)# **passive-interface**

각 인터페이스의 IPv6에 대해 EIGRP를 비활성화한다:

- Router(config-router-af-interface)# **shutdown**

EIGRP for IPv6 Verification Commands

EIGRP neighbor 테이블과 인접(adjacency) 장비를 확인한다:

- Router# **show ipv6 eigrp neighbors**

EIGRPv6 토폴로지 테이블을 표시한다:

- Router# **show ipv6 eigrp topology**

IPv6 라우팅 테이블 내 EIGRPv6 경로를 표시한다:

- Router# **show ipv6 route eigrp**

EIGRPv6 라우팅 프로토콜 정보를 표시한다:

- Router# **show ipv6 protocols**

송수신한 EIGRPv6 패킷의 숫자를 표시한다:

- Router# **show ipv6 eigrp traffic**

EIGRPv6 인터페이스 정보를 표시한다:

- Router# **show ipv6 eigrp interfaces**

OSPFv3

Configuring Traditional OSPFv3

OSPFv3 라우팅 프로세스를 활성화한다:

- R1(config)# **ipv6 router ospf** *process-id*

OSPFv3 라우터 ID를 설정한다:

- Router(config-rtr)# **router-id** *router-id*

OSPF hello 메시지 및 기타 OSPF 메시지가 인터페이스를 통해 송신되는 것을 막는다:

- Router(config-rtr)# **passive-interface** *interface-type interface-number*

OSPFv3 도메인의 다른 라우터에 디폴트 라우팅(default route)을 전파하도록 한다:

- Router(config-rtr)# **default-information originate**

area를 stub area로 정의한다:

- Router(config-rtr)# **area** *area* **stub**

ABR 상에서 area를 totally stubby area로 정의한다:

- Router(config-rtr)# **area** *area* **stub** [**no-summary**]

인터페이스상에서 직접적으로 OSPFv3를 활성화한다:

- Router(config-if)# **ipv6 ospf** *process-id* **area** *area-id*

Verifying Traditional OSPFv3

OSPFv3를 통해 학습된 IPv6 라우팅 테이블 내 IPv6 프리픽스를 표시한다:

- Router# **show ipv6 route ospf**

OSPFv3 LSDB내 IPv6 프리픽스에 대한 LSA를 표시한다:

- Router# **show ipv6 ospf database**

OSPFv3 (IPv6에 대해) 라우팅 프로토콜 정보를 표시한다:

- Router# **show ipv6 protocols**

OSPFv3 (IPv6에 대해)의 neighbor adjacency를 표시한다:

- Router# **show ipv6 ospf neighbor**

OSPFv3 (IPv6에 대해) 인터페이스 정보를 표시한다:

- Router# **show ipv6 ospf interface**

Configuring OSPFv3 with Address Families

OSPFv3 라우터 설정 모드로 진입한다:

- Router(config)# **router ospfv3** *process-id*

특정 프로토콜(IPv4 혹은 IPv6)을 위한 address family 설정 모드에 진입한다:

- Router(config-router)# **address-family** [**ipv4** | **ipv6**] **unicast**

32bit OSPFv3 라우터 ID를 설정한다:

- Router(config-router-af)# **router-id** *router-id*

인터페이스의 OSPFv3 hello 메시지 송신을 막는다:

- Router(config-router-af)# **passive-interface** *interface-type interface-number*

수동 설정한 디폴트 라우팅을 라우팅 도메인 내부로 광고되도록 한다:

- Router(config-router-af)# **default-information originate**

area를 stub area로 정의한다:

- Router(config-router-af)# **area** *area* **stub**

ABR 상에서 area를 totally stubby area로 정의한다:

- Router(config-router-af)# **area** *area* **stub no-summary**

인터페이스상에 OSPFv3를 활성화한다:

- Router(config-if)# **ospfv3** *process-id* [**ipv4** | **ipv6**] **area** *area-id*

Verifying OSPFv3 with Address Families

OSPFv3를 통해 알게 된 IPv4 라우팅 테이블 내 IPv4 프리픽스를 표시한다:

- **show ip route ospfv3**

OSPFv3를 통해 학습된 IPv6 라우팅 테이블 내 IPv6 프리픽스를 표시한다:

- **show ipv6 route ospf**

IPv4와 IPv6 address family에 대해 OSPFv3 neighbor adjacency를 표시한다:

- **show ospfv3 neighbor**

IPv4와 IPv6 address family에 대해 OSPFv3 LSDB내 LSA를 표시한다:

- **show ospfv3 database**

시스코 IOS IPv6 명령의 전체 목록은 *Cisco IOS IPv6 Command Reference*: www.cisco.com/c/en/us/td/docs/ios-xml/ios/ipv6/command/ipv6-cr-book/ipv6-a1.html를 참고하라.

Host Operating System Commands

Windows OS

General Commands

Ping 및 traceroute:

- Windows> **ping** *ipv6-address*
- Windows> **traceroute** *ipv6-address*

IPv6 주소를 표시한다:

- Windows> **ipconfig**
- Windows> **ipconfig /all**

IPv6 라우팅 테이블을 표시한다:

- Windows> **netstat -rn**
- Windows> **netsh interface ipv6 show route**

IPv6 연결정보를 표시한다:

- Windows> **netstat -p ipv6**

IPv6 Neighbor 캐시를 표시한다:

- Windows> **netsh interface ipv6 show neighbors**

IPv6 Neighbor 캐시를 초기화한다:

- Windows> **netsh interface ipv6 delete neighbors**

IPv6 multicast 그룹 멤버십을 표시한다:

- Windows> **netsh interface ipv6 show joins**

기본 hop limit 및 Neighbor Cache limit를 포함한 IPv6 전역 파라미터를 표시한다:

- Windows> **netsh interface ipv6 show global**

Interface Addresses Information

인터페이스의 SLAAC 주소 상태와 lifetime을 표시한다:

- Windows> **netsh interface ipv6 show addresses** [*zone-id*]

zone ID, 인터페이스 인덱스, MTU, 주소 상태를 표시한다:

- Windows> **netsh interface ipv6 show interfaces**

IPv6 인터페이스, privacy 파라미터, lifetime을 표시한다:

- Windows> **netsh interface ipv6 show privacy**

IPv6 기본 정책(default policy) 테이블을 표시한다:

- Windows> **netsh interface ipv6 show prefixpolicies**

SLAAC Interface ID

인터페이스 ID에 EUI-64를 사용하도록 기본 동작을 수정한다:

- Windows> **netsh interface ipv6 set global randomizeidentifiers=disabled store=active**
- Windows> **netsh interface ipv6 set global randomizeidentifiers=disabled store=persistent**

인터페이스 ID에 privacy 확장을 사용하도록 기본 동작을 수정한다:

- Windows> **netsh interface ipv6 set global randomizeidentifiers=enabled store=active**
- Windows> **netsh interface ipv6 set global randomizeidentifiers=enabled store=persistent**

temporary 주소 사용을 비활성화하도록 기본 동작을 수정한다:

- Windows> **netsh interface ipv6 set privacy state=disabled store=active**
- Windows> **netsh interface ipv6 set privacy state=disabled store=persistent**

temporary 주소를 사용하도록 기본 동작을 재활성화한다:

- Windows> **netsh interface ipv6 set privacy state=enabled store=active**
- Windows> **netsh interface ipv6 set privacy state=enabled store=persistent**

Linux OS

General Commands

Ping 및 traceroute:

- Linux$ **ping6** *ipv6-address*
- Linux$ **traceroute6** *ipv6-address*

인터페이스에 IPv6 주소를 설정한다:

- Linux$ **ip -6 addr add** *ipv6-address/prefix-length* **dev** *interface*
- Linux$ **ifconfig** *interface* **inet6 add** *ipv6-address/prefix-length*

IPv6 주소를 표시한다:

- Linux$ **ifconfig -a**
- Linux$ **ip -6 addr**

lifetime을 포함하여 IPv6 주소를 표시한다:

- Linux$ **ip -6 address show**

IPv6 라우팅 테이블을 표시한다:

- Linux$ **netstat -rnA inet6**

IPv6 디폴트 게이트웨이를 표시한다:

- Linux$ **ip -6 route show**

IPv6 연결정보를 표시한다:

- Linux$ **netstat -a inet6**

IPv6 Neighbor 캐시를 표시한다:

- Linux$ **ip -6 neigh show**

IPv6 Neighbor 캐시를 초기화한다:

- Linux$ **ip -6 neigh flush**

IPv6 multicast 그룹 멤버십을 표시한다:

- Linux$ **ip -6 maddr show**
- Linux$ **netstat -g**

SLAAC 주소에 대해 lifetime을 표시한다:

- Linux$ **ip -6 addr show**

Address Configuration Commands

IPv6 주소를 수동으로 설정한다:

- Linux$ **ifconfig** *interface* **inet6 add** *ipv6-address/prefix-length*

IPv6 디폴트 게이트웨이를 수동으로 설정한다:

- Linux$ **route -A inet6 add default gw** *ipv6-address*

인터페이스에 대해 privacy 확장을 활성화한다:

- Linux$ **sysctl net.ipv6.conf.***interface***.use_tempaddr=2**

Mac OS X

General Commands

Ping 및 traceroute:

- Mac$ **ping6** *ipv6-address*
- Mac$ **traceroute6** *ipv6-address*

IPv6 주소를 표시한다:

- Mac$ **ifconfig -a inet6**

lifetime을 포함하여 IPv6 주소를 표시한다:

- Mac$ **ifconfig -L inet6**

IPv6 라우팅 테이블을 표시한다:

- Mac$ **netstat -rnf inet6**

IPv6 연결정보를 표시한다:

- Mac$ **netstat -f inet6**

IPv6 Neighbor 캐시를 표시한다:

- Mac$ **ndp -a**

IPv6 Neighbor 캐시를 초기화한다:

- Mac$ **ndp -c**

IPv6 multicast 그룹 멤버십을 표시한다:

- Mac$ **netstat -g**

Address Configuration Commands

인터페이스에 대해 privacy 확장을 활성화하는 주소 설정 명령이다:

- Mac$ **sysctl net.inet6.ipv6.use_tempaddr=1**

Appendix C

Chapter 1

1. IPv6-only 고객에게 접근: 일부 네트워크는 IPv6를 통해서만 접근할 수 있다.

   IPv4 주소 고갈: 5개의 RIR 중 4곳에서 IPv4 주소가 고갈되었다. 인터넷이 진화와 성장을 지속하기 위해서는 IPv6로의 전환이 필수적이다.

   더 나은 성능: NAT는 지연을 유발한다. 일부 콘텐츠 프로바이더는 IPv6를 사용하여 더 나은 성능을 경험하고 있다.

   운용 중인 네트워크 보안: 호스트 운영체제는 이미 IPv6-enabled 상태이다. 여러분의 네트워크가 IPv6에 대해 보호되지 않는다면 IPv6 MITM과 DoS 공격에 대해 취약해질 것이다.

2. IAB와 IETF는 CIDR, NAT 및 RFC 1918에 의한 사설 IPv4 주소 정책을 시행했다.

3. NAT 디바이스는 IPv4, TCP 및 UDP 체크섬 재계산을 수행해야 한다.

   ICMP 페이로드 내 IPv4 주소가 변환되어야 한다.

   IPsec transport 모드에서 NAT를 사용할 수 없다.

   NAT는 종단 간 도달성을 무너뜨린다.

   NAT는 지연을 유발한다.

4. NAT는 보안으로 간주하지 않는다. NAT는 상태정보 유지를 필요로 하며, 이 상태정보 유지는 NAT를 수행하는 모든 디바이스가 상태기반 방화벽으로 동작해야 함을 의미한다. 이것이 보안인 것처럼 보이지만 그렇지 않다.

5. IPv5로 간주하지는 않지만, 실험적인 Internet Stream Protocol은 IP 프로토콜 번호 5를 사용하여 IPv4 패킷에 캡슐화되었다.

6. IAB는 IPv4의 대체하는 프로토콜로 OSI의 CLNP(Connectionless-mode Network Protocol)를 추천했다. CLNP 제안은 TUBA(TCP and UDP with Bigger Addresses)라고도 불린다.

7. SIPP(Simple Internet Protocol Plus)를 IESG가 추천했고 IAB가 최종 낙점하였는데, 다만 주소의 크기가 128-bit였다.

8. IPv6는 IPv4보다 안전하다.

   IPv6는 IPv4보다 안전하지 않다.

   IPv6가 IPv4를 대체하는 정해진 날짜가 있다.

   IPv6는 필수적인 것이 아니다.

   IPv6는 너무 복잡하다.

   IPv6는 QoS를 향상시킨다.

Chapter 2

1. A. 2

   B. C

   C. F

   D. D

   E. 0

   F. A

2. A. 1110

   B. 0011

   C. 1000

   D. 1011

   E. 0001

   F. 1001

3.

   - Global unicast 주소 B, F
   - Link-local 주소 A, G
   - Unspecified 주소 C, E
   - Solicited-node multicast 주소 D, G

4.

- Neighbor Solicitation B
- Neighbor Advertisement C
- Router Solicitation D
- Router Advertisement A

5.

- Method 1—SLAAC B, C, E
- Method 2—SLAAC와 stateless DHCPv6 B, C, D
- Method 3—Stateful DHCPv6 A, B, F (여기에서 C도 정답이다. 후에 설명하겠지만, stateful DHCPv6를 사용하는 디바이스가 다시 SLAAC를 사용해서 또 다른 GUA 주소를 생성하는 것이 가능하다.)

Chapter 3

1. IPv4 IHL 필드는 옵션과 패딩을 포함한 IPv4 헤더의 길이를 가리킨다. IPv4 헤더는 길이가 가변적이나 IPv6 헤더는 40byte의 고정된 길이를 가지고 있어서 IHL 필드가 불필요하다.
2. IPv4 Total Length 필드는 페이로드와 IPv4 헤더 길이를 더하여 byte로 표시한다. IPv6 Payload Length 필드는 확장 헤더를 포함하여 기본 IPv6 헤더 뒤에 따라오는 데이터의 길이만을 표시한다.
3. IPv4 송신과 수신 주소는 32-bit 주소이다. 반면에 IPv6 주소는 128-bit 주소이다. 두 프로토콜에서 송신 주소는 unicast 주소여야 한다. 수신 주소는 unicast, multicast, anycast 혹은 IPv4 주소라면 broadcast 주소가 될 수 있다.
4. IPv4에서는 송신과 경유 디바이스인 라우터가 단편화를 수행할 수 있다. IPv4 헤더는 단편화를 수행하기 위한 정보를 지원한다. 단편화 후에 수신 디바이스는 단편화된 패킷을 재조립한다. IPv6에서는 오로지 송신 디바이만이 단편화를 수행할 수 있다. 라우터는 IPv6 패킷을 단편화하지 않는다. 대신에 라우터는 메시지를 전달할 수 없었던 출력 링크의 MTU 값을 포함해서 ICMPv6 Packet Too Big 메시지를 송신 측으로 돌려보낸다.
5. IPv4 UDP에서 체크섬은 옵션이었으나 IPv6로 데이터그램이 전달될 때 UDP 체크섬은 필수가 된다.
6. IPv4 옵션과 패딩 필드는 거의 사용되지 않지만, IPv4 헤더 길이가 가변적인 사유가 된다. IPv6 헤더의 고정된 40-byte 길이는 좀 더 효율적인 패킷 처리를 가능하게 한다. IPv6는 고정 길이의 기본 IPv6 헤더를 사용하고, 대신 유연성과 미래의 성능 향상을 위해 확장 헤더를 사용한다.
7. 0x86dd

Chapter 4

1. 2001:db8:cab0:234:34:4::
2. 2001:db8:cab::1:0
3. 2001:db8:cab:1234:230:1200:34::
4. fd00::1234:0:0:0
5. 2001:db8::1234:0:0:1000
6. 2001:0db8:0cab:0000:0000:0000:0000:0001
7. 2001:0db8:0000:0000:0234:0000:0000:0000
8. 프리픽스 2001:db8:80f:f425::/64
9. 프리픽스 2001:db8:80f:f425::/64
10. 프리픽스 fe80::/64
11. 프리픽스 2001:db8:80f::/48
12. 프리픽스 2001:db8:80f::/48
13. 프리픽스 2001:db8::/32
14. Global Routing Prefix, 서브넷 ID, 인터페이스 ID
15. 2000에서 3fff까지
16. Link-local 주소
17. fe80에서 febf까지
18. 디바이스가 “IPv6-enabled”이면, 디바이스는 반드시 IPv6 link-local 주소를 가져야 한다.

    link-local 주소는 링크 바깥으로 라우팅 될 수 없다.

    link-local 주소는 해당 링크 상에서 유일해야 한다.

    인터페이스당 1개의 link-local 주소만 있다.

    Windows, Mac OS, 혹은 Linux 클라이언트 운영체제는 시작될 때 동적(자동)으로 자신의 IPv6 주소를 생성한다.

    link-local 주소는 수동으로 설정될 수 있다.
19. unspecified unicast 주소
20. 이 주소는 물리 인터페이스에 할당될 수 없다.

    unspecified 송신 주소는 주소가 없다는 것을 의미한다.

    이 주소는 목적지 주소로 사용될 수 없다.

라우터는 송신 주소가 unspecified인 패킷은 포워딩하지 않는다.

21. Unique local 주소

22. fc00에서 fdff까지

23. IPv4 NAT는 상태기반이며 IPv4 주소 고갈 문제를 해결하기 위한 목적으로 사용한다. IPv6 NAT는 주소 재부여 회피, 멀티호밍 촉진, 일관된 설정, 내부 네트워크 정보 숨기기 및 간단한 보안 제공 메커니즘이다. 그러나 IPv6 NAT는 상태기반 방화벽이 제공하는 보안을 지원하지는 않는다.

24. ff

25. Solicited-node multicast

Chapter 5

1. Global Routing Prefix, 서브넷 ID, 인터페이스 ID

2. /64 서브넷 프리픽스로 64-bit 인터페이스 ID를 사용하게 되므로 디바이스는 SLAAC를 사용한 GUA 주소를 생성한다.

3. 3은 처음 3개의 hextet이며, 글로벌 라우팅 프리픽스를 표시한다. 1은 서브넷 ID를 표시한다. 4는 마지막 4개의 hextet을 말하는 것이며, 인터페이스 ID를 표시한다.

4. a. 글로벌 라우팅 프리픽스 2001:0db8:cafe, 서브넷 ID 0001, 인터페이스 ID 000a:000b:000c:000d

b. 글로벌 라우팅 프리픽스 2001:0db8:cafe, 서브넷 ID a100, 인터페이스 ID 0000:0000:0002:000d

c. 글로벌 라우팅 프리픽스 2001:0db8:cafe, 서브넷 ID 000a, 인터페이스 ID 0037:0000:0000:0009

d. 글로벌 라우팅 프리픽스 2001:0db8:cafe, 서브넷 ID 0000, 인터페이스 ID 000a:000b:000c:000d

e. 글로벌 라우팅 프리픽스 2001:0db8:cafe, 서브넷 ID 0001, 인터페이스 ID 0000:0000:0000:0100

f. 글로벌 라우팅 프리픽스 2001:0db8:0000, 서브넷 ID 0100, 인터페이스 ID 000a:000b:000c:000d

g. 글로벌 라우팅 프리픽스 2001:0db8:0000, 서브넷 ID 0000, 인터페이스 ID 0000:0000:0000:0100

5. 16개의 서브넷을 생성할 수 있다.

2001:db8:cafe:0000::/52

2001:db8:cafe:1000::/52

2001:db8:cafe:2000::/52

2001:db8:cafe:3000::/52

2001:db8:cafe:4000::/52

2001:db8:cafe:5000::/52

2001:db8:cafe:6000::/52

2001:db8:cafe:7000::/52

2001:db8:cafe:8000::/52

2001:db8:cafe:9000::/52

2001:db8:cafe:a000::/52

2001:db8:cafe:b000::/52

2001:db8:cafe:c000::/52

2001:db8:cafe:d000::/52

2001:db8:cafe:e000::/52

2001:db8:cafe:f000::/52

6. 256개의 서브넷을 생성할 수 있다. 지면 관계상 전체를 다 표시하지는 못하고 앞의 3개와 마지막 3개를 표시했다:

   2001:db8:cafe:0000::/56

   2001:db8:cafe:0100::/56

   2001:db8:cafe:0200::/56

   ...

   2001:db8:cafe:fd00::/56

   2001:db8:cafe:fe00::/56

   2001:db8:cafe:ff00::/56

7. /56 글로벌 라우팅 프리픽스

8. /40 글로벌 라우팅 프리픽스

9. d. 2001:db8:face:b00c::2/127

   e. 2001:db8:face:b00c::3/127

10. 이 유형의 주소는 고객이 서비스 프로바이더를 바꾸더라도 그대로 사용할 수 있다. 주소 재부여는 필요하지 않다. 또 하나의 장점은 고객 사이트가 더 큰 주소 공간을 할당받을 수 있다는 것이다.

Chapter 6

1. 거짓. IPv6-enabled 디바이스는 link-local 주소만 필수로 한다. global unicast 주소가 반드시 있어야 하는 것은 아니다.

2. 참. link-local 주소는 local 링크 혹은 서브넷 내로 사용이 제한된다. 라우터는 송신 혹은 수신 주소가 link-local 주소이면 어떤 패킷도 링크 밖으로 포워딩하지 않는다.

3. fe80에서 febf까지
4. EUI-64 혹은 무작위 생성된 64-bit 값
5. 1. MAC 주소를 24-bit OUI와 24-bit Device Identifier로 분리한다.
   2. 16 bit, 16진수 “fffe” 값을 OUI와 Device Identifier 사이에 삽입한다.
   3. 일곱 번째 bit를 반전하며, 이렇게 하여 2번째 16진수 값이 바뀐다.
6. EUI-64
7. link-local 주소와 특정한 인터페이스를 연관시킨다.
8. 이렇게 하면 link-local 주소를 기억하고 구분하기 쉽게 된다. 이것은 디폴트 게이트웨이 주소를 인식하고, 라우팅 테이블 엔트리를 분석하며 라우팅 프로토콜 메시지를 시험하는 데 도움이 될 수 있다. 라우터에 단말이 직접 수용되지 않아서 인터페이스가 분배 링크로만 사용된다면 특정 라우터의 모든 인터페이스에 동일한 link-local 주소를 사용하는 것이 실제로 유용하다.
9. 디바이스는 DAD(Duplicate Address Detection)를 사용한다. DAD는 타 디바이스의 인터페이스에 할당된 link-local 주소에 대한 Ethernet MAC 주소를 요청하기 위해 ICMPv6 Neighbor Solicitation 메시지를 사용한다. 만약 어떤 디바이스 Neighbor Advertisement 메시지로 응답하지 않는다면, 디바이스는 자신의 주소가 유일하다고 확인할 수 있게 된다. 이것은 IPv4에서 gratuitous ARP 요청과 동등하다. DAD는 해당하는 주소가 어떻게 인터페이스에 할당되는 방법에 상관없이, 모든 unicast 주소에 대해 수행된다.
10. 디바이스는 ICMPv6 Router Advertisement 메시지에서 자동으로 디폴트 게이트웨이 정보 주소를 수신한다. 디바이스는 RA 메시지의 IPv6 주소(link-local 주소)를 디폴트 게이트웨이 주소로 사용한다.
11. 거짓. 디바이스는 오로지 ICMPv6 Router Advertisement 메시지를 통해서만 디폴트 게이트웨이 정보를 가져올 수 있다.
12. 이 명령의 결과로 unicast 나 unique local unicast 주소 필요 없이 인터페이스상에서 link-local 주소를 생성한다.
13. Cisco IOS는 출력 인터페이스를 요구한다. 이것은 link-local 주소가 라우터의 여러 링크에 존재할 수 있기 때문이다.

Chapter 7

1. ff00::/8
2. Link-local scope
3. Site-local scope
4. ff02::1
5. ff02::2

6. multicast 주소는 이더넷 MAC 주소에 매핑된다. 이렇게 하면 이더넷 NIC은 프레임을 필터 처리할 수 있다.

7. global unicast 주소, unique local unicast 주소 및 link-local unicast 주소

8. Neighbor Solicitation 메시지

9. 그렇다. 이런 경우는 global unicast, unique local unicast 혹은 link local unicast 주소의 하위 24bit가 같으면 일어난다.

10. 그렇다. 이런 경우는 global unicast, unique local unicast와 link local unicast 주소가 동일한 하위 24bit를 공유할 때 일어난다. 이것은 EUI-64나 무작위 64bit를 사용하는 SLAAC의 두 주소에서 흔한 일이다.

11. a. Solicited-node multicast: ff02::1:ffa1:1067

    Ethernet MAC: 33-33-ff-a1-10-67

    b. Solicited-node multicast: ff02::1:ffa1:1067

    Ethernet MAC: 33-33-ff-a1-10-67

    solicited-node multicast와 MAC 주소가 앞 문제 GUA 주소에 대한 것과 동일하다.

    c. Solicited-node multicast: ff02::1:ffbc:7

    Ethernet MAC: 33-33-ff-bc-00-07

    d. Solicited-node multicast: ff02::1:ff00:7000

    Ethernet MAC: 33-33-ff-00-70-00

    e. Solicited-node multicast: ff02::1:ff00:7000

    Ethernet MAC: 33-33-ff-00-70-00

    solicited-node multicast와 MAC 주소가 앞 문제 GUA 주소에 대한 것과 동일하다.

12. Multicast Listener Discovery (MLDv2)

13. MLD snooping

Chapter 8

1. DHCPv4(DHCP for IPv4)가 사용 가능한 유일한 방법이다.

2. 3가지 방법이 있다:

   Stateless Address Autoconfiguration (SLAAC)

   SLAAC와 stateless DHCPv6 서버를 함께 사용

   stateful DHCPv6 서버를 사용

3. Router Advertisement 메시지는 global unicast 주소와 기타 설정 정보를 받을 때 디바이스가 사용해야 할 방법을 알려준다.

4. 디바이스는 라우터에게 Router Advertisement 메시지를 요청하기 위한 Router Solicitation 메시지를 보낸다. 디바이스는 RS 메시지를 자신의 link-local unicast 주소나 unspecified 주소를 사용하여 보낸다. 목적지 주소는 all-routers multicast 주소(ff02::2)가 된다.

5. 라우터는 global unicast 주소와 기타 정보를 디바이스에게 알려주기 위해 Router Advertisement 메시지를 보낸다. 시스코 라우터는 RA 메시지를 20초마다 혹은 Router Solicitation 메시지에 대한 응답으로 송신한다. 라우터가 RA 메시지를 보낼 때 link-local 주소를 사용하여 보낸다. 목적지 주소는 all-devices multicast 주소인 "ff02::1"이다.

6. A. M 플래그

   B. A 플래그

   C. O 플래그

7. A. A 플래그 = 1; O 플래그 = 0; M 플래그 = 0

   B. A 플래그 = 1; O 플래그 = 1; M 플래그 = 0

   C. A 플래그 = 0; O 플래그 = 0; M 플래그 = 1. 이 경우 O 플래그가 "1"이어도 DHCPv6 서버로부터 모든 주소 정보를 받도록 동작하기 때문에 영향을 받지 않는다. A 플래그가 "1"이면, 디바이스는 여전히 stateful DHCPv6 서버로부터 GUA 주소를 할당받지만, SLAAC를 사용해 또 다른 주소를 생성할 수도 있다.

8. DHCPv4 서버는 디폴트 게이트웨이 주소를 제공한다. 반면 DHCPv6 서버는 그렇지 않다. 디폴트 게이트웨이 정보는 오로지 Router Advertisement 메시지를 통해 가져온다.

9. DUID (DHCP Unique Identifier)

10. 1. Client는 SOLICIT를 보낸다.

    2. Server는 REPLY를 보낸다.

    3. Client는 REQUEST를 보낸다.

    4. Server는 REPLY를 보낸다.

Chapter 9

1. d. 200초 마다

2. a. Address Autoconfiguration 플래그 (A Flag)

3. b. 이 라우터를 디폴트 게이트웨이로 사용해야 하는 기간

4. d. L 플래그가 "1"인 RA 메시지 내 프리픽스로

5. EUI-64

6. b. random 인터페이스 ID

   d. Temporary 주소

7. a. Invalid 주소

   b. Preferred 주소

   c. Valid 주소

   d. Deprecated 주소

   e. Tentative 주소

8. Duplicate Address Detection (DAD)

9. Default Router Preference (DRP)

10. 자신의 link-local 주소

11. temporary 주소

12. preferred 주소

Chapter 10

1. b. A 플래그와 O 플래그

2. d. A 플래그 단독

3. **ipv6 nd other-config-flag**

4. c. DNS 서버 주소

   d. 도메인 네임

5. DUID (DHCP Unique Identifier)

6. IAID (Interface Association Identifier)

7. b. REPLY

   d. SOLCIT

8. DHCPv6 클라이언트와 서버가 서로 다른 네트워크상에 있을 때

9. "**ipv6 dhcp relay destination**" 명령을 사용할 때 마지막에 출력 인터페이스 지정이 필요하다. 예를 들면 "R1(config-if)# **ipv6 dhcp relay destination fe80::55 g 0/1**"

10. link-local scope에서 ff02::1:2(all-DHCPv6 server multicast 주소)이며 site-local scope라면 ff05::1:3(all-DHCPv6 server multicast 주소)를 사용할 수 있다.

Chapter 11

1. a. A 플래그와 M 플래그
2. **ipv6 nd managed-config-flag**
3. **ipv6 nd prefix** *ipv6-prefix/prefix-length* **no-autoconfig**
4. 어떤 프리픽스도 광고되지 않기 때문에, 프리픽스와 관련된 L 플래그(On-Link 플래그) 또한 없을 것이다. 이것은 서브넷 상의 호스트가 로컬 서브넷 프리픽스를 알지 못한다는 것을 의미하고 모든 패킷을 디폴트 게이트웨이로 보내게 된다. 이렇게 되면 라우터는 다량의 ICMPv6 Redirect 메시지를 발생시킨다.
5. b. address prefix 2001:db8:face:b00c:1eaf::/80
6. b. IOS 라우터를 DHCPv6 서버로 사용할 때 *할당*에 사용할 주소를 지정할 수 있고 다른 모든 주소는 *제외*된다.

   d. IOS 라우터를 DHCPv4 서버로 사용할 때 *제외*할 주소를 지정할 수 있고 다른 모든 주소는 *할당*에 사용된다.
7. d. Requesting Router(요청 라우터)
8. a. Delegating Router(위임 라우터)
9. d. 2001:db8:beef:99::99/64
10. e. 256 /48 prefixes (256개의 48 프리픽스)

    DR이 할당할 수 있는 256개의 프리픽스는 2001:db8:ab00::/48에서 2001:db8:abff::/48까지이다.

Chapter 12

1. a. Informational 메시지

   b. Error 메시지

   c. Informational 메시지

   d. Informational 메시지

   e. Error 메시지

   f. Error 메시지

   g. Informational 메시지

   h. Informational 메시지
2. f. Destination Unreachable
3. c. 패킷을 폐기하고 송신 측으로 ICMPv6 Packet Too Big 메시지를 돌려보낸다.

4. a. Time Exceeded

5. e. Parameter Problem

6. 디바이스가 SLAAC로 public과 temporary GUA 주소를 생성하였다면, 디바이스는 GUA 주소인 목적지 주소와 통신을 시작할 때 temporary GUA 주소를 사용한다.

7. 디바이스의 link-local 주소를 사용한다.

8. b. The outgoing interface(출력 인터페이스)

9. d. Sequence

10. c. Identifier

11. 모든 네트워크에서 그 링크 내에서만 유일하다면 동일한 link-local 주소를 사용할 수 있다. 그러므로 어느 인터페이스로 ping 패킷을 보낼 것인지 출력 인터페이스를 지정해야 한다. Windows ping 명령은 호스트가 여러 개 인터페이스를 가지고 있을 때만 지정이 필요하다. Cisco IOS, Linux 및 Mac OS는 link-local 주소로 ping 시험을 한다면 항상 출력 인터페이스 지정을 해야 한다.

Chapter 13

1. d. Neighbor Advertisement

2. a. Router Solicitation

3. c. Neighbor Solicitation

4. e. Redirect

5. b. Router Advertisement

6. c. All-IPv6 routers multicast address (ff02::2)

7. b. All-IPv6 devices multicast address (ff02::1)

8. a. Solicited-node multicast address

9. a. Source Link- Layer Address

10. a. Source Link- Layer Address

    c. Prefix Information

    e. MTU

11. d. Reachable

12. a. Stale

13. c. Duplicate Address Detection

14. d. Neighbor Solicitation

15. ARP Request는 이더넷 브로드캐스트이다. 반면에 Neighbor Solicitation 메시지는 이더넷 multicast 이다.

Chapter 14

1. c. 동적 라우팅 프로토콜이 설정될 수 있다.

   d. Router Advertisement 메시지가 이더넷 인터페이스를 통해 송신된다.

   e. 라우터가 라우터를 통과하는 패킷을 포워딩한다.

   주의: IPv6 static route는 IPv6 라우터로 라우터를 활성화할 필요 없이 설정할 수 있다.

2. NDp

3. C

4. 그렇지 않다. link-local unicast 주소는 링크 바깥으로 라우팅하지 않기 때문에 IPv6 라우팅 테이블에 표시되지 않는다.

5. 명시적으로 멀티캐스트 라우팅 테이블과 일치하지 않는 multicast 패킷은 폐기된다.

6. c. 출력 인터페이스의 인터페이스 “type/number”

7. b. 1

8. a. ::/0

9. 4개의 code “C”(인터페이스마다 1개)인 직접 연결 connected 경로가 있다.

   또, code “L”(인터페이스마다 1개 local 경로와 multicast 주소 ff00::/8에 대해 또 다른 1개가 있다)인 5개 local 경로가 있다.

   code “S” 인 2개 static 경로가 있다.

   그래서 다 합하면 11개의 엔트리가 있다.

10. Steps 1 and 2:

    2001:db8:face:0001 0001 1010 0000::

    2001:db8:face:0001 0001 1011 0000::

    2001:db8:face:0001 0001 1100 0000::

    2001:db8:face:0001 0001 1101 0000::

    57 matching bits, or /57

    Step 3:

    2001:db8:face:0001 0001 1000 0000::

    축약된 프리픽스와 프리픽스 길이: 2001:db8:face:1180::/57

11. a. **ipv6-unicast routing**

Chapter 15

1. c. EIGRPv4와 EIGRPv6 둘 다
2. b. EIGRPv4 named 모드와 EIGRPv6 named 모드 둘 다
3. c. EIGRPv4와 EIGRPv6 둘 다
4. b. EIGRPv6
5. a. EIGRPv4
6. EIGRPv6는 "**ipv6 eigrp** *autonomous-system-number*" 인터페이스 명령을 통해 활성화되었다.
7. Router(config)# **ipv6 router eigrp** *autonomous-system-number*
8. c. classic EIGRPv4와 classic EIGRPv6 둘 다
9. Router(config-router)# d

   Router(config-router-af)# c

   Router(config-router-af-interface)# a

   Router(config-router-af-topology)# b
10. Router(config-router)# **address-family** *address-family* **unicast autonomous-system** *autonomous-system-number*
11. 모든 IPv6 인터페이스에 자동으로 활성화되었다.

Chapter 16

1. a. OSPFv2

   c. OSPFv3 with AF
2. b. Traditional(고전적) OSPFv3

   c. OSPFv3 with AF
3. c. OSPFv3 with AF
4. b. Traditional(고전적) OSPFv3

   c. OSPFv3 with AF
5. a. OSPFv2
6. b. Traditional(고전적) OSPFv3

   c. OSPFv3 with AF

7. d. **show ipv6 route ospf**

8. d. **show ipv6 route ospf**

9. a. **show ip route ospf**

10. b. **show ip route ospfv3**

Chapter 17

1. c. /64

2. c. Three digits

3. a. **ipv6 unicast-routing**

4. c. GLBP

5. b. VRRP

6. d. ICMPv6

7. d. AAAA record

8. b. Happy Eyeballs

9. a. **permit icmp any any nd-na** and **permit icmp any any nd-ns**

10. b. NAT64

11. c. Overlay tunnel

12. a. NAT-PT

Index

ㄱ

ㄷ

ㄹ

ㅁ

ㅂ

ㅅ

ㅇ

ㅈ

ㅊ

ㅋ

ㅌ

ㅍ

ㅎ

A

B

C

D

E

F

G

H

I

J

K

L

M

N

O

P

R

S

T

U

V

W

X

Z

번호

기호